21 世纪经济学类管理学类专业主干课程系列教材

市场营销管理学

（修订本）

主　编　张　理　高学争
副主编　尹　影　王　丛　杨　珮

清华大学出版社
北京交通大学出版社
·北京·

内容简介

本书结合当今市场营销管理发展的新形势和新特点，针对高等院校市场营销、工商企业管理及经管类专业的培养目标，以市场营销管理的基本原理为线索，介绍了营销管理的框架体系、理论、实务等，指导学生运用市场营销管理的相关理论解决实际工作中的问题。本书共分19章，主要内容包括：市场调查与预测；市场营销环境分析；购买行为分析；竞争者分析；战略计划与市场营销；市场细分；目标市场营销与市场定位；营销战略；营销组合策略；整合营销策略；客户关系管理；全球营销；网络营销等。

本书可以作为高等学校相关专业的教材，也可用于市场营销从业者的培训教材和相关社会人员的案头参考书籍。

本书封面贴有清华大学出版社防伪标签，无标签者不得销售。

版权所有，侵权必究。侵权举报电话：010-62782989　13501256678　13801310933

图书在版编目（CIP）数据

市场营销管理学/张理，高学争主编. —北京：清华大学出版社；北京交通大学出版社，2011.11（2019.7重印）
（21世纪经济学类管理学类专业主干课程系列教材）
ISBN 978-7-5121-0799-1

Ⅰ.①市… Ⅱ.①张… ②高… Ⅲ.①市场营销学-高等学校-教材 Ⅳ.①F713.50

中国版本图书馆 CIP 数据核字（2011）第 245796 号

责任编辑：郭东青
出版发行：清华大学出版社　　邮编：100084　　电话：010-62776969
　　　　　北京交通大学出版社　邮编：100044　　电话：010-51686414
印　刷　者：北京时代华都印刷有限公司
经　　销：全国新华书店
开　　本：185×260　　印张：27.75　　字数：693千字
版　　次：2012年1月第1版　　2019年7月第1次修订　　2019年7月第3次印刷
书　　号：ISBN 978-7-5121-0799-1/F·931
印　　数：5001～6000册　　定价：69.90元

本书如有质量问题，请向北京交通大学出版社质监组反映。对您的意见和批评，我们表示欢迎和感谢。
投诉电话：010-51686043，51686008；传真：010-62225406；E-mail：press@bjtu.edu.cn。

前　言

在快速发展的市场经济环境中，企业竞争优势的取得已经不能单纯地依靠技术，而是更多地依赖市场方面的优势。没有营销管理就没有企业的生存和发展，企业生命的重要基础之一就是营销管理。市场是企业经营管理的出发点和归宿点，是企业一切管理活动的依据。自现代企业诞生以来，尽管管理思想层出不穷，管理方式千变万化，但是一条恒久不变的原则是：所有成功的管理都是从外到内，依据市场决定管理的原则、方式、方法。本书的编写就是为了系统、全面、深入、准确地研究市场营销管理中的相关问题和市场运营的基本规律。

书中详尽地介绍了市场营销管理的基本原理、步骤、方法和前沿理论。营销始于市场又终结于市场，同时又占据了市场的核心地位。书中在每章的开始都安排了一个引导案例，在案例的结尾提出思考题，让读者带着问题开始阅读，每一章结束后，又都对引导案例作出相应的解析。同时在书中还安排了扩展阅读，包括小知识、小案例、小常识等，扩展读者的知识面。本书重点培养读者解决市场营销实际问题的能力，力求将知识转化为实际能力。

本书在编写过程中主要创新点和特色包括以下几个部分。

营销环境分析部分，在原有的营销机会分析因素的基础之上，从更广阔的视角分析了企业的营销环境，包括：环保主义、消费者主义、社会责任等。

在营销战略部分，介绍了STP之后，增加了营销战略的发展部分，包括产品生命周期理论下的营销战略问题、新产品开发战略、全球营销战略。

在最后一篇中，加入了当前关于营销理论和实践研究课题中比较受社会关注的内容。包括网络营销等。

本书的编写思路是：编写一本理论联系实际，深入浅出，具有较强实用性，并力图在理论上和实践上共同反映当前市场营销管理研究最新前沿成果的书籍。本书在写作中既强调市场营销管理的理论性、知识性、普及性、实用性和探索性，又更加突出了市场营销管理的时代性、系统性和精益性。相信本书无论是对高校师生、研究人员，还是市场管理者，都可从中掌握必要的基础知识和获得有益的启迪。

本书由张理、高学争负责大纲设计，编写分工如下：第1、6、7、19章由高学争编写；第2、3、4、5章由杨珮编写；第8、9、10、12、18章由王丛编写；第11章由汪蕾编写；第13、14、15、16、17章由尹影编写，张理负责书稿审定和总纂。在本书的写作过程中参考了大量相关书籍和有关网站，在此谨致谢意。

书籍的脱稿，如呱呱坠地的婴儿，既是欢乐与希望，又是更加沉重的责任与艰辛，本书的出版不代表成功与完善，而是接受社会评述的开始，欢迎读者批评、斧正。

希望该书能够成为市场营销管理教学、研究与发展道路上的一块铺路石。这是作者的希冀！

编　者
2011年12月

目 录

第1章 绪论 ············· 1
　引导案例 ············· 1
　1.1 与市场营销有关的核心概念 ······ 2
　　1.1.1 需要 ············ 2
　　1.1.2 欲望 ············ 3
　　1.1.3 需求 ············ 3
　　1.1.4 产品 ············ 4
　　1.1.5 价值 ············ 4
　　1.1.6 交换 ············ 4
　　1.1.7 交易 ············ 5
　　1.1.8 市场 ············ 5
　1.2 市场营销学科的发展历史 ······ 6
　　1.2.1 市场营销学的孕育时期——20世纪初到20世纪20年代末 ······ 6
　　1.2.2 市场营销学的应用时期——20世纪30年代到第二次世界大战结束 ······ 6
　　1.2.3 市场营销学的形成时期——20世纪50年代初到20世纪70年代末 ······ 6
　　1.2.4 市场营销学进一步发展和完善期——20世纪80年代以后 ······ 7
　1.3 市场营销及市场营销管理的定义 ············· 7
　　1.3.1 市场营销的定义 ······ 7
　　1.3.2 市场营销管理 ······ 8
　1.4 市场营销观念的转变 ······ 8
　　1.4.1 传统的市场营销观念 ··· 9
　　1.4.2 现代市场营销观念 ····· 10
　　1.4.3 传统市场营销观念与现代市场营销观念的比较 ······ 12
　1.5 市场营销的作用和职能 ······ 12
　　1.5.1 市场营销的作用 ······ 12
　　1.5.2 市场营销的职能 ······ 13
　1.6 当前形势下市场营销发展的新趋势 ············ 16
　　1.6.1 营销观念的发展趋势 ··· 16
　　1.6.2 营销策略的发展趋势 ··· 17
　　1.6.3 营销组织的发展趋势 ··· 18
　　1.6.4 营销管理的发展趋势 ··· 18
　　1.6.5 全球化、国际化营销趋势明显 ············ 19
　　1.6.6 非营利性组织重视营销的趋势明显 ·········· 20
　1.7 顾客让渡价值 ·········· 20
　　1.7.1 "顾客让渡价值"的含义 ············· 20
　　1.7.2 顾客购买的总价值 ····· 20
　　1.7.3 顾客购买的总成本 ····· 22
　　1.7.4 "顾客让渡价值"的意义 ············· 22
　引导案例解析 ············ 23
　课后思考 ·············· 23
　课后案例分析 ············ 24

第2章 市场调查与预测 ······ 26
　引导案例 ············· 26
　2.1 营销信息系统 ·········· 27
　　2.1.1 市场营销信息含义及类型 ············· 27
　　2.1.2 市场营销信息功能 ····· 28
　　2.1.3 市场营销信息系统 ····· 29
　2.2 市场调查 ············ 32
　　2.2.1 市场调查的含义与特点 ············· 32
　　2.2.2 市场调查的内容 ······ 34
　　2.2.3 市场调查的类型 ······ 34
　　2.2.4 市场调查的过程 ······ 35
　2.3 市场需求的预测 ········· 38

2.3.1　市场需求预测的有关
　　　　　概念 ……………………… 39
　　2.3.2　估计当前市场需求 ……… 39
　　2.3.3　需求预测的方法 ………… 40
引导案例解析 …………………………… 43
课后思考 ………………………………… 44
课后案例分析 …………………………… 44

第3章　市场营销环境分析 …………… 48
引导案例 ………………………………… 48
3.1　市场营销环境的构成 …………… 49
3.2　宏观环境分析 …………………… 50
　　3.2.1　人口环境 …………………… 50
　　3.2.2　经济环境 …………………… 54
　　3.2.3　政治与法律环境 …………… 58
　　3.2.4　社会文化因素 ……………… 60
　　3.2.5　科学技术因素 ……………… 62
　　3.2.6　自然环境因素 ……………… 62
3.3　微观环境分析 …………………… 63
　　3.3.1　企业内部的力量 …………… 63
　　3.3.2　各类资源的供应者和
　　　　　各类营销中介 ……………… 64
　　3.3.3　公众 ………………………… 64
　　3.3.4　顾客 ………………………… 65
　　3.3.5　企业竞争者 ………………… 65
引导案例解析 …………………………… 65
课后思考 ………………………………… 65
课后案例分析 …………………………… 66

第4章　消费者购买行为分析 ………… 70
引导案例 ………………………………… 70
4.1　消费者市场概述 ………………… 70
　　4.1.1　市场分类 …………………… 71
　　4.1.2　消费者市场购买行为的
　　　　　特点 ………………………… 71
　　4.1.3　消费者市场的购买对象 … 72
4.2　消费者购买行为的影响
　　　因素 ………………………………… 73
　　4.2.1　社会文化因素 ……………… 73
　　4.2.2　个人因素 …………………… 76
　　4.2.3　心理因素 …………………… 78

4.3　消费者购买行为的过程 ……… 80
　　4.3.1　购买行为的类型 …………… 81
　　4.3.2　购买决策过程的阶段 ……… 82
引导案例解析 …………………………… 85
课后思考 ………………………………… 86
课后案例分析 …………………………… 86

第5章　组织市场的购买行为分析 …… 90
引导案例 ………………………………… 90
5.1　组织市场概述 …………………… 91
　　5.1.1　组织市场分类 ……………… 91
　　5.1.2　组织市场的特点 …………… 92
5.2　组织市场购买行为的影响
　　　因素 ………………………………… 94
　　5.2.1　组织市场购买行为类型 … 94
　　5.2.2　参与购买决策者 …………… 95
　　5.2.3　影响采购决策的主要
　　　　　因素 ………………………… 96
5.3　组织市场的购买行为过程 …… 98
　　5.3.1　提出需要 …………………… 98
　　5.3.2　确定总体需要 ……………… 99
　　5.3.3　详述产品规格 ……………… 99
　　5.3.4　寻找供应商 ………………… 99
　　5.3.5　征求供应信息 ……………… 99
　　5.3.6　供应商选择 ………………… 100
　　5.3.7　发出正式订单 ……………… 100
　　5.3.8　绩效评估 …………………… 100
5.4　消费者市场与组织市场的
　　　比较 ………………………………… 101
引导案例解析 …………………………… 102
课后思考 ………………………………… 102
课后案例分析 …………………………… 102

第6章　竞争者分析 …………………… 105
引导案例 ………………………………… 105
6.1　公司竞争者识别 ………………… 106
　　6.1.1　行业角度 …………………… 106
　　6.1.2　市场角度 …………………… 107
　　6.1.3　竞争角度 …………………… 107
6.2　企业的竞争者分析 ……………… 110
　　6.2.1　竞争者目标分析 …………… 110

  6.2.2 竞争者假设分析⋯⋯⋯⋯ 111
  6.2.3 竞争者战略分析⋯⋯⋯⋯ 111
  6.2.4 竞争者能力分析⋯⋯⋯⋯ 112
  6.2.5 竞争者的反应模式
     分析⋯⋯⋯⋯⋯⋯⋯⋯ 112
  6.2.6 选择竞争对策⋯⋯⋯⋯⋯ 113
 6.3 竞争战略分析⋯⋯⋯⋯⋯⋯⋯ 113
  6.3.1 总成本领先战略⋯⋯⋯⋯ 114
  6.3.2 差异化战略
    （又称别具一格战略）⋯ 115
  6.3.3 集中化战略⋯⋯⋯⋯⋯⋯ 116
  6.3.4 企业的竞争战略选择⋯⋯ 117
 引导案例解析⋯⋯⋯⋯⋯⋯⋯⋯⋯ 117
 课后思考⋯⋯⋯⋯⋯⋯⋯⋯⋯⋯⋯ 118
 课后案例分析⋯⋯⋯⋯⋯⋯⋯⋯⋯ 118

第7章 广阔视角下的营销环境
     分析⋯⋯⋯⋯⋯⋯⋯⋯⋯⋯ 120
 引导案例⋯⋯⋯⋯⋯⋯⋯⋯⋯⋯⋯ 120
 7.1 消费者主义⋯⋯⋯⋯⋯⋯⋯⋯ 121
  7.1.1 消费者权益被伤害⋯⋯⋯ 121
  7.1.2 消费者权益的保护⋯⋯⋯ 122
  7.1.3 美国的消费者主义⋯⋯⋯ 124
 7.2 环保主义⋯⋯⋯⋯⋯⋯⋯⋯⋯ 124
  7.2.1 环保营销的兴起⋯⋯⋯⋯ 125
  7.2.2 我国环保营销的现状及
     问题⋯⋯⋯⋯⋯⋯⋯⋯ 126
  7.2.3 环保营销策略⋯⋯⋯⋯⋯ 127
 7.3 市场营销道德与社会
   责任营销⋯⋯⋯⋯⋯⋯⋯⋯ 128
  7.3.1 市场营销道德问题的
     提出⋯⋯⋯⋯⋯⋯⋯⋯ 129
  7.3.2 市场营销道德的内涵⋯⋯ 129
  7.3.3 市场营销道德问题在
     企业营销活动中的
     体现⋯⋯⋯⋯⋯⋯⋯⋯ 129
  7.3.4 社会责任营销⋯⋯⋯⋯⋯ 131
 引导案例解析⋯⋯⋯⋯⋯⋯⋯⋯⋯ 134
 课后思考⋯⋯⋯⋯⋯⋯⋯⋯⋯⋯⋯ 135
 课后案例分析⋯⋯⋯⋯⋯⋯⋯⋯⋯ 135

第8章 战略计划与市场营销⋯⋯⋯ 136
 引导案例⋯⋯⋯⋯⋯⋯⋯⋯⋯⋯⋯ 136
 8.1 企业战略计划与市场营销⋯ 138
  8.1.1 企业战略与市场营销
     战略⋯⋯⋯⋯⋯⋯⋯⋯ 138
  8.1.2 市场营销战略⋯⋯⋯⋯⋯ 139
  8.1.3 市场营销管理过程⋯⋯⋯ 143
 8.2 市场营销计划⋯⋯⋯⋯⋯⋯⋯ 158
  8.2.1 市场营销目标⋯⋯⋯⋯⋯ 158
  8.2.2 选择目标市场⋯⋯⋯⋯⋯ 159
  8.2.3 市场营销组合⋯⋯⋯⋯⋯ 159
  8.2.4 市场营销组合的实施⋯⋯ 160
  8.2.5 评价与控制⋯⋯⋯⋯⋯⋯ 160
 引导案例解析⋯⋯⋯⋯⋯⋯⋯⋯⋯ 160
 课后思考⋯⋯⋯⋯⋯⋯⋯⋯⋯⋯⋯ 161
 课后案例分析⋯⋯⋯⋯⋯⋯⋯⋯⋯ 161

第9章 市场细分⋯⋯⋯⋯⋯⋯⋯⋯ 163
 引导案例⋯⋯⋯⋯⋯⋯⋯⋯⋯⋯⋯ 163
 9.1 市场细分的概述⋯⋯⋯⋯⋯ 164
  9.1.1 市场细分与目标市场
     营销⋯⋯⋯⋯⋯⋯⋯⋯ 164
  9.1.2 市场细分的概念及理论
     依据⋯⋯⋯⋯⋯⋯⋯⋯ 166
  9.1.3 市场细分的必要性⋯⋯⋯ 167
 9.2 市场细分的变量⋯⋯⋯⋯⋯ 168
  9.2.1 消费者市场细分变量⋯⋯ 168
  9.2.2 产业市场细分的变量⋯⋯ 177
  9.2.3 市场细分的原则⋯⋯⋯⋯ 179
 9.3 市场细分的程序和方法⋯⋯ 180
  9.3.1 市场细分的程序⋯⋯⋯⋯ 180
  9.3.2 市场细分的方法⋯⋯⋯⋯ 181
 引导案例解析⋯⋯⋯⋯⋯⋯⋯⋯⋯ 182
 课后思考⋯⋯⋯⋯⋯⋯⋯⋯⋯⋯⋯ 182
 课后案例分析⋯⋯⋯⋯⋯⋯⋯⋯⋯ 182

第10章 目标市场营销与市场定位⋯ 185
 引导案例⋯⋯⋯⋯⋯⋯⋯⋯⋯⋯⋯ 185
 10.1 目标市场营销策略⋯⋯⋯⋯ 186
  10.1.1 目标市场的含义⋯⋯⋯ 186
  10.1.2 选择目标市场的依据⋯ 186

10.2 选择目标市场…………… 189
　　10.2.1 目标市场覆盖策略 …… 189
　　10.2.2 目标市场营销策略 …… 191
　　10.2.3 影响目标市场策略的
　　　　　 因素 ……………… 198
10.3 市场定位………………… 199
　　10.3.1 市场定位的含义 …… 199
　　10.3.2 差异化的工具 ……… 199
　　10.3.3 市场定位的原则 …… 206
　　10.3.4 市场定位的程序 …… 207
　　10.3.5 市场定位的方式 …… 209
　　10.3.6 传播企业的市场
　　　　　 定位 ……………… 212
引导案例解析…………………… 213
课后思考………………………… 213
课后案例分析…………………… 214

第 11 章 营销战略的发展 …… 215
引导案例………………………… 215
11.1 产品生命周期理论下的
　　　营销战略……………… 216
　　11.1.1 产品生命周期理论
　　　　　 简介 ……………… 216
　　11.1.2 产品生命周期各阶段
　　　　　 的特点和营销策略 …… 218
　　11.1.3 行业生命周期理论 …… 220
11.2 新产品开发战略………… 220
　　11.2.1 新产品的界定 ……… 221
　　11.2.2 新产品开发战略的
　　　　　 分类 ……………… 221
　　11.2.3 新产品开发战略的
　　　　　 层次 ……………… 223
　　11.2.4 新产品开发战略的
　　　　　 实施 ……………… 223
　　11.2.5 实施新产品开发战略
　　　　　 需要解决的几个问题 … 225
　　11.2.6 新产品开发战略实施
　　　　　 的组织 …………… 227
11.3 全球营销战略…………… 228
　　11.3.1 全球营销战略的优势 … 228

　　11.3.2 全球营销战略的实施 … 229
　　11.3.3 我国企业全球营销
　　　　　 战略的探索 ……… 230
引导案例解析…………………… 231
课后思考………………………… 231
课后案例分析…………………… 231

第 12 章 产品策略 …………… 234
引导案例………………………… 234
12.1 产品和产品组合………… 235
　　12.1.1 产品概述 …………… 235
　　12.1.2 产品组合 …………… 240
12.2 品牌和商标策略………… 243
　　12.2.1 品牌的含义及商标 …… 243
　　12.2.2 品牌策略 …………… 244
12.3 包装决策………………… 254
　　12.3.1 包装的含义、种类和
　　　　　 作用 ……………… 254
　　12.3.2 包装的设计原则 …… 255
　　12.3.3 包装策略 …………… 255
12.4 服务产品策略…………… 256
　　12.4.1 服务的定义与分类 …… 256
　　12.4.2 服务的特性 ………… 260
　　12.4.3 服务营销组合 ……… 263
引导案例解析…………………… 264
课后思考………………………… 264
课后案例分析…………………… 265

第 13 章 企业价格策略 ……… 267
引导案例………………………… 267
13.1 价格制定策略…………… 268
　　13.1.1 影响企业价格制定的
　　　　　 因素 ……………… 268
　　13.1.2 价格制定的基本方法 … 273
　　13.1.3 价格制定策略 ……… 276
13.2 价格调整策略…………… 281
　　13.2.1 企业提价策略 ……… 282
　　13.2.2 企业降价策略 ……… 282
　　13.2.3 顾客对企业价格调整的
　　　　　 反应及对策 ……… 284
13.3 竞争者价格变动的应对 …… 285

引导案例解析⋯⋯⋯⋯⋯⋯⋯ 286
课后思考⋯⋯⋯⋯⋯⋯⋯⋯⋯ 286
引导案例解析⋯⋯⋯⋯⋯⋯⋯ 287

第14章 营销渠道策略⋯⋯⋯ 289
引导案例⋯⋯⋯⋯⋯⋯⋯⋯⋯ 289
14.1 营销渠道概述⋯⋯⋯⋯⋯ 290
14.1.1 营销渠道的概念⋯⋯⋯ 290
14.1.2 营销渠道的功能⋯⋯⋯ 290
14.1.3 营销渠道的类型⋯⋯⋯ 291
14.1.4 营销渠道的流程⋯⋯⋯ 294
14.1.5 营销渠道的成员⋯⋯⋯ 294
14.2 营销渠道的设计⋯⋯⋯⋯ 296
14.2.1 中间商概述⋯⋯⋯⋯⋯ 296
14.2.2 影响营销渠道选择的因素⋯⋯⋯⋯⋯⋯⋯ 297
14.2.3 营销渠道的设计⋯⋯⋯ 299
14.3 营销渠道的管理⋯⋯⋯⋯ 301
14.3.1 渠道管理的概念⋯⋯⋯ 302
14.3.2 渠道管理的意义⋯⋯⋯ 302
14.3.3 渠道管理的具体内容⋯ 302
14.3.4 渠道管理的控制方法⋯ 304
14.4 零售商与批发商的管理⋯⋯ 305
14.4.1 零售商的概念及作用⋯ 305
14.4.2 零售商的类型⋯⋯⋯⋯ 306
14.4.3 批发商的概念及作用⋯ 308
14.4.4 批发商的类型⋯⋯⋯⋯ 309
14.4.5 零售商与批发商的营销策略⋯⋯⋯⋯⋯⋯⋯ 310
14.5 营销渠道的新动态⋯⋯⋯ 312
14.5.1 电子商务在传统零售业中的应用⋯⋯⋯⋯⋯ 312
14.5.2 我国零售业发展的趋势⋯⋯⋯⋯⋯⋯⋯⋯ 312
14.5.3 电子商务在零售业中的发展模式⋯⋯⋯⋯ 313
14.5.4 网上零售商业体系的结构与电子商店营销能力⋯ 313
14.5.5 发展新型零售业的建议⋯ 314
引导案例解析⋯⋯⋯⋯⋯⋯⋯ 316

课后思考⋯⋯⋯⋯⋯⋯⋯⋯⋯ 316
课后案例分析⋯⋯⋯⋯⋯⋯⋯ 317

第15章 营销传播组合策略⋯⋯⋯ 319
引导案例⋯⋯⋯⋯⋯⋯⋯⋯⋯ 319
15.1 市场营销的沟通⋯⋯⋯⋯ 321
15.1.1 沟通与营销沟通的含义⋯⋯⋯⋯⋯⋯⋯⋯ 321
15.1.2 营销沟通的作用⋯⋯⋯ 321
15.1.3 营销沟通的主要形式⋯ 322
15.1.4 营销沟通模式⋯⋯⋯⋯ 322
15.1.5 营销沟通决策⋯⋯⋯⋯ 323
15.2 广告⋯⋯⋯⋯⋯⋯⋯⋯⋯ 325
15.2.1 广告的含义及作用⋯⋯ 325
15.2.2 广告的分类⋯⋯⋯⋯⋯ 326
15.2.3 广告决策⋯⋯⋯⋯⋯⋯ 327
15.2.4 广告效果评价⋯⋯⋯⋯ 330
15.3 营业推广⋯⋯⋯⋯⋯⋯⋯ 331
15.3.1 营业推广的概念与作用⋯⋯⋯⋯⋯⋯⋯⋯ 331
15.3.2 营业推广的方式⋯⋯⋯ 332
15.3.3 营业推广方式选择的要求⋯⋯⋯⋯⋯⋯⋯⋯ 334
15.3.4 营业推广的控制⋯⋯⋯ 335
15.4 公共关系⋯⋯⋯⋯⋯⋯⋯ 336
15.4.1 公共关系内涵及其作用⋯⋯⋯⋯⋯⋯⋯⋯ 336
15.4.2 公共关系的基本特征⋯ 338
15.4.3 公共关系的基本策略⋯ 339
15.4.4 公共关系的工作程序⋯ 341
15.5 销售人员的管理⋯⋯⋯⋯ 341
15.5.1 销售人员的核心作用⋯ 341
15.5.2 销售人员中常见的问题⋯⋯⋯⋯⋯⋯⋯⋯ 342
15.5.3 销售人员的有效管理⋯ 343
引导案例解析⋯⋯⋯⋯⋯⋯⋯ 346
课后思考⋯⋯⋯⋯⋯⋯⋯⋯⋯ 346
课后案例分析⋯⋯⋯⋯⋯⋯⋯ 346

第16章 整合营销策略⋯⋯⋯⋯ 349
引导案例⋯⋯⋯⋯⋯⋯⋯⋯⋯ 349

16.1 整合营销概述……………351
  16.1.1 整合营销概述 ………351
  16.1.2 整合营销传播的
      特征 ……………………353
  16.1.3 整合营销传播的原则
      和发展层次 …………354
16.2 整合营销传播策略的
  应用………………………355
  16.2.1 整合营销传播发展的
      现状 …………………355
  16.2.2 我国整合营销传播存
      在的问题 ……………356
  16.2.3 整合营销传播的成功
      要素 …………………357
  16.2.4 实施整合营销传播
      策略 …………………359
引导案例解析……………………361
课后思考…………………………361
课后案例分析……………………361

第17章 客户关系管理……………364
引导案例…………………………364
17.1 客户关系管理概述……………365
  17.1.1 客户关系管理的定义 …365
  17.1.2 客户关系管理的内容 …366
  17.1.3 客户关系管理的分类 …368
  17.1.4 建立客户关系管理的
      意义 …………………369
17.2 客户关系管理的实施与
  发展趋势…………………370
  17.2.1 实现客户关系管理的
      因素 …………………370
  17.2.2 实施有效客户关系管理
      的分析 ………………371
  17.2.3 客户关系管理实施的
      步骤 …………………373
  17.2.4 客户关系管理发展
      趋势 …………………373
引导案例解析……………………375
课后思考…………………………375

课后案例分析……………………375

第18章 全球营销…………………378
引导案例…………………………378
18.1 全球营销观念…………………379
18.2 目标国营销环境分析………380
18.3 目标国市场进入决策………390
  18.3.1 间接出口 …………391
  18.3.2 直接出口 …………391
  18.3.3 许可贸易 …………392
  18.3.4 合资企业 …………392
  18.3.5 直接投资 …………393
18.4 全球营销组合决策……………393
  18.4.1 全球产品决策 ……394
  18.4.2 全球价格决策 ……395
  18.4.3 分销渠道决策 ……395
  18.4.4 全球促销决策 ……396
18.5 全球营销中的标准化与
  差异化……………………397
  18.5.1 标准化与差异化的
      含义 …………………397
  18.5.2 标准化和差异化融合
      的策略 ………………397
引导案例解析……………………398
课后思考…………………………398
课后案例分析……………………399

第19章 网络营销…………………401
引导案例…………………………401
19.1 网络营销概述…………………402
  19.1.1 网络营销的概念 ……402
  19.1.2 网络营销活动的内容 …402
  19.1.3 网络营销的功能 ……405
  19.1.4 与传统营销相比网络
      营销的特点 …………406
19.2 网络营销的方法……………407
  19.2.1 搜索引擎营销 ………407
  19.2.2 网络新闻营销 ………410
  19.2.3 博客营销 ……………411
  19.2.4 邮件营销 ……………414
  19.2.5 论坛营销 ……………416

19.2.6 SNS 营销 …………… 418
19.2.7 IM 营销 …………… 421
19.2.8 视频营销 …………… 422
引导案例解析…………………… 425

课后思考………………………… 425
课后案例分析…………………… 425
参考文献 ……………………… 428

第1章 绪 论

◎ **本章要点**
- 与市场营销有关的核心概念
- 市场营销学科的发展历史
- 市场营销与市场营销管理的定义
- 市场营销观念的转变
- 市场营销的作用和职能
- 当前形势下市场营销发展的新趋势

◎ **本章难点**
- 与市场营销有关的核心概念
- 市场营销观念的转变
- 顾客让渡价值

◎ **课前思考**
- 与市场营销有关的八个核心概念之间有什么联系？
- 市场营销观念与推销观念的区别是什么？
- 怎样理解顾客让渡价值？

 引导案例

新型捕鼠器缘何没有市场

美国一家制造捕鼠器的公司，为了试制一种适宜于老鼠生活习性的捕鼠器，组织力量花了若干年时间研究了老鼠的吃、活动和休息等各方面的特征，终于制造出了受老鼠"欢迎"的一种新型捕鼠器。新产品完成后，屡经试验，捕鼠效果确实不错，捕鼠率达100%，同时与老式捕鼠器相比，新型捕鼠器还有以下优点：①外观大方，造型优美；②捕鼠器顶端有按钮，捕到老鼠后只要一按按钮，死鼠就会掉落；③可终日置于室内，不必夜间投器，白天收拾，绝对安全，也不会伤害儿童；④可重复使用，一个新型捕鼠器可抵好几个老式捕鼠器。新型捕鼠器上市伊始深受消费者的青睐，但好景不长，市场迅速萎缩了。是何原因致使这么好的东西却没有达到预期的销售业绩呢？后来查明，其致命原因如下。

第一，购买该新型捕鼠器的买主一般是家庭中的男性。他们每天就寝前安装好捕鼠器，次日起床后因急于上班，便把清理捕鼠器的任务留给了家庭主妇。主妇们见死鼠就害怕、恶心，同时又担心捕鼠器不安全，会伤害到人。结果许多家庭主妇只好将死鼠连同捕鼠器一同丢弃，由此消费者感到代价太大，因此，主妇们不希望自己的丈夫再买这种捕鼠器。

第二，由于该捕鼠器造型美观，价格自然较高，所以中低收入的家庭购买一个便重复多次使用，况且家中老鼠在捕捉几只后就可以"休息"一段时间，重复购买因而减少，销量自然下降。

高收入的家庭，虽然可以多买几个，但是用后处理很伤脑筋，老式捕鼠器捉到一只老鼠后，可以与老鼠一起扔进垃圾箱，而新型捕鼠器有些舍不得，留下来吧又该放在哪儿呢？另外，留得捕鼠器的存在，又容易引起有关老鼠的可怕念头。

案例思考：结合本案例，说明美国这家制造新型捕鼠器的公司失败的根本原因是什么？

1.1 与市场营销有关的核心概念

在市场经济高度发展、科技进步明显加快、全球经济迅猛发展的形势下，任何企业都必须从市场出发，集中精力研究消费者的需求和购买行为，对市场营销环境的变化给企业所带来的机会和威胁进行充分调研；在此基础上，进行市场细分，并有针对性地选择目标市场，确定市场定位；然后企业需要制定营销策略、有效地满足消费者的欲望和需求，从而为实现企业目标打下良好基础。可以看出，市场是企业经营管理的出发点和归宿，是企业一切管理活动的依据。

自现代企业诞生以来，尽管管理思想层出不穷，各种管理方式千变万化，但是有一条永远不变的原则就是：所有成功的管理都是从外到内，依据市场的变化决定管理的原则、方式和方法。而对于市场的认识和把握，必须建立一套完整的理论和方法进行理性分析，以求更为准确地把握市场脉搏，去了解真正的消费趋势。

现代营销学就是一门以经济学、行为科学、心理学和现代管理理论为基础，系统、全面、深入、准确地研究市场问题，掌握市场规律，用于指导企业营销实践活动的学科。它在20世纪初产生于美国。近一个世纪以来，随着工商企业营销实践的发展，其营销理念也在发生着巨大变化，这些变化反过来又影响着企业的市场营销活动，并使得市场营销学成为经营管理学中最富有能动作用的一个领域。

为了更好地理解营销的概念，准确地把握市场营销管理的基本理论和方法，必须注意理解与之密切相关的八个核心概念：需要、欲望、需求、产品、价值、交换、交易、市场。

1.1.1 需要

需要是指人感到某种缺乏而力求获得满足的心理倾向，在字典当中，"需要"是应该有和必须有的意思，所以可以把需要理解为人类生存之必须。

美国心理学家马斯洛在1943年他的著作《人的动机理论》当中提出了需要层次理论。该理论认为：人的需要包括不同层次，而且这些需要都是由低层次向高层次发展的。层次越低的需要强度越大，人们优先满足较低层次的需要，再依次满足较高层次的需要。马斯洛把需要分为五个层次，即生理需要、安全需要、归属与爱的需要、尊重的需要和自我实现的需要。马斯洛的需要层次论包含以下几层含义：

（1）人的基本需要的满足是从低级到高级逐层波浪式递进的，在低层次的需要还没有被完全满足之前，高层次的需要就会产生。

（2）随着人的低层次的需要被满足的程度越来越高，高层次需要满足的愿望越来越强烈。

（3）较高层次的需要得到发展以后，低层次的需要依然存在，只是对人的行为影响的比重降低而已。

（4）越高级别的需要，满足的愿望就越强烈，同时，高层次需要的满足比低层次需要的满足需要更多的前提和外部条件。

人类的各种需要是市场营销管理活动的出发点，但必须明确，人的基本需要并不是由市场营销活动造成的。当一个人的某一层次的需要没有被满足的时候，他会有两种选择：一是努力寻找可以满足这种需要的具体满足物；二是降低或者压制这种需要的产生，来实现自身的满足。

扩展阅读——小知识

不足歌

中国古代的一位诗人，曾经写过一首《不足歌》，很好地诠释了马斯洛的需要层次理论：

终日奔波只为饥，方才一饱便思衣；
衣食两般皆俱足，又思娇娥美貌妻；
娶得美妻生下子，又思无田少根基；
门前买下田千顷，又思出门少马骑；
厩里买回千匹马，又思无官被人欺；
做个县官还嫌小，要到朝中挂紫衣；
有朝一日为一品，还思山河夺帝基；
梦想成真为天子，又思长生不老期；
求得长生不老药，欲与玉帝比高低；
不足歌，不足歌，人生人生奈若何？
若要世人心满足，除非南柯一梦兮！

1.1.2 欲望

欲望主要指想得到某种具体东西或达到某种具体目的的愿望。当人产生某种基本需要以后，就会为了满足这种需要而想得到某种具体满足物，这就产生了欲望。人的欲望的形成会受到其所处的生活环境及生活经历等外部因素的影响。

例如，当人感到饥饿时，就是产生了基本的生理需要，这时有的人会希望用米饭充饥，有的人希望用面条充饥，有的人也许会希望用牛肉充饥。市场营销管理活动虽然无法创造人的基本需要，但是却可以采用各种营销手段来创造和改变人的欲望，并研发销售特定的产品来满足这种欲望。

1.1.3 需求

在市场营销学中，需求可以用一个公式来表示：需求＝购买欲望＋购买力，指的是对有能力购买并且愿意购买某种具体产品的欲望。其中，愿意购买指的就是购买欲望；有能力购买指的就是购买力。很多人都希望拥有一辆豪华轿车，但是只有极少数人有购买能力。企业营销活动的目的不仅仅是激发消费者的欲望，更重要的是激起顾客购买本企业产品的需求。企业应该通过研究消费者的购买力，提供相对较为合适的产品满足其需求。

从上面可以看出，需求一定是一种欲望，但欲望不一定是需求，欲望只有在满足一定条件（购买力）的时候才能转变为有效的需求。

1.1.4 产品

所谓的产品，在这里可以理解为能满足人类各种需要和欲望的手段。但是这种手段不具备唯一性。满足同一种需要可以有各种各样的手段，并且产品会随着市场环境的变化而变化。某人有交通出行的需要，那么可以满足这种需要的手段就包括火车、飞机、汽车、轮船等多种；早期的时候满足交通出行这一需要的主要手段是马车，但是随着技术的进步，现在这一手段已经变成了汽车。

企业不能把产品看成是需要的化身，任何一个完美的产品都不可能等同于需要。只看到自己的产品质量好，看不到市场需求的变化，就会使企业患上"营销近视症"，从而最终使企业经营陷入困境。产品实体仅仅是一种载体。

1.1.5 价值

价值是一个很复杂的概念，也是一个在经济思想中有着很长历史的概念。马克思认为，价值是凝结在商品中的无差别的人类劳动，商品价值量的多少由社会必要劳动时间来决定，而"社会必要劳动时间是在现有的社会正常的生产条件下，在社会平均的劳动熟练程度和劳动强度下制造某种使用价值所需要的劳动时间。"（《马克思恩格斯全集》第23卷，第52页。）而边际效用学派则认为，消费者根据不同产品满足其需要的能力来决定这些产品的价值，并据此选择购买效用最大的产品。他所愿支付的价格（即需求价格）取决于产品的边际效用。这一论点最先由19世纪后期奥地利学派代表人物庞巴维克提出。庞巴维克为了反对马克思的劳动价值论，系统地发展了门格尔和维塞尔提出的边际效用价值论。按照他的理论，所谓边际效用就是指最后增加的那个产品所具有的效用，产品的价值取决于其边际效用。由于消费者收入是有限的，为了从有限的花费中取得最大的效用，消费者必须使其花费在每一种物品上的最后一个单位货币所产生的效用相等。这一理论叫做戈森第二定律。

而在市场营销管理中，价值的理解应该定位在消费者对产品满足各种需要的能力的评价上。从营销管理的角度来看，消费者之所以接受产品是因为对产品价值的认同。所以，营销活动的一个重点就是改变消费者对需求价值的认知，从而实现与产品价值的匹配，做到物有所值。表面上看，企业竞争的焦点是产品的价格，而本质上是产品在消费者心目中的价值竞争，由价格竞争走向价值竞争是企业发展的必然。

1.1.6 交换

交换简单来讲，指的是通过提供某种物品作为回报，从其他人或组织那里取得所需物品的行为。交换是市场营销活动的核心，交换的发生必须符合以下5个条件。

（1）要有两个以上买卖者。
（2）交换双方都要彼此认为对方的物品是有价值的。

（3）交换双方可以互相沟通信息和向对方运送货物或服务。
（4）交换双方均可自由地接受或拒绝对方的物品。
（5）交换双方都觉得值得与对方交易。

企业的一切市场营销活动都与市场、商品交换有关系，都是为了实现潜在交换，与其顾客达成交易。它包括商品交换、观念的交换、需求信息的交换、买卖双方情感的交换等。

1.1.7 交易

交换是一个连续性行为过程，而交易是交换过程中的一个环节。假设有买方A和卖方B，如果A、B双方正在切磋协商，争取达成协议，称他们将要进行交换；如果A、B双方达成了协议，则称他们发生了交易。交易通常可以分为易货交易和货币交易，前者是指A、B双方相互交换物品或者服务，而后者是指A给B一定数量的货币从而换取某种物品或者服务。

1.1.8 市场

美国市场营销协会（AMA）的定义委员会1960年对市场提出了如下定义："市场是指一种货物或劳务的潜在购买者的集合需求。"菲利普·科特勒把市场定义为"市场是指某种产品的所有实际的和潜在的购买者的集合"（《市场营销管理》第4版第21页，《市场学原理》第1版第16页）。

同经济学相比，市场营销学对"市场"含义的认识不仅角度不同，而且构成市场的因素亦有所区别。

按照上述的两种观点，市场包括以下几层含义。

（1）有一定量的商品或劳务，这是人们进行交换的物质基础。
（2）市场的概念是相对的，在交换中相互成为对方的市场。
（3）存在商品的不同所有者，彼此又需要对方的商品，使商品交换成为必要。这就是说有购买力、有购买动机。购买力包括商品与货币。
（4）有参加交换活动的当事人。当事人是指生产者、消费者、中间商、个人、企业和团体组织。

双方的当事人实质上都是对方的直接消费者或者是间接消费者。由以上含义知道，市场是一个动态组合的概念，但应突出消费者的需求，因而市场构成的因素是人口、购买动机及购买力。用公式来表示就是：市场＝人口＋购买力＋购买欲望。

市场的这三个因素是相互制约、缺一不可的，只有三者结合起来才能构成现实的市场，才能决定市场的规模和容量。例如，一个国家或地区人口众多，但收入很低，购买力有限，则不能构成容量很大的市场；又如，购买力虽然很大，但人口很少，也不能构成很大的市场。只有人口既多，购买力又强，才能成为一个有潜力的大市场。但是，如果产品不适合需要，不能引起人们的购买欲望，对销售者来说，仍然不能成为现实的市场。所以，市场是上述三个因素的统一。市场是指具有特定需要和欲望，而且愿意并能够通过交换来满足这种需要或欲望的全部潜在顾客。因此，市场的大小，取决于那些有某种需要，并拥有使别人感兴趣的资源，同时愿意以这种资源来换取其需要的东西的人数。

1.2 市场营销学科的发展历史

市场营销学发端于美国，后来传播到西欧、日本、东欧、前苏联等国家。近百年来，随着工商业企业的市场营销活动的发展变化，市场营销学有了很大的发展，一般说来，其发展大致经历了以下几个阶段。

1.2.1 市场营销学的孕育时期——20世纪初到20世纪20年代末

20世纪前，各资本主义国家经过工业革命，市场需求空前扩大，市场的基本特征是商品供不应求。

企业要获取更多的利润，就必须扩大生产规模，降低产品成本。后来随着时间的推移和科技的发展，生产效率有了较大提高，商品的供应越来越丰富。此时，少数有远见的企业家在经营思想上，开始注意商品推销和需求刺激，重视研究推销术和广告术，用"当面看货，包退包换"来扩大销路。与此同时，一些经济学者根据企业销售实践活动的需要，着手从理论上研究商品销售问题。1912年美国哈佛大学教授赫杰特齐（J. E. Hagertg）出版了第一本以"Marketing"命名的教科书，着重研究推销和广告等内容，这本书的问世，被认为是市场营销学作为一门独立学科产生的标志。但这时，真正的现代市场营销学原理、概念和学科体系尚未完全形成，对于市场营销的研究基本上只局限于大学讲台，而没有与企业的营销管理实践密切联系起来，因此，在学术界也未受到足够的重视。

1.2.2 市场营销学的应用时期——20世纪30年代到第二次世界大战结束

1929—1933年资本主义世界爆发了严重的经济危机，其结果是出现生产过剩、商品销售困难、企业纷纷倒闭的尴尬局面。此时，企业普遍面临的主要问题是如何把商品销售出去，为争夺市场、解决产品销路。企业主开始重视市场调查研究，分析预测市场需求，想方设法刺激消费，因而，市场营销学开始受到学术界和企业界的重视，各种流派的思想和研究方法相继出现，逐渐形成了市场营销学的基本概念和理论体系。

1937年美国成立"美国市场营销协会"，其后，市场营销学在研究的深度和广度上都有了一定的发展，但尚未超出流通领域，人们的经营思想仍局限于推销术和广告术，营销理论没有获得重大突破。

1.2.3 市场营销学的形成时期——20世纪50年代初到20世纪70年代末

第二次世界大战结束后，美国等西方国家把急剧膨胀的军事工业转向民用工业，加之战后科技革命的发展，社会生产力空前提高，经济迅速增长。市场形势发生了重大变化：一方面，社会产品供应剧增，积压增加；另一方面，政府推行了一整套高工资、高消费和高福利的社会经济政策，刺激和提高居民的购买力，消费者对于商品购买选择性日益增强，这更加剧了企业间的市场竞争。在这种情况下，原来的市场营销学理论和实务，已不能完全适应企业市场营销活动的需要。新的形势向市场营销学提出了新的课题，即现代企业必须善于分析判断消费者的需求和愿望，并据以提供适宜的产品和劳务，保证生产者与消费者之间的交换得以顺利地进行和实现，否则，产品销不出去，投资无效益。

于是，市场营销理论出现重大突破，现代市场营销观念及一整套现代企业经营的战略和方法应运而生。在西方国家，有人把这一变化称为"营销革命"，它迫切要求企业把市场在生产过程中的位置颠倒过来。过去，市场是生产过程的终点，即厂商只要把商品生产出来，推到市场便完成任务；而现在，市场需成为生产过程的起点，即企业通过对消费者的了解来生产商品，进而使消费者实际上参与企业的生产、投资、研究、计划的制订。这种新的理论不仅导致了销售职能的扩大和强化，而且促使企业组织结构也出现了新的变化。由此，市场营销学的地位空前提高，各种营销学著作纷纷出版，市场营销问题越来越受到社会各界的重视。特别是1960年尤金·麦卡锡的《基础市场学》一书的问世，对市场营销学的发展产生了重要影响。20世纪70年代，市场营销学又与消费经济学、心理学、行为科学、社会学、统计学等应用科学相结合，发展成为一门新兴的综合性的应用科学，先后传播到日本、西欧、东欧、前苏联等国，并被世界各国所接受。这一阶段是现代市场营销学走向成熟的阶段。

1.2.4 市场营销学进一步发展和完善期——20世纪80年代以后

20世纪80年代以后，市场营销学在学科体系的完善上得到了极大的发展，市场营销学的概念有了新突破。

1983年西奥多·莱维特提出了"全球营销"概念；1985年，巴巴拉·本德·杰克逊强调了"关系营销"；1986年菲利普·科特勒在《哈佛商业评论》（34月号）发表了《论大市场营销》一文，提出了"大市场营销"概念。20世纪90年代，一系列新的营销概念，如服务营销、网络营销等陆续出现。

从西方市场营销学的产生与发展可以看出，市场营销学是商品经济高度发展的产物，是西方国家企业经营经验的概括和总结。在西方，市场已成为整个社会经济的主宰，它决定着企业的生存、发展乃至每个人的生活、前途和命运，因此，每个生产者都不能不关心市场，不能不研究市场营销学。不仅如此，其他社会组织也在广泛地应用市场营销学原理。这就是市场营销学在西方国家受到普遍重视和迅速发展的根本原因。

在我国，早在20世纪30年代就有市场营销学译本，但由于历史的原因，市场营销学一直受到冷遇，有时甚至销声匿迹。直到党的十一届三中全会后，我国同西方发达国家开始发展经济贸易往来，市场营销学才被重新引进并逐步引起重视。随着我国市场经济体制的建立与完善，消费需求将逐渐成为市场活动的中心，工商企业必将面临开拓市场的新课题，因而，市场营销学的作用会越来越受到人们的普遍重视。

1.3 市场营销及市场营销管理的定义

1.3.1 市场营销的定义

美国市场营销协会给市场营销下的定义是：营销是创造、沟通与传送价值给顾客，以及经营顾客关系以便让组织与其利益关系人（Stakeholder）受益的一种组织功能与程序。

菲利普·科特勒下的定义强调了营销的价值导向：市场营销是个人和集体通过创造产品和价值，并同别人进行交换，以获得其所需所欲之物的一种社会管理过程。

而格隆罗斯给的定义强调了营销的目的：营销是在一种利益之上，通过相互交换和承诺，建立、维持、巩固与消费者及其他参与者的关系，实现各方的目的。

麦卡锡（E. J. Mccarthy）于 1960 年也对微观市场营销下了定义：市场营销是企业经营活动的职责，它将产品及劳务从生产者直接引向消费者或使用者，以便满足顾客需求及实现公司利润，同时也是一种社会经济活动过程，其目的在于满足社会或人类需要，实现社会目标。（《基础市场学》第 19 页）。

这一定义虽然比美国市场营销协会的定义前进了一步，指出了满足顾客需求及实现企业盈利成为公司的经营目标，但这两种定义都说明，市场营销活动是在产品生产活动结束时开始的，中间经过一系列经营销售活动，当商品转到用户手中就结束了，因而把企业营销活动仅局限于流通领域的狭窄范围，而不是视为企业整个经营销售的全过程，即包括市场营销调研、产品开发、定价、分销广告、宣传报道、销售促进、人员推销、售后服务等。

中国台湾的江亘松在《你的营销行不行》中对市场营销做了一个非学术性定义：将英文的 Marketing 作了下面的定义："什么是营销？"就字面上来说，"营销"的英文是"Marketing"，若把 Marketing 这个字拆成 Market（市场）与 ing（英文的现在进行式表示方法）这两个部分，那营销可以用"市场的现在进行式"表示。

本文采用的是中国人民大学商学院郭国庆教授对市场营销的定义：市场营销既是一种组织职能，也是为了组织自身及利益相关者的利益而创造、传播、传递客户价值，管理客户关系的一系列过程。

1.3.2 市场营销管理

在现代市场经济条件下，企业必须十分重视市场营销管理，根据市场需求的现状与趋势，制订计划，配置资源。通过有效地满足市场需求，来赢得竞争优势，求得生存与发展。

市场营销管理是指为创造达到个人和机构目标的交换而规划和实施理念、产品和服务的构思、定价、分销和促销的过程。市场营销管理是一个过程，包括分析、规划、执行和控制。其管理的对象包含理念、产品和服务。市场营销管理的基础是交换，目的是满足各方需要。

市场营销管理的主要任务是刺激消费者对产品的需求，但不能局限于此。它还帮助公司在实现其营销目标的过程中，影响需求水平、需求时间和需求构成。因此，市场营销管理的任务是刺激、创造、适应及影响消费者的需求。从此意义上说，市场营销管理的本质是需求管理。企业在开展市场营销的过程中，一般要设定一个在目标市场上预期要实现的交易水平，然而，实际需求水平可能低于、等于或高于这个预期的需求水平。换言之，在目标市场上，可能没有需求、需求很小或超量需求。市场营销管理就是要对付这些不同的需求情况。

1.4 市场营销观念的转变

市场营销观念是企业在从事生产和经营活动时所依据的指导思想和行为准则，它体现了人们对市场环境、企业在市场运行中所处地位，以及企业与市场相互关系等基本问题的认识、看法和根本态度，是企业所奉行的一种经营哲学和理念。

市场营销观念作为一种指导思想和行为准则，是企业一切经营活动的出发点，它支配着企业生产经营实践的各个方面。

市场营销观念是商品经济的基本观念之一，它的形成不是人们主观臆想的结果，而是商品经济发展到一定阶段的产物。随着商品经济的发展和市场环境的不断变化，市场营销观念也经历了相应的演变过程。

从西方市场营销学发展的历史来看，大体以20世纪50年代为界，市场营销观念经历了传统观念和现代观念两个阶段。

1.4.1 传统的市场营销观念

传统的市场营销观念是一种以企业利益为导向的经营观，企业经营的重点是生产，首先考虑的是"我擅长生产什么"。传统市场营销观念主要表现形式有生产观念、产品观念和推销观念。

1. 生产观念

这种观念盛行于19世纪末20世纪初。该观念认为，消费者喜欢那些可以随处买到和价格低廉的商品，企业应当组织和利用所有资源，集中一切力量提高生产效率和扩大分销范围，增加产量，降低成本。显然，生产观念是一种重生产、轻营销的指导思想，其典型表现就是"我们生产什么，就卖什么"。以生产观念指导营销活动的企业，称为生产导向型企业。

20世纪初，美国福特汽车公司制造的汽车供不应求，亨利－福特曾傲慢地宣称："不管顾客需要什么颜色的汽车，我只有一种黑色的T型车"。福特公司1914年开始生产的T型车，就是在"生产导向"经营哲学的指导下创造出奇迹的，它使T型车生产效率趋于完善，降低成本，使更多人买得起。到1921年，福特T型车在美国汽车市场上的占有率达到56%。

中国香港HNH国际公司营销它的耐克斯（Naxos）标签，为我们提供了一个当代生产观念的例子。耐克斯标签是在当地市场用低成本销售经典音乐磁带的供应品，但它迅速走向了世界。耐克斯的价格比它的竞争者（宝丽金和EMI）便宜1/3，因为它的管理费只有3%（大音乐制作公司为20%）。耐克斯相信，若它比其他公司的价格低40%的话就有利润。它希望用低价与削价政策来扩大市场。

2. 产品观念

产品观念是与生产观念并存的一种市场营销观念，都是重生产轻营销。产品观念认为，消费者喜欢高质量、多功能和具有某些特色的产品。因此，企业管理的中心是致力于生产优质产品，并不断精益求精，日趋完善。在这种观念的指导下，公司经理人常常迷恋自己的产品，以至于没有意识到产品可能并不迎合市场，甚至市场正朝着不同的方向发展。他们在设计产品时只依赖工程技术人员而极少让消费者介入。

下一代计算机（Next），在1993年投资花费了2亿美元，出厂一万台后便停产了。它的特征是高保真音响和带CD－ROM，甚至包含桌面系统。然而，谁是感兴趣的顾客，定位却是不清楚的。因此，产品观念把市场看做是生产过程的终点，而不是生产过程的起点，忽视了市场需求的多样性和动态性，过分重视产品而忽视顾客需求。当某些产品出现供过于求或不适销对路而产生积压时，却不知产品为什么销不出去。最终导致"市场营销近视症"。

杜邦公司在1972年发明了一种具有钢的硬度，而重量只是钢的1/5的新型纤维。杜邦公司的经理们设想了大量的用途和一个10亿美元的大市场。然而这一刻的到来比杜邦公司所预料的要长得多。因此，只致力于大量生产或精工制造而忽视市场需求的最终结果是其产品被市场冷落，使经营者陷入困境。

3. 推销观念

推销观念产生于资本主义经济由"卖方市场"向"买方市场"的过渡阶段。盛行于20世纪三四十年代。推销观念认为，消费者通常有一种购买惰性或抗衡心理，若听其自然，消费者就不会自觉地购买大量本企业的产品，因此企业管理的中心任务是积极推销和大力促销，以诱导消费者购买产品。其具体表现是："我卖什么，就设法让人们买什么"。执行推销观念的企业，称为推销导向型企业。在推销观念的指导下，企业相信产品是"卖出去的"，而不是"被买去的"。他们致力于产品的推广和广告活动，以求说服、甚至强制消费者购买。他们收罗了大批推销专家，做大量广告，对消费者进行无孔不入的促销信息"轰炸"。如美国皮尔斯堡面粉公司的口号由原来的"本公司旨在制造面粉"改为"本公司旨在推销面粉"，并第一次在公司内部成立了市场调研部门，派出大量推销人员从事推销活动。

但是，推销观念与前两种观念一样，也是建立在以企业为中心的"以产定销"，而不是在满足消费者真正需要的基础上。因此，前三种观念被称之为传统的市场营销观念。

1.4.2 现代市场营销观念

现代市场营销观念是在买方市场形成后产生的观念。它的基本特征是以销定产，即市场需要什么企业就生产什么。这是一种以消费者为导向或称市场导向的经营观。现代市场营销观念的产生、发展有其深刻的经济背景和社会背景。主要表现在以下几个方面。

◆ 商品经济高度发展，法律制度比较完善，形成了较公平的竞争环境。

◆ 买方市场全面形成，市场竞争日趋激烈。

◆ 全球经济一体化的出现和发展，使商业竞争超出了国界。

◆ 科技的持续、高速发展，使产品更新换代加快，为人们对产品差异性需求提供了物质基础。

◆ 全球环境保护主义的出现，影响和制约着企业的市场营销。开发无污染、低耗能的绿色产品，成为世界消费市场的主流。

现代市场营销观念可分为：市场营销观念、社会市场营销观念、大市场营销观念。

1. 市场营销观念

市场营销观是以消费者需要和欲望为导向的经营哲学，是消费者主权论的体现，形成于20世纪50年代。该观念认为，实现企业诸目标的关键在于正确确定目标市场的需要和欲望，一切以消费者为中心，并且比竞争对手更有效、更有利地传送目标市场所期望满足的东西。

市场营销观念的产生，是市场营销哲学的一种质的飞跃和革命，它不仅改变了传统的旧观念的逻辑思维方式，而且在经营策略和方法上也有很大突破。它要求企业营销管理贯彻"顾客至上"的原则，将管理重心放在善于发现和了解目标顾客的需要，并千方百计去满足它，从而实现企业目标。因此，企业在决定其生产经营时，必须进行市场调研，根据市场需求及企业本身条件选择目标市场，组织生产经营，最大限度地提高顾客满意程度。

执行市场营销观念的企业称为市场导向型企业。其具体表现是："尽我们最大的努力，使顾客的每一块钱都能买到十足的价值和满意"。当时，美国贝尔公司的高级情报部所做的一个广告，称得上是以满足顾客需求为中心任务的最新、最好的一个典范："现在，今天，我们的中心目标必须针对顾客。我们将倾听他们的声音，了解他们所关心的事，我们重视他们的需要，并永远先于我们自己的需要，我们将赢得他们的尊重。我们与他们的长期合作关系，将建立在互相尊重、信赖和我们努力行动的基础上。顾客是我们的命根子，是我们存在的全部理由。我们必须永远铭记，谁是我们的服务对象，随时了解顾客需要什么、何时需要、何地需要、如何需要，这将是我们每一个人的责任。现在，让我们继续这样干下去吧，我们将遵守自己的诺言。"

从此，消费者至上的思潮为西方资本主义国家各国普遍接受，保护消费者权益的法律纷纷出台，消费者保护组织在社会上日益强大。根据"消费者主权论"，市场营销观念相信，决定生产什么产品的主权不在生产者，也不在于政府，而在于消费者。

2. 社会市场营销观念

社会市场营销观念是以社会长远利益为中心的市场营销观念，是对市场营销观念的补充和修正。

从20世纪70年代起，随着全球环境破坏、资源短缺、人口爆炸、通货膨胀和忽视社会服务等问题日益严重，要求企业顾及消费者整体利益与长远利益的呼声越来越高。在西方市场营销学界提出了一系列新的理论及观念，如人类观念、理智消费观念、生态准则观念等。其共同点都是认为，企业生产经营不仅要考虑消费者需要，而且要考虑消费者和整个社会的长远利益。这类观念统称为社会营销观念。

社会营销观念的基本核心是：以实现消费者满意及消费者和社会公众的长期福利作为企业的根本目的与责任。理想的营销决策应同时考虑到：消费者的需求与愿望的满足，消费者和社会的长远利益，企业的营销效益。

3. 大市场营销观念

20世纪80年代以来，随着西欧、日本经济的崛起，国际市场上呈现出美、日、西欧三足鼎立的局面，国际市场竞争日益激烈，世界上许多国家的政府加强了对经济的干预，贸易保护主义抬头。在此情况下，即使企业的某种产品适销对路，价格合理，分销渠道和促销策略都适当，企业也未必能够进入特定的市场。在这种形势下，菲利普·科特勒提出：在实行贸易保护的条件下，企业的市场营销战略除了4P之外，还必须加上两个P，即"政治权力"（Political Power）和"公共关系"（Public Rations）。

这种思想被称之为"大市场营销"。菲利普·科特勒给"大市场营销"下的定义为：企业为了成功地进入特定市场或者在特定市场经营，打破各种贸易壁垒，需要在策略上运用经济的、心理的、政治的和公共关系等手段，以赢得若干参与者的合作和支持。他举例说：假设一家美国家用电器公司拟进入日本市场推销其产品，如果这家公司仅仅安排好4P，它未必能进入日本市场，因为日本实行贸易保护，设下了层层壁垒或进入障碍。在这种情况下，这家公司除适当安排4P外，还须增加"政治权力"和"公共关系"这两个P，也就是说，这家公司必须首先通过美国政府，派出外交官员，给日本政府施加压力，说服日本政府放宽贸易限制，打开日本市场的大门；其次，这家公司还必须开展诸如向日本政府官员疏通、游说，或向日本民众宣传说明实际情况，争取日本民众支持等公共关系工作，这也有利于打开日本市场的大门。同样，大市场营销也适用于国内贸易。

1.4.3 传统市场营销观念与现代市场营销观念的比较

现代市场营销观念的产生与发展是市场营销观念的一种质的飞跃或革命,它改变了传统观念的思维方式,也改变了传统观念指导下的企业的经营策略和经营手段,与传统观念相比,它具有以下几方面的不同。

1. 企业经营的出发点不同

传统观念的出发点是企业自身利益,而不考虑或忽视顾客的需求。企业只决定生产什么、生产多少及产品价格的高低;现代市场营销观的出发点是市场,企业通过研究、了解顾客的需求、需求程度、需求偏好等,然后决定生产什么、生产多少和产品价格的高低。

2. 企业经营的重点不同

传统市场营销观念指导下,企业的经营重点在企业内部,中心是产品;现代市场营销观念的指导下,企业的经营重点在企业外部,中心是顾客需求。

3. 企业经营的方法不同

传统市场营销观念指导下的企业采用的是单一的经营方法,如生产观念指导下企业注重的是生产,产品观念指导下的企业注重的是产品,推销观念指导下的企业注重的是推销或促销;现代市场营销观念采用的是整体营销方法,即综合运用产品、价格、分销、渠道等方法。

4. 企业经营的目的不同

传统的市场营销观念指导下的企业通过增加生产或扩大销售获取利润;现代营销观念指导下的企业则通过满足顾客需求来获取利润,企业与顾客是"双赢"关系。

5. 企业的经营导向不同

传统营销观念指导下的企业奉产品为上帝,以生产为导向;现代市场营销观念指导下的企业视顾客为上帝,重视顾客满意度的调查,以市场为导向。

1.5 市场营销的作用和职能

1.5.1 市场营销的作用

市场营销在现代经济生活中起着非常重要的作用。

1. 解决生产与消费的矛盾,满足生活消费和生产消费的需要

在商品经济条件下,社会的生产和消费之间存在着空间和时间上的分离,产品、价格、双方信息不对称等多方面的矛盾。市场营销的任务就是使生产和消费的不同的需要和欲望相适应,实现生产与消费的统一。

2. 实现商品的价值和增值

市场营销通过产品创新、分销、促销、定价、服务方便和加速相互满意的交换关系,使商品中的价值和附加值得到社会的承认。

3. 避免社会资源和企业资源的浪费

市场营销从顾客需求的角度出发,根据需求条件安排生产,最大限度地减少产品无法销售的情况的出现,避免了社会资源和企业资源的浪费。

4. 满足顾客需求，提高人民的生活水平和生存质量

市场营销活动的目标是通过各种手段最大限度地满足顾客需求，最终提高社会总体生活水平和人民的生存质量。

1.5.2 市场营销的职能

要想在激烈的市场竞争环境下生存，企业的市场营销部门需要发挥更大的作用，承担更多的职能。

1934年美国全国市场营销教师协会定义委员会提出，市场营销的职能包括商品化、购买、销售、标准化和分级、风险管理、集中、融资、运输和储存等9项，它们又被归纳为三类，即交换职能（购买和销售）、物流职能（运输和储存）、辅助职能（融资、风险承担、沟通和标准化等）。

随着生产力的发展和市场竞争的激烈化，市场营销实践也在不断创新。一些市场营销学者通过总结实践经验，又提炼出来若干新的市场营销职能。例如，1942年克拉克提出，销售要以创造需求为先。20世纪50年代末霍华德提出，市场营销应当能够让企业"创造性地适应"动态环境。进入20世纪80年代以后，"内部市场营销"、"关系市场营销"又先后被提出来，大大地丰富了市场营销的职能体系。

根据现代市场营销环境的要求，本书认为现代市场营销职能体系应当是包括商品销售、市场调查研究、生产与供应、创造市场需求和协调平衡公共关系五大职能。

1. 商品销售

市场营销的第一个职能就是商品销售，美国市场营销协会定义委员会1960年曾发表过这样一个定义："市场营销是引导商品或劳务从生产者流向消费者或其使用者的一种企业活动。"这个定义虽不承认市场营销就是销售，但是认为市场营销包含着销售，也包含着对商品销售过程的改进与完善，这个定义清楚地揭示了市场营销与商品销售的关系。

商品销售对于企业和社会来说，具有两种基本功能，一是将企业生产的商品推向消费领域；一是从消费者那里获得货币，以便对商品生产中的劳动消耗予以补偿。企业是为了提高人们的生活水平而采用先进生产组织方式进行社会化生产的产物。在资源短缺的现实经济中，它通过在一定程度上实现资源集中和生产专业化，能够利用规模经济规律来提高生产效率，创造和传播新的生活标准。商品销售是生产效率提高的最终完成环节，即通过这个环节把企业生产的产品转移到消费者手上，满足其生活需要。在另一方面，社会选择市场和商品交换方式，在企业转让产品给消费者的同时，让企业获得货币，是因为社会需要保持企业生产经营的连续性，以便更多地获得提高生产效率的好处。通过商品销售，让商品变为货币，社会可以为企业补充和追加投入生产要素，而企业因此也获得了生存和发展的条件。

因为商品销售的重要性，企业需要尽最大努力来加强这一职能。其具体的活动包括：寻找和识别潜在顾客，接触与传递商品交换意向信息，谈判，签订合同，交货和收款，提供销售服务。

2. 市场调查与研究

企业销售商品的必要外部条件之一是该商品存在着市场需求。人们把具备这个条件的商品称为是适合市场需求的。只有存在市场需求，商品才能销售出去。如果某种商品的市场需求确实存在，而且企业知道需要的顾客是谁，在哪里，就可以顺利地进行商品销售。

由于生产分工和商品生产本身在不断地创造着市场需求，因此，潜在市场需求总是存在的，问题在于人们现实需要的商品是不是市场上供应的商品。经常存在的商品销售困难的根源在于市场上供应的商品不是人们现实需要的商品，或者说，市场上的商品与人们的现实需要（期望）之间存在着差异。这个问题一方面造成了商品销售困难，而另一方面造成部分顾客的需要得不到满足。

理智的生产者和经营者要选择生产那些有人购买的商品。然而问题在于，一定范围的市场对于某种商品的需求量是经常变动的，有许多因素会对潜在顾客的需求产生影响。为了有效地实现商品销售，市场营销部门需要经常地研究市场需求，研究潜在顾客，研究本企业在满足顾客需要方面的合适性，研究可能存在的销售困难和困难来源，并且对应地制定满足每一个顾客需要的市场营销策略。这就是市场调查与研究职能的基本内容。不难发现，市场调查和研究不单纯是组织商品销售的先导职能，实际上是整个企业市场营销的基础职能。

3. 生产与供应

为了充分有效地利用已经来临的市场销售与盈利机会，并能够对即将来临的市场需求的变化作出灵活反应，关键在于内部是否进行着生产和销售、内部与外部之间两者协调的管理。企业作为生产经营者需要适应市场需求的变化，经常调整产品生产方向，借以保证生产经营的产品总是适销对路的。要争取利用每个时期的市场需求来保持企业销售收入的稳定和增长，争取利用每个所生产经营商品的盈利机会。在市场需求经常变动的条件下，企业的这种适应性就来自于企业对市场的严密监测，对内部的严格管理，对变化的严阵以待，对机会的严实利用。所有这些职能在企业经营管理上笼统地称为生产与供应职能。这个职能名称实际上是沿用传统的说法。在现代市场营销理论中，这个职能被称为整体营销。

整体营销是由企业内部的多项经营职能综合来体现的。要让销售部门在每个时期都能向市场销售适销对路的产品，市场调研部门就要提供准确的市场需求信息；经营管理部门就要把市场需求预测资料转变成生产指令，指挥生产部门生产和其他部门的协作。要让销售部门及时向顾客提供他们需要的产品，就要让生产部门在顾客需要来临之前将相应的产品生产出来；为了让生产部门能够做到这一点，技术开发部门就要在更早的时候完成产品设计和技术准备工作，能够向生产部门提供生产技术；财务部门就要在更早的时候筹集到资金，提供给生产部门进行生产线或机器设备的调整，提供给采购部门进行原料、材料、零部件的采购和供应；人事部门也要在更早的时候对工人进行技术培训和岗位责任教育，激发职工提高生产劳动的积极性和主动性。要让销售部门能够迅速打开销路，扩大商品销售数量，公共关系部门就应当在此之前在顾客心目中建立高尚的企业形象和企业产品形象，扩大服务顾客的声势和信誉传播范围；广告宣传部门就要在此之前有效地展开广告宣传攻势；促销部门要组织对潜在顾客有吸引力的促销活动；销售渠道和网络管理部门要在此之前争取尽可能多的中间商经销或代销企业的商品。这样，各个部门相互之间协同作战，共同来做好市场营销工作，就是整体营销。

实行整体营销需要对传统上各个职能部门各自为政的做法加以改变，甚至需要改变某些职能部门的设置。在市场营销中，要让技术开发部门根据顾客的需要开发人们愿意购买的商品；让财务部门按照市场营销需要筹集资金，供给资金，补充"给养"；让生产部门在顾客需要的时间生产出顾客需要的产品，保证销售部门及时拿到合适的产品、采用顾客喜闻乐见的方式，向存在需要的顾客进行销售。这样技术开发部门、生产部门、财务部门和销售部门就结合起来了,共同为促进商品的销售而运作。这样才能形成整体营销的效果。

4. 创造市场需求

不断提高社会生活水平的社会责任要求企业努力争取更多地满足消费者需要。这就是说,仅仅向消费者销售那些他们当前打算购买的商品是不够的。消费者普遍存在着"潜在需求",即由于某些原因,消费者在短期内不打算购买商品予以满足的需求。例如,对于目前市场上某种商品的质量水平不满意的消费者,即使存在需要,也可能不去购买这种商品;对于目前市场上价格相对较高、人们认为多消费就有些奢侈的非生活必需品,消费者即使存在需要,也可能不去购买,或者很少购买;有些消费者因为某种后顾之忧,把一部分钱储蓄起来,不用于目前的生活消费,会形成"潜在需求";另外,一些消费者虽然有一定的生活收入来源,可是由于目前手持货币数量的限制,不能购买某种他所需要的商品,也形成了"潜在需求"。当然,还有相当多的消费者拿着钱买不到自己所需要的商品,因此形成"潜在需求"。潜在需求的存在是由消费者生活需要的广泛性和可扩张性决定的。潜在需求实质上就是尚未满足的需求,代表着在提高人们生活水平方面还有不足之处,也是企业可开拓的市场中的"蓝海"。

企业既要满足已经在市场上出现的现实性需求,让每一个愿意购买企业商品的消费者确实买到商品,也要争取那些有潜在需求的消费者,提供他们所需要的商品和服务,创造某些可以让他们买得起、可放心的条件,解除他们的后顾之忧,让他们建立起购买合算、消费合理的信念,从而将其潜在需求转变成为现实需求,前来购买企业的商品。这就是"创造市场需求"。例如,通过适当降价,可以让那些过去买不起这种商品的消费者能够购买和消费这种商品,让那些过去觉得多消费不合算的消费者愿意多购买、多消费,真正满足其需要;通过广告宣传,让那些对某种商品不了解因而没有购买和消费的消费者了解这种商品,产生购买和消费的欲望;通过推出新产品,可以让那些难以从过去的那种商品获得需要满足的消费者有机会购买到适合其需要、能让他满意的商品;通过提供销售服务,让那些觉得消费某种商品不方便、不如意、不安全因而很少购买的消费者也能尽可能多地购买和消费这种商品,创造市场需求可以使市场的现实需求不断扩大,提高顾客需求的满足程度;也可以使企业开创一方属于自己的新天地,大力发展生产;同时使企业在现有市场上可进可退,大大增强对市场需求变化的适应性。

5. 协调平衡公共关系

企业管理理论界在20世纪30年代就承认了职工关系、顾客关系的重要性。然而,在存在落后的生产观念、销售观念的条件下,公共关系没有作为市场营销的一个"内在职能"。到20世纪60年代再次爆发保护消费者权益运动之后,公共关系职能才得到广泛的重视。在20世纪80年代,人们不再把公共关系看做企业的"额外负担",而是把它当成了市场营销的一种职能。

企业作为一个社会成员,与顾客和社会其他各个方面都存在着客观的联系。改善和发展这些联系既可改善企业的社会形象,也能够给企业带来市场营销上的好处,即增加市场营销的安全性、容易性。按照杰克森的观点,商品销售只是企业与顾客之间营销关系的一部分。事实上,他们之间还可以发展经济的、技术的和社会的联系和交往。通过这些非商品交换型的联系,双方之间就可以增进相互信任和了解,可以发展为相互依赖、相互帮助、同甘共苦的伙伴关系,让企业获得一个忠实的顾客群,还可以将过去交易中的烦琐谈判改变为惯例型交易，节省交易费用。这种"关系营销"的思想同样适合于发展和改善企业与分销商、供应商、运输和仓储商、金融机构、宣传媒体及内部职工的关系，使企业在市场营销过程中，都可以找到可以依赖、可予以帮助的战略伙伴。

协调平衡公共关系需要正确处理三个关系，即商品生产经营与企业"社会化"的关系，获取利润与满足顾客需要的关系和满足个别顾客需要与增进社会福利的关系。

1.6 当前形势下市场营销发展的新趋势

世界经济全球化和新经济的兴起，正改变着我们的营销环境，影响着市场营销的方方面面，以营销创新为主题的新营销革命风暴在国内外掀起。营销学之父菲利普·科特勒敏锐地捕捉到了营销发展的新趋势，新著《市场营销的发展趋势》一文，着重论述了以互联网为主要特征的新经济对市场营销冲击，并提出了新经济发展带来新的营销法则，如客户关系管理（CRM）和开展电子商务等。本节内容从营销观念、策略、组织、管理等方面来全面阐述营销的发展趋势。

1.6.1 营销观念的发展趋势

市场营销观念从产品观念、生产观念、推销观念、市场营销观念到社会市场营销观念的逐步演进是基于当时的市场环境发展和变化的。如今新经济的迅猛发展正改变着整个营销环境。美国营销大师唐·舒尔茨称当前的市场为"21世纪市场"，他说："21世纪的市场是消费者统治的市场，是互动及不断发展的。它是互联网和万维网时代，也是电子商务的时代——便捷、快速、消费者居于统治地位。不幸的是，我们现在的营销和营销传播思想与方法都是按历史市场来设计的。"的确，我们的营销观念还存在诸多与新经济不相适应的方面，应该看到当前一个时期以至未来，营销观念的发展着重体现在"四个更加重视"上。

1. 更加重视战略

传统计划经济下诞生的国有企业，甚至包括一些知名的民营企业，大都没有明确的经营目标和长期的战略规划，常常为了追求眼前的利润，只重视商品一时的畅销，不注重维护、创造企业的经营特色，在生产经营设施和技术开发上不愿进行大的投资，浮躁和急功近利的特征明显。未来企业营销将更强调可持续发展，要求企业营销必须重视战略的制定、战略与战术的协调，以确保市场营销作用的充分发挥。

2. 更加重视合作

"商场如战场"，竞争的成功建立在对手失败的基础上，这是传统的竞争观念。这种观念在我国企业的市场营销上表现得尤为突出。我们看到的国内企业竞争基本上都是低水平的价格战和广告战，其结果往往是两败俱伤。这种传统的营销竞争观念显然落伍了，客观上要求实行资源共享、优势互补的双赢的战略联盟，企业间合作已是大势所趋。

3. 更加重视"知本"

以前企业营销活动中更多地依靠的是有形的资本，一旦资本缺失，营销活动就难以开展。而知识经济时代企业要重视资本，更要重视"知本"，即营销人才的作用，没有资本但有"知本"，企业营销同样可以开展。美国通用公司总裁曾经说过："如果我一夜之间失去了所有的财产，而只要我们的员工还在，我同样可以重新开始。"从这话中不难看出营销

"知本"的重要性。"知本",是未来营销制胜的核心资本。

4. 更加重视顾客

从营销观念的发展进程中就可看出,每一次营销观念的重大变革,无不是向重视顾客方向更进一步发展的结果,未来营销观念的演进也是如此,不过,更加重视的是顾客的个性化需求、差别化需求抑或更加细化、深化的需求。

1.6.2 营销策略的发展趋势

首先看一下4P理论的发展趋势。

1. 在产品方面

随着市场由以"产品技术为中心"向以"客户为中心"的转变,服务正成为企业竞争的焦点。据有关调查显示,服务正在成为IBM最大的一张王牌。2001年IBM服务的营业收入占IBM全部营业收入的1/3。在IBM的盈利模式里,有这样一个算式:产品＋服务＝1＋3＝4,也就是说,1元的产品加上服务后可以卖到4元,这充分体现了服务的价值。

2. 在价格方面

价格构成因素发生变化,知识因素、创新成本等计入价格之中;价格导向发生转变,即由传统的以生产成本为导向的定价策略转变为真正以需求为导向的产品定价策略;定价方式也发生了变化,通过网络技术运用价格策略的方式出现。

3. 在渠道方面

渠道结构由金字塔式向扁平化转变。如有的企业由多层次批发环节变为一层批发,还有一些企业在大城市设立配送中心,直接面向经销商、零售商提供服务。这种扁平化结构的销售渠道通过通路层次的减少来提高企业和消费者的利益,增加了品质保证;同时也有利于企业把握消费者需求。渠道方式实施网络化分销。互联网技术和电子商务的飞速发展为企业渠道E化提供了广阔的空间。E化渠道以跨时空、交互式、拟人化、高效率为特征,能够适应新经济时代消费者快速、便捷并富有个性的需求。

4. 在促销方面

网络广告、网络公共关系兴起。网络使得企业与企业、企业与公众之间可以通过网络进行双向交互式沟通,站点宣传、网上新闻发布、栏目赞助、参与或主持网上会议、发送电子推销信、在网络论坛和新闻组发送信息传单等网络公共关系出现。与此同时,电子邮件广告(E－mail)、电子公告牌(BBS)广告、Usenet广告和Web广告等新型网络广告形式将成为未来广告的重要组成部分。

从营销策略的发展趋势来看,营销策略并不一定就是4P,营销组合的变革趋势明显。"4P"是以产品(Production)、价格(Price)、地点(Place)、促销手段(Promotion)为代表的以生产为中心的营销四要素组合的总称。

近年来,营销学者从顾客的角度又提出了新的营销观念与理论,即"4C"组合理论,包括Customer(顾客的需求和期望)、Cost(顾客的费用)、Convenience(顾客购买的方便性)及Communication(顾客与企业的沟通)。最近随着高科技产业的迅速崛起,高科技企业、高技术产品与服务不断涌现,营销新组合出现,即"4V"营销组合。所谓"4V"是指"差异化(Variation)"、"功能化(Versatility)"、"附加价值(Value)"、"共鸣(Vibration)"的营销组合理论。它强调的是顾客需求的差异化和企业提供商品的功能的多样化,以使顾客和企业达到共鸣。如今美国营销学教授舒尔茨提出了4R营销组合，即与顾客建立关联（Relation）、提高市场反应速度（Response）、运用关系营销（Relationship）、回报是营销的源泉（Reward）。4R营销组合的最大特点是以竞争为导向，在新的层次上概括了营销的新框架。它根据市场不断成熟和竞争日趋激烈的态势，着眼于企业与客户的互动与双赢。

1.6.3 营销组织的发展趋势

营销组织的发展趋势主要朝三个方向发展。

1. 学习型营销组织

《学习型组织：第五项修炼》是彼得·圣吉博士提出的一种新的管理科学理论。它是在总结以往理论的基础上，并通过对4000多家企业的调研而创立的一种具有巨大创新意义的理论，如今愈来愈引起理论界及企业的浓厚兴趣，并被喻为"21世纪的管理圣经"。彼得·圣吉在研究中发现，1970年名列美国《财富》杂志"500强"排行榜的大公司，到了20世纪80年代已有1/3销声匿迹。这些不寻常的现象引起了彼得·圣吉博士的思考。通过深入研究，他发现，是组织的智障妨碍了组织的学习和成长，并最终导致组织的衰败。组织智障，顾名思义，指的是组织或团体在学习及思维方面存在的障碍。这种障碍最明显地表现在：组织缺乏一种系统思考的能力。这个障碍对组织来说是致命的，许许多多的企业因此走向衰落。因而要使企业茁壮成长，必须建立学习型组织，即将企业变成一种学习型的组织，以此来克服组织智障。

2. 网络型营销组织

近年来，随着竞争的激化和复杂、顾客需求的多样化，很多企业已逐渐认识到要保持竞争优势必须改变组织结构，没有任何一个企业可以靠自己保持竞争优势，越来越多的企业走上了战略联盟的道路，营销的重点从交易转至关系，采用关系营销战略，进而又不断地转移到管理独立组织间的战略联盟，企业从交易型营销向网络组织型营销模式转变，企业及其市场环境间的传统外部界限变得日益模糊不清，企业不断开发与供应商、分销商、顾客的战略营销伙伴关系，以取代传统的竞争模式。西方国家已出现了营销交流公司、营销联合公司、虚拟公司等网络组织形式，通过网络的开发，网络成员都提供了一种其他成员所缺乏的核心能力，网络成员通过高度复杂的信息和决策支持系统互相连接在一起，形成一个价值增值系统，为企业带来优势。

3. 虚拟营销组织

所谓虚拟营销组织，是指为实现对某种市场机会的快速反应，通过互联网技术将拥有相关资源的若干独立企业集结以及时地开发、生产、销售多样化、用户化的产品或服务而形成的一种网络化的战略联盟经济共同体。在这个经济共同体之中，在有限的资源背景下，为了取得竞争中的最大优势，合作各方仅保留自身最关键的功能，而将其他功能通过各种形式借助外力进行整合弥补，以最大效率地发挥协同优势，构造强有力的战略竞争联盟。

1.6.4 营销管理的发展趋势

营销管理的趋势主要体现为"三个转变"。

1. 从硬性管理向柔性管理的转变

传统宝塔式等级组织相对应的是，传统营销管理的特点主要体现为集中管理和硬性管理，通过大量硬性指标和规章制度来强化对营销人员的管理，且营销管理者与被管理者之间缺乏双向沟通，营销管理的效率不高，组织绩效低下。可以说这种滞后的营销管理在新经济的冲击下不堪一击。在传统工业经济时代，生产和经营是通过庞大的规模和集中的管理来获得高效率的；但是在新经济时代，知识型营销人员增多，靠强制性的硬性管理不但不能见效而且只会起反作用。知识型员工更需要与管理者沟通，你说我听的指令型管理模式需要改变为双向沟通。知识和信息在营销中的应用正成为现代营销管理的发展方向，如以数字化管理为代表的柔性营销管理。此外，知识经济时代企业不再把传统工业经济时代沿袭下来的速度、数量、产值作为追求的目标，不再只注重以往的流水线、节拍等严密的分工组织形式和工艺流程，而是重视人的主观能动性、独立性和创造性。

2. 从忽视企业内外部协调向运用客户关系管理系统联结内外部营销管理转变

传统营销管理观念存在着明显与新经济不相适应的方面，即营销管理缺乏内外部协调。传统营销管理要么是只重视内部的产品和人员的管理，要么只重视外部公共关系的开展，而没有将内外部营销管理有机地结合起来，新经济强调的是持续发展，重外轻内或重内轻外都将妨碍企业的长期发展。营销的目的是要满足顾客的需求，因而企业要在重视企业内部营销管理的同时，将重心转移至外部顾客服务上来，特别注意通过加强内部的管理来实现外部的顾客满意目标。客户关系管理（CRM），是一种倡导企业以客户为中心的营销管理思想和方法，成为未来营销管理的发展趋势。

3. 从忽视营销管理的整合到大力实施整合营销管理的转变

市场营销策略包括4P，营销管理的整体效果取决于4P的整合程度。根据木桶原理，即木桶盛水的多少取决于木桶的最短边而非最长边。那么，营销效果的高低实际上是取决于4P中的最弱的方面，而非做得最好的方面。我们的企业在进行营销活动时，非常重视促销（尤其是广告）和价格。这未免有失偏颇。可以预见未来在营销管理中强化营销组合的整合程度将是营销管理成败的关键。整合营销（Integrated Marketing，IM）是一种通过对各种营销工具和手段的系统化结合，根据环境进行即时性动态修正，以使交换双方在交互中实现价值增值的营销理论与营销方法。这一营销方式必将成为未来营销管理的又一趋势。

1.6.5 全球化、国际化营销趋势明显

世界经济一体化使国内市场与国际市场对接，进而导致国内市场国际化，不可避免地把现代企业营销置于一个国际化的环境之中。营销国际化成为企业营销发展的必然趋势。更重要的是，加入WTO使中国企业营销走向国际化的步伐加快。可以预计，未来若干年内，随着自由贸易区域的扩大和各国政策法规对外国投资的放宽，全球市场将进一步开放，所有的企业面临的市场竞争不仅来自于本国，更严峻的是要接受外国强大竞争者的挑战。而全球性的战略联盟进一步加速了市场营销的国际化，特别是国家之间、区域之间和跨国公司之间的战略性联合，缩短了国际市场之间的差异和距离。尽管目前全球联盟仍未形成大规模发展的趋势，但互联网的迅猛发展客观上为各种联盟创造了良好的条件。近年西

方航空制造业、汽车业联盟之后，市场营销战略的全球一体化大大增强了其品牌在国际市场上的竞争力。

1.6.6 非营利性组织重视营销的趋势明显

市场营销一般而言是企业制胜的武器之一，但随着社会的发展和环境的变化，很多国家、政府组织、大学、社团或其他非营利性组织开始运用营销策略来提升组织的知名度了。北京申奥、上海申博的成功，与其说是申办的成功，不如说是营销北京、营销上海的成功。随着旅游业、会展业的兴盛，非营利性组织运用营销方式来达到宣传推广目的的活动将越来越多，并渐成一种趋势或热潮。

1.7 顾客让渡价值

菲利普·科特勒在1994年出版的《市场营销管理——分析、规划、执行和控制》（第8版）中，新增了《通过质量、服务和价值建立顾客满意》一章，提出了"顾客让渡价值"（Customer Delivered Value）的新概念。这一概念的提出，是对市场营销理论的最新发展。

1.7.1 "顾客让渡价值"的含义

"顾客让渡价值"是指顾客总价值（Total Customer Value）与顾客总成本（Total Customer Cost）之间的差额。顾客总价值是指顾客购买某一产品与服务所期望获得的一组利益，它包括产品价值、服务价值、人员价值和形象价值等。顾客总成本是指顾客为购买某一产品所耗费的时间、精神、体力及所支付的货币资金等，因此，顾客总成本包括货币成本、时间成本、精神成本和体力成本等。

由于顾客在购买产品时，总希望把有关成本包括货币、时间、精神和体力等降到最低限度，而同时又希望从中获得更多的实际利益，以使自己的需要得到最大限度的满足，因此，顾客在选购产品时，往往从价值与成本两个方面进行比较分析，从中选择出价值最高、成本最低，即"顾客让渡价值"最大的产品作为优先选购的对象。

企业为在竞争中战胜对手，吸引更多的潜在顾客，就必须向顾客提供比竞争对手具有更多"顾客让渡价值"的产品，这样，才能使自己的产品为消费者所注意，进而购买本企业的产品。为此，企业可从两个方面改进自己的工作：①通过改进产品、服务、人员与形象，提高产品的总价值；②通过降低生产与销售成本，减少顾客购买产品的时间、精神与体力的耗费，从而降低货币与非货币成本。

1.7.2 顾客购买的总价值

使顾客获得更大"顾客让渡价值"的途径之一，是增加顾客购买的总价值。顾客总价值由产品价值、服务价值、人员价值和形象价值构成，其中每一项价值因素的变化均对总价值产生影响。

1. 产品价值

产品价值是由产品的功能、特性、品质、品种与式样等所产生的价值。它是顾客需要的中心内容，也是顾客选购产品的首要因素，因而在一般情况下，它是决定顾客购买总价值大小的关键和主要因素。产品价值是由顾客需要来决定的,在分析产品价值时应注意以下因素。

在经济发展的不同时期,顾客对产品有不同的要求,构成产品价值的要素及各种要素的相对重要程度也会有所不同。例如,我国在计划经济体制下,由于产品长期短缺,人们把获得产品看得比产品的特色更为重要,因而顾客购买产品时更看重产品的耐用性、可靠性等性能方面的质量,而对产品的花色、式样、特色等却较少考虑;在市场商品日益丰富、人们生活水平普遍提高的今天,顾客往往更为重视产品的特色质量,如要求功能齐备、质量上乘、式样新颖等。

在经济发展的同一时期,不同类型的顾客对产品价值也会有不同的要求,在购买行为上显示出极强的个性特点和明显的需求差异性。因此,这就要求企业必须认真分析不同经济发展时期顾客需求的共同特点及同一发展时期不同类型顾客需求的个性特征,并据此进行产品的开发与设计,增强产品的适应性,从而为顾客创造更大的价值。

2. 服务价值

服务价值是指伴随产品实体的出售,企业向顾客提供的各种附加服务,包括产品介绍、送货、安装、调试、维修、技术培训、产品保证等所产生的价值。服务价值是构成顾客总价值的重要因素之一。在现代市场营销实践中,随着消费者收入水平的提高和消费观念的变化,消费者在选购产品时,不仅注意产品本身价值的高低,而且更加重视产品附加价值的大小。特别是在同类产品质量与性质大体相同或类似的情况下,企业向顾客提供的附加服务越完备,产品的附加价值越大,顾客从中获得的实际利益就越大,从而购买的总价值也越大;反之,则越小。因此,在提供优质产品的同时,向消费者提供完善的服务,已成为现代企业市场竞争的新焦点。

3. 人员价值

人员价值是指企业员工的经营思想、知识水平、业务能力、工作效益与质量、经营作风、应变能力等所产生的价值。企业员工直接决定着企业为顾客提供的产品与服务的质量,决定着顾客购买总价值的大小。一个综合素质较高又具有顾客导向经营思想的工作人员,会比知识水平低、业务能力差、经营思想不端正的工作人员为顾客创造更高的价值,从而创造更多的满意的顾客,进而为企业创造市场。人员价值对企业、对顾客的影响作用是巨大的,并且这种作用往往是潜移默化、不易度量的。因此,高度重视对企业人员综合素质与能力的培养,加强对员工日常工作的激励、监督与管理,使其始终保持较高的工作质量与水平就显得至关重要。

4. 形象价值

形象价值是指企业及其产品在社会公众中形成的总体形象所产生的价值。包括企业的产品、技术、质量、包装、商标、工作场所等构成的有形形象所产生的价值,公司及其员工的职业道德行为、经营行为、服务态度、作风等行为形象所产生的价值,以及企业的价值观念、管理哲学等理念形象所产生的价值等。形象价值与产品价值、服务价值、人员价值密切相关,在很大程度上是上述三个方面价值综合作用的反映和结果。形象对于企业来说是宝贵的无形资产,良好的形象会对企业的产品产生巨大的支持作用,赋予产品较高的价值,从而带给顾客精神上和心理上的满足感、信任感,使顾客的需要获至更高层次和更大限度的满足,从而增加顾客购买的总价值。因此,企业应高度重视自身形象塑造,为企业进而为顾客带来更大的价值。

1.7.3 顾客购买的总成本

使顾客获得更大"顾客让渡价值"的途径之二，是降低顾客购买的总成本。顾客总成本不仅包括货币成本，而且还包括时间成本、精神成本、体力成本等非货币成本。一般情况下，顾客购买产品时首先要考虑货币成本的大小，因此，货币成本是构成顾客总成本大小的主要和基本因素。在货币成本相同的情况下，顾客在购买时还要考虑所花费的时间、精神、体力等，因此这些支出也是构成顾客总成本的重要因素。这里主要考察后面的时间、精神与体力三种成本。

1. 时间成本

在顾客总价值与其他成本一定的情况下，时间成本越低，顾客购买的总成本越小，从而"顾客让渡价值"越大。如以服务企业为例，顾客为购买餐馆、旅馆、银行等服务行业所提供的服务时，常常需要等候一段时间才能进入到正式购买或消费阶段，特别是在营业高峰期更是如此。在服务质量相同的情况下，顾客等候购买该项服务的时间越长，所花费的时间成本越大，购买的总成本就会越大。同时，等候时间越长，越容易引起顾客对企业的不满意感，从而中途放弃购买的可能性亦会增大。因此，努力提高工作效率，在保证产品与服务质量的前提下，尽可能减少顾客的时间支出，降低顾客的购买成本，是为顾客创造更大的"顾客让渡价值"、增强企业产品市场竞争能力的重要途径。

2. 精力成本（精神与体力成本）

精力成本是指顾客购买产品时，在精神、体力方面的耗费与支出。在顾客总价值与其他成本一定的情况下，精神与体力成本越小，顾客为购买产品所支出的总成本就越低，从而"顾客让渡价值"越大。因为消费者购买产品的过程是一个从产生需求、寻找信息、判断选择、决定购买到实施购买，以及购后感受的全过程。在购买过程的各个阶段，均需付出一定的精神与体力。如当消费者对某种产品产生了购买需求后，就需要收集该种产品的有关信息。消费者为收集信息而付出的精神与体力的多少会因购买情况的复杂程度不同而有所不同。就复杂购买行为而言，消费者一般需要广泛全面地收集产品信息，因此需要付出较多的精神与体力。对于这类产品，如果企业能够通过多种渠道向潜在顾客提供全面详尽的信息，就可以减少顾客为获取产品情报所花费的精神与体力，从而降低顾客购买的总成本。又如，对于结构性能比较复杂、装卸搬运不太方便的机械类、电气类产品，如果企业能为顾客提供良好的售后服务，如送货上门、安装调试、定期维修、供应零配件等，就会减少顾客为此所耗费的精神和体力，从而降低精神与体力成本。因此，企业采取有效措施，对增加顾客购买的实际利益，降低购买的总成本，获得更大的"顾客让渡价值"具有重要意义。

1.7.4 "顾客让渡价值"的意义

在现代市场经济条件下，企业树立"顾客让渡价值"观念，对于加强市场营销管理，提高企业经济效益具有十分重要的意义。

（1）"顾客让渡价值"的多少受顾客总价值与顾客总成本两方面的因素的影响。其中顾客总价值是产品价值（Product Value）、服务价值（Services Value）、人员价值（Personnel

Value）和形象价值（Image Value）等因素的函数，可表示为

$$TCV = f(Pd, S, Ps, I)$$

其中任何一项价值因素的变化都会影响顾客总价值。顾客总成本是包括货币成本（Monetary Price）、时间成本（Time Cost）、精力成本（Energy Cost）等因素的函数，即

$$TCC = f(M, T, E)$$

其中任何一项成本因素的变化均会影响顾客总成本，由此影响"顾客让渡价值"的大小。同时，顾客总价值与总成本的各个构成因素的变化及其影响作用不是各自独立的，而是相互作用、相互影响的。某一项价值因素的变化不仅影响其他相关价值因素的增减，从而影响顾客总成本的大小，而且还影响"顾客让渡价值"的大小。因此，企业在制定各项市场营销决策时，应综合考虑构成顾客总价值与总成本的各项因素之间的这种相互关系，从而用较低的生产与市场营销费用为顾客提供具有更多的"顾客让渡价值"的产品。

（2）不同的顾客群对产品价值的期望与对各项成本的重视程度是不同的。企业应根据不同顾客群的需求特点，有针对性地设计和增加顾客总价值，降低顾客总成本，以提高产品的实用价值。例如，对于工作繁忙的消费者而言，时间成本是最为重要的因素，企业应尽量缩短消费者从产生需求到具体实施购买，以及产品投入使用和产品维修的时间，最大限度地满足和适应其求速求便的心理要求。总之，企业应根据不同细分市场顾客的不同需要，努力提供实用价值强的产品，这样才能增加其购买的实际利益，减少其购买成本，使顾客的需要获得最大限度的满足。

（3）企业为了争取顾客，战胜竞争对手，巩固或提高企业产品的市场占有率，往往采取"顾客让渡价值"最大化策略。追求"顾客让渡价值"最大化的结果却往往会导致成本增加，利润减少。因此，在市场营销实践中，企业应掌握一个合理的度的界限，而不应片面追求"顾客让渡价值"最大化，以确保实行"顾客让渡价值"所带来的利益超过因此而增加的成本费用。换言之，企业"顾客让渡价值"的大小应以能够达到实现企业经营目标的经济效益为原则。

引导案例解析

该捕鼠器公司以生产观念为指导，不考虑消费者的需求，自以为是，闭门造车是导致其失败的根本原因，正确的做法应该是以消费者为中心，以市场需求为导向，在市场调查的基础上，考虑消费者的愿望和需要，搞清楚消费者是希望更好的捕鼠器还是更希望一个解决老鼠问题的办法呢？比如，用化学药品代替捕鼠器，同时还要搞清楚究竟有多少消费者需要新型捕鼠器，然后再作相应的产品策略和确定一定的生产量。

课后思考

1．交换与交易的区别和联系是什么？

2. 传统市场营销观念和现代市场营销观念之间有什么区别？
3. "顾客让渡价值"包括哪些内容？

 课后案例分析

"秘密武器"为何不能长盛不衰
——更新市场观念

库尔斯公司是美国一家啤酒酿造公司，地处科罗拉多的山沟里。1960年阿道夫·库尔斯这个44岁的啤酒王国的老板，外出遇难后，公司由其儿子比尔和乔兄弟俩经营。库尔斯公司生产的啤酒是用纯净的落基山泉水酿制，公司只生产一种品质啤酒，且只有一家酿造厂生产这种啤酒，啤酒只在西部11个州销售，其中多数州是美国人烟最稀少的地区。它没有设立分厂，22年没有扩大过规模，同时，每一桶酒都要销往900英里以外的地方。啤酒质量很好，除了一些名演员像保罗·纽曼和伊斯特伍等外，从福特总统到亨利·基辛格，无不对库尔斯啤酒称道叫好。每年大约有30万库尔斯的崇拜者来啤酒厂游玩，人们一直称库尔斯有"秘密武器"。

到1970年由比尔和乔经营的一个小规模地区性啤酒厂却异常繁荣，1969年比1968年产量增长19%，在全国啤酒行业中名列第四。在西部11个州市，库尔斯市场占有率达30%，在加利福尼亚州，到1973年为止，它占有了41%的市场，比啤酒行业产量最大的安休斯—布希的18%还多。这与来自那些知名的和不知名的人士对库尔斯产品的狂热追求与爱好，与来自环境清洁的形象及来自味道清淡适口的啤酒形象是分不开的。到20世纪70年代中叶，啤酒的消费趋势发生了很大变化，啤酒行业最热门的产品是凉爽型啤酒或低热量啤酒和高级名牌啤酒，这种啤酒的销售量几乎占到啤酒总销量的10%，而其中全国发展最快的米勒公司啤酒占到30%，并且这个比例还在上升，其他有发展的啤酒是高级名牌啤酒，安休斯—布希的米歇洛布牌啤酒竞争力很强。每年以3%的速度增长，但几乎所有的增长均来自两种产品：凉爽或低热量啤酒和高级名牌啤酒，而这些库尔斯一种也不生产，只是一味地依赖于它的那一种啤酒，因循守旧。此外，研究表明，每十个饮用凉爽啤酒的新消费者中有四个是从库尔斯那里来的。西部市场也不再只属于库尔斯了，那里满是实力雄厚、根基牢靠的竞争对手，比尔不得不承认："酿造我们能酿造的最好啤酒已经不够了。"1978年利润下降到5.48亿美元，比利润最高的1976年减少将近29%，就是退到1975年，利润也比这个数字高。

问题就在于对一个变化不定的和更有扩张性的市场，库尔斯一味采取长期观望的态度，而无所领悟，保守主义政策根深蒂固，错误地认为一种啤酒及一种形象的魅力会长盛不衰，从而否认了任何大胆进取的甚至于惯常的市场营销努力的必要性，最终使库尔斯这个历史悠久、令人肃然起敬的啤酒商不回头地走到这样一个历史时刻。

思考题：
1. 你认为库尔斯的"秘密武器"来自何处？

2. 到 20 世纪 70 年代以后，为什么"秘密武器"却失灵了？
3. 产品的好坏应该以什么为标准？
4. 库尔斯公司以什么为导向？
5. 怎样才能使产品长盛不衰？

第 2 章 市场调查与预测

◎ **本章要点**
- 企业与市场的关系
- 市场营销信息的特征及功能
- 市场营销信息系统的构成
- 市场调查的内容及方法
- 市场预测

◎ **本章难点**
- 市场营销信息系统
- 市场调查
- 市场预测的方法

◎ **课前思考**
- 企业为什么要进行市场调查与预测活动?
- 如何进行有效的市场调查与预测活动?

 引导案例

春花童装厂的市场调研

　　某市春花童装厂近几年沾尽了独生子女的光,生产销售连年稳定增长。该厂李厂长这几天来却在为产品推销、资金周转不灵死大伤脑筋。原来,年初该厂设计了一批童装新品种,有男童的香槟衫、迎春衫,女童的飞燕衫、如意衫等。借鉴成人服装的镶、拼、滚、切等工艺,在色彩和式样上体现了儿童的特点:活泼、雅致、漂亮。由于工艺比原来复杂,成本较高,价格比普通童装高出了 80% 以上,比如一件香槟衫的售价在 160 元左右。为了摸清这批新产品的市场吸引力如何,在春节前夕厂里与百货商店联合举办了"新颖童装迎春展销",小批量投放市场十分成功,柜台边消费者拥挤,购买踊跃,一片赞誉声。许多商家主动上门订货。连续几天亲临柜台观察消费者反映的李厂长,看在眼里,喜在心上。不由想到,"现在都只有一个孩子,为了能把孩子打扮得漂漂亮亮的,谁不舍得花些钱?只要货色好,价格高些看来没问题,决心趁热打铁,尽快组织批量生产,及时抢占市场。"

　　为了确定计划生产量,以便安排以后的月份生产,李厂长根据去年以来的月销售统计数,运用加权移动平均法,计算出以后月份预测数,考虑到这次展销会的热销场面,他决定以生产能力的 70% 安排新品种,30% 为老品种。二月份的产品很快就被订购完了。然而,

现在已是四月初了,三月份的产品还没有落实销路。询问了几家老客商,他们反映有难处,原以为新品种童装十分好销,谁知二月份订购的那批货,卖了一个多月还未卖三分之一,他们现在既没有能力,也不愿意继续订购这类童装了。对市场上出现的近一百八十度的需求变化,李厂长感到十分纳闷。他弄不明白,这些新品种都经过试销,自己还亲自参加市场调查和预测,为什么会事与愿违呢?

案例思考:你认为春花童装厂产品滞销的问题出在哪里?为什么市场的实际发展状况,会与李厂长市场调查与预测的结论大相径庭?

需求管理是营销管理的实质。因此,对消费者的价值需求的识别和满足,有时甚至会驱动消费者需求,就成为营销管理者的工作重点。所以,现在市场营销学理论把市场营销信息、市场调研、市场预测作为企业掌握经营环境、分析市场动向及供求发展趋势的三大支柱。

本章主要介绍市场营销信息及其系统构成、市场调研的基本步骤和内容,以及市场调研设计的基本知识。

2.1 营销信息系统

企业营销信息对企业实现营销目标的重要作用已经被越来越多的人所认识和看重。随着经济的发展,人们对市场信息的获取也越来越频繁。企业营销者只有对消费者、供应商、竞争者和经销商等市场信息及企业自身的销售和成本数据进行认真分析和研究,才能对营销活动进行有效的分析、计划和控制。那么企业在营销过程中如何获得既正确及时又成本合适的市场信息,是摆在企业面前的一个难题。因此,为了及时、有效地寻求和发现市场机会,为了对营销过程中可能出现的变化与问题有所预料,能够在激烈的市场竞争中取胜,企业需要建立一个有效的营销信息系统,以便及时系统地收集、加工与运用各种有关的信息。

2.1.1 市场营销信息含义及类型

1. 市场营销信息的含义

信息与物资、能量作为三大资源,广泛存在于客观世界之中,哪里有事物的运动,哪里就有信息的存在。

信息是事物的存在方式、运动状态及其对接受者的效用的综合反映。它不同于消息,也不同于知识。信息与消息的区别如下。①信息与消息是内容与形式的关系。信息是消息的内容,消息是信息的表现形式,信息以消息作为载体而进行传递。②信息具有效用性。以消息为载体所传播的内容中,只有那些对接收者具有一定价值、能满足接收者的某种特殊需要的部分才是信息,无用的部分称为噪声。知识是信息的一部分,是人们在社会实践中,通过思维活动,对普遍存在的大量信息进行选择、处理,所组成的系统化的信息。因此,信息是知识的原料,知识是信息的结晶体。

信息量的大小取决于该信息所反映的事物的不确定程度的大小,不确定程度越大,信息量也越大。如端午节是哪一天?其结论对于一般成年人而言,是众所周知的确定事件,其信息量为零。而公司开发的新产品其销量如何,将受到哪些因素的影响?其结论具有很大的不确定性，因此，信息量较大。

市场营销信息属于经济信息范畴，是指一定时间和条件下，与企业的市场营销有关的各种事物的存在方式、运动状态及其对接收者效用的综合反映。如下年度市场营销环境的变化趋势、企业销售额的变化、企业的广告效果等。市场营销信息一般通过语言、文字、数据、符号等形式表现出来。所有的市场营销活动都以信息为基础而展开，经营者进行的决策也是基于各种信息，而且经营决策水平越高，外部信息和对将来的预测信息就越重要。其中市场营销信息形成了企业的战略性经营信息系统的基础。

2. 市场营销信息类型

依据不同的分类标准，市场营销信息可以分为不同的类型。

（1）依据信息来源划分。依据信息来源划分，市场营销信息可以分为外部信息和内部信息。企业是市场环境的子系统，企业的外部信息是来自市场环境的其他子系统的信息。与市场营销有关的外部信息主要包括政治信息、经济信息、科技信息、人口信息、社会信息、法律信息、文化信息、心理信息、生态信息、竞争信息等方面的信息。企业内部信息主要来自企业的各种报表、计划、记录等有关营销方面的信息。

（2）依据决策级别划分。依据决策级别划分，可分为战略信息、管理信息和作业信息。战略信息主要是指用于企业最高层领导对经营方针、目标等方面的决策的有关信息。它主要包括：对新产品的研制、开发，对新市场的开拓，对设备的投资及服务方向的改变等决策信息。管理信息是指企业一般管理人员在决策中所需要的信息。企业营销活动不仅要加强内部管理，而且要受到国家的宏观调控。因此，管理信息既包括对现有资源的分配、应用、控制等有关计划的制订、执行、管理等方面的信息，即微观管理信息，又包括国家对企业的调控和管理的有关信息，如经济政策、经济杠杆、经济法规等。作业信息是指企业日常业务活动的信息，主要包括商品的生产和供应信息、商品的需求和销售信息、竞争者动态信息等。

此外，市场营销信息还可以根据信息的表示方式不同，分为文字信息和数据信息；根据信息的处理程度分为原始信息和加工信息；根据其稳定性分为固定信息和变动信息，等等。

2.1.2 市场营销信息功能

市场营销信息是企业营销的重要资源，是企业取得成功的必要因素。市场营销信息对于企业的营销活动具有以下几方面功能。

1. 市场营销信息是经营决策的前提和基础

企业在运作过程中，无论是对于企业的营销目标、发展方向等战略问题的决策，还是对于企业的产品、定价、销售渠道、促销措施等战术问题的决策，都必须在准确地获得市场营销信息的基础上，才能作出正确的决策。

2. 市场营销信息是制订企业营销计划的依据

企业在市场营销中，必须根据市场需求的变化，在营销决策的基础上，制订具体的营销计划，以确定实现营销目标的具体措施和途径。市场营销信息是企业制订计划的重要依据，不了解市场信息，就无法制订出符合实际需要的营销计划。

3. 市场营销信息是实现营销控制的必需条件

营销控制，是指按照既定的营销目标，对企业的营销活动进行监督、检查，以保证营销目标实现的管理活动。由于市场环境的不断变化，企业在营销过程中必需随时注意市场的变化，进行信息反馈，以此为依据来修订营销计划，对企业的营销活动进行有效控制，使企业的营销活动能按预期目标进行。

4. 市场营销信息是进行内外协调的依据

企业营销活动中就是要不断地收集市场营销信息，根据市场的变化和内部条件的变化，来协调内部条件、外部环境和企业营销目标之间的关系，使企业营销系统与外部环境系统之间、与各要素之间都能保持协调发展，以实现企业营销的最佳效果。

2.1.3 市场营销信息系统

市场营销信息系统是一个由人员、机器设备和计算机程序所组成的相互作用的复合系统，它连续有序地收集、挑选、分析和评估市场信息，并向营销管理人员提供恰当、及时、准确的市场营销信息，为企业营销计划的制订、改进、执行和控制提供依据。市场营销信息系统分为传统的人工信息系统和以计算机为中心的现代信息系统两种。

1. 建立市场营销信息系统的原则

随着商品经济的发展和企业管理的现代化水平的提高，建立以计算机为中心的信息系统势在必行。企业建立以计算机为中心的营销信息系统必须遵循以下原则。

（1）统一性和整体性原则。企业营销信息系统必须以企业的营销活动作为一个整体来看，疏通企业内部的纵横关系，兼顾企业的现实运转和将来的发展。同时，企业信息要做到内外统一，宏微观统一，当前与长远统一，信息交流的形式与传递语言相统一。

（2）简明性和适当性原则。企业所加工和传递的信息应尽可能简短明了，信息的处理过程应尽可能避免繁杂的手续，信息的筛选优化应以适当为标准。这样才能加快信息的流通，缩短信息流通时间，提高有效功能。

（3）有效性原则。企业营销信息必须反映和满足企业营销活动的需要，适应企业营销决策和管理的要求。因此，营销信息系统要通过鉴别，剔除无效或不适合的信息，选取有效、适用的信息。

2. 建立企业营销信息系统的步骤及运行要素

建立企业营销信息系统，一般分三步进行。①分析：根据系统目标，进行调查、分析，提出系统的模型。②设计：根据以上分析，确定系统结构，确定子系统和储存方式、系统流程图等。③实施：包括程序设计、程序和系统的调试、编写技术文件、系统转换及系统评价等内容。

企业的市场信息系统运行则是由输入、处理、输出、反馈四个要素组成一个有机整体。

（1）输入。信息的输入是指将企业内部和外部的有关企业营销的各种信息收集起来。如有关政策的变化、商品行情、价格变化、竞争者动态、消费者需求动态等。

（2）处理。主要是指对原始信息的加工、鉴别、筛选、分类、编码、储存等一系列活动。

（3）输出。是指将经过处理的有用信息提供给企业决策者和管理部门，作为决策的依据。

（4）反馈。信息的反馈实际上也是一个输入过程，是将信息输出后产生的反应再输入到信息系统。

3. 市场营销信息系统的构成

市场营销信息系统是一个由人员、机器设备和计算机程序所组成的相互作用的复合系统，它连续有序地收集、挑选、分析和评估市场信息，并向营销管理人员提供恰当、及时、准确的市场营销信息，为企业营销计划的制订、改进、执行和控制提供依据。

市场营销信息系统由内部报告系统、营销情报系统、营销调研系统和营销决策支持分析系统组成。如图 2－1 所示。

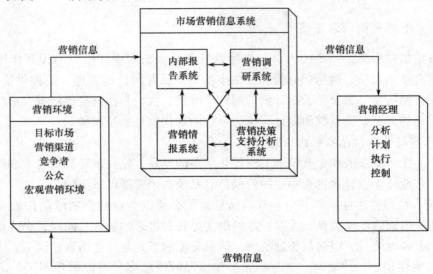

图 2－1　市场营销信息系统的构成

（1）内部报告系统。内部报告系统亦称内部会计系统，它是企业营销管理者经常要使用的最基本的信息系统。内部报告系统的主要功能是向营销管理人员及时提供有关订货数量、销售额、产品成本、存货水平、现金余额、应收账款、应付账款等各种反映企业经营状况的信息。

内部报告系统的核心是订单——收款循环。销售代表、经销商和消费者将订单送交公司。订货部门准备数份发票副本，分送各有关部门。存货不足的项目留待以后交付；需装运的项目则附上运单和账单，同时还要将复印件分送各有关部门。企业希望迅速和正确地执行这些步骤，因为大多数消费者偏爱那些能及时交货的公司。因此，要求销售代表每天晚上送出他们的订单；在某些情况下，应该立即送出。订单部门应尽快地处理这些订单。仓库应尽快地发货。各种账单都应尽快地发出和收款。许多公司为了更快、更准确和更有效地处理订单——收款循环，现在采用电子数据处理（EDI）软件。例如，零售业巨人沃尔玛对物流和库存水平用计算机处理，计算机向货主发出电子订单，以便把商品自动地运进商店。

（2）营销情报系统（外部最新信息系统）。内部报告系统为管理人员提供结果数据，而营销情报系统则为管理人员提供正在发生的数据。营销情报系统是指市场营销管理人员用以获得日常的有关企业外部营销环境发展趋势的恰当信息的一整套程序和来源。它的任务是利用各种方法收集、侦察和提供企业营销环境最新发展的信息。主要包括外部信息的收集和外部信息的积累、处理与传递。

外部信息的收集的途径：企业营销经理从消费者、供应商、分销商、企业外部其他人员、企业内部员工的交谈中发现的有关信息；推销人员、分销商和其他贸易伙伴提供的信息；通过信息、咨询公司购买信息；通过展销会、订货会、广告等了解竞争者信息；从书籍、报刊、交流资料及网络上摘录有关信息。

通过上述途径获取的信息，要进行必要的积累、处理和传递。信息系统的人员将信息按一定标准进行分类，建立营销信息资料库，并将重要信息摘录、编制成简报，供营销经理参阅，协助营销经理分析市场的新情况、新动态，为营销决策提供依据。及时取得并合理运用市场环境变化的最新信息，是企业不断发展、创新，取得竞争优势的前提和基础。企业必须建立常设机构，负责最新信息的获取，以随时掌握市场环境的变化，为企业的决策提供依据。

（3）营销调研系统。营销经理不能总是被动地等待来自情报系统的信息，在企业的营销管理过程中还需要通过经常性或专门性的调查研究收集有关信息，而营销调研系统则可以满足营销经理这方面的需求。营销调研系统是针对企业某一时期所出现的问题，或制定决策、计划的需要而对某些特定问题组织调查，提供所需信息资料的系统。

营销调研系统的任务：针对企业面临的明确具体的问题，对有关信息进行系统的收集、分析和评价，并对研究结果提出正式报告，供决策部门用于解决特定问题。营销调研系统与内部报告系统和营销情报系统最本质的区别在于它的针对性很强，是为解决特定的具体问题而从事信息的收集、整理、分析。企业决策者及营销经理在营销决策过程中，经常需要对某个特定问题或机会进行重点研究，如开发某种新产品之前，或遇到了强有力的竞争对手，或要对广告效果进行研究等。显然，对这些市场问题的研究，无论是内部报告系统还是营销情报系统都难以胜任，而需要专门的组织来承担。有的企业由于自身缺乏获取信息、进行这类研究的人力、技巧和时间，不得不委托企业之外的专业市场营销调研公司来承担。

（4）营销决策支持分析系统。营销决策支持分析系统也称营销管理科学系统，它通过对复杂现象的统计分析，建立数学模型，帮助营销管理人员分析复杂的市场营销问题，作出最佳的市场营销决策。营销决策支持分析系统由统计库和模型库两个部分组成。统计库的功能是采用各种统计分析技术，从大量数据中提取有意义的信息，模型库包含科学家建立的解决各种营销决策问题的数学模型。

通过企业的营销情报和营销调研系统获得的信息需要进行进一步分析，而且营销经理在把信息应用到营销问题的决策中时，也需要一定的帮助。例如，利用先进的统计分析法来研究数据的内在联系和数据的可信度。营销决策支持与分析系统可以帮助营销主管进行这些分析，克服数据中的偏差，以便解决市场营销活动和效果方面的问题。

所谓营销决策支持与分析系统，是指一个在软件与硬件的支持下，利用各种数学工具、统计分析方法、决策模型来帮助营销主管进行信息分析和辅助决策的系统。企业可以利用它来收集和分析内、外部环境的信息，作为营销活动的基础。营销决策支持与分析系统由统计库和模型库两部分组成。统计库是由一系列统计分析方法组成的，其目的在于求得现有资料间的关系和相互影响；模型库的数学决策模型，用以帮助营销经理确定更佳的营销策略。

2.2 市场调查

2.2.1 市场调查的含义与特点

市场调查是指通过系统地收集、记录与市场营销有关的大量资料，并对其加以科学的分析和研究，从中了解本企业产品的目前市场和潜在市场，对市场供求变化及价格变动趋势进行预测，为企业经营决策提供科学依据。它的主要作用是通过信息把营销者、消费者、顾客及公众联系起来。内容从识别市场机会和问题、制定营销决策，到评估营销活动的效果，涉及企业市场营销活动的各个方面。

市场调查具有描述、诊断和预测三种功能。描述功能是指收集并陈述事实；诊断功能是指解释信息或活动；预测功能是指对未来机会的把握和判断。概括起来，市场调查在现代企业经营管理中的重要性主要表现在以下几个方面。

①市场调查是现代企业认识市场最基本的方法，也是克服经营管理中主观主义的一个重要方面。

②市场调查是产品贸易的前提条件。

③市场调查是企业取得市场情报的主要途径。

④市场调查是不断提高企业经营活力，增强竞争能力，克敌制胜的重要手段。

扩展阅读——小链接

日本人是如何得到大庆油田的情报的

20世纪60年代，日本出于战略上的需要，非常重视中国石油的发展，于是把摸清大庆油田的情况，作为情报工作的主攻方向。当时，由于各种原因，大庆油田的具体情况是保密的。

1. 大庆油田在什么地方

日本人对大庆油田早有所闻，但始终得不到准确的情报。后来，根据1964年4月20日的《人民日报》上"大庆精神大庆人"的字句，日本人判断"中国的大庆油田，确有其事"。但是，大庆油田究竟在什么地方？日本人还没有材料作出判断。

1966年7月的一期《中国画报》的封面刊出这样一张照片：大庆油田的"铁人"王进喜头戴大狗皮帽，身穿厚棉袄，顶着鹅毛大雪，手握钻机刹把，眺望远方，在他背景远处错落地矗立着星星点点的高大井架。

他们根据这张照片上人的服装衣着判定："大庆油田是在冬季为零下30度的东北北部，大致在哈尔滨与齐齐哈尔之间。"其依据是：唯有中国东北的北部寒冷地区，采油工人才必须戴大狗皮帽和穿厚棉被。后来，到中国来的日本人在坐火车时发现，从东北来往的油罐车上有很厚的一层土，从土的颜色和厚度，证实了"大庆油田在东北北部"的论断是对的，但大庆油田的具体地点还是不清楚。

日本人又根据有关"铁人"的事迹介绍，王进喜和工人们用肩膀将百吨设备运到油田，表明油田离铁路线不远。据此，他们便轻而易举地标出大庆油田的大致方位。在1966年10月，日本又从《人民中国》杂志的第76页上看到了石油工人王进喜的事迹。分析中得知，最早的钻井是在安达东北的北安附近。并且离火车站不会太远。在英雄事迹宣传中有这样一句话：王进喜一到马家窑看到大片荒野说："好大的油海，把石油工业落后的帽子丢到太平洋去"。

于是，日本人从伪满旧地图上查到"马家窑是位于黑龙江海伦县东南的一个小村，在北安铁路上一个小车站东边十多公里处"。就这样，日本人终于把大庆油田的地理位置搞清楚了。

2. 大庆油田有多大规模

日本人对王进喜事迹的报道作出了如下分析：王进喜是玉门油田的工人，是1959年9月到北京参加国庆之后志愿去大庆的。大庆油田肯定是1959年以前就开钻了。马家窑在大庆油田的北端，即北起海伦的庆安，西南穿过哈尔滨市与齐齐哈尔市铁路的安达附近，包括公主峰西面的大赉，南北四百公里的范围。

根据对照片的分析，可以推断出大庆油田的大致储量和产量。其依据是：从照片中王进喜所站的钻台上手柄的架势，推算出油井的直径是多少；从王进喜所站的钻台油井和他背后隐藏的油井之间的距离及油井的密度，又可基本推算出油田的大致储量和产量。

3. 中国炼油能力如何

到1966年7月，日本人把注意焦点转到炼油设备上，"有心人"终于在《中国画报》上发现一张炼油厂反应塔的照片，日本人就从这张照片推算出了大庆炼油厂的规模和能力。

其推算方法也很简单：首先找到反应塔上的扶手栏杆，扶手栏杆一般是1米多高，将扶手栏杆和反应塔的直径相比，得知反应塔内径是5米。因此，日本人推断，大庆炼油厂的加工能力为每日900千升。如以残留油为原油的30%计算，原油加工能力为每日3000千升，一年以330天计算，年产量为100万千升。而中国当时在大庆已有820口井出油，年产是360万吨，估计到1971年大庆油田的年产量将有1200万吨。

又根据新闻报道，王进喜出席了第三届全国人代会，可以肯定油田已出油。

4. 大庆给日本带来了什么机遇

根据大庆油田出油能力与炼油厂有限的炼油能力，考虑中国当时的技术水准和能力及中国对石油的需求，日本人推论：中国将在最近几年必然因为炼油设备不足，必定会考虑要大量引进采油设备。中国要买的设备规模和数量多大？根据情报分析，要满足日炼油1万千升的需要。

这是日本在1966年根据公开报刊点滴信息作出的判断和决策。

这就是世界著名企业日本九大商社之一的三菱重工财团的商业情报研究。随后，日本三菱重工财团迅即集中有关专家和人员，在对所获信息进行剖析和处理之后，全面设计出适合中国大庆油田的采油设备，做好充分的夺标准备。果然，中国政府不久向世界市场寻求石油开采设备，三菱重工财团以最快的速度和最符合中国所要求的设计设备获得中国巨额订单，赚了一笔巨额利润。此时，西方石油工业大国都目瞪口呆，还未回过味来呢。

日本三菱重工非常重视商业信息情报的收集研究，奉行信息就是企业的生命之信念。它投巨资在世界115个国家和地区设立信息站，收集和了解有关的各类信息。据报道，三菱重工财团总公司每天获得的信息处理纸带竟可绕地球11周，其信息意识和信息处理的技术、速度等可见一斑。因此，中国大庆油田的照片，在其手中变成经济信息，变成巨额财富这一事实也就不足为奇了。

案例思考：日本人的商业情报工作有什么特点？对我国企业有何启示？

2.2.2 市场调查的内容

市场调查涉及营销管理中的整个过程，针对每个环节出现的特定的营销问题，可以通过市场调查活动来提供解决问题的参考信息。因此，市场调查的内容可能涉及的范围非常广泛，这也就使得市场调查活动的规模具有较大的伸缩性。例如，简单的调查活动在几天内就能完成，它只需要少量的样本，对数据进行基本的分析，形成的报告也可能只有几千字；复杂的调查活动，可能需数月甚至几年，耗资几十甚至上百万元，且数据分析必须要借助计算机才能完成，最终可能形成上百页的研究报告。常见的市场调查活动可能涉及以下类型中的一种或者几种。

1. 市场环境的调查

市场环境调查主要包括经济环境、政治环境、社会文化环境、科学环境和自然地理环境等。具体的调查内容可以是市场的购买力水平，经济结构，国家的方针，政策和法律法规，风俗习惯，科学发展动态，气候等各种影响市场营销的因素。

2. 市场需求调查

市场需求调查主要包括消费者需求量调查、消费者收入调查、消费结构调查、消费者行为调查，包括消费者为什么购买、购买什么、购买数量、购买频率、购买时间、购买方式、购买习惯、购买偏好和购买后的评价等。

3. 市场供给调查

市场供给调查主要包括产品生产能力调查、产品实体调查等。具体为某一产品市场可以提供的产品数量、质量、功能、型号、品牌等，生产供应企业的情况等。

4. 市场营销因素调查

市场营销因素调查主要包括产品、价格、渠道和促销的调查。产品的调查主要包括了解市场上新产品开发的情况、设计的情况、消费者使用的情况、消费者的评价、产品生命周期阶段、产品的组合情况等。产品的价格调查主要包括了解消费者对价格的接受情况，对价格策略的反应等。渠道调查主要包括了解渠道的结构、中间商的情况、消费者对中间商的满意情况等。促销活动调查主要包括各种促销活动的效果，如广告实施的效果、人员推销的效果、营业推广的效果和对外宣传的市场反应等。

5. 市场竞争情况调查

市场竞争情况调查主要包括对竞争企业的调查和分析，了解同类企业的产品、价格等方面的情况，他们采取了什么竞争手段和策略，做到知己知彼，通过调查帮助企业确定企业的竞争策略。

2.2.3 市场调查的类型

市场调查的类型根据不同的分类方法可以有多种分类。主要介绍两种分类方法：一种是按照调查的方法分类，可分为定性调查和定量调查；一种是按照营销调查本身的性质分类，也就是根据研究的问题、目的、性质和形式的不同，市场调查又可分为探测性调查、描述性调查、因果关系性调查和预测性调查四种。

1. 按照调查的方法分类

定性调查所获得的结果是对被调查事物的性质的描述，它获得资料的途径都是以行为科学为基础的，在调查动机、态度、信仰、倾向等方面特别有用。定量调查则基于数量分析，它通过获取样本的定量资料来得出样本的某些数字特征，并根据它能推断出总体的数字特征。定性调查一般使用较小的样本组，常用的方法有焦点小组访谈法、深度访谈法、观察法、投射法等。定量调查往往进行的是大规模的调查活动，以建立一个统计上能进行严格分析的大数据库，它所使用的方法包括各种访问方法、观察法和实验法等。

与定量调查相比，定性调查具有以下优点。

（1）定性调查通常比定量调查成本低。

（2）除了定性调查以外，没有更好的方法能了解消费者内心深处的动机和感觉等这些复杂的、无法量化的因素。

（3）定性调查可以为定量调查指明调查的方向，提高后者的效率。企业往往在进行大型的定量调查之前，通过定性调查来确定定量调查的范围以降低调查成本。

定性调查的局限性主要表现在：①由于它所调查的样本容量较小，所以调查结果的准确性值得怀疑；②由于定性调查并没有使用严谨的数理统计方法，调查结果的主观性、随意性大。不同的调查人员使用同样的调查方法对同一目标进行调查分析，所得到的结果可能会有较大的差距，很难形成一个衡量调查结果质量的统一的标准。定性和定量调查都有各自的优缺点，因而在实际的营销调查活动中，往往将两者结合起来使用，以达到更好的效果。

2. 按照调研的性质分类

（1）探测性调查是企业对市场情况很不清楚或者感到对调查的问题不知从何处着手时所采用的方法。这种调查主要是发现问题和提出问题，以便确定调查的重点。

（2）描述性调查。就是对已经找出的问题作如实的反映和具体的回答。着重回答用户买什么、何时买、如何买等问题，并提出一些相关问题。这项调查必须占有大量的信息情报，调查前需要有详细的计划和提纲，以保证资料的准确性。描述性调查比探测性调查细致、具体，还必须通过因果性调查作进一步研究。

（3）因果关系性调查。是在描述性调查的基础上进一步分析问题发生的因果关系，并弄清原因和结果之间的数量关系。比如，有的产品为什么滞销或畅销，有的用户为什么喜欢这种品牌而不喜欢其他品牌，产品的质量、价格、包装、服务等对销售量到底有什么影响及影响程度。

（4）预测性调查。对未来市场的需求变化进行估计，即预测性调研。预测性调研对企业制订有效的经营计划，使企业避免较大风险和损失，有特别重要的作用。

2.2.4 市场调查的过程

一般而言，根据调查活动中各项工作的自然顺序和逻辑关系，市场调查可分为以下各个阶段。

1. 问题与机会的识别和界定

调查过程是发现营销问题或机会的过程，营销调查的目标是提供有用的决策信息。

2. 生成调查计划

调查设计是指为实现调查目标或校验调查假设所要实施的计划。调查前必须拟好调研计划。计划要具体、明确。调查计划包括以下内容。

（1）明确调查目的。

（2）确定调查对象，即向哪些单位或个人调查。

（3）选择调查和收集资料的方法，按不同的调查内容选择不同的调查方法。

（4）明确调查日期，特别是完成时间。

（5）作出调查经费预算及规定作业进度安排。

上述内容要以"调查项目建议书"的形式报主管领导，批准后才可进行调查。

3. 选择基本的调查方法

市场调查方法选择的合理与否，会直接影响调查结果。因此，合理选用调查方法是市场调查工作的重要一环。市场调查的基本方法通常有三种：访问法、观察法、试验法。

（1）访问法。该方法是由调研者先拟定出调研提纲，然后向被调研者以提问的方式请他们回答，由此获取被调查者或消费者的动机、意向、态度等方面的信息，按照调查人员与被调查者接触方式的不同，访问法又分为个人访谈、电话访问和邮寄访问。

（2）观察法。调查者到现场观察被调查者的行动来收集情报资料。也可以安装仪器进行录音和拍摄（如使用照相机、摄影机、录音机或者某些特定的仪器）。观察法分为人工观察和非人工观察。观察的方式有：到顾客购买现场观察，到产品使用单位的使用现场观察。这种方式能客观地获得准确性较高的第一手资料，但面较窄，花费时间较长。

（3）试验法。某种产品在大批量生产之前，先生产一小批，向市场投放，进行销售试验，观察和收集用户有关方面的反映来获得情报资料。也就是在特定地区、特定时间，向市场投放一部分产品进行试销，故也称"实验市场"。实验的目的是看本企业生产的产品质量、品种、规格、外观是否受欢迎；同时了解产品的价格是否被用户所接受。目前常采用的产品展销会、新产品试销门市部等都属于这种调查法。

4. 抽取样本

抽取样本是调查设计的一部分，但它在调查过程中是一个独立的步骤。样本是总体中的一个子集。在制订抽样计划前，必须确定两个问题。首先，必须界定所涉及的总体，也就是有助于回答调查问题的信息的人；其次确定采用随机样本，还是采用非随机样本。

5. 收集数据

资料收集是市场营销研究的核心工作，不占有大量的资料就无法进行分析和预测。

6. 分析数据

分析的目的是解释所收集的大量数据并提出结论。

7. 准备和撰写报告

提供一份完善的市场营销研究报告，是市场调查的终点。研究报告是整个市场调查过程的最重要部分，因为研究报告通常是评价整个调研过程工作好坏的唯一标准。因此，研究人员在完成前面的市场调查工作以后，必须写出正确无误、优质的研究报告。一份完整的调查报告可分为三大部分：前文、正文和附录。

8. 跟踪

在花费了可观的精力和资金开展营销调查并准备报告后，重要的是将从调查中获得的结果付诸实施。

扩展阅读——小知识

谍影重重，另类调查新景观

市场调查作为一种营销手段，对于许多精英企业来说已成一种竞争武器。自1919年美国柯蒂斯出版公司首次运用成功，即在世界范围内迅速扩展开来。并由最初的简单收集、记录、整理、分析有关资料和数据，发展成为一门包括市场环境调查、消费心理分析、市场需求调研、产品价格适度、分销渠道、促销方法、竞争对手调查、投资开发可行性论证等在内的一门综合性学科。随着世界经济的不断发展，国际上一些著名企业更是把精确而有效的市场调查作为企业经营、发展的必修课。各种手法可谓洋洋大观，高招迭出。

（1）开设"意见公司"。日本企业家向来以精明著称，这方面自不甘落后。这家公司由日本实践技术协会开设，有员工近百人。他们与不同年龄、不同层次的消费者建立固定联系，经常请他们对各种商品提出意见。同时还刊登广告征求意见，并提供相应报酬。他们将收集到的各种意见整理分类及时反馈给有关企业，"意见公司"也从中得到回报。公司的人员来自各个层次，知识结构也力求搭配合理。

（2）免费电话巧问计。美国一家生产化妆等日用化学品的著名厂家，为了听取用户意见，别出心裁地推出免费电话向消费者征询意见。他们在产品包装上标明该公司及各分厂的800个电话号码，顾客可以随时就产品质量问题打电话反映情况，费用全部记在公司账上。公司则对所来电话给予回复，并视情况奖励。仅1995年，该公司就接到近25万个顾客电话，从中得到启发而开发出的新产品的销售额近1亿美元，而公司的电话费支出不过600万美元，一进一出让老板喜不自禁。

（3）研究垃圾。一般人听起来，此乃荒唐之举，对经营决策不会有什么影响，但事实恰恰相反。著名的雪佛隆公司即重金请亚利桑那大学教授威廉雷兹对垃圾进行研究。教授每天尽可能多地收集垃圾，然后按垃圾的内容标明其原产品的名称、重量、数量、包装形式等予以分类，获得了有关当地食品消费情况的准确信息。用雷兹教授的话说："垃圾绝不会说谎和弄虚作假，什么样的人就丢什么样的垃圾。"雪佛隆公司借此做出相应决策，大获全胜。

（4）巧设餐馆。日本企业界有一则流传甚广的故事：日本人对英国纺织面料在世界久享盛誉一直不服，却无从得知其中奥秘。于是便萌生一计——集中本国丝绸行业的部分专家进行烹调培训，然后派往英国在其最有名的纺织厂附近开设餐馆。自有很多厂里人前来就餐，日本人便千方百计地搜集情报，结果还是一无所获。不久餐馆宣布"破产"，由于很多"厨工"已同工厂的主管人员混熟，所以部分人就进入这家工厂工作。一年后，日本人分批辞职回国，成功地把技术带回了日本，并改进为更先进的工艺返销给英国。为了得到技术情况，日本人可谓煞费苦心，打了一个迂回战，有人指责说这完全超出了市场调查方法的内容范围，近乎间谍行为了。

（5）"皱眉信息"。秘鲁一家百货公司经理库克先生，提出要捕捉"皱眉信息"。即当看到顾客挑选商品时，若皱眉便说明顾客不满意，售货员要主动承认商品不足之处引顾客证实。于是商场便在营销方法上加以改进，库克这一招使百货公司效益魔术般上升。

（6）"顾客的影子"。找人充当顾客影子是美国一些市场调查公司的杰作，这些公司专门为各商场提供市场调查人员。当这些人接受商场聘请之后，便时刻不离顾客左右，设法了解顾客购买哪些商品，停留多久，多少次会回到同一件商品面前及为什么在挑选很长时间后还是失望地离开，等等。美国许多企业得益于这类调查，并因而使经营更具针对性，更贴近消费者。

（7）住进客户家里。一次，一个美国家庭住进了一位"不幸"的日本人。奇怪的是，这位"落难者"每天都在做笔记，记录美国人居家生活的各种细节，包括吃什么食物、看什么电视节目等。一个月后，日本人走了。不久丰田公司推出了针对当今美国家庭需求而设计的价廉物美的旅行车，大受欢迎。如美国男士（特别是年轻人）喜爱喝玻璃瓶装饮料而非纸盒装的饮料，日本设计师就专门在车内设计了能冷藏并能安全放置玻璃瓶的柜子。直到此时，丰田公司才在报上刊登了他们对美国家庭的研究报告，并向那户人家致歉，同时表示感谢。

（8）"半日游逛"。德国的哈夫门公司格外善于捕捉市场信息，享有"新鲜公司"之雅号。他们的方法是经理和高级职员每天半日坐班，半日深入社会，广抓信息。一次，公司的管理部长进剧院看戏，却三心二意难进剧情，而不远的一对青年男女的对话，却声声入耳："你能给我买顶有朵白花饰物的绒帽吗？我们公司的女孩们都想得到那样一顶漂亮的帽子。只有赫得公司卖过一批，可以后再也见不到了。""亲爱的，我保证给你买到。""你知道吗，我们公司的同事们都在想买那种双背带背包，省力又不会使肩膀变形，你要是能为我买来，他们肯定既羡慕又嫉妒。"管理部长坐不住了，出门直奔几家商店，回答是问的人多，可没货。部长连夜找来几位设计师，两周后，大白花绒帽和双背带背包作为哈夫门公司献给大家的圣诞礼物摆上了柜台，生意之红火就不用说了。

（9）经理拣纸条。在澳大利亚昆士兰州，许多远道而来的顾客，特别是生怕忘事的家庭主妇，在到商店购物前总喜欢把准备购买的商品名字写在纸条上，买完东西后则随手丢弃。一家大百货公司的采购经理注意到这一现象后，除了自己经常拣这类纸条外，还悄悄发动其他管理人员也行动起来。他以此作为重要依据，编制了一套扩大经营的独家经验，结果可想而知：许多妇女从前需要跑很远的路才能买到的商品，现在到附近分店同样也能买到。

案例思考：分析上述另类市场调查方法的优劣之处。你还能举出些其他的市场调查方法吗？

2.3　市场需求的预测

预测是根据过去和现在已知的因素，运用科学的知识、经验和方法对事物未来的发展姿势作出客观的估计与判断。预测是一种认识未来的工具，它具有科学性、近似性和局限性三个主要特点。销售预测是企业经营中一个重要的决策依据，财务部门根据销售预测来筹集所需的资金；采购部门根据销售预测来订购原料或购买设备；生产部门根据销售预测来安排生产进度；人事部门则根据销售预测来确定所需要雇佣的员工人数。因此，准确的销售预测为组织资源的合理安排起到了至关重要的作用。营销部门承担着对销售预测的责任，他们自身也需要使用到这一数据，例如营销计划的制订、营销目标的确定，等等。

销售预测的基础是需求预测，而需求预测则是指对未来的市场需求进行测量。市场需求预测是市场研究中最重要的一部分，也是最复杂的一部分。

2.3.1 市场需求预测的有关概念

1. 市场需求与市场潜量

市场需求是指一个产品在一定的地理区域和一定的时期内，一定的营销环境和一定的营销努力下，由某一特定的顾客群体愿意购买的总数量。从这一定义中可以看出，市场需求并不是一个固定值，而是受到多个变量影响的一个函数。

在一系列影响市场需求的因素中，营销努力是组织可控制的变量，而且与市场需求正相关。当行业中各个企业的营销努力达到最大时，此时市场需求的函数值就是通常所说的市场潜量。所以可以将市场潜量定义为：在一定的地理区域和一定的时期内，一定的营销环境下行业的营销努力最大时，某一产品市场需求趋向的极限，由此可以看到，市场潜量也不是一个固定值，同样也是由多个因素影响作用的。而在众多的影响因素中，营销环境对市场潜量的影响又尤为明显。如2008年金融危机，众多行业都受到了影响，而一些外贸出口类企业的业务量更是受到了明显的冲击。

2. 企业需求和企业潜量

企业需求是指企业在营销努力基础上估计的对企业自身产品的市场需求数量，也可以认为是指企业在市场总需求中所占的需求份额。企业销售预测是指企业以其选定的营销计划和假设的营销环境为基础所预测的公司销售水平或是对未来企业需求的估计。企业需求也是一个函数，会受到企业营销努力的影响。企业销售潜量是指当企业的营销努力相对于竞争者不断增加时，所能达到的销售极限。企业潜量也被称为销售潜量，在营销管理中，对现实及未来的销售潜量进行估计，可以告诉企业管理人员他们的努力所能得到的最大回报。

2.3.2 估计当前市场需求

通过对需求预测概念的了解可知，估计当前的市场需求包括两方面的内容。一是估计既定营销努力下的市场需求和企业需求，即行业总销售量和企业总销售量。这对企业来说一般都比较简单，行业总销售量可以从一些相关的行业资料中找到，企业总销售量则是企业内部资料中的必备数据。二是估计最大营销努力下的市场需求，即市场潜量及企业潜量，在这方面往往很难得到准确数据，下面介绍一些评估方法。

一种常用的市场潜量估计方法是：

$$Q = n \times q \times p$$

式中：Q——市场潜量；

n——在每一假定下，特定产品（市场）的购买者数量；

q——每个购买者的平均购买数量；

p——每个平均单位产品的价格。

这种方法既可以对总市场潜量进行估计，也可以估计地区市场潜量。只要能够准确了解相关市场中的 n、q、p 三个指标，就可以得到较为准确的市场潜量的估计值。例如，一个企业要估计在某一地区市场中某种型号家用空调的购买潜量，如果预计每年有20000个家庭需要购买空调，平均每个家庭购买量为2台，而每台家用空调的单价为2000元，则可得到该地区该型号家用空调的市场潜量为8000万元。

要确定一个市场中的 n、q、p 三个指标，可以通过市场调查加以解决。具体的调查方法又分为普查和抽样调查。对于产业市场中的企业而言，市场中消费者数量较少，比较容易获得详细的顾客名单，因此可以采用普查的方法，去逐一了解每个顾客是否愿意购买产品及愿意购买多少。而对于生产消费品的企业来说，由于市场中消费者的数量众多，只能采用抽样调查的方法来获得所需信息。

企业还可以根据总市场潜量估计出地区市场潜量。例如，一个企业如果想在某一地区发展新业务，它可能在一些公开的统计资料中收集到全国范围内的某种产品的总市场潜量，然后可以通过多因素指数法来估计这种商品在这一地区的市场潜量。所谓多因素指数法是指将区域中的一些经济指标与全国的相应指标进行对比，根据对比结果，运用一定的函数计算出在某一区域中，某种商品的市场潜量占全国市场潜量的比例。

美国的《销售与营销管理》杂志在"购买力年度调查"中曾公布过下列公式：

$$B_i = 0.5 \times y_i + 0.3 \times r_i + 0.2 \times p_i$$

式中：B_i——i 地区的市场潜量占全国市场潜量的百分比；

y_i——i 地区的个人可支配收入占全国个人可支配收入的百分比；

r_i——i 地区的零售销售额占全国总零售额的百分比；

p_i——i 地区的居住人口占全国的百分比。

在公式中，0.5、0.3、0.2 这三个权数分别反映个人可支配收入、零售销售额、居住人口对购买力的影响程度，权数的确定带有较大的主观性，对它们选择的准确与否会严重影响到估计结果，这一点不同的企业在应用时尤要注意。

2.3.3 需求预测的方法

进行需求预测时，主要有两类方法。在预测的早期，通常采用定性的技巧来描述可能的变化，在后期，当生产安排和财务计划需要具体数据时，会采用定量的技巧。对市场需求和企业的销售需求预测均可采用这两类方法。

1. 定性预测法

定性预测法主要依赖预测人员的经验、知识和综合判断能力，而并不依赖确凿的数据。常用的定性预测法主要有以下几种。

（1）专家会议法。这种方法是召集对市场及市场环境有着丰富知识和合理看法的专家，一起参加集体谈论会，就所有预测的需求进行深入的分析和研究后作出集体判断。为了提高预测效果，预测的组织者应当在召集会议之前向每一位专家提供一些有关资料，使专家对问题有一个比较全面的了解和认识，以减少对问题的误解和偏见。这种方法的优点是简单快速，在没有足够数字资料的情况下仍可以进行。但是，它具有很大的主观性，预测的准确性受到专家素质和责任感的影响，同时专家也可能受到会议气氛的影响，从而没有发表有价值的观点。

（2）德尔菲法（专家意见法）。这种方法也是通过征询专家的意见来进行预测，但是它并不是以开会的形式对专家们集体咨询，而是以通信的方式分别向各个专家征求意见。运用德尔菲法的第一步是成立专家小组，然后以通信问卷的形式向专家提供与预测问题有关的资料并征询意见，经过对这些意见的整理和汇总，形成第二次问卷再寄给专家组成员，要求专家们对这些意见做进一步的预测。这种征询意见可以进行多次，使专家们不断修正自己的意见，直到意见趋于一致，并以此作为预测的结果。用这种方法，专家可以独立自由地阐述自己的意见,避免受到其他人的影响,同时也能够了解其他专家的意见并吸收其中的合理成分,使自己的判断更加客观。德尔菲法的缺点是难以组织一个代表性很强的专家组,而且预测周期也比较长。

(3)销售人员意见汇集法。销售人员直接接触顾客,对市场有着较深入的了解,因此销售队伍是宝贵的预测资源,通过征集销售人员的意见来预测也是企业经常用到的预测方法。但是,销售人员在对市场需求进行预测时也往往并不客观。例如,有些销售人员会故意低估市场需求,以获得更多的奖励,或是使自己的工作表现显得更好一些。此外,销售人员也往往对宏观的经济形势和发展趋势把握不够,从而导致较大的预测误差。

(4)顾客需求意向调查法。向顾客了解他们的需求意向也是企业经常用到一种预测方法。对产业市场,由于顾客群体一般较小,可以采用普查的方式来了解顾客意向,而对于顾客群体较大的消费品市场,则采用抽样调查技术。从理论上看,直接向顾客了解需求应该是可以获得更加客观的信息,但是,实际上所得的预测结果往往也不尽如人意。一方面有些顾客主观上没有告诉调查者真实的购买意向,另一方面顾客的行为往往是多变的,他们在接受调查时也许表明要购买某一品牌的产品,但在实际购买时可能受到周围环境的影响而改变主意。比如其他品牌在做促销,或是接受了另外一个品牌推销员的建议等。所以企业在使用这一方法进行预测时,最终的预测结果还要融入预测人员基于经验、知识等因素的判断。

2. 定量预测法

定量预测是在完备的历史资料的基础上,运用数字和统计的方法来预测未来的市场需求。最简单的定量预测是时序分析,即假设需求只是时间的函数,完全根据历史数据来直接预测未来数据。回归分析也在定量预测中起到重要作用,运用这一方法可解释一定变量之间的因果关系。

(1)时序分析。时序分析法中又包括一些具体的方法,常用的有简单平均法、加权平均法、移动平均法、指数平滑法。

① 简单平均法。这种方法是把一定时期的历史数据的算术平均值作为预测值,适用于需求相当稳定的商品预测或是短期预测。对于一般商品而言,由于中长期预测面临更大的不确定性,所以一般不能采取这种方法。简单平均法的计算公式是:

$$Y_t = \bar{x} = (x_1 + x_2 + \cdots + x_n)/n = \sum x/n$$

式中:Y_t——第 t 期的预测量;

$\bar{x}$——算术平均值;

n——历史资料的期数。

例如,某企业 2009 年前 3 个季度各月的市价销售量如表 2-1 所示。

表 2-1

月份	1	2	3	4	5	6	7	8	9
销售量/万元	200	220	185	196	206	235	214	198	190

利用简单算术平均法预测 2009 年 10 月份的销售量,计算如下:

10 月份预计销售量 = (200 + 220 + 185 + 196 + 206 + 235 + 214 + 198 + 190) ÷ 9
= 204.89(万元)

② 加权平均法。不同时期的历史资料对未来可能有不同的影响,例如,近期的历史数

据可能就比早期的历史数据更具有参考价值。加权平均法正是考虑到了这一因素,对不同时期的历史数据以不同的权数后,再将其平均值作为未来的预测值。其公式可表示如下:

$$Y_t = (w_1 x_{t-1} + w_2 x_{t-2} + \cdots + w_n x_{t-n}) / (w_1 + w_2 + \cdots + w_n) = \sum_{i=1}^{n} w_i x_{t-i} / \sum_{i=1}^{n} w_i$$

式中:Y_t——第 t 期的预测值;

w_i——第 i 期的权数,$i=1,2,3,\cdots,n$;

x_{t-i}——$t-i$ 期的观测值,$i=1,2,3,\cdots,n$;

n——历史资料的期数。

如采用加权平均法对上例进行预测,假设近期数据对预测值影响更大,则给出的 1~9 月销售量的权数分别如表 2-2 所示。

表 2-2

月份	1	2	3	4	5	6	7	8	9
销售量权数	0.10	0.15	0.20	0.25	0.30	0.35	0.40	0.45	0.50

根据公式计算如下:

10 月份预计销量 =(0.1×200 + 0.15×220 + 0.20×185 + 0.25×196 + 0.30×206 +

0.35×235 + 0.40×214 + 0.45×198 + 0.5×190) ÷

(0.1 + 0.15 + 0.2 + 0.25 + 0.3 + 0.35 + 0.4 + 0.45 + 0.5)

= 204.7(万元)

③ 移动平均法。移动平均法的基本原理和简单平均法是一样的,只是在选择历史数据时会随着预测期的变化而不断变化。所选历史数据的期间,一般都是选择最靠近预测期的若干期间的历史数据。例如在上例中,假设以 9 个月的历史数据作为预测基础,在预测 10 月份数据时选择 1~9 月份的实际销售量作为预测基础,但当预测 11 月份数据时,则选择 2~10 月份的实际销售量作为预测基础,以后则以此类推。

④ 指数平滑法。这种方法是移动平均法和加权平均法的结合。它将以前对本期的预测值和本期实际发生值的加权平均数作为下一期的预测值。预测者可以自行设定平滑指数,因此,以较大的灵活性来确定近期和远期数据对预测值的影响,有助于提高预测的准确性。具体的计算公式如下:

$$Y_{t+1} = \alpha x_t + (1-\alpha) Y_t$$

式中:Y_{t+1}——$t+1$ 期预测值;

Y_t——t 期预测值;

x_t——t 期观测值;

α——平滑系数,$0 < \alpha < 1$。

由计算公式可以看出,平滑系数 α 值越大,下期预测值受本期实际值的影响越大,反之,下期预测值受本期预测值的影响就越大。

时序分析在预测时经常被用到,但是它有一个明显的缺陷,就是假定事物都将稳定地向未来发展,而不会有任何大的变动。这一假设在稳定且可预测的市场中是有道理的,但在不稳定而有波动的市场中是非常危险的。

(2) 回归分析预测法。它是在分析市场现象自变量和因变量之间相关关系的基础上,建立变量之间的回归方程,并将回归方程作为预测模型,根据自变量在预测期的数量变化来预测因变量关系,大多表现为相关关系。回归分析并不是直接根据历史数据来预测未来需求，而是首先确定影响需求的主要因素，然后根据历史数据来确定这些影响因素与需求之间的函数关系，建立一个受一个或多个自变量影响的需求函数，最后，根据对这些自变量的预测计算出预计的需求。

回归分析预测法是一种重要的市场预测方法，当对市场现象未来发展状况和水平进行预测时，如果能将影响市场预测对象的主要因素找到，并且能够取得其数量资料，就可以采用回归分析预测法进行预测。它是一种具体的、行之有效的、实用价值很高的常用市场预测方法。

例如，一个房地产开发商希望预测未来5年中某一地区市场对商品住宅的需求，它首先确定了影响这一需求的主要因素：该地区消费者的收入、房屋贷款的费用、人口增长率。它希望建立一个函数式：$Q = f(X_1, X_2, X_3)$，其中对商品住宅的需求用 Q 来表示，三个影响因素分别用 X_1、X_2、X_3 来表示。通过对一定时期的历史统计资料的分析计算，假设它得出了以下函数：

$$商品住宅的销售额 = C + \alpha X_1 + \beta X_2 + \gamma X_3$$

通过它可以预测未来5年内消费者收入、房屋贷款的费用和人口增长率，通过这三个因素来计算所需的数据，而为求这三个影响因素的预测值甚至可以找到较为精确的二手数据。

回归分析预测法有多种类型。依据相关关系中自变量的个数不同分类，可分为一元回归分析预测法和多元回归分析预测法。在一元回归分析预测法中，自变量只有一个，而在多元回归分析预测法中，自变量有两个以上。依据自变量和因变量之间的相关关系不同，可分为线性回归预测和非线性回归预测。

总体来说，使用回归分析预测法面临的最大困难是很难建立一个准确的、反映变量之间关系的数学模型，这往往需要花费较高的预测成本。

引导案例解析

该童装厂的产品销售从持续稳定增长到戛然中止，其主要原因出在向市场轻率地推出了与正常需求不相适应的"新产品"，并过快地将这些"新产品"取代原本畅销的老产品，以致造成目前的被动局面。

产品的适销既要考虑到产品的功能、质量、款式等使用价值，也应包括产品价格的适销。该厂的童装新品种虽然在款式上令人喜爱，但由于借鉴成人服装工艺，成本增加，定价太高，超过消费者愿意承担的范围。除了在特殊情况下的特殊需求以外，考虑到儿童正处于长身体阶段，童装的实际使用时间有限，而且每户家庭一般又都只有一个子女，因此，多数顾客虽然喜欢新款式，但都不愿意购买价格偏高的童装，这样就使该厂失去了最基本的，也是最主要的市场。

李厂长虽然对童装新品种预先进行了市场调查与预测，但还是事与愿违。究其原因在于运用市场调查与预测的方法不恰当。在运用时忽视了市场环境的一致性，对春节前的购销旺季的特殊销售状况和市场的正常销售状况不加区别，错误地估计自己的产品完全适应市场需求，销售量将继续增长，而忘记了时过境迁，消费者的购买动机和购买行为会发生变化，从而对企业产品的销售带来巨大影响。同时，该厂在进行产品销售预测时，简单地套用了加权移动平均法,而没有看到市场预测的基本条件已经发生变化。由于加权平均法对各期的销售量作了加权平均,从而会降低偶然性变化的影响程度,因而它主要适用于对销售比较稳定,基本上只受偶然性变化影响的销售状况进行预测。当销售状况受到必然性变化的影响时,就不能采用这种方法来进行预测。该厂在春节前生产销售的是老产品,而春节以后,根据春节这个特殊时期的销售状况决定主要生产销售新产品,该厂用老产品的统计资料来预测新产品的销售量,作为安排生产的依据,必然会得出错误的结论。

1. 营销信息系统的内容有哪些?
2. 营销信息系统对企业经营有何作用?
3. 定性调查与定量调查有何区别?它们各自的优缺点是什么?
4. 企业在营销调查中应如何选择不同的调查方法?
5. 市场需求预测中可能出现的失误有哪些?如何避免?

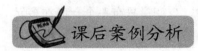

李老板当不当接这个品牌?

老李背着双手,锁着眉,在他的办公室踱来踱去转着圈,这已经不是一天两天了,自从第32届美博会以来,他的心中就一直有个没有打开的结,不知如何处理是好。

老李已经不是那种年轻骄狂的人了,虽然做日化生意已有二十年的经验,但这个五十多岁的汉子,化妆品却并没有能掩饰他的沧桑,他的眼角布满了皱纹。他所在的城市是一个内地市,拥有市区人口100万,下有9个县,全部城乡人口为600万。他在改革开放之初的20世纪80年代末从地摊做起,倒卖、批发,只要能赚钱,什么都做过。1999年,他审时度势,生意全面转型,从大流通为主转为小终端,从而接了广州一个以经营小终端渠道为主的A品牌做代理,主要经营日化品;2000年,他接了一个广州牙膏B品牌,2005年他接了一个专做化妆品的上海品牌C。老李是一个办事谨慎的人,他认为与厂家的合作,就完全是一种姻缘关系,他希望一旦联姻,就应当一直走下去。所以,他三个品牌在手,一直不离不弃,而且都做得相当不错。虽然,他的合作的生产厂商品牌在全国市场而言,不是强势,但是,在他的市场,是叫得出的为数不多的三线品牌之一。目前,在全市5条主要繁华街道12间门面都有做的C产品,其中两间是他自己的直营店;其他为上海C品牌专柜产品,在市区有20个多个网点,9个县市主要化妆品店都有布货。三个品牌的结构布局大致如下表所示。

品牌名称	产品品类	价格定位	渠道数量
A 品牌	洗涤为主	中低档	30家小超市、200多家便利店。流通体系全面覆盖
B 品牌	中药牙膏8个品项	中高档	BC超市、便利店、化妆品店。一半流通一半终端
C 品牌	美容护肤品多个系列30多个单品，产品线较全	中档	主要利润产品，限于化妆品店专柜销售，全市20家，各县1家，共29家

从网络网点上来说，老李的优势应该是比较明显的。虽然代理的不是大品牌，由于其稳扎稳打的工作作风，市场依然做得有声有色。现在已购有专车一部，业务人员发展到5人。另外，直营店有8名员工。业绩每年都递增50%以上。

应当说老李对自己的经营还是满意的。然而他对自己并不满足，他有个小小心愿：在儿子读研毕业后，让他接班，送上一份大大的事业蛋糕。

正因如此，他认为时机已经成熟，他踌躇满志地赶到了广州，参加了第32届美博会。

老李来广州之前，其实心里并没有决定要代理哪类产品，虽然有同行朋友及销售经理向他介绍过当前最流行的概念，并且还推荐了几家模仿佰草集、自然堂的产品，但都被老李以"再考虑考虑"的名义谢绝了。其实，老李对自己在当地的定位还是非常清楚的，他认为自己有了很好的基础，不可能再代理一些模仿性的杂牌，他认为要不就找个大牌子做做代理，感受一下大牌经销商的滋味；要不就找个能操纵的具有很大潜力的"优质股"，纵然是新品，但相信在自己的精耕细作下，一样能绽放灿烂之花。

老李对自己的信心非常足。前两天，他白天"蹲点"看品牌收集资料，晚上分析资料，上网找情报。第三天，主动出击，约见厂商。

老李在广州待了10天时间，最初有20个品牌进入他的视线，老李筛了几轮后，选出最后三个：一个是专业男妆品牌，一个是新概念彩妆，一个是女性私密产品。

在老李看来，也许这三个品牌是全场的亮点了，他为自己能抓住这样的三支优质潜力股而庆幸。虽然这三个品牌都是新的，但老李认为，它们都有自己的特点，是的，要做代理就做有特色的，这是老李参加这次美博会上的一次最新总结。而此之前，老李代理的品牌其他产品本身没有特色，只不过老李是赢在渠道人脉关系，赢在营销创新抢时间上（C品牌老李没按厂商意图规划全面开花，只做专营店，结果很成功）。对这三个品牌他一直认为是正确的选择，不足的地方是，这三个品牌的支持政策较差，基本上除了必要的赠品、宣传品之外，就没有其他的支持。但这并影响老李的决定，老李认为，以他的强势渠道资源，这些已不是问题。

老李兴致勃勃地与三家厂商谈了又谈，但在最后要签订协议的时候，源于他一向谨慎的作风，老李特地留了一手，他想，应当与他的团队沟通，于是决定分别带回些样品，研究一下市场再作最后决定，所以，他跟三个品牌只签订了意向协议，并分别交了象征性的定金，约定在同一天内，作最后决定。

老李连夜带了样品赶回老家，第二天顾不上休息就召开会议，听取大家意见。然而，开会的结果是与他的预料截然相反，大家的意见根本没有统一，而且对他提出的产品基本上持一边倒的态度。为了得到更多来自市场的意见，他又亲自花了几天时间跑了几个他的分销商，化妆品店，甚至去了下面几个县，征求意见，结果也是众说纷纭，不知所终。

老李开始有点犯难了。为什么会是这样？最一线的员工和经销商会持有不同的意见？难道自己的触觉钝化了？自己真的老了？

其实，老李是有自己的主张的，他比较偏好男士产品和女性私密产品，为什么签了三个意向协议，是因为他甚至还有过全部拿下的想法，因为每家的代理首批只需10万元，而老李为这次新品代理却准备了50万的启动资金。但是，没想到自己的计划得到了强烈的反对。经销商普遍认为，只能先试试，不能代理。大致有两个原因，一是因为三个品牌的容量都是有限的，二是在销售操作层面上有难点。比如男士护肤品到底如何卖？女性私密产品促销员都不好意思开口介绍。新概念彩妆就更悬了，还要结合仪器，太专业了，不适合日化市场销售。

他决定上网，去化妆品群中问问群中的网友，一是了解各地行情，二是探探口风，了解网友们的意见和建议。

老李有十多个化妆品行业群，最后他选定了自己常去的三个群，提出了自己提的两个问题：一是对男妆、新概念彩妆及女性私密产品的看法，二是自己适合代理哪一个品牌。同时，也就自己的疑惑与网友交流了意见。

各网友纷纷发表观点，帮助支招，他认真地做了总结，基本上有五种不同的声音。

（1）代理男士化妆品。持这种观点的网友认为，男士护肤品是当前的热门，十年前就开始开发，未来两三年必然成为化妆品消费的一支主流力量。从现在看，各大国际品牌都开发了男士产品，而且市面上已出现多个专业男妆品牌。老李所在的城市，国际品牌产品渗透不到位，更不要提男妆产品，更重要的是市场还没有一个专业男妆品牌，这为老李提供了绝佳的天赐良机。以老李的渠道优势来说，他第一个做男妆品牌专柜，必然成为第一个男妆品牌市场老大。不过，对这种声音的反对票也不在少数，反对方认为，正因为老李所在城市国际品牌男妆产品没有强势渗透，所以对男妆产品消费者的教育成本将毋庸置疑地增大，作为生意人，以盈利为最高目的，没有必要帮助厂家推品牌而果子却让他人来吃。

（2）代理女性私密产品。持此观点的网友理由有三：一是市场容量大，高中低档产品都有，不怕没有消费者；二是现代女性已越来越重视私处护理了。妇炎洁、西妮、ABC、采幽、娇妍等这些品牌已对市场进行了一定的教育，消费者已有这种护理意识，这可以直接拉动本品牌的高档护理新产品的消费；三是此类产品顾客忠诚度高，只要产品不出现问题，一般不会轻易更换。但反对方认为，老李代理的品牌价格普通高于现在市场上任何女性护理产品，而且产品品种有很多是全新的概念型，市场上还没有参考品，在推广起来会有难度。

（3）代理新概念彩妆。网友认为，此举一来可以增加产品线，二来可以与产品线互补。老李的化妆品渠道中，现在大多是护肤品、洗涤用品、口腔护理品，基本上没有彩妆，所以，如果代理此概念彩妆，可以迅速补充他代理的品牌及产品线结构，从而做到系统全面，产品之间可以相互补充，相互拉动。更重要的是，也对风险有一定规避作用。反对方认为，新概念在于过新，促销员本身的教育就是问题，而厂家的支持政策有限，厂家只是在卖概念，实力很差，风险很大。

（4）错位式代理。持这种观点的网友基本上认同老李的眼光，认为这三个产品的确是三支潜力股和优质股，只要经营得当，就会带来很大收益。但是，他们分析了老李的渠道结构及人员结构后，纷纷建议以"错位式代理"方式处理，即三个品牌都签下代理权，但是，在签约上分不同品牌再行洽谈，比如，男妆、女性私密产品只做专柜代理，甚至只做分销；新概念彩妆则可做全面代理。反方认为，不能面面俱到，应当务实求实。

（5）全部代理。持这种观点的人认为，三个品牌的首批费用不过30万，老李本次资金有50万，还有20万启动资金，对于拿下三个品牌都可以说是绰绰有余。但一样有不同的观点认为，如果精力分散，则重点难以突出，如果突出重点，则其他两个品牌则很可能打入"冷宫"，在回款不理想情况下，极有可能在厂家的压力下改弦易辙。

网上的声音很多，而且谁也说服不了谁。老李望着电脑，显然，他有点失望。

夜已经很深了，太阳升起，就是约定的日期了，按照协议，明天十二点前就要最终的确认。否则，则视为放弃代理权。对老李而言，不仅是损失定金，失去这个机会，更有可能的损失是一次做大事业的机会。老李步到他的办公桌前，坐下来，看着三份草签的意向协议，点燃了一支烟，陷入了深深思考之中……

（资料来源：杨华斌. 中国营销传播网. 2010-07-15，有删改）

思考题：
1. 上述市场预测分别依据何种原理展开？
2. 你认为在哪些领域进行市场预测会较准？哪些领域不太准？
3. 如何评价市场预测学科的现状和未来？

第 3 章　市场营销环境分析

◎ **本章要点**
- 企业与市场营销之间的关系
- 市场营销环境分析的内容
- 市场营销环境的特点
- 市场营销环境分析的方法
- 市场营销环境变化动态

◎ **本章难点**
- 宏观环境和微观环境的内容
- 研究营销环境的方法与企业营销对策

◎ **课前思考**
- 市场营销环境如何影响企业的经营活动？
- 目前企业营销环境变化动态如何？

 引导案例

来自婴儿食品市场营销环境的报告（摘要）

某企业准备生产婴儿食品，得到的市场营销信息如下。

（1）我国现阶段育龄妇女人数增加，且用母乳哺育婴儿的产妇比例有较大幅度的下降。

（2）居民家庭收入有所增加，独生子女家庭舍得在孩子身上花钱。

（3）婴儿食品购买者偏爱进口货和名牌，国产新品在市场上很难站稳脚跟。

（4）婴儿食品生产原料之一的蔗糖今后一段时间内行情趋紧，但价格上涨幅度不会很大，其他原材料供应不会有较大变化。

（5）近期内对婴儿食品的营养性要求占主导地位的消费情况不会发生变化。

（6）婴儿食品的生产技术比较简单，资金需求量不大，行业渗透障碍比较小。

（7）中国人民银行宣布调低人民币与外币比价，政府也明确表示今后要严格控制消费品进口，这就将较大幅度提高进口婴儿食品的价格，减少市场对进口货的需求。

（8）国家法律规定食品生产必须达到一定的卫生标准，必须在包装上注明营养成分和保质期限，过期要销毁。

（9）一些卫生机构呼吁产妇用母乳哺育婴儿。

（10）一些企业受经济效益和人员超编的影响，要求妇女回家和多休产假。

案例思考：试评价上述环境的机会与威胁，并确定企业的对策。

3.1 市场营销环境的构成

企业并不是生存在一个真空内，作为社会经济组织或社会细胞，它总是在一定的外界环境条件下开展市场营销活动。这些外界环境条件是不断变化的，一方面，它既给企业提供了新的市场机会；另一方面，它又给企业带来某种威胁。因此，市场营销环境对企业的生存发展具有重要意义。企业必须重视对市场营销环境的分析和研究，扬长避短，趋利避害，适应变化，抓住机会，从而实现自己的市场营销目标。

"环境"是指某一特定作用体之间存在的所有外在因素及实体的综合，"环境"与某一特定的事物相联系，不同事物的环境内容各不相同。环境是客观存在的，在大多数情况下，环境是较难改造的，它既为企业活动提供必要的条件，同时也对企业活动起着制约作用。

菲利浦·科特勒认为：企业的市场环境是由企业营销管理职能外部的因素和力量组成的，这些因素和力量影响了营销管理者成功地保持和发展同其目标顾客交换的能力。也就是说，市场环境是企业的生存空间，是营销活动的基础和条件。科特勒将市场环境分为两大类：宏观环境和微观环境。

宏观环境包括大规模的、具有普遍性的环境因素，由一些大范围的社会约束力量所构成，主要包括人口环境、经济环境、自然环境、科学技术环境、政治法律环境和社会文化环境。这些宏观环境因素对大多数行为都会产生影响。如图 3-1 所示。

微观环境是指人们所直接接触的，更为具体的物质和社会因素的综合，这些规模较小的因素能够直接影响消费者的某些特定行为、情感和认知。微观环境影响着企业服务于其目标顾客的能力，由企业的供应者（为本企业提供生产经营要素的其他企业、机构和个人，特别是供应商）、营销中介人、顾客、竞争对手、社会公众，以及企业内部影响营销管理决策的各个部门所构成。如图 3-2 所示。

图 3-1 企业宏观环境要素

图 3-2 企业微观环境要素

企业面对着的上述诸多环境力量并不是固定不变的，而是经常处于变动之中；环境的变化，或者给企业带来可以利用的市场机会，或者给企业带来一定的环境威胁。监测、把握环境力量的变化，善于从中发现并抓住有利于企业发展的机会，避开或减轻不利于企业发展的威胁，是企业营销管理的首要问题。虽然从一般意义上讲，企业不能从根本上去控制环境的变化，环境的变化呈客观性，但企业可以积极主动地去预测、发现和分析环境变化的趋势及其变化特点，进而及时甚至超前采取相应的措施去适应环境的变化。另外，企业的营销活动

市场营销管理学

在一定程度上也影响着环境的形成及其变化。比如企业可以对劳动法和对外贸易政策施加影响，尤其在影响改善微观营销环境方面，企业是大有可为的。接下来就宏观环境、微观环境中的主要因素进行讨论。

3.2 宏观环境分析

3.2.1 人口环境

市场是由具有购买欲望和购买能力人组成的，人口环境对市场需求有着整体性、长期性的深刻影响。人口环境因素主要包括人口规模及增长、人口的地理分布、人口结构、家庭等要素。

1. 人口规模及增长

人口规模即总人口的多少，是影响基本生活消费品需求、基础教育需求的一个决定性因素。虽然人口规模的大小与市场购买力水平的高低并没有必然的联系（一个经济发达地区的总体市场购买力可能远远高于一个总人口远多于它的经济不发达地区），但是，由于人们的购买力总是先投向于基本生活消费品，人口越多，这部分基本消费需求及其派生出来的产业用品需求的绝对量就会越大。因此，人口规模首先会对市场需求结构产生明显影响；然而，过多的人口必然会对市场形成强大的压力，给资源的供给和环境造成很大的影响，从而给企业的营销活动带来一定的制约甚至威胁。

十多年来，世界人口以平均每年高于1.5%的速度增长。我国由于实行计划生育政策，人口增长率控制在1.19%以下，低于世界人口增长率。世界人口继续增长，意味着世界市场继续发展，市场需求总量将进一步扩大。所不同的是，发展中国家人口增长快，经济收入低；而发达国家人口增长缓慢，商品供应丰富，经济收入高。人口增长带来需求扩大的同时，也会带来资源短缺、污染加重、环境恶化等问题。

人口基数大，数量增长快，是我国人口环境的两个重要特点。作为世界上人口最多的国家，我国市场发展的潜力极大，企业的营销机会极多，如我国家用电器市场的变化，像电视、空调、洗衣机等，都经历了由城市到农村，由第一代到第二代，由家庭拥有量一台到多台的市场发展过程。再如手机、汽车在我国人均拥有量的飞速发展。但与此同时，今后的半个世纪内，我国的企业都将在人口继续增长的严峻的人口环境中运行。人口的爆炸性增加也"吃掉"了经济增长，带来了严重的生态环境恶化等问题。因而，各种资源、能源、运输、教育等供应偏紧的状况将会长期存在。

2. 人口的地理分布

人口的地理分布是指人口在不同地区的密集程度。一方面，人口密度的不同与人口流动量的多少，影响着不同地区市场需求量的大小；另一方面，人们的消费需求、购买习惯和购买行为，在不同的地区也会存在差异。因此，人口的地理分布可以为企业准确寻找自己的目标市场提供依据，也可以帮助企业对产品的流向与流量作出判断。

（1）人口密度。按照人口聚居地区的密集程度可分为三大类，即大范围集中区、小范围集中区和地广人稀区。从我国来看，人口主要集中在东南沿海一带，人口密度逐渐由东南向西北递减。另外，城市人口比较集中，尤其是大城市人口密度很大，而农村人口则相对分散。人口的这种地理分布表现在市场上，就是人口的集中程度不同，则市场大小不同。

（2）区域分布。由于人口居住、生活的自然条件和经济条件不同，对消费品需求也就有所差异。不同地区、不同气候等生活条件，会带来不同的生活习惯和不同需要；不同地区的经济发展水平，其交通状况和商业发达程度等，更会引起居民的消费水平和消费结构上的较大差别。

（3）流动迁移。随着改革开放的深化和经济的发展，我国人口的流动和迁移呈现出不断扩大的趋势，从农村流向城市，不发达地区流向发达地区。另外，经商、旅游、学习等使人口流动加速。对于人口流动较多的地方而言，一方面由于劳动力增多，就业问题突出，从而加剧行业竞争；另一方面，人口增多也使当地基本需求量增加，消费结构发生一定的变化。

3. 人口构成

人口的构成，包括自然构成和社会构成，前者如年龄结构、性别结构；后者如民族构成、职业构成、教育程度等。

（1）人口的年龄结构。不同年龄的消费者，由于在收入、生理、审美、生活方式、价值观念、社会活动、社会角色等方面存在差异，必然会产生不同的消费需求，形成各有特色的消费者群体。因此，在市场营销中可根据年龄结构对消费市场进行划分，如可分为儿童市场、青年人市场、中年人市场和老年人市场。

（2）人口的性别结构。人口性别比例结构的差异，反映到市场上就会出现男性用品市场和女性用品市场，这种差异也为营销带来了新的契机。

从世界范围来看，随着妇女就业机会的增加和地位的提高，她们在消费方面发挥着重要的主体和主导作用。女性消费市场重点在以下几方面：①时装和首饰；②健美及美容用品；③厨房用品。

当然，在瞄准女性消费市场的同时，男性世界也不能成为"被遗忘的角落"。一些被视为传统女性市场的产品，随着经济和社会的发展，也越来越多地被男性所接受，其传统的性别色彩正在越来越被模糊化，比如像护肤用品、唇膏等。

我国在人口构成方面还有一个值得重视的特殊趋势，那就是伴随着我国独生子女政策的实施而形成的一个庞大的所谓"独一代"、"独二代"的独生子女市场。满足和引导这部分市场需求，也会为许多企业提供发展的机遇。

扩展阅读——小知识

新一轮婴儿潮在即，企业做好准备了吗？

最近几年，中国人的经济生活中令人感触最深的莫过于房价的快速上涨，那么作为经济生活中的重要组成部分，房价又是怎样涨起来的呢？从刚性需求上来讲，房价的上涨与20世纪80年代的那一轮"婴儿潮"有着直接关系，因为"80后"这一群体已经集中进入婚龄，住房成为很多人结婚的前提条件。

事实上，房价的上涨仅仅是个序曲，基数庞大的"80后"夫妇在结婚之后大约2～3年会选择要小孩，中国将在未来几年中迎来一轮波澜壮阔的"婴儿潮"，对于企业家而言，这是一笔难以估量的巨大财富。

人们习惯于将历史上人口出生率大幅度提升的某一阶段形象地称为"婴儿潮"。世界历史上有过几次著名的"婴儿潮",比如美国第二次世界大战后的一代人,大战之后往往伴随着经济的快速恢复,人口出生率在那几年中快速提升。这部分人群的出生、成长为美国企业创造了许多机遇,比如饮料巨头百事可乐,能得以和可口可乐分庭抗礼正是因为他们把握住了第二次世界大战后新出生的那些孩子们的心。(百事可乐案例详见《做人当如百事可乐》)

从1949年新中国成立至今,中国历经了三次人口高增长阶段。

第一个人口高增长阶段为1949年至1957年。新中国成立后,社会安定,经济发展,政府鼓励生育的政策使当时的每个家庭都有四五个孩子,人口的出生率维持在高水平。但是当时中国人口只有4亿,基数小,新增人口的绝对数量相对不大。这是新中国成立以后出现的"第一次人口生育高峰",也叫做"战后婴儿潮"。

第二个人口高增长阶段为1962年至1973年。三年自然灾害过后,经济发展状况逐渐好转,强烈的补偿性生育使得十年全国共出生近2.6亿人,人口增长进入了新中国成立以来前所未有的高峰期。这是新中国成立以后出现的"第二次人口生育高峰",也叫做"主力婴儿潮"。主力婴儿潮是我国历史上出生人口最多、对后来经济影响最大的一次。

第三个人口高增长阶段为1982年至1991年。虽然这时候的中国已经开始实行计划生育,但是由于基数庞大的主力婴儿潮成家立业,陆续进入生育年龄,于是又产生了第三次婴儿潮,历史上将其称作"回声婴儿潮"。每年新出生人数都在2000万以上的十年间共出生了2.47亿个孩子,1990年更是达到2621万人的峰值。

中国逐年下降的出生率将于2007—2009年前后达到近年来的最低水平,本文的观点是由于目前回声婴儿潮已陆续进入生育年龄,那么在未来的若干年中人口出生率将会逐年提升,中国将在未来的若干年中形成新一波"婴儿潮"。

由于中国真正开始实行市场经济是在1992年,因此前两轮婴儿潮婴儿的出生、成长到后来的结婚生育,中国一直处于旧体制下的国有企业所主导的计划经济时代,当时的社会只考虑国家经济战略是否准确,而不是企业发展战略是否得当;第三波婴儿潮婴儿的成长过程也正是我国市场化逐步提高的进程。因此回声婴儿潮中前几年出生的人对于现代化企业的影响也不算很大。

未来几年即将发生的新一轮婴儿潮,虽然我们还不知道历史将给这一波婴儿潮取一个什么名字,但是毫无疑问这一代人将给全面走向市场经济体制的中国企业带来无限的机遇。事实上,上面提到的回声婴儿潮从历史阶段上来看也只是囊括了年出生人数2000万以上的年份,如果将这个标准降低为年出生量1800万以上的1978—1992年,则是15年间出生了3.4亿人。按照我国的计生政策,独生子女夫妇可以生育两个孩子。目前,除了2008年的一个人口出生小高峰外,2010年以后几年新生儿平均出生率保持在15%左右的比率增加。如果未来的计生政策进一步放宽,那么粗略估算第四波婴儿潮的婴儿数量也将在2亿之上,时间持续到2022年前后。也就是说即使保守估计,未来的十年也将是"婴儿潮产业"的黄金十年。

对于即将出现的"婴儿潮",围绕孕妇、婴儿、学龄前儿童、甚至小学生的各种产业都将会在未来的若干年迎来相当好的发展机遇,能够辐射到的相关产业不计其数,社会需求难以估量。

在一家IT公司上班的80后爸爸黄先生展示了他1岁宝宝的月消费账单:尿不湿300元;奶粉700元;鱼肉等副食品500元;玩具、衣服200元……杂七杂八加起来差不多2000

块。一张张高昂宝宝消费账单的背后，是一个日渐兴盛的朝阳行业。如果以平均每个孩子每年花销5000元进行概算，这一市场规模到2010年将超过1万亿元。

现在不仅医院产房爆满、商场超市里的各种婴儿产品热卖，而且婴幼儿产品经营也越来越细分化，出现了婴儿用品专卖、专业婴幼儿摄影、婴幼儿早教、婴儿浴房等新兴的业态。一家母婴店老板介绍，广州近年来涌现出成千上万家母婴店，产品、服务琳琅满目，这一数量还在不断增长。

但是如果你仍然以为孕婴产业无非是奶嘴、奶粉、营养品、童装、童车之类，那就大错特错了，它实际上包括了与孕妇、婴儿有关的一切产品和服务。胎教、婴幼儿专业医院、以孕婴为目标消费者的各种医疗用品……有些东西你也许从来没有见过，甚至没有听说过，但你无法忽视它的使用价值。为了孩子，总会有父母对那些新奇玩意感兴趣。

此外，等孩子渐渐长大后，玩具、幼儿园、学前教育产品，甚至几年后对教育条件要求更高的小学，也将是年轻父母们舍得大把投钱的方向。

毫无疑问，即将启动的第四轮婴儿潮将给众多企业带来无限的市场机遇，只是令人深思的地方在于，中国孕婴幼市场就像它所面对的消费群体一样仍然处于"婴儿期"，在很多产业难有绝对强势的品牌，产业市场仍然缺乏有实力的资金全面注入。企业老总们，面对这样一块巨大的蛋糕，你准备好了吗？

（资料来源：中国营销传播网，2010-05，作者：路翌）

（3）人口的社会结构。社会结构包括阶层结构、城乡结构、区域结构、就业结构、社会组织结构等方面的变化和发展趋势。居民人口的社会构成是指居民人口的民族、籍贯、宗教信仰、文化教育程度、职业、阶层、经济收入的构成及分布，这些直接影响着人们的消费需求和购买行为。美国人将消费者分为七个阶层，并且说明每个社会阶层的人对汽车、服装、家具、娱乐、阅读习惯等都有较大的不同偏好。在中国，从个人消费来看，可以把消费者分为五个层次。①富豪型。如私营业主和中外合资企业的老板及文化、体育、艺术明星。这些人消费起来一般不问价钱，以自己的爱好为购物标准，他们崇尚名牌、洋货。此类消费者占总数的比例不到1%。②富裕型。如工商企业尤其是合资企业高级管理人员、工程承包商等。这些人收入丰厚，购物时既问价钱，又十分注意显示自己的经济实力和身份。此类消费者占总数的比例在10%左右。③小康型。如宾馆、合资企业、外贸企业的中层管理人员、从事第二职业的知识分子、个体工商户等，他们日子过得舒适，既赶潮流，更讲实惠。此类消费者占总数的比例在20%。④温饱型。如效益良好企业的职工，消费起来以实惠为主要标准，追求价廉、高质量的商品。此类消费者占总数比例在60%左右。⑤贫困型，处在这一层次的消费者对商品的牌号、款式等不多挑剔，购物只求价廉。

4. 家庭

人口的家庭结构实际上是人口结构中的一部分，只不过由于其重要性和独特性，独立出来进行分析。家庭是市场消费和购买的基本单位，是影响市场营销的重要因素之一。家庭人数，是指每户家庭的人口数。应该看到，随着经济的发展和家庭观念的更新，家庭规模趋于小型化——家庭单位增加、家庭人口减少。美国在20世纪80年代末90年代初，每个家庭平均2.67人，比19世纪中叶减少了一半；30年前，日本的6口之家占全国家庭总数的1/3，现在只占8.2%，家庭平均人数降为3.2人。

家庭结构小型化、特殊化的趋势，必将影响某些以家庭为购买、消费的基本单位的商品的销售，比如较小的公寓、便宜和小型的器具、家具和设备、小包装食品等。国内外家庭结构变化，必然给不少企业带来新的机会。

3.2.2 经济环境

经济环境是指企业营销活动所面临的外部经济条件，其运行状况及发展趋势会直接或间接地对企业营销活动产生影响。

1. 直接影响营销活动的经济环境因素

从企业营销的角度来看，经济方面最主要的环境力量是社会购买力。市场规模的大小，归根结底取决于购买力的大小。社会购买力是一系列经济因素的函数。总的来讲，取决于国民经济的发展水平及由此决定的人均国民收入水平。社会购买力在量上则与储蓄的增减变动密切相关。一定时期内储蓄增加会减少近期的货币支付能力；储蓄的增减变动会引起市场需求规模和结构的变动，对企业的营销活动也就会产生或近或远的影响。消费者信贷的规模变化也会影响购买力的增减变动。在存在消费信贷的条件下，由于消费信贷的刺激，从而与无消费信贷条件下相比，消费者的消费支出将增加。

（1）消费者收入水平的变化。消费者的购买力来自消费者的收入，但消费者并不是把全部收入都用来购买商品或劳务，购买力只是收入的一部分。因此，在研究消费收入时，要注意以下几点。

①国民生产总值，它是衡量一个国家经济实力与购买力的重要指标。从国民生产总值的增长幅度，可以了解一个国家经济发展的状况和速度。

②人均国民收入，这是用国民收入总量除以总人口的比值。这个指标大体反映了一个国家人民生活水平的高低，也在一定程度上决定了商品需求的构成。

消费者收入是指消费者个人从各种来源所得到的货币收入，包括工资、奖金、其他劳动收入、红利、助学金、馈赠、出租收入等。消费者收入分为个人可支配收入和可任意支配收入。

个人可支配收入，指个人收入减去直接缴纳的各项税款和非税性负担（工会经费、交通罚款）的余额，它是个人收入中可以用于消费支出或者储蓄的部分，它构成实际的购买力。

可任意支配收入指个人可支配收入减去维持生活所必需的支出（食品、衣服、住房、水电等项开支）和其他固定支出（分期付款、学费）所剩下的那部分收入，是影响需求的最活跃的因素。

家庭收入，家庭收入的高低会影响很多产品的市场需求，一般来讲，家庭收入高，对消费品需求大，购买力也大；反之，需求小，购买力也小。

同时，作为营销研究人员，还要注意，消费者收入分为货币收入和实际收入。当物价下跌，意味着实际收入上升。因此，只有实际收入才影响实际购买力。

（2）消费者支出模式和消费者结构变化。随着消费者收入的变化，消费者的支出模式也会发生相应的变化，继而使一个国家或地区的消费结构也发生变化。恩格尔提出的"恩格尔定律"用来反映这种变化：一个家庭收入越少，其总支出中用来购买食物的比例就越大；随着家庭收入增加，用于购买食物的支出占总支出的比例下降，而用于其他方面的开支和储蓄所占的比重将上升。这种消费支出模式不仅与消费者收入有关，而且还受到下面两个因素的影响。①家庭生命周期的阶段影响。据调查，没有孩子的年轻人家庭，往往把更多的收入用于购买冰箱、电视机、家具、陈设品等耐用消费品上，而有孩子的家庭，则在孩子的娱乐、教育等方面支出较多，而用于购买家庭消费品的支出减少。当孩子长大独立生活后，家庭收支预算又会发生变化，用于保健、旅游、储蓄部分就会增加。②家庭所在地点的影响。如住在农村与住在城市的消费者相比，前者用于交通方面的支出较少，用于住宅方面的支出较多，而后者用于衣食、交通、娱乐方面的支出较多。

扩展阅读——小链接

恩格尔与恩格尔定律

恩格尔，生于德国德累斯顿，德国统计学家，因发现恩格尔曲线和恩格尔定律闻名于世。他早年与法国社会学家弗雷德里克·勒普莱（Frédéric Le Play）交往甚密，勒普莱对家庭问题很感兴趣，这使恩格尔开展了对家庭的调查。这些调查所收集到的开支数据使恩格尔确信，在家庭的收入与该户分配于食物和其他项目的支出之间，存在着一定联系。这是经济学中最早确立的定量函数关系之一。不仅如此，他还发现，收入较高的家庭用于食物的支出一般多于较穷的家庭，但食物开支在总预算中所占比重一般同收入成反比。从这一经验性规律出发，他进一步推断出，在经济发展过程中，相对于其他经济部门而言，农业将萎缩（恩格尔，1857年）。1860—1882年恩格尔在柏林任普鲁士统计局局长期间，以普鲁士统计局的名义为发展和加强官方统计学做了大量工作。他因反对俾斯麦（Bismarck）的保护主义政策而辞职。在研究工作中，他从成本方面特别研究了人类生活的价值。他还调查了价格对需求的影响。他对官方统计学的影响远不仅限于德国，1885年他参与创立了国际统计学会。他于1896年在拉德博伊尔去世。

恩格尔系数的计算公式为：恩格尔系数＝事物支出变动百分比/事物收入变动百分比

国际上常常用恩格尔系数来衡量一个国家和地区人民生活水平的状况。根据联合国粮农组织提出的标准：59%以上绝对贫困，50%～59%勉强度日，40%～50%小康水平，20%～40%富裕，20%以下为最富裕。

在我国运用这一标准进行国际和城乡对比时，要考虑到那些不可比因素，如消费品价格比价不同，居民生活习惯的差异，以及由社会经济制度不同所产生的特殊因素。对于这些横截面比较中的不可比问题，在分析和比较时应做相应的剔除。另外，在观察历史情况的变化时要注意，恩格尔系数反映的是一种长期的趋势，而不是逐年下降的绝对倾向。它是在短期的波动中求得长期的趋势。

中国国家统计局公布数据显示，2005年北京市恩格尔系数为35.2%；广州市恩格尔系数为37.31%；而山西早在2003年恩格尔系数就达到了33.5%，依据恩格尔系数中国呈现出一种"富裕幻觉"。恩格尔系数失灵的原因如下。

在我国农产品价格相对偏低，工业产品相对偏高的现状下，恩格尔系数下降意味着居民收入水平出现滑坡。

居民消费价格指数中住房、教育、医疗等生活成本在不断提高，用于闲暇消费支出的比重在不断下降。

恩格尔系数是衡量一个国家、地区、城市、家庭生活水平高低的重要参数。我国处于由小康向富裕过渡阶段。国家统计局发布的公告显示，2007年农村居民家庭恩格尔系数为

43.1%，比2006年上升0.1%；城镇居民家庭恩格尔系数为36.3%，比2006年上升0.5%。这是因为2007年食品价格上涨12.3%，其中肉禽及其制品、油脂、鲜蛋价格涨幅超过居民收入的增长。

消费结构指消费过程中人们所消耗的各种消费资料（包括劳务）的构成，即各种消费支出占总支出的比例关系。优化的消费结构是优化的产业结构和产品结构的客观依据，也是企业开展营销活动的基本立足点。第二次世界大战以来，西方发达国家的消费结构发生了很大变化：①恩格尔系数显著下降，目前大都下降到20%以下；②衣着消费比重降低，幅度在20%~30%之间；③住宅消费支出比重增大；④劳务消费支出比重上升；⑤消费开支占国民生产总值和国民收入的比重上升。而从我国的情况看，消费结构还不尽合理。长期以来，由于政府在住房、医疗、交通等方面实行福利政策，从而引起了消费结构的畸形发展，并且决定了我国居民的支出模式以食物、衣物等生活必需品为主。随着我国社会主义市场经济的发展，以及国家在住房、医疗等制度方面改革的深入，人们的消费模式和消费结构都会发生明显的变化。企业要重视这些变化，尤其应掌握拟进入的目标市场中支出模式和消费结构的情况，输送适销对路的产品和劳务，以满足消费者不断变化的需求。

（3）消费者储蓄和信贷情况的变化。消费者的购买力还要受到储蓄和信贷的直接影响。

当收入一定时，储蓄越多，现实消费量就越小，但潜在消费量大；反之，储蓄越少，现实消费量就越大，但潜在消费量小。企业营销人员应当全面了解消费者的储蓄情况，尤其是要了解消费者储蓄目的的差异。储蓄目的的不同，往往影响到潜在需求量、消费模式、消费内容、消费发展方向的不同。这就要求企业营销人员在调查、了解储蓄动机与目的的基础上，制定不同的营销策略，为消费者提供有效的产品和劳务。

我国居民有勤俭持家的传统，长期以来养成储蓄习惯。近年来，我国居民储蓄额和储蓄增长率均较大。据调查，居民储蓄的目的主要用于供养子女和婚丧嫁娶，但从发展趋势看，用于购买住房和大件用品的储蓄占整个储蓄额的比重将逐步增加。我国居民储蓄增加，显然会使企业目前产品价值的实现比较困难，但另一方面，企业若能调动消费者的潜在需求，就可开发新的目标市场。比如1979年，日本电视机厂商发现，尽管中国人可任意支配的收入不多，但中国人有储蓄习惯，且人口众多。于是，他们决定开发中国黑白电视机市场，不久便获得成功。当时，西欧某国电视机厂商虽然也来中国调查，却认为中国人均收入过低，市场潜力不大，结果贻误了时机。

消费信贷对购买力的影响也很大。所谓消费信贷，就是消费者凭信用先取得商品使用权，然后按期归还贷款，用以购买商品。这实际上是消费者提前支取未来的收入，提前消费。西方国家盛行的消费信贷主要有：①短期赊销；②购买住宅分期付款；③购买昂贵的消费品分期付款；④信用卡信贷等几类。信贷消费允许人们购买超过自己现实购买力的商品，从而创造了更多的就业机会，更多的收入及更多的需求；同时，消费信贷还是一种经济杠杆，它可以调节积累与消费、供给与需求的矛盾。当市场供大于求时，可以发放消费信贷，刺激需求；当市场供不应求时，必须收紧信贷，适当抑制、减少需求。消费信贷把资金投向需要发展的产业，刺激这些产业的生产，带动相关产业和产品的发展。我国现阶段的信贷消费主要还是公共事业单位提供的服务信贷，如水、电、煤气费的交纳。其他方面，如教育、住房及一些商家的信用卡消费正在兴起。

2. 间接影响营销活动的经济环境因素

除了上述因素直接影响企业的市场营销活动外，还有一些经济环境因素也对企业的营销活动产生了或多或少的影响。

（1）经济发展水平。企业的市场营销活动受到一个国家或地区的整体经济发展水平的制约，经济发展阶段不同，居民的收入不同，顾客对产品的要求也不一样，从而会在一定程度上影响企业的营销。例如，以消费者市场来说，经济发展水平比较高的地区，在市场营销方面，强调产品款式、性能及特色，品质竞争多于价格竞争。在经济发展水平低的地区，则较侧重于产品的功能及实用性，价格因素比产品品质更为重要，在生产者市场方面，经济发展水平高的地区着重投资较大而能节省劳动力的先进、精密、自动化程度高、性能好的生产设备。在经济发展水平低的地区，其机器设备大多是一些投资少而消耗劳动力多、简单易操作、较为落后的设备，因此，对于不同经济发展水平的地区，企业应采取不同的市场营销策略。

美国学者罗斯顿根据他的"经济成长阶段"理论，将世界各国的经济发展归纳为五种类型：传统经济社会；经济起飞前的准备阶段；经济起飞阶段；迈向经济成熟阶段；大量消费阶段。凡属前三个阶段的国家称为发展中国家，而处于后两个阶段的国家则称为发达国家。不同发展阶段的国家在营销策略上也有所不同。以分销渠道为例，国外学者认为：经济发展阶段越高的国家，其分销途径越复杂而且广泛；进口代理商的地位随经济发展而下降；制造商、批发商与零售商的职能逐渐独立，不再由某一分销路线的成员单独承担；批发商的其他职能增加，只有财务职能下降；小型商店的数目下降，商店的平均规模在增加；零售商的数量上升。随着经济发展阶段的上升，分销路线的控制权逐渐由传统权势人物移至中间商，再至制造商，最后大零售商崛起，控制分销路线。

（2）经济体制。世界上存在着多种经济体制，有计划经济体制，市场经济体制，计划—市场经济体制，市场—计划经济体制，等等。不同的经济体制对企业营销活动的制约和影响不同。例如，在计划经济体制下，企业是行政机关的附属物，没有生产经营自主权，企业的产、供、销都由国家计划统一安排，企业生产什么，生产多少，如何销售，都不是企业自己的事情。在这种经济体制下，企业不能独立地开展生产经营活动，因而，也就谈不上开展市场营销活动。而在市场经济体制下，企业的一切活动都以市场为中心，市场是其价值实现的场所，因而企业必须特别重视营销活动，通过营销，实现自己的利益目标。现阶段，我国正处于计划经济体制向社会主义市场经济体制的过渡时期，两种体制并存，两种机制并存，市场情况十分复杂。一方面，通过改革，企业正在逐步摆脱行政附属物的地位，具有了一定的生产经营自主权，开始真正走向市场并以市场为目标开展自己的营销活动；另一方面，企业经营机制还没有完全转变过来，政府的直接干预还严重存在，企业的生产经营活动还受到较强的控制，因而企业的营销活动在一定程度上受到制约。另外，市场发育不完善，市场秩序混乱，行业垄断和地方保护主义盛行，极不利于企业开展营销活动。因此，企业要尽量适应这种"双轨"并存的局面，注意选择不同的营销策略。例如，可以运用"大营销"策略打破地区封锁，通过横向联合进入对方市场等，从而开拓自己的市场。

（3）地区与行业发展状况。我国地区经济发展很不平衡，逐步形成了东部、中部、西部三大地带和东高西低的发展格局。同时在各个地区的不同省市，还呈现出多极化发展趋势。这种地区经济发展的不平衡，对企业的投资方向、目标市场及营销战略的制定等都会带来巨大影响。

我国行业与部门的发展也有差异。2009年国务院首先通过了汽车产业和钢铁产业振兴规划,在随后的一个多月时间里,装备制造业、纺织产业、船舶产业、电子信息产业、轻工业、石化产业、有色金属业和物流业等产业振兴规划也陆续出台。这些行业的发展必将带动商业、交通、通信、金融等行业和部门的相应发展,也给市场营销带来一系列影响。因此,一方面,企业要处理好与有关部门的关系,加强联系;另一方面,则要根据与本企业联系紧密的行业或部门的发展状况,制定切实可行的营销措施。

(4)城市化程度。城市化程度是指城市人口占全国总人口的百分比,它是一个国家或地区经济活动的重要特征之一。城市化是影响营销的环境因素之一。这是因为,城乡居民之间存在着某种程度的经济和文化上的差别,进而导致不同的消费行为。例如,目前我国大多数农村居民消费的自给自足程度仍然较高,而城市居民则主要通过货币交换来满足需求。此外,城市居民一般受教育较多,思想较开放,容易接受新生事物,而农村相对闭塞,农民的消费观念较为保守,故而一些新产品、新技术往往首先被城市所接受。企业在开展营销活动时,要充分注意到这些消费行为方面的城乡差别,相应地调整营销策略。

3.2.3 政治与法律环境

政治与法律环境是影响企业营销的重要的宏观环境因素。政治因素如同有形之手调节着企业营销活动的方向,法律则是为企业规定商贸活动的行为准则,二者相互联系,共同对企业的市场营销活动发挥着影响和作用。

例如,美国通过《谢尔曼法》后,许多知名大企业都饱受这条法规的限制而诉讼不止;国内,2006年7月北京工商总局停止对登记地址为民宅的工商业户进行注册,使商住两用商品房市场严重受挫,同时京城写字楼租金在1个月内上升30%。

1. 政治环境因素

政治环境主要是指企业所在国的政权、政局,政府的有关政策及对营销活动有直接影响的各种政治因素。

(1)政治局势。政治局势是指企业营销所处的国家或地区的政治稳定情况,一个国家的政局稳定与否会给企业营销活动带来重大的影响。如果政局稳定,生产发展,人民安居乐业,就会对企业形成良好的营销环境。反之,政局不稳,社会矛盾尖锐,秩序混乱,不仅会影响经济发展和人民的购买力,而且对企业的营销心理也有重大影响。战争、暴乱、罢工、政权更替等政治事件都可能对企业营销活动产生不利影响,能迅速改变企业环境。因此,社会是否安定对企业的市场营销关系极大,特别是在对外营销活动中,一定要考虑东道国政局变动和社会稳定情况可能造成的影响。

(2)方针政策。各个国家在不同时期,根据不同需要颁布一些经济政策,制定经济发展方针,这些方针、政策不仅会影响本国企业的营销活动,而且还会影响外国企业在本国市场的营销活动。例如,我国在产业政策方面制定的《关于当前产业政策要点的决定》,明确提出了当前生产领域、基本建设领域、技术改造领域、对外贸易领域各主要产业的发展需要。还有诸如人口政策、能源政策、物价政策、财政政策、金融与货币政策等,都给企业研究经济环境、调整自身的营销目标和产品构成提供了依据。

(3)国际关系。这是国家之间的政治、经济、文化、军事等关系。发展国际间的经济合作和贸易关系是人类社会发展的必然趋势，企业在其生产经营过程中，都可能或多或少地与其他国家发生往来，开展国际营销的企业更是如此。因此，国家间的关系也就必然会影响企业的营销活动。

2. 法律环境因素

法律环境是指企业所在国国家和地方制定的各种法令、法规。企业在从事市场营销活动时，应了解所在国政府在经济发展中的基本作用。一国政府首先是以集团消费者的身份影响市场需求，参与经济活动，其次是以管理者身份直接干预经济。国家制定的法律法规有一部分是针对企业国内营销活动的，有一部分是针对企业国际营销活动的。

例如，一些国家对外国企业进入本国经营设定各种限制条件。日本政府曾规定，任何外国公司进入日本市场，必须要找一个日本公司同它合作。也有一些国家利用法律对企业的某些行为做特殊限制。美国《反托拉斯法》规定，不允许几个公司共同商定产品价格，一个公司的市场占有率超过 20% 就不能再合并同类企业。

扩展阅读——小知识

美国法律对香烟的规定

美国在 1984 年 10 月以前，根据法律，香烟包上只印有一条警告："公共卫生局已确定吸烟危害健康"。后来，里根总统于 1984 年 10 月 22 签署一项新法令，规定在所有香烟广告和包装上都要印上新的警告："吸烟会导致肝癌……！""吸烟可使健康面临严重危险！"等，这个法令从 1985 年开始实施，给美国香烟生产企业带来较大的冲击。

从当前企业营销活动法制环境的情况来看，有两个明显的特点。

(1) 管制企业的立法增多，法律体系越来越完善。西方国家一向强调以法治国，对企业营销活动的管理和控制也主要通过法律手段。在这方面的立法主要有三个内容或目的：首先是保护企业间的公平竞争，制止不公平竞争；其次是保护消费者正当权益；最后是保护社会的整体利益和长远利益，防止对环境的污染和生态的破坏。近几年来，我国在发展社会主义市场经济的同时，也加强了市场法制方面的建设，陆续制定、颁布和完善了一系列有关的重要法律法规，如公司法、广告法、商标法、经济合同法、反不正当竞争法、消费者权益保护法、产品质量法、外商投资企业法等。这对规范企业的营销活动起到了重要作用。

(2) 政府机构执法更严。有了法，还必须执行，这样法律才能起到应有的作用。各个国家都根据自己的不同情况，设立了相应的执法机关。例如，美国有联邦贸易委员会、联邦要务委员会、环境保护局、消费者事务局等执法机构，日本有公正交易委员会、德国有联邦卡特尔局，瑞典有消费者行政长官处和市场法院，加拿大有市场保护委员会等。这些官方机构对企业的营销活动有很大的影响力，近年来执法更加积极、严格。我国的市场管理机构比较多，主要有工商行政管理局、技术监督局、物价局、药品监督管理局、环境保护局、卫生防疫部门等机构，分别从各个方面对企业的营销活动进行监督和控制，在保护合法经营，取缔非法经营，保护正当交易和公平竞争，维护消费者权益，促进市场有序运行和经济健康发展方面，发挥了重要作用，因此，企业必须知法守法，自觉并且善于运用法律武器维护自己的合法权益。当其他经营者或竞争对手侵犯自己正当权益的时候，要勇于用法律手段保护自己的利益。

3.2.4 社会文化因素

社会文化环境是指企业所处的社会结构、社会风俗和习惯、信仰和价值观念、行为规范、生活方式、文化传统、人口规模与地理分布等因素的形成和变动。

社会文化环境是影响企业营销诸多变量中最复杂、最深刻、最重要的变量。社会文化是某一特定人类社会在其长期发展历史过程中形成的，它主要由特定的价值观念、行为方式、伦理道德规范、审美观念、宗教信仰及风俗习惯等内容构成，它影响和制约着人们的消费观念、需求欲望及特点、购买行为和生活方式，对企业营销行为产生直接影响。

任何企业都处于一定的社会文化环境中，企业营销活动必然受到所在社会文化环境的影响和制约。为此，企业应了解和分析社会文化环境，针对不同的文化环境制定不同的营销策略，组织不同的营销活动。企业营销对社会文化环境的研究一般从以下几个方面入手。

1. 教育状况分析

一个国家、一个地区的教育水平与经济发展水平往往是一致的。受教育程度的高低，影响到消费者对商品功能、款式、包装和服务要求的不同。通常文化教育水平高的国家或地区的消费者要求商品包装典雅华贵、对附加功能也有一定的要求。例如，在文盲率高的地区，用文字形式做广告，难以收到好的效果，而用电视、广播和当场示范表演形式，则更容易被人们所接受。又如在教育水平低的地区，适合采用操作使用、维修保养都较简单的产品，而教育水平高的地区，则需要先进、精密、功能多、品质好的产品。因此企业营销开展的市场开发、产品定价和促销等活动都要针对消费者所受教育程度的不同，采取不同的策略。

扩展阅读——小知识

一国教育水平的高低会影响消费结构和消费者的购买行为，在教育水平高的国家，对知识、技术、文化含量高的产品需求较大，对文字广告理解较快，容易接受新产品、新技术、新消费方式，购买行为较理性；而在教育水平低的国家则相反。一国教育水平的高低还会影响企业在该国的营销活动，如在教育水平低的国家进行市场调研时，寻找合格的当地调研人员，或与消费者交流意见都比较困难。

语言文字是文化的最重要载体。目前世界上在使用的语言有 500 种，其中 100 万人以上使用的有 200 种，5000 万人以上使用的有 13 种，按使用人数多少排名依次是汉语、英语、俄语、印地语、西班牙语、德语、日语、法语、印尼语、葡萄牙语、意大利语、孟加拉语、阿拉伯语。其中，汉语、英语、法语、西班牙语、俄语、阿拉伯语六种语言是世界通用正式语言（联合国官方语言），英语是世界主要商用语言（例如，荷兰的跨国企业飞利浦公司在许多国家做广告都用英语，即使在本土也不例外）。

2. 宗教信仰分析

宗教是构成社会文化的重要因素，宗教对人们消费需求和购买行为的影响很大。据统计，全世界信奉基督教的教徒有 10 多亿人，信奉伊斯兰教的教徒有 8 亿人，印度教徒有 6 亿人，等等。不同的宗教有自己独特的对节日礼仪、商品使用的要求和禁忌。某些宗教组织甚至在教徒购买决策中有决定性的影响。一种新产品的出现，宗教组织有时会提出限制和禁止使用，认为该商品与该宗教信仰相冲突。相反，有的新产品出现，得到宗教组织的赞同和支持，它就会号召教徒购买、使用，起到一种特殊的推广作用。为此，企业应充分了解不同地区、不同民族、不同消费者的宗教信仰，可以把影响大的宗教组织作为自己的重要公共关系对象，在营销活动中也要注意到不同的宗教信仰，以避免由于矛盾和冲突给企业营销活动带来的损失。

3. 价值观念分析

价值观念是指人们对社会生活中各种事物的态度和看法。不同文化背景下，人们的价值观念往往有着很大的差异，而消费者对商品的色彩、标识、式样及促销方式都深受其价值观念的影响，有着自己褒贬不同的意见和态度。例如，西方一些发达国家，大多数人比较追求生活上的享受，超前消费突出也是司空见惯的事情。在我国，勤俭节约是民族的传统美德，借钱买东西这种消费行为往往被看成是不会过日子，人们大多攒钱买东西，而且大多局限在货币支付的能力范围之内，量入为出。因此，企业营销必须根据消费者不同的价值观念设计产品，提供服务。对于乐于变化，喜欢猎奇，富有冒险精神的消费者，应重点强调产品的新颖和奇特；而对一些注重传统、喜欢沿袭传统消费习惯的消费者，企业在制定营销策略时应当把产品与目标市场的文化传统联系起来。

扩展阅读——小知识

迥异的各国喜好与禁忌

不同国家、地区，不同民族和社会阶层，以及不同时代都有不同的艺术和审美观，所谓"燕瘦环肥"，各有所好。

有些国家的人们对数字有忌讳与喜好之分，如欧美普遍忌讳13，也不喜欢6（尤其666）；日本忌讳4和9（日语发音同"死"和"苦"），喜欢8；韩国同样忌讳4，中国也忌讳4，但喜欢6、8、9。例如，美国销往日本的高尔夫球最初是4个一套，很长时间无人问津，后来经调查才知道问题出在数字上。另外，有些国家送礼喜欢成双成对，有些国家送礼则喜欢单数。

人们对色彩的好恶一般与传统习惯有关，有时也和宗教信仰有关，例如，中国人习惯用白色代表丧事，红色代表喜事。而西方人常用白色的婚纱礼服，用黑色标志丧事。在摩洛哥，白色又被认为是贫困的象征。佛教崇尚明黄色，伊斯兰教崇尚绿色。

各国消费者对动植物和图形的好恶也不同，例如，法国人喜爱狗，而北非人厌恶狗；鹿在美国能引起美好的联想，在巴西却是同性恋的俗称；蝙蝠在中国象征"福"，在美国却是凶神的象征。阿拉伯国家忌雪花图形、六角形，德国人喜欢方形，罗马尼亚人喜欢三角形，捷克人把红三角形作为有毒标志，土耳其人把绿三角形作为免费样品标志。

喜欢的颜色：白色（日本、新加坡、马来西亚、巴基斯坦、泰国、伊拉克、法国、瑞士、意大利等）；黑色（荷兰等）；黄色（印度、泰国、秘鲁、希腊等）；橙色（荷兰等）；红色（瑞士、西班牙、意大利、丹麦、挪威、捷克、中国、印度、泰国、菲律宾、巴西等）；粉红色（比利时、法国等）；绿色（挪威、英国、菲律宾、印度、土耳其、伊拉克、叙利亚、埃及、埃塞俄比亚等）；蓝色（法国、荷兰、意大利、奥地利、泰国、巴基斯坦、新加坡、马来西亚等）。

忌讳的颜色：白色（印度、摩洛哥等）；黑色（德国、瑞士、印度、伊拉克、拉美国家等）；黄色（荷兰、瑞典、巴西、新加坡、马来西亚、巴基斯坦、土耳其、叙利亚、埃塞俄比亚等）；红色（德国、爱尔兰、中东国家等）；棕色（巴西、德国等）；绿色（瑞典、日本、巴西等）；墨绿色（法国、德国、比利时等）；蓝色（德国、比利时、瑞典、埃及等）；

紫色（土耳其、美国、巴西、秘鲁等）。

喜欢的图案：象、熊猫（中国、东南亚国家等）；龟、鹤、孔雀、樱花（日本）；狮子（伊朗、西班牙）；鸭（土耳其、日本）；玫瑰（保加利亚、意大利）；兰花（奥地利）；向日葵（秘鲁）。

忌讳的图案：猪、熊猫、虎（伊斯兰国家）；黑猫（欧美国家）；猫头鹰（瑞士、英国、印度、中国）；兔（西班牙、澳大利亚）；象、山羊、公鸡（英国等）；鹤、孔雀、桃花（法国）；狐、獾、荷花、梅花（日本）；菊花（美国、法国、西班牙、拉美国家等）；玫瑰（印度）。

4. 消费习俗分析

消费习俗是指人们在长期经济与社会活动中所形成的一种消费方式与习惯。不同的消费习俗，对商品的要求不同。研究消费习俗，不但有利于组织好消费用品的生产与销售，而且有利于正确、主动地引导健康的消费。

3.2.5 科学技术因素

科学技术广泛而深刻地影响着社会经济生活、企业经营管理及消费者的购买行为与生活方式。市场营销人员特别是营销战略的设计者，要密切关注科学技术的发展和变革，科学技术的发展给企业创造了许多市场机会，也使企业面临许多潜在的威胁。同时，科学技术改变营销环境各个环节和营销活动的方式。

科学技术的发展使产品更新换代速度加快，产品生命周期缩短。因此，企业不得不时刻警惕，捕捉市场信息，了解消费者需求偏好的变化，满足需求，并用创新产品引导消费需求。

科学技术的发展和变革也促进了企业促销方式的改变。传统的促销方式以企业为主体，通过一定的媒体或工具对顾客进行密集的单项式的促销，顾客处于被动地位，企业缺乏与顾客的直接沟通，而且促销成本很高。而网上营销是一对一和交互式的双向沟通，顾客可以直接参与公司的营销活动，与营销人员进行对话，因此网上营销能加强与顾客的沟通和联系，直接了解顾客的需求，及时把握市场机会。

3.2.6 自然环境因素

企业的自然环境的发展变化也会给企业带来市场机会和威胁。自然环境要素包括自然资源的数量和结构与自然环境。

1. 自然资源

自然资源可分为三类：一是有限的不可再生资源，如石油，矿产等；二是有限的可再生资源，如森林等；三是其他自然资源，如水、空气等。有限资源的无遏制的利用与人类对自然资源需求的无限扩大的趋势加剧了人类与自然资源的矛盾。发达国家中占世界人口16%的居民消耗着世界近一半的燃料和1/3的谷物。北美人均消耗的谷物是印度的5倍，消耗的燃料是印度的60倍。随着世界经济的发展，人们对资源的需求不断上升，其增长的速度已经超出了地球的自然系统的承受能力，能源紧张将更加加剧，可替代的有限资源的开发将为企业带来新的机遇。

2. 自然环境

环境恶化已经对人类生存构成严重威胁。公众对环境问题的关心要求那些在生产和经营过程中对环境和资源构成影响的企业改变经营方式和生产工艺。而政府的干预，对环境采取措施，要求相关企业开发和利用环保产品和设施，这又为企业带来新的机遇。

在发展中国家中，资源问题与环境问题更加突出。因此任何企业在选择目标市场时，都必须考虑资源的制约与环境的保护。我国是一个生产力水平相对落后的发展中国家，在建设社会主义市场经济的过程中，资源的合理利用与环境的保护尤其需要引起特别的关注。千万不能为了眼前的利益或局部、个人的利益而肆无忌惮地浪费资源与破坏环境。对企业营销者来说，应注意自然环境方面四种趋势对市场营销所造成的机会与威胁。

◆ 自然资源日趋短缺，环境污染日益加剧。
◆ 政府对环境保护的干预加强。
◆ "绿色营销"的兴起。
◆ 环保市场增长迅速。

3.3 微观环境分析

企业在运营的过程中，首先需要从供应商那里获得各种原材料或其他物料，然后经过企业内部各种职能部门和车间的协作生产出产品，最后这些产品要通过各层中间商才能最后到达对产品性能和质量都有一定要求的消费者手中。因此，构成企业营销微观环境的各种制约力量，与企业形成了合作、竞争、服务和监督的关系。一个企业能否成功地开展营销活动，不仅取决于能否适应宏观环境的变化，适应和影响微观环境的变化也是至关重要的。

3.3.1 企业内部的力量

以企业的营销活动作为考察，企业中的其他活动和部门构成了企业微观营销环境的第一个因素。随着宏观环境的变化，企业面对迅速变化的环境也作出相应的反应。以增加顾客价值为核心，导致企业的组织架构发生变化，各职能部门间的界限被打破，组织层次减少；寻求建立有效率的管理程序和管理系统，以提高企业对环境变化的反应速度；鼓励员工个人提出更多的创意，采取更加积极主动的行为，并授予他们一定的权力，等等。在这种背景下，营销活动在组织中的角色正在发生变化。

按劳动分工原理建立的现代企业，存在着不同层次之间，不同部门之间的矛盾和冲突。营销战略的制定本身是企业最高管理层的决策内容，营销部门提交的营销战略备选方案需要得到最高管理层的批准和同意。同时，营销战略构想的实现、营销计划的实施没有其他部门的配合和支持是不可能进行的。以业务流程为中心建立的企业组织，必须以营销作为前哨，所有为顾客提供服务的职能要素必须紧密配合、通力合作，向顾客提供高效的服务。

因此，企业营销活动在组织角色中的变化，要求组织内部的每一个员工都了解营销的目标和概念，认识和了解顾客价值，因此，企业内部的组织架构、决策权限的配置、管理流程和例行制度成为营销管理决策和营销方案实施的重要因素。

3.3.2 各类资源的供应者和各类营销中介

营销微观环境的第二、第三种力量就是各类资源的供应者和各类营销中介，他们与企业构成协作关系。资源供应者向企业提供为目标顾客服务所必需的原材料、零部件、能源、劳动力等。如果没有这些资源作为保障，企业就根本无法正常运转，也就无所谓提供给市场所需要的商品。因此，社会生产活动的需要，形成了企业与供应商之间的紧密联系。

营销中介人是指协助企业促销、销售和配销其产品给最终购买者的企业或个人，包括中间商、实体分配机构、营销服务机构和财务中间机构。中间商是协助企业寻找顾客或直接与顾客交易的商业性企业，分为代理中间商和买卖中间商。实体分配机构主要是指储运公司，它是协助厂商储存货物从产地运送到目的地的专业公司。营销服务机构主要有营销调研公司、广告公司、传播媒介公司和营销咨询公司等，范围比较广泛。财务中间机构包括银行、信用公司、保险公司和其他协助融资或保障货物的购买与销售风险的公司。大多数企业的营销活动，都必须通过它们的协助才能顺利进行。随着市场经济的发展，社会分工愈来愈细，这些中介机构的影响也愈来愈大。因此，企业在市场营销过程中，必须重视中介组织对企业营销活动的影响，并要处理好同它们的合作关系。

3.3.3 公众

公众是指对企业实现其目标的能力感兴趣或发生影响的任何团体或个人。一个企业的公众主要有如下几种。

（1）金融公众。金融公众是指那些关系和影响企业取得资金能力的集团，包括银行、投资公司、证券公司、保险公司等。

（2）媒介公众。媒介公众是指那些联系企业和外界的大众媒体，包括报纸、杂志、电视台、电台等。

（3）政府公众。政府公众是指负责企业的业务、经营活动的政府机构和企业的主管部门，如主管有关经济立法及经济政策、产品设计、定价、广告及销售方法的机构；国家经委及各级经委、工商行政管理局、税务局、各级物价局等。

（4）公民行动公众。公民行动公众是指有权指责企业经营活动破坏环境质量、企业生产的产品损害消费者利益、企业经营的产品不符合民族需求特点的团体和组织，包括消费者协会、环境保护团体等。

（5）地方公众。地方公众主要是指企业周围居民和团体组织，他们对企业的态度会影响企业的营销活动。

（6）一般公众。一般公众是指对企业产品并不购买，但深刻地影响着消费者对企业及其产品的看法的人群。

（7）内部公众。内部公众是指企业内部的全体员工，包括领导层、管理层、管理人员、员工。处理好内部公众关系是搞好企业外部公众关系的基础。

公众对企业的生存和发展产生巨大的影响，公众可能有增强企业实现其目标的能力，也可能会产生妨碍企业实现其目标的能力。所以，企业必须采取积极适当的措施，主动处理好同公众的关系，树立企业的良好形象，促进市场营销活动的顺利开展。

3.3.4 顾客

企业的一切营销活动都是以满足顾客的需要为中心的，因此，顾客是企业最重要的环境因素。顾客是企业服务的对象，顾客也就是企业的目标市场。顾客可以从不同角度以不同的标准进行划分。每一种市场都有其独特的顾客。而这些市场上顾客不同的变化着的需求，必定要求企业以不同的服务方式提供不同的产品（包括劳务），从而制约着企业营销决策的制定和服务能力的形成。因此，企业要认真研究为之服务的不同顾客群，研究其类别，需求特点，购买动机等，使企业的营销活动能针对顾客的需要，符合顾客的愿望。

3.3.5 企业竞争者

竞争是商品经济的基本特征，只要存在着商品生产和商品交换，就必然存在着竞争。企业在目标市场进行营销活动的过程中，不可避免地会遇到竞争者或竞争对手的挑战。从消费需求的角度划分，企业的竞争者包括愿望竞争者、普通竞争者、产品形式竞争者和品牌竞争者。后两类竞争者都是同行业的竞争者。不同的竞争对手，与企业形成了不同的竞争关系。在同行业竞争中，卖方密度、产品差异、进入难度是三个值得重视的方面。卖方密度的大小，在市场需求量相对稳定时，直接影响企业市场份额的大小和竞争的激烈程度。产品差异使同类产品各有特色相互区别，减少了产品间的替代性，进而改变原有的竞争关系和竞争结构。由于新企业难以进入难度高的行业，从而原有企业可以持续维持一个较高的价格，所以原有企业的价格与利润往往较高，竞争相对较弱。

竞争者的营销战略及营销活动的变化，会直接影响到企业的营销，企业必须密切注视竞争者的任何细微变化，并作出相应的对策。

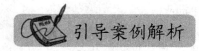

我国现阶段育龄妇女人数增加，且用母乳哺育婴儿的产妇比例有较大幅度下降；居民家庭收入有所增加，独生子女家庭舍得在孩子身上花钱；婴儿食品的生产技术比较简单，资金需求量不大，待业渗透障碍比较小；并且国家政策严格控制消费品进口；这些都是企业发展的机会，但同时，婴儿食品购买者偏爱进口货和名牌，国产新品在市场上很难站稳脚跟；原材料价格上涨等也是企业需要考虑的问题。综合分析，该企业应从食品的营养健康入手把关，可定位于中高端市场，形成自己的价格优势和技术壁垒。既可以在国内新品种占据先机，同时也可以和国外品牌抗衡。

1. 怎样理解企业与营销环境的关系？
2. 简述经济环境对企业营销的影响。
3. 如果一国的恩格尔系数降低或提高了，该国的消费结构将发生怎样的变化？

4. 自然环境的变化对企业营销产生了怎样的影响？
5. 一家大型饮料公司的营销工作，可能与哪些营销中介发生关系？
6. 试分析企业微观环境中的各组成部分对企业营销产生的影响。

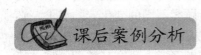 课后案例分析

北极绒谋局羽绒服市场

鹅绒作为羽绒行业的高端原料，以前都是在出口产品中使用，羽绒行业为了获取鸭绒制品的既得利益，多年来一直淡化鹅绒制品的宣传。北极绒看准了这个无人涉足的处女地，率先充当了羽绒制品的"革命者"，打出鹅绒旗号，突袭羽绒市场，挑起了2001年"鸭鹅大战"。

1. 公司背景

专业致力于新型纺织材料开发的上海赛洋科技实业有限公司始建于1998年，是集科、工、贸一体的科技实体型企业。上海赛洋建立之初即抓住市场机遇，勇于开拓，大胆运用高新技术，主要产品北极绒牌系列健康保暖内衣一经问世就以其卓越的功能品质、完善的售后服务，迅速传遍祖国大地，抢占了大量的市场份额，成功跻入保暖内衣的前三甲，成为内衣行业的知名品牌。1998年、1999年短短的两年间，就在全国29个省、市、自治区设立了100多家销售网点，从北疆哈尔滨到珠江三角洲，从大西南四川到东海之滨上海，处处掀起"北极绒"销售狂潮，实现当年投产、当年盈利、累计销售额达几亿元人民币的骄人成绩，成功实现近几年国内纺织品由"买方市场"创造"卖方市场"的神话。

1998年，赛洋几经努力，成功获得中科丝普纶特许授权，独家使用具有世界领先地位国家产、学、研首选项目超细、高性能功能纤维"丝普纶"作为产品基料，使保暖内衣产品同时兼具超保暖、透气性好、柔软轻巧的特点，获得广大消费者的一致认同。1999年度，赛洋公司在原有技术基础上，又领先于同行其他企业，在产品中应用了多项专有技术，如"超暖导湿复合棉"、"棉+莱卡"、"复丝网状拉回环技术"、"高效抗菌内胆"等，率先将健美塑身、抗菌、抑菌、保健功能综合应用于保暖内衣中，并在全国首家提出"健康保暖内衣"概念。

天道酬勤，"赛洋"独创的北极绒专利保暖内衣，不仅成为每年秋冬服饰市场的宠儿，更是沉寂多年的"商圈"亮点，并先后获得"上海优秀发明产品推广实施金奖"、"第七、第八届中国专利新技术、新产品博览会金奖"、"哈尔滨最畅销商品"、"南京最佳销售品牌"、"湖北市场质量首选品牌"等，并在同行中荣获质量荣誉最高奖"中国保护消费者杯"荣膺"1999年度上海市民营科技百强企业"称号。

2001年，北极绒再度成为中国大众消费品市场的热点，这次却不是因为它的保暖内衣，而是缘起其发起的著名的："鸭鹅大战"。这场大战中，北极绒利用差异化产品作为进入行业的切入点，顺利进入了羽绒行业，并且迅速建立起了自己的品牌形象。

2. 保暖内衣商纷纷谋羽绒

保暖内衣是近几年涌现起来的新产品，号称"一件保暖内衣相当于两三件羊毛衫的保暖效果"，保暖性能可以充分满足现代人要风度也要温度的时尚愿望，因而一经问世就引人争相购买。1998年，全国生产保暖内衣的厂家还只有10多家，市场实际销售量300万套。到1999年，生产企业就已经发展到近70家，全国保暖内衣销售量达到750万~800万套，几个主要品牌如俞兆林牌、南极人牌、顺时针牌、赛洋北极绒牌都出现抢购现象。进入2000年，生产厂家开始爆棚，保暖内衣大战开始剑拔弩张，才进入八月份，各保暖内衣企业便开始了招商大战，接踵而来的是品牌形象代言人广告的碰撞，从"中央"到"地方"，电视、报刊不一而足。据统计，2000年保暖内衣生产企业已经超过500家，销量突破了3000万套。大量新品不断涌入，销售渠道逐渐拥挤，大商场差不多都会代理十几个品牌，但由于品牌太多，厂家要挤进这些大商场，非得使出浑身解数不可。虽然商家也挺看好保暖内衣，但业内人士对2000年几百家企业混战的局面并不乐观，千军万马过独木桥，想分这杯羹并不容易。

2000年12月8日，中国消费者协会向全国公布了38种保暖内衣比较实验结果，并重申："一件保暖内衣相当于两三件羊毛衫的说法言过其实，保暖内衣的保暖效果抵不上一件普通内衣加一件羊毛衫。"一时间，保暖内衣销量急剧滑坡，加之本来供过于求的市场态势，保暖内衣价格开始集体"大跳水"。最初每套价格高达数百元的保暖内衣，顷刻间只售二三十元。经过2000年这个"赛季"的洗礼，原有保暖内衣厂家已有40%退出了历史舞台，另外50%左右的企业库存有大量积压，它们或伺机喘息准备起死回生，或就地"吐血"抛售。从暴利到赔本，保暖内衣行业自觉或不自觉地进行了调整，出现了几家龙头企业牵头，部分中小企业为补充的新型格局。

反观羽绒服市场，羽绒服经过多年的培养已成为人们冬季的首选服装，整体市场容量不断平稳增长。另外，羽绒服市场增长潜力也很大。有关资料显示，日本羽绒服的普及率为70%、美国45%、加拿大35%、法国35%，而我国仅仅为4%。如果达到20%的普及率，还相差16%；羽绒制品4%的普及率走过了20年，这16%意味着还有近2亿件的需求空间。2000年，全国内销羽绒制品生产总量2700万件，只占13亿全国人口需求量的2%。十几年来，羽绒企业普遍盈利，市场容量不断扩充，业内的人自称"不用抬头，闷着头就能赚钱"。这对经历了惨烈的保暖内衣大战的保暖行业及当前越来越难以找到盈利空间的其他企业来讲，无疑是块肥肉，不能不令他们垂涎。根据国家统计局中国行业企业信息发布中心的2000年重点消费品调查报告显示：2000年，国内羽绒制品行业进一步快速发展，销售额几乎比上年增长50%。这个高成长性的数字让在同年经历了保暖内衣血战的保暖内衣厂家怦然心动。加之一直风平浪静的传统羽绒服行业从未接受过激烈的市场竞争洗礼，这不能不让久经沙场的保暖内衣行业油然生出一种居高临下的优越，有信心到这个传统领域里当领头羊。

2001年，来自上海的"南极人"、"北极绒"、"俞兆林"等品牌原保暖内衣生产厂家，在经历了痛苦的2000年保暖内衣市场震荡后，几乎不约而同地把目光投向了羽绒服。

"南极人"依仗其雄厚的经济实力，响亮的品牌，聘请了国内一流的服装设计师，建立完善的代理商销售网络，于2001年隆重推出了"都市羽绒服"、除了在款式、材料、品牌上下一番工夫外，还在扩大代理商队伍方面做了很多工作。俞兆林也表示要推出"俞绒服"。此外，还有20多家原保暖内衣厂家，也纷纷瞄准市场空隙，打出自己的绝招开始加盟羽绒行业。原有的羽绒生产企业更是使出浑身解数保守阵地，争夺市场份额。从2000年夏天开始，"老大"波司登采取反季销售办法，使其销售始终处于领先地位；并信誓旦旦要突破1000万件，为了占领低价位市场，康博集团在波司登、雪中飞、康博原有品牌的基础上又推出"冰洁"这一定位于低端市场的品牌；广告大幅增加，1.8亿元的广告投放额创下历年新高，商场里、展会上、火车站、飞机场，横幅、擎天柱上波司登的名字随处可见。有一定市场占有率的"鸭鸭"、"雅鹿"等品牌也在使尽招数反季销售，扩大销售网点，参与竞争。这些竞争已在多个城市的大中型商场里显示出来，来自上海、北京、哈尔滨的信息是几乎所有商场都加大了羽绒服的销售力度。

3. 北极绒概念出击

北极绒从保暖内衣与羽绒服市场操作的同季节性，类似的营销渠道等方面分析，认为可以将自身的品牌效应延伸到羽绒服市场，到2001年3月的时候，北极绒进军羽绒服已成定论，问题的关键转换为如何进入、采取何种方式进入的探讨。

纵观1999年和2000年羽绒服市场，羽绒服厂家一直在面料上、款式上和含绒量上做文章，不可避免同质化竞争。北极绒如何差异化呢？它打出了一个新概念——鹅绒。

作为消费者，羽绒服的第一功能肯定是保暖。羽绒服的保暖功能取决于内填的羽绒品种和质量，羽绒的保暖性能取决于绒朵的蓬松度等指标。鹅绒与鸭绒相比较而言，绒朵大，中空度高，蓬松性好，回弹性优异，保暖性更强。据中国羽绒工业协会的权威测试数据表明，鹅绒的绒朵普遍比鸭绒绒朵大，蓬松度比鸭绒高出50%，所以保暖性能更出色。另外有专家同样坦然承认，一般来讲鹅绒在各项性能指标上都优于鸭绒。此外，羽绒专家在说到鹅绒和鸭绒的区别时指出，鸭绒的问题有两方面。一是鸭子喜食水中的虫子，所以鸭绒普遍有一种腥臊味（业内人士称"鸭狐臭"），为除去异味，在除污、脱脂的过程中，有的加工厂甚至使用了除臭剂，虽然新买的羽绒服闻不出来，但是几个月后就返味儿，至少要一年以后才能自然散发掉。化学试剂在导致其保暖性能降低的同时，鸭绒中甚至还会残留对人体有害的物质。而鹅是食草动物，所以鹅绒本身不存在异味问题，从原材料源头保证了绿色环保。同时鹅绒还具有保健健体的功能。中国畜产品加工研究会副会长，羽绒工业委员会主任王敦洲曾表示，尽管鹅绒和鸭绒均有等级之分，但等级最低的鹅绒也比等级最高的鸭绒要好。由于鹅绒更好的保暖性能和环保绿色性能，被业内人生普遍看好。北极绒市场调查证明，国外的大部分羽绒被和高档羽绒制品基本上采用是鹅绒。在有关专家的建议下，北极绒决定放弃鸭绒而选用鹅绒。北极绒换鸭绒为鹅绒的策略避开了以鸭绒为主要保暖原料的传统羽绒服厂家的围追堵截，以完全差异化的产品定位进入羽绒服行业。

但是，北极绒三月份对外宣称的是自己已斥巨资买下东北一家鸭场！宣布除了准备在面料、款式等方面胜人一筹之外，还要为产供销一条龙做准备。这个消息迅速在行业内传开了。据了解，一件中等长短的羽绒服，内胆的含绒量约为300克，而一只鸭子一年只能产一到两次绒，每次只有几十克。随着国内生产羽绒制品的企业越来越多，生产规模的不断扩大，对羽绒的需求也越来越大，羽绒的供给直接决定着产品的质量和生产的可持续发展。因而，在外界看来，北极绒通过购买鸭场已抢先掌握了未来市场的部分垄断权。

鸭场在明，鹅绒在暗。9月1日，北极绒关于鹅绒的广告像炸弹一样投向了消费者，也投向了全无准备的同行。一时间，"鸭鹅大战"的粗黑标题频频见诸报端，"赛洋引发羽绒风暴，保暖服装升级换代，鹅绒有望取代鸭绒"成为9月热点经济新闻之一，但大多数的同行由于利益关系反对鹅绒。

10月15日，在北京召开的"全国羽绒服市场如何面对消费者高层研讨会"上，波司登老总高德康突然发表了一个戏剧性的"补充发言"，指出鹅绒优于鸭绒是行业公开的秘密，今后不应在这个问题上再有什么争论，北极绒的做法对行业是一个有益的贡献，鹅绒作为一个重要的羽绒产品将在高端市场有很强的生命力。并支持挑起"鸭鹅大战"的北极绒关于"开发鹅绒产品是中国羽绒业的进步"的观点，并宣布今冬波司登品牌全部采用鹅绒。波司登的加盟，无疑强化了鹅绒的推动力量，短短一个月间，鹅绒的价格上涨了25%。

在鸭鹅林立的衬托下，北极绒鹅绒羽绒服的推出一下子就抓住了消费者的注意力，加上北极绒本来的品牌效应，顺利延伸到鹅绒羽绒服，成为市场上追求环保，时尚的高端消费者的首选。营销讲究的第一效应，在北极绒鹅绒羽绒服的广告传播上再次得到了印证。

思考题：

1. 北极绒进军羽绒服市场采取的是什么战略？其依据何在？
2. 你认为北极绒多样化的内外部条件是否具备？运用SWOT分析，你认为其进入羽绒行业的机遇、威胁、优势与劣势何在？
3. 北极绒采取的产品差异化战略是否考虑到了五力的作用？运用五力模型分析行业竞争情况，你认为北极绒进军羽绒服市场是否合适？（波特五力模型：行业内竞争者，替代产品、供方议价能力、买方议价能力、潜在进入者）
4. 你怎样评价北极绒所采用的"明修栈道，暗度陈仓"之策略？
5. 如果你是北极绒的决策者，你是否会选择进军羽绒行业？若选择进入，你会采取什么战略及相应策略？

第4章 消费者购买行为分析

◎ 本章要点
- 市场的分类
- 消费者购买行为的特点
- 消费者市场的购买对象
- 影响消费者购买行为的因素
- 消费者购买决策过程

◎ 本章难点
- 消费者购买行为的特点
- 影响消费者购买决策的因素
- 消费者市场的购买对象

◎ 课前思考
- 结合个人经历考虑消费者通常是如何作出购买决策进行购买行为的?
- 当前社会经济活动中有哪些消费者行为的潮流?

 引导案例

先有鸡还是先有蛋?

有一个餐厅生意好,门庭若市,老板年纪大了,想要退休,就找三位经理过来。老板问第一位经理:"先有鸡还是先有蛋?"第一位经理想了想,答道:"先有鸡"。老板接着问第二位经理:"先有鸡还是先有蛋?"第二位经理胸有成竹地答道:"先有蛋。"老板又叫来第三位经理,问:"先有鸡还是先有蛋?"第三位经理镇定地说:"客人先点鸡,就先有鸡;客人先点蛋,就先有蛋。"老板笑了,于是擢升第三位经理为总经理。

案例思考:老板为什么要擢升第三位经理为总经理?

4.1 消费者市场概述

市场是营销者最需要关注的部分,在市场导向的企业中,组织的一切活动包括营销、财务、人力、管理等,都是围绕市场来进行的。研究市场,主要是研究市场上的购买者,研究其需求和购买行为,这将有助于企业更好地满足他们,更加有针对性地开展营销活动,以促进产品销售和利润增长。本章主要阐释消费者市场的含义、特点;分析了消费者的购买行为模式、购买类型及影响消费者购买行为的主要因素；介绍消费者购买行为的决策过程。

4.1.1 市场分类

为进一步研究市场，有必要对市场进行分类。既然市场的本质是有某种未满足需求的购买者，因此，市场营销学主要是根据谁在市场上购买，而不是根据他们在市场上购买商品或服务的种类来对市场进行划分的。

遵循这一原则，营销学将市场分为两大基本类型：个人消费者市场和组织市场。个人消费者市场由那些为满足自身及其家庭成员的生活需要而购买商品和服务的人们组成。在社会再生产的循环中，个人消费者的购买是通向最终消费的购买，这一市场庞大而分散，同时又是所有社会生产的终极目标。

组织市场则由所有非个人消费者的团体组织构成，包括生产企业、服务企业、商业企业、政府机构、民间团体及各种非营利组织。这些企业或组织购买商品或服务，是为了从事企业经营活动，加工制造产品、转售商品，或向社会提供服务。从社会再生产的角度看，它们的购买——消费属于中间消费，或生产性消费，构成了社会再生产的一个新起点。个人消费者市场和组织市场由不同的购买者组成，有不同的购买目的，在社会再生产中所处地位不同，因此，在需求及购买行为方面亦有很大差异。

4.1.2 消费者市场购买行为的特点

消费者市场的购买是最终市场的购买，意味着商品价值和使用价值的最终实现。消费者市场也是组织市场乃至整个经济活动为之服务的最终市场，因此，对消费者市场的研究，是对整个市场进行研究的基础。

市场营销学研究消费者市场，核心是研究消费者的购买行为，即消费者购买商品的活动和与这种活动有关的决策过程。购买行为是与购买商品有关的各种可见的活动，如收集信息、比较、购买和购买后的反映等。而这些活动必然受消费者心理活动的支配，并受消费者个人特性和社会文化因素的影响，是这些复杂的因素相互制约和作用的结果。因此，研究消费者的购买行为，除了要考察消费者在购买决策过程中的各种活动以外，还要分析支配和影响这些活动的各种因素，以便说明谁是购买者（Purchaser），他们买什么（Objects），他们为何购买（Objectives），谁参与购买（Organizations），怎样购买（Operations），什么时间买（Occasions）和在何处购买（Outlets），即所谓"市场7O"问题。

与组织市场的购买行为比较，消费者市场的购买行为具有以下主要特点。

（1）消费者市场的购买具有多样性。消费者人数众多，差异性大。由于在年龄、性别、职业、收入、受教育程度、居住区域、民族、宗教等方面不同，消费者有各式各样的需要、欲望、兴趣、爱好和习惯，对不同的商品和同种商品的不同品种、规格、质量、外观、式样、服务、价格等会产生多种多样的要求。而且，随着生产力的发展和消费水平的提高，消费者的需求在总量、结构和层次上也在不断地变化。

（2）从交易的规模和方式看，消费者市场的购买人数多，市场分散，交易次数频繁，但每次交易数量不大。

（3）消费者的购买具有较大程度的可诱导性，受企业产品及广告宣传影响较大。与组织市场的理性购买居主导地位不同，消费者市场的购买更多地掺杂情感性的、冲动性的购买；消费品花色、品种繁多，质量、性能各异，消费者很难掌握各种商品知识，属于非专家购买；他们在购买许多商品，特别是复杂的耐用消费品或新产品时，更需要卖方的宣传、介绍和帮助；不少消费品替代性强，需求弹性较大，消费者对商品规格、品质的要求也不如生产者那样严格，因此也更容易接受卖方促销活动或社会潮流的影响而改变主意。

研究消费者的购买行为，是在市场营销观念指导下的企业营销管理的基本任务之一。经济学家、心理学家和社会学家早已注意研究人类的行为，但从市场营销人员的角度来研究消费者的购买行为，则是在20世纪50年代市场营销观念在经济发达国家被广泛采用以后，如今已成为市场调研的有机组成部分。如果企业不注重研究消费者的购买心理和行为，只片面地依靠商品销售方面的统计数字，市场调研的结果就难以符合实际，在此基础上制订的营销计划也很难获得成功。

另外，企业并非只能被动地适应消费者的购买行为，而是能够通过适当的营销活动主动地影响消费者的购买行为，为此，需要认真分析研究消费者购买行为的特点及影响因素。

4.1.3 消费者市场的购买对象

消费者市场购买的商品品种、规格十分广泛，一家现代大零售商店里可能经营数十万品种、规格的商品。但消费者在购买不同商品时其购买行为并不都遵循同一个模式，因此有必要根据消费者购买行为上的差异，将消费者购买的商品（包括服务）分为日用品、选购品、特殊品和非渴求品四类。

1. 日用品

日用品又称易耗品或便利品，是指消费者经常消耗，需要随时购买，价格低廉，购买时不需做太多选择的商品。如肥皂、牙膏、报刊、糖果、冷饮等。人们经常购买这类商品，对它们相当熟悉，故购买前不需做多少计划、比较和选择，而以能方便地买到作为首选条件。因此，这类商品往往因能在货架上看到，能够就近方便地买到，或遇到了特价出售的机会，消费者就会毫不犹豫地买下。

日用商品中的大多数也有品牌差别，但由于产品的标准化或质量相似，不同品牌的产品通常可以相互替代。有些消费者也会对具有不同风格、特色的品牌进行比较，一旦确定了喜欢哪一种，以后的购买过程可以简化，且轻易不改变。因而企业在进行日用品产品的营销活动的时候，要充分考虑到其便于消费者购买的特点，店面的选址分布相当重要。

2. 选购品

选购品是指消费者在购买前要经过充分的挑选、比较才决定购买的商品。选购品一般较经久耐用，购买频率较低，人们在购买前大多对它们不十分熟悉，加之这类商品单价也较高，如若购买不当，经济损失较大，故消费者情愿多花一些时间、精力，多跑几家商店，多收集一些有关信息资料，对商品在质量、性能、价格、款式、花色、品种等方面进行充分比较之后，才作出购买决策。典型的选购品有服装、家具、手表及彩电、冰箱等耐用消费品。

选购品的情况也不尽相同。有些选购品从外观上易于比较，且不同品牌的产品品质、性能相近，此时，价格就成了消费者选购时主要考虑的因素；也有些选购品，消费者靠感官很难直接对其质量、性能进行鉴别，如电视机、电冰箱等家用电器，消费者就倾向于比较品牌的知名度和可信度，即购买名牌；还有些选购品，商品的品牌形象很重要，如男衬衫、皮鞋、领带、手表等，消费者也有依据品牌做选择的倾向。

3. 特殊品

特殊品是指消费者对其有特殊偏好的商品，在购买时不计较其价钱和购买地点的方便与否，如立体音响、钢琴、高级相机、渔具及到著名餐馆就餐等。这类商品大多价格昂贵，但消费者认为它们能为自己提供特别的利益，且没有其他任何商品可以替代，因此，他们不在乎价格的昂贵或购买的地点方便与否。

也有一些商品，其价格并不十分昂贵，但在某些消费者心目中却也享有特殊品的地位，这突出表现在青年人对一些时尚商品和名牌商品的追求上。换言之，特殊品的本质特点不在于其价格是否昂贵（虽说多数特殊品确实价格昂贵），而在于消费者是否认为该种商品对自己具有独特意义，从而不惜代价，不加选择，购之为快。

还有一些商品由于资源有限而成为特殊品。如著名的旅游胜地、已故著名作家的手稿、稀有的宝石或古董等。

4. 非渴求品

非渴求品通常是指消费者不了解或即使了解也不想购买的产品。

非渴求品的特征表现为：一是非渴求品的设计是着眼于广大消费者的，而不像特殊品仅为某些特殊爱好者或特定需求而设计；二是消费者对非渴求产品不熟悉，又缺少去熟悉或认识的动力；三是即使消费者对非渴求品比较熟悉，但需求动机不强烈，一般缺少主动购买的习惯。

传统的非渴求品有人寿保险、工艺类陶瓷及百科全书等，刚上市的、消费者从未了解的新产品也可归为非渴求品。当然，非渴求品并不是终身不变的，特别是新产品，随着消费者对产品信息的了解，它可以转换为其他类别的产品。

4.2 消费者购买行为的影响因素

经济学家对消费者的购买行为进行分析时，往往把消费者看做是"经济人"，把他们的购买看做是完全理性的购买：根据充分的市场情报，购买对自己最有价值的商品，并追求"最大效用"。但随着商品经济的发展，居民收入大幅度增长，市场上供应的商品品种、规格、款式也日益繁多，此时，再仅仅用经济因素已很难解释消费者需求选择的多样化了。

为研究消费者购买行为，专家们建立了一个刺激—反应模式来说明外界营销环境刺激与消费者反应之间的关系，如图4-1所示。这里，消费者被看做一个"黑箱"。左边的外部刺激因素包括主要的宏观环境因素和市场营销因素。这些刺激进入购买者"黑箱"，然后产生购买者反应，即决策，包括产品选择、品牌选择、卖主选择等。购买者黑箱也由两部分组成，其一为购买者特性，主要影响购买者对外界刺激如何反应；另一部分是购买者决策过程，影响购买者的最终决定。

消费者的购买决策深受其不同的社会、文化、个人和心理因素组合的影响。下面分别阐述这四方面因素的具体内容及其对购买者行为的影响。

4.2.1 社会文化因素

社会文化因素主要包括文化和亚文化群、社会阶层、相关群体和家庭。

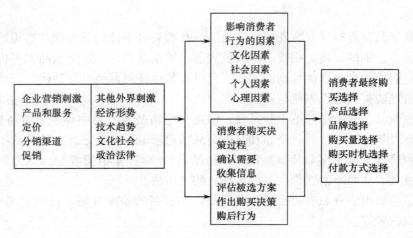

图 4-1 消费者行为刺激反应模式

1. 文化和亚文化群

文化，指人类在社会发展过程中所创造的物质财富和精神财富的总和，是根植于一定的物质、社会、历史传统基础上形成的特定价值观念、信仰、思维方式、宗教、习俗的综合体。作为一种观念，"文化"看不见，摸不着，但人们能感觉到它的存在，如东西方文化的巨大差异，同属东方文明的中日文化之间的差异，等等。作为其有形的一面，"文化"又反映在一国的建筑、城市风貌、文学艺术、衣着，甚至饮食上。

文化是影响人们欲望和行为的基本因素。大部分人尊重他们的文化，接受他文化中共同的价值观，遵循他们文化的道德规范和风俗习惯。所以，文化对消费者的购买行为具有强烈的和广泛的影响。例如，标有老年人专用字样的商品在美国等西方国家并不受老年人欢迎，因为这种宣传违背了这些国家中人们忌讳衰老的价值观。而在中国，专为老年人生产的食品、用品、服装等却大受欢迎。

在每一种文化中，往往还存在许多在一定范围内具有文化同一性的群体，它们被称为亚文化群。在我国，主要有以下三种亚文化群。

（1）民族亚文化群。我国是个多民族的国家，各民族经过长期发展形成了各自的语言、风俗、习惯和爱好，他们在饮食、服饰、居住、婚丧、节日、礼仪等物质和文化生活方面各有特点，这都会影响他们的欲望和购买行为。

扩展阅读——小链接

迥异的风俗习惯

◆ 在美国，购买食品被认为是一种琐事，因而妇女们到超市采购的次数较少，但每次购买量很大；而在法国，家庭主妇在购物过程中与店主和邻居交往是其日常生活中的一个组成部分，因而她们的采购是多次数、少批量的。正因为如此，广告对美国主妇的影响很大，而现场陈列对法国主妇最有效。另外，美国家庭冰箱的容积要比法国家庭的大些。

◆ 一家航空公司几乎丧失了为中东地区服务的资格，因其广告画面是一位空姐微笑着向头等舱旅客提供香槟，该广告违反了伊斯兰文化的基本原则——穆斯林不准喝酒；不戴面纱的妇女不得和非亲属的男性在一起。

◆ 某企业发明了一种治皮肤病的药,倒在澡盆中用,在英国销售成功,但在法国却失败了。因为法国人只冲淋浴。

◆ 可口可乐有一个广告,画面上将支撑雅典神庙的石柱换成四个可乐瓶,引起尊崇此神庙的希腊人大怒,被迫撤回。

◆ 英国出口到非洲的食品罐头一个也卖不出去,因为罐头盒子上印了一个美女图案,而非洲人习惯罐头里装什么,外面图案就画什么。

◆ 中国海尔空调商标上的"海尔兄弟"图案在法国受到欢迎,因为购买空调的多为女性,她们喜爱孩子;但在中东地区却禁止该标志出现,因为这两个孩子没穿上衣。

◆ 美国一家玩具公司生产的洋娃娃在美国很受欢迎,但出口到德国却无人问津,因为该洋娃娃的形象与德国风尘女郎非常相似。后来做了适当调整才受到德国人欢迎。

◆ 加拿大一家公司将一种洗发剂引入瑞典市场,起先销路不好,当了解到瑞典人洗头通常在早晨而不是晚上时,便把品牌"Every Night"改为"Every Day",使该产品销量大为增加。

(2) 宗教亚文化群。宗教是人类社会发展到一定阶段的历史现象,有它发生、发展和消亡的过程。在现阶段,我国居民有宗教信仰的自由,客观上存在着信奉佛教、道教、伊斯兰教或天主教等宗教的群体,这些宗教的文化偏好和禁忌,会影响信仰不同宗教的人们的购买行为和消费方式。

扩展阅读——小链接

迎合穆斯林的需要

◆ 1984年,比利时有一家地毯商在滞销的小地毯上嵌入一个特制的"指南针",当穆斯林跪在地毯上祈祷时,"指南针"能自动指向伊斯兰教第一圣地、穆罕默德诞生地——沙特阿拉伯的麦加城,确保他们在任何时间、地点祷告时都能正对麦加方向。这种经小小改进的地毯在短短两年中就卖掉2.5万块。

◆ 日本精工(Seiko)钟表公司推出一种多功能的穆斯林手表,它可随时把世界114个城市的本地时间自动转换成麦加时间,每天自动鸣叫五次提醒戴表者按时祈祷。这种表一面世就赢得了几亿穆斯林的喜爱。

(3) 地理区域亚文化群。我国是一个幅员辽阔的大国,南方和北方、城市和乡村、沿海和内地、山区和平原等不同地区,由于地理环境、风俗习惯和经济发展水平的差异,人们具有不同的生活方式、口味和爱好,这也会影响他们的购买行为。

2. 社会阶层

人们在社会中所处地位不同,社会阶层是社会中按某种层次排列,较同质且具有持久性的群体。同一阶层中的人有相似的社会经济地位、利益、价值取向和地位。

在不同社会形态下,社会阶层划分的依据不同。在现代社会,一般根据职业的社会威望、收入水平、财产数量、受教育程度、居住区域等因素,将人们归入不同的社会阶层。同一阶层中的人,因经济状况、价值取向、生活背景和受教育程度相近,其生活习惯、消费水准、消费内容、兴趣和行为也相近,甚至对某些商品、品牌、商店、闲暇活动、传播媒体等都有共同的偏好。

3. 相关群体

指对个人的态度、意见偏好和行为有直接或间接影响的群体。相关群体有两种基本类型：一种是个人具有成员资格并因而受到直接影响的群体，这其中又分为主要群体和次要群体，主要群体是给个人以最大影响的群体，如家庭、朋友、邻居、同事；次要群体则给个人以较次要的影响，如职业协会、学生会。另一种是个人并不具有正式成员资格，而是期望成为其中一员的群体，典型的如青少年对明星的崇拜，故也称之为崇拜性群体。

相关群体促使人们在消费上作出相近的选择，因为人们从相关群体中获得大量经验和知识，受群体成员观点和行为准则的影响和制约；或者因为个人相信在群体影响下作出购买决策可以减少失误，而不遵守群体准则的行为会受到谴责；或者因为个人希望通过与群体交往来提高自我形象。

群体的结合越紧密，交往过程越有效，个人对群体越尊重，相关群体对个人购买选择的影响就越大。

相关群体对消费者购买不同商品的影响有所区别。它对购买使用时不易为他人所觉察的洗衣粉、食盐等商品影响较小，对购买使用时十分显眼的服饰、耐用消费品等商品影响较大。相关群体不仅影响消费者对产品的选择，而且影响消费者对商品品牌的选择。在产品生命周期的不同阶段，相关群体对产品选择和品牌选择的影响也不尽相同，一般来说，相关群体在引入期只对产品选择有强烈影响，在成长期对产品选择和品牌选择都有很强烈的影响，在成熟期只对品牌选择有强烈影响，在衰退期对产品选择和品牌选择的影响都很小。

在相关群体对购买行为影响较强烈的情况下，企业应设法影响相关群体中的意见领导者。意见领导者既可以是首要群体中在某方面有专长的人，也可以是次要群体的领导人，还可以是期望群体中人们仿效的对象。意见领导者的建议和行为，往往被追随者接受和模仿，因此，他们一旦使用了某种产品，就会起到有效的宣传和推广作用。企业应首先针对他们做广告，或干脆就请他们做广告，以对追随者起到示范或号召作用。

4. 家庭

家庭是最重要的相关群体之一，应受到特殊的重视。家庭由具有血缘、婚姻或抚养关系的人群组成。家庭的重要，在于从一个人幼年时就开始给他以种种倾向性的影响，这种影响可能终其一生。

家庭又是一个消费单位和购买决策单位。在不同家庭中，夫妻参与购买决策的程度不同；在同一家庭中，夫妻参与购买决策的程度又因产品的不同而有很大差异。传统上，食物、日用杂品、日常衣着的购买主要由妻子承担。在购买价格昂贵的耐用消费品或高档商品时，家庭决策模式也变得较为复杂。企业营销者应了解哪些商品的购买是夫妻双方甚至子女都参与购买决策的，谁有较大的影响力，或谁在哪些方面更具影响力。如一般认为，主要在丈夫影响下决定购买的产品和服务包括电视机、汽车等，主要在妻子影响下决定购买的产品包括洗衣机、地毯、厨房用具等，双方影响均等的产品包括家具、住宅等。丈夫在决定是否购买和在何时、何处购买等方面有较大的影响，妻子则一般在决定所购商品的颜色等外观特征方面有较大的影响。

4.2.2 个人因素

个人因素包括年龄和家庭生命周期、性别、职业、受教育程度、经济状况、生活方式及个性和自我形象。

1. 年龄和家庭生命周期

不同年龄的消费者的欲望、兴趣和爱好不同，他们购买或消费商品的种类和式样也有所区别。例如，儿童是糖果和玩具的主要消费者，青少年是文体用品和时装的主要消费者，成年人是家具的主要购买者和使用者，老年人是保健用品的主要购买者和消费者。不同年龄的消费者的购买方式也各有特点。青年人缺少经验，容易在各种信息影响下出现冲动性购买；中老年人经验比较丰富，常根据习惯和经验购买，一般不太重视广告等商业性信息。

家庭生命周期，是指消费者从年轻时离开父母独立生活到年老的家庭生活的全过程。根据消费者的年龄、婚姻和子女等状况，可以把家庭生命周期分为以下几个阶段：①独立生活的单身青年——穿戴比较时髦，参与许多体育娱乐活动；②没有孩子的年轻夫妇——需要购买汽车、家具、电冰箱等耐用消费品，并时常支出一定的旅游费用；③有6岁以下婴幼儿的年轻夫妇——需要购买洗衣机、婴儿食品、玩具及支付保育费等；④子女大于6岁，已入学，需要购买大量食品、清洁用品、自行车及教育和娱乐支出；⑤子女已长大，但尚未独立，夫妇已不很年轻，经济状况尚好，不易受广告影响，在孩子用品和教育等方面花钱较多，更新耐用消费品；⑥与孩子分居的年纪较大的夫妇——会购买较多的非生活必需品、礼品和保健用品，支出一定的旅游费用；⑦单身老人——多数已退休，收入下降，购买特殊食品和保健用品、医疗服务。

由于消费者在家庭生命周期不同阶段上的欲望和购买行为有一定的差别，企业可以制订专门的市场营销计划来满足处于某一或某些阶段的消费者的需要。

2. 性别、职业和受教育程度

由于生理和心理上的差异，不同性别的消费者的欲望、消费构成和购买习惯也有不同。多数男性顾客购买商品时比较果断和迅速，而女性顾客则往往仔细挑选。他们订阅的杂志和观看的电视节目亦有不同，如足球、拳击等体育节目常吸引大量男性观众，连续剧的女性观众则较多。受教育程度较高的消费者对书籍、报刊等文化用品的需求量较大，购买商品的理性程度较高，审美能力较强，购买决策过程较全面，更善于利用非商业性来源的信息。职业不同的消费者由于生活、工作条件不同，消费构成和购买习惯也有区别。

3. 经济状况

一个人的经济状况，取决于他的可支配收入的水平、储蓄和资产、借贷能力及他对开支与储蓄的态度。由此决定的个人的购买能力，在很大程度上制约着个人的购买行为。消费者一般都在可支配收入的范围内考虑以最合理的方式安排支出，以便更有效地满足自己的需要。收入较低的顾客往往比收入较高的顾客更关心价格的高低。如果企业经营与居民购买力密切相关的产品，就应该特别注意居民个人收入、储蓄率的变化及消费者对未来经济形势、收入和商品价格变化的预期。

4. 生活方式

生活方式是指人们根据自己的价值观念等安排生活的模式，并通过其活动、兴趣和意见表现出来。例如，某人以成为艺术家为目标，必然采取艺术家所特有的生活方式，具有同艺术家相似的兴趣和见解，从事各种与艺术有关的活动。生活方式是影响个人行为的心理、社会、文化、经济等各种因素的综合反映。勾画了人与环境相互作用后形成的更完整的人，往往比社会阶层、文化、个性等反映的人的特性更完整深刻得多。

市场营销向消费者提供实现其各种不同生活方式的手段，同时，营销人员亦有必要运用价值观分类法或活动、兴趣、意见分类法划分出各种类型的生活方式，如把大量时间和精力投入工作和学习的"进取型"生活方式和重视家庭生活、依惯例行事的"归属型"生活方式等。具有不同生活方式的消费者对一些商品或品牌有各自的不同的偏好，营销者需深入了解产品与各种生活方式消费者群体的关系，从而加强产品对消费者生活方式的影响。

5. 个性和自我形象

个性是一个人的比较固定的特性，如自信或自卑、冒险或谨慎、倔强或顺从、独立或依赖、合群或孤高、主动或被动、急躁或冷静、勇敢或怯懦等。个性使人对环境作出比较一致和持续的反应，可以直接或间接地影响其购买行为。例如，喜欢冒险的消费者容易受广告的影响，成为新产品的早期使用者；自信的或急躁的人购买决策过程较短；缺乏自信的人购买决策过程较长。直接与消费者个性相联系的六种购买风格是：几乎不变换产品的种类和品牌的习惯型；经冷静、慎重地思考后购买的理智型；特别重视价格的经济型；易受外来刺激而购买的冲动型；感情和联想丰富的想象型；缺乏主见或没有固定偏好的不定型。

自我形象是与个性相关的一个概念，即人们怎样看待自己。但自我形象又是一个十分复杂的图像：一个是实际的自我形象；一个是理想的自我形象，即希望怎样看自己；还有社会自我形象，即认为别人如何看待自己。一般认为，人们总希望保持或增强自我形象，并把购买行为作为表现自我形象的重要方式，因此，消费者一般倾向选择符合或能改善其自我形象的商品或服务。

4.2.3 心理因素

消费者的购买行为会受其心理的支配，正如恩格斯所指出的："推动人去从事活动的一切，都要通过人的头脑，甚至吃喝也是由于通过头脑感觉到的饥渴而开始，并且同样由于通过头脑感觉到饱足而停止。"影响消费者购买行为的心理因素包括动机、感觉和知觉、学习、信念和态度等心理过程。

1. 动机

心理学认为：人类行为是由动机支配的，而动机由需要引起，购买行为也不例外。需要，是人感到缺少些什么从而想获得它们的状态。一种尚未满足的需要，会产生内心的紧张或不适，当它达到迫切的程度时便成为一种驱使人行动的强烈的内在刺激，称为驱策力。这种驱策力引向一种可以减弱或消除它的刺激物时，如某种商品时，便成为一种动机。因此，动机是一种推动人们为达到特定目的而采取行动的迫切需要，是行为的直接原因。在一定时期，人们有许多需要，只有其中一些比较迫切的需要发展成为动机；同样，人们的动机中，往往也是那些最强烈的"优势动机"才能导致行为。

心理学家曾提出许多关于人类行为动机的理论，最著名的如弗洛伊德、马斯洛、赫兹伯格的理论。这里重点介绍一下马斯洛的需要层次理论。这一理论认为，人的需要依重要性不同分为五个层次：生理的需要，即吃饭、喝水、睡眠、取暖等基本的生存需要；安全的需要，即保护人身、财产安全和防备失业、患重病的需要；社会的需要，即希望被群体接受从而有所归属和获得爱情的需要；尊重的需要，即实现自尊、赢得好评、赏识、获得承认、地位等；自我实现的需要，即充分发挥个人能力，实现理想和抱负，取得成就的需要。这些需要的层次越低，越不可缺少，越重要。人们一般按照重要性的顺序，分别轻重缓急，低层次的需要基本满足后，才去追求高一层次的需要的满足。

不过，马斯洛的这种需要层次结构不是刚性的，在不同的人、不同社会、不同时代，也许需要层次的顺序不同，或没有某一层次的需要。

恩格斯也曾在《雇佣劳动与资本》一书的序言中把消费资料分为生存资料、享受资料、发展资料。人们首先要为生存需要购买那些用于满足基本生活需要的消费资料；然后为满足享受需要而购买用于提高物质文化生活水平的消费资料；最后是为发展需要购买能满足人们体力和智力发展需要的消费资料。恩格斯的这一论点也说明，人类的需要是有层次的，在购买力一定的条件下，先追求什么，后追求什么，总要有一定的轻重缓急顺序。当然，生活资料层次的划分并非一成不变，随着社会经济文化水平的提高，有些原本属于享受资料的商品，现在可能已经变成了生存资料。

需要层次理论可以帮助企业营销者了解各种产品和服务怎样才能适合潜在消费者的生活水准、目标和计划。如直到20世纪90年代中期，个人电脑尚处在开始走进中国家庭的阶段，因在绝大多数家庭收入还不丰的情况下，中国消费者大多尚处在追求生存和享受资料的阶段，因此，他们热衷于购买各种家用电器，却不能激发起对电脑的兴趣。

2. 感觉和知觉

消费者有了购买动机后，就要采取行动。至于怎样采取行动，则受到认识过程的影响。消费者的认识过程，是对商品等刺激物和店容店貌等情境的反应过程。它由感性认识和理性认识两个阶段组成。感觉和知觉属于感性认识，是指消费者的感官直接接触刺激物和情境所获得的直观、形象的反应。这种认识由感觉开始。刺激物或情境的信息，如某种商品的形状、大小、颜色、声响、气味等，刺激了人的视、听、触、嗅、味等感官，使消费者感觉到它的个别特性。随着感觉的深入，各种感觉到的信息在头脑中被联系起来进行初步的分析综合，使人形成对刺激物或情境的整体反应，就是知觉。

由于每个人都以各自的方式注意、整理、解释感觉到的信息，因此不同消费者对同种刺激物或情境的知觉很可能是不同的，这就是知觉的三个特性，即注意的选择性、理解的选择性和记忆的选择性。

人们每天面对大量的刺激物，如广告，但其中大部分都不会引起注意，留不下什么印象。一般来讲，人们倾向于注意那些与其当时需要有关的、与众不同的或反复出现的刺激物。这就是注意的选择性。

人们接受了外界信息的刺激，但却并不一定会像信息发布者预期的那样去理解或客观地解释这些信息，而是按照自己的想法、偏见或先入之见来理解这些信息。这就是理解的选择性。

记忆的选择性，指消费者常常记不住所获悉的所有信息，记住某些信息，特别是证实了他的态度和信念的信息。例如，人们可能很容易记住自己所喜欢品牌的优点，而记不住其他竞争厂家产品的优点。

上述感觉和知觉的过程告诉企业营销者们，必须精心设计他们的促销活动，才能突破消费者知觉选择性的壁垒。

3. 学习

人类的有些行为是与生俱来的，但大多数行为是由人后天经验中得来的，这种通过实践，由于经验而引起的行为变化的过程就是学习。

学习过程是驱策力、刺激物、提示物、反应和强化诸因素相互影响和相互作用的过程。假设某消费者具有提高外语听说能力的驱策力，当这种驱策力被引向一种可以减弱它的刺激物，如电脑时，就成为一种动机。在这种动机的支配下，他将作出购买电脑的反应。但是，他何时、何处和怎样作出反应，常常取决于周围的一些较小的或较次要的刺激，即提示物，如亲属的鼓励，在朋友家看到了电脑，看到了有关电脑的广告、文章和特殊售价等。他购买了某个品牌的电脑后，如果使用后感到满意，就会经常使用并强化对它的反应。以后若遇到同样的情况，他会作出相同的反应，甚至在相似的刺激物上推广他的反应：购买同一厂家或同一品牌的其他商品。反之，如果他使用时感到失望，以后就不会作出相同的反应。因此，企业为了扩大对种商品的需求，可以反复提供诱发购买该商品的提示物，尽量使消费者购买后感到满意从而强化积极的反应。

4. 信念和态度

消费者在购买和使用商品的过程中形成了信念和态度。这些信念和态度又反过来影响人们的购买行为。

信念，是人们对某种事物所持的看法，如相信某种电冰箱省电、制冷快、容量大、售价合理。又如，某些消费者以精打细算、节约开支为信念。一些信念建立在科学的基础上，能够验证其真实性，如认为电冰箱省电的信念可以通过测试证实；另一些信念却可能建立在偏见的基础上。企业应关心消费者对其商品的信念，因为信念会形成产品和品牌形象，会影响消费者的购买选择。如果因误解限制了购买，企业应开展宣传活动，设法纠正消费者的信念。

消费者在长期的学习和社会交往的过程中形成了态度。所谓态度，是人们长期保持的关于某种事物或观念的是非观、好恶观。消费者一旦形成对某种产品或品牌的态度，以后就倾向于根据态度作出重复的购买决策，不愿费心去进行比较、分析、判断。因此，态度往往很难改变。对某种商品的肯定态度可以使它长期畅销，而否定态度则可以使它一蹶不振。企业在一般情况下应使产品迎合人们现存的态度，而不是设法改变这种态度，因为改变产品设计和推销方法要比改变消费者的态度容易得多。

以上社会文化、个人、心理等三方面的因素，是影响消费者购买行为的主要因素。其中一些因素，如消费者的年龄、性别、职业、个性、经济状况、社会阶层、态度等，对企业来说是不可控制或难以施加影响的。但了解这些因素，可以使企业更好地识别可能对其产品或服务最感兴趣的购买者，为市场细分和选择目标市场提供必要的线索，也为制定营销组合策略提供依据。另一些因素，如消费者的购买动机、感觉、知觉、学习、信念、生活方式等，容易受到企业营销的影响，在了解这些因素的基础上，企业可以制定相应的营销策略，在一定程度上诱导消费者的购买需求。所以，现代企业应重视研究产品开发、价格确定、广告设计、商品陈列、营销网点设置和品牌、包装等营销刺激因素与消费者反应的关系，深入探讨影响消费者需求和购买行为的诸种因素。

4.3 消费者购买行为的过程

分析了支配和影响消费者购买行为的各种因素后，下一步要研究消费者的购买决策过程，包括购买行为的类型和购买决策过程的阶段。

4.3.1 购买行为的类型

在购买不同商品时,消费者决策过程的复杂程度有很大区别。一些商品的购买过程很简单,另一些则比较复杂,需要深入研究的是比较复杂的购买决策过程。因此,在考察购买决策过程的步骤之前,先要对购买行为进行分类。划分消费者的购买行为,主要根据以下两个标准。

1. 消费者卷入购买的程度

具体包括两个层次的含义。

(1) 消费者购买的谨慎程度及在购买过程中花费的时间和精力的多少。如消费者购买耐用消费品时比购买日用品时更谨慎,花费的时间和精力更多,因为前者一般单价高,购后要使用多年,风险较大;再如,消费者对以前具有购买经验的产品或服务,参与水平低,决策过程快,反之,则卷入程度高;最后,社会可见度高的产品,如服装、汽车、家具、珠宝首饰等通常反映一个人的社会地位、经济状况、品位偏好等,因此,人们购买时也会格外小心。

(2) 参与购买过程的人数多少。一些商品的购买过程通常由一人完成,而另一些商品的购买过程则是由充当发起者、影响者、决定者、购买者和使用者的各种不同角色的家庭成员、朋友等多人组成的决策单元完成的。某一购买过程的发起者,是最先提出要购买某种商品的人;影响者,是对最后的购买决定具有某种影响的人;决定者,是最后决定部分或整个购买决策的人;购买者,是进行实际购买的人;使用者,是消费或使用这种商品的人。根据消费者卷入购买的程度,可以把消费者的购买行为分高卷入的行为和低卷入的行为。

2. 所购商品不同品牌之间的差别程度

品牌差别小的商品大多是同质或相似的商品,而品牌差别大的商品大多是在花色、品种、式样、型号等方面差异较大的异质商品。根据品牌差别的程度,无论是高卷入的购买行为,还是低卷入的购买行为,都可以再细分为两种购买行为。这样,可以将消费者购买行为分为四种类型,如图4-2所示。

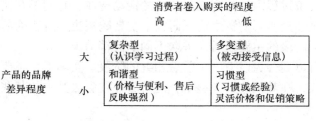

图4-2 消费者购买行为的四种类型

(1) 复杂型购买。发生在消费者初次购买电视机、照相机等单价高、品牌差别大的耐用消费品的场合。由于多数消费者不太了解这些商品的品种、规格、性能等技术细节,因此,购买时需要经历一个认识学习的过程。他们往往广泛收集各种有关信息,对供选择品牌的重要特性进行评价,先建立对每种品牌的各种特性水平的信念,然后形成对品牌的态度,再慎重地作出购买选择。这种复杂的购买行为,是一种广泛地解决问题的行为。当然,这样复杂的行为经常因工作繁忙,驱策力很强,购买便利或者某种名牌商品即将脱销等原因而简化,促使消费者产生购买动机后立即决定购买。而且,消费者第二次购买这类商品的行为远不如初次购买那么复杂,他们经过初次购买和使用,已对商品有了比较深入的了解,需要进一步寻找的信息是专门的和有限的,这种购买行为已转化为有限地解决问题。

(2) 和谐型购买。发生在卷入程度虽高但所购商品品牌差别不大的场合比复杂型购买要简单。由于品牌差别不明显,消费者一般不必花很多时间收集不同品牌商品的信息并进行评价,而主要关心价格是否优惠和购买时间与地点是否便利,因此,从引起需要和动机到决定购买所用的时间是比较短的。但同复杂的购买行为相比,消费者购买后最容易出现因发现产品缺陷或其他品牌更优而心理不平衡的现象。为追求心理平衡,消费者这时才注意寻找有关已购品牌的有利信息,争取他人支持,设法获得新的信心,以证明自己的购买选择是正确的。鉴于这种心理特点,企业一方面要通过调整价格,选择适当的售货地点和精通业务的售货员,影响消费者的品牌选择;另一方面,还应以各种方式与购买者取得联系,及时提供信息,使他们对自己的购买选择感到满意。

消费者卷入购买程度较低的多是价值低、需频繁购买的商品。低卷入的购买行为一般是经过多次购买以后形成的常规反应行为,它又可以具体地分为习惯型和多变型两类。

(3) 习惯型购买,是消费者购买食盐等品牌差别很小的商品时的低卷入行为,消费者大多根据习惯或经验购买这类商品。

(4) 多变型购买,是消费者购买饼干等品牌差别很大的商品的低卷入行为。在这类购买中,消费者为使消费品种多样化,经常变换所购商品的品牌。在这两类购买行为中,消费者一般不主动地寻找信息,只是在看电视或报刊广告时被动地接受信息,购买前也不认真评价不同的品牌,一般不会真正形成对品牌的态度。基于这些特点,经营这两类商品的企业通过运用适当的促销策略和价格策略,可以有效地吸引人们购买这些商品。例如,企业可多采用电视广告,广告中突出少数要点,每次持续时间短,重复次数多,使用容易记忆、能与品牌相联系的视觉象征和比喻。

4.3.2 购买决策过程的阶段

消费者的购买决策过程由一系列相互关联的活动构成,它们早在实际购买发生以前就已经开始,而且一直延续到实际购买之后。研究消费者购买决策过程的阶段,目的在于使营销者针对决策过程不同阶段的主要矛盾,采取不同的促销措施。

购买决策过程可以划分为以下五个前后相继的阶段。实际上,主要是复杂型购买才经过这样完整的五个阶段,在其他购买类型中,消费者往往省去其中的某些阶段,有时也颠倒它们的顺序。

1. 确认需要

当消费者感觉到了一种需要而且准备购买某种商品去满足它时,对这种商品的购买决策过程就开始了。来自内部的和外部的刺激都可能引起需要和诱发购买动机。企业应了解消费者产生了哪些需要,它们是由什么引起的,程度如何,比较迫切的需要怎样被引导到特定的商品上从而成为购买动机。然后,企业可以制定适当的市场营销策略,引起消费者的某些需要并诱发购买动机。

2. 收集信息

消费者形成了购买某种商品的动机后,如果不熟悉这种商品的情况,往往就要先收集信息。这时，他增加了对有关广告、谈话等的注意，比以往更容易接受这种商品的信息，也许还会通过查阅资料、向亲友和熟人询问情况等方式，更积极地收集信息。消费者收集多少信息，取决于他的驱策力的强度、已知信息的数量和质量及进一步收集信息的难易程度。

为了向目标市场有效地传递信息，企业需要了解消费者获得信息的主要来源及其作用。消费者一般从以下四种来源获得信息。

(1) 个人来源，即从家庭、朋友、邻居和其他熟人处得到信息。

(2) 商业性来源，即从广告、售货员介绍、商品展览与陈列、商品包装、商品说明书等得到信息。

(3) 公众来源，即从报刊、电视等大众宣传媒介的客观报道和消费者团体的评论中得到信息。

(4) 经验来源，即通过触摸、试验和使用商品得到信息。从消费者的角度看，由企业控制的商业性来源信息起通知的作用；其他非商业性来源信息起验证和评价的作用。

经过信息收集阶段，消费者逐步缩小了对将要购买的商品进行品牌选择的范围。余下的供选择的品牌，就是消费者在下个阶段评价的对象。

3. 评估供选择的品牌

在这个阶段，消费者根据所掌握的信息，对几种备选的品牌进行评价和比较，从中确定他所偏爱的品牌。并没有一个所有消费者都适用的统一的评估模式或评估过程。不过，以下几点在了解消费者怎样评估备选产品方面很值得注意。

(1) 产品有哪些为消费者感兴趣的属性。

(2) 消费者对各种感兴趣属性的关心程度不同，哪个属性在消费者心目中占有最重要的地位。

(3) 消费者对每种品牌的信念（这种信念可能与该品牌的实际性能相符，但也可能是因消费者有偏见而不相符）。

(4) 消费者心目中对产品的每一属性都有一效用函数，即希望能从产品获得的满足随着每一属性差异程度而变化的关系。

最后，该消费者将采取某种评估方法，对所需购买的商品进行评判。其中最简单的一种情况是：这位消费者认定所有属性中某一种属性，他就会选择此项属性得分最高的品牌，而不管其他。但大部分消费者会权衡各种属性，作出判断。具体做法有：①期望价值法；②理想品牌法；③结合法。其他还有分离法、顺序法等。当然，现实中的消费者不会进行这样规范或复杂的数量模型分析，但他们一般都表现出类似的决策方法。如购买一般商品时采用分离法，购买昂贵商品时先采用结合法，排除一些供选择的品牌，然后采用理想品牌法作出最后的选择。

企业可以通过抽样调查，了解消费者采用什么方法评价其产品。如果发现多数消费者采用同一评价方法，如期望价值法，企业就可以采取一些措施来影响消费者的选择。例如，生产和经营企业为争取消费者，可运用如下策略：①"现实换位"，即改进产品，使其具有采用这种评价法的消费者所重视的清晰度和其他特性；②"心理换位"，即在消费者低估了本品牌特性水平的情况下，设法改变他们对本品牌主要特性的信念；③"竞争换位"，即在消费者过高地估计了竞争者品牌特性水平的情况下，通过比较广告宣传或其他方式，设法改变他们对竞争者品牌的某些特性的信念；④设法改变消费者规定的重要性，如在此例中，使他们更看重价格特性；⑤设法吸引消费者对本品牌中尚未被他们纳入评价范围的其他特性的注意。

4. 决定购买

经过对供选择品牌的评价，消费者形成了对某种品牌的喜好和购买意向。但是，受以下三个因素的影响，消费者不一定能实现或立即实现其购买意向。

（1）其他人的态度，如果与消费者关系很密切的人坚决反对购买，消费者就很可能改变购买意向。

（2）一些不可预料的情况，如果出现家庭收入减少，急需在某些方面用钱或得知准备购买的品牌令人失望等意外情况，消费者也可能改变购买意向。

（3）预期风险的大小，在所购商品比较复杂、价格昂贵因而预期风险较大的情况下，消费者可能采取一些避免或减少风险的习惯做法，包括暂不实现甚至改变购买意向。

因此，根据消费者对品牌的偏好和购买意向来推出购买决定并不十分可靠。

决定了购买意向的消费者往往还要作出以下一些具体的购买决策：购买哪种品牌，在哪家商店购买，购买量，购买时间，在某些情况下还要决定支付方式。

5. 购买后行为

消费者购买商品后，往往会通过使用和他人的评判，对其购买选择进行检验，把他所觉察的产品实际性能与以前对产品的期望进行比较。消费者若发现产品性能与期望大体相符，就会感到基本满意；若发现产品性能超出了期望，就会感到非常满意；若发现产品性能达不到期望，不能给他以预期的满足，就会感到失望和不满。消费者是否满意，会直接影响他购买后的行为。如果感到满意，他下次就很可能购买同一品牌的产品，并常对其他人称赞这种产品，而这种称赞往往比广告宣传更有效。如果感到不满，他除了可能要求退货或寻找能证实产品优点的信息来减少心理不平衡以外，还可能采取公开投诉或私下的行动发泄不满，如向生产或经营企业、新闻单位和消费者团体反映意见或向家人、亲友和熟人抱怨，劝说他们不要购买该种产品，甚至不要购买该企业生产的其他产品。这势必会抵消企业为使顾客满意所做的许多工作，并影响企业的整体形象和市场销售。

扩展阅读——小链接

为什么买香草冰激凌汽车就会秀逗？

有一天美国通用汽车公司的庞帝雅克（Pontiac）部门收到一封客户抱怨信，上面是这样写的：这是我为了同一件事第二次写信给你们，我不会怪你们为什么没有回信给我，因为我也觉得这样别人会认为我疯了，但这的确是一个事实。

我们家有一个传统的习惯，我们每天在吃完晚餐后，都会以冰激凌来当我们的饭后甜点。由于冰激凌的口味很多，所以我们家每天在饭后才投票决定要吃哪一种口味，等大家决定后我就会开车去买。但自从最近我买了一部新的庞帝雅克汽车后，在我去买冰激凌的这段路程问题就发生了。

你知道吗？每当我买的冰激凌是香草口味时，我从店里出来车子就发不动。但如果我买的是其他的口味的冰激凌，车子发动就顺得很。我要让你知道，我对这件事情是非常认真的，尽管这个问题听起来很猪头。为什么这部庞帝雅克当我买了香草冰激凌时它就秀逗，而我不管什么时候买其他口味的冰激凌，它就一尾活龙？为什么？为什么？

第4章 消费者购买行为分析

事实上庞帝雅克的总经理对这封信还真的心存怀疑，但他还是派了一位工程师去查看究竟。当工程师去找这位仁兄时，很惊讶地发现这封信是出自于一位事业成功、乐观、且受了高等教育的人。工程师安排与这位仁兄的见面时间刚好是在用完晚餐的时间，两人于是一个箭步跃上车，往冰激凌店开去。那个晚上投票结果是香草口味，当买好香草冰激凌回到车上后，车子又秀逗了。这位工程师之后又依约来了三个晚上。第一晚，巧克力冰激凌，车子没事。第二晚，草莓冰激凌，车子也没事。第三晚，香草冰激凌，车子"秀逗"。这位思考有逻辑的工程师，到目前还是死不相信这位仁兄的车子对香草过敏。因此，他仍然不放弃继续安排相同的行程，希望能够将这个问题解决。工程师开始记下从开始到现在所发生的种种详细资料，如时间、车子使用油的种类、车子开出及开回的时间……，根据资料显示，他有了一个结论，这位仁兄买香草冰激凌所花的时间比其他口味冰激凌的要少。

为什么呢？原因是出在这家冰激凌店的内部设置问题上。因为，香草冰激凌是所有冰激凌口味中最畅销的口味，店家为了让顾客每次都能很快地取拿，将香草口味冰激凌特别分开陈列在单独的冰柜，并将冰柜放置在店的前端；至于其他口味冰激凌，则放置在距离收银台较远的后端。

现在，工程师所要解开的是谜团，为什么这部车因为从熄火到重新激活的时间较短就会秀逗？原因很清楚，绝对不是因为香草冰激凌的关系，工程师很快想到答案应该是"蒸气锁"。因为当这位仁兄买其他口味冰激凌时，由于时间较久，引擎有足够的时间散热，重新发动时就没有太大的问题。但是买香草口味冰激凌时，由于花的时间较短，引擎太热以至于还无法让"蒸气锁"有足够的散热时间。

案例思考：

即使有些问题看起来真的是疯狂，但是有时候它还是真的存在；如果我们每次在看待任何问题并秉持着冷静的思考去找寻解决的方法，这些问题看起来将会比较简单，不那么复杂。所以碰到问题时不要直接就说那是不可能的，而不投入一些努力。

"三思而后行！不要轻易下结论！"

会投诉的客户才是真的回头客户或者是真诚的客户！

企业应采取各种措施，尽可能使顾客购买后感到满意。产品宣传实事求是并适当留有余地是途径之一。另外，企业还应经常征求顾客意见，加强售后服务，同购买者保持联系，为他们发泄不满提供适当的渠道，以便迅速采取补救措施。

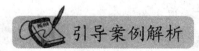
引导案例解析

先有鸡还是先有蛋？如果你一味地想这个问题的答案，永远也不会有结果。以前在争论先有物质还是先有意识这一哲学的基本问题时，就有哲学家提出过"先有鸡还是先有蛋"的命题，如今，第三位经理给出了这一命题的营销学答案，这就是——客人的需求永远是第一位的。

市场营销管理学

1. 结合实际分析消费者市场购买行为的特点。
2. 社会文化因素对消费者行为的影响会对企业营销产生什么启示？
3. 试比较多变型购买行为与习惯型购买行为。
4. 结合企业的购买分析消费者的购买决策过程。

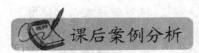

破解时装巨头 H&M 商业模式的密码

2007年4月12日，这一日的清晨来得不同寻常，上海淮海中路上很早便排起了数十米的长龙，无论男女老幼，都兴奋难耐地涌动其中等待着进店抢购……，这就是世界廉价时尚王牌 H&M 在中国内地声势浩大的登场。

是什么让人们对 H&M 如此疯狂？在世界全球化竞争日趋激烈的环境里，H&M 的商业模式是如何保持和增强竞争力，令企业高速增长？借助本人多年研究的商业模式系统创新理论，对 H&M 的商业模式加以解析。

密码一：准确把握和深度挖掘顾客价值需求。

顾客，这无疑是整个企业的中心，美国营销大师菲利普·科特勒认为在竞争激烈的市场上依逻辑解决问题的常规创新已经不再适用，而基于顾客的创造性思考却呈现出越来越大的魅力，它通过原创性的另类理念和产品开发可以激发出新的市场和利润增长点。显然，H&M 正是对顾客需求进行"创造性思考"的大师。

H&M 注意到，没有一个购物者不喜欢设计入时、形象奢华的名牌服饰，但绝大多数人要等到清仓特卖时才"及时出手"，为什么不能同时满足顾客对名品时尚设计和便宜平价的需求呢？根据专业机构 Verdict Research 调查指出，1995 年以来服饰平均价格下跌了 34%，但同期女性购买衣服件数却增加了一倍。这表明，消费者更加关注时尚的款式，购买的衣服更多，但穿着的次数却越来越少。同时，目前的消费者市场正呈现出向"奢华"与"省钱"两个极端挪移的状态，在"奢华"模式中，消费者不惜高价购买高品质和体现个性特征、满足情感需求的产品和服务；而在"省钱"模式中，消费者则尽可能地寻找低价、高品质的商品。这种"矛盾"的需求正暗示着消费者对于"平价时尚"的渴望。

H&M 时尚集团正是看到了社会结构和消费者的变化，寻求找到了破解的密码平衡点，开创了"廉价时尚"的服装品牌定位。其利用奢华多变的时尚和品质与大众平价结合在一起，实现了像麦当劳卖汉堡一样贩卖"时装"。

密码二：提出对目标顾客具有超级吸引力的价值主张。

"以最优的价格提供流行与品质"，这是第三代公司领导人史蒂芬·皮尔森加入公司后确定的产品定位，也是 H&M 时装的基本价值主张。

这一定位表明 H&M 在标榜固有的低价位之外，应该加入时尚的元素与精良的品质。在香港首间 H&M 亚洲旗舰店中，人民币一二十元的时尚耳环手镯小饰品，七八十块的各式另类 T 恤，一二百元的精致连衣裙、小外套，这些买起来实在无须手软，而且，"混搭才是关键"的流行文化已经让越来越多的人意识到将 H&M 与奢侈品牌的 mix and match（组合搭配）是个绝顶聪明的主意！除了重视价格及时尚外，H&M 对产品质量的要求很高，产品要有全面检测及常规质量控制，包括：拉链、可燃性、化学品、纽扣、尺寸等，同时，还要求服装的生产过程中不添加有害物质及危害环境的化学物。H&M 的产品定位恰好平衡了消费者的"矛盾"需求。

"多款、少量"产品结构策略充分体现了公司的价值主张。

H&M 遵循"多款、少量"的产品策略以保证低库存率、高淘汰率和快速时尚力。H&M 要吸引顾客的眼球，保持顾客的注意力，就要紧紧抓住跟随时尚趋势，频繁地更新产品，提供更多的选择。从心理学来讲，"多款、少量"的策略会给消费者造成心理上的"胁迫"，因为这种方式可以创造一种稀缺，从而诱发对顾客的无形购买的吸引力，越是不容易得到的，就越能激发人的购买欲望。对于同一种款式的服装，零售店的库存一般只有几件，或许由于你的一时犹豫，从而错失了最终拥有它的机会，因为你明天看到的也许是摆放一新的货架。这最初的懊恼，换来的是顾客再次光顾时果断的购买速度，反而培养了一大批忠实的追随者和偏好者。而且，H&M 丰富的产品线，从基本服装到经典款式，再到时尚前沿，从年轻人到少年，再到儿童和孕妇，涵盖领域很宽，颜色也非常的齐全，所有的款型都有不同的颜色可做挑选，这使他们的消费群体变得更加庞大。

密码三：低成本运作以实现价值创造。

H&M 通过"做时尚的跟随者，而不是创造者"实现设计低成本高时尚。时装设计是 H&M 最重要的价值创造手段。随着消费者的口味变化越来越快，H&M 找准的正是不停的调配以适应顾客的需求，因此，他们采取的策略并不是创造潮流，而是在流行趋势刚刚出现的时候，准确识别并迅速推出相应的服装款式，达到把最好的创意最快的收为己用。H&M 通常在一年前已经由设计部及采购部开始规划潮流趋势和时尚产品，每年春夏全球各大时尚都市举行的时装周都会派专人参加，这样，只需三周，当时尚大牌的拥趸们还在为买一件小礼服而绞尽脑汁时，普罗大众却能够在 H&M 的专卖店里，用便宜的价格买到与香奈儿当季风格明显相似的衣服。除了时装周，各地街头文化、电影媒体，各类贸易节及潮流历史，也是 H&M 灵感的源泉，收集到的潮流信息由总部超过 100 名设计师作出分析，并以此为蓝本进入他们的设计程序。此外，高效能信息系统的辅助也是 H&M 得力的工具，流行信息一旦获得，可以以最快的速度通过该系统传至 H&M 总部，使设计部门在第一时间掌握受顾客欢迎的款式，在最短时间内将前沿的流行趋势带到世界各地的平价民众消费者当中，当然，对于企业自身来说，这还可以极大地减少生产出不受顾客欢迎服装的风险和折扣促销导致的损失。

H&M 通过对"OEM"的有效控制实现生产的低成本与高效率。出于对效率和成本的考虑，H&M 很早便放弃了自己生产的经营模式，把整个生产程序外包给了全球大约 700 家服装生产商。这 700 家生产商中有 60% 位于亚洲，接近 40% 位于欧洲，余下的分布在世界其他国家。事实上，这样的安排是有"目的"的，一般来说，服饰潮流可以分三个层次，最底层是顾客需求量最大的商品，中层代表着当季正在流行的服装，而位于上层的商品则会反映最新的流行时尚趋势。这样，H&M 可以分头出力，量小且流行性强的服装主要由欧洲生产商生产,这样就可以让潮流款式快速抵达主要市场欧洲;而常规款式的时装和童装主要在亚洲生产,这些服装流行性不强,经水路运送可以降低成本。正如CEO埃里克森所说:"我们在欧洲有许多供应商,它们的成本有点高,但交货时间短,这样衣服才不容易打折。"

整合与优化快销供应链。"时间就是金钱,时间就是速度",对于服装业来讲,这句话尤其重要。据经济学家分析,一款计算机产品平均每天贬值0.1%,而一款服装平均每天贬值0.7%,如果能提前10天卖出去,就会少贬值7%,毛利率也会随之增加13%。因此,一旦服装企业掌握了效率,就能把握市场的先机,捕捉稍纵即逝的盈利机会。这一点正是H&M坚持的目标。

一个成功的商业模式一定在各环节各节点的交互式协调运作上更加优异。这一点,H&M表现得十分出色。H&M把注意力主要放在信息系统的整合上,无论在各程序本身或各程序之间的连接,H&M都十分倚重所建立的信息沟通技术系统(简称ICTs),应用各种通信软件和装备来提供各类应用及服务,比如远程学习、远程作业、视像会议、管理信息系统及存货控制等。它能贯连整个供应链,以压缩各个程序所需要的时间,使程序间的衔接更为顺畅。据统计,2004年,平均每天处理的货物件数达到164万件,即使每天以运作24小时计算,平均每小时也要处理将近7万件货物的分类和运送。此外,由于全部分店都是自营的关系,店与店、店与总部及各部门的资料分享更加有效快速,这进一步提升了ICTs的功用,令H&M的供应链系统得到充分的整合与优化。

密码四:稳健的分销渠道、高调的沟通与传播,巧妙实现价值传递。

(1)稳健可控的流通渠道。H&M坚持采取保守而稳定的扩充速度。它坚守原则,全权拥有所有分店,而且不依靠借贷或发新股来融资,只靠内部资金融资,因此,借贷水平一直保持极低的水平,2004年以来更几乎降至零借贷,大大减少了H&M的利息支出。稳定的扩张可以使业务根基稳固,近年来,H&M总资产加大的同时资产回报率不跌反升,成功地获得了规模经济的好处。

(2)多元化市场的流通渠道策略。在全球化的背景下,H&M通过市场多元化可以使不同地区的业务趋于平衡以至有效地互补,以求分散经营风险的同时,也可以从新兴市场中获得市场份额。H&M坚持平均每年进入一个新市场,从而分散地区业务。数据显示,德国的销售比重从2001年的将近40%下降到2004年的不到30%,而瑞典的销售比重从1996年的25%下降到2004年的不到10%,这些并不是说明它们的业务正在走下坡路,而是其他地区的业务增长及新市场开发令其营业额的比重下降。这些良好的势头使地区业务互补优势日趋明显,H&M通过稳健的国际扩张,再配合市场多元化策略,可以使销售额的增长更加稳定,从而提升整体的利润水平。

(3)选址抓住"含金量"。"地理位置越优越,商家的投资收益越高",这是众人皆知的道理。H&M在店铺选址上,尤为注重选择人流密集、商业活动频繁的商圈,无论是香港的皇后中路,还是上海的淮海中路,同样是黄金地段,同样是知名品牌云集,这为H&M赚足人气加了不少筹码。尽管坐落在高档商业区和繁华的交通枢纽要付出高额的成本费用,但是H&M深谙"成行成市"的益处。首先,知名商圈往往有众多知名品牌,这些品牌都具有良好的口碑,可以迅速提高H&M的品牌形象;其次,相关店铺的聚集有助于提高相同目标消费群的关注,在短期内提升H&M的知名度。

(4)设计大师和影视明星打造时尚品牌形象。在H&M看来,外人眼里"低廉"与"高贵"的毫不沾边正是他们用来傲视全球市场的筹码。明星营销让这一组合成为绝妙的孪生兄妹，足足可以让全世界没钱却有品位的时装发烧友们疯狂。

2004年，H&M的男主角顶级设计师Karl Lagerfeld隆重登场，作为时尚界的教父级人物，他与H&M的联袂合作引起了圈内的轩然大波，似乎预示着混搭时代的到来，奢侈品牌与H&M的平价时尚进一步融合将是人们意识上的提升。对于H&M来说，与明星设计师合作，能加强其在行业内保持时尚和品质领先的地位，吸引更多人的眼球。我们可以发现，精明的H&M，只要衣服扣子的质地允许，几乎都会秀出"Karl Lagerfeld For H&M"的字样。这仅仅为时一周的合作当月即使H&M销售额飙升了24个百分点。2005年，H&M专门请来意大利名模Mariacarla Boscon为Stella McCartney系列代言，当月销售额就增长了11%。2007年，H&M的明星策略稍稍改变，它相继邀请国际流行乐坛大姐大麦当娜和天后凯莉·米洛格分别设计代言淑女装和沙滩装，这一改变更是把全世界H&M购物迷的热情煽动至高潮，麦当娜主导的限量系列"M by Madonna"一经推出，又让H&M 3月份的销售额激增17%。宣传上的高调路线让H&M的品牌价值不断提升，正如CEO埃里克森所说，"我们是这个行业的全球大玩家，与具有世界知名度的超级明星合作是一项多赢策略，能让我们在全球各大市场上引起关注"。

(5) 造势开拓市场。尽管H&M在内部成本控制上非常严格，但却舍得花钱用来造势，在进军中国市场的道路上，"广告"和"明星"成为H&M的左右护法。

在广告造势上，H&M采取多元化的策略，淮海路嘉丽都商厦的外墙上的巨幅海报，申城各大公车亭和外墙面的广告标语，关于H&M的历史及与ZARA品牌竞争故事的软性文章，甚至小到顾客的购物袋都不肯放过。攻势之猛让人无可阻挡。此外，在广告内容上，H&M极力突出低价策略，几十元的T恤、一百元左右的上衣……，这些显眼的标语吊足了消费者的胃口。

在明星造势上，香港店的开业不仅找来了国际巨星麦当娜创作M by Madonna系列，在中国内陆的第一站，淮海路营业店开张当天，凯莉·米洛格为其代言品牌"献声"，并进行为期5天的品牌推广，此外，包括赵薇、莫文蔚在内的30多位中国一线明星受邀捧场。这一举动不仅引起了消费者的关注，同时，引起了新闻媒体的追捧，使H&M快速成名。据H&M宣称，上海开店首日其单店营业额单日最高已经达到200万元，相当于200个中国服装品牌日销售额的总和。如此佳绩进一步验证了人气的威力。

(6) 借排队提升口碑效应。有人说"上海排队买东西的地方有两个：一个是在银行排队买基金，一个是在H&M店门口排队等进店"。此话不假，上海淮海路店从开业到开业后，H&M都坚持排队进店，侧门放人进去，另一侧放人出去，放人的一侧有三个保安把门，店门前筑起了长长的人流。任何一个消费者进门都要排30分钟的队，试衣服也要排30分钟的队。从营销的角度看，这的确是提升口碑、聚敛人气的好办法。

正是凭借上述商业模式系统运作，使H&M在竞争日益激烈的国际时装市场得以纵横驰骋，所向披靡。公司即使在行业不景气的2003年仍然创造了50%的净利润，而这一年也让公司的扩张率达到75%的历史最高点，此后H&M始终保持每年增加10%~15%家分店的扩张速度。

(资料来源：粟学思. 中国鞋业互联网. 2008-09-23)

思考题：你对H&M的商业模式保持和增强竞争力是如何理解的？

第 5 章 组织市场的购买行为分析

◎ **本章要点**
- 组织市场的分类
- 组织市场的特点
- 组织市场的用户购买行为

◎ **本章难点**
- 组织市场的特点
- 影响组织市场用户购买行为的因素

◎ **课前思考**
- 组织市场的用户都有哪些?
- 组织市场与消费者市场的区别

 引导案例

政府采购方式变革为企业带来什么?

据有关资料测算:全国事业单位一年的采购金额约为 7000 亿元人民币,政府实际上成为国内最大的单一消费者。为适应市场经济体制的新形势,政府采购方式将发生变革。

以前,北京市海淀区下属各单位要购买设备,首先向财政局报预算,经财政局行财科按市场价格核定后给予拨款,再由各使用单位自行购买。但是行财科的职员们时常心里打鼓:商品价格究竟是多少,心里没底,采购环节的伸缩性实在太大了。2000 年 5 月,北京市海淀区出台了《海淀区采购试行办法》,规定区属各行政事业单位由区财政安排专项经费,购置设备单项价值在 10 万元以上,或全区范围内一次集中配置的批量采购总价值在 29 万元以上,均需采取公开的竞争性招标、投标采购。海淀区专门成立了政府采购领导小组,区属两家机关购买 133 台空调的工作成为区政府采购方式改革的第一个试点。5 月 26 日召开招投标大会,有 6 家公司投标。开标后,投标商单独介绍了产品技术、质量、价格等内容,并接受由空调专家、高级会计师和使用单位人员组成的评审委员会的质询。经专家们反复比较论证,科龙空调以较好的性能价格比中标。此次购买的预算资金 177 万元,实际支出 108 万元,节约 69 万元,近 1/3。采购部门负责人说:"想都没想到,效果好得出奇。"

海淀采购办公室正着手进行其他项目的政府采购工作。购买 7 辆公务车,预算金额 208 万元。由于车型不一,不成规模,将采用"询价"的方式,也就是货比三家的方式购买。广播局购买两台专用设备则采取广播局主办,采购办参与的招标方式。还将进行教学用具、

医疗设备、基本建设非标准设备的采购工作,争取今年的政府采购总额达到 1000 万元。从长远而言,将采购办从财政局分离出去,使批钱的和买东西分成两部分,更便于监督和制约。

据悉,国家财政部的有关专家正在积极制定我国统一、规范的政府采购制度。他们认为,政府采购是加强采购支出管理的必由之路,但一定要做到规范、统一,使制度在各地不走样。要建立采购主管机构,明确采购模式,设立仲裁机构。财政部门不直接主管采购,防止由分散采购改为集中采购后出现新的"集中腐败"。

案例思考:结合本案例思考组织市场的购买行为具有什么特点?

在市场购买产品和服务的除了消费者以外,还有各种组织机构。这些组织机构主要包括:生产者市场、中间商市场、非营利组织市场和政府市场。组织市场由于其主体的性质和购买的目的与消费者市场有很大的不同,所以对其购买行为有必要进行特别的分析和研究。本章阐述了组织市场的定义、类型及特点;着重研究了生产者市场、中间商市场、非营利组织市场、政府市场购买决策的影响因素和购买决策过程。

5.1 组织市场概述

组织是社会的基本元素,组织的类型多种多样。因而,组织市场是一个广义的概念。组织市场,又称组织机构市场,指向各类组织机构,如公司、社会团体、政府机关等销售商品和服务的市场。组织市场购买产品或服务的最终目的不是为了自身的消费,这是与消费者市场最根本的区别。按照购买目的是否为了盈利,组织市场可以划分为营利组织和非营利组织。按组织的性质和购买动机,可以将组织市场划分为生产者市场、中间商市场和政府市场。

5.1.1 组织市场分类

1. 生产者市场

在某些场合,也称为产业市场或工业市场。它主要由这样的一些个体和组织构成:它们采购商品和劳务的目的是为了加工生产出其他产品以供出售、出租,以从中谋利,而不是为了个人消费。这部分市场是本文中所称的"组织市场"的主要组成部分。它主要由以下产业构成:①农、林、牧、渔业;②采矿业;③制造业;④建筑业;⑤运输业;⑥通信业;⑦公用事业;⑧银行、金融、保险业;⑨服务业。

2. 中间商市场

中间商市场也称转卖者市场。它由所有以盈利为目的而从事转卖或租赁业务的个体和组织构成,包括批发和零售两大部分。在许多场合中,批发和零售往往作为营销渠道的组成部分被提出来,而不作为组织市场的一部分被讲述。其实,中间商市场和生产者市场有着许多相似之处,包括双方的购买行为上,也有许多雷同的地方。因此,我们认为有必要把它作为组织市场的第二主要组织部分提出来,而在具体分析的时候,并不涉及其作为渠道组成部门的特点。

3. 政府市场

政府市场也称机构市场。主要是指一些由学校、医院、疗养院、监狱和其他为公众提供商品和服务的部门所组成的市场,它们往往是以低预算和受到一定的控制为特征的,而且一般都是非营利性的。所以,这部分市场也有其独特的特点。这里仍把它们列入组织市场这个大概念中去。一起来讨论它们的共性问题。

4. 政府采购市场

在大多数国家里,政府也是产品和劳务的主要购买者。由于政府的采购决策要受到公众的监督,因此它们经常会要求供应商准备大量的书面材料,此外,政府市场还有一些如以竞价投标为主,喜欢向国内供应商采购等特点。但这些特点都不会影响到把它也纳入组织市场这个大概念里来分析,事实上,把它纳入之后将会使我们的分析研究更有意义。详见图 5-1。

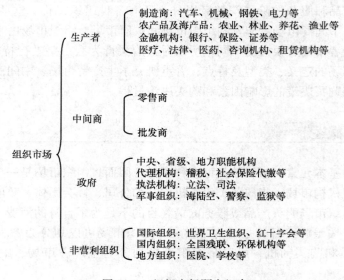

图 5-1 组织市场顾客组合

以上是平常可能会接触到的一些构成组织市场的不同类型的成员,在大多数场合里,它们被分开阐述,各自说明特点或进行购买行为分析。但实际上我们不难看出,在各自不同类型的市场特征背后,却有着很多的共性特征。

5.1.2 组织市场的特点

组织市场与消费者市场相比,具有一些鲜明的特征。

1. 购买者少,购买规模大

组织市场上的购买者比消费者市场上的购买者要少得多。例如,美国固特异轮胎公司的订单主要来自通用、福特、克莱斯勒三大汽车制造商,但当固特异公司出售更新的轮胎给消费者时,它就要面对全美1.71亿汽车用户组成的巨大市场了。组织市场不仅购买人数少而且其购买次数也少。一家生产企业的主要设备要若干年才购买一次,原材料与零配件也大都只签订长期合同。而文具纸张等日用品也常常是八个月集中购买一次。购买次数少就决定了每次采购量将十分巨大。特别在生产比较集中的行业里更为明显,通常少数几家大企业的采购量就占该产品总销售量的大部分。

2. 购买者在地域上相对集中

由于资源和区位条件等原因,各种产业在地理位置的分布上都有相对的集聚性,所以组织市场的购买者往往在地域上也是相对集中的。例如，中国的重工产业大多集中在东北地区，石油化工企业集中在东北、华北和西北的一些油田附近，金融保险业在上海相对集中，而广东、江苏、浙江等沿海地区集聚着大量轻纺和电子产品的加工业。这种地理区域集中有助于降低产品的销售成本，这也使得组织市场在地域上形成了相对的集中。

3. 着重人员销售

由于仅存在少数大批量购买的客户，企业营销部门往往倾向于通过人员销售，宣传其优惠政策而不是通过广告。一个好的销售代理可以演示并说明不同产品的特性、用途以吸引买方的注意力。根据及时得到的反馈，立即调整原有的政策。当然这种快速反馈是不可能通过广告获得的。

4. 进行直接销售

消费品的销售通常都要经过中间商，但组织市场的购买者大多直接向生产者购买。这是因为购买者数量有限，而且大多数属于大规模购买，直接购买的成本显然低得多。同时，组织市场的购买活动在售前售后都需要由生产者提供技术服务。因此，直接销售是组织市场常见的销售方式。

5. 实行专业购买

相应地，组织机构通常比个人消费者更加系统地购买所需要的商品，其采购过程往往是由具有专门知识的专业人员负责。例如，采购代理商。这些代理商将其一生的工作时间都花在学习如何更好地进行采购方面。他们的专业方法和对技术信息的评估能力导致他们的购买建立在对商品价格质量、售后服务及交货期的逻辑分析基础之上的。这意味着组织营销者必须具有完备的技术知识，并能提供大量的有关自身及竞争者的数据。

6. 衍生需求，需求波动大

对组织市场上的购买需求最终来源于对消费品的需求，企业所以需要购买生产资料，归根结底是为了用来作为劳动对象和劳动资料以生产出消费资料。例如，由于消费者购买皮包、皮鞋，才导致生产企业需要购买皮革、钉子、切割刀具、缝纫机等生产资料。因此，消费者市场需求的变化将直接影响组织市场的需求。有时消费品需求仅上升10%，就可导致生产这些消费品的企业对有关生产资料的需求增长200%。而如果需求下降10%，则可导致有关生产资料需求的全面暴跌。这种现象在经济学上被称为"加速原理"，这导致许多企业营销人员促使其产品线和市场多样化，以便在商业波动周期中实现某种平衡。

7. 需求缺乏弹性

组织市场的需求受价格变化的影响不大。皮鞋制造商在皮革价格下降时，不会打算采购大量皮革，同样，在皮革价格上升时，他们也不会因此而大量减少对皮革的采购，除非他们发现了某些稳定的皮革替代品。需求在短期内特别无弹性，因为厂商不能对其生产方式作许多变动。对占项目总成本比例很小的用品来说，其需求也是无弹性的。例如，皮鞋上的金属鞋孔价格上涨，几乎不会影响其需求水平。

8. 互惠购买原则

另外，一种在消费营销过程中不会发生但在组织营销过程中常见的现象是互惠现象。也就是"你买我的产品，那么我也就买你的产品"。更通俗地讲，叫互相帮忙。由于生产资料的购买者本身总是某种产品的出售者，因此，当企业在采购时就会考虑为其自身产品的销售创造条件。但这种互惠购买的适用范围是比较狭窄的，一旦出现甲企业需要乙企业的产品，而乙企业并不想购买甲企业的产品时,就无法实现互惠购买了。这样互惠购买会演进为三角互惠甚至多角互惠。例如,甲企业向乙企业提出,如果乙企业购买丙企业的产品,则甲企业就购买乙企业的产品,因为,丙企业以甲企业推销其产品作为购买甲企业的产品的条件。这就是三角互惠。虽然这类现象极为常见,但大多数经营者和代理商却反对互惠原则,并视其为不良习俗。

9. 租售现象

一些组织购买者乐于租借大型设备,并不愿意全盘购买。租借对于承租方和出租方有诸多好处。对于出租方,当客户不能支付购买其产品的费用时,他们的优惠出租制度为其产品找到了用武之地。对承租方,租借为他们省下了大量资金,又获得了最新型的设备。租期满后可以购买折价的设备。这种方式目前在工业发达的国家有日益扩大的趋势。特别适用于电子计算机、包装设备、重型工程机械、运货卡车、机械工具等价格昂贵、精度磨损迅速或并不经常使用的设备。在美国,租赁方式已扩大到小型次要设备,甚至连办公室家具、设备也都可以租赁。

10. 谈判和投标

组织机构在购买或出售商品时,往往会在价格和技术性能指标上斤斤计较,如果营销人员能预先获知客户正在研究之中的新产品的有关信息,他们就可在谈判开始之前修改某些技术参数;卖方得知买方愿意接受耐用性较差和服务一般的商品时,就会提出一个较低的价格。当双方在价格上都有较大的回旋余地时,而且此次交易对双方都是至关重要的,谈判就成为双方交涉中最重要的部分。谈判的风格或对抗或合作。但绝大多数买方倾向于后者。

有远见的买方通常在诸多投标卖方之间进行精挑细选。美国联邦政府将它所有买卖的40%建立在投标的基础上。在公开投标的基础上,可以参阅其他投标商的标书。然而在保密投标的情况下,标书的条款是不公开的。所以,供方会尽量提供好的设备和较低的价格。政府购买设备往往用保密投标的方式。

在研究组织市场购买行为一般特征的基础上,在具体的营销活动中还应当注意对特定时点上特定购买者行为特点的研究和分析。这是由于相对数量众多的个人消费者而言,数量有限的组织购买者行为特征的个性更为明显。

5.2 组织市场购买行为的影响因素

正如个人消费者一样,组织消费者在作出购买决策之前,也经历几个步骤,心理过程在这之中也充当了重要的角色。两者不同的是,组织购买更正规化、专业化、系统化。这一节将主要论述组织购买区别于个人购买的一系列决策行为。

5.2.1 组织市场购买行为类型

组织购买者行为的复杂程度和采购决策项目的多少,取决于采购业务的类型。把它分为三种类型:直接再采购、修正再采购和新购。

1. 直接再采购

指采购方按既定方案不作任何修订直接进行的采购业务。这是一种重复性的采购活动,按一定程序办理即可,基本上不用作新的决策。在这种情况下,采购人员的工作只是从以前有过购销关系的供应商中，选取那些供货能满足本企业的需要和能使本企业满意的供应商，向他们继续订货。入选的供应商应该尽最大的努力，保持产品和服务的质量，以巩固和老客户的关系，落选的供应商则应努力作一些新的工作，消除买方的不满，设法争取新的订单。

2. 修正再购买

指组织购买者对以前已采购过的产品通过修订其规格、价格、交货条件或其他事项之后的购买。这类购买较直接再购买要复杂，购销双方需要重新谈判，因而双方会有更多的人参与决策。在被选掉的"名单"中的供应商压力会很大，为了保持交易将加倍努力。而对"名单"之外的供应商来说，这是一次机会，他们将会提供更好的条件以争取新的业务。

3. 新购

指组织购买者第一次购买货品的购买行为。新购的成本费用越高，风险越大，参加决策的人数就越多，所需信息量也越大，制定决策的时间也越长。供货方应设法接触主要的采购影响者，并向他们提供有用的信息和协助。许多公司设立专门的机构负责对新客户的营销，他们称其为"访问使用推销队伍"，它由最好的推销人员组成。

在直接再采购的情况下，组织购买者所做的决策数量最少。而在新的条件下，他们所做的决策数量最多。购买者必须决定产品规格、价格限度、交货条件与时间、服务条件、支付条件、订购数量、可接受的供应商及可供选择的供应商。不同的决策参与者会影响每一项决策，并将改变进行决策的顺序。

5.2.2 参与购买决策者

谁在从事为组织市场所需要的价值达数千亿美元的商品和服务的采购呢？在直接再采购时，采购代理人起的作用较大；而在新购时其他组织人员所起作用较大。把采购组织的决策单位叫做"采购中心"（Buying Center），并定义为：所有参与购买决策过程的个人和集体。他们具有某种共同目标并一起承担由决策所引发的各种风险。采购中心包括购买组织中的全体成员，他们在购买决策过程中可能会形成五种不同的角色（见图5-2）。

图 5-2 组织购买决策的主要参与者

1. 使用者（Users）

指组织中将使用产品或服务的成员。在许多场合中，使用者首先提出购买建议，并协助确定产品规格。

2. 影响者（Influencers）

指影响购买决策的人，他们协助确定产品规格，并提供方案评价的情报信息，作为影响者，技术人员尤为重要。

3. 决策者（Deciders）

指一些有权决定产品需求和供应商的人，在重要的采购活动中，有时还涉及主管部门或上级部门的批准，构成多层决策的状况。

4. 购买者（Buyers）

指正式有权选择供应商并安排购买条件的人，购买者可以帮助制定产品规格，但主要任务是选择卖主和交易谈判。在较复杂的购买过程中，购买者中或许也有高层管理人员一起参加交易谈判。

5. 守门者（Gatekeepers）

指有权阻止销售员或信息员与采购中心成员接触的人。主要是为了使采购组织的一些信息不泄露。例如，采购代理人、接待员和电话接线员都可以阻止推销员与用户或决策者接触。

在任何组织内，采购中心会随各个不同类别产品的大小及构成发生变化，不同企业采购中心的规模大小差异很大。小企业购买中心的成员可能只有一两个人，大企业则可能是由一位高级主管率领一批人组成采购部门。另外，根据所购产品的不同，采购中心的组成也有不同。显然，参与购买一台重要机器设备的决策人数肯定会比参与购买办公文具的人数要多。作为产品营销人需要知道以下内容：谁是主要决策的参与者？其影响决策的程度如何？他们对哪些决策具有影响力？只有了解清楚客户的这些情况，然后才能有针对性地采取促销措施。

5.2.3 影响采购决策的主要因素

组织采购人员在作出购买决策时受到许多因素影响。有些营销人员认为经济因素是最为重要的，而另一些人则认为采购者对偏好、注意力、规避风险等个人因素反应敏感。实际上，在组织市场的购买决策中，经济因素同个人因素对采购人员的影响是同样重要的。一般来讲，如果所采购的商品效用和价格差异较大，经济因素就会成为采购人员所考虑的主要因素；而如果效用和价格差异很小，个人因素的影响就可能增大。一些采购人员会根据个人所得利益的大小及个人的偏好来选择供应商。

这里把影响组织购买者的因素归为四类：环境因素、组织因素、人际因素和个人因素（见图5-3）。

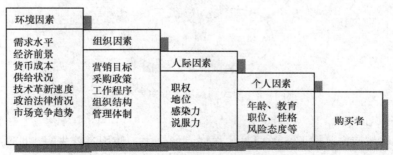

图5-3 影响组织采购行为的主要因素

1. 环境因素

市场营销环境和经济前景对企业的发展影响甚大，也必然影响到其采购计划。例如，在经济衰退时期，组织购买者会减少对厂房设备的投资，并设法减少存货。组织营销人员在这种环境下刺激采购是无能为力的，他们只能在增加或维护其需求份额上作艰苦的努力。

原材料的供给状况是否紧张，也是影响组织用户采购的一个重要环境因素。一般企业都愿购买并储存较多的紧缺物资，因为，保证供应不中断是采购部门的主要职责。同样，采购者也受到技术因素、政治因素和经济环境中各种发展因素的影响。他们必须密切注视所有这些环境作用力，测定这些力量将如何影响采购的有效性和经济性，并设法使问题转化为机会。

2. 组织因素

每一采购组织都有其具体目标、政策、程序、组织结构及系统。营销人员必须尽量了解这些问题。例如，有的地方规定只许采购本地区的原材料；有的国家规定只许买本国货，不许买进口货，或者相反；有的购买金额超过一定限度就需要上级主管部门审批等。

组织内部采购制度的变化也会对采购决策带来很大影响。如对于大型百货商厦来说，采用集中采购的进货方式或将进货权下放给各商品部或柜组，采购行为会有很大差别；一些组织会用长期合同的方式来确定供应渠道，另一些组织则会采用临时招标的方式来选择其供应商。又如，在西方发达国家近年来兴起一种"正点生产系统（Just-in-time production systems）"，即适量及时进货，零库存，供量100%合格的生产系统，它的兴起大大地影响了组织采购政策。

3. 人际因素

采购中心通常包括一些具有不同地位、职权、兴趣和说服诱导力的参与者。一些决策行为会在这些参与者中产生不同的反应，意见是否容易取得一致，参与者之间的关系是否融洽，是否会在某些决策中形成对抗，这些人际因素会对组织市场的营销活动产生很大影响，营销人员若能掌握这些情况并有的放矢地施加影响，将有助于消除各种不利因素，获得订单。

4. 个人因素

购买决策过程中每一个参与者都带有个人动机、直觉和偏好，这些因素取决于参与者的年龄、收入、教育、专业文化、个性及对风险意识的态度的影响，因此，供应商应了解客户采购决策人的个人特点，并处理好个人之间的关系，这将有利于营销业务的开展。

组织营销人员必须了解自己的顾客，使自己的营销策略适合特定的组织购买行为中的环境、组织、人际及个人因素的影响。

组织市场购买行为的重要特点是组织与组织之间的交易关系，看来应当比消费者购买行为更为理性，而不涉及个人情感。但实际上并非如此，因为在组织采购过程中的每一个过程都是由具体的人员去完成的。执行组织采购任务的具体人员的个性与情感对于其作出相应的采购决策同样发挥着重要的影响。所以，注意研究组织购买行为中的个人因素，并有的放矢地开展相关的营销活动是十分重要的。而且组织之间的交易关系一旦建立，就会比较稳定（因为组织购买的信息收集和采购洽谈成本比较高，采购组织一般不愿轻易改变供应商），所以长期维护同购买者之间的稳定关系就变得十分重要。

扩展阅读——小案例

对生产者市场推销失败的原因

推销员李宾销售一种安装在发电设备上的仪表，工作非常努力，不辞劳苦地四处奔波，但是收效甚微。您能从他的推销过程找出原因吗？

（1）李宾得悉某发电厂需要仪表，就找到该厂的采购部人员详细介绍产品，经常请他们共同进餐和娱乐，双方关系相当融洽，采购人员也答应购买，却总是一拖再拖，始终不见付诸行动。李宾很灰心，却不知原因何在。

（2）在一次推销中，李宾向发电厂的技术人员介绍说，这是一种新发明的先进仪表。技术人员请他提供详细技术资料并与现有同类产品作一个对比。可是他所带资料不全，只是根据记忆大致作了介绍，对现有同类产品和竞争者的情况也不太清楚。

（3）李宾向发电厂的采购部经理介绍现有的各种仪表，采购部经理认为都不太适合本厂使用，说如果能在性能方面作些小的改进就有可能购买。但是李宾反复强调本厂的仪表性能优异，认为对方提出的问题无关紧要，劝说对方立刻购买。

（4）某发电厂是李宾所在公司的长期客户，需要购买仪表时就直接发传真通知送货。该电厂原先由其他推销员负责销售业务，后来转由李宾负责。李宾接手后采用许多办法与该公司的采购人员和技术人员建立密切关系。一次，发电厂的技术人员反映有一台新购的仪表有质量问题，要求给予调换。李宾当时正在忙于同另一个重要的客户洽谈业务，拖了几天才处理这件事情，认为凭着双方的密切关系，发电厂的技术人员不会介意。可是那家发电厂此后购买仪表时，又转向了其他供应商。

（5）李宾去一家小型发电厂推销一种受到较多用户欢迎的优质高价仪表，可是说破了嘴皮，对方依然不为所动。

（6）某发电厂同时购买了李宾公司的仪表和另一品牌的仪表，技术人员、采购人员和使用人员在使用两年以后对两种品牌进行绩效评价，列举事实说明李宾公司的仪表耐用性不如那个竞争性品牌。李宾听后认为事实如此，无话可说，听凭该电厂终止了同本公司的生意关系而转向竞争者购买。

案例思考：推销员李宾对生产者市场推销失败的原因有哪些？

5.3 组织市场的购买行为过程

组织购买者作出采购决策的过程与消费者有相似之处，但又有其特殊性。当然，不是所有的组织会作出一模一样的选择，正如没有两个消费者作出无差别的选择一样。一般认为，组织购买者的采购决策过程可分为八个购买阶段（见图5-4）。

图5-4 组织购买者采购决策过程

5.3.1 提出需要

当公司中有人认识到了某个问题或某种需要可以通过得到某一产品或服务得到解决时，便开始了采购过程。提出需要是由两种刺激引起的。

1. 内部刺激

如企业决定推出一种新产品，于是需要购置新设备或原材料来生产这种新产品；企业原有的设备发生故障，需要更新或需要购买新的零部件；或者已采购的原材料不能令人满意，企业正在物色新的供应商。

2. 外部刺激

主要指采购人员在某个商品展销会上产生新的采购意念，或者接受了广告宣传中的推荐，或者接受了某些推销员提出的可以供应质量更好、价格更低的产品的建议。可见，组织市场的供应商应主动推销，经常开展广告宣传，派人访问用户，以发掘潜在需求。

5.3.2 确定总体需要

提出了某种需要之后，采购者便着手确定所需项目的总特征和需要的数量。如果是简单的采购任务，这不是大问题；由采购人员直接决定。而对复杂的任务而言，采购部要会同其他部门人员，如工程师、使用者等共同来决定所需项目的总特征，并按照产品的可靠性、耐用性、价格及其他属性的重要程度来加以排列，在此阶段，组织营销者可通过向购买者描述产品特征的方式向他们提供某种帮助，协助他们确定其所属公司的需求。

5.3.3 详述产品规格

采购组织按照确定产品的技术规格，可能要专门组建一个产品价值分析技术组来完成这一工作。价值分析的目的在于降低成本。它主要是通过仔细研究一个部件，看是否需要重新设计，是否可以实行标准化，是否存在更廉价的生产方法、此小组将重点放在查既定产品中成本较高的零部件——这通常是指数量占了 20% 而成本占了 80% 的零部件。该小组还要检查出那些零件寿命比产品本身寿命还长的超标准设计的零部件。最后，该小组要确定最佳产品的特征，并把它写进商品说明书中，它就成为采购人员拒绝那些不符合标准的商品的根据。同样，供应商也可把产品价值分析作为打入市场的员工。供应商通过尽早地参与产品价值分析，可以影响采购者所确定的产品规格，以获得中选的机会。

5.3.4 寻找供应商

采购者现在要开始寻找最佳供应商。为此，他们会从多处着手，可以咨询商业指导机构；查询电脑信息；打电话给其他公司，要求推荐好的供应商；或者观看商业广告；参加展览会。供应商此时应大做广告，并到各种商业指导或指南宣传机构中登记自己公司的名字，争取在市场上树立起良好的信誉。组织购买者通常会拒绝那些生产能力不足、声誉不好的供应商；而对合格的供应商，则会登门拜访，查看他们的生产设备，了解其人员配置。最后，采购者会归纳出一份合格供应商的名单。

5.3.5 征求供应信息

此时采购者会邀请合格的供应商提交申请书。有些供应商只寄送一份价目表或只派一名销售代表。但是，当所需产品复杂而昂贵时，采购者就会要求待选供应商提交内容详尽的申请书。他们会再进行一轮筛选比较，选中其中最佳者，要求其提交正式的协议书。

因此，组织营销人员必须善于调研、写作，精于申请书的展示内容。它不仅仅是技术文件，而且也是营销文件。在口头表示意见时，要能取信于人，他们必须始终强调公司的生产能力和资源优势，以在竞争中立于不败之地。

5.3.6 供应商选择

采购中心在作出最后选择之前，还可能与选中的供应商就价格或其他条款进行谈判。营销人员可以从好几个方面来抵制对方的压价。如当他们所能提供的服务优于竞争对手时，营销人员可以坚持目前的价格；当他们的价格高于竞争对手的价格时，则可以强调使用其产品的生命周期成本比竞争对手产品的生命周期成本低。此外，还可以搞更多的花样来抵制价格竞争。

此外，采购中心还必须确定供应商的数目。许多采购者喜欢多种渠道进货，这样一方面可以避免自己过分地依赖于一个供应商，另一方面也使自己可以对各供应商的价格和业绩进行比较。当然，在一般情况下，采购者会把大部分订单集中在一家供应商身上，而把少量订单安排给其他供应商。这样，主供应商会全力以赴保证自己的地位，而次要供应商会通过多种途径来争得立足之地，再图自身的发展。

5.3.7 发出正式订单

采购者选定供应商之后，就会发出正式订货单，写明所需产品的规格、数目、预期交货时间、退货政策、保修条件等项目。通常情况下，如果双方都有着良好信誉，一份长期有效的合同将建立一种长期的关系，而避免重复签约的麻烦。在这种合同关系下，供应商答应在一特定的时间之内根据需要按协议的价格条件继续供应产品给买方。存货由卖方保存。因此，它也被称作"无存货采购计划"。这种长期有效合同将导致买方更多地向一个来源采购，并从该来源购买更多的项目。这就使得供应商和采购者的关系十分紧密，外界的供应商就很难介入其间。

5.3.8 绩效评估

在此阶段，采购者对各供应商的绩效进行评估。通常有三种途径：直接接触最终用户，征求他们意见；或者应用不同的标准加权计算来评价供应商；或者把绩效不理想的开支加总，以修正包括价格在内的采购成本。通过绩效评价，采购者将决定延续、修正或停止向该供应商采购。供应商则应该密切关注采购者使用的相同变量，以便确信为买主提供了预期的满足。

购买阶段指的是一个组织在购买前所进行的、从组织产生需要到对即将购买的商品进行评估的一系列过程。但并非每次采购都要经过这八个阶段，这要依据采购业务的不同类型而定。表5-1说明了各阶段对各类采购业务是否有必要。

表 5-1 不同采购任务采购决策过程的比较

购买阶段	购买类型 新购	修正再采购	直接再采购
1. 提出需要	是	可能	否
2. 确定总体需要	是	可能	否
3. 详述产品规格	是	是	是

(续表)

购买阶段 \ 购买类型	新购	修正再采购	直接再采购
4. 寻找供应商	是	可能	否
5. 征求供应信息	是	可能	否
6. 供应商选择	是	可能	否
7. 发出正式订单	是	可能	否
8. 绩效评估	是	是	是

从表5-1中可以看出，新购最为复杂，需要经过所有八个阶段；直接再采购最简单，只需经过两个阶段；而在修正再采购或直接再采购的情况下，其中有些阶段可能被简化、浓缩或省略。例如，在直接再采购的情况下，采购者可能会有一个或一批固定的供应商而很少会考虑其他供应商，而在实际购买情况中，也有可能发现这八个阶段以外的其他情况，这要求组织营销者对每一情况分别建立模型，而每一情况都包含一个具体的工作流程。这样的购买流程能为营销人员提供很多线索。

总之，组织市场是一个富有挑战性的领域，其中最关键的问题就是要了解采购者的需要、购买参与者、购买标准及购买步骤。了解以上各点，组织营销人员就能够因势而动，为不同的顾客设计不同的营销计划。

5.4 消费者市场与组织市场的比较

组织市场和消费者市场是根据消费对象的不同来划分的，消费者市场是针对消费者个人的、满足消费者个人自我需求或家庭需求的市场。比如食品超市、家电超市、小商品批发市场等。消费者市场和人们个人生活息息相关。

组织市场相对消费者市场来说，这种市场是针对生产者、中间商和政府的，是满足生产者、中间商或政府采购需求的市场。生产者市场也叫产业市场，是指购买的目的是为了再生产而采购的组织形成的市场。中间商市场则是指为了转售而采购的组织形成的市场，中间商市场主要包括批发商、零售商、代理商和经销商。政府市场是指因为政府采购而形成的市场。

前面两章从两个市场的特点，市场需求特征及影响需求的因素等方面进行了详细的阐述。但需要注意的是，营销人员在面对不同市场制定营销战略、作出营销规划的时候，要尤其注意到产业市场营销组合不同于消费者市场营销组合的地方。

产业市场营销组合策略具有如下特点。

1. 在产品方面

产业市场上的产品结构往往较复杂，有较高的技术要求，特别要求生产企业的市场营销部门要与研究开发、技术部门密切合作。在产业市场上，企业更应强调售前和售后服务，特别是产品性能规格介绍、包装承运、安装调试、操作培训，甚至维修等技术方面的服务。

2. 在定价方面

产业市场上的产品价格比较稳定，因此，定价策略较少成为决定性因素，不过，在大批量购买的原材料、零部件营销中，数量折扣和商业折扣也是必要的。

3. 在分销渠道方面

产业市场的分销渠道一般为直接渠道或短渠道。销售渠道选择余地较少。企业更强调与分销商建立长期合作关系，开展关系营销。

4. 在促销方面

产业市场比消费品市场更强调人员推销，且推销员需要更多的专业技术知识。产业市场上的广告：①主要强调技术性的数据，较少带感情色彩；②广告媒介多选择专业的和商业性出版物。

产业市场上的促销活动特别注重选择、抓住重点用户，开展关系营销，甚至与重点客户建立战略联盟。

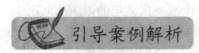

组织市场购买行为的特点主要是针对消费者市场而言的，其突出的特点是购买者数量少，但是购买量大，并且用户的地理位置相对集中，且多为专业性购买，这就要求企业进行营销活动时，注重发挥营销人员的作用，制订切实可行的营销方案。

1. 组织市场有哪些主要类型？
2. 组织采购决策一般由哪些主要角色构成？对于组织购买行为各产生怎样的作用？
3. 试述影响生产者购买行为的因素，如何运用这些因素开展有效的营销活动？
4. 产业购买决策过程分哪几个阶段？各阶段的营销工作重点是什么？

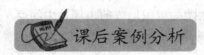

国际巨头对垒，国内 IT 厂商倒向何方

2004 年上半年是国内 IT 媒体极度兴奋的半年。他们像被称作"狗仔队"的娱乐记者一样，跟踪 AMD 与国内任何一个服务器或者 PC 厂商的"约会"，并在报道中津津乐道于一切细节，绘声绘色。而在这些报道的主角中，最敏感的当然是英特尔在内地的四家 OEM 直供客户（联想、方正、同方、TCL）。3 月 26 日，AMD 与方正电脑结成战略同盟；6 月 9 日，联想集团推出基于 AMD 处理器的"锋行"V 系列家用电脑，8 月 3 日推出基于 AMD 低端处理器面向乡镇级市场的"圆梦"系列低价电脑，并被业界人士称为 AMD 向商用电脑发起进攻的起点，这已经被业内人士称作"AMD 的里程碑"。这一系列交易行为在特定的背景下具有了不同寻常的意义。

第5章 组织市场的购买行为分析

与这一切相关的是全球芯片制造商中的两家大公司——英特尔和AMD。英特尔和AMD分别成立于1968年和1969年，其创始人均是来自曾经是美国硅谷发展初期中流砥柱、创造了20世纪60年代IT业界天文数字般的营业额的仙童公司。两家公司35年之战的序幕也从此拉开，发展至今最终成长为全球芯片制造商中最重要的两家。

30多年来，英特尔公司依靠技术上的优势通过芯片供给控制了下游厂商，而AMD几乎一直生活在英特尔的阴影中，被称为"硅谷最悲壮的勇士"。但是，多年来代工和研发CPU沉淀下来的技术底蕴保证了它能够与英特尔"贴身肉搏"而未被挤垮。

当战争蔓延到中国时，1993年进入中国市场的AMD在前十年几乎毫无建树。它在商用品牌PC的市场份额连5%都达不到，国内一线PC厂商和大部分二线厂商在商用品牌PC上清一色的"Intel Inside"，让英特尔的中国市场份额达到了85%左右，AMD只能基于DIY市场寻求个别二线厂商的突破。这种以一家CPU厂商为主导的PC格局几年来牢不可破，这源于英特尔早已擅长的平衡术。一家独大的英特尔通过对不同合作伙伴采取不同的定价、返利、产品和市场推广策略，建立了与中国市场上多数大公司的良好的合作关系。不论是最初被英特尔扶植起来的联想、在奔4电脑上出尽风头的TCL，还是在安腾处理器上领先一步的服务器厂商浪潮，以及在第二代迅驰芯片上抢到最先的海尔笔记本，其令同行羡慕之处无非是同英特尔的亲密关系。由于核心技术的缺失和竞争的缺乏，使得国内的PC厂商在进行产品的重大更新换代时受制于人，不得不重复同质化的竞争。英特尔居于幕后主导的这场PC之争，颇有些"左右手互搏"的味道，其平衡始终难以打破自然也是不难理解的事情。

相对于一家主导市场，政府更希望看到"双寡头"格局。AMD一位高层透露："中国信息产业部已经表示，要把支持AMD的发展当做自己的责任。"这不难理解，竞争者的出现会促进市场良性发展，中国政府早已在移动运营商市场有了促成"双寡头"格局的先例。此前更有相关人士评论，"由于国内的CPU技术研发与世界领先水平相比还有相当大的差距，引入AMD对抗英特尔，对于推动国内自主芯片研发技术来说，至少在目前是现实的策略"。而在2002年10月9日AMD公司任命郭可尊为AMD公司副总裁兼中国区总经理之后，郭可尊一直努力与中国政府及业界保持良好的合作关系。她在这方面的独特经验对AMD在中国的发展很有帮助，确保AMD在中国IT业的发展过程中可以掌握市场先机。

中国的PC产业环境也正在发生深刻改变。在大中城市，电脑的普及率已经接近饱和，北京、上海、广州等大城市甚至达到了西方发达国家的水平。在这些城市的家庭里，上网、处理文件等基本功能已不再是消费者关注的焦点，他们已经开始追逐类似于英特尔宣传的"数字家庭"之类的梦想。而在中小城市，乃至广阔的农村地区，电脑普及率尚不及大城市的1/10，应用的地区差异直接导致了中国PC市场重心的下移。从制造商角度来看，经过十多年的发展，中国PC市场各种配件的利润已经降到最低，只有处理器的价格和利润被牢牢控制在英特尔公司手中。相比较而言，英特尔公司的产品技术含量高，而AMD公司的产品其性价比更被市场看好。

正是在这一背景下，英特尔在中国多年来最坚实的"堡垒"、国内PC老大联想开始与AMD的大规模合作具有了不同寻常的意义。据知情人士透露，在这次的低价电脑风波中，是联想主动选择了AMD。联想冒着得罪英特尔的风险主动靠近AMD的最终原因是市场竞争的压力。而AMD看重联想当然是有理由的，作为国内PC龙头企业的联想，其战略选择对于这条产业链的影响十分巨大，它也是这场PC变革中最值得关注的角色。AMD同联想成功联姻,对双方来说是皆大欢喜的。AMD实现了在国内PC品牌电脑上的突破,而且这次突破的是英特尔原本认为最坚固的阵营。联想通过与AMD合作,也摆脱了过分依赖一家芯片供应商的不利局面,增强了企业的话语权,而这正是意图成为一家国际性大公司的联想所需要的。唯一受伤的可能是英特尔,不过它也不应当绝望,"失之东隅,收之桑榆",因为联想身后的其他PC厂商已经向英特尔伸出了橄榄枝。并且,联想并没有彻底背弃,而是仍然想要拉近与英特尔的距离,不管有意还是无意,AMD无疑充当了联想撬动英特尔的那根针。

步伐已经迈出,行业格局的分化在所难免。但是下一步,英特尔和AMD应当如何走呢?

思考题:

1. 英特尔公司的竞争优势是什么?它是如何获得中国IT行业芯片市场上的大部分市场份额的?

2. 组织市场和消费品市场有什么关系?英特尔公司是如何取得对IT产品市场控制权的?

3. 联想为什么购买AMD公司的芯片?AMD如何才能争取到联想的重复购买,并成为它的稳定客户?

第 6 章　竞争者分析

◎ **本章要点**
- 不同角度下竞争者的类别
- 竞争者目标分析
- 竞争者战略分析
- 竞争者假设分析
- 竞争者能力分析
- 竞争者的反应模式分析
- 企业竞争战略的选择

◎ **本章难点**
- 竞争者假设分析
- 竞争者反应模式分析
- 企业竞争战略的选择

◎ **课前思考**
- 竞争战略与企业的整体战略是什么关系？
- 在波特的理论中，三种竞争战略的优缺点分别是什么？

 引导案例

贝因美奶粉的差异化竞争战略

1. 产品差异化

贝因美率先在国产婴儿奶粉中添加"DHA + AA"营养成分，与普通配方奶粉相比，构成明显的品质差异化。"DHA + AA"的合理配比，能更加促进宝宝智力和视力的发育，此营养配比是目标顾客购买奶粉的重要动机。同时，贝因美在奶粉包装形态上寻求新的突破，将有封口拉链的立袋作为袋装奶粉的包装，因为封口拉链包装卫生、安全，还能防潮；并且立袋正面面积大，有利于终端陈列面的抢占，陈列醒目，有利于顾客眼球的吸引；更重要的是市场上，竞争品奶粉尚无一采用立袋包装，能凸显产品包装的与众不同。

2. 重点销售区域的差异化

贝因美将重点销售区域锁定在二、三线城市和乡镇，一方面这些区域地方偏远，为外资品牌所忽视，另一方面这正是贝因美大量"两低一高"目标顾客的所在地。

3. 市场推广的差异化

在终端促销方面，贝因美公司系统运用了在保健品业已经盛行的导购策略。在品牌形象塑造方面，开展育婴讲座和爱婴工程，大量赞助全国多胞胎家庭和儿童福利院，争取新闻媒体的大量报道，潜移默化树立品牌形象。

总之，在差异化竞争战略的引领下，产品成分和包装差异化、销售区域选择差异化、终端导购和品牌推广差异化，使贝因美婴儿奶粉上市后，销量一路攀升。如今，贝因美已经是浙江省国产婴儿奶粉的第一品牌，在许多地区销量已经和多美滋、惠氏等外资品牌并驾齐驱。目前，公司的总营业额已达近3亿元，正朝大中型企业迈进。

案例思考：分析贝因美奶粉的竞争战略。

6.1 公司竞争者识别

企业参与市场竞争，不仅要了解谁是自己的顾客，而且还要弄清谁是自己的竞争对手。从表面上看，识别竞争者是一项非常简单的工作，但是，由于需求的复杂性、层次性、易变性、技术的快速发展和演进、产业的发展，使得市场竞争中的企业面临复杂的竞争形势，一个企业可能会被新出现的竞争对手打败，或者由于新技术的出现和需求的变化而被淘汰。企业必须密切关注竞争环境的变化，了解自己的竞争地位及彼此的优劣势，只有知己知彼，方能百战不殆。

6.1.1 行业角度

从行业的角度来看，企业的竞争者主要有三类。

1. 行业内现有竞争者

指本行业内现有的与企业生产同样产品的其他厂家，这些厂家是企业的直接竞争者。这些竞争对手以人们最熟悉的方式争夺市场，战术应用通常是价格竞争、广告战等。在大多数行业中，一个竞争对手的行动对其他竞争对手会产生明显的影响，因而可能激起竞争对手们对该行动进行报复或设法应付。这说明，各个公司是相互依存的。这种作用与反作用的结果可能导致也可能不会导致首先采取行动的竞争对手及行业整体状况的改善。

2. 潜在竞争者

当某一行业前景乐观、有利可图时，会引来新的竞争企业，使该行业增加新的生产能力，并要求重新瓜分市场份额和主要资源。另外，某些多元化经营的大型企业还经常利用其资源优势从一个行业侵入另一个行业。新企业的加入，将可能导致产品价格下降，利润减少。

潜在竞争者的威胁主要取决于行业进入壁垒的大小及现有企业面对进入者可能采取的行动。如果进入壁垒很高或者新进入者认为严阵以待的防守者会坚决地报复，则这种潜在竞争的威胁就会小很多。

主要有六种进入壁垒可以成为组织潜在竞争者的资源：规模经济、产品差异化、资本需求、转换成本、获得分销渠道、与规模无关的成本优势。

而下面的这些因素可以决定一个行业内已有的企业对于新进入者的报复程度。

（1）一种对于新进入者积极报复的历史，比如宝洁公司对于每一个可能对其产品市场地位构成威胁的新进入者实施激烈的报复行为。

(2) 已有的企业是否具有相当充实的资源条件进行反击，包括剩余资金、剩余借贷能力、能满足未来所有可能需要的过剩生产能力，或者在顾客及销售渠道方面有很强的杠杆。

(3) 已有的企业深陷于该行业，并且在该行业中使用流动性很低的资产。

(4) 行业发展缓慢，这使得在不降低已有企业的销售与财务业绩的条件下，行业吸收新公司的能力受到了很大的限制。

3. 替代竞争者

与某一产品具有相同功能、能满足同一需求的不同性质的其他产品，属于替代品。随着科学技术的发展，替代品将越来越多，某一行业的所有企业都将面临与生产替代品的其他行业的企业进行竞争。

广义地看，一个行业的所有企业都与生产替代品的行业竞争。替代品设置了行业中公司可谋取利润的定价上限，从而限制了一个行业的潜在收益。识别替代竞争者也就是去寻找那些能够实现本企业产品同种功能的其他产品。可是做到这一点并不容易，它可能导致分析者去分析从该行业看来相去甚远的业务。

6.1.2 市场角度

从市场方面看，企业的竞争者包括以下四类。

1. 品牌竞争者

企业把同一行业中以相似的价格向相同的顾客提供类似产品或服务的其他企业称为品牌竞争者。如家用彩电市场中，生产创维彩电、长虹彩电、美的彩电等厂家之间的关系。

品牌竞争者之间的产品相互替代性较高，因而竞争非常激烈，各企业均以培养顾客品牌忠诚度作为争夺顾客的重要手段。

2. 行业竞争者

企业把提供同种或同类产品，但规格、型号、款式不同的企业称为行业竞争者。所有同行业的企业之间存在彼此争夺市场的竞争关系。比如低端旅游线路和高端旅游线路的竞争；个人电脑和服务器的竞争；工作服和大众服装的竞争等。

3. 需要竞争者

提供不同种类的产品，但满足和实现消费者同种需要的企业称为需要竞争者。如航空公司、铁路客运、长途客运汽车公司都可以满足消费者外出旅行的需要，当火车票价上涨时，乘飞机、坐汽车的旅客就可能增加，相互之间争夺满足消费者的同一需要。

4. 愿望竞争者

提供不同产品，满足消费者的不同愿望，但目标消费者相同的企业称为消费竞争者。如很多消费者收入水平提高后，可以把钱用于旅游，也可用于购买汽车，或购置房产，因而这些企业间存在相互争夺消费者购买力的竞争关系，消费支出结构的变化，对企业的竞争有很大影响。

6.1.3 竞争角度

从企业所处的竞争地位来看，竞争者的类型可以分为以下四种。

1. 市场领导者

每个行业都有一个被公认为市场领导者的企业。该企业在相关产品的市场中拥有最大的市场占有率。如柯达公司是摄影市场的领导者，宝洁公司是日化用品市场的领导者，可口可乐公司是软饮料市场的领导者等。它经常在价格变动、新产品引入、营销覆盖率及促销密集度上领先于其他企业。市场领导者企业可能会受到赞许或尊敬，也可能不会，但同行业的其他企业却承认其领导势力。针对领导者企业的领先之处，竞争者可能向它挑战，或进行模仿，或避免与其竞争。除非居领导地位的企业赢得合法的独占地位，否则它的处境也未必轻松。它必须时刻保持警惕，其他企业会不断向其长处发起挑战，对其短处进行攻击。市场领导者企业很容易失去良机而退居第二。

市场领导者企业若想维持其优势地位，应当采取强有力的行动：设法扩大整个市场需求；借助于良好的攻击与防卫战略来维护其现有的市场占有率；在市场规模不变的情况下，力争扩大其市场占有率。

2. 市场挑战者

市场挑战者是指那些相对于市场领先者来说在行业中处于第二、第三和以后位次的企业。如美国汽车市场的福特公司、软饮料市场的百事可乐公司等企业。处于次要地位的企业如果选择"挑战"战略，向市场领先者进行挑战，首先必须确定自己的策略目标和挑战对象，然后选择适当的进攻策略。

大多数市场挑战者的战略目标是提高市场占有率，进而达到提高投资收益率和利润率的目标。挑战者在明确战略目标时，必须确定谁是主要竞争对手。一般来说，挑战者可以选择下列几种类型的攻击目标。

（1）攻击市场领先者。这是一种既有风险又具潜在价值的战略。一旦成功，挑战者企业的市场地位将会发生根本性的改变，因此颇具吸引力。企业采用这一战略时，应十分谨慎，周密策划以提高成功的可能性。进攻领先者需要满足的基本条件如下。

①拥有一种持久的竞争优势，比如成本优势或创新优势。以成本优势创造价格之优势，继而扩大市场份额；或以创新优势创造高额利润。

②在其他方面程度接近。挑战者必须有某种办法部分或全部地抵消领先者的其他固有优势。

③具备某些阻挡领先者报复的办法。必须使领先者不愿或不能对挑战者实施旷日持久的报复。

（2）攻击与自身实力相当的企业。抓住有利时机，向那些势均力敌的企业发动进攻，把竞争对手的顾客吸引过来，夺取它们的市场份额，壮大自己的市场。这种战略风险小，如果几番出师大捷或胜多败少，可以对市场领先者造成威胁，甚至有可能改变企业的市场地位。

（3）攻击实力较弱的企业。当某些中、小企业出现经营困难时，可以通过兼并、收购等方式，夺取这些企业的市场份额，以壮大自身的实力和扩大市场占有率。

3. 市场追随者

指在行业中居于次要地位，并安于次要地位，在战略上追随市场领导者的企业。在现实市场中存在大量的追随者。市场追随者的最主要特点是跟随。在技术方面，它不做新技术的开拓者和率先使用者，而是做学习者和改进者。在营销方面，不做市场培育的开路者，而是搭便车,以减少风险和降低成本。市场追随者通过观察、学习、借鉴、模仿市场领导者的行为,不断提高自身技能,不断发展壮大。

市场跟随者的主要特征是安于次要地位,在"和平共处"的状态下求得尽可能多的收益。

在资本密集的同质性产品的行业中,如钢铁、原油和化工行业中,市场跟随策略是大多数企业的选择。其主要是由行业和产品的特点所决定的。这些行业的主要特点如下。

(1) 产品的同质程度高,产品差异化和形象差异化的机会较低。
(2) 服务质量和服务标准的趋同。
(3) 消费者对价格的敏感程度高。
(4) 行业中任何价格挑衅都可能引发价格大战。
(5) 大多数企业准备在此行业中长期经营下去。

企业之间保持相对平衡的状态,不采用从对方的目标市场中拉走顾客的做法。在行业中形成这样一种格局,大多数企业跟随市场领先者走,各自的势力范围互不干扰,自觉地维持共处局面。

一个市场追随者必须知道如何保持现有的和如何争取有新顾客参加的令人满意的市场份额。每一个追随者要努力给它的目标市场带来有特色的优势。追随者是挑战者攻击的主要目标,因此,市场追随者必须保持它的低制造成本和高产品质量或服务。当新市场开辟时,它也必须进入。追随战略并非是被动的或是领先者的一个翻版。追随者必须确定一条不会引起竞争性报复的成长路线。追随战略可以分为三类:紧紧跟随、保持一段距离的跟随、有选择的追随。

4. 市场补缺者

市场补缺者多是行业中相对较弱小的一些中、小企业,它们专注于市场上被大企业忽略的某些细小部分,在这些小市场上通过专业化经营来获取最大限度的收益,在大企业的夹缝中求得生存和发展。市场补缺者通过生产和提供某种具有特色的产品和服务,赢得发展的空间,甚至可能发展成为"小市场中的巨人"。

美国有一个著名的 PIMS(营销战略对利润的影响研究)研究,这个研究除给出了一个著名的盈利率是随着市场份额线性上升的结论外,还从理论上给出了这些中小企业为何能在与大企业的竞争中处于不败地位的秘密(著名的"V"形曲线)。由于这些中小企业集中力量来专心致力于市场中被大企业忽略的某些细分市场,在这些小市场上专业化经营,因而获取了最大限度的收益。这些可以为中小企业带来利润的有利市场位置称为"利基(Niche)",因而市场补缺者又被称为市场利基者。

市场补缺者有四个理想的补缺基点。

(1) **市场潜力和购买力**。理想的补缺基点应该有足够的市场潜力和购买力。这种市场应该拥有众多的人口,他们具有很强的需求欲望,有为满足这种需求的极强的购买能力,缺一不可。只有三者结合起来才能决定市场的规模和容量,才能组成有潜力的大市场。如果人口众多,但收入很低,则购买力有限;虽然购买力大,但人口少,也不是大市场;有足够潜力和购买力的市场是上述三个因素的统一,如果补缺基点具备了这些条件,剩下的是企业应该生产足以引起人们的购买欲望的产品,使其成为理想的补缺基点,使潜在市场转变为现实的市场。

（2）利润增长潜力。理想的补缺基点应该有利润增长潜力。这个潜力是利润增长的速度要大于销售增长的速度，销售增长的速度大于成本增长的速度。它应该由企业来发掘，即企业将潜在的市场需求转变为现实的市场。值得注意的是，必须讲究经济核算，加强管理，改进技术，提高劳动生产率，降低成本，在判断理想的补缺基点是否具有利润增长潜力时，应预先考虑利润发生的时间，考虑资金的时间价值，考虑风险问题，克服短期行为。

（3）对主要竞争者不具有吸引力。理想的补缺基点对主要竞争者不具有吸引力。作为企业，应该建立竞争情报系统，从产业、市场两个方面识别自己的竞争者，确定竞争对象；判定竞争者的战略、战术原则与目标；评估竞争者的实力与反应，从而推断出自己选定的补缺基点是否对竞争者具有吸引力，以此预测这个补缺基点对企业的理想程度。

（4）资源、能力和足以对抗竞争者的信誉。企业应该具备占有理想补缺基点所需的资源、能力和足以对抗竞争者的信誉。企业发掘补缺基点时，需要考虑自身的突出特征；周围环境的发展变化及会给企业造成的环境威胁或市场机会；企业的资源情况和特有能力、信誉。只有掌握资源，企业才能确定以市场为导向，寻找切实可行、具体明确的理想的补缺基点，否则，即使是很好的补缺基点，也不是该企业的理想的补缺基点。

扩展阅读——补充资料

中小企业可以进行补缺的角度

◇ 专门致力于为某类最终用户服务的最终用户专业化；
◇ 专门致力于分销渠道中的某些层面的垂直层面专业化；
◇ 专门为那些被大企业忽略的小客户服务的顾客规模专业化；
◇ 只对一个或几个主要客户服务的特定顾客专业化；
◇ 专门为国内外某一地区或地点服务的地理区域专业化；
◇ 只生产一大类产品的某一种产品或产品线专业化；
◇ 专门按客户订单生产预订的产品的客户订单专业化；
◇ 专门生产经营某种质量和价格的产品的质量和价格专业化；
◇ 专门提供某一种或几种其他企业没有的服务项目专业化；
◇ 专门服务于某一类分销渠道的分销渠道专业化。

综上所述，企业应从不同的角度，识别自己的竞争对手，关注竞争形势的变化，以更好地适应和赢得竞争。

6.2 企业的竞争者分析

企业制定战略的一项中心任务是了解分析竞争对手。分析竞争对手的目的，是了解每个竞争对手所可能采取战略行动的实质和成功的希望；各竞争对手对其他公司在一定范围内的战略行动倾向可能作出的反应；以及各竞争对手对可能发生的行业变迁和广泛的环境变化可能作出的反应等。

6.2.1 竞争者目标分析

在识别了主要竞争者之后，企业经营者接着应回答的问题是：每个竞争者在市场上寻求什么？什么是竞争者行动的动力？最初经营者推测，所有的竞争者都追求利润最大化，并以此为出发点采取各种行动。但是，这种假设过于简单。不同的企业对长期利益与短期利益各有侧重。有些竞争者更趋向于获得"满意"的利润，而不是"最大利润"。尽管有时通过一些其他的战略可能使它们取得更多利润，但它们有自己的利润目标，只要达到既定目标就满足了。

也就是说，竞争者虽然无一例外关心其企业的利润，但它们往往并不把利润作为唯一的或首要的目标。在利润目标的背后，竞争者的目标是一系列目标的组合，对这些目标竞争者各有侧重。所以，我们应该了解竞争者对目前盈利的可能性、市场占有率的增长、资金流动、技术领先、服务领先和其他目标所给予的重要性权数。了解了竞争者的这种加权目标组合，就可以了解竞争者对目前的财力状况是否感到满意，他对各种类型的竞争性攻击会作出什么样的反应等。如一个追求低成本领先的竞争者对于他的竞争对手因技术性突破而使成本降低所作出的反应，比对同一位竞争对手增加广告宣传所作出的反应强烈得多。

6.2.2 竞争者假设分析

竞争者分析的第二个关键因素是每个竞争对手的假设，一共有两类：竞争对手对自己的假设；竞争对手对产业和产业中其他公司的假设。

每个公司都对自己的情形有所假设。例如，它可能把自己看成社会上知名的公司、产业领袖、低成本生产者、具有最优秀的销售队伍等。这些对其本公司的假设将指导它的行动方式和对事物的反应方式。例如，如果它自视为低成本的生产者，它可能以自己的降价行动来惩罚某一个降价者。

竞争对手关于本公司情形的假设可能正确也可能不正确。不正确的假设可造成令他人感兴趣的战略契机。例如，某竞争对手相信他的产品拥有市场上最高的顾客忠诚度，而事实上并非如此的话，则刺激性降价就有可能是抢占市场的好方法。这个竞争对手很可能拒绝做相应的降价，因为它相信该行动并不会影响它的市场占有率。只有发现已丢失了一大片市场时，它可能才认识到其假设是错误的。

正如竞争对手对自己持一定假设一样，每个公司对产业及其竞争对手也持一定假设。同样，这可能正确，也可能不正确。例如，美国某公司曾固执地认为出生率从1950年开始将持续上升，尽管事实上出生率一直稳步下降，到了1979年才开始有所回升。

6.2.3 竞争者战略分析

行业内各企业采取的策略越相似，企业之间的竞争就越激烈。在大多数行业中，根据所采取的主要策略的不同，可以将竞争者划分为不同的策略群体。如可以根据企业经营的产品的质量、价格档次、品牌的声誉等对企业进行分类。

研究不同策略群体的竞争者，要注意考虑进入各个策略群体的难易程度。一般小型企业适于进入投资和声誉都比较低的群体，而实力雄厚的大型企业则可考虑进入竞争性强的群体。同时，当企业决定进入某一策略群体的时候，首先要明确谁是主要的竞争对手，然后决定自己的竞争策略。

除了在同一策略群体内存在激烈竞争外，在不同的策略群体之间也存在竞争。因为某些策略群体可能具有相同的目标顾客；顾客可能分不清不同策略群体的产品区别；属于某个策略群体的企业可能改变策略，进入另一个策略群体，如提供中档产品的企业可能会扩展产品线去生产高档产品。因此对竞争策略的研究需要综合考虑各方面的问题。

6.2.4 竞争者能力分析

竞争对手的能力也就是竞争对手的优势和劣势，它将决定竞争者发起或者反击战略行动的能力及处理所处环境或产业中事件的能力。对竞争者能力的分析主要包括以下几个方面。

1. 核心能力
（1）竞争对手在各职能领域中能力如何？最强之处是什么？最弱之处在哪里？
（2）竞争对手在其战略一致性检测方面表现怎么样？
（3）随着竞争对手的成熟，这些方面的能力是否可能发生变化？随着时间的延长是增长还是减弱？

2. 成长能力
（1）如果竞争对手有所成长，其能力是增大还是减小？在哪些领域？
（2）在人员、技能和工厂能力方面竞争对手发展壮大的能力如何？
（3）从财务角度看，竞争对手在哪些方面能持续增长？如果用杜邦方法分析，它能够随着产业的增长而增长吗？

3. 快速反应能力
竞争对手迅速对其他公司的行动作出反应的能力如何？或立即发动进攻的能力如何？

4. 适应变化的能力
（1）竞争对手的固定成本对可变成本的情况如何？尚未使用能力的成本呢？
（2）竞争对手适应各职能领域条件变化和对之作出反应的能力如何？
（3）竞争对手能否对外部事件作出反应？
（4）竞争对手是否面临退出壁垒？
（5）竞争对手是否与母公司的其他业务单位共用生产设施、销售队伍，或者其他设备或人员？

5. 持久力
竞争对手支撑可能对收入或现金流造成压力的持久战的能力有多大？

6.2.5 竞争者的反应模式分析

竞争者反应模式是指某一竞争者对一竞争行动的反应类型。分析竞争者反应模式的意义在于：使企业能确认在什么领域应集中优势进攻，在什么领域应该加强防守；应该进攻谁，回避谁，拟定比较适合企业的市场竞争战略，争取处于较为有利的竞争地位。竞争者的反应模式主要有以下几种类型。

1. 从容型竞争者
一个竞争者对某一特定竞争者的行动没有迅速反应或反应不强烈。竞争者缺少反应的主要原因有：他们可能感到顾客是忠于他们的；对竞争者主动行动的反应迟钝；他们也可能没有作出反应所需的资金等，公司一定要弄清楚竞争者从容不迫行为的原因。
例如，当米勒公司在20世纪70年代后期引进立达啤酒时，安休斯公司还戴着啤酒行业领袖的桂冠。后来，随着米勒在市场上变得日益凶猛，并且声称立达啤酒占领了60%的市场份额后，安休斯公司才被唤醒并开始开发淡啤酒。

2. 选择型竞争者

竞争者可能只对某些类型的攻击作出反应，而对其他类型的攻击则无动于衷。竞争者可能经常对降价作出反应，为的是说明对手的降价行为是枉费心机的，奈何它不得。但它对广告费用的增加可能不作任何反应，认为这些并不构成威胁。了解主要竞争对手会在哪方面作出反应可为公司提供最为可行的攻击类型。

3. 凶狠型竞争者

这类公司对向其所拥有的领域所发动的任何进攻都会作出迅速而强烈的反应。例如，宝洁公司绝不会听任一种新的洗涤液轻易投放市场。凶狠型竞争者意在向另外一家公司表明，最好不要发起任何攻击。攻击羊总比攻击老虎好些。利佛兄弟在首次攻击占领先地位的宝洁公司的"极端"洗涤液市场时，就发现了这个道理。"极端"洗涤液装在较小的瓶中。它受到零售商的欢迎，因为占据的空间较少。但当利佛在威士科和沙夫品牌中引进这种洗涤液的瓶装技术时，它不能长期地得到货架空间。宝洁公司用它的大量洗涤液品牌代替利佛的产品。

4. 随机型竞争者

有些竞争者并不表露可以预知的反应模式。这一类型的竞争者在任何特定情况下可能会也可能不会作出反击。而且根据其经济、历史或其他方面的情况，都无法预见竞争者会做什么事。许多小公司都是随机型竞争者，当它们发现能承受这种竞争时就站在前沿竞争；而当竞争成本太高时，它们就躲到后面去。

6.2.6 选择竞争对策

企业明确了谁是主要竞争者并分析了竞争者的优势、劣势和反应模式后，就要决定自己的对策：进攻谁、回避谁。可根据以下几种情况作出决定。

1. 竞争者的强弱

以较弱的竞争者为进攻目标，可以节省时间和资源，事半功倍，但是获利较少；以较强的竞争者为进攻目标，可以提高自己的竞争能力并获利较多。

2. 竞争者与本企业的相似程度

与相近似的竞争者展开竞争，但应该避免摧毁相近似的竞争者，因为其结果很可能对自己反而不利。例如，美国博士伦眼镜公司在20世纪70年代末与其他同样生产隐形眼镜的公司竞争大获全胜，导致竞争者完全失败而相继将企业卖给了竞争力更强的大公司，结果使博士伦公司面对更强大的竞争者，处境更困难。

3. 竞争者表现的好坏

每个行业中的竞争者通常都有表现良好和具有破坏力两种类型。表现良好的竞争者按照行业规则行动，按照合理的成本定价，这有利于行业的稳定和健康发展，并有利于激励其他企业降低成本，增加产品差异性。而具有破坏性的竞争者则不遵守行业规则，他们常常不顾一切地冒险，或者用不正当手段扩大市场占有率，从而破坏了行业的竞争秩序。

6.3 竞争战略分析

竞争战略是企业战略的一部分，又称为业务层次战略或者 SBU 战略，它是在企业总体战略的制约下，指导和管理具体战略经营单位的计划和行动。企业竞争战略要解决的核心问题是，如何通过确定顾客需求、竞争者产品及本企业产品这三者之间的关系，来奠定本企业产品在市场上的特定地位并维持这一地位。

如何在竞争中求发展，是每个企业都在思考的课题。根据迈克尔·波特教授的竞争战略理论，企业的利润将取决于：同行业之间的竞争，行业与替代行业的竞争，供应方与客户的讨价还价及潜在竞争者共同作用的结果。

竞争战略就是一个企业在同一使用价值的竞争上采取进攻或防守行为。流行的战略是降价，既打倒对方，也损害自己，形成负效应，进入恶性循环。根据波特的理论，正确的竞争战略应该包含以下三种。

6.3.1 总成本领先战略

第一种战略就是最大努力降低成本，通过低成本降低商品价格，维持竞争优势。要做到成本领先，就必须在管理方面对成本严格控制，尽可能将降低费用的指标落实到每个人的头上，处于低成本地位的公司可以获得高于产业平均水平的利润。在与竞争对手进行竞争时，由于你的成本低，对手已经没有利润可图时，你还可以获得利润，你就主动，你就是胜利者。

成本领先战略是三种战略中最清楚明了的。在这种战略的指导下，企业决定成为所在产业中实行低成本生产的厂家。企业经营范围广泛，为多个产业部门服务甚至可能经营属于其他有关产业的生意。企业的经营面往往对其成本优势举足轻重。成本优势的来源因产业结构不同而异，它们可以包括追求规模经济、专利技术、原材料的优惠待遇和其他因素。例如，在电视机方面，取得成本上的领先地位需要有足够规模的显像管生产设施、低成本的设计、自动化组装和有利于分摊研制费用的全球性销售规模。在安全保卫服务业，成本优势要求极低的管理费用、源源不断的廉价劳动力和因人员流动性大而需要的高效率培训程序，追求低成本的生产厂商地位不仅仅需要向下移动学习曲线，而且必须寻找和探索成本优势的一切来源。典型的低成本生产厂商销售实惠的产品并且要在强调从一切来源中获得规模经济的成本优势或绝对成本优势上大做文章。

如果一个企业能够取得并保持全面的成本领先地位，那么它只要能使价格相等或接近于该产业的平均价格水平，就会成为所在产业中高于平均水平的超群之辈。当成本领先的企业的价格相当于或低于其竞争厂商时，它的低成本地位就会转化为高收益。然而，一个在成本上占领先地位的企业不能忽视使产品别具一格的基础，一旦成本领先的企业的产品在客户眼里不被看做是与其他竞争厂商的产品不相上下或可被接受时它就要被迫削减价格，使之大大低于竞争厂商的水平以增加销售额。这就可能抵消了它有利的成本地位所带来的好处。

尽管一个成本领先的企业是依赖其成本上的领先地位来取得竞争优势的，而它要成为经济效益高于平均水平的超群者，则必须与其竞争厂商相比，在产品别具一格的基础上取得价值相等或价值近似的有利地位。产品别具一格基础上的价值相等使成本领先的企业得以将其成本优势直接转化为高于竞争厂商的利润；产品别具一格基础上的价值近似意味着为取得令人满意的市场占有率所必需的降低幅度还不至于冲销成本领先企业的成本优势，因此，成本领先企业能赚取高于平均水平的收益。

成本领先地位的战略一般必然地要求一个企业就是成本领先者，而不只是争夺这个位置的若干厂商中的一员。许多厂商未能认识到这一点，从而在战略上铸成大错。当渴望成为成本领先者的厂商不止一家时，它们之间的竞争通常是很激烈的，因为每一个百分点的市场占有率都被认为是至关重要的。除非一个企业能够在成本上领先，并"说服"其他厂商放弃其战略，否则，对盈利能力及长期产业结构所产生的后果就可能像一些化工行业中出现的情况，那是灾难性的。所以，除非重大的技术变革使一个企业得以彻底改变其成本地位，否则小成本领先就是特别依赖于先发制人策略的一种战略。

成本领先战略的成功取决于企业日复一日地实际实施该战略的技能。成本不会自动下降，也不会偶然下降。它是艰苦工作和持之以恒的重视成本工作的结果。企业降低成本的能力有所不同，甚至当它们具有相似的规模、相似的累计产量或由相似的政策指导时也是如此。要改善相对成本地位，与其说需要在战略上作出重大转变，还不如说需要管理人员更多的重视。

根据企业获取成本优势的方法不同，把成本领先战略概括为如下几种主要类型：

(1) 简化产品型成本领先战略；就是使产品简单化，即将产品或服务中添加的花样全部取消。

(2) 改进设计型成本领先战略。

(3) 材料节约型成本领先战略。

(4) 人工费用降低型成本领先战略。

(5) 生产创新及自动化型成本领先战略。

采用成本领先战略取得的收益包括：抵挡住现有竞争对手的对抗；抵御购买商讨价还价的能力；更灵活地处理供应商的提价行为；形成进入障碍；树立与替代品的竞争优势。

采用成本领先战略的风险主要包括：降价过度引起利润率降低；新加入者可能后来居上；丧失对市场变化的预见能力；技术变化降低企业资源的效用；容易受外部环境的影响。

6.3.2 差异化战略（又称别具一格战略）

第二种战略是公司提供的产品或服务别具一格，或功能多，或款式新，或更加美观。如果别具一格战略可以实现，它就成为在行业中赢得超常收益的可行战略，因为它能建立起对付五种竞争作用力的防御地位，利用客户对品牌的忠诚而处于竞争优势。

实现差异化战略可以有许多方式：设计或品牌形象（比如奔驰在汽车业中声誉卓著）、技术特点（Coleman 在野营设备业中）、外观特点（诺基亚在手机领域中）、客户服务（戴尔在个人电脑行业中）、经销网络（Caterpillar Tractor 在建筑设备业中）及其他方面的独特性。

最理想的情况是公司使自己在几个方面都差异化。例如，卡特皮勒推土机公司（Caterpillar Tractor）不仅以其经销网络和优良的零配件供应服务著称，而且以其极为优质耐用的产品享有盛誉。所有这些对于大型设备都至关重要，因为大型设备使用时发生故障的代价是昂贵的。应当强调，差异化战略并不意味着公司可以忽略成本，但此时成本不是公司的首要战略目标。

如果差异化战略成功地实施，它就成为在一个产业中赢得高水平收益的积极战略，因为它建立起防御阵地对付五种竞争力量，虽然其防御的形式与成本领先有所不同。波特认为，推行差异化战略有时会与争取占有更大的市场份额的活动相矛盾。推行差异化战略往往要求公司对于这一战略的排他性有思想准备。这一战略与提高市场份额两者不可兼顾。在建立公司的差异化战略的活动中总是伴随着很高的成本代价，有时即便全产业范围的顾客都了解公司的独特优点，也并不是所有顾客都将愿意或有能力支付公司要求的高价格。

产品差异化带来较高的收益，可以用来对付供方压力，同时可以缓解买方压力，当客户缺乏选择余地时其价格敏感性也就不高。最后，采取差异化战略而赢得顾客忠诚的公司，在面对替代品威胁时，其所处地位比其他竞争对手也更为有利。

实现产品差异化有时会与争取占领更大的市场份额相矛盾。它往往要求公司对于这一战略的排他性有思想准备，即这一战略与提高市场份额两者不可兼顾。较为普遍的情况是，如果建立差异化的活动总是成本高昂，例如，广泛的研究、产品设计、高质量的材料或周密的顾客服务等。那么实现产品差异化将意味着以成本地位为代价。然而，即便全产业范围内的顾客都了解公司的独特优点，也并不是所有顾客都愿意或有能力支付公司所要求的较高价格（当然在诸如挖土机械设备行业中，这种愿出高价的客户占了多数，因而 Caterpillar Tractor 的产品尽管标价很高，仍有着占统治地位的市场份额）。在其他产业中，差异化战略与相对较低的成本和与其他竞争对手相当的价格之间可以不发生矛盾。

差异化战略有以下几种类型。

（1）产品差异化战略。产品差异化的主要因素有：特征、工作性能、一致性、耐用性、可靠性、易修理性、式样和设计。

（2）服务差异化战略。服务的差异化主要包括送货、安装、顾客培训、咨询服务等因素。

（3）人事差异化战略。训练有素的员工应能体现出下面的六个特征：胜任、礼貌、可信、可靠、反应敏捷、善于交流。

（4）形象差异化战略。

实施差异化战略的收益在于：建立起顾客对企业的忠诚；形成强有力的产业进入障碍；增强了企业对供应商讨价还价的能力；削弱购买商讨价还价的能力；由于差异化战略使企业建立起顾客的忠诚，所以这使得替代品无法在性能上与之竞争。

但是实施差异化战略也有相应的风险。

①可能丧失部分客户。如果采用成本领先战略的竞争对手压低产品价格，使其与实行差异化战略的厂家的产品价格差距拉得很大，在这种情况下，用户为了大量节省费用，放弃取得差异的厂家所拥有的产品特征、服务或形象，转而选择物美价廉的产品。

②用户所需的产品差异的因素下降。当用户变得越来越老练时，对产品的特征和差别体会不明显时，就可能发生忽略差异的情况。

③大量的模仿缩小了感觉得到的差异。特别是当产品发展到成熟期时，拥有技术实力的厂家很容易通过逼真的模仿，减少产品之间的差异。

④过度差异化。大幅度超出消费者原有习惯的差异，会导致拒购。

6.3.3 集中化战略

集中化战略又称目标集中战略、目标聚集战略、专一化战略。

专一化战略是主攻某个特殊的顾客群、某产品线的一个细分区段或某一地区市场。正如差别化战略一样，专一化战略可以具有许多形式。虽然低成本与差别化战略都是要在全产业范围内实现其目标，专一化战略的整体却是围绕着很好地为某一特殊目标服务这一中心建立的，它所开发推行的每一项职能化方针都要考虑这一中心思想。

这一战略依靠的前提思想是：公司业务的专一化能够以更高的效率、更好的效果为某一狭窄的战略对象服务，从而超过在较广阔范围内竞争的对手们。波特认为这样做的结果是，公司或者通过满足特殊对象的需要而实现了差别化，或者在为这一对象服务时实现了低成本，或者二者兼得。这样的公司可以使其盈利的潜力超过产业的普遍水平。这些优势保护公司抵御各种竞争力量的威胁。

但专一化战略常常意味着限制了可以获取的整体市场份额。专一化战略必然地包含着利润率与销售额之间互以对方为代价的关系。

集中化战略的适用条件如下。

（1）具有完全不同的用户群。
（2）在相同的目标市场群中，其他竞争对手不打算实行重点集中的战略。
（3）企业的资源不允许其追求广泛的细分市场。
（4）行业中各细分部分在规模、成长率、获得能力方面存在很大的差异。

集中化战略可以取得的收益包括：便于使用整个企业的力量和资源更好地服务于某一特定的目标；将目标集中于特定的部分市场，企业可以更好地调查研究与产品有关的技术、市场、顾客及竞争对手等各方面的情况，做到"知彼"；战略目标集中明确，经济效果易于评价。

集中化战略的风险包括：技术创新或替代品的出现会导致企业受到很大冲击；竞争者采用了优于企业的更集中的战略；产品销售量可能变小，产品要求更新使用权的集中化的优势得以削弱。

6.3.4 企业的竞争战略选择

波特认为，三种战略是每一个公司必须明确的，因为徘徊其间的公司处于极其糟糕的战略地位。这样的公司缺少市场占有率，缺少资本投资，从而削弱了"打低成本牌"的资本。全产业范围的差别化的必要条件是放弃对低成本的努力。而采用专一化战略，在更加有限的范围内建立起差别化或低成本优势，更会有同样的问题。徘徊其间的公司几乎注定是低利润的，所以它必须作出一种根本性战略决策，向三种通用战略靠拢。一旦公司处于徘徊状况，摆脱这种令人不快的状态往往要花费时间并经过一段持续的努力；而相继采用三个战略，波特认为注定会失败，因为它们要求的条件是不一致的。

引导案例解析

贝因美案例中，贝因美是典型的市场补缺者，该公司系统运用了产品补缺进入战略，进入了一个全新的利基细分市场，获得了初步的成功，为进一步的差异化竞争发展战略奠定了基础。

战略是针对未来全面而长期的谋划，企业的未来取决于是否拥有有核心竞争力特征的战略。差异化竞争战略，特别是塑造独一无二消费认知的品牌差异化战略，则具有明显的核心竞争力特征，应该是渡过生存期，希望进一步做强做大的消费品企业的战略选择。

一般而言,企业的差异化战略包括以下一个或几个方面的差异化:产品实体差异化(也即产品填补进入战略)、渠道差异化、服务差异化、人员差异化,市场/品牌定位差异化。其中市场定位的差异化又包括产品/品牌特色定位、品牌情感和自我实现利益定位、品牌类别定位、特定使用者定位、对抗竞争者定位等差异化,无论是哪一种定位,最终是希望成就一个内涵丰富、有明确核心价值的强势品牌。

贝因美婴儿奶粉的案例则充分运用了产品实体差异化、渠道差异化、市场定位差异化,尤其在品牌定位的差异化方面,定位于"婴幼儿专用奶粉,中国宝宝第二餐",高屋建瓴,深谋远虑,无形中拔高了品牌地位,铸起一道比较厚实的品牌壁垒。

 课后思考

1. 市场追随者和市场补缺者之间有什么异同点?
2. 分析竞争者能力的时候应该从哪些角度着手?
3. 评述三种竞争战略的优缺点。

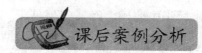 课后案例分析

"比萨饼屋"的失误

位于美国得克萨斯州达拉斯城的"比萨饼屋"公司,是美国比萨饼行业的"老大",有着40年比萨饼生产历史,占有美国22%的比萨饼市场,拥有7132家连锁店,多年来保持高速发展,这在美国是个奇迹。可是自1993年以来,"比萨饼屋"却步步退却,市场份额正在逐步被"约翰爸爸"吞噬。"约翰爸爸"仅有14年比萨饼生产历史,但已在美国比萨饼业排行第四,这个后起之秀正以迅雷不及掩耳之势,将其业务拓展到全国各地,1998年其连锁店已达到6000家,在很短的时间就夺得了1/5的市场份额,对"比萨饼屋"构成了巨大的威胁,与"比萨饼屋"展开了激烈的直接对抗,导致"比萨饼屋"节节败退。

"比萨饼屋"最大的失误是其经营策略,他们确信,"姜是老的辣",陶醉于行业"老大"的地位。而当"约翰爸爸"推出"更好的调料,更好的比萨饼"的战略决策之后,"比萨饼屋"的决策者们几乎失去了理智,达到近似疯狂的地步。他们出巨资聘请所谓的"厨房科学家"、调料师和口味专家,在用料上不惜血本,将每年的1.5亿美元的广告费削减,一改过去多元发展的战略决策,开拓单一口味的比萨饼,声称"要让每一位美国人尝到无与伦比、鲜美异常的比萨饼"。他们甚至忘掉了什么时候为销售淡季,什么时候为销售旺季。结果,"比萨饼屋"失误的策略使"约翰爸爸"乘虚而入,越来越多的消费者把目光投向了"约翰爸爸"多格局、多品种的比萨产品。"约翰爸爸"大有取代"比萨饼屋"之势。

"约翰爸爸"不像"比萨饼屋"那样一味地追求口味,而是色香味形并举。"约翰爸

爸"的经营策略其实早就成为人们传颂的佳话。因为在"约翰爸爸"的公司章程里意味深长地写着:"约翰爸爸"起源于1492年哥伦布寻找新大陆出航的地方,其下属所有雇员都是哥伦布航船上的船员,都必须穿"船员服"。在这里供职的所有雇员不会被看做战斗中的普通战士,而是被看做十字军东征的武士。任何人,只要进入"约翰爸爸"公司就只能进不能退。正如总裁契纳特所说:"再过五年,我们将成为世界一流品牌,再过十年,我们将引导世界潮流。"在1993年前,"约翰爸爸"还是一家名不见经传的小公司,而到了1998年其连锁店已达到6000家,公司股票在5年内从每股5美元上升为31美元。如今,契纳特本人的资产已达两亿美元,是美国少有的暴发户。

两家公司开始了白热化的竞争,他们就对方的口味、调料相互挖苦、诋毁,采取各种手段打击对方。"比萨饼屋"上书美国商业规范局全国广告纠纷调解事务部(简称NAD),控告"约翰爸爸"侵犯了他们的商标权。经仔细研究,NAD认为"约翰爸爸"的经营行为没有构成侵权罪。1998年3月,"比萨饼屋"再次上告,声称"约翰爸爸"利用广告伤害"比萨饼屋",NAD不得不再次进行调查。

1998年4月,"比萨饼屋"在"约翰爸爸"的主要市场所在地大打广告,用醒目的大标题写着:"误导、中伤、劣质,约翰爸爸的辣手!""约翰爸爸"作出的反应却不是以牙还牙,而是将双方生产的产品配方全部公之于众,让消费者自己评判谁的产品好,谁的产品劣。最后却印证了"约翰爸爸"的企业至理名言:"更好的配料,更好的比萨饼"。正如约翰爸爸副总裁西尔·索诺斯基所说:"'比萨饼屋'每打出一张牌,就等于把一根绞索套在自己脖子上,而给我们一次机会。"最后,NAD宣布,"'约翰爸爸'在1998年3月所打的广告有损比萨饼屋的用材形象。"可是NAD却没有对它作出任何处罚决定。

为此,"比萨饼屋"1998年8月12日把"约翰爸爸"推上了被告席。"比萨饼屋"义愤填膺,直到得克萨斯州法院作出裁决,宣布美国的比萨饼食品业在进行一场粗鲁的市场竞争,双方相互诋毁中伤达到了不可容忍的地步。并指出,两家公司争论的焦点仍是广告言辞,误导了消费者。最后判定"约翰爸爸"赔偿"比萨饼屋"1200万美元的伤害费,在广告中禁止使用"更好"的言辞。

思考题:
1. "比萨饼屋"在经营策略上最大的失误是什么?
2. "约翰爸爸"是如何以小胜大的?
3. 在广告用语上应注意哪些问题?
4. "比萨饼屋"能否重新回到行业老大的位置?
5. 你认为"比萨饼屋"今后该如何调整自己的经营战略?

第7章　广阔视角下的营销环境分析

◎ 本章要点
- 消费者主权被伤害的主要原因
- 消费者权益保护的主要方法
- 环保主义的含义
- 环保营销的策略
- 市场营销道德的内涵
- 社会责任营销的内涵
- 社会责任营销策略

◎ 本章难点
- 环保营销的策略
- 社会责任营销策略

◎ 课前思考
- 市场营销道德与社会责任营销之间的关系是什么?
- 环保主义下,企业的营销策略应该怎样进行调整?

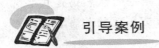引导案例

沃尔玛：致力绿色营销

低价促销,公益环保,沃尔玛步行稳健。

2009年上半年,沃尔玛通过对顾客和市场进行调查数据了解到,顾客在消费时更理性、务实并更加关注价格,尤其是对民生商品。对此,沃尔玛采取了一系列积极的营销方式,把促销重点放在顾客最关注的每日所需的民生商品上,推出了一系列民生商品的品类、品牌折扣、疯狂低价等,把真正的实惠带给顾客,为顾客带来真正的"省钱,省心,好生活"。

同时,沃尔玛致力于为顾客带来实惠的环保商品,让顾客不需要在环保和价格之间作出取舍。2009年4月,沃尔玛中国在全国范围内启动以"绿色商品,省钱直降"为主题的"地球月"活动,积极响应总部在全球范围内发起的活动号召。为配合此次"地球月"活动,沃尔玛与宝洁公司(P&G)及中国绿化基金会(CGF)携手,顾客每购买一个指定的P&G大包装产品,其中的1毛钱便会捐献给中国绿化基金会,用于在北京和甘肃植树造林。

沃尔玛中国与供应商一起在各商场集中开展许多环保商品的推广促销活动,倡导"低价也能环保"的消费观念。今年1月,为了响应全球对气候变暖的关注,沃尔玛中国的商

场同时开展主题为"关注气候变暖，让地球更健康"的丰富多彩的社区公益活动，并于 1 月 11 日在北京望京环保旗舰店举行了活动启动仪式。沃尔玛在全国 90 多个城市的 175 家商场开展了同一主题的各种教育性活动，超过 100 个社区参与到活动中来。除此以外，沃尔玛还在部分城市启动了价格沟通促销策略，主动和顾客沟通如何通过查价机制，保证提供给顾客的价格是有竞争力的，并推出"低价保证"方案和"降价"方案，采用彩页、报纸等多种方式积极和顾客沟通。从目前的市场调查数据来看，顾客对沃尔玛低价形象的认可度显著提高，同时带动了相关城市的销售。

沃尔玛的品牌主张始终坚持"为顾客节省开支，以使他们生活得更好"，这也是公司的愿景和公司每个员工的工作目标，所以 2010 年沃尔玛的推广重点依然是：通过和供应商伙伴紧密合作，联合制订采购营销计划，有效控制经营成本，开展价格检查等，给顾客提供具有价值竞争力的每日所需商品。

案例思考：沃尔玛的绿色营销策略可以给企业的环保营销带来哪些启示？

7.1 消费者主义

消费者主义主张在自由竞争的经济体系里，消费者的主权须被重视，以确保消费者应有的权益。消费者主义的目标是让消费者在经济生活中，能作出明智的抉择，有正当的举止，享有美好的人生。

在自由竞争的市场里，经济体系的主导者是消费者的需求。以生产为手段，以消费者的需求获得满足为目的，这便是消费者主义的基本出发点。强调消费者应被适当而正确的告知和保护，以对抗不公平或误导性的市场交易；并防止市场权力的滥用、独占或不公平竞争行为。

依前世界消费者组织联盟的主张，消费者主义下，消费者应获得保障的权利有以下八种：

（1）获得维持生命所需基本物质供应的权利；
（2）安全不受伤害的权利；
（3）明了事实真相的权利；
（4）选择的权利；
（5）求偿的权利；
（6）意见被尊重的权利；
（7）清洁之生活环境的权利；
（8）获得充分消费资讯与消费者教育的权利。

7.1.1 消费者权益被伤害

在消费者主义之下，消费者决定一切的经济活动。但事实上，在今日自由经济制度的社会里，普遍存在着消费者主权严重受到侵害的现象。在经济独占、广告、定型化契约等的强大压力下，消费者大部分的消费行为，只能配合生产者的方便与利益，做有限度的购买与否的选择而已。所谓的主权，早已从消费者移转到生产者之手。而造成消费者主权被伤害的原因是多种多样的，主要有以下几点。

1. 生产者缺乏职业道德

生产者的职业道德是指调整本企业与其他企业之间、企业与顾客之间、企业内部职工之间关系的行为规范的总和。它是从伦理关系的角度，以善与恶、公与私、荣与辱、诚实与虚伪等道德范畴为标准来评价和规范企业。

生产者的职业道德与法律规范和制度规范不同，不具有那样的强制性和约束力，但具有积极的示范效应和强烈的感染力，当被人们认可和接受后具有自我约束的力量。因此，它具有更广泛的适应性，是约束生产者和职工行为的重要手段。中国老字号同仁堂药店之所以三百多年长盛不衰，在于它把中华民族优秀的传统美德融于企业的生产经营过程之中，形成了具有行业特色的职业道德，即"济世养身、精益求精、童叟无欺、一视同仁"。

但是，在现在的自由经济制度下，一些生产者开始出现了职业道德缺失的现象。如假冒伪劣产品横行、知识产权被侵犯、偷工减料等行为。

2. 生产过程复杂，责任难以追究

现代科学技术所提供的产品与服务，对于人和环境之影响，非短时间所能判明；生产与交易的过程迂回曲折，分工细密，手续繁多，使弊端易于隐藏，而责任难以追究。

最近几年，奶粉市场上沸沸扬扬的三聚氰胺事件，就明显地体现了这一点。对于生产奶粉的企业来讲，需要从奶农手里收购牛奶，然后经过相应处理后，符合条件的牛奶才可以作为生产奶粉的原材料。在这一系列的生产过程中，因为分工细密、手续繁多，于是就出现了违背职业道德的空间。

3. 企业依靠雄厚的经济力，左右了行政机构、民意机关、高层决策者和媒体，获取不当的利益

近一年来，中国电子商务市场上团购网站雨后春笋般崛起，短短一年的时间，在中国市场上就成立了近千家正规或不正规的团购网站。可是因为各种原因，团购网站出现了很多的问题，比如诚信问题、退换货问题、欺诈问题，等等。中国团购市场可谓危机重重。可是在近年的3.15晚会上，不但没有发现团购网的黑幕，反而增加了很多团购网站的宣传广告。

7.1.2 消费者权益的保护

市场经济反映了商品的自由交换，市场经济的秩序要靠法制来维持，完全放任和完全自由是不可能的，必须在一定的条件下开展竞争。在充分保护消费者权益的基础上，才会有正当的经济竞争和市场秩序。因此，很难想象在一个到处欺骗消费者，生产者不顾消费者而只求盈利的市场经济的环境中，其秩序能够正常。消费者权益得到切实有效的保护，市场经济秩序才能建立起来。

"以诚信为本"是社会对经营者最基本的要求，随着现代商业竞争的日益激烈，大多数商品经营者都能够做到诚信经营，但是也有极个别的商家却以种种手段对消费者进行欺诈，如果消费者遭遇欺诈，那么应当怎样维权呢？

除了国家保护和经营者自律以外，消费者应该是自己利益的最好维护者。同样，消费者对自身利益维护得如何，在很大程度上取决于其自我保护的意识。一些消费者在与经营者的交易过程中，深信经营者会为自己着想，为自己考虑一切，特别是在某些关系性交易中更是如此；而另一些消费者则由于缺乏自我保护意识，对于交易过程中应当谨慎的问题，疏忽大意，结果上当受骗，追悔莫及；有些消费者则在商品使用消费过程中，不按照规定的方法使

用、消费商品，结果酿成大祸；有些消费者在消费时，蛮横挑剔，无理取闹，故意使事态扩大，造成重大损失，最终自食其果。这一切都是由于缺乏自我保护意识所致。我们认为，作为消费者，在进行消费过中，应该特别注意培养以下意识。

1. 自我防范意识

自我防范意识，不仅要求消费者在购买商品或接受服务时，要注意考虑自己的利益，而且要求消费者在购买商品后，在商品的使用消费过程中，也要注意保护自己。尽管我们可以说，社会主义生产的目的就是为了满足人们日益增长的物质文化生活需求，但是，不能否认，在具体的交易过程中，经营者与消费者的利益是冲突的。因此，每一个消费者在进行消费交易的过程中，都应该对自己的利益给予高度的注意。

2. 权利意识

为了保护消费者的利益，法律对消费者赋予了各种权利。这里所说的消费者权利，不仅包括《消费者保护法》规定的消费者法定的一般权利，而且，还包括消费者根据其他法律或与经营者签订的合同而享有的权利。一个对自己和社会负责的消费者，应当知道自己享有哪些权利，在自己的合法权益受到侵害时，依法维护自己的权利，与侵害消费者利益的行为进行斗争，不仅是他自己的权利，而且也是其对社会的责任。

3. 文明消费意识

消费者在进行消费的过程中，也应当对自己的行为进行约束，注意培养文明消费意识，杜绝愚昧消费行为。消费者应当为自己的权利而斗争，这并不意味着消费者可以无法无天、无理取闹。消费者应当以一个文明的现代消费者的标准要求自己。

4. 消费者群体保护意识

消费者群体的普遍利益与单个消费者的具体利益是相互依赖、相辅相成的。现代消费者不仅应当关心自身的利益，而且，应当关心消费者的共同利益和其他消费者的利益。

保护消费者权益应该从四个方面着手。

（1）提高消费者的意识。消费者与经营者之间是一种非专业与专业、非知情人与知情人的关系。消费者在为满足生活需要而购买、使用经营者所提供的商品或服务的过程中，因为缺乏相关知识、技能及信息，导致知情权、自主权、安全权、公平交易权、受尊重权等容易受损，在交易中处于弱势地位。因此，消费者应该特别注重培养五种意识：主体意识、自我防范意识、权利意识、文明消费意识、消费者群体保护意识。

（2）提倡经营者自律。经营者是以盈利为目的，从事商品生产、销售和商业性服务的法人、其他经济组织和个人从事经营活动的目的是盈利，在交易过程中和消费者是对立的关系，消费纠纷多源起于经营者的经营行为。保护消费者权益的一个重要方面就在于经营者自律。

（3）完善法律保护制度。我国在市场经济的迅速发展下，人民的生活水平有了很大提高，生活方式有了较大改变，消费领域逐渐扩大，服务消费所占比重越来越大，服务消费纠纷呈上升趋势，服务提供商尤其是铁路、公交、电信等垄断领域的服务提供商的行为亟待更多的法律法规来约束。

（4）加强监督管理。包括加强政府的监管工作、加强新闻监督、加强社会监督三个方面。

7.1.3 美国的消费者主义

美国有非常大的消费能力，人均年收入 36 000 美元，美国人虽然很富裕，但是却热衷于获得物美价廉的产品。尽管他们希望获得便宜的产品，却并没有忽视对质量的重视，仍然关注产品本身的性能和特征，要求产品是安全和值得信赖的。美国的消费者主义得到了很好的发扬，主要体现在以下几点。

（1）美国这个国家以个人自由著称，在美国这个国度里，任何人只要辛勤地工作，都可以实现自己的梦想，甚至成为国家的总统。美国公民把"个人自由"认为是这个国度的优良传统之一。

（2）在美国产品可靠性的诉讼方面，有着非常完善的法律流程。如果由于产品的安全性能引起了一些不必要的伤害，他们认为这是很不能被接受的，事实上每年美国在产品诉讼方面所花费的经费达到了 10 亿美元以上。

（3）美国有很多中国或者其他发展中国家没有的标识。比如，在建筑工地上使用的拖拉机上面的标识，标识上面的文字翻译过来就是"避免死亡"，这样的标识在中国是很难出现的，大家会觉得不可思议。

而这些标识并不是政府机构或者相关部门要求企业写上去的，而是生产这些设备、产品的公司自愿放上去的，而美国的消费者看到这些标识也不会感到意外，因为知道厂家写上这些标识的目的就是希望尽量避免顾客对产品的使用不当而造成的法律诉讼。

7.2 环保主义

环保主义是伴随着自由主义经济（简单讲即不干涉经济发展的经济模式）发展起来的，所谓环保主义，就是保护环境的一种主张。

（1）以自然为本就是以生态系统平衡为立足点，以自然系统平衡为根本准则。自然的内在价值不仅仅是人类的工具。环保必定要遵循自然规律。

（2）人的利益不统一决定人不能成为参照，自然规律可以固定遵循，人的利益多样不可调和。人与自然统一，应该从自然整体出发。

（3）其实以自然为本和以人为本都是指导思想，关键是哪个更能促进环保。既然是环保，那么人的利益就不能凌驾自然利益之上。

（4）崇尚自然，遵循自然规律，人的法则与自然法则冲突时，人的法则适应自然法则。要做到人与自然和谐统一，必须尊重自然内在价值，遵循自然规律，超越人自身局限的需要。

扩展阅读——小常识

你也可以很环保

◇ 使用传统的发条式闹钟替代电子钟，这样可以每天减少大约 48 克的二氧化碳排放量。

◇ 使用传统牙刷替代电动牙刷，这样可以每天减少 48 克二氧化碳排放量。

◇ 把在电动跑步机上 45 分钟的锻炼改为到附近公园慢跑，可以减少将近 1 000 克的二氧化碳排放量。

◇ 如果去8公里以外的地方，乘坐轨道交通可比乘坐汽车减少1 700克的二氧化碳排放量。

◇ 不用洗衣机甩干衣服，而是让衣服自然晾干，这可以减少2 300克的二氧化碳排放量。

◇ 在午餐休息时和下班后关闭电脑及显示器，这样做除省电外还可以将这些电器的二氧化碳排放量减少三分之一。

◇ 改用节水型淋浴喷头，不仅可以节水，还可以把三分钟热水淋浴所导致的二氧化碳排放量减少一半。

◇ 多运动，少看电视，少上网，多与家人和朋友聚聚，多出去散散步。

◇ 尽量吃绿色食品，多喝水，少喝酒和碳酸类饮料，尽量避免高脂肪高糖等垃圾食品。

◇ 用节能灯代替白炽灯，瓦数（功率）尽量低点，照明够了就行，而且房间亮度低点更浪漫更有情趣。

◇ 近距离外出，尽量使用非机动车（步行或自行车）。

◇ 不乱丢垃圾，进行垃圾分类。

◇ 没人或没必要的时候，不开灯、不使用空调。

◇ 多开窗多通风，随手关灯。关紧水龙头，关紧煤气灶，关电视，关空调，关电脑。

◇ 洗菜、洗水果的水在家中预备一个大桶盛起来，可以浇花、冲厕所，做到生活废水再利用。

◇ 烧饭可以先把米放在水里泡一段时间再烧，做绿豆汤不用高压锅，晚上把绿豆泡在热水瓶的开水里，早上就可以美美地喝了。

◇ 手机晚上最好关上，一是省电，二是有利于休息，当然有要紧事情除外。

◇ 有些包装纸、广告纸反面是空白的，可以用来做便笺或草稿纸。

◇ 合理使用冰箱，定期除霜。电脑、电视机、音响，人临时离开时，进入待机状态，以节省能源，不用时直接关机。

◇ 选购商品不要一味追求高档，实用、性价比高就是好商品，避免浪费。

◇ 能不开空调就不开空调，尽量用电风扇，或是扇扇子，能手洗衣服，尽量不用洗衣机洗。

◇ 充分利用自然能如太阳能热水器，风力发电，能不用电梯就尽量走楼梯，既可以省电又能锻炼身体。

7.2.1 环保营销的兴起

随着不可再生能源的开采峰值过去，可利用的水资源日益窘迫，森林的消失对温室气体效应的缓解能力越来越脆弱，有毒废料与物质的分布直接危及到人们的安全，气候与生态变化直接导致病毒与细菌的进化发生重大的变化，有些地方直接因为海平面的上升而遭遇灭顶之灾，消费者的心理将发生重大的变化，同时相应地导致其生活方式与对应产品的需求的显著变化。具体而言，就是消费者的环境恐惧心理与生活质量要求的双重作用下的环境安全心理与环境责任要求，从而使得环保技术含量成为对各类产品普遍的价值考虑。

在国外，环保营销已经渗入到包括快速消费品、服装工业及汽车业等重要行业的方方面面，虽然目前仍然是星星之火，但却有燎原之势。就消费品行业而言，提到"环保"，估计有许多人第一个想到的便是 The Body Shop，这个英国品牌也许不是最早打出环保牌的，但却是被人记得最牢的，这与它的信念有关——反对动物实验、支持社区公平交易、唤醒自觉意识、捍卫人权和保护地球。在这种环保理念的指导下，The Body Shop 所有产品全部采取植物提取成分，不用动物实验，包装也尽可能采取可回收或可分解材料制造，它所提倡的安全护肤令它拥有了与其他品牌不同的定位，赢得了大量的顾客。

在时装界，环保也是个备受瞩目的话题，看看每年有那么多的动物保护组织的游行、抗议，就可以感受到品牌们面临的压力。聪明的厂商自然知道，少卖点皮草、PVC（聚氯乙烯材料的简称，塑料装饰材料的一种）做成的服饰不仅不会亏本，反而会获得公众更多的信赖，更有先进的厂商，将高科技与环保相结合，推出一些独特而又非常实用的环保产品，比如太阳能环保手提包，成功实现差异化。在这一方面，美国的 Noon Solar 就属于佼佼者，它新推出的 2008 年秋冬系列中的 Corland Solar Powered Bag 便内置了一块防风雨的太阳能电池板，这样一来，只要采取 6~8 小时的太阳光，便可为包内的电池板充电，调整输出电压后就可为随身听、手机及其他便携设备供电。更妙的是，无论你是在家还是在外，甚至是走路或坐汽车时，只要保证电池板一面朝阳，都可完成充电。虽然这款拎包定价为 383 美元，不算便宜，但是目前已经预售一空，人们对环保类服饰的兴趣由此可见一斑。无独有偶，意大利著名品牌 Zegna 也推出了太阳能夹克系列，别出心裁地在领口下部安装了太阳能电池，通过内置装置转换为电能，为包括 Nokia、BlackBerry 在内的移动电话、iPod 或手提通信装置充电，同样买夹克衫，为什么不买环保节能的？这无疑又是一个绝佳例子。

7.2.2 我国环保营销的现状及问题

如今，随处可见各种关于环保的产品广告，而产品几乎涉及了所有的行业——食品、医药、家电、汽车、化工、石油……。环保正成为企业赢得市场的一个手段。其实环保营销对于企业来说，目前还只是对于市场的一种应激反应，不是一种成熟的营销手段。而学术界也没有相关的论述，对于环保营销的理论基础和方法论探讨国内尚无相关的研究。通过长期的市场研究，我们发现国内环保营销的现状可以概括为以下几点。

1. 企业行为出于应激反应，而非理性选择

国内企业对于环保的追捧绝大部分属于以下两种情况，一是为了赢得消费者，寻求市场突破点，大打环保牌，而产品本身并没有真正的环保功能，有很大的夸大成分；二是部分特殊行业，如石油、化工等企业，为了获得国家的政策支持，同时为了适应市场的变化，需要加强对外的公关宣传，而环保无疑是一个同时能赢得政府和消费者的最佳选择。这两种情况称之为"虚假环保营销"和"特殊行业的环保营销"，当然也不排除确实有真正以环保为企业发展理念，长期坚持环保研究投入、不断开发环保节能产品的环保型企业，但是总体数量相对于前两者而言就微乎其微了。

2. 国内缺乏相关的理论研究，企业缺乏理论指导

"环保消费"作为一个理论，目前在国内尚属于空白地带。这时的企业行为多少有些盲目，其实并不明白环保营销的真正意义和核心价值。它们大致不明白环保营销的价值点是什么？环保营销的必要性有多大？环保营销可以给企业带来多大的经济价值（如免税、销售增长）或可转化的社会价值（如品牌价值或美誉度的提升）？

所有这些问题的最终导向是企业进行环保营销的战略选择——要不要环保营销？什么时候做？环保产品的研发在企业战略中的位置？

3. 职能部门监管不到位，环保营销遭遇信任危机

目前，国内市场对于环保营销的监管缺失，企业的市场行为缺少必要的行政监管，如工商和质监部门对于企业的环保产品的审批和检测不到位，缺少应有的制度保障。长此以往，环保营销将遭遇信任危机，从眼前看是消费者利益受损；但从长远来看，最终损害的还是企业的利益。

7.2.3 环保营销策略

鉴于目前国内环保消费市场的发展特点，我们认为国内的环保营销需要"政府—企业—公众"共同努力，推进环保消费的良性快速发展。

一方面，环保消费需要企业在实践中不断摸索，推动环保消费的良性发展；另一方面，需要学术界展开相关的研究，引进国外先进的理论和营销理念，不断发展和充实；另外，还需要政府的大力宣传和推动，积极促进企业参与环保研发，引导消费者参与环保，购买环保产品。

1. 企业环保营销的战略选择

企业的环保营销是一个战略选择，它关系到企业的战略发展方向或战略转型，决定研发投入、营销投入的流向，并最终影响企业的效益。那么企业在面临环保营销战略选择时究竟需要思考哪些问题呢？

（1）企业所处的行业是否适合环保营销？

（2）如果适合，带来的经济利益是否足够大？

（3）在带来经济效益的同时，能否带来社会效益？这样的社会效益是否可以有效提升品牌形象和美誉度？

（4）企业是否有足够的资金保证相关的研发和营销投入？

（5）企业是否具备相关的人才或者储备人才？

如果企业对于上述问题的回答都是肯定的，那么就可以认为，企业具备了环保宣传的客观条件。

2. 企业的环保营销实践

那么企业在环保营销的实践中究竟应该如何操作呢？也就是说从新产品的开发到市场开发应该注意哪些事项呢？

（1）环保产品策略。环保产品的研发需要大量的研发成本，这里包括技术、人才和设备的投入等。那么所谓的环保产品，其实是有严格的界定的，并不是某些企业耗能少一点，排放少一点就是环保了。其实真正的环保产品必须具有以下几个鲜明的特点。

①必须和传统产品形成较为鲜明的对比，也就是说，无论是节能还是降耗，或是减排，等等，都必须和原有行业标准形成较为明显的对比，才能称之为环保产品，否则只能是企业宣传的"噱头"，最终并不能得到消费者和社会的认可。

②所谓的"环保"要具有核心竞争力，这个核心竞争力不能轻易地被复制或模仿。也就是说，必须有较为明显的技术壁垒。

③环保产品首先是消费品，企业还必须解决成本的问题，也就是说，和传统产品的价格

差距不能太大,不少相关的技术就是由于成本原因,并不能进行大规模生产,而最终无法转化为消费品而造福人类。所以企业在研发相关产品的时候一定要考虑规模化生产的成本是普通消费者能够承受的。

产品介绍应该在提供关于产品本身的质量说明的基础上,提供有关产品、产品生产过程和企业整体生产环节的环境保护信息,例如,每一生产单位的环保排放水平、所有生产原料的环保水平等,这样使得消费者不只是得到目标产品的信息,也了解了此产品质量是在何种代价下获得的,从而有利于消费者基于环保价值而进行消费选择。环保管理也不只是核心生产商的事情,事实上,整个产品供应链的整体环保的协作管理水平将考验不同厂商的环保水平的高低,实际上,除了在未来的3~5年中环保将为一批品牌的价值重构提供动力,在5年以后环保将成为几乎所有品牌的一个门槛,有价值不见得就一定行,而没有就一定不行。

(2) 环保渠道策略。过去的渠道商可以只注重进入渠道的产品的质量与成本,但是今天需要有环保意识,不管你的产品本身有多好,但是如果这是以生产与原材料获得中的大量污染与环境破坏为代价的,那么渠道商就很可能面临着非常大的公众环保压力,也就直接影响自己的服务品牌的声望。在环保这件事情上,供应商、采购商与渠道商担负着连带的道义责任,甚至有必要转化为更为明确的法律责任。

(3) 环保定价策略。虽然环保技术在一段时间内有可能对于中高端用户的价格心理会有一定的驱动,不过整体来讲,当环保成为门槛价值以后,用户对于产品的需求将回归基本面,而以环保技术原因主张高价格将不受消费者欢迎。未来的畅销品将是在开发出可以低成本化的环保技术基础上的平价商品。同时在营销传播中,环保人物与环保形象将更受欢迎,更多的环境主题与更为环保的生活场景设计都是值得提倡的。

(4) 环保的促销推广策略。一个非常重要的营销传播将是企业更多地介入了环保主题的企业社会责任活动(例如,联合利华介入海洋鱼类保护,万科等介入防沙治沙活动),同时与环保组织发展更多的合作型社会传播与社会动员活动。对于中国企业来说,在环保类公关活动中应注意由目前的以宣传性活动为主转入行动型活动,并注意选择有所聚焦的点作为自己的专攻方向。从品牌传播诉求的角度来说,环保盛行的时代需要去定义与创造更加细分的表述概念,笼统的环保与绿色的诉求已经不太能打动人了。

7.3 市场营销道德与社会责任营销

目前我国的社会主义市场经济已经实行了20多年时间,我国也加入了世贸组织,这就意味着我国的企业不仅要在国内市场上进行竞争,而且也要在国际市场上进行竞争,然而,我国企业的营销道德水准和社会责任感比较缺乏,这就直接影响了我国企业在国内国际的竞争力。因此,应提高企业的营销道德水准和社会责任意识,以促进企业和社会的良性发展。

市场营销道德是用来判断市场营销活动正确与否的道德标准。企业的社会责任是指企业在社会中生存和发展的过程中应该承担的责任。市场营销道德和社会责任两个概念虽然有一些区别,但二者之间在实质上又有很紧密的联系。一般而言,企业不遵守市场营销道德标准就很难履行其社会责任,而不履行社会责任的企业又必然违背市场营销道德标准。

7.3.1 市场营销道德问题的提出

随着商品经济及企业营销活动的不断发展，企业为社会及广大消费者提供日益丰富的产品，为国家作出日益巨大的贡献。同时，由于某些企业从狭隘利益出发，出现了一系列违反法律及营销道德标准的行为，诸如在市场上销售的"一日鞋"，销售使消费者致命的假酒假药，销售毁坏消费者脸部的化妆品，使农民颗粒无收的种子；采用卑劣的手段牟取暴利大宰顾客，如几十元成本的服装按千元以上价格出售；诱惑和强迫消费者作出错误的购买决策等。因而要求企业营销活动必须遵循法律及营销道德。

西方国家对于市场营销道德的研究始于20世纪60年代，80年代则成为学术界研究的热门之一。1987年美国证券交易委员会前主任约翰·夏德（John Shad）捐资2 300万美元在哈佛大学商学院建立起目前全球最大的企业伦理问题研究中心，其研究的重点是企业营销道德。其他国家如英国、法国、意大利、德国、日本等也先后开展对市场营销道德的研究，许多学者著书立说，提出企业经营管理者应当遵循的道德标准；有的提出市场营销决策人应具备的社会与道德责任；有的提出经营管理道德已发生了危机，呼吁管理者重视树立营销道德观等。

7.3.2 市场营销道德的内涵

道德是评价某决定和行为正确与否的价值判断及评价某决定和行为是否被大众所接受。市场营销道德则指消费者对企业营销决策的价值判断，即判断企业营销活动是否符合广大消费者及社会的利益，能否给广大消费者及社会带来最大的幸福。这势必涉及企业经营活动的价值取向，要求企业以道德标准来规范其经营行为及履行社会责任。

最基本的道德标准已被规定为法律和法规，并成为社会遵循的规范，企业必须遵守这些法律和法规。营销道德则不仅指法律范畴，还包括未纳入法律范畴而作为判断营销活动正确与否的道德标准。企业经营者在经营活动中应当遵循这两种类型的营销道德。

判断市场营销道德的标准是什么？在很多情况下并不像人们想的那么容易。固然有些违背营销道德的行为，诸如虚假广告、合谋定价，贩卖假酒、假药、假种子等普遍为社会所痛恨的行为，其违背道德是一目了然的。然而，对某些营销行为，囿于个人价值观及生活经历的不同，每个人对某行为是否道德存在不同的见解。比如，什么是欺骗性广告，在人员推销中哪些行为构成行贿？又如以顾客身份从竞争对手获取营销情报是否道德，再如对儿童做广告是否道德等。

西方国家伦理学家提出了判断营销道德的两大理论，即功利论及道义论。功利论主要以行为后果来判断行为的道德合理性，如果某一行为给大多数人带来最大幸福，该行为就是道德的，否则就是不道德的。道义论则从处理事物的动机来审查是否具有道德，而不是从行动的后果来判断，并且从直觉和经验中归纳出某些人们应当遵守的道德责任和义务，以这些义务履行与否来判断行为的道德性。在现实中，通常将功利论与道义论相结合来判断营销行为的道德性。

7.3.3 市场营销道德问题在企业营销活动中的体现

企业营销活动始于市场营销调研，通过市场营销调研了解现实和潜在顾客的需求，发现市场营销机会，然后选择目标市场，针对目标市场需求特点，制定市场营销组合策略。市场营销道德则贯穿于企业营销活动全过程。

企业营销活动中道德问题的产生，或是由于经营者个人道德哲学观同企业营销战略、策略、组织环境的矛盾引起；或是由于经营者为实现盈利目标同消费者要求获取安全可靠的产品、合理价格、真实广告信息之间的矛盾引起；或是由于企业领导者错误的价值取向迫使经营者违背道德经营，诸如为增加利润及提高产品市场占有率迫使经营者去窃取竞争对手的商业秘密，或有意将伪劣产品推向市场等。

1. 产品策略中的道德问题

为广大消费者提供货真价实、优质产品及优质服务是企业最基本的社会责任，如果违背这一原则就会违背营销道德。然而，在现实中某些企业的产品策略往往同道德标准背道而驰。产品策略违背营销道德的主要表现，如果从功利论与道义论相结合的观点看有：从企业设计生产产品的动机看，是否存心欺骗顾客，将假冒伪劣产品充当真货好货出售给消费者；与动机相联系，在手段上是否操纵消费者的需要，过度刺激消费者的欲望，并刺激社会经济成本的增加；从后果看，消费者向企业所购买的产品能否给自己带来最大的幸福。如果从企业应承担的社会责任来考察有：企业在产品的生产过程中，对广大职工的工作条件及工作时间能否作出恰当及合理安排，能否保证职工的人身安全及身心健康；企业在生产产品的过程中，是否造成环境污染及危及附近居民的正常生活；产品的包装及标签是否提供真实的商品信息，产品包装是否过多而造成社会资源的浪费及环境的污染等。

2. 价格策略中的道德问题

为广大用户提供真实及合理的价格，以及提供真实的价格信息，是企业履行社会责任的重要组成部分。然而，在现实中，某些企业严重地违背了价格道德。如果从功利论与道义论二者相结合的观点考察有：从动机看，企业为牟取暴利而欺骗顾客，诸如通过变相涨价，哄抬物价来掠夺消费者的利益；为了压垮竞争对手而实行差异性歧视价格或实行垄断价格。与动机相联系，在手段上采取欺骗、诱惑及强制方法迫使顾客购买产品。从后果看，顾客购买产品后造成严重的经济损失。如果从企业应承担的社会责任看有：企业未按照价值规律进行公平交易，损害了企业及消费者的合法权益。企业未能为用户提供真实价格信息，不利于消费者的购买抉择。

3. 分销策略中的道德问题

分销是指产品从生产者向消费者转移所经过的路线。当产品由生产者直接销售给消费者时，称为直销。这时主要涉及生产者与消费者的购销关系。当产品由生产者通过中间商销售给消费者时，称为间接渠道。这时涉及生产者、中间商、消费者间的购销关系。各渠道成员根据各自的利益和条件相互选择，并以合约形式规定双方的权利和义务。如果违背合约有关规定，损害任何一方的利益，都会产生道德问题。如当合约规定，零售商只能销售某一企业的产品，而不准销售其他企业的产品，但零售商为了自身利益，不顾合约规定，销售其他企业好销的产品，这显然是违背了道德。同样，当生产者凭借自身的经营优势，为了自身利益，控制供货，采用威逼手段对中间商减少或停止供货。或者是生产者依凭自己的经营性垄断地位，迫使中间商屈服自己的指挥，限制中间商只能从事某种特别的经营活动等，均会引起道德性问题。

4. 促销策略中的道德问题

促销是指通过人员推销或非人员推销（包括广告、宣传报道、销售促进等）的方式，将商品（或服务）及企业本身的信息传递给广大顾客，引起他们的兴趣及购买行为。企业的责任在于将产品及企业自身的真实信息传递给广大用户。但在信息沟通过程中经常产生道德问题，诸如虚假和误导性广告，操纵或欺骗性销售促进、战术或宣传报道。这里主要阐述在广告及人员推销中的道德性问题。

（1）广告。广告是促销组合中最重要的因素。广告中不道德行为主要表现是：播送欺骗性广告推销产品，使消费者作出错误的购买决策；为了搞垮竞争对手以提高自己产品或企业的身份，而播送攻击竞争者的广告；或为了诱惑消费者购买自己产品而制作夸大其词或隐瞒产品缺陷的广告；或采用含糊其辞、模棱两可的广告词做广告宣传，而引起消费者对广告真实含义的误解。

（2）人员推销。在人员推销中亦暴露出许多违背道德的行为。或者是销售人员使用诱惑方式促使消费者购买那些他既不需要也不想购买的产品；或者是销售人员通过操纵或强迫手段向顾客推销其伪劣产品或滞销积压的产品；或者是销售人员为了从其他人那里获取销售合同而向对方送礼，甚至贿赂等；或者是销售人员为了获得个人回扣而向其他企业购买假冒伪劣产品等。推销人员对有关道德问题的态度及处理如何，对个人及公司的形象会产生深刻的影响。

5. 市场营销调研中的道德问题

市场营销调研是指运用科学的方法，有目的、有计划、有步骤、系统地收集、记录、整理和分析有关市场营销方面的各种情况和发展趋势，为企业制定经营决策提供科学的依据。市场营销调研往往涉及三方面的关系，即调研人员同委托者、调研人员同受访者、委托者同调研人员。各方均承担一定的权利与义务，只有履行彼此间的道德责任，方能保证营销调研任务的顺利完成及调研资料的真实和可靠性。

（1）从调研人员对委托者的道德责任看，委托者有权要求调研人员保守业务秘密，未经委托者许可不能泄密，否则是不道德行为；调研人员必须根据委托者的要求，保证调研工作质量，如问卷设计要认真，访问次数不要偷工减料，调研人员要严格培训，否则不仅浪费了委托者支付的调研费，而且往往使所收集的资料失真而误导委托者的决策；调研人员要向委托者真实反映其调研所采用的方法、调研的时间、调研的对象、调研地点、访问方式及问卷反馈率等，使委托者据此推断所调研的资料是否可靠。如果调研人员违背委托者签订的合约，必然会引起道德性问题。

（2）从调研人员对受访者的道德责任看，调研人员要尊重受访者的权利，如受访者可拒绝接受调研人员的访问；调研人员要尊重受访者的尊严和隐私权；访问者不要在受访者繁忙或不便时去访问，并对受访者身份进行保密；未经受访者许可，不能随意公布受访者提供的资料。

（3）从委托者对调研人员的道德责任看，委托者必须依约支付调研费；委托者要公正、全面地发表调研成果，不能断章取义，对读者产生误导。

7.3.4 社会责任营销

在国际社会越来越强调社会责任的过程中，企业的营销观念也在发生着相应的变化，由市场营销观念发展到社会市场营销观念。这也为企业的市场营销战略及活动指出了新的方向——社会责任营销。社会责任营销对企业发展有着积极的作用。

1. 企业社会责任与社会市场营销观念

从19世纪20年代起，企业已逐渐认识到自身发展和社会的关系，开始以捐赠的方式回馈社会，并逐步建立了企业社会责任守则；到了20世纪90年代，随着全球化的不断加深，经济增长，产业升级，交流加深，文化融合，使得企业传统价值观正在发生变化，更加关注资源、生态环境、劳动者权益和商业伦理，更多地承担对利益相关者和社会的责任，国际范围内的企业社会责任运动也广泛展开，突破了企业各自的企业社会责任守则，形成了履行社会责任的全球契约。第一个用于第三方认证的全球社会责任标准——SA8000也于2001年正式在全球范围实施，虽然这只是一个自愿选择而非强制执行的社会责任标准，它已经对全球企业的生产、经营和管理活动带来了不可估量的影响。

随着国际社会企业社会责任运动的不断深化，企业社会责任（Corporate Social Responsibility，CSR）的概念也在逐步完善，但到目前为止仍没有形成统一的定义。越来越多的人推崇利益相关者理论下的企业社会责任，即指企业除了要为股东追求利润外，也应该考虑利益相关者——影响和受影响于企业行为的各方——的利益。

在国际社会越来越强调企业社会责任的过程中，企业的营销观念也在发生着相应的变化，由市场营销观念发展到社会市场营销观念。1971年，杰拉尔德·蔡尔曼和菲利普·科特勒最早提出了"社会市场营销"概念，促使人们将市场营销原理运用于环境保护、计划生育、改善营养、使用安全带等具有重大推广意义的社会目标方面。社会市场营销观念是对市场营销观念的修改和补充，鉴于市场营销观念回避了消费者需要、消费者利益和长期社会福利之间隐含着冲突的现实，社会市场营销观念提出，企业的任务是确定各个目标市场的需要、欲望和利益，并以保护或提高消费者和社会福利的方式，比竞争者更有效、更有利地向目标市场提供能够满足其需要、欲望和利益的物品或服务。

社会市场营销观念在市场营销观念的基础上对企业的营销决策提出了更高的要求——关注及履行社会责任，从而也为企业的市场营销战略及活动指出了新的方向——社会责任营销。如今从全球企业界的趋势来看，社会责任不仅是一个不可阻挡的大趋势，而且对这个概念的理解正在趋向成熟和深化。一个日渐清晰的共识是，企业在社会责任方面的作为是一个长远的战略层面的解决方案。

2. 社会责任营销及其作用

（1）社会责任营销。对于社会责任营销可以有广义和狭义两方面的理解。广义的社会责任营销应该是企业在产品生产及流通的各环节，以履行一定的社会责任为己任，以关注及解决一定的社会问题为企业发展的基石，从而追求企业和社会共同的长远和谐发展的一种战略选择。狭义的社会责任营销是指企业承担一定的社会责任的同时，借助新闻舆论影响和广告宣传，来改善企业的名声、美化企业形象，提升其品牌知名度，增加客户忠诚度，最终增加销售额的营销形式。广义的社会责任营销概念立足于企业的长远发展，立足于企业和社会的和谐共赢，是企业发展战略层面的选择，它把社会责任内化于企业使命和宗旨，能够保证社会责任履行贯穿企业生命始终；狭义的社会责任营销概念考虑的是增加销售额的短期利益，把承担一定的社会责任作为一种市场营销的策略，这就难免会出现企业一方面在承担一定的社会责任（如希望工程、扶贫、爱心捐赠等），而另一方面又在践踏社会责任（如环境污染、商业欺诈、假冒伪劣产品等）的情形，使社会责任成为企业博取社会声誉的幌子和商业作秀，这当然是我们所不愿看到的结果。

(2) 社会责任营销的作用。①利于制定正确的企业使命。无论对于一个刚刚创立的企业，还是对于一个已经确立起来的久远的、有多种经营业务的联合公司来说，在制定企业战略之前应弄清楚企业应该负担什么样的社会责任，是一个什么性质的企业，它应该从事什么事业，总之要弄清楚企业的使命。所谓企业使命，就是企业在社会进步和社会、经济发展中所应担当的角色和责任。企业在制定战略之前，必须先确定企业的使命，是因为企业使命的确定过程，常常会从总体上引起企业方向、发展道路的改变，使企业发生战略性的变化；此外，确定企业使命也是制定企业战略目标的前提，是战略方案制订和选择的依据，是企业分配企业资源的基础。在确定企业使命时，必须充分、全面地考虑到与企业有利害关系的各方面的要求和期望。这些利害关系者既包括企业内部的要求者，即股东和雇员，还包括企业的外部要求者，如顾客、供应商、政府、竞争者、当地社区和普通公众等。

②利于提升企业软竞争力。进行社会责任营销是企业健康发展的需要。对企业来讲，传统的成本、质量、服务是衡量竞争力的最基本标准，而道德标准、社会责任标准正在成为保持企业竞争优势的重要因素。只有积极履行社会责任，塑造和展现有益于公众、有益于环境、有益于社会发展的良好形象，取得社会公信，企业才能更被市场青睐，具有更强的竞争力。越来越多的企业实践和研究成果证明，企业利润与社会责任之间并非对立关系。相反，在社会责任和企业绩效之间存在正向关联度。优秀的企业完全可以将社会责任转化为实实在在的竞争力。

③利于获得差异化竞争优势。差异化竞争优势的一个重要表现是企业拥有良好的"信号标准"。信号标准反映的是影响买方对企业满足其使用标准看法的价值信号。在"信号标准"的内容中"信誉或形象"是最典型、最重要的因素。企业良好的"信号标准"，有助于考虑选择一位特别的供应商；或者在买方采购决策中起重要作用；当买方在衡量一个企业的绩效存在困难时，信号标准是最重要的标准；买方描述企业对其贡献、满意度、保证等方面的交流经常对经营差异化产生重要影响，而信号标准是这些描述的核心内容。信誉、形象等"信号标准"引起的壁垒具有持久性，企业承担适当社会责任所获得的信誉和形象可以转化为差异化竞争优势。

④利于企业开拓国际市场。强化企业社会责任是企业走向世界的必要环节，是实现自身可持续发展的有效途径。面对全球化的浪潮，中国企业在积极参与全球生产体系的同时，也必须遵守国际准则和全球协定，这是我们在进入国际市场中无法回避的。可以说，企业社会责任问题已经同国际贸易问题紧密地交织在一起，成为中国企业进入世界市场的必要环节。强化"企业社会责任"事实上是无法回避的生存环境，中国企业国际化的诉求越高，就越有认同并遵循这套游戏规则的必要。

⑤利于企业从社会问题中发现商机。企业社会责任的履行主要表现在对社会问题的关注及采取相应的措施。社会问题本身对于企业来说蕴涵了巨大的商机，因而与其说社会责任是企业需要付出的成本，不如说是潜在的发展机遇。丰田在汽车公司中率先认识到节能环保的趋势所带来的商机，它及时开发了 Prius 混合燃料汽车，这款环保型汽车抢先于所有竞争对手获得了盈利，同时又因积极寻求环境问题的解决方案而获得了巨大的社会效应。

3. 社会责任营销思路

(1) 锁定特定的社会问题并成为其倡导者和推动者。企业可以差异化的方式锁定一些特定的社会问题，成为这些社会问题的倡导者和推动者。企业应站在战略的高度上思考：哪些社会问题是有社会意义但并未受到足够重视且同自身行业密切相关,并可以使自身有限的资源发挥出最大的效用?以从中发现促进企业自身发展和履行社会责任完美结合的切入点。

GE 的名为"绿色创想"(Ecomagination)的大型环保计划向社会作出五大承诺:确保到 2010 年在更具节能性和环保性的产品方面的技术投入翻倍;使这些产品和技术的价值通过明确的指标得以展现;确保提升 GE 自身的环保业绩;确保在这个大型计划的支持下提升 GE 的销售量和利润;确保时刻向公众汇报进展。

这项大型环保计划的独特之处,在于它并不是完全的利他行为,而是带有强烈的股东价值最优化色彩。GE 相信,严重的全球环境问题本身就意味着商机,意味着领导型企业必须积极提供解决方案,GE 确信在更环保更清洁技术上的投入,可以极大提高公司销售收入、公司价值及利润。也就是说 GE 的做法兼顾了创造公司价值及利润和环保责任的履行。

(2)建立健全企业社会责任制度。凡是在企业社会责任方面走在前面的国内外企业,都有一个共同的特点:企业社会责任的制度建设比较完备,有专设的负责社会责任事务的部门机构,有专门负责企业社会责任战略与策略制定与实施的首席责任官。在首席责任官领导下的负责社会责任事务的专门机构,可结合企业自身实际及国际普遍做法,制定企业社会责任守则,并协调其他部门的活动,使在企业决策和执行的各方面形成合力,共同体现出对股东、顾客、员工、供应商、商业伙伴、当地社区等相关利益者的关切。从对股东负责的角度,准确、及时地提供和发布经营信息;从对消费者负责的角度,不断开拓创新,向社会提供更加环保、资源利用更节约、更加安全便利的商品和服务;从对员工负责的角度,提供健康安全的工作环境,并使员工有不断学习和发展的空间;从对社区负责的角度,加强环保,避免各种污染。同时能够做到定期向社会披露在履行社会责任方面的相关信息。

(3)积极参与国际责任标准认证。在国际贸易与投资领域,有很多国际惯例和国际标准。根据这些国际标准,企业可以将获得认证作为产品的一种差异性优势,占领市场,甚至越过一些国际贸易壁垒,因此,在消费者市场和企业市场都可以创造出竞争优势,顺利进入国际市场。自 ISO 9000 技术质量标准推出以来,国际社会继而推出了 ISO 14000 环境标准、SA 8000 社会责任标准,这些都是针对企业产品和服务的标准。如果说 ISO 14000 标准尚未将环境保护以"社会责任"这一概念明确提出,那么 SA 8000 标准则明确提出保护劳工权益是企业的社会责任。正因为如此,ISO 14001 标准颁布以来至 2003 年,已被 131 个国家和地区采用,共签发了 66070 张认证证书,这些证书成为企业产品进入国际市场的"绿色通行证"。同样,获得 SA 8000 认证,以此作为企业社会责任行为指示器,可以大大增加企业的社会资本,降低交易成本。

引导案例解析

20 世纪 90 年代以来,风靡全球的绿色革命为企业带来了勃勃生机。树立绿色营销观念,开发绿色产品、开拓绿色市场,已成为 21 世纪企业营销发展的新趋势,也给企业创造了新的机遇。绿色营销观念认为,企业在营销活动中,要顺应可持续发展战略的要求,注重地球生态环境保护,促进经济和生态协调发展,以实现企业利益、消费者利益、社会利益及生态环境利益的统一。

人们面对日趋严重的生态平衡，大气污染和生物灭种等环境危机，越来越认识到在工业发展和科学技术后遗症这些表象后面，隐藏着深刻的文化价值观念问题。今天，我们普遍感觉到正是那种过度掠夺式的消费方式和不可持续的生产经营方式，造成了这种威胁到人类生存和发展的环境危机。所以，关注环境已经成为整个人类社会的首选，而沃尔玛的绿色营销理念正好体现了环保营销的基本特点，沃尔玛的做法可以给国内企业带来很多有益的启示。

企业的社会责任营销有哪些策略？
企业的绿色营销观念和环保营销有什么相同之处？

企业的社会责任营销

1. 渣打银行"看得见的希望"项目

2009年9月13日，渣打银行启动"看得见的希望"最新中国防盲复明项目，在何氏眼科大连医院建立东北地区儿童眼病防治中心。本次最新的大连项目为期三年，是渣打中国与国际奥比斯和何氏眼科医院强强联手、提升大连市内及周边东北地区优质儿童眼病防治以及白内障手术服务的一个重要项目。在大连约30万儿童有视力问题，其中44%是屈光不正患儿。

2. 玫琳凯"春蕾项目"

玫琳凯中国早在2002年就开展了"春蕾项目"，旨在帮助贫困女童重返校园。截至目前，玫琳凯中国已累计捐资435万元，在全国妇联的指导和帮助下，在全国各地建成了10所玫琳凯春蕾小学，并连续资助60个班次、3 000人次的贫困女童重返校园。

3. 华帝"1+2助学工程"

从2005年开始，华帝公司一直坚持开展"1+2助学工程"，即每开一家专卖店就资助两名学生完成小学学业，截至2008年，公司的助学足迹已到达四川、广西、湖北、甘肃、内蒙古等地，共资助学子1 570名。

4. 施华洛世奇"长江水学校"

项目旨在鼓励当地、国内和世界各地的人们，学习和实践可持续水资源管理，还推行有关水资源健康和卫生保健的社区项目，支持水资源生态系统和自然栖息地的保护工作。目前，"长江水学校"在全国共有33所，其中云南省10所，四川省9所，上海8所，重庆有4所，青海省2所。

思考题：

结合上述案例说明企业的社会责任营销对于企业品牌建立的好处。

第 8 章　战略计划与市场营销

◎ **本章要点**
- 企业战略与市场营销战略
- 4Ps 与 4Cs
- 市场营销计划
- 波士顿矩阵法
- 通用电气公司多因素业务组合矩阵
- SWOT 分析

◎ **本章难点**
- 4Ps 与 4Cs
- SWOT 分析

◎ **课前思考**
- 企业在何种情况下可以采用一体化增长策略？有哪些具体策略？
- 怎样理解企业发展战略与市场营销战略的关系？

引导案例

"清扬"对抗"海飞丝"的营销战略

2007 年春末夏初之季，联合利华十年磨成之剑"清扬"霜刃初试，剑尖直指宝洁的"海飞丝"。此举成败，关系到联合利华与宝洁两大巨头江湖地位的重整。

1. 正方观点

（1）猛打宝洁去屑软肋，首推男士专用洗发水。2007 年 4 月 2 日，中华医学会科学普及部公布最近对 5 351 人进行的网络调查显示，对于"去头屑"这个日常问题，60% 的人对去屑效果不满意。从这些数据可以看出，海飞丝上市十余年，其去屑效果并未如其广告诉求明显。清扬恰到好处地抓住了海飞丝的这根软肋，对其进行攻击。清扬的"维他矿物群"的商标注册（TM）和专利申请表明，清扬将其功能诉诸科技，也让消费者在长久以来的去屑、顺发等无穷尽的空头广告中看到新的希望。对于没有更好选择时才选择海飞丝的顾客来说，清扬具有相当大的吸引力。而其"男士专用去屑"更是别出心裁，首创"男士专用"成为我国首款专为男士所设计的洗发产品。一直以来，洗护发产品都是男女混用的。在消费品这个女性独秀的市场，男性一向有被忽略之嫌。首推男士专用，恰到好处地抓住了男性消费者渴望被重视的诉求。联合利华此招不可谓杀伤力不大。

(2) 选准时机全面铺货，巨资广告暗藏杀机。"清扬"此次选择进入中国市场还把握了非常好的时机。2月份开始全面铺货，利用春季进行全面推广，在洗头水销售高峰的夏季时分，在消费者的思维里已经留下了清扬去头屑的印象，再加上春季试用的效果及习惯，清扬的产品将在夏季迎来第一个购买热潮。3月25日正式开始投放广告。各大卖场的促销活动也进行得如火如荼。其在推销广告上的投入达到上亿元。而清扬的广告，更是暗藏杀机。广告词："如果有人一次次对你撒谎，你绝对会——甩了它，对吗？"其弦外之音显得意味深长。斥巨资请来台湾当红明星小S拍摄清扬守信篇，赢得了消费者一片赞扬，而清扬在以央视为主的各大电视台黄金时段的广告轰炸，更是使得海飞丝措手不及。

2. 反方观点

(1) 价格对垒。面对"清扬"突如其来的攻击，"海飞丝"利用价格优势吸引消费者保住原有的消费群体。目前，"清扬"尚处于产品导入期，其产品的价格相对较高；而"海飞丝"处于成熟期，高销售利润使它具有低价竞争优势。因此，"清扬"想与"海飞丝"进行价格对抗是不可能的，面对对手的广告和促销，"海飞丝"在各大商场的降价促销活动，能保证其将顾客的流失量降到最少。

(2) 维系老顾客，宝洁先入为主。"海飞丝"是宝洁公司的洗发水产品之一，进入中国市场近20年；"清扬"是联合利华进入中国市场十年以来首次推出的新品牌。从时间角度来说，"海飞丝"与消费者之间已经建立起了长久的合作关系，因此消费者对"海飞丝"的熟悉程度远比"清扬"高。消费者在购买过程中，常会受到认知和记忆等心理因素的影响。因此人们通常倾向于购买他们熟悉的产品且存在差异的产品。

(3) 广告战。广告往往显示了产品间的性格差异。"海飞丝"选择了陈慧琳、范冰冰等年轻靓丽的公众面孔，而"清扬"则选择了性情豪爽，敢爱敢恨的小S。对于中国消费者而言，由于受传统文化的影响，"海飞丝"的代言人所展现的年轻、纯洁、文静的特质，更容易被广大消费者接受，以达到消费者对产品产生认同的目的。同时，面对"清扬"铺天盖地的广告，"海飞丝"也在积极进行媒体宣传，强化消费者对它产品的认知，挽留和吸引顾客。

(4) 瞄准产品购买者。对于购买洗发水这种类型的日常生活用品而言，购买者才是真正的决策者。不难发现，在中国人购买洗发水的日常习惯中，购买者多为女性。对于家庭而言，家庭主妇多青睐于全家共用的洗发水，而"清扬"的核心定位是男士去屑专用，明显地针对男性使用者。因此，针对购买者的消费心理，"海飞丝"日前进行的买洗发水送洗发水的促销活动，吸引了大量的家庭妇女的眼球。

(5) 侧翼防御，海飞丝以农村包围城市。把中国洗发水市场分作两大地盘：城市与农村。清扬能有实力与海飞丝真枪实战的是城市。而作为入主农村多年的海飞丝而言，农村包围城市的策略，不失为上策。由于农村消费者更容易对长时间形成的观点产生顺从：海飞丝是名牌——在农村早已根深蒂固。"海飞丝"目前以清纯、青春为诉求的广告，更容易被思想相对保守的农村人所接受。"海飞丝"以这块后方根据地为据点，伺机就能对城市进行反包抄。

(6) 产品多样化。为网罗对去屑洗发水有不同要求的消费者，"海飞丝"细化了产品的差异，如气味的不同，配方的不同。同时，开发出新产品系列，突出新产品的使用特点和新的功效。"清扬"的产品系列则让人感觉有抄袭之嫌，作为老大哥的"海飞丝"能让消费者产生更多的认同。

（资料来源：http：//tieba.baidu.com/f? kz = 671050024）

案例思考：结合案例分析，"清扬"为了对抗"海飞丝"使用了哪些市场营销战略？

8.1 企业战略计划与市场营销

8.1.1 企业战略与市场营销战略

1. 企业战略计划的层级

战略（Strategy）一词源于军事用语，指军事方面事关全局的重大部署。现在，战略已成为一般用语，广泛应用于经济、经营管理、市场营销等领域。战略即各领域事关全局性、长期性、方向性和外部性的重大决定和计划方案。

企业的战略计划并非单一的，而是有层级之分，大多数企业的战略计划可以分为四个层级，即企业战略、部门战略、业务战略和产品战略。

（1）企业战略。企业战略由公司最高领导层开发、制定。在这一层级的战略中要决定整个公司的使命、应达到的目标、是否扩大现行事业、是否进入新事业领域、是否并购其他企业等重大问题。

（2）部门战略。部门战略中包括市场营销、人事、财务、生产和研究开发等各种战略。这些诸多战略计划支撑事业层级的竞争战略。在这些职能战略中，战略业务单位（SBU）内的市场营销战略是其开发的重心。

（3）业务战略。业务战略是指在各业务部门或营业所实施按职能部门制定的战略时必须作出的定型化的决定。如决定推销人员的推销活动、发受订货业务或零售业的商品陈列、缺货的确认、降价等商品化计划。

（4）产品战略。最后，在每个业务单位里的各个产品层次（产品线、产品项目、品牌）也要制订一个战略计划，以求达到某个特定产品市场的预定目标。这些计划分别在组织的不同层次内实施，控制结果，并采取必要的修正措施。整个计划、执行和控制过程如图8-1所示。

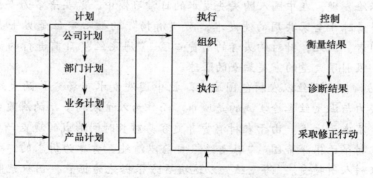

图8-1 战略计划、执行和控制过程

2. 市场营销战略与企业战略的传统关系

一般情况下，各层级的战略制定是从上至下。首先制定企业总体战略或绘制出宏伟蓝图，企业各职能部门的管理者或事业部的管理者再在此基础上制订各事业部或职能部门的战略计划。因此，各事业单位和各职能部门在制定市场营销战略以前，全公司的战略计划已经制订并予以实施。也就是说，公司最高领导层所确定的目标和战略为事业单位和职能部门制订各自的战略计划提供基本构架。

显然，企业战略的制定是企业最高领导层的责任和任务。然而，市场营销管理者和其他中间管理者间接地从两个重要方面参与企业战略计划制订的过程。①他们通过提案的形式向公司最高领导层提供有关产品、产品线和责任领域的信息及战略信息，从而影响战略计划过程；②他们不仅与制订战略计划有关，而且自己制定市场营销目标和市场营销战略也都要受战略计划所引导。一般来说，企业的战略计划问题和决策都与市场营销有着密切的关系。

3. 市场营销战略与企业战略的现代关系

如前所述，从上下位关系来看，企业战略是上位概念，市场营销战略是下位概念；从涉及的范围来看，企业战略是公司全局性总体战略，而市场营销战略则是局部性职能战略。但是，从导向性来看，市场营销战略是前位性、起导向作用的战略，而企业战略则是后位性、受市场营销导向的战略。所以，市场营销战略和企业战略，应该是一种逆向关系，即不是企业战略制约、指导市场营销战略，而是市场营销战略要指导和制约企业战略。这种逆向战略关系的成立基于下述两种理论。

（1）逆向市场营销理论。国外不少学者在对美国一些大公司做了深入全面的研究之后，得出一个革命性的结论：战略应当自下而上发展起来，而不是自上而下落实下去。换言之，战略应当根生于对实际市场营销战术本身深刻理解的基础上。其理由是，现在企业已处在一个充满竞争的时代，商场如战场，市场营销环境的变幻莫测难以使"战略支配战术"。于是，他们提出"战术应当支配战略，然后战略推动战术"。根据战略与战术的观点，公司全局性、长期性、方向性的重大决定和部署称为战略；反之，称为战术。

（2）市场营销导向理论。现代市场营销具备一种统括职能，即起一种导向作用，企业要根据市场营销的需要来确定其职能部门和分配经营资源，要求其他职能部门服从市场营销，并在此基础上决定企业总体发展方向和制定企业战略。

8.1.2 市场营销战略

1. 市场营销战略的特点

市场营销战略（Marketing Strategy），是指企业为适应环境、市场变化而站在战略的高度，以长远的观点，从全局出发来研究市场营销问题，策划新的整体市场营销活动。其特点可归纳为以下五点。

（1）市场营销战略的第一目的是创造顾客，获取和维持顾客。

（2）要从长远的观点来考虑如何有效地战胜竞争对手，立于不败之地。

（3）注重市场调研，收集并分析大量的信息，只有这样才能在环境和市场的变化有很大不确定性的情况下作出正确的决策。

（4）积极推行革新，其程度与效果成正比。

（5）在变化中进行决策，要求其决策者有很强的能力，要有像企业家一样的洞察力、识别力和决断力。

2. 制定市场营销战略的前提条件及环境因素

（1）制定市场营销战略的前提条件。如图8-2所示经营理念、方针、企业战略、市场营销目标等是企业制定市场营销战略的前提条件。在市场营销战略的制定过程中首先要确定的就是市场营销目标。确定目标时必须考虑与整体战略的联系，既要使目标与企业的目标相一致，又要使其与企业理念中所明确的、对市场和顾客的姿态相适应。

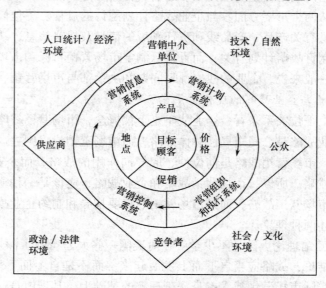

图8-2 制定市场营销战略的前提条件及环境因素

市场营销目标应该包括：量的目标，如销售量、利润额、市场占有率等；质的目标，如提高企业形象、知名度、获得顾客等；其他目标，如市场开拓，新产品的开发和销售，现有产品的促销等。

（2）内外环境。主要是对宏观环境、市场、行业、竞争、顾客及本企业状况等进行分析，以期准确、动态地把握市场机会。

①宏观环境。指围绕企业和市场的环境，主要包括人口、政治、法律、社会、文化、经济、技术、自然等。了解分析这些环境对制定市场营销战略至关重要。其理由有三：一是市场营销的成果很大程度上要受到其环境的左右；二是这些属于不可控制因素，难以掌握，企业必须有组织地进行调研，收集信息，并科学地对其进行分析；三是这些环境正加速变化。

环境的变化对企业既是威胁也是机遇，关键的是能否抓住这种机遇或者使威胁变为机遇。

经济社会的变化 → 生活方式的变化 → 消费者行为的变化 → 营销活动的变化 → 需求的变化

图8-3 社会经济变化导致需求的变化

扩展阅读——小案例

安利在中国的公司转型战略

1998年4月18日，我国国务院发布《关于禁止传销经营活动的通知》，要求此前已经批准登记从事传销经营的企业一律立即停止传销经营活动，转变为其他经营方式。这一政策的重大变化，使1995年成立于广州的世界著名传销企业——美国安利（Amway）公司的子公司安利（中国）日用品有限公司销售额从1997年度的15亿元一下子跌落到1998年度的6.4亿元，1999年度更跌到3.2亿元，每月亏损额曾高达1 000万元。

然而决心在中国投资发展的公司高层迅速调整了在华经营方式，转变为既适应中国国情，又保持自己特色的"店铺+推销员"销售体制：除了继续投入巨资在广州扩大"纽崔莱"等营养保健食品的生产能力外，一方面经过中国政府主管部门批准，在全国各地开设100多个门市部（专卖店），产品明码标价，并大张旗鼓地做广告（中国是安利在全球唯一一做广告的国家），推广高质量的新产品；另一方面发展了8万余名销售代表（推销员）进行产品直销，为顾客提供销售服务。公司还积极开展政府公关，主动与政府沟通信息，赞助高级官员赴美培训，赞助中国儿童基金会和妇联，赞助极地科学考察等，逐步树立起健康的企业形象，缩小了与当地社区和公众的感情距离，使公司本地化战略得以顺利实行。公司销售额2000年度回升到24亿元，2001年度达48亿元，2002年度达60亿元，2003年度达80亿元（使中国首次成为安利在海外最大的市场），把安利原来在中国的传销同行——雅芳和玫琳凯远远抛在后面，表明安利转型经营获得了巨大成功。

（资料来源：http：//www.du8.com/readfree/19/04498/4.html）

②市场。下面从市场特性和市场状况两个方面来对其进行分析。首先看市场特性，它包括互选性、变化性、竞争性、导向性和归着性等。其次，市场状况也可以考虑几个问题：市场规模，市场由人口、购买力和购买欲望三大要素构成；市场是同质还是异质。供求状况，绝大部分产品供大于求，形成买方市场。

③行业动向和竞争对手情况。把握住了行业动向和竞争对手情况就等于掌握了成功的要素，所以一要了解和把握企业所在行业的现状及发展动向；二要明确竞争对手是谁。竞争对手在不断增加和变化，它不再只是同行业者，相关行业、新参与者、采购业者、代理商、顾客等都可能是竞争对手。

④顾客状况。不同的顾客有不同的需求特点、购买心理和购买行为等。

⑤本企业状况。利用过去的实绩和目前经营情况等资料来分析本公司状况，并整理出其优势和劣势。战略实际上是一种企业用以取胜的计划，所以在制定战略时必须充分发挥本公司的优势，尽量避开其劣势。

3. 市场营销战略的制定和实施

（1）目标市场的选定。目标市场的选定和市场营销组合是市场营销战略的两个相互联系的核心部分。选定目标市场就是在上述细分的市场中决定企业要进入的市场，回答顾客是谁，产品向谁诉求的问题。即使是一个规模巨大的企业也难以满足所有的市场。

（2）市场营销组合4P。目标市场一旦明确，企业就要考虑如何进入市场，并满足其市场需求的问题，那就是有机地组合产品、价格、渠道、促销等因素。企业在进行市场营销组合时必须考虑以下几点：

◆ 通过调查国内外优秀企业来了解它们是怎样进行的市场营销组合。

◆ 突出与竞争对手有差异的独特之处，充分发挥本公司的优势。

◆ 市场营销组合是企业可以控制的，企业可以通过控制各组合因素来控制整个市场营销组合。

◆ 市场营销组合是一个系统工程，由多层分系统构成（见图8-4）。

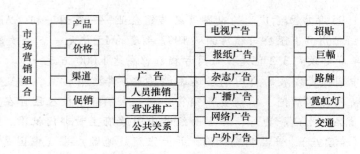

图 8-4 营销组合的层次结构

◆ 市场营销组合因素必须相互协调，根据不同的产品，制定不同的价格，选择不同的渠道，采取不同的促销手段。

◆ 市场营销组合不是静态的，而是动态的。产品生命周期分为四个阶段，当产品生命周期所处阶段发生变化时，其他组合因素也随之变化。

◆ 在上述四种主要的组合因素中到底哪种最重要，这会因行业、业态不同而异，但一般来说，其中受到高度重视的是产品，企业提供的产品是否是市场所需产品，是否能满足消费者需求，解决消费者所要解决的问题，提供消费者希望获取的利益，这才是产品的关键所在。只有让消费者满意，消费者才会认可你的产品，接受你的产品。

(3) 4P 与 4C。4P，即产品（Product）、价格（Price）、渠道（Place）、促销（Promotion）；4C，即顾客（Consumer）、成本（Cost）、方便（Convenience）、沟通（Communication）。4P 和 4C 的关系如图 8-5 所示。

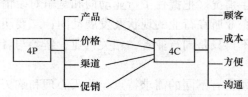

图 8-5 4Ps 与 4Cs 的对应关系

① 产品与 4C。即 4C 必须贯穿于产品从创意到开发甚至到最后使用的整个过程。顾客，即企业应该从顾客需求出发，充分了解顾客的需求和欲望，开发他们真正需要的并能完全满足其需求的产品。成本，即企业不是考虑生产其产品花费了多少成本，而是应该在产品开发之前了解顾客愿意为其付出的成本，并在开发生产过程中将其成本控制在一定范围内，用公式表示为：愿意支付价格 - 适当利润 = 成本。方便，即企业从产品的设计开始就要考虑如何方便顾客使用、方便顾客搬运等，降低使用成本。沟通，即可以从两个方面来理解和把握：一是在产品开发前和开发过程中都必须通过沟通来了解顾客的需求和欲望，了解他们能付出的和愿意付出的成本，了解他们所认为的方便等；二是要使产品本身成为一种沟通的手段，具体体现在品牌、质量、包装、特色等方面。

② 价格与 4C。即价格的决定不是以企业为中心，而应该以顾客为中心。研究顾客心理及其对产品价格的反应或他们理解的产品的价值及与之相适应的价格。成本，不是指生产成本，而是指顾客为购买其产品能支付的成本和愿意支付的成本。

③ 渠道与 4C。即渠道决策必须以 4C 为依据。顾客，即企业在选择或决定渠道策略时，

首先需要考虑什么渠道最能接近目标市场，目标顾客最愿意且经常利用哪些渠道；成本，即对目标顾客来说成本最低的渠道，它包括目标顾客为购买产品，接近其渠道所花费的金钱成本、精力成本、时间成本和体力成本。方便，即目标顾客最容易接近和最方便购买的渠道，它包括交通便利，停车方便，购物环境好，看、选、购都方便。沟通，即渠道不只是一个分销产品的机构或场所，而且还应该是相互沟通和情感交流及获取相关信息和新知识的渠道。

④ 促销与4C。即在促销过程中或采取各种促销方式时都应该贯彻4C精神。顾客，即促销的诉求对象必须明确，一定是目标顾客，诉求内容和诉求方法也应以目标顾客为出发点。成本，即一方面，要考虑企业为促销付出的成本，如何以较低的成本获取较大的促销效果。另一方面，也是更重要的方面，那就是要使目标顾客以最低的成本获得产品信息，包括产品功能、质量、使用方法、价格、售后服务等方面的信息，尤其是在信息泛滥的今天，顾客往往要为获取一条准确、可靠的信息付出很大的代价。方便，既要考虑如何便于目标顾客获得信息、了解信息，又要便于顾客对同类产品进行比较，尤其是选购品，顾客一般都要货比三家。沟通，即在促销过程中应尽量避免那种强加于人的促销活动，主张卖方和买方或制造商与消费者或用户进行对话式的沟通，做到既把企业及其产品信息传递给消费者或用户，又将消费者或用户的有关反应和意见等反馈给企业的双向沟通。

8.1.3 市场营销管理过程

市场营销管理过程，实际上是指在企业的战略计划下制订和实施市场营销计划的过程。它包括企业战略、市场营销计划和市场营销计划实施。

1. 企业战略

企业战略计划实际上是由企业使命说明、企业目标描述、企业业务组合、业务战略计划的制订等一系列工作及其指导性文件所构成的。

（1）企业使命说明。任何企业的存在都是为了完成一定的生产和经营使命，离开了这些使命，企业也就失去了存在的意义。

从企业的角度讲，企业使命的确定一般应当考虑以下五个基本要素。

① 企业历史。企业的发展历史可在很大程度上影响企业使命的确定，这是因为企业生产和经营的历史状况会使企业在某一领域形成自己的特征和优势，如生产、技术方面的优势，市场声誉方面的优势或是营销渠道方面的优势，等等。企业自然应当根据自身特定的优势来选择企业的使命，因此必须同时尊重自己的历史。

② 管理者偏好。企业使命的选择在一定程度上还取决于管理者的偏好。个人心理状况会影响对各种各样市场机会的评价，如好高骛远的管理者往往会选择期望利润高而风险较大的生产和经营使命；谨小慎微的管理者则往往会选择风险较小的生产和经营使命。

③ 市场环境。市场环境的变化会在不同程度上导致企业市场机会的变化，各种政治、经济、社会、自然因素的变化都可能导致社会总需求在数量和结构发生变化，从而使某些需求减退，某些需求增长。使企业执行某种生产和经营使命的利益和风险也会发生相应的变化。所以企业必须根据市场环境因素的变化来调整自己的生产或经营使命。

④ 企业资源。企业选择其生产或经营使命时必须充分考虑资源的可能性，考虑企业的人力、财力、物力是否能同所选择的使命相适应。因为一定的人、财、物力是实现生产和经

营使命的必要条件，超越了这一基本条件是什么事情也办不成的。从现代企业的角度来看，人财物的资源中还包括了技术资源的因素，因为先进的技术的应用可使同样的资源产生出成倍的效益。

⑤ 企业核心能力。企业使命的选择应当建立在自己核心能力的基础之上，这样才有利于发挥自身的特长。麦当劳快餐公司完全有能力进入太阳能行业，但是这样一来便失去了它的主要特色——为广大顾客提供廉价食品和快速服务。尽管企业的现有资源和能力有可能使企业实现多种生产和经营使命，但是只要这种经营能力并非企业独有，就可能带来强大的竞争压力；如果这种能力不如他人，甚至可能在竞争中失败。所以企业应当寻找出其具有相对优势的某种核心能力（在资本、技术、成本、资源或是环境方面的独特优势），扬长避短，选择那些自己具有独特经营能力或相对优势的生产和经营使命。

（2）确定企业目标。在明确企业任务的基础上，企业应当进一步确定生产和经营的总目标。因为对于某项任务的执行，确立的目标可以是不同的。如目标方向的不同，企业的目标可以是销售额的增长，盈利水平的提高，市场份额的扩大，竞争地位的改变或是技术水平的更新，等等；根据企业进取性的不同，其目标可以是高层次的，中层次的，或是低层次的；目标跨度不同，企业的目标可以是全面的，也可以是某一方面或某几方面的。

企业的常用评价指标有：投资收益率（ROI＝利润额/投资总额）；销售增长率；市场占有率；提高知名度；树立企业及其产品的良好形象；产品创新和开发新市场等。

在通常情况下，企业的生产和经营目标不可能是唯一的，如一个企业以摩托车的生产和经营为其基本任务，它可能以市场占有率的提高为其主要目标，而同时它必须以具体实现在几个目标市场销售额的增长为前提，并且应当考虑到最终能使企业的经营利润得以上升。因此，企业目标往往表现为一个以多种目标构成的目标体系。该目标体系的形成应当贯彻层次化、数量化、现实性和协调性的原则。

① 层次化。企业目标体系的层次化首先表现为构成目标体系的各个目标中应当有主有次，突出重点。如前面所提到的摩托车企业若将提高市场占有率为主要目标时，其他目标就应当服从这一主要目标，并为这一主要目标的实现而服务。如在不同目标市场销售额的增长速度就必须在有利于从总体上提高企业的市场占有率。具体来说，是应当更重视新市场的开发和新市场的销售增长速度；同时只要有利于市场占有率的提高，企业的利润增长程度可以暂时放慢一些等等。企业目标体系的层次化还表现为企业的总目标应当进行分解，可将其层层分解为能被各个职能部门和企业员工具体执行的分目标或子目标。这在后面会详细介绍。

② 数量化。企业的目标反映了企业执行其生产或经营任务的期望水平和期望效果，应当是可以被衡量的，所以企业的目标应当数量化。如上述例子中，摩托车市场占有率的提高若笼统地表述为"使市场占有率有较大的提高"将使人感到不得要领，而若明确表述为"两年内使市场占有率提高20%"就会使目标变得清晰可辨了。与此同时，对于各目标市场销售额的增长和企业利润的实现也应当有相应的期望指标，这样就能根据企业目标制订出生产和经营计划，并对计划执行的全过程加以有效控制。

③ 现实性。企业选择的生产或经营目标必须切实可行，必须经过努力能够实现。这就要求目标的确定不能只从主观意愿出发，而必须充分考虑客观环境的各种约束条件；同时还应当从企业的现实基础出发，如目前企业的市场地位是处于第四位。企业将自己的目标确定为经过一段时间的努力，使企业的市场地位跃居为第二位，甚至第一位，可能并不为过；但

是如果企业目前的市场地位排名还进不了前十名，在短期内就想使企业的市场地位跃居榜首，恐怕就不太现实了。但是现实的目标，并不等于保守的目标，应当是经过一定的努力可能达到的，这样才能使企业得以不断地发展和前进。

④ 协调性。在一个目标体系中，诸目标间应当保持协调一致，应当追求最佳的综合效益，而不是某一单个目标的最优化。如企业若企图以"最低的销售费用获得最高的销售增长率"，或在"实现最高利润的同时，占据最大的市场份额"，实际上是完全做不到的。根据系统管理的原理，在系统综合效益最优的情况下，各部分的个别效益只能是"次优"的，所以在确立企业生产和经营的目标体系时，必须考虑各具体目标之间的协调。特别是一些可能相互矛盾的目标，如：短期效益和长期效益，稳定和发展，挖掘老市场和开发新市场，增加盈利和扩大市场份额，等等。企业在确定目标体系时都必须权衡抉择，有取有舍，这样才能保证企业综合效益的最优化。

（3）企业业务组合。企业必须通过其所经营的各项具体业务去实现其任务和目标，这也直接影响着企业的资源配置。一般情况下，具有一定规模的企业往往会将其资源投放在几种不同的业务上，以形成自己的业务组合。因为这样就可能有效地避免市场风险，并能保持企业有稳定的利润增长源。

① 对业务组合的正确认识。从企业的角度去认识其所经营的业务和从满足顾客需要的角度去认识所经营的业务会产生相当不同的感觉，从而也会使企业在进行其业务组合决策时导致不同的结果。如对于电话机的生产和经营来说，从企业的角度，会认为这是一项"生产电话机"的业务；而从满足顾客需要的角度，则会认为这是一项"满足远距离通信需要"的业务。而其对决策者产生的直接影响是：当电话机供应在市场已经趋于饱和的情况下，从企业的角度也许就会认为应当放弃"生产电话机"的业务，而转向其他业务；但从满足顾客需要的角度则又可从以下三个方面来考虑问题。

◆ 顾客群体的分析，如目前的电话机满足的也许主要是在办公室和家庭的顾客，而处于流动状态的顾客（如在飞机、火车或轮船上的顾客）对电话机的需要能否加以满足？因为他们也有远程通信的需要。

◆ 顾客需要的分析，如目前电话机主要只能进行语音通信，那么可视通信的需要是否已充分满足？电话机作为一种家庭用品，其是否能进一步满足家庭装饰的需要？等等。

◆ 满足程度的分析，如电话机的语音清晰度，来电鉴别与选择，来电的文字转换和同步打印，等等，如何通过技术上的开发与创新来进一步提高对"远程通信需要"的满足程度。

如果有了这样的认识和思考，企业决策者也许就不会作出退出"生产电话机"业务的选择，而是在发展这项业务上作更大的投入，从满足顾客需要的角度去认识企业的业务组合，体现了市场营销的基本准则。

② 合理安排业务组合。企业必须对其业务组合进行合理的安排和规划，才能保证其资源得到合理的运用，也才能使企业在市场上始终保持有利的竞争地位。通用电气公司经过认真研究和实践，将其经营范围划分为49种，并称为战略业务单位（Strategic Business Unit，SBU）。一个战略业务单位应该有三个特征：它是一项独立业务或相关业务的集合体，但在计划工作上能与公司其他业务分开而单独作业；它有自己的竞争者；它有一位经理，负责战略计划、利润业绩，并且它有能力控制影响利润的大多数因素。

任何一个企业的资金总是有限的。为了实现企业目标，就需要对企业现有的战略业务单位进行分析和评价，并作出相应的资源配置决策。其分析评估方法主要有两种：一是波士顿咨询集团法，即"市场增长率—相对市场占有率矩阵"；二是 GE 法，即"多因素矩阵法"。

◆ 波士顿咨询集团法。波士顿咨询集团（Boston Consulting Group，BCG）设计和推广了波士顿矩阵（BCG Matrix），又称市场增长率—相对市场占有率矩阵（Growth-Share Matrix）、波士顿咨询集团法、四象限分析法、产品系列结构管理法等，是由美国著名的管理学家、波士顿咨询公司创始人布鲁斯·亨德森于 1970 年首创的一种用来分析和规划企业产品组合的方法。

在图 8-6 中，纵坐标表示市场增长率（Market Growth Share），即产品销售额的年增长速度，以 10%（也可以设为其他临界值，视具体情况而定）为临界线分为高低两个部分；横坐标表示业务单位的市场占有率与最大竞争对手市场占有率之比，称为相对市场占有率（Relative Market Share），以 1.0 为分界线分高低两个部分。如果相对市场占有率为 0.1，则表示该业务单位的市场份额为最大竞争对手市场份额的 10%；相对市场增长率为 10，则表示其市场份额为最大竞争对手市场份额的 10 倍。市场增长率反映产品在市场上的成长机会和发展前途；相对市场占有率则表明企业的竞争实力大小。区域图中的圆圈代表企业的各个业务单位，圆圈的位置表示该业务单位市场增长率和相对市场占有率的现状，圆圈的面积表示该业务单位的销售额大小。

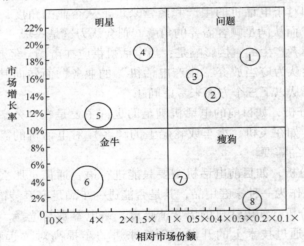

图 8-6 市场增长率—相对市场占有率矩阵

资料来源：http://baike.baidu.com/view/298092.html

区域图中的四个象限分别代表四类不同的业务单位或产品。

* 问题类（Question Mark）。这是市场增长率较高而相对市场占有率较低的业务单位。称其为"问题类"是由于这一类业务单位的发展前景有时很不明确，也许会很快使市场的占有率大幅度提高，从而使"问题类"业务转化为"明星类"业务；但也可能由于市场竞争过于激烈或市场需求变化太大，使该业务的市场份额很难有所上升。由于推进一项业务的发展需要企业有很大的投入，所以对处于这一位置的业务或产品就必须十分认真地加以分析，相当谨慎地进行决策，风险性较大，故称其为"问题类"业务。可以说，企业在进行

开发性投资时，所面临的大多是"问题类"业务。

* 明星类（Stars）。这是处于高市场增长率与高相对市场占有率的业务，明星类业务往往是在同类市场中的领先者。对企业来讲，是最具有发展潜力的业务，所以企业会毫不犹豫地投入资源加以发展。但是，由于明星类业务的市场发展前景已经十分明显，必然会引起竞争对手的关注，因此企业必须继续进行大量的投入以求维持相对市场占有率的优势，来击退竞争对手；同时，企业还必须继续维持一个较高的市场增长率，所以明星类业务在产生现金的同时仍需大量地消耗现金，尚不能成为企业可坐收其成的业务，待其市场增长率降低时，这类业务单位就由"现金使用者"变为"现金提供者"，即变为金牛类业务单位。

* 金牛类（Cash Cow）。当某项业务的市场增长率下降到10%以下，同时继续保持较高的相对市场占有率，就成为金牛类业务。因为它使企业在该项业务上仍然保持市场的领先地位，同时它能为企业带来大量的现金收入，就像奶牛不断挤出牛奶一样，为企业生产出现金来。而且由于市场增长率的下降，说明市场已趋向成熟，对竞争对手的吸引力不会很大，所以企业不必再通过大量投资来维护自己的市场地位。金牛类业务是企业最能通过规模经济效益获取较高的利润的业务。企业可以用金牛类业务的收入来支持明星类和问题类业务的发展。

* 瘦狗类（Dogs）。这是指市场增长率低，相对市场占有率也低的业务。企业在这类业务上不占优势，而且市场发展的潜力也不大。总地来讲，对企业的战略发展产生不了多大影响。所以除了某些特殊需要之外，企业一般没有必要保留这样的业务，以浪费资源。

◆ GE法（通用电气公司多因素业务组合矩阵）。通用电气公司（General Electric，GE）首创的"多因素业务组合矩阵"从一个新的角度对企业的各项业务进行评价。该方法的特点是，综合考虑了影响企业业务质量的多方面因素，并将这些因素归结为该业务的市场吸引力和企业在该业务方面的相对优势两个主要方面，构成业务组合矩阵。然后根据各项业务在矩阵中的相应位置来对其进行评价。

图8-7中标出了某公司的7项业务。这里，圆圈的大小表示市场规模而非公司业务的大小。圆圈的阴影部分代表公司业务的绝对市场份额。这样，公司的离合器业务所在的市场为中等规模，其市场份额为30%。

在图8-7中，纵轴表示市场吸引力。市场吸引力又包括以下因素。

* 市场规模。市场规模越大的行业，吸引力越大。

* 市场增长率。市场增长率越高，其吸引力越大。

* 利润率。利润率越高，吸引力越大。

* 竞争程度。竞争越激烈，吸引力越小。

* 周期性。受经济周期影响越小，吸引力越大。

* 季节性。受季节因素影响越小，吸引力越大。

* 规模经济效益。单位产品成本随生产和分销规模的扩大而降低的行业，吸引力大；反之，则吸引力小。

* 学习曲线。单位产品成本有可能随经营管理经验的增加而降低的行业，吸引力大；反之，如果其积累已经达到极限，单位成本不可能因此再下降的行业，则吸引力小。

在图8-7中，横轴表示企业的战略业务单位的业务优势，由下列因素构成。

* 相对市场占有率。业务优势与相对市场占有率成正比，即相对市场占有率越高，业

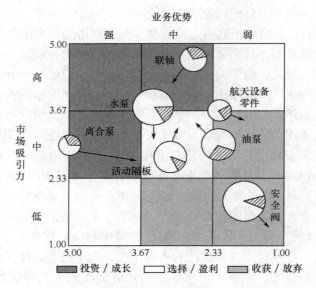

图 8-7 通用电气公司多因素业务组合矩阵

务优势就越强。

　　* 价格竞争力。业务优势与价格竞争力成正比，即价格竞争力越强，业务优势就越强。
　　* 产品质量。产品质量较竞争者越高，业务优势就越强。
　　* 顾客了解度。对顾客了解程度越深，业务优势就越强。
　　* 推销效率。推销效率越高，业务优势就越强。
　　* 地理优势。市场位置的地理优势越大，业务优势就越强。

　　因此，问题的实质就是要衡量这两个变量。要做好这件事，战略计划者必须识别构成每个变量的各种因素，寻找测量方法，并把这些因素合并成一个指数。表 8-1 列举了构成两个变量的要素组（每个企业都必须各自决定自己的要素条目）。可见，市场吸引力因市场规模、年市场成长率、历史盈利率等不同而异，业务优势则随公司的市场份额、份额增长、产品质量等而变化。注意这两个 BCG 因素，市场增长率和市场份额皆被纳入 GE 模式的两个主要变量之中。GE 模式促使战略计划者在评估一项现实的或潜在的业务时能够考虑得更加全面。

　　表 8-1 是通用电气公司模型中列举的水泵业务的相关因素。在该表中，首先将这些因素分为"市场吸引力"和"业务优势"两大组；然后，对每个因素进行单项评价（按 1~5 分值打分）；接着根据对每项因素所设定的影响权数，计算出单因素评价值；最后将单因素评价值综合为某一变量组（市场吸引力或业务优势）的总体评价值。

　　例中这项业务在总体市场规模中评分为 4.00，这表明它的市场规模相当大（5 表示很大）。显然，其中有许多因素要求从营销人员中获得资料和评价。总之，权数和评分相乘，得到的是每个要素的值，再把各要素的值相加，就是一个变量的值。本例所举的水泵业务，其市场吸引力为 3.70，业务优势为 3.40，都没有达到最高分 5。分析者在图 8-7 所示的多因素业务经营组合矩阵图上用点表示该项业务，然后以这点为圆心作圆，圆的大小要和市场规模成一定比例，图中显示公司的市场份额约为 14%。显然这项水泵业务在该矩阵中处于有相当吸引力的区域。

表 8-1 通用电气公司水泵业务的影响因素分析

	因素	权数	评分（1~5）	评价值
市场吸引力	总体市场规模	0.20	4	0.80
	年市场成长率	0.20	5	1.00
	历史盈利率	0.15	4	0.60
	竞争密集程度	0.15	2	0.30
	技术要求	0.15	4	0.60
	通货膨胀	0.05	3	0.15
	能源要求	0.05	2	0.10
	环境影响	0.05	3	0.15
	社会政治法律	必须是可接受的		
		1.00		3.70
业务优势	市场份额	0.10	4	0.40
	份额增长	0.15	2	0.30
	产品质量	0.10	4	0.40
	品牌知名度	0.10	5	0.50
	分销网络	0.05	4	0.20
	促销效率	0.05	3	0.15
	生产能力	0.05	3	0.15
	生产效率	0.05	2	0.10
	单位成本	0.15	3	0.45
	物资供应	0.05	5	0.25
	开发研究绩效	0.10	3	0.30
	管理人员	0.05	4	0.20
		1.00		3.40

实际上，GE 矩阵分为 9 个格子，这些格子分列 3 个区。左上方的 3 个格子表示最强的战略业务单位，公司应该对其采取投资/扩展战略。在左下角到右上角这条对角线上的 3 个格子表示战略业务单位的总吸引力处于中等状态，公司应该采取选择/盈利战略。右下方的 3 个格子表示战略业务单位的总吸引力很低，公司应该采取收获/放弃战略。例如，安全阀业务就是一个在规模较大，但吸引力不大的市场中占有极小份额的战略业务单位。同时，在这项业务中公司也无多大的优势，它就是适用收获/放弃战略的候选业务。

企业还应根据现行的战略预测每个战略业务单位在今后三五年的预期位置。这包括分析每个产品所处的产品生命周期，以及预期的竞争者战略、新技术、经济事件等。这种预测的结果由图 8-7 中矢量的长度与方向所指出。例如，水泵业务预计其市场吸引力将缓慢下降，离合器业务在公司业务优势的地位将急剧下降。

企业的最后工作是确定对每项业务应做什么工作。图 8-8 勾勒出每个格子中的业务可能做的战略选择。当然企业到底应当采用怎样的战略，还必须按照市场总体规模和企业市场份额等因素来决定。如即使处于左上方最好区域的业务，如果预计总体市场规模不大，企业也不一定要进行大量的投资和发展；而对于处在右下角不利区域中的业务，如果市场规模仍然很大，企业就可采用"收获"战略；若市场规模已经急剧萎缩，企业则应尽快予以"放弃"。

企业将会发现它们的目标不一定是为每个战略业务单位建立销售额。它们的工作也许是

	强	中	弱
高	**保持优势** ・以最快可行的速度投资发展 ・集中努力保持力量	**投资建立** ・向市场领先者挑战 ・有选择地加强力量 ・加强薄弱地区	**有选择发展** ・集中有限力量 ・努力克服缺点 ・如无明显增长就放弃
中	**选择发展** ・在最有吸引力的部分重点投资 ・加强竞争力 ・提高生产力,加强获利能力	选择或设法保持现有收入 ・保护现有计划 ・在获利能力强、风险相对低的部门集中投资	**有限发展或缩减** ・寻找风险小的发展办法,否则尽量减少投资,合理经营
低	**固守和调整** ・设法保持现有收入 ・集中力量于有吸引力的部分 ・保持防御力量	设法保持现有收入 ・在大部分获利部门保持优势 ・给产品线升级 ・尽量降低投资	**放弃** ・在赚钱机会最小时售出,降低固定成本同时避免投资风险

图 8-8 战略选择

(资料来源:DAY. G S, Analysis for Strategic Marketing Decisions. West Publishing Company, 1986. pp. 202-204.)

用较少的营销费用维持现有的需求水平,或者从这项业务中提走现金,并听任需求下降。所以企业的任务是把需求保持在由公司总部的战略计划所决定的一个适当的水平上。营销有助于估量每个战略业务单位的潜在销售额和利润,但是一旦确定了战略业务单位的目标和预算,营销任务便应该高效率和高效益地贯彻执行计划。

(4) 发展战略。企业经常要对自己的业务组合进行适当的调整;这一方面是因为随着市场的发展与变化,一些老的业务市场会发生萎缩,而一些新的业务市场却会逐渐形成;另一方面是由于现有业务组合预计所能产出的销售和利润还达不到企业发展所期望目标,即存在着所谓的"战略计划缺口",于是需要通过业务组合的扩展来弥补这一缺口。

企业的业务组合的扩展主要有三种途径(见图 8-9):一是在企业现有的业务领域中继续投资和发展。一般称其为"密集型成长机会"(Intensive Growth Opportunities);二是发展同企业现有主要业务相关的业务,一般称其为"一体化成长机会"(Integrative Growth Opportunities);三是在同企业当前业务无关的领域发展新的业务,一般称其为:"多元角化成长机会"(Diversification Growth Opportunities)。如表 8-2 所示。

表 8-2 发展战略

密集性发展	一体化发展	多角化发展
市场渗透	后向一体化	同心多角化
市场开发	前向一体化	横向多角化
产品开发	横向一体化	综合多角化

①密集性发展战略。密集性发展战略,是指某一特定市场上存在尚未被充分满足的需求,企业可以利用现有的生产,在现有的经营范围内谋求发展的战略。密集型成长机会由于是在企业比较熟悉的领域进行业务组合的扩展,所以相对比较容易。但由于仍然是在从事原有的业务,很可能因为本身的市场发展空间较小,而难以使企业的销售和利润有明显的增长。一般来说,其只有在提供新的产品和开拓新的市场这两方面进行努力,由此而构成了安索夫(Ansoff)的"产品—市场方阵"(Product-Market Expansion Grid),如图 8-10 所示,企业具体可采取四种策略。

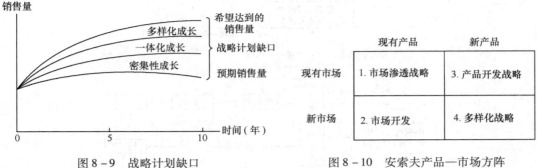

图8-9 战略计划缺口　　　　　图8-10 安索夫产品—市场方阵

◆ 市场渗透（Market-Penetration Strategy）。通过更加积极有效的营销措施，如增加销售网点，加强广告宣传，采取各种促销方式及降价等，努力在现有市场上扩大现有产品的销售量。

◆ 市场开发（Market Development Strategy）。通过开拓新市场，扩大市场范围来增加现有产品的销售。如：地方→全国；国内→国际；城市→农村。

◆ 产品开发（Product Development Strategy）。通过向现有市场提供多种改型变异产品，如花色品种、规格档次、更新包装、改善服务等；或者增加新产品来扩大产品的销售，如由单一产品向系列产品转化。

◆ 多样化战略（diversification strategy）。为满足新的市场的需要而开发新的产品。但由于其仍然是在原有的业务范围之内所进行多样化产品开发，所以同"多角化成长机会"还是有层次上的区别的。

② 一体化发展战略。一体化发展战略，是指一个企业通过把自己的业务活动伸展到供、产、销不同环节或与同类企业联合来谋求发展的战略，企业可通过向所经营业务的上游产业或下游产业进行扩展和延伸，来增加企业的经营效益。企业对于一体化成长机会的开发，由于同原有业务有很强的相关性，所以成功的概率较大；而且由于通过上下游产业的一体化经营，能够很好地实施企业的整体营销战略，并能在一定程度上降低总体的经营成本，应当说是十分有利的。因此，一体化的经营战略往往是一些资本实力雄厚的企业所喜欢采用战略。有三种具体策略。

◆ 后向一体化（Backward Integration）。通过各种形式向后控制供货商，使供产一体化，实现供产结合。但绝不是"大而全"、"小而全"。

◆ 前向一体化（Forward Integration）。指企业向前控制分销系统，实现产销结合。如汽车厂家自设销售公司等。日本的流通系列化均属于前向一体化策略。

◆ 横向一体化（Horizontal Integration），又称水平一体化。兼并或控制竞争者的同类产品的企业，或与同类企业合资经营。

企业通过开发"一体化成长机会"来扩展自己的业务组合可采用不同的做法。一种是由企业重新投资建设，建立一个全新的企业或部门；另一种是通过收购从事该业务的现有企业来扩大自己的业务组合。一般只有在企业感到从事该业务的现有企业在技术水平上已相当落后，收购改造的成本过高，或客观上不存在收购兼并的可能的情况下，才会倾向于自己重新投资建设。而大多会倾向于通过收购或兼并现有的企业来实现自己的"一体化"战略。如图8-11所示。

③ 多角化发展战略。多角化发展战略，也称多样化或多元化。是指向本行业以外发展，

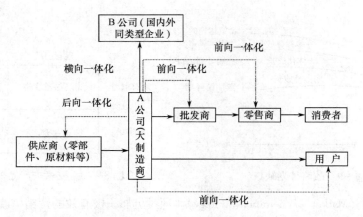

图 8-11　一体化发展战略

扩大业务范围，实行跨行业经营。多样化发展战略也有三种具体策略。

◆ 同心多角化（Concentric Diversification Strategy）。是指以现有业务为中心向外扩展业务范围，用企业现有物质技术力量开发新产品，增加产品的门类和品种，以寻求新的业务增长。这种策略有利于发挥企业原有的设备、技术和营销人员的优势。

◆ 横向多角化，也称水平多角化（Horizontal Diversification Strategy）。是指企业针对现有顾客对其他方面的需求，增加物质技术力量开发新产品，扩大业务经营范围，实现业务增长。

◆ 综合多角化，也称集团式多样化（Conglomerate Diversification Strategy）。是指企业通过投资或兼并等形式，把经营范围扩展到多个部门，组成混合型企业集团，开展与现有技术、产品、市场无联系的多角化经营活动，以寻求新的增长机会。

企业在寻找新的机会进行业务的扩展，以弥补自己的"战略计划缺口"的同时，也应当主动地从一些已有的业务中转移和退出，因为如果将企业的资源和经营者的精力分散在太多的业务领域中，有可能降低资源的利用效率和提高企业的经营成本；相反，如果企业能从一些收益相对较低，市场已呈萎缩趋势的业务中主动撤出，将资源投入发展前景和收益率更好的业务中去，根据机会成本的原理，企业将大大提高自己的资源利用效率。所以放弃和退出也是企业业务发展战略的重要组成部分。

企业在什么时候从原有业务中退出最为合适？根据以上的业务评价方法，似乎应当是在该业务已经萎缩或衰退（即进入"瘦狗类"业务状态）时。但实际上如果真的到了这样一种状态，企业要想放弃和退出已经比较困难，因为企业的技术和设备要想出让，就很少有企业愿意接盘，退出的成本会比较高；而如果企业能在已有业务还比较兴旺，但发展速度已经趋缓的时候"急流勇退"，由于此时愿意接盘的企业很多，企业的技术和设备可以较高的价格转让，其退出的成本往往是最低的。同时由于企业可以将潜在的竞争者滞留在看来还不错的传统业务上，就可能有充足的时间去发展更有前景的新业务。当然其前提是企业必须能及时发现和把握具有巨大吸引力的新业务。

2. 业务战略计划

业务战略计划是企业的各具体业务单位根据企业的总体战略而制订的具体的战略计划，它是直接指导企业各项业务开展的指导性文件。业务战略计划的制订不仅是一个工作程序的安排，而且具有很强的谋略性。所以实际上是企业开展某项业务的策划过程，一般包含以下七个步骤。如图8-12所示。

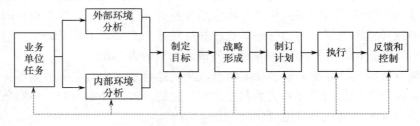

图8-12 业务战略计划的过程

（1）业务描述（业务单位任务书）。业务描述是具体业务单位对于其将要开展的某项业务的一种界定和认识过程，通常会以业务单位任务书的形式来进行描述。任务书必须明确说明本单位所开展的具体业务及同企业总体战略之间的关系。如当一个药业公司将其战略定位锁定在中老年市场时，其保健部门的业务单位任务书就可能会将"开发适应中老年人群的高钙类保健品"界定为其具体的战略任务。

（2）SWOT分析。SWOT分析是业务单位对其将开展的具体业务所进行的一种环境分析，并会依此来决定其所采用的基本战略及战略目标。其包括开展此项业务的外部环境分析，即机会（Opportunities）和威胁（Threats）的分析；以及内部环境的分析，即优势（Strengths）和劣势（Weaknesses）分析。如表8-3所示。

表8-3 SWOT分析

企业外部环境分析	企业内部环境分析 优势S	劣势W
机遇O	SO战略	WO战略
威胁T	ST战略	WT战略

①外部环境的分析（O/T分析）。外部环境的分析主要是通过对影响该业务的各种宏观和微观环境因素的分析，来认识开展此项业务的发展前景、市场潜力、盈利空间及潜在风险等方面的问题。如对中老年保健品市场的分析，就可能会涉及人口的老龄化程度及其发展趋势，常见病、多发病的种类及其主要原因，人们收入水平变化及在各种人群中的结构分布，人们生活习惯和消费习惯的变化及其影响因素，以及本土化文化与外来文化的冲突与交融等各方面的问题。通过对这些问题的梳理和分析，才可能找出最有发展前景的市场机会和最佳业务。

同时，外部环境的分析还可能发现业务开展过程中所面临的风险，如原材料供应的短缺，竞争产品或替代产品的出现，市场需求状况的变化，政策的限制，突发事件的产生，甚至自然环境的变迁等都可能会对业务的发展带来影响。所以在进行业务的评价和选择时，一定要对机会和风险进行比较分析，然后才可能作出正确的决策。

②内部环境分析（S/W分析）。内部环境分析主要是通过同竞争对手（或行业平均水平）的比较，了解业务单位自身的优势和劣势，以便在业务战略计划制订中扬长避短，突出自身的优势和特色，避免在竞争中遭到失败。如在中老年保健产品的开发中，产品的功能、系列化程度、服用的便利性、品牌声誉或是成本价格，都可能成为超越竞争对手的某一因素。业务单位若能发现自己在某一因素方面所具有的优势，就可能在战略计划中将其列为

发展的重点和主要方向，从而形成自身的特色和核心竞争力。

内部环境的分析还应当能够发现业务单位所存在的一些弱点，以便在业务战略计划中有相应的措施给以补救和克服。因为这些弱点往往可能成为竞争对手攻击的主要目标，若不能及时发现，有所防范，往往可能成为导致业务最终失败的致命伤。

外部环境分析同内部环境分析必须要结合起来，这样才能使得业务战略目标和手段变得更为清晰，因为业务单位的优势和劣势都是基于一定的环境条件而言的，环境条件发生了变化，业务单位的优劣势也就会发生变化。

将优劣势分析同机会、威胁分析相结合，就能为业务的发展提供四种基本的战略选择。

◆ SO 战略，即积极进取的战略。即以企业的优势去把握与之相应的市场机会。企业的优势同所出现的市场机会相一致的情况。SO 战略的胜算把握较大。

◆ ST 战略，即积极防御战略。即以企业的优势去应对可能出现的市场风险。在这种风险出现时，其他企业有可能无力承受，而被淘汰；企业如果在这方面具有优势，则可能因此而获得成功。

◆ WO 战略，即谨慎进入战略。面对某种市场机会，企业可能并不具有相应的竞争优势。但如果机会的吸引力足够大，企业也可能依然要去把握。只不过通过 SWOT 分析，了解自身在面对机会时所存在的弱点，就能够对此引起足够重视，并能以适应的策略予以防护。只要准备充分，策略得当，也可能取得成功。

◆ WT 战略，即谨慎防御战略。企业高度重视在业务发展中所可能出现的各种风险，并注意到在面对风险时所存在的不足之处。从而使企业在事先就能做好充分的应对准备，在风险出现时，能从容面对。

企业的各业务单位通过 SWOT 分析，在四种基本战略中有所选择，就能根据基本战略去制订其业务战略计划。

（3）目标设定。在业务战略计划中也必须要有明确的战略目标。它同企业的总体目标相一致，但处于不同的层次。企业总体目标的实现是建立在各业务单位目标实现的基础上的，而业务目标比企业的总体目标更明确、更具体，从而也更具有直接指导意义。如企业的总体目标可能表现为：目标市场的定位，销售额的增长，利润的增长，等等。而业务单位目标则必须反映为目标市场提供什么样的产品和服务，在计划期内提供多少，提供哪几种类型，销售的单位数量（而不仅是销售额）及成本水平，单位毛利率及利润总额，等等，这些都是同具体的业务项目相对应的，可度量、可操作的目标体系。

然而在目标设定的原则上则同企业总体目标的制定是一样的，也必须体现层次化、数量化、现实性、协调性等基本原则，这些原则在"企业目标描述"中已作论述，这里就不再重复。

有时，业务战略目标的设定还必须有竞争性的描述，即在同样的业务领域，同其他企业相比，企业争取能达到怎样的地位，如市场占有率的大小，销售和利润的排名，品牌声誉的比较等。在市场竞争比较激烈的业务领域，这种市场竞争地位的改变对企业是至关重要的，应当将其列为重要的战略目标之一。

（4）战略选择。业务目标设定之后，必须要对采取何种业务战略进行必要的选择。目标设定是解决向什么方向发展的问题，战略选择则是解决用何种方式去实现的问题。实现目标的战略是多方面的，主要可包括以下内容。

①基本战略。这是通过 SWOT 分析后得出的业务单位的总体战略，它是对其他战略具有指导意义的。

②竞争战略。这是针对不同的竞争对手和竞争环境而对业务单位所确定的竞争指导思想。根据迈克波特的理论，可分为成本领先战略，差别化战略和集中化战略等几种不同的战略。

③开发战略。在市场开发，特别是市场进入的初期，企业可采用不同的战略如造势型、渐近型、渗透型、依附型，等等，这些战略指导思想的确定，对整个业务计划的制订具有重要影响。

④布局战略。业务单位所开展业务将会在哪些市场上进行覆盖？会进入哪些区域？进入的顺序和方式是怎样的？这也是一个战略层面上的问题。如企业可以选择对市场的全方位覆盖战略，也可以选择重点覆盖或分片覆盖战略；可以采用跳跃式布局战略（即在各重要的战略目标市场，先行进入一些单位，然后再逐步扩展），也可以采用梯次推进战略（即以重点或已有的市场为基础，逐步向周边滚动发展）。这对于业务计划中的资源配置具有重要影响，也必须事先予以确定。

⑤战略联盟。在目前市场普遍处于寡头垄断的环境条件下，越来越多的企业认识到，要想在竞争中击垮对手难度是很大的，有时甚至会导致"两败俱伤"的结局。而要在市场上保持稳定的份额和长远的利益，更可取的方式是开展企业间的合作和联盟，利用资源、市场、信息等方面的共享，来争取各企业利益的共同提升。于是在业务战略计划中，发展战略联盟也就成为业务战略的重要方面，如我国各商业银行正在发展的"银联卡"业务计划，就是力图形成各银行信用卡的互通性。这样就可以使信用卡的用户感到更加的便利，从而使信用卡市场的总量能够迅速地扩大，而参与联盟的各商业银行都能从中受益。战略联盟的前提是企业在各种经营要素方面的互补性。而目标则是能使市场的总量得以扩大。因为只有把"蛋糕"做大了，参与联盟的企业才可能得到利益上的增量。

从目前的情况看，企业间的战略联盟包括以下几种。

◆ 产品与服务的联盟，即不同的企业各自生产具有互补性的产品和服务，共同来满足目标市场的需要。

◆ 促销或渠道的联盟，为合作企业的产品进行促销，如在"肯德基"快餐店进行"百事可乐"的宣传和推广；利用合作企业的渠道销售产品，如上海正广和网络销售公司可为其联盟企业提供网上销售的服务，等等。

◆ 后勤和物流的联盟，利用合作伙伴的后勤和物流设施分销或配送企业的产品，在不同的地点分别为对方进行储存或转运，等等。

◆ 价格联盟，多家企业共同介入某种特定的价格合作体系，如旅行社、航空公司和宾馆共同制订针对旅游者的价格折扣计划（价格联盟并不是指同行业的企业实行价格串通来操纵市场，那是违法行为，而不是合理的价格联盟）。

扩展阅读——小知识

公司之间通过战略联盟和合资结合起来

战略计划者的工作包括如何用最好的方法来扩大公司的业务至新的市场中。如果美国公司想进入外国市场，它可以采用以下三种方法。

1. 建立国外附属公司

这是一种传统做法，如 IBM、施乐、3M 等用这种方法进入外国市场，建立子公司需要成本和时间，但母公司可全面控制。即使如此，有些子公司随着时间的推移，在政策上已相对独立于母公司。例如奥普尔，通用汽车在欧洲的附属公司，已在很大程度上独立于美国的母公司而经营。

2. 收购竞争者和其他企业

这是最昂贵的进入外国市场的方法，但当它试图选择和收购时，容易掉入陷阱。波特的报告说，在 1950—1980 年，33 家大公司收购的超过 2 000 家的企业中，到 1986 年一半以上的计划失败了。麦金西公司的另一个报告说，收购盈利超过收购成本的只有 23%。桥石公司（日本的轮胎制造商），在收购了火石公司后利润骤降。当然，也有少数公司——联邦快递、古柏实业、史丹利工具公司在收购和随后的经营活动中获得相当的成功。

3. 建立联盟和合资企业

虽然建立和管理战略联盟相当复杂，但其优点是比创立和收购企业成本低得多和速度快。建立联盟的理由有许多：获得新技术，进入"封闭"市场，减少投资，获得品牌进入的机会或消费者群，或取得更大的全球覆盖面。在过去的几十年内，合资企业数量剧增。但它们面临一些问题，例如，对进一步投资合伙人的意见分歧，投资回报的分歧，无能力应付市场条件、文化沟通的阻碍，无法统一两个合伙公司的会计和信息系统。有些报告指出，联盟的结果并不令人满意。

在各种联盟中，关于营销联盟有以下四种。

（1）产品和（或）服务联盟。其形式可从一个公司许可另一公司生产产品，到两个公司共同营销它们的补充产品（苹果 PC 与数字 Vax 计算机联合），到两个公司合作设计、制造和营销一个新产品（马自达和福特汽车公司合作生产的埃斯科特车）。营销联盟还能在产品公司和服务公司之间形成（用花旗银行新的信用卡买福特车给予优惠）。最后，两家服务公司结成营销联盟（H&R 税务咨询公司与海厄特法律服务公司结盟）。

（2）促销联盟。一个公司同意为另一公司的产品或服务促销。例如，TMNT 的录像系列服务夹带了比萨饼的优惠券。娱乐圈与书店合作促销《俄罗斯之家》的电影和书籍。一家最好的餐馆可能同意为当地的艺术馆展览壁画。

（3）后勤联盟。一家公司为另一家公司的产品提供后勤供应服务。例如，联邦快递公司的仓库准备了许多公司的零件，保证向在美国任何地方的公司，在收到订单的第二天送货上门。埃伯特制药公司与 3M 公司结成联盟，为 3M 公司储放和运送它的医药产品到美国的各个医院。

（4）价格合作。几家公司加入特定的价格合作。最常见的是，旅馆连锁店和租车公司共同推出价格折扣。

公司需要在寻找合伙人时发挥更多的创造性，以扩大它们的优势和弥补劣势。联盟只要管理得法，就能使公司获得更大的销售和降低成本。其主要风险是合伙人之间对责任或将来的方向意见不一。

（资料来源：http://www.51kj.com.cn/news/20060624/n64151.shtml）

（5）计划制订。业务单位在确定其业务战略之后，就应当制订出具体的业务计划来实现其战略。业务计划的制订必须是具体、明确和可靠的。一般应包含：计划阶段、阶段目标、重点工作、成本核算和评价标准等。

①计划阶段。是指将实现某一业务战略目标的过程划分为几个相互衔接的执行阶段。这样就能使业务的开展具有明确的步骤和可操作性。

②阶段目标。是指对每一阶段的工作都必须设立相应的目标。阶段目标是业务战略目标的分解，各阶段的目标必须相互衔接，递次推进，最后使业务战略目标能顺利实现。

③重点工作。是指在每个阶段中起核心作用的活动和任务。这是支撑业务战略目标得以实现的具体行为，也是反映各阶段特征的主要标志，是实现业务战略的基本抓手，必须在业务计划中予以明确。

④成本预算。在业务计划中，由于已经涉及各项具体的业务活动、成本和费用也就能得到反映。所以在业务计划中必须对每项活动乃至整个业务战略计划的成本费用进行预算，以判断开展业务的最后成效。若成本过高，就必须对业务计划加以修正，以保证业务活动能取得理想的效益。

⑤评价标准。在业务计划中，还应当对业务的成效提出适当的评价标准，以作为最终检验业务计划执行效果的衡量尺度，评价标准应当根据业务战略目标来制定，必须有明确的、可测量的量化指标体系，同时还应当明确评价的方法，以使评价的结果能够科学合理。

（6）计划执行。业务战略计划的执行也是业务战略计划过程的一个重要组成部分。因为战略计划的制订并不能保证战略计划的成功，在计划执行的过程中，还需要依靠有效的组织体系，高素质的人员队伍，共同的价值认知，以及良好的工作作风，这样才能使业务战略计划得到顺利的实施。若计划的执行人员的利益目标或价值认知同计划的制订者不一致，就有可能导致行为与计划的偏离，使计划的效果下降，甚至导致整个业务战略计划的流产。如当战略计划的制订者期望通过一次附带问卷的产品促销活动来搜集市场信息，为进一步的市场营销活动做准备时，具体执行人员因怕麻烦，而不能督促顾客将问卷答全，或在统计数据时出现重大差错，就可能使整个业务战略计划的实施效果受到很大影响。

因此在业务战略计划的执行过程中，必须抓好动员、培训和激励三个环节。通过动员让执行者了解具体行动方案的意义和实现战略目标的价值；通过培训使执行者掌握落实计划的主要措施和行为原则；通过激励来调动执行者执行计划的主动性和积极性，从而保证计划能够得到完满的落实。

（7）反馈与控制。业务战略计划在执行过程中应当受到及时的控制，这主要依靠对各阶段执行情况的检查和反馈。以了解与所设定的目标之间是否出现偏离。若发现出现偏离，就应当及时地检查原因，并予以纠正。这是保证业务战略计划能够顺利执行的重要一环。

同时还必须对计划执行期间所发生的各种环境因素的变化进行了解，并及时反馈。要分析环境因素变化对计划目标实现是否产生影响及其影响程度。并在产生影响的情况下能够采取有效的应对措施，以保证计划目标的实现。有时还应当根据新的环境状况对业务战略计划进行必要的修订，以增强其对环境的适应性。因为对于企业而言，效益目标是首要的，如果计划同环境不适应，就有可能使企业的效益下降。正如彼得·德鲁克曾指出的："做恰当的事（效益优先）比恰当地做事（效率优先）更为重要。"

8.2 市场营销计划

市场营销计划实际上包括确定市场营销目标、选择市场、市场营销组合等。一个具体的营销计划包括的内容列于表8-4。

表8-4 营销计划的内容

节 名	目 的
一个营销计划的内容	
1. 执行概要	它为使管理当局迅速了解而提供所建议计划的简略概要
2. 当前营销状况	它提供与市场、产品、竞争、分配和宏观环境有关的背景数据
3. 机会和问题分析	它概述主要的机会和威胁、优势和劣势,以及在计划中必须要处理的产品所面临的问题
4. 目标	它确定计划中想要达到的关于销售量、市场份额和利润等领域的目标
5. 营销战略	它描述为实现计划目标而采用的主要营销方法
6. 行动方案	它回答应该做什么?谁来做它?什么时候做?它需要多少成本?
7. 预计的损益表	它概述计划所预期的财务收益情况
8. 控制	它说明将如何监控该计划

8.2.1 市场营销目标

市场营销目标,是指企业市场营销战略或市场营销活动,在一定时间内应完成的任务和达到的目标。市场营销目标的确立可以解决市场营销计划中的两个基本问题,一是给出了市场营销活动中"向哪个方向发展"、"向哪个方向努力"的答案;二是提供了市场营销业绩评价标准。

制定市场营销目标的目的是提供方向和作为评价的标准。为了实现这一目的,市场营销目标必须具备以下一些特点。

(1) 清晰简明性。每一个目标都应该意思清晰,表述简单明了,避免使用冗长的语言和文字说明目标。

(2) 多重性。市场营销目标不能只规定单一的目标,而应该有若干具体目标,如销售额、市场占有率等。

(3) 时限性。所规定的各个具体目标有一定的时间性,只有在一定期限内完成才恰当、有效,所以必须明确实现其目标的时间范围。

(4) 可衡量性。应该尽可能以数量化等可衡量的方式规定市场营销目标,以利于把握和核查。如"商誉",其概念很重要,但它本身无法定义和衡量。对此,可采用替代衡量法来量化其目标,即"在年度调查中发现,至少有85%的顾客认为我们公司是该地区最好的企业"。

(5) 挑战性和可实现性。一方面要求所制定的目标要有一定的难度,富有挑战性;另一方面又要求其目标水平是从实际出发的,是与企业的资源条件和市场环境相适应的,只要努力是完全可以实现的。

(6) 阶段性。较长期的目标应分阶段提出具体要求。

(7) 协调一致性。一是市场营销目标必须与企业总体目标和宗旨协调一致;二是各项具体目标之间应该协调一致；三是企业市场营销目标应当有益于增进社会整体利益，与社会经济发展目标相协调。

市场营销目标主要有：销售额目标、市场占有率目标、顾客目标、市场开发目标、新产品开发目标，形象目标、知名度目标、商誉目标，等等。

8.2.2 选择目标市场

首先进行市场细分，这是选择目标市场的前提。然后在众多的细分市场中选择适合自己的目标市场，再对企业及其产品进行市场定位。

8.2.3 市场营销组合

市场营销组合，是指企业在不可控的宏观环境下，为满足目标市场的需求，将企业自身可以控制的各种市场营销手段即市场营销组合因素进行有机的组合。

市场营销组合是美国哈佛大学鲍敦教授于1964年首先提出的，是现代市场营销学中一个重要的概念。

市场营销组合因素，主要是指美国市场营销学家麦卡锡于1960年提出的4P分类，即产品、价格、渠道、促销。

扩展阅读——小案例

某家电公司的营销策略

某家电公司的音响产品线基本战略的对象是高层次家庭，并且特别着重妇女购买者。通过增加低价品和高价品使产品线得到扩大。这条线的平均价格将提高4%。开展一种新的和强烈的广告活动，以提高我们品牌在消费者心目中的信任感。我们将安排一个强有力的促销方案，以吸引更多的消费者和经销商注意我们的产品线。我们将扩大分销，以覆盖百货商店，但避免进入折扣商店。为了生产高质量音响和增加可靠性，我们将在更新产品式样上投放更多的资金。营销策略如下。

◆ 目标市场：高层次的家庭，着重女性购买者。
◆ 定位：有最好音响和最大可靠性的模块化组合立体声系统。
◆ 产品线：增添一个低价式样和两个高价式样。
◆ 价格：价格略高于竞争品牌。
◆ 分销网点：重点在无线电（电视机）商店和器具商店，努力加强对百货商店的渗透。
◆ 销售队伍：扩大10%和导入全国记账管理系统。
◆ 服务：可广泛得到和迅速服务。
◆ 广告：开展一个新广告活动，直接指向支撑着定位战略的目标。
◆ 市场：在广告中注重高价产品；增加20%的广告预算。
◆ 促销：增加15%的促销预算，以发展购（售）点陈列和在更大的程度上参与经销商的商品展销。
◆ 研究和开发：增加25%的费用，以发展阿兰格诺产品线上更好的式样。
◆ 市场调研：增加10%的费用，以改进对消费者选择过程的了解和掌握竞争对手的动向。

在制定战略的过程中，产品经理应该与采购和制造部门的人员商量，从而弄明白他们买到足够材料和生产足够数量产品的能力，以满足计划中的销售量水平；产品经理还应该和销售经理磋商，以获取销售人员的支持；以及和财务主管商量，以弄清可得到的足够的广告与促销资金。

后来，美国市场营销学家菲利普·科特勒于1984年提出了大市场营销概念，认为企业不应单纯地顺从和造就环境，而应该也能够影响自己所处的市场营销环境。于是，在市场营销组合因素4P的基础上增加了2P，即权力（Power）和公共关系（Public relations）。也就是说，大市场营销的组合因素不是4P，而应该是6P。

8.2.4 市场营销组合的实施

市场营销计划制订好以后，就要对其组织实施。为组织实施，需要设置相应的组织，并配备适当的人员；进行合理预算；市场营销管理者通过对下属进行指导和监督，使市场营销计划的实施活动有序展开；调动人的积极性。

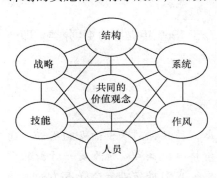

图8-13 麦肯锡公司的7S构架

即使一个公司制定了一个明确的战略并有一个缜密的支撑计划，还是不够的。公司在执行时可能失败。根据世界最佳的咨询公司麦肯锡咨询公司的观点，战略并不等于一切，战略仅仅是最佳管理公司所具备的7个要素之一。麦肯锡公司的7S构架，参见图8-13的说明。前面三个要素——战略、结构和系统——被认为是成功的硬件，后面四个要素——作风、人员、技能和共同的价值观念——被认为是成功的软件。

第一个软件要素就是作风，指该企业人员具有共同的行为和思想风格。例如，麦当劳企业的每位职工对顾客都露出同样亲切的笑容，IBM的许多职员在举止和服饰方面都显得是有专门的职业修养的。第二个是技能，指雇员应该具备和掌握为实施企业战略所需要的技能。第三个是人员，指企业应该雇佣能干的人，并为每个人安排适当的工作，以充分发挥他们的才能。第四个是共同的价值观念，指企业雇员拥有共同的指导性价值和使命。当企业拥有这四个"软件"要素时，它将在执行过程中获得更多的成功。

8.2.5 评价与控制

评价与控制是市场营销管理过程中的最后环节，在这一环节中包括两大内容：一是协调，即内部协调和对外协调；二是控制，即年度计划控制、效率控制、预算控制等。有些控制部分包括权变计划。权变计划概述企业在遇到特殊的不利情况发生时所应该实行的步骤，例如遇到价格战或罢工。权变计划的目的是鼓励管理者对可能发生的某些困难做事先考虑。

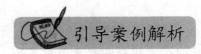

定位战略：将产品定位为"男士专用的去屑洗发水"，占领消费者的心智空白点，一直

以来，洗护发产品一直都是男女混用的。首推男士专用，恰到好处地抓住了男性消费者渴望被重视的诉求。

理性诉求：利用"维他矿物群"这个概念进行宣传，对消费者进行教育。

品牌防御战略：将"维他矿物群"这个概念商标注册（TM）和专利申请，保护知识产权不被竞争者模仿。

时机的把握：2月份开始全面铺货，利用春季进行全面推广，在其洗头水销售高峰的夏季时分，在消费者的思维里已经留下了清扬去头屑的印象。

比较性广告策略：广告词："如果有人一次次对你撒谎，你绝对会——甩了它，对吗？"其弦外之音显得意味深长，暗指海飞丝在说谎。

1. 企业的战略层级如何划分？它们之间有什么联系？
2. 试述市场营销战略与企业战略的关系。
3. 什么是市场营销战略？它有哪些特点？
4. 市场营销战略如何制定和实施？
5. 什么是市场营销管理过程？包括哪些主要内容？
6. 试述 4P 与 4C 的关系。
7. 什么是波士顿矩阵法？如何用它分析和评估业务单位或产品？
8. 什么是 GE 法？如何用 GE 法来分析和评估业务单位或产品？
9. 为何要制定发展战略？发展战略有哪些类型？

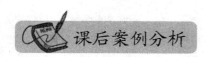

格兰仕微波炉的战略

经过激烈的市场竞争，格兰仕攻占国内市场 60% 以上的份额，成为中国微波炉市场的代名词。在国家质量检测部门历次全国质量抽查中，格兰仕几乎是唯一全部合格的品牌，与众多洋品牌频频在抽检中不合格被曝光形成鲜明对比。去年，格兰仕投入上亿元技术开发费用，获得了几十项国家专利和专有技术；今年，将继续加大投入，使技术水平始终保持世界前列。

由于格兰仕的价格挤压，近几年微波炉的利润空间降到了低谷。今年春节前夕，甚至出现个别韩国品牌售价低于 300 元的情况，堪称世界微波炉最低价格。国内品牌的主要竞争对手一直是韩国产品，它们由于起步早曾经一度占据先机。在近几年的竞争中，韩国品牌落在了下风。韩国公司在我国的微波炉生产企业，屡次在一些重要指标上被查出不合标准，并且屡遭投诉，这在注重质量管理的韩国公司是不多见的。业内人士认为，200 多元的价格水平不正常,是一种明显的倾销行为。它有两种可能:一是韩国受金融危机影响,急需扩大出口,向外转嫁经济危机;二是抛库套现,做退出前的准备。

面对洋品牌可能的大退却,格兰仕不是进攻而是选择了暂时退却。日前,格兰仕总部发出指令,有秩序地减少东北地区的市场宣传,巩固和发展其他市场。这一决策直接导致了春节前后一批中小企业进军东北,争夺沈阳及天津市场。

这些地区已经平息的微波炉大战,有重新开始的趋势。格兰仕经理层在解释这种战略性退让时指出,其目的在于让出部分市场,培养民族品牌,使它们能够利用目前韩国个别品牌由于质量问题引起信誉危机的有利时机,在某一区域获得跟洋品牌直接对抗的实力,形成相对的针对洋品牌的统一战线,消除那些搞不正当竞争的进口品牌。

从长远看,格兰仕保持一些竞争对手,也是对自己今后的鼓励和鞭策。格兰仕的目标是打出国门。1998年,格兰仕微波炉出口额5 000万美元,比上年增长两倍,在国内家电行业名列前茅,其国际市场价格平均高于韩国同类产品25%。前不久,在世界最高水平的德国科隆家电展中,第二次参展的格兰仕不仅获得大批订单,而且赢得了世界微波炉经销商的广泛关注。今年格兰仕的出口目标是再翻一番。

为继续扩大规模,格兰仕将有选择地在国内微波炉企业中展开收购工作。1998年收购安宝路未果后,公司总结了经验教训,将重点联合政府部门实现新的目标。鉴于亚洲金融危机的影响短期内可能不会消除,格兰仕表示,并购工作对海外品牌企业一视同仁。

(资料来源:吴健安. 市场营销学. 北京:高等教育出版社,2011.)

思考题:
1. 试分析格兰仕微波炉面临的战略环境。
2. 评价格兰仕微波炉的一般性竞争战略及其特点。
3. 为格兰仕微波炉制定恰当的市场营销组合策略。

第 9 章 市场细分

◎ 本章要点
- 市场细分与目标市场营销
- 市场细分的概念及理论依据
- 市场细分的变量
- 市场细分的原则
- 市场细分的程序

◎ 本章难点
- 市场细分的变量
- 市场细分的原则

◎ 课前思考
- 联系实际分析企业通过市场细分可以得到什么益处。
- 市场细分可以使用哪些具体的变量?

 引导案例

奇瑞 QQ 年轻人的第一辆车

微型客车曾在 20 世纪 90 年代初持续高速增长,但是自 90 年代中期以来,各大城市纷纷取消"面的",限制微客,微型客车至今仍然被大城市列在"另册",受到歧视。同时,由于各大城市在安全环保方面的要求不断提高,成本的抬升使微型车的价格优势越来越小,因此主要微客厂家已经把主要精力转向轿车生产,微客产量的增幅迅速下降。

在这种情况下,奇瑞汽车公司经过认真的市场调查,精心选择微型轿车打入市场;它的新产品不同于一般的微型客车,是微型客车的尺寸,轿车的配置。QQ 微型轿车在 2003 年 5 月推出,6 月就获得良好的市场反应,到 2003 年 12 月,已经售出 28 000 多辆,同时获得多个奖项。

令人惊喜的外观、内饰、配置和价格是奇瑞公司占领微型轿车这个细分市场成功的关键。奇瑞 QQ 的目标客户是收入并不高但有知识有品位的年轻人,同时也兼顾有一定事业基础、心态年轻、追求时尚的中年人。一般大学毕业两三年的白领都是奇瑞 QQ 潜在的客户。人均月收入 2 000 元即可轻松拥有这款轿车。许多时尚男女都因为 QQ 的靓丽、高配置和优性价比就把这个可爱的小精灵领回家了,从此与 QQ 成了快乐的伙伴。

QQ 的目标客户群体对新生事物感兴趣,富于想象力、崇尚个性,思维活跃,追求时

尚。虽然由于资金的原因他们崇尚实际，对品牌的忠诚度较低，但是对汽车的性价比、外观和配置十分关注，是容易互相影响的消费群体；从整体的需求来看，他们对微型轿车的使用范围要求较多。奇瑞把QQ定位于"年轻人的第一辆车"，从使用性能和价格比上满足他们通过驾驶QQ所实现的工作、娱乐、休闲、社交的需求。

为了吸引年轻人，奇瑞QQ除了轿车应有的配置以外，还装载了独有的"I-say"数码听系统，成为了"会说话的QQ"，堪称目前小型车时尚配置之最。据介绍，"I-say"数码听是奇瑞公司为用户专门开发的一款车载数码装备，集文本朗读、MP3播放、U盘存储多种时尚数码功能于一身，让QQ与电脑和互联网紧密相连，完全迎合了离开网络就像鱼儿离开水的年轻一代的需求。

奇瑞公司根据对QQ的营销理念推出符合目标消费群体特征的营销策略。

在产品名称方面：QQ在网络语言中有"我找到你"之意，QQ突破了传统品牌名称非洋即古的窠臼，充满时代感的张力与亲和力，同时简洁明快，朗朗上口，富有冲击力；在品牌个性方面：QQ被赋予了"时尚、价值、自我"的品牌个性，将消费群体的心理情感注入品牌内涵；引人注目的品牌语言：富有判断性的广告标语"年轻人的第一辆车"，及"秀我本色"等流行时尚语言配合创意的广告形象，将追求自我、张扬个性的目标消费群体的心理感受描绘得淋漓尽致，与目标消费群体产生情感共鸣。

QQ作为一个崭新的品牌，在进行完市场细分与定位后，投入了立体化的整合传播，以大型互动活动为主线，具体的活动包括QQ价格网络竞猜、QQ秀个性装饰大赛、QQ网络FlASH大赛，等等，为QQ 2003年的营销传播大造声势。

相关信息的立体传播：通过目标群体关注的报刊、电视、网络、户外、杂志、活动等媒介，将QQ的品牌形象、品牌诉求等信息迅速传达给目标消费群体和广大受众。

各种活动"点""面"结合：从新闻发布会到传媒的评选活动，形成全国市场的互动，并为市场形成了良好的营销氛围。在所有的营销传播活动中，特别是网络大赛、动画和个性装饰大赛，都让目标消费群体参与进来，在体验之中将品牌潜移默化地融入消费群体的内心，与消费者产生情感共鸣，收到了良好的营销效果。

QQ的成功，引起了其他微型车厂商的关注，竞争必将日益激烈。2004年3月奇瑞推出0.8L的QQ车，该车具有全自锁式安全保障系统、遥控中控门锁、四门电动车窗等功能，排量更小、燃油更经济、价格更低。新的QQ车取了"炫酷派"、"先锋派"等前卫名称，希望能够再掀市场热潮。

（资料来源：http://wiki.mbalib.com/）

案例思考：结合案例分析奇瑞QQ细分市场使用了哪些变量。

9.1 市场细分的概述

9.1.1 市场细分与目标市场营销

市场细分是目标市场营销的基础，1956年，美国市场营销学家温德尔·史密斯在《市场营销策略中的产品差异化与市场细分》中提出了市场细分概念，奠定了目标市场营销的理论基础，从而使市场营销进入到一个新的阶段，即目标市场营销。目标市场营销（Target marketing）即企业识别各个不同的购买者群体的差别，有选择地确认一个或几个消费者群体作为自己的目标市场，发挥自己的资源优势，满足其全部或部分的需要。从现代市场营销发展演变来考察，大致可以概括为三个阶段。

1. 大量市场营销

在20世纪50年代以前的很长一段时间，大多数的消费品厂商都奉行广泛市场营销（Mass marketing）策略。广泛市场营销又称大量市场营销，是指营销者以相同的方式向市场上所有的消费者提供相同的产品和进行信息沟通，即大量生产、大量分销和大量促销。大量市场营销处于物资短缺、供不应求的时代，企业普遍奉行生产观念，例如，美国福特汽车公司当时只生产T型车，一种型号，一种颜色。美国可口可乐公司长期生产一种口味、一种包装的可乐，它希望这种饮料适合每一个人，成为人人喜爱、老少皆宜的产品。

广泛市场营销以市场的共性为基础，忽略市场需求的差异，力图以标准化的产品和分销影响最广泛的市场范围，从而获得最低的生产和营销成本，得到较低的价格，或者较高的利润。在商品不充足、消费个性不突出或产品需求同质性高的情况下，广泛市场营销能够有效地实现规模经济，为企业所推崇。

2. 多品种市场营销

多品种市场营销也可称产品差异化市场营销。随着科学技术进步、科学管理和大规模生产系统的开发和推广，产品的产量迅速增加，市场上逐渐出现供过于求；卖方之间的竞争日趋激烈，企业的产品销量和利润开始下降。这时，企业认识到产品差异化的潜在价值，认为顾客有不同爱好，而且爱好随时间推移也有所变化，顾客也在寻求差异化。于是，企业开始生产两种或两种以上不同特点、式样、规格、质量的产品。其目的是向顾客提供多种产品，以供不同顾客选购。

3. 目标市场营销

20世纪50年代之后，市场环境中许多因素的变化使得广泛市场营销越来越困难了。一方面由于市场规模的迅速扩大，交通及通信技术的发展，将市场范围扩大到前所未有的地域，也将企业与消费者的信息联系推进到前所未有的广度和深度。消费者可以在超市、专卖店、便利店、百货商店、甚至在家中通过电话、网络等进行商品比较、选择和购买；从传统的大众传媒（报纸、杂志、广播、电视）及除此之外的新型媒体（网络、传真等）得到信息。营销者与消费者的联系日趋扩大化、直接化和长期化。另一方面，现代工业的发展推动了企业生产能力的进一步提高，商品日益丰富，市场由供不应求逐渐变为供大于求，市场由卖方市场向买方市场转移。消费者的需求水平和需求层次都有所提高，并且越来越要求个性化的服务，尽管人们可能都需要服装，但在款式、面料、风格上要求却大不相同。单一的营销组合显然已经无法适应差异化日益明显的消费需求和购买行为。于是，企业开始关注消费者的差异，也意识到自己的营销行为对于不同的消费者有不同的吸引力和影响力。与以前力图满足所有人的"散弹式"的广泛市场营销相比所不同的是，越来越多的企业开始了目标市场营销实践，它们仔细区分不同的消费需求，尽力寻找最适合自己的消费者群体，集中优势资源为之提供针对性的服务和建立稳固的关系。于是，大多数企业对自己力图满足的消费者有了更清楚的选择，从分散地使用营销资源，到将资源集中于最有潜力的消费者群体（目标市场），即从对市场不加区分的广泛市场营销转变为"有所为、有所不为"的目标营销，即企业识别各个不同的购买者群体的差别，有选择地确认一个或几个消费者群体作为自己的目标市场，发挥自己的资源优势，满足其全部或部分的需要。

目标市场营销主要包含有三个步骤：市场细分（Segmenting）—目标市场选择（Targeting）—市场定位（Positioning）（所以又被称为STP战略）、目标市场营销，如图9-1所示。

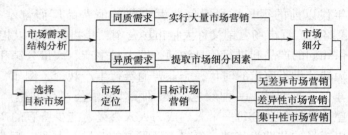

图9-1 目标市场营销的过程

9.1.2 市场细分的概念及理论依据

1. 市场细分的概念

市场细分（Segmentation），是指根据顾客在需求特点、购买心理、购买行为等方面的明显差异性，把某一产品的整体市场划分为若干个"子市场"或"分市场"的市场分类过程。这种按照一定标准将整个市场划分开来的活动又被叫做市场分割、市场区隔化。而这一活动的结果即一个个被分隔的子市场可称为细分市场（Segment），每个细分市场内的消费者具有相对类同的消费需求。

例如，日本资生堂公司1982年对日本女性用化妆品市场作了调查研究，按照女性消费者的年龄，把所有潜在的女性顾客分为四种类型（即把女性用化妆品市场细分为四个不同的子市场）：第一类为15～17岁的女性消费者，她们正当妙龄，讲究打扮，追求时髦，对化妆品的需求意识较强烈，但购买的往往是单一的化妆品。第二类为18～24岁的女性消费者，她们对化妆品非常关心，采取积极的消费行动，只要是中意的化妆品，价格再高也在所不惜。这一类女性消费者往往购买整套化妆品。第三类为25～34的女性，她们大多数已结婚，因此对化妆品的需求心理和购买行为都有所变化，化妆成为她们的日常生活习惯。第四类为35岁以上的女性消费者，她们可分为积极派和消极派，但都显示出对单一化妆品的需求。

2. 市场细分的理论依据

细分市场的前提是市场并非一个，市场需求并非同质。因此，在观察一个市场时，应该把它看做异质需求的结合体，而在这异质需求的结合体中又存在同质需求，市场细分的理论依据是消费需求的绝对差异性和相对同质性。

（1）消费需求客观存在绝对差异性。由于人们所处的地理条件、社会环境及自身的个性心理不同，市场上的顾客千差万别，他们追求不同的利益，拥有不同的需求特点和购买习惯，以至于对商品的品种、数量、价格、式样、规格、色彩乃至购买时间和地点的要求都会有所不同。而且，这些差异是绝对的，就像世界上没有完全相同的两片树叶一样，市场上也绝没有完全相同的顾客。如果说卖方市场限制了消费者表现和实现其差异需求的条件，买方市场则使消费者步入了个性消费的时代，客观存在的需求差异得到真正尊重和鼓励。以消费需求为中心的营销活动自然地建立在对这些客观差异的辨识和区分即市场细分上。

第9章 市场细分

（2）消费需求客观存在相对同质性。只承认需求的绝对差异，而否认其相对同质，是片面的，必然陷入不可知论的窘境。应该看到，在同一地理条件、社会环境和文化背景下的人们会形成有相对类同的人生观、价值观的亚文化群，他们的需求特点和消费习惯大致相同。正是因为消费需求在某些方面的相对同质，市场上绝对差异的消费者才能按一定标准聚合成不同的群体。每一个群体都是一个有相似欲望和需求的市场部分或子市场。

所以，消费需求绝对差异造成了市场细分的必要性，消费需求的相对同质性则使市场细分有了实现的可能性。市场细分理论的提出被看做是营销学的"第二次革命"，是继以消费者为中心的观念提出后对营销理论的又一次质的飞跃，它的出现使营销学理论更趋于完整和成熟。

9.1.3 市场细分的必要性

首先，顾客需求的异质性是市场细分的内在需要。由于顾客需求千差万别和不断变化，即顾客的需求、欲望及购买行为都呈现异质性，使得顾客需求的满足呈现差异性。很明显，没有一种产品或服务能吸引所有顾客，甚至对于那些只买同一种产品的顾客，也会因季节不同而发生变化。因此，为了有效满足顾客需求，企业就不得不将市场细分成不同的顾客群体，了解各个顾客群体的需求和欲望，并制定与之相适应的市场营销组合。就拿发质来说，至少可分为三类顾客群体：

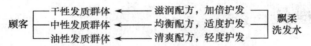

图9-2 洗发水的市场细分

其次，企业的资源限制和有效的市场竞争是市场细分的外在强制条件。现代企业的规模再大，都不可能占有人力、财力、物力、信息等一切资源，不可能向市场提供所有的产品，满足市场所有的购买或消费需求。同时，任何一个企业由于资源限制和其他约束，也不可能在市场营销全过程中占有绝对优势。在激烈的市场竞争中，为了求生存、谋发展，企业必须分析市场需求，进行市场细分，选择目标市场，明确市场定位，集中资源有效地服务于市场，力争取得最大的竞争优势。

再次，市场细分是选择目标市场的前提条件。企业只有在市场调研的基础上将市场细分成各种子市场，才好结合本身资源状况从中选择适合自己的目标市场。例如，美国钟表公司在决定其经营方向前，仔细地考察了手表市场，对消费者的购买动机进行了细分。他们发现大约23%的购买者购买手表时，希望价格低廉，46%的人购买经久耐用、质量较好的手表，还有31%的人购买可以在某些重要场合显示身份的手表。当时，美国市场上一些著名的手表公司都全力以赴地争夺第三个市场，他们生产价格昂贵的、强调声望的手表，并通过大百货商店、珠宝店出售。美国钟表公司分析比较这三个市场层面后，决定把精力集中到前两个竞争较弱的细分市场，并适应这两个消费者群的需求特点，设计开发了一种名为"天美时"的价廉物美的手表，选择更贴近目标顾客的超级市场、廉价商店等零售商和批发商为分销渠道出售。正是这一成功的市场细分战略使该公司迅速获得了很高的市场占有率，成为当时世界上最大的手表公司之一。

最后，市场细分是发现和开发市场的必要环节和有效途径。通过市场细分，企业可以了解某种产品的市场需求状况及其满足程度，明确哪些消费者的需求已得到满足，哪些尚未满足,哪些满足程度不够,从而获得市场机会。例如,日本佳能通过细分市场,发现成熟且供大于求的照相机市场还有尚未满足的市场需求,即适合女性使用的照相机,于是开发出"snappy"(敏捷)而大获成功。有时候,一次独到的市场细分能为企业创造一个崭新的市场,百事可乐公司就是通过市场细分为自己发现了绝妙的市场机会,并在此基础上用一系列营销努力成功地改写了可乐市场上可口可乐一统天下的局面。当时可口可乐在消费者心目中几乎就是饮料的代名词,其他品牌的饮料根本无法与之相提并论。百事可乐首创不含咖啡因的"七喜",并用饮料中是否含有咖啡因作为标准,将饮料市场一劈为二:含有咖啡因的饮料市场和不含咖啡因的饮料市场。

另外,市场细分化对小企业具有特别重要的意义。与大企业相比,小企业的生产能力和竞争实力要小得多,它们在整个市场或较大的细分市场上无法建立自己的优势。借助市场细分化,小企业可以发现某些尚未满足的需要,这些需要或许是大企业忽略的,或许是极富特殊性,大企业不屑去为之专门安排营销力量的。无论何种情况,只要是小企业力所能及的,便可以见缝插针,拾遗补缺,建立牢固的市场地位,成为这一小细分市场的专家。小企业还可充分发挥"船小掉头快"的优势,不断寻找新的市场空隙,使自己在日益激烈的竞争中生存和发展。

9.2 市场细分的变量

9.2.1 消费者市场细分变量

消费者市场细分的依据很多,造成消费需求特征多样化的所有因素,几乎都可视为市场细分化的依据或标准,称为细分变量(Segmentation Variables)。一般认为主要细分变量是地理因素、人口因素、心理因素和行为因素等四大类。如表9-1所示。

表9-1 消费者市场的主要细分变量

变量	划分标准
地理因素	
地区	太平洋岸,高山区,西北区,西南区,东北区,东南区,南大西洋岸,中大西洋岸,新英格兰
城市或标准都市统计区大小	小于5 000;5 000~19 999;20 000~49 999;50 000~99 999;100 000~249 999;250 000~499 999;500 000~999 999;1 000 000~3 999 999;4 000 000或4 000 000以上
人口密度	都市,郊区,乡村
气候	北方的,南方的
人口统计因素	
年龄	6岁以下,6~11,12~19,20~34,35~49,50~64,65+
性别	男,女
家庭人数	1~2,3~4,5以上
家庭生命周期	青年,单身;青年,已婚,无子女;青年,已婚,最小子女不到6岁;青年,已婚,最小子女6岁或6岁以上;较年长,已婚,与子女同住;较年长,已婚,子女都超过18岁;较年长,单身;其他

续表

消费者市场的主要细分变量	
收入	少于 $10 000；$10 000~15 000；$15 000~$20 000；$2 000~$3 0000；$30 000~$50 000；$50 000~$10 000；$100 000 和 $100 000 以上
职业	专业和技术人员，管理人员，官员和老板；职员，推销员；工匠，领班，操作员；农民；退休人员；学生；家庭主妇；失业人员
教育	小学或以下，中学肄业，高中毕业，大专肄业，大专毕业
宗教	天主教，基督教，犹太教，伊斯兰教，印度教，其他
种族	白人，黑人，亚洲人
国籍	美国，英国，法国，德国，意大利，日本
心理因素	
社会阶层	下下，下上，劳动阶层，中中，中上，上下，上上
生活方式	俭朴型，追求时髦型，嬉皮型
个性	被动，爱交际，喜命令，野心
行为因素	
使用时机	普通时机，特殊时机
追求的利益	质量，服务，经济
使用者状况	从未用过，以前用过，有可能使用，第一次使用，经常使用
使用率	不常用，一般使用，常用
品牌忠诚情况	无，一般，强烈，绝对
准备程度	未知晓，知晓，已知道，有兴趣，想得到，企图购买
对产品的态度	热情，积极，不关心，否定，敌视

1. 人口统计因素细分

所谓人口统计因素细分（Demographic Segmentation），就是企业按照人口变量来细分消费者市场，它包括年龄、性别、收入、职业、教育水平、家庭规模、家庭生命周期、种族等。人口变量很久以来一直是细分消费者市场的重要变量，这主要是因为人口比其他变量更容易测量，用人口变量细分市场简单易行。

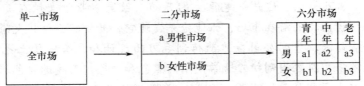

图 9-3 人口统计细分

（1）年龄。不同年龄段的消费者，由于生理、性格、爱好、经济状况的不同，对消费品的需求往往存在很大的差异。因此，可按年龄将市场划分为许多各具特色的消费者群，如儿童市场、青年市场、中年市场、老年市场，等等。从事服装、食品、保健品、药品、健身器材、书刊等商品生产经营业务的企业，经常采用年龄变数来细分市场。即使六个月的婴儿，在他们的消费潜力方面也不同于三个月的婴儿。亚拉巴·普劳达克斯，一家玩具制造厂认识了这方面的区别后，为三个月到一岁之间各个不同阶段的婴儿设计了不同的玩具。譬如，给开始伸手拿东西的婴儿玩克里布·吉米尼（一种栅栏形状的玩具，可供婴儿抓握之用。），而给第一次抱东西的婴儿玩拨浪鼓，等等。这种细分化策略方便了婴儿的父母亲和送给婴儿礼物的人，他们可以根据婴儿的年龄选择合适的玩具。

通用食品公司把相同的策略运用于喂狗食品。许多养狗的人懂得狗的食品需要也会随着狗的年龄变化而有所不同，因此通用食品公司配制了四种不同类型的喂狗罐头食品：幼年的狗用周期1号、成年的狗用周期2号、超重的狗用周期3号、老年的狗用周期4号。通用食品公司设法通过这种创造性的细分化策略，来攫取一个大的市场份额。

然而，年龄和生命周期这两个变量是复杂的。例如，福特汽车公司在开发野马牌汽车的目标市场时，就是利用购买者的年龄来划分的。该车是专为迎合那些希望拥有一辆价格不贵，而外观华丽的汽车的年轻人而设计。可是，福特汽车公司发现，野马牌汽车的买主各种年龄群体的人都有，于是它认识到它的目标市场并非年序上年轻的人，而是心理上年轻的人。

（2）性别。按性别可将市场划分为男性市场和女性市场。不少商品在用途上有明显的性别特征。如男装和女装、男表与女表。在购买行为、购买动机等方面，男女之间也有很大的差异，如妇女是服装、化妆品、节省劳动力的家庭用具、小包装食品等市场的主要购买者，男士则是香烟、饮料、体育用品等市场的主要购买者。美容美发、化妆品、珠宝首饰、服装等许多行业，长期以来按性别来细分市场。

扩展阅读——小案例

吉列瞄准女性市场

1974年，以生产安全刀片而著称于世的美国吉列公司推出面向女性的雏菊牌专用"刮毛刀"，结果一炮打响，畅销全美国，销售额已达20亿美元的吉列公司又发了一笔横财。吉列公司雏菊牌刮毛刀的成功完全是建立在精心周密的市场调查基础上的标新立异。

1973年，吉列在市场调查中发现，美国8360万30岁以上的妇女中，大约有6490万人为了保持自身美好的形象，要定期刮除腿毛和腋毛，这与她们的衣着趋向于较多的"暴露"不无关系。调查者还得到这样的统计数据，即在这些妇女中，除约有4000万人使用电动刮胡刀和脱毛剂外，有2000多万人主要是通过购买各种男用刮胡刀来美化自身形象，一年的费用高达7500万美元。这是一笔很大的开销，丝毫不亚于女性在其他化妆品上的支出。这是一个极富诱惑力的潜在市场，谁能抢先发现它，开发它，谁将大赚其利。

根据市场调查结果，吉列公司在雏菊牌刮毛刀的设计和广告宣传上也非常注重女性特点。例如，刀架不采用男性用刮胡刀通常使用的黑色和白色，而是选取色彩绚烂的彩色塑料以增强美感。把柄上还印压了一朵雏菊图形，更是增添了几分情趣。把柄由直线型改为弧型，以利于女性使用并显示出女性刮毛刀的特点。广告宣传上则着力强调安全，不伤玉腿。吉列公司的这种标新立异，确实为其带来了丰厚的利润。

（资料来源：http://www.21manager.com/html/2009/8-17/16174930.html）

（3）收入。收入的变化将直接影响消费者的需求欲望和支出模式。根据平均收入水平的高低，可将消费者划分为高收入、次高收入、中等收入、次低收入、低收入五个群体。收入高的消费者就比收入低的消费者购买更高价的产品，如钢琴、汽车、空调、豪华家具、珠宝首饰等；收入高的消费者一般喜欢到大百货公司或品牌专卖店购物，收入低的消费者则通常在住地附近的商店、仓储超市购物。因此，汽车、旅游、房地产等行业一般按收入变数细分市场。但是，应该注意到根据收入变量也不一定能测出一件特定产品的最佳买主。体力劳动者也能列入最早购买彩色电视机的买主行列，因为对他们来说，购买彩色电视机比上电影院和餐馆更便宜。

扩展阅读——小案例

PoshTots 婴儿奢侈品网店

2 万美元一张的婴儿床、5 万多美元的一套户外游戏屋……很难想象，这些都是给 5 岁以下的小幼儿玩的。你说，卖这些商品的网店能活吗？能！而且还活得不错。这家网络商店叫 PoshTots，专卖婴儿的高级精品赚有钱人的"奶粉钱"，它的创始人 Andrea Edmunds 刚刚花了 73.5 万美元，"买回"了 PoshTots 的经营权。

婴儿最大的需求是什么？安全、舒适、健康……反正都在家里，对奢侈品的需求应该不大。但网络就是这样，只要你找得到一个奇特的立足点，天下的消费者千百种，只要你敢怪，不怕没人买。所以 PoshTots 也没客气，它们卖的东西，真的是超贵。

例如，PoshTots 的一张"梦幻公主马车"婴儿床，前后有超大轮子，马车后面小"行李箱"还可以放些婴儿用品，就算这个婴儿床可能占地比一般婴儿床大三倍，但如果你房子太大了，很适合买一个占用点空间。这台梦幻公主马车，要价 2 万美元（约 13.6 万人民币）。

接下来的"红胡子船长海盗船"更酷，这个是一套已经是比大人身高还高、给美国人安装在后院的游戏组，小朋友可以爬进去，有甲板，有船舱，还有瞭望台，整个就像一个小房子，还有好像可以张开的巨大的风帆，整条船只以木板打造，几可乱真，爬上去可能真的可过过当海盗船长的瘾，这个产品可以依您的需求量身定造。看起来不错吧，但价格更不错，一艘造价 5.2 万美元（约 35 万人民币），这笔钱是还不够买一艘真正可在海里跑的大船，但买一台宝马房车，已经绰绰有余。

（资料来源：http：//life.dayoo.com/service/200904/13/60456_5673661.html）

（4）民族。世界上大部分国家都拥有多种民族，我国更是一个多民族的大家庭，除汉族外，还有 55 个少数民族。这些民族都各有自己的传统习俗、生活方式，从而呈现出各种不同的商品需求，如我国西北少数民族饮茶很多、回族不吃猪肉等。只有按民族这一细分变数将市场进一步细分，才能满足各族人民的不同需求，并进一步扩大企业的产品市场。

（5）职业。不同职业的消费者，由于知识水平、工作条件和生活方式等不同，其消费需求存在很大的差异，如教师比较注重书籍、报刊方面的需求，文艺工作者则比较注重美容、服装等方面的需求。

（6）教育状况。受教育程度不同的消费者，在志趣、生活方式、文化素养、价值观念等方面都会有所不同，因而会影响他们的购买种类、购买行为、购买习惯。

（7）家庭人口。据此可分为单身家庭（1 人）、单亲家庭（2 人）、小家庭（2~3 人）、大家庭（4~6 人，或 6 人以上）。家庭人口数量不同，在住宅大小、家具、家用电器乃至日常消费品的包装大小等方面都会出现需求差异。

但是，越来越多的情况是，采用多种人口统计变量来进行综合市场细分，尤其是当单一变量无法准确划分时。例如，某服装公司以性别、年龄和收入三个变量将市场划分为多个细分层面，每个层面有更细致的描述，如企业可为收入在 2 000 元（每月）的年轻女性市场提供高档职业女装。

2. 地理细分

按地理因素细分（Geographical Segmentation），就是按消费者所在的地理位置、地理环境等变数来细分市场。因为处在不同地理环境下的消费者，对于同一类产品往往会有不同的需要与偏好，例如，对自行车的选购，城市居民喜欢式样新颖的轻便车，而农村的居民注重坚固耐用的加重车等。因此，对消费品市场进行地理细分是非常必要的。

（1）地理位置。可以按照行政区划来进行细分，如在我国，可以划分为东北、华北、西北、西南、华东和华南几个地区；也可以按照地理区域来进行细分，如划分为省、自治区、市、县等，或内地、沿海、城市、农村等。在不同地区，消费者的需求显然存在较大差异。

（2）城镇大小。城镇大小可划分为大城市、中等城市、小城市和乡镇。处在不同规模城镇的消费者，在消费结构方面存在较大差异。

（3）地形和气候。按地形可划分为平原、丘陵、山区、沙漠地带等；按气候可划分为热带、亚热带、温带、寒带等。防暑降温、御寒保暖之类的消费品就可按不同气候带来划分。如在我国北方，冬天气候寒冷干燥，加湿器很有市场；但在江南，由于空气中湿度大，基本上不存在对加湿器的需求。

地理细分的主要理论根据是：处在不同地理位置的消费者对企业的产品各有不同的需求和偏好，他们对企业所采取的市场营销战略，对企业的产品、价格、分销渠道、广告宣传等市场营销组合各有不同的反应。

例如，美国东部人爱喝味道清淡的咖啡。美国通用食品公司针对上述不同地区消费者偏好的差异而推出不同味道的咖啡。又如，香港一家公司在亚洲食品商店推销其产品蚝油时采用这样的包装装潢画：一位亚洲妇女和一个男孩坐在一条渔船上，船里装满了大蚝，效果很好。可是这家公司将这种东方食品调料销往美国，仍使用原来的包装装潢，却没有取得成功，因为美国消费者不能理解这样的包装装潢设计的含义。后来，这家公司在旧金山一家经销商和装潢设计咨询公司的帮助下，改换了商品名称，并重新设计了包装装潢：一个放有一块美国牛肉和一个褐色蚝的盘子，这样才引起了美国消费者的兴趣。经过一年的努力，这家香港公司在美国推出的蚝油新包装装潢吸引了越来越多的消费者，超级市场也愿意经销蚝油了，产品终于在美国打开了销路。

市场潜量和成本费用会因市场位置不同而有所不同，企业应选择那些本企业能最好地为之服务的、效益较高的地理市场为目标市场。例如，北京燕京啤酒集团公司的酒厂和物资供应都集中在北京、河北地区。这家公司以这些地区为目标市场，其成本、费用较低，效益较高。

3. 心理细分

心理细分（Psychographic Segmentation），是指按照消费者的生活方式、个性特点等心理变量来细分消费者市场。在同一人口统计群体中的人可能表现出差异极大的心理特性。尤其是在生活多样化、个性化、质比量更受到重视的时代，市场不只是要在性别、年龄、职业等方面加以细分，而更重要的是要通过生活方式、价值观、兴趣爱好、个性、交友关系等来进行心理上的区分。

（1）生活方式。生活方式，即根据人们的生活价值观所形成的生活行为体系或生活模式和生活方法。生活方式是人们对工作、消费、娱乐的特定习惯和模式，不同的生活方式会产生不同的需求偏好，如"传统型"、"新潮型"、"节俭型"、"奢侈型"等。美国一项调查将美国国民的生活方式分成九个类型：生活操心派、忍耐派、归属派、野心派、自我实现派、个人主义派、体验派、社会理念派、全面平衡派。其中分布较多的是归属派，他们传统、顺应体制，精神导向强烈。

这种细分方法能显示出不同群体对同种商品在心理需求方面的差异性，大众汽车公司已经设计了适应各种生活方式的汽车，供"循规蹈矩的公民"使用的汽车突出表现经济、安全和符合生态学的特点；供"汽车爱好者"驾驶的汽车则突出易驾驶、灵敏和运动娱乐性等特点。一家研究机构将购买汽车的顾客分为六种类型："汽车爱好者"、"理智的稳健者"、"追求舒适者"、"讽刺汽车者"、"需要司机者"和"恐惧汽车者"。妇女服装制造商也都遵循杜邦公司的劝告，为"简朴的妇女"、"时髦的妇女"和"有男子气质的妇女"分别设计不同的服装。香烟公司对"挑衅型吸烟者"、"随便型吸烟者"和"谨慎型吸烟者"推出不同品牌的香烟。美户外运动委员会将美国人的娱乐生活方式分为五种类型："重视健康的社交活跃分子"、"专心致志的积极分子"、"追求刺激的竞技运动参加者"、"为保持身体健康而参加体育锻炼者"和"没有明确目的和动机的参加者"。

例如，对上层人士的生活方式来说，奥斯莫别车排在高尔夫球的后面。人文统计学家分析打高尔夫球者平均年龄在 43 岁，年收入 5 万美元。研究报告揭示，玩高尔夫球的人在买新车的兴趣上要比普通人高 143%。根据这些数据，奥斯莫别在美国的乡村俱乐部举办用奥斯莫别汽车争夺高尔夫球的比赛，以吸引该车的经销商和潜在买主。

如何测定和了解消费者的生活方式呢？有代表型的方式是"AIO 测定尺度"。企业可以用"AIO 测定尺度"来测量消费者的生活方式：①A/活动（Activities），如消费者的工作、业余消遣、休假、购物、体育、款待客人等活动；②I/兴趣（Interests），消费者对家庭、服装的流行式样、食品、娱乐等的兴趣；③O/意见（Opinions），如消费者对社会、政治、经济、产品、文化教育、环境保护等问题的意见。企业可派出调查人员去访问一些消费者，详细调查消费者的各种活动、兴趣、意见。然后用计算机分析处理调查资料，从而发现生活方式不同的消费者群，即按照生活方式来细分消费者市场。

然而，按生活方式细分并非总是奏效的，例如，雀巢公司向"熬夜的人"推销一种特制的除去咖啡因的咖啡品牌，但是遭到了失败。

（2）个性细分。性格可以用外向与内向、乐观与悲观、自信、顺从、保守、急进、热情、老成等词句来描述。性格外向、容易感情冲动的消费者往往好表现自己，因而他们喜欢购买能表现自己个性的产品；性格内向的消费者则喜欢大众化，往往购买比较通常的产品；富于创造性和冒险心理的消费者，则对新奇、刺激性强的商品特别感兴趣。

企业可以通过广告宣传，试图赋予其产品与某些消费者的个性相似的品牌个性（Brand Personality），树立品牌形象（Brand Image）。例如，在 20 世纪 50 年代后期，福特与雪佛莱汽车是按不同的个性来促销的。福特汽车购买者被认为是独立的、感情容易冲动的、男子汉气质的、留心改变及具有自信的人，而雪佛莱汽车的拥有者则为保守的、节俭的、关心声誉的、较少男子气质的及力求避免极端的人。韦斯福尔发现了有活动车篷汽车与无活动车篷汽车的拥有者之间存在一些个性差异的证据，前者表现得较为主动、急进和好交际。耐克公司利用某些运动员做广告，如将篮球明星迈克尔·乔丹作为品牌认同者以吸引乔丹的球迷购买耐克鞋。

4. 行为细分

行为细分（Behavioural Segmentation），是指企业按照消费者对产品的了解程度、态度、使用情况或反应等来细分消费者市场。其行为变量包括时机、利益、使用者地位、使用率、忠诚状况、消费者待购阶段和消费者对品牌的态度。

（1）时机。许多产品的消费具有时间性，烟花爆竹的消费主要在春节期间，月饼的消费主要在中秋节以前，旅游点在旅游旺季生意最兴隆。因此，企业可以根据消费者产生需要、购买或使用产品的时间进行市场细分，如航空公司、旅行社在寒暑假期间大做广告，实行优惠票价，以吸引师生乘坐飞机外出旅游；商家在酷热的夏季大做空调广告，以有效增加销量；双休日商店的营业额大增，而在元旦、春节期间，销售额则更大等。因此，企业可根据购买时间进行细分，在适当的时候加大促销力度，采取优惠价格，以促进产品的销售。美国的柯蒂斯糖果公司利用在万圣节前夕"孩子们挨户要礼物"的习俗来促销糖果，因为这时每家每户都会准备好把糖果分发给来他们家中串门的小客人。

除了寻找产品特定的时机外，公司也可以关心人生旅途中的特定事件，看看他们需要什么产品和/或服务组合。这些事件包括：结婚、分居、离婚；购房；受伤或生病；换工作；退休；家庭成员死亡。对这些特定事件提供服务的有婚姻、求职和丧事顾问。

（2）利益。利益细分即消费者往往因为各有不同的购买动机、追求不同的利益，所以购买不同的产品和品牌。消费者对所购产品追求的利益主要有求实、求廉、求新、求美、求名、求安等，这些都可作为细分的变量。例如，有人购买服装是为了遮体保暖，有人是为了美的追求，有人则是为了体现自身的经济实力等。

最成功的利益细分是哈雷所作的牙膏市场的研究（见表9-2）。哈雷的调研揭示了四个利益细分市场，即追求经济利益、保护利益、美容化妆利益和气味利益。每个追求利益的群体都有其特定的人口统计方面的、行为和心理方面的特点。例如，防止龋齿的追求者，都属大家庭，都是大量牙膏的使用者，并且是因循守旧的。例如，宝洁公司推出的佳洁士牙膏就具有"防蛀"效益，在市场上取得了极大的成功。

表9-2 牙膏市场的利益细分

利益细分市场	人口统计	行 为	心 理	偏好的品牌
经济（低价）	男人	大量使用者	高度自主，着重价值	出售中的品牌
医用（防蛀）	大家庭	大量使用者	病症患者，保守	佳洁士
化妆（洁白牙齿）	青少年，年轻人，成年人	抽烟者	高度爱好交际	麦克莱恩斯超级的布赖
味觉（气味好）	儿童	留兰香味喜欢者	高度自我，享乐主义	高露洁，艾姆

企业可根据自己的条件，权衡利弊，选择其中一个追求某种利益的消费者群为目标市场，设计和生产出适合目标市场需求的产品，并且用适当的广告媒体和广告语，把这种产品的信息传达给追求其利益的消费者群。现代市场营销的实践证明，利益细分是一种行之有效的细分方法。

（3）使用者。许多商品的市场可以按照使用者情况来细分，如非使用者、曾经使用者、潜在使用者、初次使用者和经常使用者等。资金雄厚、市场占有率高的大公司，一般都对潜在使用者的消费者群体发生兴趣，它们着重吸引潜在使用者，以扩大市场阵地；小企业资金薄弱，往往看重吸引经常使用者。当然，企业对潜在使用者和经常使用者要酌情运用不同市场营销组合及其相关措施。

（4）使用率。市场也可以按产品被使用的程度，细分成少量使用者、中度使用者和大量使用者群体。大量使用者的人数通常只占总市场人数的一小部分，但是他们在总消费中所占的比重却很大。市场营销者通常偏好吸引对其产品或服务的大量使用者群体，而不是少量用户。例如，一份旅游业的研究报告指出，旅行社的经常性旅客在假日旅游上比不经常的旅客更投入，更喜欢变革，更具有知识和更喜欢成为意见带头人。这些旅客经常旅游，常常从报刊、书籍和旅游展示会上收集旅游信息。很清楚，旅行社应指示它的市场营销人员主要通过电信市场营销、特定合伙和促销活动把重点放在经常性旅客身上。

再以啤酒为例，调查资料显示，41%的人喝啤酒。但大量饮用者消耗了啤酒总量的87%，是少量使用者消耗量的7倍以上。显然，大多数啤酒公司都会把目标定在大量啤酒饮用者身上，并有针对性地开展各种广告宣传。

扩展阅读——小案例

美国米勒公司营销案例

在20世纪60年代末，米勒啤酒公司在美国啤酒业排名第八，市场份额仅为8%，与百威、蓝带等知名品牌相距甚远。为了改变这种现状，米勒公司决定采取积极进攻的市场战略。它们首先进行了市场调查。通过调查发现，若按使用率对啤酒市场进行细分，啤酒饮用者可细分为轻度饮用者和重度饮用者，而前者人数虽多，但饮用量却只有后者的1/8。

他们还发现，重度饮用者有着以下特征：多是蓝领阶层，每天看电视3个小时以上，爱好体育运动。米勒公司决定把目标市场定在重度使用者身上，并果断决定对米勒的"海雷夫"牌啤酒进行重新定位。

重新定位从广告开始。它们首先在电视台特约了一个"米勒天地"的栏目，广告主题变成了"你有多少时间，我们就有多少啤酒"，以吸引那些"啤酒坛子"。广告画面中出现的尽是些激动人心的场面：船员们神情专注地在迷雾中驾驶轮船，年轻人骑着摩托冲下陡坡，钻井工人奋力止住井喷等。

结果，"海雷夫"的重新定位战略取得了很大的成功。到了1978年，这个牌子的啤酒年销售达2 000万箱，仅次于AB公司的百威啤酒，在美名列第二。

（资料来源：http://wiki.mbalib.com/）

（5）忠诚度。企业可以按照消费者对品牌（或商店）的忠诚度来细分消费者市场。所谓品牌忠诚，是指由于价格、质量等诸多因素的吸引力，使消费者对某一品牌的产品情有独钟，形成偏爱并长期地购买这一品牌产品的行为。提高品牌的忠诚度，对于一个企业的生存和发展、扩大市场占有率极其重要。

品牌忠诚度的高低，可以用顾客重复购买次数、顾客购买挑选时间、顾客对价格的敏感程度等标准来衡量。下面具体讨论一下消费者对品牌的忠诚度。假设有五种品牌：A、B、C、D、E，按消费者对品牌的忠诚度，将其分为四个类型。

① 坚定忠诚者。即始终不渝地购买一种品牌的消费者。购买模式：A，A，A，A，A，A，代表了消费者对品牌A的专一忠诚。

② 中度忠诚者。即忠诚于两种或三种品牌的消费者。购买模式：A，A，B，B，A，B，代表了消费者对品牌 A 和品牌 B 同样忠诚。

③ 转移型忠诚者。即从偏爱一种品牌转换到偏爱另一种品牌的消费者。购买模式：A，A，A，B，B，B，反映了消费者对品牌 A 的忠诚转移到品牌 B。

④ 多变者。即对任何一种品牌都不忠诚的消费者。购买模式：A，C，E，B，D，B，反映了一个没有忠诚度的消费者，他是一个有什么品牌就买什么品牌的购买者，或是一个购买多种品牌的购买者。

每一个市场由不同数量的四种购买者组成。一个品牌忠诚者的市场是一个对品牌的坚定忠诚者在买主中占很高百分比的市场。例如，牙膏市场和啤酒市场就是具有相当多的品牌忠诚者的市场。在一个品牌忠诚者市场推销产品的公司，要想获得更多的市场份额就很困难，而要进入该市场的公司，也得经历一段艰难的时期。

（6）态度。在市场中，可以划分出五种不同态度的群体：热情，肯定，无差别，否定和敌视。在政治竞选运动中，上门拉选票的工作人员根据选民的态度，决定在选民身上花费的时间。他们感谢热情的投票者，提醒他们投他的票；他们加强与那些积极倾向他们的人的关系；他们力图赢得无差别投票者的选票；他们不把时间花费在尝试改变持否定和敌视态度的选民身上。当态度与人口统计中的主要因素达到密切相关的程度时，一个组织就可用以提高接触和赢得其最佳潜在顾客的效率。

扩展阅读——小案例

麦当劳的市场细分

回顾麦当劳公司发展历程后发现，麦当劳一直非常重视市场细分的重要性，而正是这一点让它取得令世人惊羡的巨大成功。麦当劳根据地理、人口和心理要素准确地进行了市场细分，并分别实施了相应的战略，从而达到了企业的营销目标。

1. 麦当劳根据地理要素细分市场

麦当劳有美国国内和国际市场，而不管是在国内还是国外，人们都有各自不同的饮食习惯和文化背景。麦当劳进行地理细分，主要是分析各区域的差异。如美国东西部的人喝的咖啡口味是不一样的。通过把市场细分为不同的地理单位进行经营活动，从而做到因地制宜。

每年，麦当劳都要花费大量的资金进行认真的严格的市场调研，研究各地的人群组合、文化习俗等，再书写详细的细分报告，以使每个国家甚至每个地区都有一种适合当地生活方式的市场策略。

例如，麦当劳刚进入中国市场时大量传播美国文化和生活理念，并以美国式产品牛肉汉堡来征服中国人。但中国人爱吃鸡，与其他洋快餐相比，鸡肉产品也更符合中国人的口味，更加容易被中国人所接受。针对这一情况，麦当劳改变了原来的策略，推出了鸡肉产品。在全世界从来只卖牛肉产品的麦当劳也开始卖鸡了。这一改变正是针对地理要素所做的，也加快了麦当劳在中国市场的发展步伐。

2. 麦当劳根据人口要素细分市场

通常人口要素细分市场主要是根据年龄、性别、家庭人口、生命周期、收入、职业、教育、宗教、种族、国籍等相关变量，把市场分割成若干整体。而麦当劳对人口要素细分主要是从年龄及生命周期阶段对人口市场进行细分，其中，将不到开车年龄的划定为少年市场，将 20~40 岁之间的年轻人界定为青年市场，还划定了老年市场。

人口市场划定以后，要分析不同市场的特征与定位。例如，麦当劳以孩子为中心，把孩子作为主要消费者，十分注重培养他们的消费忠诚度。在餐厅用餐的小朋友，经常会意外获得印有麦当劳标志的气球、折纸等小礼物。在中国，还有麦当劳叔叔俱乐部，参加者为 3~12 岁的小朋友，定期开展活动，让小朋友更加喜爱麦当劳。这便是相当成功的人口细分，抓住了该市场的特征与定位。

3. 麦当劳根据心理要素细分市场

根据人们生活方式划分，快餐业通常有两个潜在的细分市场：方便型和休闲型。在这两个方面，麦当劳都做得很好。

例如，针对方便型市场，麦当劳提出"59 秒快速服务"，即从顾客开始点餐到拿着食品离开柜台标准时间为 59 秒，不得超过 1 分钟。

针对休闲型市场，麦当劳对餐厅店堂布置非常讲究，尽量做到让顾客觉得舒适自由。麦当劳努力使顾客把麦当劳作为一个具有独特文化的休闲好去处，以吸引休闲型市场的消费者群。

（资料来源：http://wiki.mbalib.com/）

9.2.2 产业市场细分的变量

上述消费品市场的细分标准有很多都适用于生产资料市场的细分，如地理环境、气候条件、交通运输、追求利益、使用率、对品牌的忠诚度等。但由于生产资料市场有它自身的特点，企业还应采用其他一些标准和变数来进行细分，最常用的有：用户要求、用户规模、用户地理位置等变量。

1. 用户要求

在生产者市场上，不同用户对同一种产品往往有不同的要求和不同的使用目的，从而会在产品的规格、型号、品质、功能、价格等方面提出不同的要求。例如，一家轮胎公司必须首先确定它为哪个行业服务。汽车制造商要求各不相同，豪华汽车制造商比标准汽车制造商需要更高级的轮胎；飞机制造商比农耕机械商更强调轮胎的安全性和标准性。如晶体管厂可根据晶体管的用户不同将市场细分为军工市场、工业市场和商业市场，军工市场特别注重产品质量；工业用户要求有高质量的产品和服务；商业市场主要用于转卖，除要求保证质量外，还要求价格合理和交货及时；同是钢材，有的用作生产机器，有的用于造船，有的用于建筑等。因此，企业应针对不同用户的需求，提供不同的产品，设计不同的市场营销组合策略，以满足用户的不同要求。

2. 用户规模

用户规模是生产者市场细分的又一重要因素。用户规模的不同对产品及售后服务等也会有不同的要求，企业需要有不同的市场营销组合和对应的措施。按用户经营规模划分，可分为大用户、中用户、小用户。大用户户数虽少，但其生产规模、购买数量大，注重质量、交货时间等；小客户数量多，分散面广，购买数量有限，注重信贷条件等。许多时候，和一个大用户的交易量相当于与许多小用户的交易量之和，失去一个大用户，往往会给企业造成严重的损失。在现代市场营销实践中，许多公司建立起了一种分别与大用户和小用户打交道的顾客管理体系。例如，一家办公室用具制造商按照顾客规模将其顾客细分为两类顾客群：一类是大用户，这类顾客群由该公司的全国客户经理负责联系；另一类是小客户，由外勤推销人员负责联系。

3. 用户地点

任何一个国家或地区，由于自然资源、气候条件、社会环境、历史遗留等方面的原因，以及生产的相关性、连续性和科学技术的发展，都要求一个合理的生产力布局，并相应地形成若干产业地区。例如，江浙两省的丝绸工业区，以山西为中心的煤炭工业区，东南沿海的加工工业区等。这就决定了生产资料市场往往比消费品市场在区域上更为集中，地理位置因此成为细分生产资料市场的重要标准。企业按用户的地理位置细分市场，选择客户较为集中的地区作为目标，有利于节省推销人员往返于不同客户之间的时间，而且可以合理规划运输路线，节约运输费用，也能更加充分地利用销售力量，降低推销成本。例如，一家办公设备公司，把它的客户分为三组：全国性（大）客户，地区性（中）客户，经销商（小）客户。

罗伯逊和巴里什确定了在购买决策过程中三种业务细分市场。

（1）首次潜在购买者。这些客户还没购买过，他们想从了解他们业务的销售者处购买，该经销商应该对事情解释得清楚并诚实。

（2）新手。这些客户已购买过产品，他们希望有容易读懂的手册、热线交流、高水平的培训和有知识的销售代表与他们谈生意。

（3）复杂的购买者。这些顾客希望能快速提供维修、产品定制化和高技术的支持。

罗伯逊和巴里什认为这些细分市场有不同的渠道偏好。例如，首次潜在购买者喜欢与公司的销售员打交道，而不是产品目录/直邮渠道，因为后者提供的信息太少。但在市场成熟后，越来越多的购买者变得复杂化，并喜欢各种不同的渠道。然而，公司对在市场早期阶段建立的有效渠道负有责任，这使他们在保持与追求复杂化购买中丧失了灵活性。罗伯逊和巴里什相信，他们的分类方法对销售人员的访问计划是高度有效的。他们抱怨高层的经理常常对好听的战略细分方案太热心，花费大量的钱财修订它，唯一可惜的是销售人员不能使用它。

兰卡尔、奠里亚蒂和斯沃茨研究了成熟的商品市场，并测试了常见的两个业务细分市场：喜欢低价和较少服务的购买者，喜欢高价和较多服务的购买者。令他们吃惊的是，他们发现了四个业务细分市场。

（1）程序购买者。这些购买者的观点是产品对其业务无关紧要。他们有规律地采购。他们常常全额付价并只需要低水平的服务。很明确，他们是卖主的高额利润细分片。

（2）关系购买者。这些购买者认为产品的重要性是中等的，他们有竞争提供品的知识。他们要少量折扣和中等的服务，并不希望价格远离行业水平。他们是卖主第二位的利润获得群体。

（3）交易购买者。这些购买者认为产品对其业务非常重要。他们对价格和服务敏感。他们要求10%的折扣和较高水平的服务。他们有竞争者的知识，并准备转向更优惠价格的供应方，甚至牺牲某些服务也在所不惜。

（4）竞价购买者。这些购买者认为产品非常重要，并期望取得最低价格和最好的服务。他们了解竞争供应方，讨价还价激烈，稍有不满意就换卖主。公司需要这些购买者仅仅是为了提高销售量，虽然获利很少。

以上从消费品市场和生产资料市场两方面介绍了具体的细分标准和变量。为了有效地进行市场细分，有这样几个问题应引起注意。

第一，动态性。细分的标准和变数不是固定不变的，如收入水平、城市大小、交通条件、年龄等，都会随着时间的推移而变化。因此，应树立动态观念，适时进行调整。

第二，适用性。市场细分的因素有很多，各企业的实际情况又各异，不同的企业在细分市场时采用的细分变数和标准不一定相同，究竟选择哪一种变量，应视具体情况加以确定，切忌生搬硬套和盲目模仿。如牙膏可按购买动机细分市场，服装按什么细分市场合适呢？

第三，组合性。要注意细分变数的综合运用。在实际营销活动中，一个理想的目标市场是有层次或交错地运用上述各种因素的组合来确定的。如化妆品的经营者将 18~45 岁的城市中青年妇女确定为目标市场，就运用了四个变量：年龄、地理区域、性别、收入（职业妇女）。

9.2.3 市场细分的原则

上面讨论了如何市场细分的问题，但值得注意的是，并非所有的市场细分都是有效的，因此必须有一定的原则来限制它，并用以评价其市场细分是否有效。

1. 可衡量性

可衡量性，是指细分出来的市场范围，应当比较清晰，市场容量的大小可以大致判断。为此，需要恰当地选择市场细分变量，这些变量应当是可以识别和衡量的。例如，主要为了与父母抗争而抽烟的十几岁少年抽烟者，这个细分市场的大小就很难测定。

2. 足量性

即细分市场的规模要大到足够获利的程度。一个细分市场应该是值得为之设计一套营销规划方案的尽可能大的同质群体。例如，专为身高两米以上的人生产汽车，对汽车制造商来说是不合算的。如一个普通大学的餐馆，如果专门开设一个西餐馆满足少数师生酷爱西餐的要求，可能由于这个细分市场太小而得不偿失；但如果开设一个回族饭菜供应部，虽然其市场仍然很窄，但从细微处体现了民族政策，有较大的社会效益，值得去做。

3. 可进入性

可进入性，是指细分后的市场，应是企业的市场营销活动能够通达的市场。主要表现在三个方面：一是企业具有进入这些细分市场的资源条件和竞争能力；二是企业能够把产品信息传递给该市场的众多消费者；三是产品能够经过一定的销售渠道抵达该市场。譬如，一家香水公司发现大量使用其品牌的人是单身妇女，这些单身妇女在外面待到夜里很晚并经常去酒吧。但是，这类妇女除非居住或购买的地点是一定的，而且受一定的传播媒体的影响，否则公司很难达到这个细分市场。

4. 差异性

差异性，是指细分出来的各个子市场，对企业市场营销组合中任何要素的变动，都能作出差异性的反应，如果反应相同，说明细分无效。如果在已婚与未婚的妇女中，对羊毛大衣销售的反应基本相同，该细分就不应该继续下去。

5. 可行性

可行性即为吸引和服务细分市场而系统地提出有效计划的可行程度。例如，一家小型航空公司把市场划分为七个细分市场，但由于它的职工人数太少，以致不能为每个细分市场推出一套独立的营销计划。

9.3 市场细分的程序和方法

9.3.1 市场细分的程序

市场细分程序可通过以下例子看出：一家航空公司对从未乘过飞机的人很感兴趣（细分标准是顾客的体验）。而从未乘过飞机的人又可以细分为害怕乘飞机的人，对乘飞机无所谓的人及对乘飞机持肯定态度的人（细分标准是态度）。在持肯定态度的人中，又包括高收入有能力乘飞机的人（细分标准是态度）。于是这家航空公司就把力量集中在开拓那些对乘飞机持肯定态度，只是还没有乘过飞机的高收入群体。

市场细分作为一个比较、分类、选择的过程，应该按照一定的程序来进行，通常有这样几步。

1. 正确选择市场范围

企业根据自身的经营条件和经营能力确定进入市场的范围，如进入什么行业，生产什么产品，提供什么服务。公司应明确自己在某行业中的产品市场范围，并以此作为制定市场开拓战略的依据。

2. 列出市场范围内所有潜在顾客的需求情况

根据细分标准，比较全面地列出潜在顾客的基本需求，作为以后深入研究的基本资料和依据。

3. 分析潜在顾客的不同需求，初步划分市场

企业将所列出的各种需求通过抽样调查进一步搜集有关市场信息与顾客背景资料，然后初步划分出一些差异最大的细分市场，至少从中选出三个分市场。

4. 筛选

根据有效市场细分的条件，对所有细分市场进行分析研究，剔除不合要求、无用的细分市场。

5. 为细分市场定名

为便于操作，可结合各细分市场上顾客的特点，用形象化、直观化的方法为细分市场定名，如某旅游市场分为商人型、舒适型、好奇型、冒险型、享受型、经常外出型等。

6. 复核

进一步对细分后选择的子市场进行调查研究，充分认识各细分市场的特点，本企业所开发的细分市场的规模、潜在需求，还需要对哪些特点进一步分析研究等。

7. 决定细分市场规模，选定目标市场

企业在各子市场中选择与本企业经营优势和特色相一致的子市场，作为目标市场。没有这一步，就没有达到细分市场的目的。

经过以上七个步骤，企业便完成了市场细分的工作，就要可以根据自身的实际情况确定目标市场并采取相应的目标市场策略。

9.3.2 市场细分的方法

市场细分的方法主要有单一变量法、主导因素排列法、综合因素细分法、系列因素细分法等。

1. 单一变量法

所谓单一变量法，是指根据市场营销调研结果，把选择影响消费者或用户需求最主要的因素作为细分变量，从而达到市场细分的目的。这种细分法以公司的经营实践、行业经验和对组织客户的了解为基础，在宏观变量或微观变量间，找到一种能有效区分客户并使公司的营销组合产生有效对应的变量而进行的细分。例如，玩具市场需求量的主要影响因素是年龄，可以针对不同年龄段的儿童设计适合不同需要的玩具，这早就为玩具商所重视。除此之外，性别也常作为市场细分变量而被企业所使用，妇女用品商店、女人街等的出现正反映出性别标准为大家所重视。

2. 主导因素排列法

主导因素排列法即用一个因素对市场进行细分，如按性别细分化妆品市场，按年龄细分服装市场等。这种方法简便易行，但难以反映复杂多变的顾客需求。

3. 综合因素细分法

综合因素细分法即用影响消费需求的两种或两种以上的因素进行综合细分，例如，用生活方式、收入水平、年龄三个因素可将妇女服装市场划分为不同的细分市场。如图9-4所示。

大多数公司采用两个或两个以上组合变量来细分市场。例如，一家大银行用年龄和收入作为细分顾客的两个主要变量。年龄细分要精细。40岁刚出头的人和年近花甲的老人对财务上的需求是大不相同的，然而他们却又归为一类。同时，收入这一栏必须补充资产这一项。例如，有些退休的人收入低，但是财产多；另一些退休的人可能收入高，但是财产少。不过，这个人口细分表提供了一个基本出发点，银行可以此为出发点向各种顾客群体提供各种不同的服务项目。如图9-5所示。

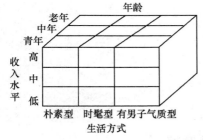

图9-4 综合因素细分法

图9-5 银行的综合因素细分法

4. 系列因素细分法

当细分市场所涉及的因素是多项的，并且各因素是按一定的顺序逐步进行，可由粗到细、由浅入深，逐步进行细分，这种方法称为系列因素细分法。目标市场将会变得越来越具体，例如，某地的皮鞋市场就可以用系列因素细分法做细分，如图9-6所示。

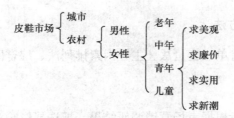

图 9-6 皮鞋的系列因素细分法

引导案例解析

收入：收入并不高，人均月收入 2 000 元的潜在客户。
社会阶层：白领，有知识、有品位的人。
生活方式：对新生事物感兴趣，富于想象力、崇尚个性，思维活跃，追求时尚。
个性：时尚、价值、自我，追求自我、张扬个性。
追求的利益：由于资金的原因，目标顾客崇尚实际，对品牌的忠诚度较低。所以追求对汽车的性价比、外观和配置，从使用性能和价格比上满足他们通过驾驶 QQ 所实现的工作、娱乐、休闲、社交的需求。
使用者状况："年轻人的第一辆车"说明使用者是第一次使用。

课后思考

1. 什么是市场细分？其理论依据是什么？
2. 消费者市场细分的变量有哪些？心理细分的具体变量有哪些？请举例说明。
3. 产业市场细分的变量有哪些？
4. 有效市场细分的依据是什么？
5. 场细分的步骤是什么？市场细分具体有哪几种方法？

课后案例分析

针对女性消费者的烟草营销策略

女性吸烟的心理因素形形色色，归纳起来，主要有以下三个方面。①寻求男女平等，争取社会地位。②展示个人风采，树立前卫形象。③缓解工作压力，释放紧张情绪。欧美的烟草企业一直围绕这三个方面向女性消费者开展营销活动，成效卓著。

1. 点燃"自由火炬"
20 世纪之前，欧美的妇女一般不吸烟，吸烟的女性总是与堕落、放纵、淫荡联系在一起。早在17世纪，荷兰的画家就在他们的作品中描绘过吸烟的妓女。19世纪的维多利亚女王时代，香烟是色情摄影作品中的常用道具。到了20世纪初，女烟民开始增加，女性吸烟渐渐被社会认可，主要原因有这么两点。①卷烟制造技术的发展，使机制卷烟替代了手工卷烟，香烟变得越来越卫生、便宜、易用，对女性消费者有很强的吸引力。②随着第一次世界大战的爆发，女权主义运动开始萌芽，妇女不再甘心做男人的附属品和家庭的牺牲品。不少妇女尝试从事一直是男人在做的工作，而且开始穿长裤、剪短发、抽香烟。

面对新兴的女性香烟市场，美国烟草公司的总裁希尔（Hill）先生激动地说："这好比在我们自家的院子里挖到了一个金矿。"为了开采这个金矿，各大烟草公司费尽心机，开展了大量的营销活动。他们紧紧抓住妇女社会经济地位的变化趋向，极力宣扬女性吸烟不是见不得人的事，而是妇女解放的象征，他们将香烟喻为"自由火炬"，为女权主义运动推波助澜。1929年，美国烟草公司聘请几名年轻女郎在纽约街头的复活节游行队伍里公开吸"好彩"（Lucky Strike）牌香烟，以此号召妇女对抗不平等的社会地位。菲利普·莫里斯公司的"维珍妮"（Virginia Slims）牌女士香烟的宣传口号从1968年的"宝贝，你辛苦了"，到90年代中期的"这是女人的事"，再到后来的"找到你的声音"，都巧妙地将吸烟与妇女的自由和解放联系在一起。

"自由火炬"的概念一直为烟草企业使用，特别是在那些经历巨大社会变革的国家。1975年佛朗哥独裁统治结束后的西班牙，Kim牌香烟针对女性消费者的口号是"真自我"，而West牌香烟的广告则对从事男性职业的妇女赞美有加。在"自由火炬"的指引之下，西班牙妇女的吸烟率从1978年的17%上升到1997年的27%。在东欧的前社会主义国家，烟草企业更是将香烟当成西方自由的象征向女性消费者进行传播。West牌香烟的口号是"尝试西方的滋味"。Kim牌香烟在匈牙利的传播主旨是"女士优先"。在一则广告中，West牌香烟还号召妇女捍卫她们的"吸烟权"。对自由的向往，使前东德12~25岁妇女的吸烟率从1993年的27%上升到1997年的47%。"维珍妮"牌女士香烟在日本宣扬"做回自己"，而在香港的口号是"走自己的路"。

2. 别吃糖了，抽"好彩"吧

1920年的美国，妇女追求短发、短裙和苗条的身材。美国烟草公司抓住这个时尚潮流，紧紧地将他们的产品与苗条身材联系在一起。他们将旗下的"好彩"牌香烟定位成可以帮助妇女减肥，并在广告中号召女士们"别吃糖了，抽'好彩'吧！"这一招真灵，"好彩"香烟的销量在广告发布的第一年就翻了三番。在这方面，菲莫公司做得更绝。他们将旗下的"维珍妮"牌女士香烟设计成细细的、长长的、白白的，为了是让女性消费者产生联想，希望自己的身体也能像"维珍妮"香烟一样苗条。

3. 巡回讲座

欧美烟草企业还常常将女性吸烟定位成"时尚的"、"新潮的"、"有个性的"、"交际需要的"、"有女人味的"。为了让女性消费者能够在交际活动中自信地抽烟，菲利普·莫里斯公司甚至举办巡回讲座，专门教授妇女吸烟的指法与姿势。

4. 准确定位

针对女性消费者，欧美烟草企业除了将传播主词放在"独立"、"时尚"、"减肥"、"成熟"之上以外，还对女性香烟市场进行细分，然后准确聚焦自己的消费群体。1990年，雷诺公司推出Dakota牌女士香烟，将其消费群体定位于18~24岁的"有男子气"的女子，这类女子没接受过大学教育,社会地位较低,爱看肥皂剧,她们大多从事体力劳动,工作压力大,吸烟率也最高。

5. 国内的女性香烟市场

在加入 WTO 的今天,国内烟草行业的竞争日趋白热化。各烟草企业为抢占市场、争夺客户,在营销传播方面不惜投入巨额资金,巩固或扩大其市场份额。然而,在女性香烟市场方面的竞争,却显得相对平静。目前,由于女性吸烟率远远低于男性,国内烟草企业生产的专供女烟民消费的女士香烟品牌还很少。然而,这块"市场真空"十分有必要尽快填补,原因有三。①世界主要烟草生产与消费国女性吸烟率为:美国 20%,法国 28%,英国 22%,德国 15%,巴西 18%,日本 13%,而中国仅为 5.6%。正因为我国女性吸烟率低,因此存在较大的增长空间。②随着经济的不断发展,女性地位的不断提高,我国女性吸烟的人数正在不断上升。③竞争的日益激烈,使工作压力增大、生活节奏加快,职业女性常常选择吸烟作为缓解压力、释放紧张情绪的方式。世界卫生组织总干事格罗·布伦特兰说,欧美烟草企业正把亚洲妇女定为香烟市场的新目标。在国际烟草巨头的利爪伸向中国之前,国内烟草厂商应该行动起来,吸取欧美烟草企业的营销策略,积极开拓女性香烟市场、培育中国的女士香烟名牌。

(资料来源:http://www.tobaccochina.com/news_gj/roundup/wu/201010/20101011162425_431781.shtml)

思考题:

1. 利用人文变量、心理变量和行为变量来分析女性烟草市场的特点。
2. 分析国内女性烟草市场存在哪些机遇与挑战。

第 10 章 目标市场营销与市场定位

◎ 本章要点
- 目标市场覆盖策略
- 目标市场营销策略
- 影响目标市场策略的因素
- 市场定位的含义及差异化的工具
- 市场定位的原则
- 市场定位的程序
- 市场定位的方式
- 传播企业的市场定位

◎ 本章难点
- 目标市场覆盖策略
- 市场定位的含义及差异化的工具
- 市场定位的方式

◎ 课前思考
- 企业如何在信息爆炸的营销环境下争夺消费者的稀缺的注意力资源?
- 市场定位可以使用的差异化工具具体有哪些?

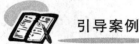 引导案例

塔吉特的目标营销与市场定位

塔吉特百货的市场定位——高级折扣零售店,从而成为美国第四大零售商。

顾客选择不同等级战略集团的驱动因素是显而易见的:去沃尔玛购物的顾客看重那里的低价和一站式购物方式,而去高级百货店的顾客则更追求品位、品质和舒适的购物环境。不过,在这看上去似乎生活在两个截然不同阶层的顾客群中却有着一个共通之处,那就是更多的女性希望拥有既便宜又高质量的时髦商品。

塔吉特的创始人发现,折扣商场价格虽低,但很多女性并不去那里购物,因为她们不喜欢店里的商品、服务和气氛。以她们的收入,这些妇女属于中等或中上阶层,应该去高级百货店购买,但她们还是喜欢拣便宜货。在分析她们对于产品的品位和生活方式之后,"女性到底希望在什么样的地方购物"的答案逐渐浮出水面:如果有家商店能提供愉快、省时的购物经验,商品质量高于传统折扣商场,价格又比百货公司低很多,这些女性会很乐于光

顾。这就是商机所在。

和沃尔玛的"天天低价"相比，塔吉特对于低价的承诺有适度的保留，它的广告词是："期待更多，花费更少。"换句话说，顾客可以买到质量比传统折扣商场更好的商品，而价格虽然低，却不算是超低。塔吉特将自己的顾客群定位于80%是女性，年龄平均为40岁左右，家庭年收入平均为5.1万美元，略高于沃尔玛的4万美元，大大高于凯马特的2万美元。

塔吉特的店面设计和布置的细节，则代表了较含蓄的沟通方式。它的每家分店都宽敞明亮，营造时髦而高尚的气氛。但同时店面的设计也强调了"平价"的那部分因素：减去过于繁复精致的装饰和复杂花哨的陈列。

在商品陈列和楼面设计上，普通的低价折扣店（比如沃尔玛）在规划面积大的分店时，会刻意在走道设计上迷惑顾客，以便让他们多逛些时间购买意外发现的商品。塔吉特则希望减少这种麻烦，它的策略是协助顾客尽快买到想买的东西，因此楼面规划和各种标志设计都便于顾客找到方向。它的商品通道指示设有三个相交立面，顾客从任何角度都可以看得到。卖场各处都设有价格扫描器，顾客还可就近利用店内的红色电话联络客服部门。为了帮助顾客节约时间，塔吉特入口处标示牌上的信息很少，因为顾客没有时间停下来细看。而在收银机附近标示牌上的说明就比较详细，因为顾客等待结账时会有时间细看，而且塔吉特认为顾客都很聪明，会记得下次购物时运用这些信息。除此之外，塔吉特还逐渐减少其他折扣商店也出售的全国性品牌，转而销售只有塔吉特才有的自有品牌。

塔吉特采用的方法很简单：以20美元的价格，购买著名设计师昂贵设计的仿制权。在服饰、家具和其他领域的一流设计师，都为塔吉特设计专属的商品系列。比如，由为意大利阿莱西这样的高档设计公司工作的迈克尔·格雷夫斯（Michael Graves）开始向塔吉特公司提供不锈钢的茶壶、结实的庭园家具和手柄粗短的刮铲。著名设计师托德·奥尔德曼（Todd Oldham）设计的系列产品也可以在塔吉特买到，欧德汉还特地设计了塔吉特独家专卖、色彩明亮的个性化MTV世代服饰。奇洛（Cherokee）运动服系列则是大小通吃，从婴儿到成人的产品都有。

（资料来源：http://baike.baidu.com/view/1089068.htm）

案例思考：结合案例分析塔吉特的目标顾客群与市场定位？

10.1 目标市场营销策略

10.1.1 目标市场的含义

目标市场（Target Market），是指企业决定要进入的市场，也就是企业的目标顾客，是企业市场营销活动所要满足的那部分市场需求。在现代市场经济条件下，任何产品的市场都有许多顾客群，他们各有不同的需求，而且他们分散在不同地区。因此，一般来讲，任何企业（即使是大公司）都不可能很好地满足所有的顾客群的不同需求。市场细分化的目的在于正确地选择目标市场，如果说市场细分显示了企业所面临的市场机会，目标市场选择则是企业通过评价各种市场机会、决定为多少个细分市场服务的重要营销策略。

10.1.2 选择目标市场的依据

评价细分市场是进行目标市场选择的基础。一个企业可从以下四个方面对个细分市场作出评价。

1. 细分市场的潜量

细分市场潜量是指一定时期内，各细分市场中的消费者对某种产品的最大需求量。首先，细分市场应该有足够大的市场需求潜量。如果某一细分市场的潜量太小，则意味着该市场狭小，没有足够的发掘潜力，企业进入后发展前景暗淡；其次，细分市场的需求潜量规模应恰当，对小企业来说，需求潜量过大并不利：一则需要大量的投入，二则对大企业的吸引力过于强烈。唯有对企业发展有利的潜量规模才是具有吸引力的细分市场。要正确估测和评价一个市场的需求潜量，不可忽视消费者（用户）数量和他们的购买力水平这两个因素中的任何一个。市场调查是细分市场的基础工作，必须认真对待。

企业选择的目标市场不仅要有需求，而且还要有足够的销售量，这是选择目标市场时不可忽视的重要标准之一。也就是说，企业选择的目标市场不但存在需求，而且有足够的消费者愿意并能够通过交换来满足这种需求。例如，美国的"李"（Lee）牌牛仔裤就始终把目标对准占人口比例较大的那部分"婴儿高峰期"的消费者群体，从而成功地扩大了该品牌的市场占有率。20世纪六七十年代，李牌牛仔裤以15~24岁的青年人为目标市场。因为这个年龄的人正是那些在"婴儿高峰期"出生的，在整个人口中占有相当大的比例。可是，到80年代初，昔日"婴儿高峰期"一代已成为中青年。为适应这一目标市场变化，厂商只是将原有产品略加改进，使其正好适合中青年消费者的体型。结果，90年代初，该品牌牛仔裤在中青年市场上的份额上升了20%，销售量增长了17%。

又如，美国米勒啤酒公司曾将其原来唯一的品牌"高生"啤酒定位于"啤酒中的香槟"，吸引了许多不常饮用啤酒的高收入妇女。后来发现，占30%的狂饮者大约消费了啤酒销量的80%，于是，该公司在广告中展示石油工人钻井成功后狂欢的镜头，还有年轻人在沙滩上冲刺后开怀畅饮的镜头，塑造了一个"精力充沛的形象"。在广告中提出"有空就喝米勒"，从而成功地占领啤酒狂饮者市场达10年之久。

2. 细分市场内的竞争状况

波特认为有五种力量决定整个市场或其中任何一个细分市场的长期的内在吸引力，即同行业竞争者、潜在的新参加的竞争者、替代产品、购买者和供应商，他们具有如下五种威胁性，如图10-1所示。

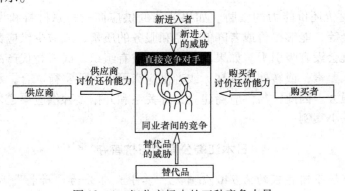

图10-1 细分市场内的五种竞争力量

（1）细分市场内竞争的威胁。如果某个细分市场已经有了众多的、强大的或者竞争意识强烈的竞争者，那么该细分市场就会失去吸引力。如果出现该细分市场处于稳定或者衰退，生产能力不断大幅度扩大，固定成本过高，撤出市场的壁垒过高，竞争者投资很大，那么情况就会更糟。这些情况常常会导致价格战、广告争夺战，新产品推出，并使公司要参与竞争就必须付出高昂的代价。

（2）新竞争者的威胁。如果某个细分市场可能吸引会增加新的生产能力和大量资源并争夺市场份额的新的竞争者，那么该细分市场就会没有吸引力。问题的关键是新的竞争者能否轻易地进入这个细分市场。如果新的竞争者进入这个细分市场时遇到森严的壁垒，并且遭受到细分市场内原来的公司的强烈报复，他们便很难进入。保护细分市场的壁垒越低，原来占领细分市场的公司的报复心理越弱，这个细分市场就越缺乏吸引力。某个细分市场的吸引力随其进退难易的程度而有所区别。根据行业利润的观点，最有吸引力的细分市场应该是进入的壁垒高、退出的壁垒低。在这样的细分市场里，新的公司很难打入，但经营不善的公司可以安然撤退。如果细分市场进入和退出的壁垒都高，那里的利润潜量就大，但也往往伴随较大的风险，因为经营不善的公司难以撤退，必须坚持到底。如果细分市场进入和退出的壁垒都较低，公司便可以进退自如，然而获得的报酬虽然稳定，但不高。最坏的情况是进入细分市场的壁垒较低，而退出的壁垒却很高。于是在经济良好时，大家蜂拥而入，但在经济萧条时，却很难退出。其结果是大家都生产能力过剩，收入下降。

（3）替代产品的威胁。如果某个细分市场存在着替代产品或者有潜在替代产品，那么该细分市场就失去吸引力。替代产品会限制细分市场内价格和利润的增长。公司应密切注意替代产品的价格趋向。如果在这些替代产品行业中技术有所发展，或者竞争日趋激烈，这个细分市场的价格和利润就可能会下降。

（4）购买者讨价还价能力加强的威胁。如果某个细分市场中购买者的讨价还价能力很强或正在加强，该细分市场就没有吸引力。购买者便会设法压低价格，对产品质量和服务提出更高的要求，并且使竞争者互相斗争，所有这些都会使销售商的利润受到损失。如果购买者比较集中或者有组织，或者该产品在购买者的成本中占较大比重，或者产品无法实行差别化，或者顾客的转换成本较低，或者由于购买者的利益较低而对价格敏感，或者顾客能够向后实行联合，购买者的讨价还价能力就会加强。销售商为了保护自己，可选择议价能力最弱或者转换销售商能力最弱的购买者。较好的防卫方法是提供顾客无法拒绝的优质产品供应市场。

（5）供应商讨价还价能力的威胁。如果公司的供应商——原材料和设备供应商、公用事业、银行、公会等，能够提价或者降低产品和服务的质量，或减少供应数量，那么该公司所在的细分市场就会没有吸引力。如果供应商集中或有组织，或者替代产品少，或者供应的产品是重要的投入要素，或转换成本高，或者供应商可以向前实行联合，那么供应商的讨价还价能力就会较强大。因此，与供应商建立良好关系和开拓多种供应渠道才是防御上策。

扩展阅读——小案例

日本江崎公司的巧挤善夺

日本泡泡糖市场年销售额约为740亿日元，其中大部分为"劳特"所垄断，可谓江山唯"劳特"独坐。但江崎公司专门研究霸主"劳特"产品的不足和短处，寻找市场的缝隙，结果发现"劳特"的四点不足：①以成年人为对象的泡泡糖市场正在扩大，而"劳特"却仍旧把重点放在儿童泡泡糖市场上；②"劳特"的产品主要是果味型泡泡糖，而现在消费者的需求正在多样化；③"劳特"多年来一直生产单调的条板状泡泡糖，缺乏新型式样；④"劳特"产品价格是110日元，顾客购买时需多掏10日元的硬币，往往感到不便。通过分析，江崎糖业公司决定以成人泡泡糖市场为目标市场，并制定了相应的市场营销策略。不久便推出功能性泡泡糖四大产品：①司机用泡泡糖——提神醒脑；②交际用泡泡糖——洁口除臭；③体育用泡泡糖——消除疲劳；④轻松性泡泡糖——改变人的不良情绪。并精心设计了产品的包装和造型，制定了合理且方便的价格。这样，功能性泡泡糖问世后，像飓风一样席卷全日本。江崎公司不仅挤进了由"劳特"独霸的泡泡糖市场，而且占领了一定的市场份额，从零猛升至25%，当年销售额达175亿日元。

（资料来源：http://finance.sina.com.cn/leadership/jygl/20050811/1808260302.shtml）

3. 企业的目标和资源

企业进行市场细分的根本目的就是要发现与自己的资源优势能够达到最佳结合的市场需求。企业的资源优势表现在其资金实力、技术开发能力、生产规模、经营管理能力、交通地理位置等方面。既然是优势，必须是胜过竞争者的。消费需求的特点如能促进企业资源优势的发挥将是企业的良机，否则，会出现事倍功半的情况，对企业是资源的浪费，严重时，甚至造成很大的损失。

10.2 选择目标市场

10.2.1 目标市场覆盖策略

目标市场的覆盖策略，即关于企业为哪个或哪几个细分市场服务的决定。通常有五种模式供参考，如图10-2所示。

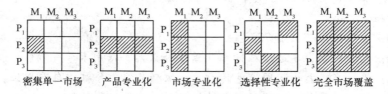

图10-2 目标市场选择策略

1. 密集单一市场（Single Segment Concentration）

企业选择一个细分市场，集中力量为之服务。较小的企业一般这样专门填补市场的某一部分。集中营销使企业深刻了解该细分市场的需求特点，采用针对性的产品、价格、渠道和促销策略，从而获得强有力的市场地位和良好的声誉。但同时隐含较大的经营风险。

2. 产品专门化（Product Specialization）

企业集中生产一种产品，并向所有顾客销售这种产品。例如，显微镜生产商向大学实验室、政府实验室和工商企业实验室销售显微镜，公司准备向不同的顾客群体销售不同种类的显微镜，而不去生产实验室可能需要的其他仪器。公司通过这种战略，在某个产品方面树立起很高的声誉。如果产品——这里是指显微镜，被一种全新的显微技术代替，就会发生危机。

3. 市场专门化（Market Specialization）

企业专门服务于某一特定顾客群，尽力满足他们的各种需求。例如，公司可为大学实验室提供一系列产品，包括显微镜、示波器、本生灯、化学烧瓶等。公司专门为这个顾客群体服务，而获得良好的声誉，并成为这个顾客群体所需各种新产品的销售代理商。如果大学实验室突然削减经费预算，它们就会减少从这个市场专门化公司购买仪器的数量，这就会产生危机。

4. 选择性专门化（Selective Specialization）

企业选择几个细分市场，每一个对企业的目标和资源利用都有一定的吸引力。但各细分市场彼此之间很少或根本没有任何联系。这种策略能分散企业经营风险，即使其中某个细分市场失去了吸引力，企业还能在其他细分市场盈利。

5. 完全市场覆盖（Full Coverage）

企业力图用各种产品满足各种顾客群体的需求，即以所有的细分市场作为目标市场，例如，服装厂商为不同年龄层次的顾客提供各种档次的服装。一般只有实力强大的大企业才能采用这种策略，例如，IBM公司在计算机市场、可口可乐公司在饮料市场开发众多的产品，满足各种消费需求。

扩展阅读——小案例

西南航空公司的目标营销策略

1. 目标市场
（1）产品：民航运输。
（2）市场：自费外出旅游者和小公司的商务旅行者。
（3）地域：达拉斯——奥斯汀——休斯敦减少门到门的旅行时间。
（4）需求：轻松活泼的旅行生活，低旅行费用。

2. 营销措施
（1）飞机：全部选用"波音737"。
（2）订票：电话订票，不通过旅行社（需要什么票—信用卡号—确认）。
（3）登机：报姓名—打出不同颜色的卡片—依颜色依次登机—自选座位。
（4）机上：没有头等舱、不提供行李转机服务、不提供餐饮服务。

3. 效果
（1）办理登机时间比别人快2/3。
（2）飞机在机场一个起落只需25分钟（其他要40分钟）。
（3）去掉头等舱（3排×3个=9个座位），增加4排×6个=24个座位。

4. 取消餐饮服务后

服务人员从标准配置的4个减少到2个（一人年薪为4万4千美元，且工资占公司用于员工成本费用的1/4或1/5）。
（1）取消机上餐饮设备，可加6个座位。
（2）不提供餐饮服务，原着陆后15分钟的清洁时间也省去。
（3）增加了航班量（其他6趟，它8趟）。
（4）机票售价只要60～80美元，大大低于其他的180～200美元。

（资料来源：http://wiki.mbalib.com/）

10.2.2 目标市场营销策略

在目标市场选择好之后,企业必须决定如何为已确定的目标市场设计营销组合,即采取怎样的方式,使自己的营销力量达到并影响目标市场。这时,可以有以下不同的考虑:通过无差异市场营销和差异市场营销策略,达到覆盖整个市场;或借助集中市场营销策略,占领部分细分市场;或定制化营销,满足每一个顾客的需求。

1. 无差异市场营销

无差异市场营销(Undifferentiated/Mass Marketing),是指企业在市场细分之后不考虑各子市场的特性,而只注重子市场的共性,决定只推出单一产品,运用单一的市场营销组合,力求在一定程度上满足尽可能多的顾客的需求。如图 10-3 所示。

图 10-3 无差异市场营销

这种策略的优点是产品的品种、规格、款式简单,有利于标准化与大规模生产,有利于降低生产、存货、运输、研究、促销等成本费用。其主要缺点是单一产品要以同样的方式广泛销售并受到所有购买者的欢迎,几乎是不可能的,企业一般不宜长期采用。原因如下。

(1) 大多数产品的市场需求是千差万别并不断变化的,一种产品很难长期满足这种需求。

(2) 当众多企业都采用这种策略时,就会形成整体市场竞争异常激烈,而小的细分市场上的需求却得不到满足的局面,这对市场营销者、消费者都不利。

(3) 采用这种策略的企业,容易受到其他企业发动的各种竞争努力的伤害。

美国可口可乐公司从 1886 年问世以来,一直采用无差别市场策略,生产一种口味、一种配方、一种包装的产品满足世界 156 个国家和地区的需要,称作"世界性的清凉饮料",资产达 74 亿美元。由于百事可乐等饮料的竞争,1985 年 4 月,可口可乐公司宣布要改变配方的决定,不料在美国市场掀起轩然大波,许多电话打到公司,对公司改变可口可乐的配方表示不满和反对,可口可乐公司不得不继续大批量生产传统配方的可口可乐。可见,采用无差别市场策略,产品在内在质量和外在形体上必须有其独特风格,才能得到多数消费者的认可,从而保持相对的稳定性。

这种策略的优点是产品单一,容易保证质量,能大批量生产,降低生产和销售成本。但如果同类企业也采用这种策略时,必然要形成激烈竞争。闻名世界的肯德基炸鸡,在全世界有 800 多个分公司,都是采用同样的烹饪方法、同样的制作程序、同样的质量指标、同样的服务水平,采取无差别策略,生意很红火。1992 年,肯德基在上海开业不久,上海荣华鸡快餐店开业,且把分店开到肯德基对面,形成"斗鸡"场面。因为荣华鸡快餐把原来洋人用面包作主食改为蛋炒饭为主食,西式薯条改成酸辣菜、西葫芦条,更取悦于中国消费者。所以,面对竞争强手时,无差别策略也有其局限性。

2. 差异性市场营销（Differentiated Marketing）

差异性市场营销，是指在市场细分的基础上，企业选择两个以上乃至全部细分市场作为自己目标市场，并为每个选定的细分市场制订不同的市场营销组合方案，多方位地开展有针对性的市场营销活动。如图 10-4 所示。

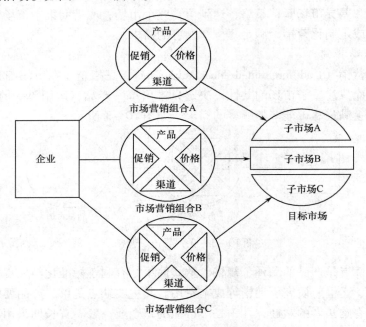

图 10-4　差异性市场营销

如美国有的服装企业，按生活方式把妇女分成三种类型：时髦型、男子气型、朴素型。时髦型妇女喜欢把自己打扮得华贵艳丽，引人注目；男子气型妇女喜欢打扮得超凡脱俗，卓尔不群；朴素型妇女购买服装讲求经济实惠，价格适中。公司根据不同类妇女的不同偏好，有针对性地设计出不同风格的服装，使产品对各类消费者更具有吸引力。又如某自行车企业，根据地理位置、年龄、性别细分为几个子市场：农村市场，因常运输货物，要求牢固耐用，载重量大；城市男青年，要求快速、样式好；城市女青年，要求轻便、漂亮、闪灵。针对每个子市场的特点，制定不同的市场营销组合策略。

采用这种市场营销策略，其明显的优点在于：①针对不同的目标市场，制订不同的市场营销方案，这种针对性较强的市场营销活动，能够分别满足不同顾客群的需求，市场营销活动易于收到较好的效果；②选择两个以上目标市场，还可以使企业取得连带优势，提高企业的知名度。当然，实行差异性市场营销策略，会使企业的生产成本、管理费用、销售费用等大幅度增加。因此，实施差异性市场营销策略要求所带来的收益超过所增加的成本、费用，并且要求企业具有较为雄厚的财力、物力和人力条件。

扩展阅读——小案例

欧莱雅集团的差异性营销策略

巴黎欧莱雅进入中国市场至今，以其与众不同的优雅品牌形象，加上全球顶尖演员、模特的热情演绎，向公众充分展示了"巴黎欧莱雅，你值得拥有"的理念。成功业绩关键取决于欧莱雅公司独特的差异性营销策略。

首先，公司从产品的使用对象进行市场细分，主要分成普通消费者用化妆品、专业使用的化妆品，其中，专业使用的化妆品主要是指美容院等专业经营场所所使用的产品。

其次，公司将化妆产品的品种进行细分，如彩妆、护肤、染发护发等，同时，对每一品种按照化妆部位、颜色等再进一步细分，如按照人体部位不同将彩妆分为口红、眼膏、睫毛膏等；再就口红而言，进一步按照颜色细分为粉红、大红、无色等，此外，还按照口红性质差异将其分为保湿型、明亮型、滋润型等。步步细分，光美宝莲口红就达到150多种，而且基本保持每1~2个月就向市场推出新的款式，从而将化妆品的品种细分几乎推向极限地步。

然后，按照中国地域广阔特征，鉴于南北、东西地区气候、习俗、文化等的不同，人们对化妆品的偏好具有明显的差异。如南方由于气温高，人们一般比较少化白日妆或者喜欢使用清淡的妆饰，因此较倾向于淡妆；而北方由于气候干燥及文化习俗的缘故，一般都比较喜欢浓妆。同样东西地区由于经济、观念、气候等的缘故，人们对化妆品也有不同的要求。所以欧莱雅集团敏锐地意识到了这一点，按照地区不同推出不同的主打产品。

最后，又采用了其他相关细分方法，如按照原材料的不同有专门的纯自然产品；按照年龄细分等。

总之，通过对中国化妆品市场的环境分析，欧莱雅公司采取多品牌战略对所有细分市场进行全面覆盖策略，按照欧莱雅中国总经理盖保罗所说的金字塔理论，欧莱雅在中国的品牌框架包括了高端、中端和低端三个部分。

其中，塔尖部分为高端产品，约由12个品牌构成，如第一品牌的赫莲娜，无论从产品品质和价位都是这12个品牌中最高的，面对的消费群体的年龄也相应偏高，并具有很强的消费能力；第二品牌是兰蔻，它是全球最著名的高端化妆品牌之一，消费者年龄比赫莲娜年轻一些，也具有相当的消费能力；第三品牌是碧欧泉，它面对的是具有一定消费能力的年轻时尚消费者。欧莱雅公司希望将其塑造成大众消费者进入高端化妆品的敲门砖，价格也比赫莲娜和兰蔻低一些。它们主要在高档的百货商场销售，兰蔻在22个城市有45个专柜，目前在中国高端化妆品市场占有率第一，碧欧泉则是第四。而赫莲娜2000年10月才进入中国，目前在全国最高档百货商店中只有6个销售点，柜台是最少的。

塔中部分为中端产品，所包含品牌有两大块：一块是美发产品，有卡诗和欧莱雅专业美发，其中，卡诗在染发领域属于高档品牌，比欧莱雅专业美发高一些，它们销售渠道都是发廊及专业美发店。欧莱雅公司认为，除产品本身外，这种销售模式也使消费者有机会得到专业发型师的专业服务。还有一块是活性健康化妆品，有薇姿和理肤泉两个品牌，它们通过药房经销。欧莱雅率先把这种药房销售化妆品的理念引入了中国。

塔基部分是指大众类产品，中国市场不同于欧美及日本市场的地方，就在于中国市场很大而且非常多元化，消费梯度很多，尤其是塔基部分上的比例大。在中国大众市场中，欧莱雅公司目前共推出5个品牌，其中，巴黎欧莱雅是属于最高端的，它有护肤、彩妆、染发等产品，在全国500多个百货商场设有专柜，还在家乐福、沃尔玛等高档超市有售。欧莱雅的高档染发品已是目前中国高档染发品的第一品牌。第二品牌是羽西，羽西秉承"专为亚洲人的皮肤设计"的理念，是一个主流品牌，在全国240多个城市的800家百货商场有售。第三品牌是美宝莲——来自美国的大众彩妆品牌，它在全球很多国家彩妆领域排名第一，在中国也毫不例外，目前已经进入了600个城市，有1.2万个柜台。第四品牌是卡尼尔，目前在中国主要是引进了染发产品，它相比欧莱雅更大众化一些，年轻时尚，在中国5000多个销售点有售。第五品牌是小护士，它面对的是追求自然美的年轻消费者，市场认知度90%以上，目前在全国有28万个销售点，网点遍布了国内二、三级县市。

由于欧莱雅公司对中国市场分析到位、定位明晰，因此，2003年时其产品在中国市场的销售额达到15亿人民币，比2002年增加69.3%，这是欧莱雅公司销售历史上增幅最高的，比1997年增长了824%。兰蔻在高档化妆品市场、薇姿在通过药房销售的活性化妆品市场、美宝莲在彩妆市场、欧莱雅染发在染发的高端市场已经占据了第一的位置。

（资料来源：http：//wiki.mbalib.com/）

3. 集中性营销（Concentrated/Niche Marketing）

集中性营销，又称作补缺营销、利基营销（Niche Marketing），指企业集中所有力量，在某一细分市场上实行专业生产和销售，力图在该细分市场上拥有较大的市场占有率。企业运用此策略是遵循"与其四面出击，不如一点突破"的原则，例如，德国的大众汽车公司集中于小型汽车市场的开拓和经营，美国的惠普公司专攻高价的计算机市场，都是集中性市场营销的成功范例。如图10-5所示。

图10-5 集中性营销

菲利普·科特勒给利基（Niche）下的定义为："利基是更窄地确定某些群体"，也就是说，这是一个小市场并且它的需要没有被服务好，或者说"有获取利益的基础"。利基市场营销又称"缝隙营销"或"补缺营销"，又有称为"狭缝市场营销"，是指企业为避免在市场上与强大竞争对手发生正面冲突，而采取的一种利用营销者自身特有的条件，选择由于各种原因被强大企业熟悉的小块市场作为其专门的服务对象，对该市场的各种实际需求全力予以满足，以达到牢固地占领该市场的营销策略。

这种市场营销策略主要适用于资源力量有限的中小企业。中小企业无力与大企业抗衡，在一些大企业尚未或不愿顾及的小细分市场上全力以赴，往往易于取得成功。日本尼西奇起初是一个生产雨衣、尿布、游泳帽等多种橡胶制品的小厂，由于订货不足，面临破产。总经理多川博在一个偶然的机会，从一份人口普查表中发现，日本每年约出生250万个婴儿，如果每个婴儿用两条尿布，一年需要500万条。于是，他们决定放弃尿布以外的产品，实行尿布专业化生产。一炮打响后，又不断研制新材料、开发新品种，不仅垄断了日本尿布市场，还远销世界70多个国家和地区，成为闻名于世的"尿布大王"。

一般说来，中小企业可以开拓的利基市场有以下五类。

（1）自然利基市场。为了追求规模经济效应，很多大企业一般采用少品种、大批量的生产方式，这就自然为中小企业留下了很多大企业难以涉及的"狭缝地带"，这些"狭缝地带"即为自然利基市场。很多中小企业正是选择这些自然利基市场投入经营，在与大企业不发生竞争的情况下成长起来的。

（2）协作利基市场。对于生产复杂产品的大企业来说，不可能使每一道工序都达到规模经济性的要求。大企业为了谋求利润最大化或节省成本，避免"大而全"生产体制的弊端，而去与外部企业进行协作，这种协作关系为中小企业提供了生存空间，即协作利基市场。

（3）专利利基市场。拥有专利发明的中小企业，可以运用知识产权来防止大企业染指自己的专利技术向自己的产品市场渗透，从而在法律制度的保护下形成有利于中小企业成长的专利利基市场。如好孩子集团公司是靠我国目前的专利保护起家的最大的婴儿推车和儿童自行车生产企业，自1989年第一辆"好孩子"专利童车诞生以来，"好孩子"便利用专利的优势抓住了自己的利基市场。

（4）潜在利基市场。现实中，常有一些只得到局部满足或根本未得到充分满足或正在孕育即将形成的社会需求，这就构成了潜在的市场需求空间，即潜在利基市场。

（5）替代利基市场。美国著名的企业战略学家波特教授在通过严密的竞争者分析后，得出结论："最好的战场是那些竞争对手尚未准备充分、尚未适应、竞争力较弱的细分市场"。对方的虚弱点就是我方理想的攻击点。所谓弱点，是指竞争者在满足该领域消费者需求时所采取的手段和方法与消费者最高满意度之间存在的差异，消费者的需求没有得到很好的满足。这正是"彼可取而代之"的市场机会。如果企业有能力比竞争对手提供令消费者更满意的产品或服务，即能够有力地打击竞争者的弱点，那么，该市场就可以作为自己的目标市场，这正是"避实击虚"思想在市场竞争战略上的应用。

集中性市场营销因为服务对象比较专一，企业对其特定的目标市场有较深刻的了解，可以深入地发掘消费者的潜在需要；企业将其资源集中于较小的范围，进行"精耕细作"，有利于形成积聚力量，建立竞争优势，可获得较高的投资收益率。但这种策略风险较大，一旦企业选择的细分市场发生突然变化，如消费者偏好转移或竞争者策略的改变等，企业将缺少回旋余地。因此，采用这一策略的企业，要密切注意目标市场的动向，提高应变能力。

扩展阅读——小案例

Net-a-Porter 的补缺营销——网上卖奢侈

Net-a-Porter是一家售卖奢侈品牌高级成衣的B2C网站。都说经济危机下奢侈品的日子不好过，但是Net-a-Porter却打破了这一定律，仅在2009年2—7月这半年时间，这家英国网站的销售额上升了40%达到5320万英镑，税前利润增长了56%，已经完成全财年（截至2010年1月31日）利润目标的70%。

是什么成就了Net-a-Porter的销售奇迹呢？答案是时尚杂志＋购物网站＋当红设计师的混搭。

Net-a-Porter每周推出一期电子杂志，围绕一个主题制作时装大片。漂亮的模特、时尚的搭配、精美的摄影、文字简洁的新品介绍，甚至还有大片的拍摄花絮或秀场的视频。当鼠标停留在模特穿着的某件衣服上时，跳出的对话框会告诉你这件单品的品牌，然后指向购买页面的链接。网站编辑们会为消费者提供当季的主要流行元素和精心挑选的酒会、婚礼、度假、商业会谈等各种场合下最得体的时尚搭配方案。

金融危机下，试图开辟新渠道的设计师们都乐意与Net-a-Porter合作，因其时尚的杂志型外观非常符合设计师们视品牌形象为生命的口味。至今，Net-a-Porter绑定了近300

名知名设计师，拿到了他们的"独家贩卖"权。那些设计师的粉丝们奔走相告，纷纷来Net－a－Porter消费。1500美元的BottegaVeneta手提袋、3000美元的ZacPosen连衣裙同样可以在网上卖得热火朝天。

现在Net－a－Porter每个月都迎来数千名新顾客，平均每天订单数超过400份，每份订单的平均消费高达820美元。由于Net－a－Porter单价高、利润高，而订单不多，因此处理费与运费都不是大问题。运用这一优势，Net－a－Porter大胆推出"同一天送达"服务，除了英国伦敦，还开始在全球其他国家设立"同一天送达"中心，在全球快速拓展业务。

不过Net－a－Porter正面临更多挑战，eBay和亚马逊也开始涉猎时尚业的网络。
（资料来源：http：//money.163.com/10/0419/10/64KJTDTH00253G87.html）

4. 定制营销

定制营销（Customized Marketing）又称"个别化营销"（Individual Marketing）或"一对一营销"（One－to－One Marketing），是20世纪90年代后期发展起来的一种新型的营销策略。定制营销就是在市场细分的基础之上，进一步针对个别消费者的特定需要提供个性化的满足。如完全可按照消费者个性的喜好来设计服装、手表、皮鞋等消费品；按照个人的设计来装饰住房甚至建造别墅；按照个人的需要和可能来制订学习计划，提供业余培训等。定制营销是比目标营销更有针对性，从而对顾客的满足程度也更高的营销方式，因此开展定制营销的企业就能更牢固地控制其目标群体，稳定其目标市场。

扩展阅读——小案例

汉堡王的定制化营销

Burger King（汉堡王）的营销经常把人雷到外焦里嫩，这次也不例外。Burger King的汉堡配料很多样，而且可以根据个人要求调整。于是，每个汉堡都是为顾客"个性定制"的。怎么体现这种世界最强个性定制？原来，他们在店里偷偷安装摄像头，在客人点菜的时候拍下头像，即时打印，作为客人的汉堡包装，这可真是"属于你的汉堡"了，非常贴切。尽管会有人提出负面意见（肖像权之类的），但都被海量的惊讶、开心淹没了。

（资料来源：http：//www.ceconline.com/sales_marketing/ma/8800055641/01/）

既然定制营销能增强企业的市场竞争能力，为什么至20世纪90年代后期才发展起来呢？关键在于定制营销与规模化生产之间的矛盾。因为只有大规模的标准化生产才可能使产品的生产成本降到最低，这几乎已成为一种经济学的常识，而定制营销就会对大规模的标准化生产提出挑战。所以，在没有解决定制化生产导致成本上升的问题之前，定制营销是很难开展的。

20世纪90年代后，数码控制系统在生产领域的广泛应用使个性定制和规模生产的矛盾得到了解决，这就是"柔性生产技术"的问世。柔性生产通过数码控制技术可以在同一条流水线上生产出上百种不同规格和款式的产品，这样就使定制营销成为可能；满足"定制营销"需要的另一种方法就是"组合技术"，即由于许多产品和服务实际上是由各种部件或要素所组成的，消费者的个性需要往往只表现为对其中少数部件和要素的不同需要，有的甚至只是组合方式上的差异。所以在部件和要素的生产上仍然可以是批量化和规模化的，只需在最后的组合上按照顾客的特定需要来组合，就能解决定制营销中的规模效应问题。目前许多企业就是这样做的。如戴尔公司完全按照顾客的个性需要来提供品牌计算机，主要就表现为根据顾客所提出的要求来进行计算机硬件的不同配置，而各种计算机硬件的生产和采购则完全可以是批量化的。

扩展阅读——小案例

顾客定制化营销

在早期的市场上，许多销售者为个别顾客定制产品。裁缝为每位女士特制不同的服装；鞋匠为每个人的一双脚特制不同的鞋。因为这些工匠不知道他们的顾客想要什么尺寸或什么样的材料，所以他们只能根据订单生产，而不能为储存而生产。即使是现在，有些人也愿意定购特制的套装、衬衣和鞋子，以满足他们个人的需要。但是一般说来，随着大规模生产的到来，生产商便开始生产标准尺寸的产品，并储存起来以便销售。

今天，顾客定制化（Customized）营销正在卷土重来，在美国已有18家这样的商店。摄影机与计算机相连，它计算出你的尺寸和打印出与你合身的睡衣。电视屏幕从前面和两边显示新的衣服。购买者从50种样品中挑选织物，顾客自己设计的衣服送去制造和裁剪，一套衣服就缝制完成了。

另一个例子是日本的自行车制造商，他们灵活地根据各个购买者的需要生产各种自行车。顾客参观当地的自行车商店，店主测绘客户对车身的特殊要求，然后送工厂复制。在工厂里，其规格输入计算机，几分钟就能绘制出蓝图，其速度是手工绘制的60倍。计算机然后指挥机器人生产。该工厂在18种自行车的199种颜色和人们身材长短中约有11.231，862种变化。该价格是悬殊的——从545美元至3200美元不等，但顾客在两星期后就能骑上自己设计和由机器制造的自行车。

定制营销可使人们参与生产完全符合自己愿望的产品。许多情况表明人们喜欢这种方法。在餐馆中，色拉餐柜日趋流行，这是因为人们可以"调制"自己喜欢的色拉。同样地，在某些冷饮店里，顾客可自行调制冰激凌。

不但产品可按顾客要求定做，服务也是如此。杰克·维特里预见到将来会出现如下的金融服务业务的情景。

顾客走进一家金融机构，坐在业务部里，就有一位资历很深的专家前来为他提供咨询。该专家和顾客一起商讨，通过计算机终端建立金融业务关系。例如，顾客可能会询问如何开立存款业务关系，专家就会问一些基本问题：顾客想要得利息吗？开支票吗？经常转账吗？想要贷款吗？根据顾客的答复，顾客需要得到的服务会得到落实，并且根据顾客的不同需要来确定应付的费用。

在企业与企业的营销中，客户定制更为常见。摩托罗拉的销售员携带笔记本电脑，根据顾客设计要求定制移动电话。该设计转送至工厂，在17分钟内开始生产。在2小时后，顾客设计的产品就生产出来了。奥克斯卡车为政府与军队设计标准化的它们定制的车辆。贝克顿—迪克森公司，一家大医院供应商，他们为医院提供可选择的产品如下：顾客设计的标签，容器包装选择；定制的质量控制推荐书，定制的计算机软件，定制的帐单程序。

即使在向业务市场提供标准化产品时，它也不限于仅仅是制造某一标准的营销供应品。顾客还可能有权对其中的内容进行选择、裁剪和重新组合，例如选择产品性能、交货条件、培训、财务结算方法、技术服务选择等。我们的结论是：即使产品不能实现顾客定制化，而营销方法是可以实现顾客定制化的。

（资料来源：http：//info.biz.hc360.com/2009/12/22083498289.shtml）

10.2.3 影响目标市场策略的因素

上述四种策略各有利弊，企业在进行决策时要具体分析产品和市场状况和企业本身的特点。影响企业目标市场策略的因素主要有企业资源、产品特点、市场特点和竞争对手的策略。

1. 企业的资源

资源雄厚的企业，如拥有大规模的生产能力、广泛的分销渠道、程度很高产品标准化、好的内在质量和品牌信誉等，可以考虑实行无差异性市场营销策略；如果企业拥有雄厚的设计能力和优秀的管理素质，则可以考虑施行差异性市场营销策略；而对实力较弱的中小企业来说，适于集中力量进行集中性营销策略。

企业初次进入市场时，往往采用集中市场营销策略，在积累了一定的成功经验后再采用差异性市场营销策略或无差异性市场营销策略，扩大市场份额。

2. 产品特点

产品的同质性表明了产品在性能、特点等方面的差异性的大小，是企业选择目标市场时不得不考虑的因素之一。一般对于同质性高的产品如食盐等，宜施行无差异性市场营销；对于同质性低或异质性产品，差异性市场营销或集中性市场营销是恰当选择。

此外，产品因所处的生命周期的阶段不同，而表现出的不同特点亦不容忽视。产品处于导入期和成长初期，消费者刚刚接触新产品，对它的了解还停留在较粗浅的层次，竞争尚不激烈，企业这时的营销重点是挖掘市场对产品的基本需求，往往采用无差异性市场营销策略。等产品进入成长后期和成熟期时，消费者已经熟悉产品的特性，需求向深层次发展，表现出多样性和不同的个性来。竞争空前的激烈，企业应适时地转变策略为差异性市场营销或集中性市场营销。

3. 市场特点

供与求是市场中两大基本力量，它们的变化趋势往往是决定市场发展方向的根本原因。供不应求时，企业重在扩大供给，无暇考虑需求差异，所以采用无差异市场营销策略；供过于求时，企业为刺激需求、扩大市场份额殚精竭虑，多采用差异性市场营销或集中性市场营销策略。

从市场需求的角度来看，如果消费者对某产品的需求偏好、购买行为相似，则称之为同质市场，可采用无差异性市场营销策略；反之，为异质市场，差异性市场营销和集中性市场营销策略更合适。

4. 竞争者的策略

竞争状况也可以从两个方面来考虑：一是竞争者的强弱；二是竞争者采用何种目标市场营销策略。一般来说，企业应当根据竞争对手的实力及其市场营销策略，选择更有效的目标市场营销策略。比如，竞争对手力量较弱，企业可采用无差异市场营销策略；竞争对手如果采用无差异市场营销策略，企业就应当采用差异性市场营销策略；如果竞争对手也采用差异性市场营销策略，企业就应进一步细分市场，实行更有效的差异性或集中性市场营销策略。

企业的目标市场策略应慎重选择，一旦确定，应该有相对的稳定，不能朝令夕改。但灵活性也不容忽视，没有永恒正确的策略，一定要密切注意市场需求的变化和竞争动态。

10.3 市场定位

10.3.1 市场定位的含义

市场定位（Positioning）是在20世纪70年代由美国营销学家艾·里斯和杰克·特劳特提出的，其含义是指企业相对于竞争对手的现有产品，针对顾客对该类产品某些特征或属性的重视程度，为本企业产品塑造与众不同的、清晰的形象，并将这种形象生动地传递给消费者，即将产品的利益和差异点植入到消费者的头脑中。

市场定位包括企业的市场定位、店铺的市场定位、产品的市场定位。一般所说的市场定位，是产品的市场定位，即根据消费者对产品或品牌心理知觉来确定产品或品牌在其心目中的地位并塑造良好形象。

市场定位并不是你对一件产品本身做些什么，而是你在潜在消费者的心目中做些什么。市场定位的实质是使本企业与其他企业严格区分开来，使顾客明显感觉和认识到这种差别，从而在顾客心目中占有特殊的位置。企业通过市场定位达到以下目的。

◆ 确认现在所处的地位，即产品、品牌能在多大程度上对应市场需求。
◆ 比较评价竞争者与本企业的产品和品牌在市场上的地位。
◆ 抢先发现潜在的重要市场位置。
◆ 了解和掌握应该追加投放新产品的市场位置，以及现有产品重新定位或放弃的方向等。
◆ 设法在自己的产品、品牌上找出比竞争者更具竞争优势的特性或者创造与众不同的特色，从而使产品、品牌在市场上占据有利地位，取得目标市场的竞争优势。例如，"肯德基"——大众快餐店；"金钱豹"——高档自助餐厅；"丽兹卡尔顿酒店"——超越顾客期望的定制化服务；"夏利"——经济实惠；"劳斯莱斯"——首相的坐骑。

10.3.2 差异化的工具

差异化（Differentiation），是指为使企业产品、服务、企业形象等与竞争对手有明显的区别，以获得竞争优势而采取的战略。实际上，为了向消费者提供更多的价值，市场定位就是从差异化开始的。

为了制定营销战略，企业必须寻找自身差异化的工具能使它获得竞争优势。行业不同，机会不同。下面列出一些行业，表示在差异化过程中，哪些是机会，哪些不是机会。波士顿咨询公司（BCG）根据获得竞争优势的数目与大小，区分出四种行业，如图10-6所示。

◆ 强度行业。强度行业是指其中的公司仅可获得少数但却相当大的优势。例如建筑设备行业，一家公司可努力谋求低成本定位或产品高度差异化定位，并可在其中任何一个定位上获得高额利润。由此可见，利润率与公司规模和市场份额的关系极为密切。

◆ 僵化行业。僵化行业是指其中的公司所具有的优势少而小。以钢铁行业为例，其产品和生产成本（在一定技术条件下）难以实现差异化。公司可尽量雇佣较为优秀的销售人员，或者展开公关活动，但是这些办法作用都不大。在此情况下，利润率与公司的市场份额无关。

◆ 裂化行业。裂化行业是指其中的公司面临许多实行产品差异化的机会，但这些机会的意义均不大。例如餐馆可用多种方法实行差异化，但其结果并不能扩大市场份额。利润率与餐馆规模无关。餐馆无论大小，均可盈利或亏损。

◆ 专业化行业。专业化行业是指其中的公司面临许多实行产品差异化的机会，每个机会都会获利颇丰。例如那些为选定的细分市场生产专门机械的公司便是如此。有些小公司也会像大公司一样盈利。

所以，并非每个企业在减少成本和积累利润方面都有获得竞争优势的机会。有一些企业具备许多微弱的优势，但这些优势容易被竞争对手效仿，所以不能长久保持下去。对于这些企业来说，解决问题的办法是不断发现潜在的优势，并逐个加以利用，使竞争者处于劣势。这就是说，这些公司要使革新的进程"常规化"，善于发现许多小的优势，逐个加以利用，以此来赢得市场份额。

图 10-6　四种行业的竞争优势

企业在市场定位的过程中实现差异化的工具包括以下五种。

1. 产品差异化（Product Differentiation）

实体产品的差异化可以体现在产品的诸多方面。

（1）形式（Form），即产品在外观设计、尺寸、形状、结构等方面的新颖别致。例如，对闹钟的外形进行不同的卡通形象设计。

（2）特色（Features）。即对产品基本功能的某些增补，率先推出某些有价值的新特色无疑是最有效的竞争手段之一。例如，为汽车增加"电动驾驶"功能、为某种食品增加防潮包装、为牙刷增加更换提示功能、为台灯增加护眼功能等。1975年，美国米勒（Miller）公司推出了一种低热量的"Lite"牌啤酒，将其定位为喝了不会发胖的啤酒，迎合了那些经常饮用啤酒而又担心发胖的人的需要。但是，使用特色定位的企业往往要在是用高成本为顾客定制特色组合，还是使产品更加标准化而降低成本之间进行决策。

扩展阅读——小案例

农夫果园的产品差异化定位

"摇一摇"是一个绝妙的潜台词。"农夫果园，喝前摇一摇"、"农夫果园由三种水果调制而成，喝前摇一摇"。"摇一摇"最形象直观地暗示消费者它是由三种水果调制而成，摇一摇可以使口味统一；另外，更绝妙的是无声胜有声地传达了果汁含量高——因为我的果汁含量高，摇一摇可以将较浓稠的物质摇匀这样一个概念。"摇一摇"的背后就是"我有货"的潜台词。

在农夫果园打出这句广告词之前，许多果汁饮料甚至口服液的产品包装上均会有这样一排小字——"如有沉淀，为果肉（有效成分）沉淀，摇匀后请放心饮用"。这排小字看似是要消除一种误会——就是有了沉淀并不是产品坏了，摇匀后喝就行了。其实是一个很好的卖点——它证明产品的果汁含量高，但这样的语言在各种包装上已经有很多年了，从来没有人关注过角落里的"丑小鸭"，农夫果园发现了这只"白天鹅"，并把她打扮一新包装成了明星——一句绝妙的广告语"喝前摇一摇"，变成了一个独特的卖点。

同时，在感性认同上，"摇一摇"使得宣传诉求与同类果汁产品迥然不同，以其独有的趣味性、娱乐性增添消费者的记忆度。

（资料来源：http://www.100guanli.com/HP/20100711/DetailD1230506.shtml）

（3）性能质量（Performance Quality），即产品的主要特点在运用中可分为低、平均、高和超级等不同的水平。贵重产品的购买者通常会对不同品牌的产品进行性能方面的比较。只要价格没有超出顾客的理解价值，他们愿意付较高的价钱购买性能良好的产品。

（4）一致性质量（Conformance Quality），即产品的设计和使用与预定标准的吻合程度的高低。一致性越高，则意味着买主可以实现预定的性能指标。它是指与产品说明书所列标准的一致性。例如，波斯汽车被设计为在10秒钟内加速度可达每小时60英里。如果流水线上的每一辆波斯汽车都符合这一标准，该汽车就被认为具有高度一致性。但是，如果各辆波斯汽车的加速时间快慢不一，则被认为一致性很差。一致性差的问题意味着对许多买主来讲，产品的预定性能指标无法实现，这将使顾客感到失望。

（5）耐用性（Durability），即产品在自然或苛刻的条件下预期的使用寿命。对于技术更新不快的产品，耐用性高，无疑增加了产品的价值。例如，富豪公司声称其汽车享有最长的平均寿命，因此较高的售价是正当的。买方愿出较多的钱购买比较耐用的产品。此外，时髦产品或一些技术更新较快的产品不在此例，因为在购买这些产品时，买方不会为产品的耐用性付更多的钱。所以，在广告中宣传一台计算机或数码相机如何经久耐用，其意义就十分有限，因为数码产品的更新换代是非常快的。

（6）可靠性（Reliability），即在一段时间内产品保持良好状态的可能性。许多企业通过降低产品缺陷，提高可靠性。假设凯迪拉克汽车一个月内重要零部件不出故障的概率为90%，而雪佛兰为60%的话，则前者比后者可靠。购买者愿出较高价格购买在可靠性方面享有盛誉的产品。他们想减少故障而引起的修理费用和时间的浪费。

（7）可维修性（Repairability），即产品一旦出现故障进行维修的难易程度。标准化的零部件、一定的维修支持等都会使产品更受欢迎。所以一辆由标准化零部件组装起来的汽车容易调换零件，其可维修性也就高。理想的可维修性是指用户可以花少量的甚至不花钱或时间，自己动手修复产品。买主也许只要简单地将坏掉的零件取下来，换上好的零件就行了。或者退一步，有些产品可能需要进行一次诊断，它可以通过电话通知维修人员修理，或以电话直接告诉用户如何修理。

（8）风格（Style），即产品给予消费者的视觉和感觉效果。独特的风格往往使产品引人注目，有别于乏味、平淡的产品。通用汽车公司的凯迪拉克分公司为了使它的新车阿兰塔拥有一种欧洲风格，专门聘用了菲妮法里拉公司—意大利的一家专门从事汽车设计的公司。在风格差异化中，它必须充分使用包装这一武器，尤其在食品、化妆品、卫生用品和小型消费品方面。包装是顾客对产品的第一印象，它能影响顾客购买或退出。

（9）设计（Design），上述种种性质都是设计参数。要在同时考虑上面各种因素的前提下来设计产品，其任务之艰巨是可以想见的。设计者必须确定在特色、性能、一致性、可靠性、可维修性、风格等各方面分别投资多少。从公司的角度来看，设计良好的产品应该是容易生产和分销的。按照顾客的观点，设计良好的产品应该是看上去令人愉快的，同时又是容易开启、安装的，不难学会如何使用的，也是容易使用、修理和处置的。设计者必须兼顾一切，力求完美，"形式决定于功能"。设计者不得不放弃其中的某些特性。这主要取决于目标市场是如何接受不同的利益和成本及对它们的重视程度。

综合以上各个要素，企业应从顾客的要求出发，确定影响产品外观和性能的全部特征的组合，提供一种最强有力的设计使产品（服务）差异化和准确定位。

扩展阅读——小案例

风格独特的斯沃琪手表

瑞士手表业，曾经是世界最大的手表制造业，在一系列成功的竞争者攻击下，它被迫实施差异化战略。首先，由美国公司天美时成功地引进了简单、低成本的计时器。然后，日本手表制造商引进了高精度电子数字表。后来，香港制造商向全世界市场倾销仿制的瑞士和日本表。瑞士仅仅只能抓住其高价位的时尚珠宝表，诸如劳力士、比捷特、浪琴等。

1981年，瑞士最大手表公司的分公司ETA，生产了著名的手表——斯沃琪（Swatch）。Swatch早期的名称叫Mwatch，在刚进入市场时的销售情况不容乐观。整个公司的高层面对现状，试图力挽狂澜重塑自身品牌形象。1981年，Mwatch更名为Swatch，代表的含义："Swiss Watch"，"瑞士表"；"Second Watch" "第二块表"。你的产品是什么不重要，消费者认为你的产品是什么才重要。产品本身的创造是可以很快速被仿制，关键是要品牌定位首先进驻消费者的头脑，占领一个不可替代的位置，只有这样才能稳居整个市场。基于此，Swatch首先提出了"Second Watch"的新概念：即"你有第二座房子，为什么不拥有第二只手表？"

斯沃琪是轻结构、防水、防震电子表并带有彩色塑料带。它有各种表面和手表带，色彩丰富并体现运动活力。价格从40美元至100美元不等。该手表的设计诉求是年轻、有活力和追求潮流的人。

每次推出的系列品牌名称亦能表现出Swatch所宣扬的精神："快乐禁区"、"探险"、"草原游侠"、"红色妖姬"、"龙天使"、"智慧时间"、"烈火岩浆"、"毒手汤药"等系列，融入了不同的前卫元素，使Swatch无论从设计、外观和颜色都进入了一个全新的境界。

斯沃琪主要战略之一是发挥它的促销和推销技能。下面是几个例子。

（1）斯沃琪每年都推出新手表，以致人们焦急地等着新表的到来。许多人不止拥有一只斯沃琪表，因为他们在不同的时间和场合带不同的表。一位商人有25只斯沃琪表，他每天都换西装、领带、衬衫和斯沃琪手表。

（2）斯沃琪还推出有限量版的"斯纳瑞"手表一年二次。斯沃琪表的收藏者有权购买其中的一种式样。斯沃琪每种样式只销售4万只，但收到的订单来自10万人以上。只能用抽奖来挑选4万名幸运者购买该手表。

（3）克里斯蒂斯，一家拍卖行，定期拍卖早期的斯沃琪表。一位收藏者花了6万美元买一只稀有的斯沃琪手表。要知道斯沃琪到现在只有12年历史，但它们已达到"本时代的经典"的地位。

（4）在里斯本博物馆，稀有斯沃琪手表是放在有防御作用的防弹玻璃里的。

（5）斯沃琪经营某些自己的零售店。在米兰著名的维·蒙蒂·拿破仑时尚街，斯沃琪店吸引的参观者超过这条街上的任何一家。有时店门口挤满了人，高音喇叭读着4位数的号码，只有护照包含这4位数的人才能允许进门和购买斯沃琪手表。

（6）许多公司接触斯沃琪公司，希望在斯沃琪手表上附有该公司的标志。除了为可口可乐公司做过一次外，其他的都被拒绝了。

斯沃琪在营销书上清楚地写上了它是怎样通过提供超级式样、推销和促销而成为风行一时的产品的。

（资料来源：http：//www.51edu.com/guanli/bschool/renwu/1946334.html）

2. 服务差异化（Service Differentiation）

竞争的激烈和技术的进步，使实体产品上的建立和维持差异化越来越困难，于是，竞争的关键点逐渐向增值服务上转移。服务差异化主要表现在送货、安装、用户培训、咨询服务、修理和其他。

（1）送货（Delivery）。送货是指产品或服务如何送达至顾客。它们包括速度、准确性和文明送货。例如，迪拉克斯支票印刷公司在这方面建立了卓越的信誉，该公司在接到订单后第二天即送出它的支票，十二年如一日，没出一次差错。顾客经常选择那些在准时送货方面享有良好信誉的供应商。

（2）安装（Installation）。安装是指为确保产品在预定地点正常使用而必须做的工作。重型设备的买主期望从供应商那儿获得良好的安装服务。供应商因安装服务质量的高低而异。

（3）用户培训（Customer training）。用户培训是指对用户单位的雇员进行培训，以便使他们能正确有效地使用供应商的设备。所以，通用电气公司不仅向医院出售昂贵的X光设备并负责安装，而且也负责对这些设备的使用者进行培训。麦当劳快餐公司要求其新的特许经营者必须到其汉堡包大学参加为期两周的学习，以便学习如何正确地管理他们的特许店。

（4）咨询服务（Customer consulting）。咨询服务是指卖方向买方无偿或有偿地提供有关资料、信息系统和提出建议等服务。麦克森公司是一家大型的药品批发公司，该公司帮助其12000家独立的药店建立了会计和存货系统，计算机订货系统等等。麦克森公司认为帮助它的顾客提高竞争力可以使他们更忠实于它。

（5）维修保养（Maintenance and Repair）。指购买本公司产品的顾客所能获得的修理服务的水准。卡特皮勒公司宣称，它将为其在世界上任何地方出售的重型建筑设备提供良好快捷的服务。

此外，企业还能找到许多其他方法提供各种服务来增加价值，以便将自己与竞争者区别开来。比如，提供一个比它的竞争者更好的产品担保或保修期，提供一些惠顾奖励，例如航空公司的常客计划。

扩展阅读——小案例

航空公司的常客计划

自从20世纪80年代初美洲航空公司推出第一个大型常客奖励计划以来，常客计划不仅为航空公司广泛采用，在信用卡、旅馆、汽车出租、电话服务等行业也得到了广泛应用，成为一种常用的保留常客的手段。

美洲航空公司在研究航空客运市场后，将乘机旅行的旅客划分为两个主要的细分市场：公务旅行者和休闲旅游者。该公司发现不少公务旅行者一年内多次乘机旅行，使价格敏感度较低，经常购买高档舱位的机票，虽然这些旅客人数所占的比例并不高，却是航空公司主要的收入来源。1981年5月，在充分准备之后，美洲航空推出了第一个大型的常客计划——A级利益（A advantage）。旅客填写申请表入会后，就可将自己飞行的里程数累积起来，达到一定数额后换取免费升舱、免费机票等奖励。这就像银行的"零存整取"服务，分散存入，到期一次提用，因此又称"里程银行"。美航管理人员希望，借助这项计划为常客提供更多利益，以吸引常客重复购买、长期购买。计划推出后，在市场上引起了意想不到的热烈反应，会员的吸纳进展迅速。为避免在竞争中落后，几个月后，美航的主要竞争时手纷纷推出类似的常客计划。

近年来，航空公司与业内外众多企业结成奖励网络，旅客不仅可通过乘机旅行累积里程，住旅馆、租车、打电话、使用信用卡消费等都能获得相应的里程积分，使整个网络共享的顾客都能较容易地累积里程、获得奖励。旅客累积起足够的里程积分后，可拥有丰富的兑奖选择，不仅可以用积分换取航空公司的免费机票、免费升舱等奖励，还可兑换其合作伙伴提供的各种奖励，如免费旅馆房间、免费租车等。如果里程数略有不足，还可用现金向航空公司购买一部分里程积分，为自己或亲友凑足积分来换取奖励。

一些航空公司还允许旅客将自己获得的奖励赠与亲友。旅客加入常客计划，了解信息和兑换奖励都非常方便，航空公司会定期将会员的积分情况用电子邮件或普通邮件函告会员，会员也可登录航空公司的网站，或拨打航空公司的免费服务电话查询积分、兑换奖励。有诱惑力的奖励机制产生了明显作用，常客计划已成为参加计划的常客制定购买决策时一个重要的考虑因素。

（资料来源：http：//www.kaaav.com/2009/1217/96_4.html）

3. 渠道差异化（Channel Differentiation）

通过设计分销渠道的覆盖面、建立分销专长和提高效率，企业可以取得渠道差异化优势。例如戴尔计算机、雅芳化妆品，就是通过开发和管理高质量的直接营销渠道而获得差异化的。

扩展阅读——小案例

戴尔——网上直销先锋

1988年，戴尔公司股票公开上市发行，"直接模式"正式宣告开始。从一开始，他们的设计、制造和销售的整个过程，就以聆听顾客意见、反映顾客问题、满足顾客所需为宗旨。他们所建立的直接关系，从电话拜访开始，接着是面对面的互动，现在则借助于网络沟通，这些做法让他们可以得到顾客的反应，及时获知人们对于产品、服务和市场上其他产品的建议，并知道他们希望公司开发什么样的产品。

直销模式使戴尔公司能够提供最有价值的技术解决方案：系统配置强大而丰富，无与伦比的性能价格比。这也使戴尔公司能以富于竞争力的价格推出最新的相关技术。戴尔在他的回忆录中这样描述了直销模式的好处，他说："其他公司在接到订单之前已经完成产品的制造，所以他们必须猜测顾客想要什么样的产品。但在他们埋头苦猜的同时，我们早有了答案,因为顾客在我们组装产品之前,就表达了他们的需求。其他公司必须预估何种配置最受欢迎,但我们的顾客直接告诉我们,他们要的是一个软盘驱动器还是两个,或是一个软驱加一个硬驱,我们完全为他们定做。"

与传统的间接模式相比,直接模式真正发挥了生产力的优势。因为间接模式必须有两个销售过程:一是从制造商向经销商,另一则是从经销商向顾客。而在直接模式中,只有一级销售人员,并得以把重心完全摆在顾客身上。在这点上,戴尔公司并没有以一种方式面对顾客,他们把顾客群进行细分,一部分人专门针对大企业进行销售,而其他人则分别负责联邦政府、州政府、教育机构、小公司和一般消费者。这样的架构对于销售大有好处,销售人员因此成为专才。他们不必一一搞懂多家不同制造商所生产的不同产品的全部细节,也不必记住每一种形态的顾客在产品上的所有偏好,而在处理自己客户的问题时则成了行家里手,这使得戴尔公司与客户之间合作的整体经验更为完善。

同时,按单定制的直销模式使戴尔公司真正实现了"零库存、高周转"。正如戴尔所说:"人们只把目光停留在戴尔公司的直销模式上,并把这看做是戴尔公司与众不同的地方。但是直销只不过是最后阶段的一种手段。我们真正努力的方向是追求零库存运行模式。"

由于戴尔公司按单定制,它的库存一年可周转15次。相比之下,其他依靠分销商和转销商进行销售的竞争对手,其周转次数还不到戴尔公司的一半。对此,波士顿著名产业分析家J.威廉·格利说:"对于零部件成本每年下降15%以上的产业,这种快速的周转意味着总利润可以多出1.8%~3.3%"。

(资料来源:http://www.ecyiwu.com/info/18586—1.html)

4. 人员差异化(Personnel Differentiation)

培养训练有素的人员,是一些企业,尤其是服务性行业中的企业取得强大竞争优势的关键。例如,新加坡航空公司之所以享誉全球,就是因为其拥有一批美丽高雅的航空小姐,迪斯尼乐园的雇员都精神饱满、麦当劳的人员都彬彬有礼、IBM的员工给人以专家形象。沃尔玛商场对其超级商店进行差异化,每一个商店设一名店员作为"大众礼仪员",专司欢迎顾客,向顾客指点商品位置,帮助顾客退货或者调换所购商品,给孩子赠送礼品等。

5. 形象差异化(Image Differentiation)

形象是公众对企业及其产品的认识与看法。企业或品牌形象可以对目标顾客产生强大的吸引力和感染力,促其形成独特的感受。有效的形象差异化需要做到:建立一种产品的特点和价值方案;并通过一种与众不同的途径传递这一特点;借助可以利用的一切传播手段和品牌接触(如标志、文字、媒体、气氛、事件和员工行为等),传达触动顾客内心感受的信息。万宝路香烟是一个很好的例子。许多牌子的香烟口味基本都差不多,而且都按相同的方式出售。能解释万宝路香烟异乎寻常的世界市场份额(约30%)的唯一理由就是万宝路的"万宝路牛仔"形象激起了大多数吸烟公众的强烈反应。万宝路不仅是一种"形象",而且还显示了一种"个性"。

此外,企业可以选择某些标志来代表其组织的某种特性,如盾牌——美国联合包裹UPS,金黄色的M拱形——麦当劳,或者海尔兄弟——海尔集团。公司企业也可利用一些名人来树立形象,如EMS——刘翔,蓝月亮洗衣液——郭晶晶,追风洗发水——王菲。更进一步的话,我们还可以选择不同的颜色作为标记,例如蓝色——IBM,或绿色——星巴克,有时也可用一些音乐或声响作为标志。企业也可以通过一些事件营销来营造某个形象。如蒙牛赞助的"超级女声"选秀活动，美的电饭煲赞助的"我们约会吧"。还有一些组织则表明自己是一些公众事业的赞助人：亨氏公司向医院捐款，而通用食品公司则向"母亲反对酒后驾车"协会提供资助。

表 10-1 差异化的工具

产品	服务	人员	形象
特色	送货	能力	标志
性能	安装	礼貌	媒体
一致性	用户培训	可信任性	气氛
耐用性	咨询服务	可靠性	事件
可靠性	修理	责任性	
可维修性	其他	沟通能力	
风格			
设计			

10.3.3 市场定位的原则

任何产品都可以进行各种程度的差异化。然而，并非所有商品的差异化都是有意义或有价值的，也非每一种差异都是一个差异化手段。因为每一种差异都可能增加公司成本，当然也可能增加顾客利益。所以，公司必须谨慎选择能使其与竞争者相区别的途径。有效的差异化应该能够为产品创造一个独特的"卖点（Unique selling proposition）"，即给消费者一个鲜明的购买理由。有效的差异化必须遵循以下基本原则。

（1）重要性。该差异化能使目标顾客感受让渡价值较高带来的利益。

（2）独特性。该差异化竞争者并不提供，或者企业以一种与众不同的方式提供。

（3）优越性。该差异化明显优于消费者通过其他途径而获得的相似利益。

（4）可传播性。该差异化能被消费者看到、理解并传诵。

（5）排他性。竞争者难以模仿该差异化。

（6）可承担性。消费者有能力为该差异化付款。

（7）盈利性。企业将通过该差异化获得利润。

许多企业所采用的差异化手段没有满足上述原则。例如，新加坡的威斯汀·斯坦福特旅馆宣称它是世界上最高的旅馆，事实上，对许多旅客来讲这点并不重要，甚至还会令人望而生畏；美国电话电报公司图文电话的失败，其部分原因就在于公众觉得，为了看到对方花那么多的电话费并不值得；宝丽来公司的即刻成像胶卷也没有幸免于难，尽管即刻成像是十分独特的，甚至是不易模仿的，但是，它与另一种捕捉运动镜头的机器，即摄像机相比显然缺乏优越性。所以，企业在产品定位时应该尽量避免以下四种定位错误。

① 定位过低。是企业差异化设计与沟通不足，消费者对企业产品难以形成清晰的印象和独特的感受，认为它与其他产品相比没有什么独到之处，甚至不容易被消费者识别和记住。

② 定位过高。指企业将自己的产品定位过于狭窄，不能使消费者全面地认识自己的产品。例如，一家同时生产高、低价位产品的企业使消费者误以为只能提供高档产品。定位过

分限制了消费者对企业及其产品的了解，同样不利于企业实现营销目标。

③定位模糊。指由于企业设计和宣传的差异化主题太多、或定位变换太频繁，致使消费者对产品的印象模糊不清。混乱的定位无法在消费者心目中确立产品鲜明、稳定的位置，必定失败。

④定位怀疑：消费者可能发现很难相信在产品特色、价格或制造商方面的一些有关宣传。对定位的宣传切不可夸大或虚假，导致消费者感知到的产品质量小于消费者的期望，这样会造成消费者的不满。

扩展阅读——小案例

今麦郎直面定位的失败

自 2010 年年初起，今麦郎推出了新的广告：直面广告《美味惊人篇》，这则广告以"直面"技术为诉求，用模特的头发"由曲变直"作为视角创意，重点宣扬其直面技术，不得不说，这是一个失败的定位，原因有三。

（1）方便面系统里，直面是否就领先曲面？这是今麦郎从合作伙伴——日清手中花重金购买的最新技术。在广告中，我们没有得到直面的更多利益点，只是从平面广告中，标题诉求说：更顺溜。从方便的角度，如果使用小叉子作为食用工具，直面或许真比不上曲面，如果要改变消费者习惯食用曲面的习惯，相信今麦郎和日清还需要花费更多的广告和推广费用。

（2）这种定位没有洞察消费者内心所求。如果直面是最新技术、大势所趋，那么今麦郎也要从消费者的角度来诉求味道更接近手擀面、比曲面能更方便地食用，而非简单地说："我有直面了！直面就是好！"这样的定位诉求很难说服消费者。

（3）对占据国内方便面市场三甲位置的今麦郎而言，在推广上，一直没有太大的收获，前期张卫健代言的弹面广告，是至今让消费者们印象相对深刻的定位传播，此后便无所作为。相比于康师傅清晰、持久的"就是这个味"的定位传播下，今麦郎在产品定位上一直模糊难辨。

（资料来源：http：//www.meihua.info/today/post/post_ 8e36c0da－8a95－4f0e－8611－d2608d99ee44.asp）

10.3.4 市场定位的程序

市场定位分析，决定市场定位战略，都应按一定步骤进行。严格说起来，新产品市场定位和现有产品的市场定位是有区别的，这里概括为以下六个步骤。

1. 界定目标市场

目标市场的消费者已经感知到的知觉需求是什么，这种知觉需求是如何满足的，是否得到满足，或者消费者从对应这种知觉需求的现有产品群中感觉到什么样的利益？应通过对上述问题的调查来进一步理解市场和产品的关系。

2. 创建知觉图

目标市场决定后，按以下步骤制作知觉图：

（1）了解和把握消费者已经知觉的直接竞争者；

（2）选择最能说明市场的市场定位因素；

(3) 用所选市场定位因素制作知觉图，以便了解消费者是如何定位各产品和品牌的。

扩展阅读——小案例

用知觉图为公园主题定位

假设一家游乐园公司打算在洛杉矶地区建立一个新的主题公园，以吸引大量来洛杉矶游览迪斯尼乐园和其他旅游胜地的游客光临。洛杉矶现在已有7家主题公园在营业。管理人员认为，现有的这些主题公园收费太贵，一个四口之家在迪斯尼乐园玩一天要支付50美元。管理部门相信它能够开设一个收费较低的主题公园，以迎合那些对费用较为计较的旅游者。然而，管理部门需要了解，根据顾客期望获得的各种满足，包括低成本，他们是如何看待现有的7家主题乐园的。

该公司的市场营销调研人员运用下列程序，绘制了一张洛杉矶7家主要旅游胜地的知觉图。如图10-7所示。该公司向消费者提供一系列三合一主题公园（如布什公园，日本鹿园和迪斯尼乐园），并要求他们在3个之中选择两个类同的和两个不类同的公园。然后用统计分析方法得出知觉图。

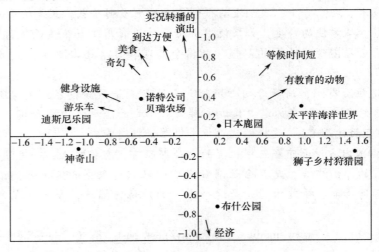

图 10-7　用知觉图为主题公园定位

此图包括两个特性。图中的几个黑点代表洛杉矶地区的7家主要游乐场。任何两个公园越靠近，这两个公园就越相似，所以，从知觉图上看，迪斯尼乐园和神奇山十分相似，而迪斯尼乐园和狮子乡村狩猎园差异很大。该园还包括人们在旅游胜地所追求的各种享受。可用箭头表示。从图上可以看出每个旅游胜地在各种属性上的位置。例如，消费者认为太平洋海洋世界"等候时间最短"，所以它位于箭头所指"等候时间较短"这一假想线上的最远处，而神奇山被认为是等候时间最长的。消费者认为布什乐园是最经济实惠的旅游地，而诺特公司的贝瑞农场则是最昂贵的旅游地。显然，该主题公园公司如果想开设一个吸引计较费用的旅游者的主题公园，那么，布什公园将成为其主要竞争对手。同时，管理部门在为其主题公园制定产品概念和相对于其他主题公园的本公司的定位战略时，还应对消费者所追求的所有其他目标予以注意。

如不用这张全部市场总图，而分别为每一细分市场画一张知觉图，则可进一步改进这种分析方法。每一细分市场可能对产品和利益的看法有所不同。

3. 描绘消费者的偏好图

知觉图告诉我们现有产品的地位即消费者如何知觉产品，但它并不告诉消费者将要知觉的理想空间即投放新产品应处的位置。为此，需要进行偏好分析，即测定消费者的偏好程度。其方法有多种，最经济的方法就是一种期待值模型，即用 1~5 个定位因素直接询问消费者有关产品的特性（市场定位因素）及其重要程度。

4. 决定本企业产品或品牌应处于的位置

通过知觉图及偏好分析可以解决以下问题：

（1）促进围绕本企业产品的市场——竞争状态的理解；

（2）掌握消费者通过与竞争企业产品的相对比较而知觉的本企业产品或品牌的长处和缺点；

（3）较竞争对手产品或品牌，是否差异化，有无更有利的位置；

（4）是否存在仍处于空白的有望空间；

（5）在充分认识且认为完全有能力对抗强大的竞争对手，并逆转市场定位之后，必须创造新产品的市场位置，重新对现有产品进行市场定位。

5. 决定影响市场定位的产品属性

一旦发现了理想的市场位置，下一步就要选择使这种市场定位具体化的物理性产品属性。例如，如果选择既醇又清爽的啤酒作为市场的理想空间，就要研究为达此目的而采取什么样的物理特性组合最适合。

6. 制定相应的市场营销组合

为了具体实现所确定的市场定位战略，企业必须创造性地制定市场营销组合即 4Ps 组合策略，而市场定位战略又要明确产品或品牌需要，诉求核心利益。

10.3.5 市场定位的方式

市场定位战略实际是一种竞争战略，即根据产品的特点及消费者对产品的知觉，确定本企业产品与竞争者之间的竞争关系。企业常用的市场定位方式主要有以下三种。

1. 避强定位

避强定位策略是指企业力图避免与实力最强的或较强的其他企业直接发生竞争，而将自己的产品定位于另一市场区域内，使自己的产品在某些特征或属性方面与最强或较强的对手有比较显著的区别。避强定位策略能使企业较快地在市场上站稳脚跟，并能在消费者或用户中树立形象，风险小。但是，避强往往意味着企业必须放弃某个最佳的市场位置，很可能使企业处于最差的市场位置。

例如，伊莱克斯 1996 年进入中国电冰箱市场所采取的定位方式就是避强定位。当时中国电冰箱市场上，海尔、容声、美菱、新飞四大品牌的市场占有率已达 71.9%，海尔为电冰箱行业的龙头老大，市场占有率达 30% 以上，是伊莱克斯拓展中国电冰箱市场的主要竞争对手。伊莱克斯，一是在电冰箱的功能和特色诉求上避开了上述四大品牌。海尔诉求"抗菌"，容声和新飞诉求"节能"、"环保"、"除臭"，美菱诉求"保鲜"，而伊莱克斯是诉求"静音"。二是在企业及其产品的形象诉求上，不是自吹自擂，而是"谦恭"。伊莱克斯作为年销售额 147 亿美元、其冰箱销量欧洲排名第一的国际家电巨人，在 1998 年 2 月海口召开的全国经销大会上郑重提出向仅占其销售额5%的中国品牌海尔学习的口号。正因为伊莱克斯的市场定位恰当和所采取的市场营销措施得力，到2000年，仅4年时间，其市场占有率已上升到12.9％，排名中国电冰箱行业第二。

2. 迎头定位

迎头定位，是指与在市场上居支配地位的、亦即最强的竞争对手"对着干"的定位方式。这种方式风险较大，但一旦成功就会取得巨大的市场优势，因此对某些实力较强的企业有较大的吸引力。实行迎头定位，一方面要知己知彼，尤其要清醒地估计自己的实力；另一方面还要求市场有较大的容量。2001年7月19日《远东经济评论》杂志刊登了甲骨文公司的整版广告，甲骨文声称他们的SAP管理软件的效率比IBM的软件高4倍，"客户对甲骨文和对IBM软件的兴趣比是10:1"，这种竞争方式再直接不过了。

3. 比附定位

比附定位即通过与竞争品牌的比较来确定自身市场地位的一种定位策略。其实质是一种借势定位或反应式定位。借竞争者之势，衬托自身的品牌形象。在比附定位中，参照对象的选择是一个重要问题。一般来说，只有与知名度、美誉度高的品牌作比较，才能借势抬高自己的身价。比附定位的具体形式如下。

（1）甘居第二。就是明确承认同类产品中另有最负盛名的品牌，自己只不过是第二而已。这种策略会使人们对公司产生一种谦虚诚恳的印象，相信公司所说是真实可靠的，同时迎合了人们同情弱者的心理，这样消费者对这个品牌的印象会更深刻。美国阿维斯出租汽车公司定位为"我们是老二，我们要进一步努力"之后，品牌知名度反而得到很大提升，赢得了更多的忠诚客户。

（2）攀龙附凤。具体来说，就是首先承认同类产品中已卓有成就的品牌，本品牌虽自愧弗如，但在某一地区或在某一方面还可以与这些最受消费者欢迎和信赖的品牌并驾齐驱，平分秋色。内蒙古宁城老窖打出的广告语"宁城老窖——塞外茅台"，就属于这一策略。

（3）进入高级俱乐部。公司如果不能攀附第二名，也可以利用模糊数学的手法，借助群体的声望，把自己归入高级俱乐部式的品牌群体中，强调自己是这一群体的一员，从而提高自己的形象和地位。美国克莱斯勒汽车公司宣布自己是美国三大汽车公司之一，使消费者感到克莱斯勒和第一、第二一样都是知名轿车，同样收到了良好的宣传效果。

4. 重新定位

重新定位，是指企业变动产品特色，改变目标顾客对其原有的印象，使目标顾客对其产品新形象有一个重新的认识过程。市场重新定位对于企业适应市场环境、调整市场营销战略是必不可少的。企业产品在市场上的定位即使很恰当，但在出现下列情况时也需考虑重新定位：一是竞争者推出的产品市场定位于本企业产品的附近，侵占了本企业品牌的部分市场，使本企业品牌的市场占有率有所下降；二是消费者偏好发生变化，从喜爱本企业某品牌转移到喜爱竞争对手的某品牌。

企业在重新定位前，尚需考虑两个主要因素：一是企业将自己的品牌定位从一个子市场转移到另一个子市场时的全部费用；二是企业将自己的品牌定位在新位置上的收入有多少，而收入多少又取决于该子市场上的购买者和竞争者情况，取决于在该子市场上销售价格能定多高等。

扩展阅读——小知识

里斯和特劳特的定位观念

定位这个词是由两位广告经理艾尔·里斯和杰克·特劳特提出而后流行的。他们把定位看成是对现有产品的创造性实践。其定义如下：

定位起始于产品。一件商品、一项服务、一家公司、一个机构，或者甚至是一个人……然而，定位并非是对产品本身做什么行动。定位是指要针对潜在顾客的心理采取行动。即要将产品在潜在顾客的心目中定一个适当的位置。

里斯和特劳特认为现在的产品一般在顾客心目中都有一个位置。因此，大家公认赫茨公司是世界上最大的汽车租赁行，可口可乐公司是世界上最大的软饮料公司，保时捷是世界上最好的运动跑车公司之一等。这些品牌占据了这些位置，其他的竞争者难以侵入，竞争者只能选择以下几种战略。

第一种战略是在消费者心目中加强和提高自己现在的定位。如阿维斯公司将自己定位为汽车租赁行业的第二位，强调说："我们是老二，但我们要迎头赶上。"消费者知道这是确实可信的。生产七喜饮料的公司做广告宣传说，七喜汽水不是可乐型饮料，它是"非可乐（Uncoca）"。

第二种战略是寻找为许多消费者所重视的和未被占领的定位，一旦找到便牢牢抓住不放。他们称为"寻找枪眼"或者"找空子"。一旦找到市场上的空位，就将它填补上。如银河公司想要提高自己相对于赫尔希公司的市场份额，它的营销人员发现市场上大多数棒糖一拆开糖纸，一分钟内就吃完了，可是银河公司产的棒糖却较耐吃。所以，他们就追求这种"耐吃"的定位，使其他竞争者自叹弗如。又如联合泽西银行设法与纽约的大银行如花旗银行和大通银行进行竞争，其营销人员发现大银行发放贷款往往行动迟缓，他们便将联合泽西银行定位为"行动迅速的银行"，实际上，他们依靠"行动迅速的银行"定位获得了成功。

第三种战略是退出竞争或对竞争重新定位。美国大部分购买餐具的顾客认为勒诺克斯瓷器和若伊尔·达尔顿瓷器均来自英格兰。若伊尔·达尔顿公司推出广告说勒诺克斯瓷器是新泽西产的，而它的产品才真正是英格兰制造的。类似的情况还有斯托利克那亚牌伏特加酒对斯孟诺夫牌和俄夫斯克密特牌伏特加酒发动进攻，宣称这些品牌分别产自哈佛（康涅狄格州）和劳伦斯勃（印第安纳州），但"斯托利克那亚牌与众不同，它是地道的俄国伏特加"。最后，如温狄斯公司著名的电视广告节目，广告节目中有一个名叫克拉拉的50岁老妇人，她看着一位竞争对手的汉堡包问道："牛肉到哪儿去啦？"这说明宣传攻势能动摇消费者对领导者产品的信心。

从本质上讲，里斯和特劳特指出了在"信息爆炸社会"里充斥着广告，消费者会筛选掉大部分信息，类似的品牌应如何突出其本身的与众不同之处。比如，市场上有众多的软饮料，但一个消费者也许只知道其中7种。即使这样，人们的心理上也形成一种产品阶梯。例如：可口可乐/百事可乐/Rc可乐或赫茨/阿维斯/天然。里斯和特劳特指出：名列第二的公司的业务量往往只是名列第一的公司的一半，名列第三的公司的业务量往往是名列第二的公司的一半。名列第一的公司的知名度最高。

人们总是容易记住第一名。例如，有人问我们："谁第一个成功地单独飞越大西洋？"我们会说："是查尔斯·林德伯格。"再问："第二个人是谁？"我们就无言以对了。这就是公司拼命争夺首位的原因。但是，里斯和特劳特指出"规模"的定位只有一种品牌可以获得。重要的是在某些有价值的属性上取得第一的定位。不必非在"规模"上最大不可。如七喜汽水是非可乐型饮料的第一名；保时捷赛车是小型运动跑车的第一名；迪尔牌香皂是除臭香皂的第一名。营销人员应识别并确定品牌能令人信服地获得一种重要属性和利益。采用这种方法，品牌可深深地印在人们心中，而不管其他品牌的广告如何像连珠炮一样向消费者狂轰滥炸。

第四种战略，是里斯和特劳特未曾提及的"高级俱乐部战略"。公司如果不能取得第一名和某种很有意义的属性，便可以采取这种战略。竞争者可以宣传说自己是三个大公司之一，或者是八大公司之一等。三大公司的概念是由第三大汽车公司——克莱斯勒汽车公司提出的，八大公司的概念是由第八大会计公司提出的（市场上最大的公司不会提出这种概念）。其含意是俱乐部的成员都是"最佳"的。因此，《幸福》杂志公布的500家大公司当中的一家公司的财务主管觉得最保险的办法就是在这八大会计公司中选一家来对公司进行审计。但如果这位财务主管选择其他公司，并且发生了问题，人们就会批评他偏离这八大公司而犯了错误。

里斯和特劳特深刻揭示了消费者内心里对某个品牌的现行定位或重新定位的心理活动的本质。他们认为定位战略可能要求改变产品的品名、价格和包装，但这些是"表面上的改变，是为了保证在潜在顾客心目中有一个有价值的定位"。其他的营销人员会更强调实际定位，并用此法逐渐发展新产品的每个表面特征，以巩固定位。心理定位必须得到实际定位的支持，这并不是一种智力游戏。

（资料来源：http：//www.3722.cn/listknowhow.asp? articleid=52095）

10.3.6 传播企业的市场定位

企业不仅要制定一个明确的定位战略，它还必须有效地传播这一定位。假设 企业选择"质量最佳"这一定位策略，那么它必须保证将有效地传递这一诉求。该传播可以选择一些人们平时用来判断质量的标志和线索来进行。举例如下：

——位裘皮大衣设计者将昂贵的丝绸作其大衣的里子，因为他知道衣服里子的质地是妇女用来判断裘皮质量的标准之一；一位割草机制造商声称其割草机"动力很大"，并使用噪声很大的发动机，因为顾客认为噪声大的割草机动力强；一位卡车制造商给卡车底盘的内层也刷上油漆，并非因为需要涂内层，而是因为这样可显示其对质量的关心；一位汽车制造商给他的汽车安装了能承受猛烈撞击的车门，因为许多买主都在汽车陈列室里使劲关上车门，以此来检验车的质量好坏；福特汽车公司将其野马牌车设计为"运动车"，并通过车的式样可翻起的座椅及包皮驾驶盘等传递这一信息，尽管它实际上并不是一种运动车；而宝马公司的是运动车，但是它的样子看上去却不像运动车。

质量还可以通过其他营销要素加以传递。高价对顾客来讲常常是优质产品的信号。包装、分销渠道、广告和促销手段也会影响产品的质量形象。下面是一些损害产品的质量形象的例子。

一种十分著名的冷冻食品由于经常降价出售而破坏了其良好的形象；一种优质啤酒因其由瓶装改为听装而损害了形象；一种高档电视机，由于在经营大众商品的商店开始出售，而失去了它的优质产品形象。

第10章 目标市场营销与市场定位

因此，产品的包装质量、渠道和促销等都必须协调一致地传递和塑造产品的形象。制造商的声誉也将影响质量形象，例如，消费者认为雀巢公司的产品和 IBM 的产品是信得过的。要使有关质量的宣传令人信服，最好的办法便是提供如下保证："不满意可以退货。"明智的公司都尽力将有关质量的信息传达给顾客，并保证其质量的可靠性，否则就退钱给顾客。

扩展阅读——小案例

西铁城手表别出心裁的定位传播

瑞士手表雄踞世界100多年，各国都不能动摇其霸主地位。后来，日本研制成了性能良好的"西铁城"手表，又一次向钟表王国发起了冲击，终于跻身于世界名牌手表的行列。"西铁城"通过新闻媒介发出了一条令人咋舌的消息，10月26日中午12点将有一架飞机在某地抛下一批手表，谁拾到就归谁。这条消息在社会上引起了很大的轰动。有人惊喜，有人好奇，也有人怀疑。但人们的心理就是这样，越是令人惊奇、怀疑的东西，就是越要探索个究竟。所以人群像潮水般地拥向指定地点。

时候到了，只见一架直升机飞临人群的上空，盘旋片刻后，在百米高空向人群旁的空地上洒下一片"表雨"。期待已久的人们，奔上去拣表。他们在惊喜之余发现"西铁城"手表在空中丢下后，居然还在"得得得"地走动，连外壳都未受损害，在地场上发出了一次又一次的惊呼声："这种表真是精良耐用，名不虚传。"

接着，电视台又播放了这次抛表的实况录像，使西铁城很快深入人心。此举，巧妙地将广告、破坏性试验和免费赠送三种办法结合在一起，使"西铁城"名震整个钟表业。

（资料来源：http://www.iwatch365.net/thread-16102730-1-1.html）

引导案例解析

塔吉特百货（Target）的市场定位——高级折扣零售店，提供愉快、省时的购物经验，商品质量高于传统折扣商场，价格又比百货公司低很多。对于低价的承诺有适度的保留，顾客可以买到质量比传统折扣商场更好的商品，而价格虽然低，却不算是超低。

塔吉特将自己的顾客群定位于80%是女性，年龄平均为40岁左右，家庭年收入平均为5.1万美元，属于中等或中上阶层，她们希望拥有既便宜又高质量的时髦商品，这个定位略高于沃尔玛的4万美元，大大高于凯玛特的2万美元。

课后思考

1. STP 战略的含义是什么？包括哪几部分的内容？
2. 目标市场覆盖战略包括几种类型？
3. 举例说明目标市场营销策略各有什么特点？
4. 市场定位的实质是什么？用于市场定位的差异化工具有哪些？
5. 市场定位的方式有哪些？各举一个例子说明。

帕米亚无烟香烟的市场定位

1998年下半年，美国RJR公司的帕米亚（Premier）无烟香烟在美国亚特兰大、圣路易斯、菲尼克斯等城市试销，但是销售量不理想，再购率很低。

对于大多数人来说，帕米亚无烟香烟是个"新玩意儿"，它的一端有一个碳头和几个有趣的圆珠，香烟中的尼古丁来源于此，尼古丁被耐燃的铝薄纸包裹。这种烟很难点燃，一般要点三四次，原因是它不像一般香烟那样燃烧，并且不产生烟灰，吸过与没吸过在外表上无明显区别，价格比普通香烟高25%。RJR公司为此烟的生产和促销投入3亿多美元，它没有采用以往"万宝路"香烟等比较成功的形象广告，而采用比较复杂的印刷广告（顾客买"帕米亚"时，会同时得到三页文字说明书），还采取了买一送二的鼓励方式。公司营销人员认为：大多数吸烟者开始会对帕米亚不适应，但随着使用频率和使用时间的增加，最终会适应。

公司把"洁净者之烟"作为帕米亚的主题广告概念，宣传帕米亚是"一种全新的吸烟享受时代的开端"。但是，帕米亚的真正利益者非吸烟者个人，而是环境和他人。RJR公司对帕米亚香烟目标市场的定位极其广泛，包括：①25岁以上，受过良好教育的文雅的吸烟者；②试图戒烟和寻求替代品者；③吸烟成瘾者；④生活富裕者；⑤寻求低焦油含量者；⑥老年吸烟者。

来自《华尔街日报》的一个记者在亚特兰大机场对几十名吸烟者的一项调查表明：大多数人不喜欢帕米亚香烟，包括它的味道和太多的吸烟方式的改变。有人只吸了一两口就扔掉了。但一位广告公司的总裁说："我不喜欢帕米亚，但在家中为了摆脱太太喋喋不休的唠叨时，我会抽它。"一位长期在办公室工作的职员说："有时我感到疲劳，但办公室不准吸烟。此时，帕米亚可以帮助我解决问题。"一位正打算登机长途旅行的人说："一般情况下，我不会选择它。但长途旅行中为打发时间，我可能会抽帕米亚。"

最后，调查的结果是：60%以上的人不喜欢帕米亚香烟，主要是对它的味道和吸烟行为方式的改变不适应；40%的人回答说，只有在那些不允许冒烟的地方，才把帕米亚作为第二品牌。

（资料来源 http：//jwc. nankai. edu. cn/course/software/marketing/marketing_ cases/marketingmix_ case_ 02. htm）

思考题：
1. 帕米亚香烟应该如何调整其目标市场和市场定位策略？
2. 帕米亚香烟的营销组合策略存在哪些问题？应该如何调整？

第 11 章　营销战略的发展

◎ **本章要点**
- 产品生命周期理论
- 不同产品生命周期各阶段的特点和营销策略
- 新产品策略的实施
- 全球营销策略的实施

◎ **本章难点**
- 不同产品生命周期各阶段的特点和营销策略
- 新产品策略的实施

◎ **课前思考**
- 怎样理解产品生命周期理论和产业生命周期理论之间的区别和联系?
- 中国企业实施全球营销策略有哪些注意事项?

 引导案例

某汽车改装公司的新产品开发

某企业是一家改装专用汽车的企业,20世纪70年代末生产任务不足。工厂在面临亏损的情况下,组织了几十个人的调查组,对全国专用汽车市场进行了调查,结果发现环卫和石油是具有发展专用汽车潜力的两大部门。就环卫车而言,全国有1.4亿人口,人均日产生垃圾2 kg,按每5 000人配备一辆环卫车计算,全国需要2.8万辆;即使不算工矿区在内,全国按200多个城市的9 000多万人口计算,也需要1.9万辆。当时,全国环卫系统拥有各种环卫车的总量仅为8000辆左右。石油专用车在国内早有厂家生产,但品种不齐全,国家对各种车辆进行1:7限制以后,石油系统的部分订货转向国内。环卫部门和石油部门都是国家重点发展的部门,资金充足,市场相对稳定。尤其是环卫系统,亟待改善作业条件,所以销售不成问题。另外,旅行车也是市场急需的产品。从企业自身条件看,该厂具有20多年生产专用汽车的经验,拥有一批长期从事专用汽车设计、制造的人才,有着从事多品种、小批量生产的条件和经验;但是,对于装饰性要求较高的旅行车来说,生产和技术水平都还不足。根据上述分析,企业决定,除继续生产国家需要的原有各种专用车外,还要依靠自己的力量,加速研制开发环卫和石油系统需要的各种专用车辆。

案例思考:请评价该企业的新产品开发策略。

11.1 产品生命周期理论下的营销战略

一种产品进入市场后，它的销售量和利润都会随时间推移而改变，呈现一个由少到多、由多到少的过程，就如同人的生命一样，由诞生、成长到成熟，最终走向衰亡，这就是产品的生命周期现象。所谓产品生命周期，是指产品从进入市场开始，直到最终退出市场为止所经历的市场生命循环过程。产品只有经过研究开发、试销，然后进入市场，它的市场生命周期才算开始。产品退出市场，则标志着生命周期的结束。

11.1.1 产品生命周期理论简介

1. 典型产品生命周期

典型的产品生命周期一般可以分成四个阶段，即介绍期（或引入期）、成长期、成熟期和衰退期。

（1）介绍（引入）期。指产品从设计投产直到投入市场进入测试阶段。新产品投入市场，便进入了介绍期。此时产品品种少，顾客对产品还不了解，除少数追求新奇的顾客外，几乎无人实际购买该产品。生产者为了扩大销路，不得不投入大量的促销费用，对产品进行宣传推广。该阶段由于生产技术方面的限制，产品生产批量小，制造成本高，广告费用大，产品销售价格偏高，销售量极为有限，企业通常不能获利，反而可能亏损。

（2）成长期。当产品进入引入期，销售取得成功之后，便进入了成长期。成长期是指产品通过试销效果良好，购买者逐渐接受该产品，产品在市场上站住脚并且打开了销路。这是需求增长阶段，需求量和销售额迅速上升。生产成本大幅度下降，利润迅速增长。与此同时，竞争者看到有利可图，将纷纷进入市场参与竞争，使同类产品供给量增加，价格随之下滑，企业利润增长速度逐步减慢，最后达到生命周期利润的最高点。

（3）成熟期。指产品进入大批量生产并稳定地进入市场销售，经过成长期之后，随着购买产品的人数增多，市场需求趋于饱和。此时，产品普及并日趋标准化，成本低而产量大。销售增长速度缓慢直至转而下降，由于竞争的加剧，导致同类产品生产企之间不得不加大在产品质量、花色、规格、包装服务等方面加大投入，在一定程度上增加了成本。

（4）衰退期。指产品进入了淘汰阶段。随着科技的发展及消费习惯的改变等原因，产品的销售量和利润持续下降，产品在市场上已经老化，不能适应市场需求，市场上已经有其他性能更好、价格更低的新产品，足以满足消费者的需求。此时成本较高的企业就会由于无利可图而陆续停止生产，该类产品的生命周期也就陆续结束，以致最后完全撤出市场。

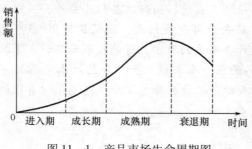

图 11-1 产品市场生命周期图

产品生命周期图如图 11-1 所示。

产品生命周期是一个很重要的概念，它和企业制定产品策略及营销策略有着直接的联系。管理者要想使他的产品有一个较长的销售周期，以便赚取足够的利润来补偿在推出该产品时所作出的一切努力和经受的一切风险，就必须认真研究和运用产品的生命周期理论，此外，产品生命周期也是营销人员用来描述产品和市场运作方法的有力工具。但是，在开发市场营销战略的过程中，产品生命周期却显得有点力不从心，因为战略既是产品生命周期的原因又是其结果，产品现状可以使人想到最好的营销战略，此外，在预测产品性能时产品生命周期的运用也受到限制。

2. 特殊的产品生命周期

产品生命周期曲线适用于一般产品的生命周期的描述；不适用于风格型、时尚型、热潮型和扇贝型产品的生命周期的描述。

特殊类型产品的生命周期包括风格型产品生命周期、时尚型产品生命周期、热潮型产品生命周期、扇贝型产品生命周期四种特殊的类型（见图 11 – 2），它们的产品生命周期曲线并非通常的 S 型。

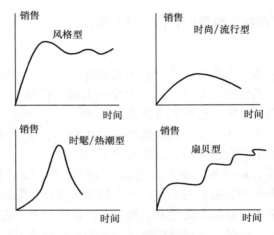

图 11 – 2　四种特殊类型产品生命周期

（1）风格（Style）。风格是一种在人类生活中基本但特点突出的表现方式。风格一旦形成，可能会延续数代，根据人们对它的兴趣而呈现出一种循环再循环的模式，时而流行，时而又可能并不流行。

（2）时尚（Fashion）。时尚是指在某一领域里，目前为大家所接受且欢迎的风格。时尚型的产品生命周期特点是，刚上市时很少有人接纳（称之为独特阶段），但接纳人数随着时间慢慢增长（模仿阶段），终于被广泛接受（大量流行阶段），最后缓慢衰退（衰退阶段），消费者开始将注意力转向另一种更吸引他们的时尚。

（3）热潮（Fad）。热潮是一种来势汹汹且很快就吸引大众注意的时尚，俗称时髦。热潮型产品的生命周期往往快速成长又快速衰退，主要是因为它只是满足人类一时的好奇心或需求，所吸引的只限于少数寻求刺激、标新立异的人，通常无法满足更强烈的需求。

（4）扇贝（Scallops）。扇贝型产品生命周期主要指产品生命周期不断地延伸再延伸，这往往是因为产品创新或不时发现新的用途。

3. 产品生命周期理论的优缺点

产品生命周期理论的优点是：产品生命周期（PLC）提供了一套适用的营销规划观点。它将产品分成不同的策略时期，营销人员可针对各个阶段不同的特点采取不同的营销组合策略。此外，产品生命周期只考虑销售和时间两个变数，简单易懂。

其缺点如下。

（1）产品生命周期各阶段的起止点划分标准不易确认。
（2）并非所有的产品生命周期曲线都是标准的 S 型，还有很多特殊的产品生命周期曲线。
（3）无法确定产品生命周期曲线到底适合单一产品项目层次还是一个产品集合层次。
（4）该曲线只考虑销售和时间的关系，未涉及成本及价格等其他影响销售的变数。
（5）易造成"营销近视症"，认为产品已到衰退期而过早将仍有市场价值的好产品剔除出了产品线。
（6）产品衰退并不表示无法再生。如通过合适的改进策略，公司可能再创产品新的生命周期。

11.1.2 产品生命周期各阶段的特点和营销策略

1. 介绍期

介绍期的特点：产品刚进入市场，处于初期发展阶段，产品的性能质量不稳定，生产的批量小，成本高，推广和销售渠道尚待完善，产品不大被人们接受。因此，销售增长缓慢，通常不能为企业提供利润，甚至还会出现亏损。

根据这些特征，企业营销的重点是提高新产品的生命力，使产品尽快地为用户所接受，促使其向发展期过渡。采用的营销策略，通常有以下四种。

（1）高价高促销策略。即以高价格和高促销费用推出新产品，以便先声夺人，迅速占领市场。定高价固然会影响产品销路的迅速打开，但由于支付了大量广告宣传及其他促销费用，就可以在市场上塑造该产品的高质量或名牌形象，让消费者心理上产生对该产品的信任感，认识到该产品是优质优价的，从而减缓价高令人却步的不利影响。采用这一策略的市场条件是：已经知道这种新产品的顾客求新心切，愿出高价；企业面临潜在竞争者的威胁，急需尽早树立名牌等。

（2）高价低促销策略。即以高价格、低促销费用来推出新产品。通过两者结合，以求从市场上获取较大利润。实施这种策略的市场条件是：市场容量相对有限；产品确属名优特新，需求的价格弹性较小，需要者愿出高价；潜在竞争的威胁不大等。

（3）低价高促销策略。即以低价格和高促销费用来大力推出新产品。这种策略可使产品以最快的速度进入市场，并获得最大的市场占有率。采用这一策略的市场条件是：市场容量相当大；需求价格弹性较大，消费者对这种产品还不甚熟悉，却对价格十分敏感；潜在竞争比较激烈等。

（4）低价低促销策略。即以低价格和低促销费用推出新产品。低价目的是使消费者能快速接受新产品，低促销费用能使企业获得更多利润并增强竞争力。实施这一策略的市场条件是：市场容量较大；消费者对产品比较熟悉且对价格也较敏感；有相当多的潜在竞争者等。

2. 成长期

成长期的特点：产品经历了投入期，经过市场考验，已进入扩大销售或供不应求阶段。此时产品基本定型，大批量生产能力形成，销售渠道已经通畅，市场局面已经打开，销售量增长较快，能为企业提供较大利润。同时市场上同类产品的竞争企业相继加入，市场竞争趋向激烈。

针对成长期的特点，企业为维持其市场增长率，延长获取最大利润的时间，可以采取下面几种策略。

（1）改善产品品质。如增加新的功能，改变产品款式，发展新的型号，开发新的用途等。对产品进行改进，可以提高产品的竞争能力，满足顾客更广泛的需求，吸引更多的顾客。

（2）寻找新的细分市场。通过市场细分，找到新的尚未满足的细分市场，根据其需要组织生产，迅速进入这一新的市场。

（3）改变广告宣传的重点。把广告宣传的重心从介绍产品转到建立产品形象上来，树立产品名牌，维系老顾客，吸引新顾客。

（4）适时降价。在适当的时机，可以采取降价策略，以激发那些对价格比较敏感的消费者产生购买动机和采取购买行动。

3. 成熟期

成熟期的特点：此时产量多，销售额大，生产发挥最大效率，成本降到最低，利润达到最高水平。但是到后期其销售增长速度减慢，甚至出现负增长，利润相对减少，竞争激烈。

成熟期的经营，情况较为复杂，应从企业和产品的实际出发。对于实力不很雄厚或产品优势不大的企业，可采用防守型策略，即通过实行优惠价格、优质服务等，尽可能长期地保持现有市场。对于无力竞争的产品，也可采用撤退型策略，即提前淘汰这种产品，以集中力量开发新产品，求东山再起。如企业实力雄厚，产品仍有相当竞争力，则应积极采取进攻型策略。进攻型策略往往从以下三方面展开。

（1）产品改革策略。指通过对产品的性能、品质、花色等方面的明显改良，以保持老用户，吸引新顾客，从而延长成熟期，甚至打破销售的停滞局面，使销售曲线又重新扬起。

（2）市场再开发策略。即寻求产品的新用户，或者寻求新的细分市场，使产品进入尚未使用过本产品的市场，例如从城市扩展到农村。

（3）营销因素重组策略。指综合运用价格、分销、促销等多种营销因素，来刺激消费者购买。如降低价格、开辟多种销售渠道、增加销售网点、加强销售服务、采用新的广告宣传方式、开展有奖销售活动，等等。

4. 衰退期

衰退期的特点：产品老化，市场销售量急剧减少，利润大幅度下降，企业现有生产能力与日益减少的销售量之间矛盾十分突出，产品最终被市场淘汰而停止生产或转产。

面对处于衰退期的产品，企业需要进行认真的研究分析，决定采取什么策略，在什么时间退出市场。通常有以下几种策略可供选择。

（1）继续策略。继续沿用过去的策略，仍按照原来的细分市场，使用相同的分销渠道、定价及促销方式，直到这种产品完全退出市场为止。

（2）集中策略。把企业能力和资源集中在最有利的细分市场和分销渠道上，从中获取利润。这样有利于缩短产品退出市场的时间，同时又能为企业创造更多的利润。

（3）收缩策略。抛弃无希望的顾客群体，大幅度降低促销水平，尽量减少促销费用，以增加目前的利润。这样可能导致产品在市场上的衰退加速，但也能从忠实于这种产品的顾客中得到利润。

（4）放弃策略。对于衰退比较迅速的产品，应该当机立断，放弃经营。可以采取完全放弃的形式，如把产品完全转移出去或立即停止生产；也可采取逐步放弃的方式，使其所占用的资源逐步转向其他的产品。

11.1.3 行业生命周期理论

行业的生命周期指行业从出现到完全退出社会经济活动所经历的时间。行业的生命发展周期主要包括四个发展阶段：幼稚期、成长期、成熟期、衰退期。行业的生命周期曲线忽略了具体的产品型号、质量、规格等差异，仅仅从整个行业的角度考虑问题。行业生命周期可以将成熟期划为成熟前期和成熟后期。

识别行业生命周期所处阶段的主要指标有：市场增长率、需求增长率、产品品种、竞争者数量、进入壁垒及退出壁垒、技术变革、用户购买行为等。下面分别介绍生命周期各阶段的特征。

1. 幼稚期

这一时期的市场增长率较高，需求增长较快，技术变动较大，行业中的用户主要致力于开辟新用户、占领市场，但此时技术上有很大的不确定性，在产品、市场、服务等策略上有很大的余地，对行业特点、行业竞争状况、用户特点等方面的信息掌握不多，企业进入壁垒较低。

2. 成长期

这一时期的市场增长率很高，需求高速增长，技术渐趋定型，行业特点、行业竞争状况及用户特点已比较明朗，企业进入壁垒提高，产品品种及竞争者数量增多。

3. 成熟期

这一时期的市场增长率不高，需求增长率不高，技术上已经成熟，行业特点、行业竞争状况及用户特点非常清楚和稳定，买方市场形成，行业盈利能力下降，新产品和产品的新用途开发更为困难，行业进入壁垒很高。

4. 衰退期

这一时期的市场增长率下降，需求下降，产品品种及竞争者数目减少。从衰退的原因来看，可能有以下四种类型的衰退。

（1）资源型衰退，即由于生产所依赖的资源的枯竭所导致的衰退。

（2）效率型衰退，即由于效率低下的比较劣势而引起的行业衰退。

（3）收入低弹性衰退。即因需求—收入弹性较低而衰退的行业。

（4）聚集过度衰退。即因经济过度聚集所引起的行业衰退。

行业生命周期在运用上有一定的局限性，因为生命周期曲线是一条经过抽象化了的典型曲线，各行业按照实际销售量绘制出来的曲线远不是这样光滑规则，因此，有时要确定行业发展处于哪一阶段是困难的，识别不当，容易导致战略上的失误。而影响销售量变化的因素很多，关系复杂，整个经济中的周期性变化与某个行业的演变也不易区分开来，再者，有些行业的演变是由集中到分散，有的行业由分散到集中，无法用一个战略模式与之对应，因此，应将行业生命周期分析法与其他方法结合起来使用，才不至于陷入分析的片面性。

11.2 新产品开发战略

人类社会发展的车轮已把我们推向了一个高速创新的时代，科学技术飞速发展，经济全球化步伐加快,市场竞争日益激烈,世界市场机会在不断转移,导致产品生命周期越来越短。在20世纪中期,一代产品通常意味20年左右的时间,而到90年代,一代产品的概念不超过7年。八九十年代美国的产品生命周期平均为3年,1995年已经缩短为不到2年。生命周期最短的是计算机行业产品,根据莫尔定理,计算机芯片的处理速度每18个月就要提高一倍,而芯片的价格却以每年25%的速度下降。这一切迫使企业不是为了利润,至少是为了生存,就必须不断开发新产品以迎合市场需求的快速变化。产品创新已成为企业经营的常态。

11.2.1 新产品的界定

市场营销意义上的新产品含义很广,除包含因科学技术在某一领域的重大发现所产生的新产品外,还包括:在生产销售方面,只要产品在功能和或形态上发生改变,与原来的产品产生差异,甚至只是产品从原有市场进入新的市场,都可视为新产品;在消费者方面,则是指能进入市场给消费者提供新的利益或新的效用而被消费者认可的产品。按产品研究开发过程,新产品可分为全新产品、模仿型新产品、改进型新产品、形成系列型新产品、降低成本型新产品和重新定位型新产品。

(1) 全新产品是指应用新原理、新技术、新材料,具有新结构、新功能的产品。该新产品在全世界首先开发,能开创全新的市场。它占新产品的比例为10%左右。

(2) 改进型新产品是指在原有老产品的基础上进行改进,使产品在结构、功能、品质、花色、款式及包装上具有新的特点和新的突破,改进后的新产品,其结构更加合理,功能更加齐全,品质更加优质,能更多地满足消费者不断变化的需要。它占新产品的26%左右。

(3) 模仿型新产品是企业对国内外市场上已有的产品进行模仿生产,称为本企业的新产品。模仿型新产品约占新产品的20%左右。

(4) 形成系列型新产品是指在原有的产品大类中开发出新的品种、花色、规格等,从而与企业原有产品形成系列,扩大产品的目标市场。该类型新产品占新产品的26%左右。

(5) 降低成本型新产品是以较低的成本提供同样性能的新产品,主要是指企业利用新科技,改进生产工艺或提高生产效率,削减原产品的成本,但保持原有功能不变的新产品。这种产品占新产品的11%左右。

(6) 重新定位型新产品指企业的老产品进入新的市场而被称为该市场的新产品。这类新产品约占全部新产品的7%左右。

11.2.2 新产品开发战略的分类

新产品开发战略是建立在市场观念和社会观念的基础上,企业向现有市场提供新产品,以满足顾客需要,增加销售的一种战略。这种战略的核心内容是激发顾客的新的需求,以高质量的新品种引导消费潮流,并保护人类及一切生物赖以生存的环境和实现可持续发展所必需的资源。

产品开发战略是由企业现有市场和其他企业已经开发的而本企业正准备投入生产的新产品组合而生产的战略,即对企业现有市场投放新产品或利用新技术增加产品的种类,以扩大市场占有率和增加销售额的企业发展战略。

新产品开发战略可以分为以下几种。

1. 领先型开发战略

采取这种战略，企业努力追求产品技术水平和最终用途的新颖性，保持技术上的持续优势和市场竞争中的领先地位。当然它要求企业有很强的研究与开发能力和雄厚的资源。

扩展阅读——小案例

摩托罗拉的新产品开发战略

美国摩托罗拉公司是创建于1929年的高科技电子公司，现已成为在全世界50多个国家和地区有分支机构的大型跨国公司。它主要生产移动电话、BP机、半导体、计算机和无线电通信设备，并且在这些领域居于世界领先地位，多年来一直支配世界无线电市场。该公司1988年的销售收入为85亿美元，纯利额为4.5亿美元，1993年销售收入增至170亿美元，纯利额达10亿美元，1995年的销售收入进一步增至270亿美元。该公司始终将提高市场占有率作为基本方针，摩托罗拉品牌移动电话的世界市场占有率高达40%。该公司贯彻高度开拓型的产品开发战略，其主要对策如下：

◇ 技术领先，不断推出让顾客惊讶的新产品，公司进行持续性的研究与开发，投资建设高新技术基地。

◇ 新产品开发必须注意速度时效问题，研制速度快，开发周期短。

◇ 以顾客需求为导向，产品质量务求完美，减少顾客怨言到零为止。

◇ 有效降低成本，以价格优势竞逐市场。

◇ 高度重视研究与开发投资，由新技术领先中创造出差异化的新产品领先上市，而占领市场。1994年该公司研究与开发投资达15亿美元，占其销售收入的9%。

◇ 实施著名的G9组织设计策略。该公司的半导体事业群成立G9组织，由该事业群的4个地区的高阶主管，所属4个事业部的高阶主管，再加上一个负责研究与开发的高阶主管，共同组成横跨地区业务、产品事业及研究开发专门业务的"9人特别小组"，负责研究与开发的组织协调工作，定期开会及追踪工作进度，并快速、机动地作出决策。

◇ 运用政治技巧。该公司在各主要市场国家中，均派有负责与该国政府相关单位进行长期沟通与协调的专业代表，使这些政府官员能够理解到正确的科技变革与合理的法规限制。该公司能进入中国、俄罗斯市场，就得力于这种技巧的应用。

◇ 重视教育训练。该公司全体员工每年至少有一周时间进行以学习新技术和质量管理为主的培训，为此每年支付费用1.5亿美元。

2. 紧跟型开发战略

紧跟战略是指企业紧跟本行业实力强大的竞争者，迅速仿制竞争者已成功上市的新产品，来维持企业的生存和发展。许多中小企业在发展之初常采用该新产品开发战略。该战略的特点是：产品的战略竞争领域是由竞争对手所选定的产品或产品的最终用途，本企业无法也无须选定；企业新产品开发的目标是维持或提高市场占有率；仿制新产品的创新程度不高；产品进入市场的时机选择具有灵活性；开发方式多为自主开发或委托开发；紧跟战略的研究开发费用小，但市场营销风险相对要大。实施该新产品战略的关键是紧跟要及时，全面、快速和准确地获得竞争者有关新产品开发的信息是仿制新产品开发战略成功的前提；其次，对竞争者的新产品进行模仿式改进会使其新产品更具竞争力；强有力的市场营销运作是该战略的保障。

3. 替代型开发战略

采取这种战略,企业有偿运用其他单位的研究与开发成果,替代自己研究与开发新产品。研究与开发力量不强、资源有限的企业宜于采用这种战略。

4. 混合型开发战略

以提高产品市场占有率和企业经济效益为准则,依据企业实际情况,混合使用上述几种产品开发战略。

11.2.3 新产品开发战略的层次

新产品开发战略包括产品战略愿景、产品平台、产品线、产品开发项目四个层次。

(1) 产品战略愿景是企业关于产品定位和市场目标的理念和愿景,它对下一层次产品平台的性质、演化和竞争地位提供指导。产品战略愿景是"瓜种",它从本质上决定了长什么样的藤,结什么样的瓜。

(2) 产品平台是企业核心技术的集合,是使企业所有产品线和产品根植于此的公共平台。产品平台开发包括产品平台概念评估、产品平台规划和产品平台开发。产品平台是"瓜的主藤",它为支藤和瓜提供养分。

(3) 产品线是基于产品平台的同类产品集合。产品线规划是一个分时段的,基于市场、竞争要求和资源状况的有条件的产品开发计划,它决定具体产品的开发路标和升级替代策略。产品线是"瓜的支藤",它将结出瓜。

(4) 产品开发项目是基于产品线规划的单项新产品的开发,产品线规划的具体实施是最终的"瓜"。

11.2.4 新产品开发战略的实施

新产品开发在企业经营战略中占有重要地位。新产品开发战略的实施主要从以下几个角度进行分析。

1. 新产品开发战略的出发点

(1) 从消费者需求出发。通过问题分析、缺口分析、细分市场、相关品牌归类等方法,以顾客为关注焦点,来分析、满足顾客的现实需求、潜在需求和未来需求。如:市场补缺战略,就是满足特殊顾客的要求,或者是顾客的特殊要求。著名的运动鞋制造商——耐克公司,通过市场调查,不断开发适合不同运动项目的特殊运动鞋,如登山鞋、旅游鞋、自行车鞋、冲浪鞋等,这样,就开辟了无数的补缺市场。

再比如 TCL。TCL 决定投放彩电时,国内彩电市场早已拥挤不堪。长虹、海燕、金星、飞跃、凯歌等国产品牌自成体系,各据一方;索尼、东芝、日立、松下等外来品牌要挟东洋技术之强势冲击中国市场。更为严重的是,当时国内彩电市场已经供过于求。面对众多的相对成熟的国内外彩电品牌,TCL 发现它们都忽略了一个重要市场:当时国内高质低价的大屏幕彩电市场是一个空白。本土品牌尚没有开发大屏幕彩电,外来品牌大屏幕彩电价格普遍偏高,大众消费者无法承受,一时难以普及。TCL 看准竞争对手的薄弱环节,乘虚而入,不失时机地填补了这一空白,终于取得了成功。

(2) 从挖掘产品功能出发。所谓挖掘产品功能,就是通过功能分析、用途分析、品质扩展、系统分析、独特性能分析、等级设计、弱点分析等方法,来分析企业现有产品存在的问题，挖掘产品新的功能、新的用途。在现成的产品的基础上挖掘新的产品功能，无疑是一条风险较小的能迅速获得市场认同的途径。这是典型的开发改进型新产品，既可以在技术上得心应手，又可以利用原有的产品商标来推广新产品。如在收音机的基础上采用自用录音技术，开发成收录两用机；在随身听上增加一些新的功能，如自动倒带功能等。

(3) 从提高新产品竞争力出发。新产品的竞争力除了取决于产品的质量、功能及市场的客观需求外，也可以采取一些其他策略来提高新产品的竞争力。例如，抢先策略、紧跟策略、低成本策略等。

(4) 分析产品/市场矩阵。企业也可利用产品/市场发展矩阵来寻找、发现市场机会。如图11-3所示。

图11-3 产品/市场矩阵

①市场渗透。即企业通过改进广告、宣传、短期削价、推销、在某些地区增设商业网点等措施，借助多渠道将同一产品送达同一市场等措施，在现有市场上扩大现有产品的销售。

②市场开发。即企业通过在新地区或国外增设新商业网点或利用新分销渠道，加强广告促销等措施，将现有产品扩大、推广到新市场。例如，某产品只在城市市场销售，现决定扩大到农村市场。

③产品开发。即企业通过增加花色、品种、规格、型号等，向现有市场提供新产品或改进产品。

④多元化增长。就是企业尽量增加产品种类，跨行业生产、经营多种产品或服务，扩大企业的生产范围和市场范围，使企业的特长得到充分发挥。

2. 分析市场需求和企业内部条件，确定新产品开发方向

(1) 商业可行性。检验商业可行性的结果将证实新产品或服务是否会有市场，顾客是否愿意购买你的新产品或接受你的服务，他们对你的新产品或服务究竟有多大的需求，你是否可以从新产品或服务中盈利。比如，某游泳池决定在其游泳服务的项目中增加一项健身服务。他们认为这是很自然的事，因为顾客可以在游泳之前先锻炼一下身体。在组织了几场小组座谈会之后，他们得到了一些非常有利信息的反馈。于是他们决定先选一个点进行检验，结果也是非常好，于是他们决定继续进行新项目开发计划。

(2) 企业内部条件。企业必须检查是否有足够的能力支持新产品的开发。这些能力包括技术能力、成本投入能力、经营网络能力等。

①技术可行性。检验技术可行性必须要求企业的生产能力及产品或服务能实现设计的功能。比如，某公司开发新产品的原型，将这种新产品安在一个正常的灯泡上可使灯泡的使用寿命延长10倍，市场前景非常可观，而且他们可以利用自己闲置的机器生产这种产品，但存在的问题是需要找到一种能抗高温的黏合剂。他们自己没有这方面的技术能力开发这种抗高温的黏合剂，若与国际上较先进和厂商合作开发，费用将远远超出利润，因此从整体上来

分析，这是不成功的。

②成本投入能力。规模越大，资金投入越大，成本回收就越慢。如果没有数千万的资金准备和两年内准备回笼投资的思想准备，做高档品牌的结果一定没有好结果。

③经营网络能力。如果你只熟悉低档市场，拥有一批低档产品的代理商。那么，你的产品最好定位在低档范围，否则，不仅会造成原有资源的浪费，另外开发新的商业网络也需要雄厚的资本，使企业不堪负担，更重要的是，重新开发商业网络未必能达到预期的目的。

11.2.5 实施新产品开发战略需要解决的几个问题

1. 关于新产品的创意问题

发现市场机会，寻求新产品创意，提出新观点的可能有各种人员。企业内部各个部门是一大来源，但更为广泛的来源在企业外部，如中间商、专业咨询机构、教学和科研机构，政府部门，特别是广大消费者，他们的意见直接反映着市场需求的变化倾向。因此，企业必须注意和各方面保持密切的联系，经常倾听他们的意见，并对这些意见进行归纳和分析，以发现新的市场机会。

扩展阅读——小知识

形成新产品创意的方法

询问调查法。即通过上门询问或采取问卷调查的方式来搜集意见和建议，作为分析的依据，从中寻找和发现市场机会。

1. 德尔菲法

即通过轮番征求专家意见来从中寻找和发现市场机会。

2. 召开座谈会

如召开消费者座谈会、企业内部人员座谈会、销售人员座谈会、专家座谈会等，搜集意见和建议。

3. 课题招标（承包）法

即将某些方面的环境变化趋势对企业市场营销的影响，以课题的形式进行招标或承包，由中标的科研机构或承包的专门小组（或人员）在一定期限内拿出他们的分析报告，从中寻找和发现市场机会。

4. 头脑风暴法

亦称"操脑术"活动，即将有关人员召集在一起，不给任何限制，对任何人提出的意见，哪怕是异想天开，也不能批评。通过这种方法，来搜集那些从常规渠道或常规方法中得不到的意见，从中寻找和发现有价值的市场机会。

2. 关于新产品的营销问题

（1）为新产品定价。新产品定价分为受专利保护的创新产品的定价和仿制新产品的定价。

①受专利保护的创新产品的定价策略。撇脂定价和渗透定价。撇脂定价，是指在产品生命周期的最初阶段，把产品的价格定得很高，以攫取最大利润，犹如从鲜奶中撇取奶油。企业所以能这样做，是因为有些购买者主观认为某些高价商品具有很高价值。渗透定价，即企业把它的创新产品的价格定得相对较低，以吸引大量顾客，提高市场占有率。

②仿制新产品的定价策略。要开发某种仿制的新产品的企业面临着产品定位问题，它需要决定：在产品质量或价格上，其产品应定位于何处。就新产品质量和价格而言，企业有九种可供选择的策略：优质高价策略；优质中价策略；优质低价策略；中质高价策略；中质中价策略；中质低价策略；低质高价策略；低质中价策略；低质低价策略。如果市场领导者正采取优质高价策略，新来者就应采取其他策略。

(2) 促销新产品。制订一个营销计划，说明你将如何把新产品投放目标市场并加以促销。该计划应包括媒体、采购点、邮寄点或其他计划使用的广告方法。如果通过销售队伍销售产品，那么需要制定一些销售战略，需要为销售人员提供新产品所需要的促销工具和有关信息。这些工具包括销售手册、最新的价目表，等等。如果利用营销代理或广告代理，那么在你作出开发新产品的决定之后，你应让他们参与以后的一些过程。他们能帮助你决定什么方法是推销你的新产品最佳方法。

(3) 把新产品送到消费者手中。企业需要制订一个把产品送到顾客手中的交货计划。如果你是向零售商销售，这时你需要事先拿到他们的订单，并确立一个交货的方法。如果企业提供的是新的服务，一定要确保员工都受到足够的培训，能有效地提供服务。简而言之，你需要针对把新产品交到市场的所有后勤问题制订一个详细计划。

3. 关于新产品商业化问题

在新产品上市以前，企业应做好以下决策：何时推出新产品，何地推出新产品，向谁推出新产品，如何推出新产品。

(1) 何时推出新产品。指企业高层管理者要决定在什么时间将新产品投放市场最适宜。例如，如果某种新产品是用来替代老产品的，就应等到老产品的存货被处理掉时再将这种新产品投放市场，以免冲击老产品的销售，造成损失。

(2) 何地推出新产品。指企业高层管理者要决定在什么地方（某一地区、某些地区、全国市场或国际市场）推出新产品最适宜。选择市场时要考察这样几个方面：市场潜力，企业在该地区的声誉，投放成本，该地区调查资料质量的高低，对其他地区的影响力及竞争渗透能力。此外竞争情况也十分重要，它同样可以影响到新产品商业化的成功。

(3) 向谁推出新产品。指企业高层管理者要把分销和促销目标面向最优秀的顾客群。这样做的目的是要利用最优秀的顾客群带动一般顾客，以最快的速度、最少的费用，扩大新产品的市场占有率。

(4) 如何推出新产品。企业管理部门要制定开始投放市场的市场营销战略。这里，首先要对各项市场营销活动分配预算，然后规定各项活动的先后顺序，从而有计划地开展市场营销管理。

企业应选择一个最适宜新产品上市的时间，在最适宜的地点，向最需要新产品的顾客，以最恰当的方式推出新产品。如法国白兰地通过给艾森豪威尔总统做寿，借势生势，集广告、公关等手段于一身，将市场渗透、开拓、扩张并行，成功地进入并占有了相当份额的美国市场；河南仰韶酒1997年以为董建华先生做寿为由，进入香港市场，与法国白兰地进入美国市场有异曲同工之妙，而且借助世界瞩目的1997香港回归达到了向国际市场渗透的目的。

11.2.6 新产品开发战略实施的组织

创新需要激情，避免纯理性；需要分权，否定集中；需要更多的激励和容忍，抛弃限制和惩罚；需要竞争，避免按章行事。创新的特点决定了新产品开发组织与一般管理组织相比具有其突出的特点，新产品开发组织具有高度的灵活性，新产品开发组织要具备简单的人际关系，高效、快速的信息传递系统，较高的管理权力，充分的决策自主权等。总的原则是使新产品开发能快速、高效地进行。

新产品开发组织的特征使新产品开发组织的形式多种多样。一般常见的新产品开发组织有：新产品委员会、新产品部、产品经理、新产品经理、项目团队、项目小组五种形式。

1. 新产品委员会

新产品开发委员会是一种专门的新产品开发组织形式之一，该委员会通常由企业最高管理层加上各主要职能部门的代表组成，是一种高层次的新产品开发的参谋和管理组织。其优点是可以汇集各部门的想法和意见，强化信息沟通，使决策更加民主化和科学化。缺点是委员会成员之间的权责不清，容易发生互相推诿责任的现象，且当各职能部门的目标与企业总体目标不一致时，较难统一意见。新产品开发委员会属于矩阵式组织结构，可分为决策型、协调型和特别型三类。决策型新产品委员会的主要职能是制定新产品开发战略，配置新产品开发所需的企业内外部资源，新产品开发项目的评价及选择等，通常是企业最高领导者牵头。协调型新产品委员的主要职能是负责新产品开发活动中各职能部门的协调。特别委员会是新产品开发的智囊团，对新产品开发过程中出现的问题和困难提出建议和对策。如，技术障碍、构思筛选的评价问题、设计问题、工艺问题、商品化过程中出现的问题等，由各种专家和职能部门的关键人物等组成。

2. 新产品部

大公司常设新产品部，也称产品规划部、技术中心或研究所等。从若干职能部门抽调专人组成一个固定的独立性的开发组织，集中处理新产品开发过程中的种种问题，如提出开发的目标，制订市场调研计划，筛选新产品构思，组织实施控制和协调，等等。该部门的主管拥有实权并与高层管理者密切联系。它是新产品委员会最恰当的补充管理组织，其优点是权力集中，建议集中，见解独立，有助于企业进行决策，并保持新产品开发工作的稳定性和管理的规划化。缺点是不易协调各职能部门之间的矛盾。

3. 产品经理

许多公司把新产品开发作为产品经理的一项重要职能。但产品经理的工作重心往往是对他管理的产品或产品线投入更多的时间和精力，对新产品开发无法尽全力。

4. 新产品经理

在这种组织形式下，企业根据所实施的新产品项目的多少在产品经理下面设置若干新产品经理，一个新产品经理对一个或一组新产品项目负责。从新产品策划一直到新产品投入市场，都由新产品经理负责进行。这种组织形式主要适用于规模较大、资源丰富、新产品项目多，主要依靠新产品参与竞争的企业。

5. 项目团队

项目团队正日趋成为一种最强的横向联系机制。团队是一种长期的任务组，经常和项目小组一起使用。当在一段较长的时间内需要部门的协调活动时，设立跨部门团队，是明智的选择。如，波音公司在设计和生产其新的777型飞机时大约使用了250个团队。一些团队围绕飞机的部件而设立，比如机翼、驾驶室、发动机，为特殊的顾客服务也组成相应的团队。

6. 项目小组

有些企业会为不定期的新产品开发设立临时项目小组，这是由来自各个不同职能部门的人员组成的一种组织，是一种矩阵式的组织形式，它通常向企业的最高管理层直接报告工作，并具有为新产品制定政策的权力。它的工作期限不定，到完成任务为止。不同的开发项目，其成员不同，但成员往往具有较强的革新和开拓精神。项目经理对整个新产品开发负责，但对项目组成员并不拥有加薪、升职、雇佣和解雇的正式权力，正式权力取决于职能部门管理者。项目经理需要出色的人际关系能力，他们通过专业知识和游说来实现协作。他们横跨于部门之间，必须有能力把人们组织起来。

11.3 全球营销战略

全球营销是指为了实现公司整体目标而集中组织资源，选择、开发国内与国外营销机会的过程。它是把世界作为一个整体，在全球范围内寻求市场，开发和销售全球产品，来面对新的世界市场竞争。全球营销是一般国际营销发展的高级阶段，它淡化了国家的界限，模糊了本国市场和外国市场，强调各主要职能的全球分工与整合，倾向于使用标准化的策略来服务于全球的目标顾客。全球市场营销意味着企业必须面对世界范围内的竞争对手，必须对国际市场信息掌握准确、迅速，能对国际市场的变化作出快速反应；同时，全球市场营销也意味着企业可以占有广阔的国际市场，更广泛地利用国际资源，得到世界上最新的科学技术，企业可以在世界范围内更有效地配置资金。国际市场营销将给企业带来更多的利润和更大的风险，对企业的要求自然也更高。

开展全球市场营销是中国企业顺应当今世界经济发展趋势的战略选择。这源于以下几方面的原因。

（1）中国已经加入WTO，意味着中国市场更深地融入全球化市场，中国企业不得不参与国际市场竞争。

（2）国内市场需求增长速度放慢，出现永久性供给有余，而需求不足，因此，急需拓展新的增长点，而国际市场就是较好选择。

（3）一些实力强的企业，如家电类的美的、海尔、长虹、康佳、TCL等意识到，要进入财富500强，必须是一个全球性企业，毋庸置疑要开拓国际市场，培育全球性品牌。

不过从一些企业在海外建立生产基地或分销网络的运作来说，国内企业还需要深入了解国际市场营销的规则，避免失误。国际营销成功的精辟在于制定全球标准化营销战略，坚持全球市场战略可实现成本节约和规模经济性，更可形成公司知识专利，提升核心竞争力。

11.3.1 全球营销战略的优势

1. 全球营销导向的最大好处

全球导向带来的好处。比如，惠而浦公司成功开发了高效、无氟冰箱，该冰箱在一次评比中还获得了"效率最高奖"。好几个国际分部为开发这一冰箱作出了贡献，欧洲分部提供了绝缘技术，巴西子公司提供了压缩机技术，美国分部提供了设计和制造专长。在对意大利消费者进行的一项研究中,惠而浦公司发现,如果微波炉能烤制食品,则销路会很好,瑞典研究人员开发出了 VIP Crisp,该款式在欧洲成为畅销品,不久引入美国。

雀巢公司泰国分部的咖啡销售业绩平平,市场的增长速度没有预期的快。该分部借用了雀巢公司希腊分部在夏季促销中使用的冷咖啡饮料——NestleShake,经适当改造后引入泰国市场。设计了调制饮料的养料容器,为宣传这种饮料还引入了 Shake 这一舞蹈,举办了 Shake 小姐比赛。雀巢咖啡在泰国的销售额从 1987 年 2500 万美元提高到 1993 年的 1 亿美元。

2. 全球导向有利于实现生产和营销的规模经济

这是最常提及的优点。例如,Black and Decker 制造公司是一家生产电动工具、电器和其他消费品的企业,在采用全球战略后,生产成本显著下降。在欧洲市场上,该公司生产的电机规格从 260 种下降到 8 种,型号从 15 个减少到 8 个。同样,福特公司通过实行开发、采购和供应活动的全球化,每年节约 30 亿美元。广告的标准化也能显著地降低成本。百事可乐公司在不同国家市场中采用同一广告片,估计每年因此可以省 1000 万美元。高露洁公司在 40 多个国家中销售高露洁牙膏,每个国家只可在两个广告片中选择一个,该公司估计,在每个采用统一广告的国家中,广告制作成本可以降低 100~200 万美元。

3. 全球营销战略有利于树立统一的全球形象

商标名称、企业标识语的全球认知有利于迅速导入新产品和增强广告的有效性。卫星通信覆盖全球之后,统一的全球形象变得日益重要。飞利浦公司赞助世界杯足球赛,同一个广告用 6 种语言在 44 个国家播放,对全球产品形象产生了巨大的影响。在新兴市场中树立品牌形象是重要的战略。在这些市场中,消费者难以得到质量保证。如果没有保险机构、食品与药品管理局等机构的认证或实行退货政策,消费者只有依赖经营者的声誉和商标名称来保证产品质量和安全性。知名商标或企业形象可以作为质量和服务的保证。

韩国三星集团在全球促销企业名称,并把名称用于从电视机、微波炉到叉车的各种产品上。即使不相关的生产线,如果企业名称享有高质量的声誉,公司仍能获得优势。

4. 全球营销战略有利于经营活动的协调与控制

不难理解,在 40 个国家中控制 1~2 个世界范围内的广告计划与控制 40 个专门为每个国家制作的广告是不同的。较之国别市场战略,实行全球战略更容易控制和管理质量标准、促销计划、产品库存和零部件库存。毫无疑问,由于市场存在差异,标准化并非总是可行。政府和贸易管制、可利用的媒体、消费者兴趣和行为模式、文化等方面的差异都会阻碍全球营销组合的完全标准化实现。然而,世界上不同细分市场的消费者行为有趋向一致的倾向。领导世界营销潮流的将是奉行全球营销观念的企业。

11.3.2 全球营销战略的实施

企业的全球营销战略包括四个主要方面:确定全球营销任务;全球市场细分战略;竞争定位及营销组合战略。

全球营销任务的内容是确定主要目标市场,市场细分原则及各个市场的竞争定位。全球营销对于企业获取其全球性战略目标有着重要的作用,所以,企业的全球营销战略应与其总体战略相适应。

在全球市场细分战略方面,有三种战略可供选择。①全球性市场细分战略,此战略重在找出不同国家的消费者在需求上的共性,如人口统计指标,购买习惯和偏好等,而不重视国界/文化差异性;②国别性市场细分战略,此战略强调不同国家之间文化/品味上的差异性,市场细分主要以地理位置和国籍为基准;③混合型市场细分战略,大体上是前两种战略的结合型战略,某些国别市场规模很大可是存在个别化,而另一些较小的国别市场则可组合成一个共同的细分市场。例如,营销区域化就是一种重要的混合型市场细分战略。

除了确定出市场细分战略外,企业还要确定其在每一个市场上的竞争地位。四种主要的竞争定位战略是:市场领导者;市场挑战者;市场追随者和小市场份额占有者。如果公司在所有的外国市场采取同样的竞争定位战略,则称之为全球性竞争定位战略;反之,如果公司在不同市场采取不同的竞争定位,则称之为混合型竞争定位战略。

根据企业的全球市场细分战略和竞争定位战略,可以制定出其营销组合战略的四种主要类型。如图11-4所示。

图11-4 四种类型营销战略

理想的全球营销战略指采用统一的营销计划,在一个全球性细分市场上营销一种标准化的产品。

理想的国别营销战略则要求对营销组合进行专门的调整,以满足各个国别市场的需要。

混合Ⅰ型营销战略虽然采用标准化产品,但需要调整其他营销组合要素,以便支持其产品战略。

混合Ⅱ型营销战略则指营销组合中的某一关键要素标准化,其余要素作适当调整。

11.3.3 我国企业全球营销战略的探索

我国企业开拓国际市场所走过的道路,可以说大部分的外贸和外向型企业是采取一种较为被动的方式进入国际市场,全球市场营销观念落后,各类企业行业在营销理论的认识和运用上存在很大的差异。从我国企业跨国经营的实践看,目前还只处于初步发展阶段,大多数国内企业并没有形成真正的世界级的跨国企业。

21世纪以来世界市场不断融合,更加充满着机遇和挑战,开展全球市场营销已是顺应世界经济发展趋势的战略选择。尤其是中国已经加入世界贸易组织,随着经济体制改革的深化,外贸经营领域的放宽,企业跨国经营活动的意识增强,中国各类企业将更多地走向国际市场。同时,目前许多大型国际著名跨国公司均看好中国这块巨大的市场,纷纷在我国设置了分支机构,有的甚至把亚太总部迁到中国,与国内企业抢市场、争人才,并凭借雄厚的资金、先进的技术管理,正逐步蚕食着中国的市场。因此,无论企业是否愿意参与国际市场的竞争,都无可避免地要面对外国企业的存在。另一方面,走出国门和强手合作或竞争,本身就是一个不断学习提高竞争力的过程。所以可以说进行全球市场营销是我国大中型企业未来生存发展的必由之路之一。

可喜的是,近年来中国企业明显加快了走出国门的步伐,在这条道路上的探索已经跨出

第 11 章 营销战略的发展

了坚实的一步，不仅仅是产品出口，也包括投资设厂；不仅仅是优势产业，也包括传统劣势产业。

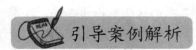

新产品开发战略是建立在市场观念和社会观念的基础上，企业向现有市场提供新产品，以满足顾客需要，增加销售的一种战略。这种战略的核心内容是激发顾客的新的需求，以高质量的新品种引导消费潮流，并保护人类及一切生物赖以生存的环境和实现可持续发展所必需的资源。

新产品开发是企业不断获得竞争优势，在市场中立足的根本。创新是永恒的主题，新产品开发就是企业创新的重要立足点。该汽车公司顺应市场形势，实施新产品开发策略，使企业的竞争力得到了较大的提升。

1. 如何理解产品生命周期各阶段的特点及营销策略？
2. 新产品开发战略有哪几种类型？各自的优缺点是什么？
3. 当前经济形势下，企业采取全球营销战略有哪些优势？

"柯达"的新产品开发战略

从 19 世纪 80 年代至 20 世纪 80 年代，柯达公司在世界照相领域中的霸主地位一直没有动摇。"创新技术、突破生活"是柯达公司传统的座右铭，也是柯达的成功之本。

柯达的创始人乔治·伊士曼 20 岁时，就对照相机感兴趣，虽然没有积蓄，他却已经开始着手研究照相干板。为了实现这一梦想，1881 年 1 月，他把自己极端珍视的 5500 美元的积蓄作为准备资金，在罗契斯特创立了照相干板制造公司。干板的制造，比原来的湿板更困难。但从玻璃板的干板到软片，就一步一步接近照片的大众化。这一个公司便是伊士曼·柯达的前身，当年乔治·伊士曼 27 岁。乔治一边制造照相干板，一边对照相机的全部构造及性能进行仔细研究，他一直想制造出一种操作简单的照相机。经过 7 年的苦苦研究，终于研制成了一种小型口袋式照相机。命名为"柯达第一号"。

此后，柯达公司还连续推出"袖珍型全自动照相机"和"立即显像摄像机"，可以说是在世界照相史上具有划时代的意义的两次突破。

柯达公司认识到，某种类型照相机若能长期销售就可盈利累累，但同时又要顾及业余摄

· 231 ·

影爱好者玩腻某型照相机之后就有减少买软片的倾向。因此，柯达的策略就是每隔一段时间就推陈出新，让新一代的青年接触到新型的柯达相机。于是，1969年柯达公司就想秘密设计一种"立即显像摄影机"。当时，这种相机已经问世，著名的"拍立得"公司已经制造出即时显像的相机SX-70，只是最初SX-70在使用时须将保护乳剂的保险纸撕开丢掉，这等于制造垃圾，但"拍立得"也着手改良这种相机。在这种激烈的竞争中，柯达公司的首脑们并不过分紧张，在位于罗契斯特一座普通建筑物的柯达总部，主管们显得异常的沉稳和镇定，他们总是善于控制业务变动的步伐，从容地开发与发展多种新产品，掌握每一种产品的寿命以获得最大的利润。这也是柯达一贯的管理领导艺术。

根据它稳步求胜的战略，"即显相机"经历了周密的研制过程。公司先确定这种相机与软片大致具备的优势，然后考虑用户的潜在需求，在"用户不满意"上下工夫。所以，新产品务要廉价。其次，必须容易操作，以消除用户因技术欠佳难以驾驭相机的恐惧心理。最后，必须保证质量，不能让用户在摄影效果上失望。正如即显部主任麦克尼斯所说："用户真正关心的是这部相机是否能比较容易地照出色彩艳丽的摄影佳作。"根据这些要求，成立了特别小组，从技艺方面研究解决这些问题。到1971年年初夏，研究人员提出了3种软片设计的方案，供管理部门选择，同时，也附呈每一种方式所需的开发费用。

决策部门批准了最佳方案，分别在英国、法国、美国开始推行。执行小组的成员包括生产、推销与研究三方面的专家，他们的工作十分艰巨。例如，为了解决聚焦问题，执行小组决定柯达即显相机的镜头应该很小，这会产生背景深远的效果。可是镜头半径一小，通过的光也较少，执行小组只好决定采用较目前软片快4倍的高速乳剂胶卷。但这种胶卷的研制需要耗费大量的资金。于是柯达公司派1 000多位研究人员，遍及美国与西欧从事此胶卷的开发。直到1972年初，赛格领导的特别执行小组，从3种化学软片中选定了可以产生瑰丽色彩的一种，一个月以后，小组终于找出了能大量生产性能特快的快速感光乳剂的方法。最后，感光乳剂在美国试制，经柯达总部罗契斯特实验室的精炼，而后又获得法国控制乳剂专家的协作使其更加完美。

柯达公司新照相机的不断发明，也直接扩大了它的软片市场。在1952—1963年柯达公司在研制"袖珍型全自动相机"期间，同时改制了古老的软片，为了便于安装，柯达首先设想把软片与匣子合成一体，发明匣盒软片，增加快拍机会，这种软片比通常的软片增加25%的长度，而且价格低廉，最便宜只有10美元，这在软片市场上可谓是一次开拓。

柯达公司举世瞩目的声誉，除以上业绩之外，还跟它改良影印机的成功是分不开的。从50年代后期，柯达就在光电照相机方面进行了一定的研究。但在影印机市场上，有技术领先、实力强劲、是世界影印机巨头的金禄和万国商业机器公司与之竞争。金禄早在1960年就以914型影印机首先进入市场获得成功，多年来金禄的影印机畅销全球，几乎独占市场。而万国商业机器公司当时也有10%的市场份额，柯达是迟来的新手，因而遭遇了许多巨大的难题。

柯达公司并没有甘拜下风，而是以其稳健的作风作出抉择，要制造一种最新的产品。通过对影印机市场的调查，了解到用户的兴趣在于产品的品质、快速、可靠与简便。在对市场的未来前景进行科学预测后，经过综合平衡，柯达决定所生产的新产品专门为大公司服务。柯达要夺取市场，必须使自己的新产品在技术性能方面超过其他公司，于是它们制定了新产品开发的优质战略。1967年，一名叫沙莱的人发明了一种新构想的文件重组反馈器，这种装置能自动处理一堆需要复印的原件。沙莱给各大影印公司致函，寻求被采用的机会。金禄公司寄了一张空白表格让他填写，但柯达公司却立即委托专利律师打电话和沙莱直接洽谈。当时，尽管柯达对沙莱的发明没有马上利用，但却很快取得了这项发明的专利权。几年后，柯达公司影印实验室对沙莱的文件重组反馈器进行了研究改进，柯达的工程师终于使它圆满地运行。于是柯达影印机可以一面复印，一面装订。这就比其他要等复印全部完了之后才能装订的影印机多了令人羡慕的优越性。另外，给新产品的"必备"条件帮了大忙的还在于Intel公司推出的8008号微机处理机，它使柯达影印机健全了"故障排除系统。"

当一系列难题终于得到解决之后，柯达公司的EK塔影印机开始上市。这种影印机由于一边复印，一边装订，得到用户的一致好评。它的多功能性，即使是老牌的金禄公司和万国商业机器公司也望尘莫及。

思考题：
1. 柯达公司是怎样开发新产品的？
2. 值得我国企业借鉴的地方有哪些？
3. 柯达公司稳步求胜的战略与公司注重创新的战略是怎样有机结合在一起的？
4. 柯达公司是如何与万国商业机器公司展开竞争的？

第 12 章　产 品 策 略

◎ **本章要点**
- 产品和产品组合
- 品牌和商标策略
- 包装决策
- 服务产品策略

◎ **本章难点**
- 产品的整体概念
- 品牌和商标策略

◎ **课前思考**
- 产品应该包含哪些层级？每个层级的含义是什么？
- 品牌和商标有什么区别和联系？

 引导案例

日本企业成功的产品策略

许多获得成功的日本企业，都花费许多时间、精力和资金去分析市场机遇，并对目标市场做深入了解，研究消费者心理，摸清组织市场营销的活动规律。例如，索尼公司在进入美国市场之前，就先派出由设计人员、工程师及其他人员组成的专家组先去美国，考察、研究如何设计其产品以适应美国消费者的爱好。然后，还招聘美国工业专家、顾问和经理等人员，帮助"索尼"分析如何进入市场。在仔细的研究分析市场机遇、确定目标市场后，日本的企业将着手制定以产品、价格、分销、促销、公共关系和政治权力运用等内容的市场营销组合策略。其中尤其值得关注的就是产品策略。

先碰到的就是来自美国和欧洲国家强大竞争者的对抗，因为，那时世界市场主要是由美国和欧洲国家霸占。其次，就当时的日本产品而论，无论是在技术上，还是在全球性销售网络上，都比不上美国和欧洲的产品。此外，日本还要努力消除人们第二次世界大战前对日本产品质量低劣的印象。但是，日本的企业寄希望于利用其劳动力价格便宜的优势，可以在产品的价格上与欧、美相抗衡。为此，在 20 世纪 50 年代后期和 60 年代期间，为了打入世界市场，日本各企业特别强调产品的设计具有低成本、高质量和创新性。从目前日本进入国际市场情况来看，也可以证明他们仍然着重突出这三点。

日本企业以产品开发战略和市场开发战略为重点，进行目标市场渗透，一旦在某国市场

取得了立足点，就努力扩大其产品的生产线，以便增加产量，扩大销售额，日益增加对整个市场的控制范围。以丰田公司向美国市场渗透为例，即表现为产品推出的连续性和不断扩大生产线。

日本的许多企业，一向是以增加产品的花色品种进行市场开发。他们根据消费者的不同要求、爱好和收入水平，不断地变换产品的型号、花色和品种。例如，坝农公司以生产 AE-135 单镜反光照相机为基础机型，生产出种类繁多、特点功能不同的照相机，使其销售额猛增。坝农公司这种向市场纵深不断猛烈推进的策略，是日本许多企业的共同特点。每当一种新产品投入市场时，另一种新产品正在研制之中。此外，日本各企业的产品更新换代非常快，其速度几乎是德国（德国是产品更新换代较快的国家之一）的两倍。例如，在 20 世纪 70 年代期间，丰田汽车制造公司可以同时向美国汽车市场提供 82 种产品，而其他国家则只能提供 48 种或 31 种型号的汽车。

不断的改进产品质量，是日本企业获取成功的又一大特征。日本企业对不断改进产品的质量倾注了大量心血，他们经常与消费者保持联系，甚至不惜花费大量钱财和许多宝贵时间，通过各种渠道，不断地了解和虚心听取顾客对产品提出改进质量的意见；把质量当做企业的生命，已成为日本企业全体员工的群体意识。一项研究表明，日本产品质量已胜过美国产品。70 年代中期，美国执世界计算机工业之牛耳时，日本尚属无名之辈。但近几年，日本却成为美国在计算机工业发展上的主要威胁者。

（资料来源：http://down.manaren.com/yingxiaoguanli/yxzl/show-147391-1/）

案例思考：日本的企业在产品策略上有何特点？

12.1 产品和产品组合

12.1.1 产品概述

1. 产品的广义概念

W. Lazer 认为产品是指解决买主和卖主之间问题的一种手段。这一定义指出，对于买主来说，产品是满足自己尚未得到满足的需求的一种手段，对于卖主来说，又是能获取所追求利益的一种手段。

D. Cravens 认为产品是指满足目标市场需求的任何东西，它包括物品、服务、组织、场所、人、创意等。

菲利普·科特勒认为产品是指能够提供给市场以满足需求和欲望的任何东西。

显然，D. Cravens 和菲利普·科特勒都是以购买者的利益为起点来定义产品，解释产品概念的。由此可知，对产品的思考必须超越有形产品或服务本身，而应从消费者的角度来认识和理解产品概念，也就是说，消费者购买产品，想真正从中获得什么，如同塞多利·勒维早在 1960 年所指出，消费者购买的是"实惠"，而不是产品本身，某一行业是让顾客满意的过程，而不是产品生产过程。

人们通常理解的产品是指具有某种特定物质形状和用途的物品，是看得见、摸得着的东西。这是一种狭义的定义。而市场营销学认为，广义的产品是指人们通过购买而获得的能够满足某种需求和欲望的物品的总和，它既包括具有物质形态的产品实体，又包括非物质形态的利益,这就是"产品的整体概念"。

从一般的意义上解释,产品只是具有一定使用价值和消费意义的加工品。但是并非所有具有使用价值和消费意义的加工品都能具有理想的交换价值,或者说,都能卖得出去。其前提是必须能满足一定的消费需求,而且还必须能较好地予以满足。因此,从市场营销学的角度来认识,产品就应当是能够满足一定消费需求并能通过交换实现其价值的物品和服务。在这里,把服务也作为一种产品,因为它具有产品的基本属性,通过劳动而产生,能满足一定的消费需求,能被用来交换并实现价值。只不过它并不像物质的产品那样具有固有的形态。所以人们也常把它称为"无形产品"。同物质产品,即"有形产品"一起构成产品的范畴。目前,一些营销学者已将产品的内涵扩展到更为广泛的领域,包括一切有价值的人物、场所、组织、技术乃至思想,只要人们对其有愿意支付代价的需求,就可纳入产品的范畴。

从满足需求的角度去认识产品,就会使产品的概念得到大大地扩展和延伸。因为在人们对于产品的需要、选择、购买和使用过程中,"需求"的内涵是会不断地扩大的。例如,人们需要手表是为了计时,从这一基本需要出发,只要能戴在手腕上,可以计时的产品就可称作为手表,然而即使是计时,也有对精确程度的不同要求,有能否反映时差的要求,以及能否自动报时的要求,等等;对同样能计时的手表,人们又会对其外观、色彩、体积、材质形成不同的偏好。如果在这些方面有不同类型的手表,人们就会根据自己的偏好进行选择;当人们在选购手表时,又会被其不同的包装所吸引,并根据自己的认识选择不同的品牌;同时人们还会关心手表若在使用期间内发生了问题,能否进行退换,能否得到及时的维修,等等。总之,人们对于同一产品的需要是会不断延伸和扩展的。那么,哪一种产品对于这些延伸和扩展了的需要满足程度最高,其被消费者接受的可能性就越大。因此,企业在进行产品的设计和开发时,就应当从消费者的需要发出,尽可能将消费者对该产品的各种需要都融入到产品的设计思想中去,以使所生产出来的产品最具有市场竞争力。

2. 产品整体概念

产品整体概念典型地反映了以消费需求为核心的市场营销观念,其说明了企业和产品的竞争力,主要取决于对于需求的满足程度,因此,企业要在市场竞争中保持自己的领先优势,就应当从以下五个层次上去认识消费者对于产品的不同需求,从而完善产品的整体概念。如图12-1所示。

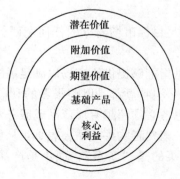

图 12-1 产品需求的五个层次

(资料来源:科特勒. 营销管理分析、计划和控制. 梅汝和,张桁,译,5 版. 上海:上海人民出版社,2000)

第一层次是核心利益（Core Benefit），是指消费者购买某种产品时所追求的利益，是顾客真正要买的东西，因而在产品整体概念中也是最基本、最主要的部分。消费者购买某种产品，并不是为了占有或获得产品本身，而是为了获得能满足某种需求的效用或利益。例如，女士购买迪奥唇膏并不是为了获得唇膏本身，而是要满足爱美的需求，也就是购买一种美的梦想，期望口红唇膏能使自己更漂亮，更有魅力。住旅馆，购买旅馆产品的旅客真正要购买的是"休息与睡眠"。旅游者到西湖旅游，购买西湖旅游产品，真正想获得核心利益是观赏自然风光，享受大自然之美。

第二层次是基础产品或形式产品（Formal Product），是指产品的基本形式，产品的核心利益就是通过其基本形式体现出来的。这些形式包括品牌、质量、包装、式样、特色等。市场营销管理者在制造产品之前，应首先规定好它将给消费者提供的核心利益，然后设计、制造出围绕产品核心利益的产品形式。例如，奔驰轿车就是由其著名的品牌名、精美造型、高质量、合理结构、乘坐舒适感及其他属性巧妙地构成，从而给予消费者一种作为核心利益的满足感受和高地位象征。基础产品是核心利益的载体，如酒店的客房应配备床、衣橱、桌子、椅子、毛巾、浴室、厕所等。

第三层次是期望产品（Expected Product），即消费者对于其需要满足程度的某些特定要求，是顾客在购买该产品时期望得到的与产品密切相关的一整套属性和条件。对旅馆的客人来说，期望得到的是干净的床、香皂和毛巾、卫生设施、电话、衣橱和安静的环境。因为大多数的旅馆都能满足这种最低限度的期望，因此，旅行者在选择档次大致相同的旅馆时，一般会选择一家最便利的旅馆。企业如果能在这些要求上满足得比较好，其产品就会有较强的竞争力。

第四层次是附加产品（Augmented Product），即顾客购买形式产品时所获得的全部附加服务和利益，包括提供送货、安装、维修、服务、保证、信用等，而且这些已成为全面满足消费者需求必不可少的重要因素。如在旅馆的房间里配置电视机、空调机、冰箱及其他附属设备，也或对于居住的旅客提供各种必要的服务和娱乐条件等，这些将会使旅馆对顾客产生更大的吸引力。这个层次是形成产品与竞争者产品差异化的关键，未来竞争的关键，不在于工厂能生产什么产品，而在于其产品所提供的附加价值。例如，针对住房客人的大堂免费自助咖啡、快速离店手续、赠送免费服务项目和温馨友好的服务等。

第五层次是潜在产品（Potential Product），主要是指对于消费者可能产出的对某些产品新的需求的满足，这会促使企业对现有产品不断地进行更新与改造，并努力开发出新的产品，如若能根据不同消费者的需要，开发出专供学者著书立说用的书斋式旅馆，供全家度假用的家庭式旅馆，或供人们扩大社会接触面而用的社交式旅馆等，就有可能诱发出人们潜在的需求和欲望，从而使企业的市场面得到进一步的扩大。

当然在对每一层次的需求给予进一步满足的同时，必须考虑投入的成本和消费者接受这一服务时所愿意支付的代价。只有在预期的总收益大于总投入的情况下，企业才应当开发。

3. 产品的层级

根据产品概念涵盖面的大小，可将产品分为七个层级，即从最基本的需要类型开始（涵盖面最大的层次）到具体的产品项目（涵盖面最小的层次），每个层级都包含着一组相互关联的产品，下面以轿车为例，来分析一下这七个层级的含义。

（1）需要类型。指产品所应满足的基本需要的种类。如：交通、出行。

(2) 产品门类。用以满足某一需求种类的广义产品。如对于出行代步的需求可用各种交通工具来加以满足,"交通工具"就是一个产品门类。

(3) 产品种类。产品门类中具有某些相同功能的一组产品,如在交通工具中"汽车"就是一个产品种类。

(4) 产品线。同一产品种类中,密切关联的一组产品,它们有基本相同的功能和作用,以具有同样需求的顾客群体为市场,并以基本相同的方式和渠道进行销售,如在汽车这一产品种类,"轿车"就可构成一种产品线。

(5) 产品类型。在同一产品线中,可以按某种性质加以区别的产品组,其可能由一个或几个产品项目所构成,如在轿车中,可有"微型轿车"、"普通轿车"和"豪华轿车"等不同的类型。

(6) 产品品牌。用以命名某一个或某一系列产品项目的产品名称,其主要用于区别产品的特点或渊源,如"丰田"、"福特"、"通用"、"桑塔纳"都是轿车的品牌。

(7) 产品项目。产品项目是指某一产品线或产品品牌中,一个具体明确的产品单位,其主要以品种规格来加以区分,如在"桑塔纳"轿车中有"普通型"桑塔纳和桑塔纳2000型等具体品种。

产品的层级一方面反映了产品概念的涵盖面,另一方面反映了其所针对的顾客需求的个性化程度。越是接近"需求类型"层次,顾客需求的共性就越突出,越是接近"产品项目"层次,顾客需求的个性化就越明显,所以产品层级原理,是一个对于市场逐步"狭化"的过程。企业可依此进行市场细分,选择目标市场,并建立产品的个性特色。

4. 产品的分类

产品按照购买者的购买意图可以分为两大类:一类是为满足自己及家属的需要而购买的产品,称之为消费品;另一类是以营业或生产为目的而购买的产品,称之为产业用品。

(1) 消费品(Consumer Goods)。消费品分类的方法很多,按最一般的方法即消费者购买行为的特征可将其分为四类:便利品、选购品、特殊品和非渴求品。

①便利品(Convenient Products)。便利品又称"日用品",这是指价格低廉,消费者要经常购买的产品。消费者在购买此类产品时的购买特征是:想花费的时间越少越好,消费者对这些产品几乎不作任何比较,希望就近、即刻买到。肥皂、洗衣粉、手纸、牙膏、毛巾、饮料等就是属于此类商品。对于生产经营此类商品的企业来说,尽量增加销售此类商品的网点,特别要把网点延伸到居民住宅区的附近就显得特别重要。

②选购品(Shopping Products)。选购品是指消费者愿意花费比较多的时间去购买的商品。在购买之前,消费者要进行反复比较,比较注重产品的品牌与产品的特色。选购品占到产品的大多数,价格一般也要高于便利品,消费者往往对选购品缺乏专门的知识,所以在购买时间上的花费也就比较长。服装、皮鞋、农具、家电产品等是典型的选购品。根据消费者的购买行为,经营选购品的企业要赋予自己的产品以特色,并且不断地向消费者传达有关商品的信息,帮助消费者了解有关产品的专门知识。对选购品来说,并不要求销售网点越多越好,也用不着一定要在居民住宅区附近开设网点。在一些有名的商业中心或者声誉卓著的商店内设立销售点销售选购品能获得比较理想的销售效果,因为消费者愿意花时间去寻找这些商品。

③特殊品(Specialty Products)。特殊品是指消费者能识别哪些牌子的商品物美价廉,哪些牌子的商品质次价高,而且许多消费者习惯上愿意多花时间和精力去购买的消费品,例

如，特殊品牌和造型的奢侈品、名牌男服、供收藏的特殊邮票和钱币等。消费者在购买前对要物色的特殊品的特点、品牌等有充分认识，这一点同便利品相似；但是，消费者只愿购买特定品牌的某种产品，而不愿购买其他品牌的某种特殊品，这又与便利品不同。

④非渴求品（Unsought Products）。通常是指消费者不了解或即使了解也不想购买的产品。传统的非渴求品有人寿保险、工艺类陶瓷及百科全书等，刚上市的、消费者从未了解的新产品也可归为非渴求品。当然，非渴求品并不是终身不变的，特别是新产品，随着消费者对产品信息的了解，它可以转换为其他类别的产品。非渴求品的特征表现为：一是非渴求品的设计是着眼于广大消费者的，而不像特殊品仅为某些特殊爱好者或特定需求所设计；二是消费者对非渴求产品不熟悉，又缺少去熟悉或认识的动力；三是即使消费者对非渴求品比较熟悉，但需求动机不强烈，一般缺少主动购买的习惯。

（2）产业用品（Industrial Goods）。产业用品，是指企业制造产品所需的原材料和零部件或用于业务活动的产品。产业用品按其使用目的分为原材料、主要设备、辅助设备、零部件、加工材料、业务用消耗品、业务服务。

①原材料和零部件。这是指最终要完全转化到生产者所生产的成品中去的产品。

◆ 原材料。这是农、林、渔、畜、矿产等部门提供的产品，构成了产品的物质实体。如：粮食、羊毛、牛奶、石油、铜、铁矿石等。这些产品的销售一般都有国家的专门销售渠道，按照标准价来成交，并且往往要订立长期的销售合同。

◆ 零部件和半成品。零部件是被用来进行整件组装的制成品。如汽车的电瓶、轮胎、服装上的纽扣、自行车的坐垫等。这些产品在不改变其原来形态的情况下可以直接成为最终产品的一部分。半成品是经过加工处理的原材料，被用来再次加工。如钢板、电线、水泥、白坯布、面粉，等等。零部件和半成品一般由产需双方订立合同，由供方直接交给需方。产品的价格、品质、数量等由供需双方共同确定。

②生产设备。这是指直接参与生产过程的生产资料，可以分成两大类。

◆ 装备。由建筑物、地权和固定设备所组成。建筑物主要指厂房、办公楼、仓库等。地权是矿山开采权、森林采伐权、土地耕种权，等等。固定设备指发动机、锅炉、机床、电子计算机、牵引车等主要的生产设备。

◆ 附属设备。这种设备比装备的金额要小，耐用期也相对要短，是非主要生产设备。如各种工具、夹具、模具、办公打字机，等等。购买者对此类产品的通用化、标准化的要求比较高，一般通过中间商来购买。

③供应品。供应品并不直接参与生产过程，而是为生产过程的顺利实现提供帮助，这相当于是生产者市场中的方便品，可以分成两类。

◆ 作业用品。此类产品消耗大，企业要经常购买，如打字纸、铅笔、墨水、机器润滑油，等等。

◆ 维修用品。主要有扫除用具、油漆、铁钉、螺栓、螺帽等。

供应品主要是标准品，并且消费量大，购买者分布比较分散，所以往往要通过中间商来销售，购买者对此类产品也无特别的品牌偏好，价格与服务是购买时考虑的主要因素。

④商业服务。这种服务有助于生产过程的顺利进行，使作业简易化。主要包括维修服务和咨询服务，前者如清扫、刷油漆、修理办公用具，等等，后者主要是业务咨询，法律咨询、委托广告，等等。

12.1.2 产品组合

1. 产品组合的含义

菲利普·科特勒对于产品组合的定义是一个特定销售者出售给购买者的一组产品,包括所有产品线和产品品目。计划在很大程度上是公司战略计划人员的职责。他们必须对公司市场营销人员提供的信息进行评估,以决定哪些产品线需要发展、维持、收获、撤销。

产品组合(Product Mix)是指企业的产品花色品种的配备,包括所有的产品线(Product Line)和产品项目(Product Items)。产品线是指企业经营的产品核心内容相同的一组密切相关的产品。密切相关是指产品都是针对具有同质需求的顾客,通过同一种渠道被销售出去。如一个家用电器公司,既生产电视机、录音机,又生产洗衣机、吸尘器,还生产电冰箱、空调机等。电视机、录音机、洗衣机、吸尘器、电冰箱及空调机组成了这家企业的六条产品线。这每一条产品线中的产品的核心内容是相同的。产品项目是产品线中的一个明确的产品单位,它可以依尺寸、价格、外形等属性来区分,也可以依品牌来区分,因此,有的时候,一个产品项目就是一个品牌。产品组合的四个维度(Dimensons)如下。

(1)产品组合的广度(Width)。产品组合的广度(又可称为产品组合的宽度)是指产品线的总量。产品线越多意味着企业的产品组合的广度就越宽。上述某家用电器公司的产品组合广度就是六条产品线。如果另一家企业的产品线是八条,那么,具有八条产品线的企业的产品组合广度就要宽于拥有六条产品线的某家电公司。产品组合的广度表明了一个企业经营的产品种类的多少及经营范围的大小。

(2)产品组合的深度(Depth)。产品组合的深度是指在某一产品线中产品项目的多少,其表示在某类产品中产品开发的深度。如某家电公司所生产的电视机有6个品种,其电视机生产线的深度就是6。若录音机有8个品种,则录音机产品线的深度比电视机产品线要深。产品组合的深度往往反映了一个企业产品开发能力的强弱。

(3)产品组合的长度(Length)。产品组合的长度是指企业产品项目的总和,即所有产品线中的产品项目相加之和。再以上述某家电器公司为例,此公司的电视机产品线有6个产品项目;录音机产品线有8个产品项目;洗衣机有3个产品项目;吸尘器有4个产品项目;电冰箱有6个产品项目;空调机有4个产品项目。这家公司的产品组合长度就是:6+8+3+4+6+4=31(个)。

一般情况下,产品组合的长度越长,说明企业的产品品种、规格越多,由于有时候一个产品项目就是一个品牌,因此,产品组合的长度越长,企业所拥有的产品品牌也可能越多。

(4)产品组合的相关度(Consistency)。所谓产品组合的相关度是指各个产品线在最终用途方面、生产技术方面、销售方式方面及其他方面的相互关联程度。最终用途相关度大即为消费关联性(或称市场关联性)组合。如企业同时经营计算机、打印纸、计算机台就属于消费关联性组合;生产技术的相关度是指所经营的各种产品在生产设备、原材料或工艺流程等方面具有较强的关联性,可称生产关联性组合。如企业同时生产电视机、电冰箱、洗衣机等就属于生产关联性组合;销售方式的相关度一般是指各种产品在销售渠道、仓储运输、广告促销等方面相互关联,或称销售关联性组合。产品组合的相关度与企业开展多角化经营有密切关系。相关度大的产品组合有利于企业的经营管理,容易取得好的经济效益;而产品组合的关联度较小,说明企业主要是投资型企业,风险比较分散,但管理上的难度较大。

产品组合的四个维度以表 12-1 某酒店的产品为例说明。产品线是相关联的一组服务产品。这些服务出自于同一生产过程,或针对统一的目标市场,或是在同一销售渠道里销售,或者属于同一服务档次。比如,酒店提供不同的房间在同一销售渠道销售;飞机提供头等舱与经济舱两种服务,服务过程完全同一。宽度(广度)是指公司具有产品线的数目,表 12-1 中,宽度是三条产品线。长度是产品品目总数,在本例中是 16 个。深度指产品线中每一产品有多少品种,如双人间又分普通双人间和豪华双人间,那么双人间的深度就是 2。产品组合的相容度(也称一致性)是指各条产品线在最终用途、生产条件、分销渠道和其他方面的相互关联的程度。由于客房服务、餐饮服务与会议服务总是很容易为客户所共同利用,可以说酒店的产品线具有很高的相容度。

表 12-1 某酒店产品组合和产品线长度

	服务产品组合的宽度		
产品线长度	客房服务产品	餐饮服务产品	会务服务产品
	单人间	中餐服务	贸易展销会
	标准间	西餐服务	化装舞会
	双人间	风味食品服务	宴会
	双套间	酒吧服务	冷餐会
	多套间	咖啡厅	鸡尾酒会
	总统套房		

2. 产品线决策

如果能够确定产品线的最佳长度,就能为企业带来最大的利润。

(1)产品线分析。这一分析重要的是就产品线上每一个项目对总销售量与利润的贡献程度进行确定。一般可以通过计算每一个项目占产品线的销售额与利润额的百分比来分析。

比如,有一企业某条产品线上项目 A 占产品线的总销售量的 50%,占总利润的 40%;项目 B 占总销售量的 30%,占总利润的 30%;项目 C 占总销售量与总利润的比重总分别是 10% 与 10%;项目 D 占总销售量与总利润的比重分别为 5% 和 15%;项目 E 占总销售量与总利润的比重分别为 5% 和 5%。对于企业来说,要重点经营利润比重大的产品项目,对于利润比重很小的产品项目可以不作为经营的重点。在上面这个例子中,项目 A、项目 B 与项目 D 的利润要占到产品线的利润总额的 85%,所以在其他环境因素允许的情况下,就可以将这三个项目列为企业经营的重点。产品线的利润太集中在少数几个项目上,意味着这条产品线的弹性较差,遇到强有力的竞争对手的挑战,往往会受到很大的影响,因此,企业要尽可能地把利润均匀地分散到多个项目中去。

产品线经理需要知道产品线上的每一个产品项目的销售额和利润,以及他们的产品线和竞争对手的对比情况。首先,产品线经理需要了解产品线上的每一个产品项目对总销售量和利润所作贡献的百分比。如果某个项目突然受到竞争者的打击,产品线的销售量就会急剧下降。把销售量高度集中于少数几个项目上,则意味着产品线脆弱。防止产品线脆弱的最佳方式是进行特色营销,运用扩展服务进行差别化,否则公司必须小心监视并保护好这些项目。产品线经理还应考虑将某一销售不畅的产品项目从产品线上撤除。其次,产品线经理还必须针对竞争者产品线的情况来分析自己的产品线定位问题,例如,本地还没有哪家酒店提供针对商务女客的女性楼层,如果某酒店认定这方面有大量的尚未满足的需求,并且它有能力设置该产品及制定适当价格,它就应当在产品线上增加这一产品项目。

(2) 产品线的调整策略。

①增加产品线的长度。产品线长度的安排受公司战略目标的影响。那些希望有较高的市场份额与市场增长的服务企业将有较长的产品线。如果一些项目无法提供利润,它们就会被忽视。追求高额利润的公司宁可具有"经慎重挑选的"项目组成的产品线。与生产企业相似,产品线也具有不断延长的趋势。其模式是:产品线随意增长——大量削减,该模式会重复多次。

企业可以采用两种方法来增加其产品线的长度:产品线扩展及产品线填充。

每个企业的产品线只是该行业整个范围的一部分,如果其超出现有的范围来增加它的产品线长度,这就叫产品线扩展(Line Stretching)。公司可以向下扩展,向上扩展,或双向扩展。

◆ 向下扩展(Downward Stretching)。许多公司最初位于高档市场,随后将产品线向下扩展。例如,新加坡的五星级古伍德酒店,在纽约有一些姊妹店,如布乐雅和拉德西尔,都定位于低档市场。公司经常会在产品线的低端增加新品种,以宣传其品牌从较低价格开始。因此在宣传期,旅游公司会推出某些特价线路。公司还可能出于如下原因而延伸其产品线:公司在高档产品市场上受到攻击,决定以拓展低档产品市场作为反击;公司发现高档产品市场增长缓慢;公司最初步入高档市场是为了树立质量形象,然后再向下延伸;公司增加低档的产品项目,是为了填补市场空隙,否则,其竞争对手会乘虚而入。采取向下扩展的策略时,公司会有一些风险。新的低档服务产品项目也许会蚕食掉较高档的服务产品项目,因为低档位细分市场可能会吸引高档位市场的客户。公司向低档市场延伸可能会激发竞争者将产品项目相应地转移到高档市场。

◆ 向上扩展(Upward Stretching)。在市场上定位于低档产品的公司可能会打算进入高档服务产品市场。它们也许被高档产品较高的增长率和较高的利润率所吸引;或是为了能有机会把自己定位成完整产品线的提供者,向上扩展的决策同样可能存在风险。管理者和服务人员可能会因为缺乏才能和培训,不能很好地为较高档的产品市场服务;在低档位上赢得的形象可能无法吸引高档位的客户。

◆ 双向扩展(Two-way Stretching)。定位于市场中端的公司可能会决定朝上下两个方向延伸其产品线。马里奥特公司对其旅馆供应线实行双向扩展。在其中档价位旅馆的旁边,为高档市场增加了马里奥特侯爵线,为较低档市场增加了庭院线,而集市式小旅店则安排度假者和其他低档需求的旅客。该战略的主要风险是旅客在其他的马里奥特连锁旅馆发现了低价并能提供他们相应的同等满意产品时,就会转向低价产品。但对于马里奥特公司来说,顾客选择了低档品种总比转向竞争者好。

产品线也可以拉长,办法是在现有产品线的范围内增加一些产品项目,称为产品线填充决策(Line Filling)。采取产品线填充决策有这样几个动机:获取增量利润;满足那些经常抱怨由于产品线不足而使销售额下降的代理商;充分利用剩余的生产能力;争取成为领先的产品线全满的公司;设法填补市场空隙,防止竞争者的侵入。

②缩短产品线长度(Line Pruning)。有时候缩短产品线的长度反而会使产品线的总利润上升,这是因为削减占利润比重很小的项目,可以节约成本,集中优势发展占利润比重大的项目。

削减利润很低或者亏损的项目是为了集中精力经营好利润比重高的品种,削减竞争处于劣势的产品项目是因为发现竞争对手在相同的项目中占有很大的优势,企业的项目不断地走下坡路而企业通过努力又无法与之抗衡。这样可以避免无益的投入。

③产品线宽度。对此起决定方面的是企业的战略目标。跨国咨询公司希望客户感受自己宽广的产品线;固定成本高的企业需要扩大市场份额,因此加宽其产品线;采取差异化策略针对多个细分市场的企业也采取同样的方式;反之,采用集中策略意图扩大自己目标市场的公司,就会保持或缩小自己的产品线宽度。但是,企业的趋势是加宽产品线。采用这种决策与否的衡量指标在于增量收益(指增量收入减去增量成本的值)的正负,即若扩大产品线后,增加的收入大等于增加的成本,那么产品线就可考虑加宽。

12.2 品牌和商标策略

12.2.1 品牌的含义及商标

1. 品牌的含义

品牌(Brand)是用以识别销售者的产品或服务,并使之与竞争对手的产品或服务区别开来的商业名称及其标志,通常由文字、标记、符号、图案和颜色等要素或这些要素的组合构成。

(1) D. 奥格威定义。品牌是一种错综复杂的象征。它是品牌属性、名称、包装、价格、历史、声誉、广告网络的无形总和。品牌同时也因消费者对其使用的印象,以及自身的经验而有所界定。

(2) O&M 广告公司的定义。品牌是一个商品透过消费者生活中的认知、体验、信任及感情,挣到一席之地后所建立的关系。强调品牌与消费者的一种关系。

(3) 美国市场营销协会的定义。品牌是一种名称,一个符号或一种设计,或是上述三者的综合,用以区分某个卖方或卖方集团与其他竞争者提供的商品或劳务。

2. 品牌的构成要素

(1) 有形要素。品牌名称(Brand Name),品牌标识(Brand Mark),商标(Trademark),品牌代言人(Brand Endorser)。

(2) 无形要素。属性(Attributes),利益(Benefits),文化(Culture),价值观(Values),个性(personality)。

梅赛德斯-奔驰的品牌构成如图 12-2 所示。

3. 商标(Trademark)

(1) 品牌与商标的区别。商标要用"R"或者"注"表示,品牌是一个商业用语,用于宣传,而商标是一个法律用语,主要为了保护自己的知识产权;商标是品牌的一部分,是经过注册的那部分;品牌与商标是整体与部分的关系。

商标是品牌的法律用语,是在政府主管机关注册(Register)后享有受法律保护的专用权的一个品牌或一个品牌的一部分;商标是产品文字名称、图案记号,或两者相结合的一种设计,经向有关部门注册登记后,经批准享有其专用权的标志。

在我国,国务院工商行政管理部门商标局主管全国商标注册和管理工作,商标一经商标

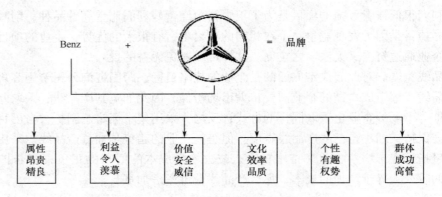

图 12-2 梅赛德斯-奔驰的品牌构成

局核准即为注册商标,商标注册人享有商标专用权,受法律保护。假冒商标、仿冒商标、抢先注册都构成商标的侵权。

商标注册后具有显著的排他性(独占性、垄断性),未经注册人许可,其他任何人不得仿效和使用,这种专用权在一定时期内和一定地域范围内,受到法律的严格保护;商标必须经专门的图案化设计,注册后不得擅自更改;商标属于工业产权、知识产权,有价值,可以作价,可依法继承(对个人)、抵押、转让,也可作为对其他企业的投资。

我国商标有"注册商标"与"非注册商标"之分:我国商标法规定,除了人用药品,兽药,烟草制品必须使用注册商标外,其他商品既可以使用注册商标也可以使用非注册商标。注册商标具有独占性、时效性、地域性、不可分割性。

(2) 驰名商标。驰名商标是指在市场上享有较高声誉并为相关公众所熟知的注册商标。驰名商标的法律地位如下。

①未注册的驰名商标受到法律保护。《保护工业产权巴黎公约》规定,只要经过使用而成为驰名商标的就受到成员国商标法的保护。对在相同或类似的商品或服务上模仿或翻译未注册的驰名商标,不予注册或停止使用,已注册的依法撤销。如,"青岛啤酒"在美国被抢注,我方以驰名商标为由提出异议,该注册被撤销。

②已注册的驰名商标可以享受跨类保护。

③驰名商标与企业名称发生冲突时,驰名商标有优先权。如,有人以"红蜻蜓"是字号在香港注册公司,"红蜻蜓"告上香港最高法院而成功得到保护。

④驰名商标与域名发生冲突时,驰名商标有优先权。如,四川某卷烟厂的"天下秀"为驰名商标,他人以"天下秀"汉字和"tianxiaxiu"拼音注册的域名被法院撤销。

12.2.2 品牌策略

1. 品牌化策略(Branding Decision)

品牌化策略是指企业决定是否给产品起名字、设计标志的活动。历史上,许多产品不用品牌。生产者和中间商把产品直接从桶、箱子和容器内取出来销售,无需供应商的任何辨认凭证。中世纪的行会经过努力,要求手工业者把商标标在他们的产品上,以保护他们自己并使消费者不受劣质产品的损害。在美术领域内,艺术家在他们的作品上附上了标记,这就是最早的品牌标记的诞生。像大豆、水果、蔬菜、大米和肉制品等过去从不使用品牌的商品,现在也被放在有特色的包装袋内，冠以品牌出售，这样做的目的自然是获得品牌化的好处。

使用品牌对企业有如下好处：有利于订单处理和对产品的跟踪；保护产品的某些独特特征免受竞争者模仿；为吸引忠诚顾客提供了机会；有助于市场细分；有助于树立产品和企业形象。

尽管品牌化是商品市场发展的大趋向，但对于单个企业而言，是否要使用品牌还必须考虑产品的实际情况，因为在获得品牌带来的上述好处的同时，建立、维持、保护品牌也要付出巨大成本，如包装费、广告费、标签费和法律保护费等。所以在欧美的一些超市中又出现了一种无品牌化的现象，如细面条、卫生纸等一些包装简单、价格低廉的基本生活用品，这使得企业可以降低在包装和广告上的开支，以取得价格优势。

以下情况可以不使用品牌：①未加工的原料，如棉花、大豆、矿石等；②不因生产商的不同而有差异的产品，如钢材、大米等；③生产简单，选择性不大的小商品；④临时或一次性生产的商品。

2. 品牌名称与标识的选择策略（Brand Name and Brand Mark Selection）

（1）品牌名称选择的原则。

①易读易记原则。

例如，宝洁公司旗下的 Tide（汰渍），Crest（佳洁士），Puff（帕芙），英文名称读起来短促有力，音节较少且容易记住。一般来说，中文名称以 2～4 个字节为宜，外文名称以4～7 个字母为宜，如琴岛－利勃海尔改名为海尔 Haier，中英文名称的读音都是相同的，且有利于国际化。

②隐喻产品属性原则。例如，Craftsman 工具品牌，Beauty rest "甜梦" 床垫，Santana 原意是美国桑塔纳山谷的旋风，Legacy Switch（遗产转移）是美国专门从事处理人们虚拟遗产的网站。

③独特原则。例如，宏基的名牌名称，Acer 只有两个音节，4 个字母，比原来的 Multitech 易读易记；源于拉丁文，表示"鲜明，敏锐"；A 有搜索排名的优势。

④可延伸的原则。例如，亚马逊作为网上书商开展业务，但其名称为其将来扩展到其他业务做好了铺垫，现如今其业务范围已扩展到了玩具、服装、饰品、护肤品、数码产品等。

⑤易翻译、遵循文化差异的原则。品牌名称应该易于翻译成外语，有利于将来打入国际市场，但同时，品牌名称的翻译必须注意到国与国之间的文化差异。例如，Toyota 加拿大分部推出一款名为 Tsunami（海啸）的跑车，东南亚海啸发生后，改名为 Celica Sport Package。

扩展阅读——小知识

品牌名称的翻译与文化差异

我国的一些品牌名称在国外均有不良含义，比如"马戏"扑克（Maxi Puke）表示"最大的呕吐"；"山羊"（Goat）闹钟表示"不正经的男子"；"紫罗兰"（Pansy）化妆品表示"同性恋男子"。

埃及的埃姆（EMU）航空公司在澳大利亚开展业务以来，一架飞机都没有起飞，原因是当地人都知道，emu 是指一种高大而不飞的鸟。

加拿大一家公司将一种洗发剂引入瑞典市场，起先销路不好，当了解到瑞典人洗头通常在早晨而不是晚上，便把品牌 *Every Night* 改为 *Every Day*，使该产品销量大为增加。

⑥遵守法律的原则。品牌名称应该是可以注册的并受到法律的保护，不能侵权。如联想英文商标原为 Legend，使用多年后发现在国外被注册了，不得不改为 lenovo。又如我国的"中华""上海""青岛啤酒"等商标在许多国家不能获准注册。

（2）品牌标识的设计原则。

①图案与名称相结合的原则。品牌标识可以是品牌名称的某种字体；品牌名称概念的具体形象；品牌名称的个别字母；品牌名称的象形物。

②可以命名原则。国外认知心理学家曾做过一个有趣的实验，让一些人学习一些他们称作"droodles"的图片。其中有的附加关于图片意义的说明，有的不附加说明。在被试者已经学习了这些图片后，再对他们进行记忆测试，要求被试者重画这些图画。结果显示，凡是得到用以学习这些图片简短说明的被试者，都比未曾得到这种说明的被试者表现出对这些图片的较好记忆。前者正确重画出 70%，后者仅为 51%。

由此可见，具有某种意义或可以命名的图片比起无意义或不可命名的图片更有利于记忆。在现代品牌标志设计中，人们很喜欢采用一些简单的抽象图形。不管是设计者还是使用者，在决定使用某一抽象图形作为品牌标志时，首先就要考虑标志图案是否有意义，是否可以命名。当然，每一个设计好的品牌标志在设计者心中都是有意义的，甚至可能是含义深刻的。但是不能因此认为设计者能够理解，广大消费者也能理解。

一个易记的品牌标志，应该容易让消费者理解其含义，能用一句话或一个词来概括。例如，金山软件、奥迪汽车、花花公子、标致汽车、别克汽车和古井贡的标志。这些标志图案尽管不同的人可能存在不同的描述，但它们均可用一个词或一句话来表达。金山软件的标志像一顶"帽子"，奥迪汽车的标志是"四个圆圈"，花花公子是"一只系着领带的兔子"，标致汽车的标志是"一只站立起来的狼"，别克汽车的标志是"三颗子弹"，中国国航是"一只凤凰"。

③简单明了原则。大多数读者都会有这样的经验。在初学汉字时，笔画少的字练习一两遍就能记住，而笔画多的字则需要练习多次才能记住。字越简单越容易学习，越复杂学习起来越困难。品牌标志也是如此。

简单的图案让人一目了然，学习起来毫不费劲；而复杂的图案要记住则需要花较多的时间。举一个例子来说，同样是两条直线，画成两条平行线显得简单，画成两条交叉线则显得复杂。因为平行线只包含倾斜的角度和两线的距离这两个要素，而交叉线要包含两条线的倾斜角度、两线的夹角和交叉线段的比例三个要素。因此，如果让你看完两个图形之后重新把它画出来，那么，画平行线的正确率肯定比交叉线高。

衡量图案的简单性有两个标准，其一是点、线的数量；其二是点、线之间的组合形式。点线越少，图案越简单。同样，点线之间的关系或联系越符合几何构图原则，图案也越简单。柯达胶卷、联想电脑、欧米茄手表、李宁体育用品的品牌标志都是一些构图简单的标志。

④运用熟悉的景、物。品牌标志设计可以采用抽象图形，也可以采用一些具象性的、大家熟悉的景、物，以便加深消费者印象，传达某些特定的含义。法国时装、化妆品品牌梦特娇的标志虽然是一朵常见的花，但花能够让人想起美丽、漂亮；花王化妆品的标志"月亮"是世人都熟悉的。

⑤具有独特之处。品牌标志的独特之处是指不同于其他品牌标志的设计风格、特点等，

让消费者一看到该标志，就觉得与众不同。例如，埃克森石油公司标志的特点在于两个 X 字母，戴尔电脑标志的特点在于倾斜的"E"字母、IBM 电脑的独特之处是"虚线"，一汽汽车的特点是巧妙地将"1 汽"构成对称图形。

⑥帮助传达品牌的象征意义。一个品牌拥有者，在为产品或公司设计一个品牌标志时，一般希望通过该标志向消费者传达某种含义，以便让消费者尽早了解该品牌是从事何种行业的公司，是什么类别的产品，或具有什么样的属性、特点。因此，在标志设计时，就要运用适当的符号来传达设计者希望传达的信息。

皇冠是皇室用品，不是一般人戴的，具有高贵的象征意义。劳力士手表将"皇冠"符号作为自己的标志图案，因此长久以来，一直占据着高档手表的市场位置。必胜客是快餐店，其品牌标志犹如一座屋子。微软视窗产品的标志就像许多重叠的窗口，这一标志形象地说明了产品的微软视窗功能。耐克的标志是一个"勾"，它容易让人产生穿鞋运动时脚步落地的感觉，以及发出的"刷刷声"，这种感觉和声音给人进一步的联想是"高品质"。奔驰的标志是一个方向盘，让人一看就知道是汽车。法拉利的标志是腾空飞奔的马，马是速度的象征，用马可以暗示法拉利跑车的速度快。不过，法拉利标志并不是基于这种考虑设计出来的，而是偶然采用的。1923 年，25 岁的安素·法拉利在参加阿拉法赛车中，有幸遇到第一次世界大战中阵亡的意大利杰出飞行员的母亲———康蒂丝·白丽查女士，她告诉法拉利，她儿子战斗机两侧的飞行徽章是一匹"腾马"，如果法拉利把它画到赛车上的话，会带来好运。法拉利听了这位母亲的话，回去后照她的说法做了，于是法拉利的标志就产生了，而且果真给法拉利带来了好运。

3. 品牌定位决策（Brand Positioning）

品牌由于依附于某种特定的产品和企业而存在，所以通常它也就成为这种产品和企业的象征。当人们看到某一品牌时，就会联想到其所代表的产品或企业的特有品质，联想到在接受这一品牌的产品或企业时所能获得的利益和服务。这就构成了品牌的基本属性。然而由于品牌本身又是一种文字和图案，其本身所具有的文化内涵，也会使人们产生某种联想，所以品牌的内涵就变得十分复杂。通常来说，品牌定位可以从六个层次来入手。

（1）属性（Attribute）。在最低的一个层次，品牌可以使用产品的属性来定位。属性是指品牌所代表的产品或企业的品质内涵，它可能代表着某种质量、功能、工艺、服务、效率或位置。例如，"奔驰"牌意味着昂贵、工艺精湛、马力强大、高贵、转卖价值高、速度快，等等。公司可以采用一种或几种属性为汽车做广告。多年来"奔驰"的广告一直强调它是"世界上工艺最佳的汽车"。

（2）利益（Benefit）。顾客不是买属性，而是买利益。因此，属性需要转化成功能性或情感性的利益。耐久的属性可转化成功能性的利益："多年内我不需要买新车"。昂贵的属性可转化成情感性利益："这辆车让我感觉到自己很重要并受人尊重"。制作精良的属性可转化成功能性和情感性利益："一旦出事时我很安全"。Debeers 钻石代表着爱情，代表着坚贞，钻石坚硬且不变质的特点与大众对爱情的向往吻合。戴比尔斯忠贞爱情的象征定位围绕钻石恒久不变的情感价值对消费者爱情元素的挖掘，开发出了顾客的情感需求，制造出了一个全新概念的市场。其对情感利益的宣传正如其广告语表达的"钻石恒久远，一颗永留传"（The Diamond is Forever）。

（3）价值观（Values）。品牌体现生产者价值的价值观。例如，"奔驰"牌代表着高绩效、安全、声望及其他东西。品牌的市场营销人员必须分辨出对这些价值感兴趣的消费者群体。价值观可以表现为令人兴奋的生活的追求、对自尊的追求、理智的需要、对自我表现的要求,等等。每个人将不同的价值观作为其生活中心,一个人可能高度评价对娱乐和刺激的追求,另一个人也许更关心自我表现或安全。具有独特个性的品牌,可以与某一特定价值观建立强有力的联系,并强烈吸引那些认为该价值观很重要的消费者。例如,"金利来——男人的世界",是成功男人的象征,就容易被成功或渴望成功的人所认同。"爱立信"品牌一直沿用广告语"一切尽在掌握",经常唤起消费者接受生活挑战,把握机遇,开拓进取等联想。这些联想正好迎合了消费者渴望成功的心愿,足以引起购买动机。

(4)文化(Culture)。品牌是一种文化的载体,其所选用的符号本身是一种显在文化,它可使人们产生同其文化背景相应的各种联想,从而决定其取舍。品牌所代表的产品或企业本身所具有的文化特征,也会在品牌中体现出来,被人们理解和认同,这是品牌的隐含文化。正如美国一位报纸编辑所说:"可口可乐代表着美国精神,喝一瓶可口可乐就等于把美国精神灌入体内。"可口可乐瓶中装的是美国人的梦,也装着向往美国生活的人的梦。"麦当劳"蕴涵着工作标准化、高效率、快节奏的美国文化;"奔驰"品牌则代表着"组织严谨、品质高贵和极富效率"的德国文化。

扩展阅读——小知识

星巴克的品牌文化

"星巴克"这个名字来自美国作家麦尔维尔的小说《白鲸》中一位处事极其冷静,极具性格魅力的大副。他的嗜好就是喝咖啡。麦尔维尔在美国和世界文学史上有很高的地位,但麦尔维尔的读者群并不算多,主要是受过良好教育、有较高文化品位的人士,没有一定文化教养的人是不可能去读《白鲸》这部书的,更不要说去了解星巴克这个人物了。从星巴克这一品牌名称上,就可以清晰地明确其目标市场的定位:不是普通的大众,而是一群注重享受、休闲、崇尚知识尊重人本位的富有小资情调的城市白领。

星巴克的绿色徽标是一个貌似美人鱼的双尾海神形象,这个徽标是1971年由西雅图年轻设计师泰瑞·赫克勒从中世纪木刻的海神像中得到灵感而设计的。标识上的美人鱼像也传达了原始与现代的双重含义:她的脸很朴实,却用了现代抽象形式的包装,中间是黑白的,只在外面用一圈彩色包围。二十年前星巴克创建这个徽标时,只有一家咖啡店。

星巴克把典型美式文化逐步分解成可以体验的元素:视觉的温馨,听觉的随心所欲,嗅觉的咖啡香味等。星巴克成功地创立了一种以创造"星巴克体验"为特点的"咖啡宗教"。他们的产品不单是咖啡,咖啡只是一种载体。而正是通过咖啡这种载体,星巴克把一种独特的格调传送给顾客。咖啡的消费很大程度上是一种感性的文化层次上的消费,文化的沟通需要的就是咖啡店所营造的环境文化能够感染顾客,并形成良好的互动体验。

(资料来源:http://baike.baidu.com/view/8276.html? tp=0_00)

(5)个性(Personality)。品牌如同人一样,具有一定的个性,消费者倾向于选择和自己个性相契合的品牌。如果品牌是一个人、动物或物体的名字,会使人们想到什么呢?"奔驰"(Benz)可能会让人想到严谨的老板、凶猛的狮子或庄严的建筑。

(6)使用者(User)。品牌暗示着购买或使用产品的消费者类型,品牌还体现一定的角色感,因为它往往会是某些特定的顾客群体所喜欢和选择的,从而使某些品牌成为某些特定顾客群体的角色象征。

以上说明品牌是一个复杂的集合体。如果公司只把品牌当成一个名字，那就错过了品牌化的要点。了解了六个层次的品牌定位，市场营销人员必须决定品牌特性的深度层次，人们常犯的错误是只注重品牌属性，但是购买者更重视品牌利益而不是属性，而且竞争者很容易模仿这些属性。另外，现有属性会变得没有价值，品牌与特定属性联系得太紧密反而会伤害品牌。但是，只强调品牌的一项或几项利益也是有风险的。假如奔驰汽车只强调其性能优良，那么竞争者可能推出性能更优秀的汽车，或者说顾客可能认为性能优良的重要性比其他利益要差一些，此时奔驰需要调整到一种新的利益定位。

4. 品牌归属策略（Brand Sponsorship Strategies）

（1）制造商品牌（National Brand）。制造商品牌，是指制造商所有的品牌，如 Sony，Benz，IBM，一般由制造商自己决定产品、价格、渠道和促销等市场营销组合，并努力开发和推广其品牌。使用制造商品牌的产品，购买者在购买时可以通过品牌来确认其制造商。顾客对品牌的信用是制造商的重要财产，这要靠质量管理和保证制度等来加以维持。

（2）中间商品牌（Private Brand）。中间商品牌，是指中间商所有的品牌。其主要特征：一是赋予各种非关联性产品群同一品牌；二是知道总销售商，而无法确认制造商。中间商为什么要特意开发中间商品牌产品呢？其主要理由是，较向制造商采购产品，不如自己制造更能降低成本，从而可以以更便宜的价格销售给消费者。尤其是在泡沫经济崩溃后，价格竞争更加激烈，中间商生存的关键取决于是否能在这种价格竞争中获胜。正因为如此，消费者越来越对中间商品牌产品寄予了高度的关心。

一些拥有全国性销售网的超市和百货商场往往开发中间商品牌，并动员大规模的制造商为其制造中间商品牌产品。这种场合，制造商一般按 OEM（original equipment manufacturing，定牌生产或按对方品牌生产）提供产品。中间商若在中间商品牌产品上取得成功，便可以追求更高的利润率，或者为了得到对产品更强硬的支配地位而开始自己制造产品。例如，在英国，两家大型连锁超市开发了受人欢迎的商店品牌——桑宝利可乐（桑宝利）和经典可乐（特斯克）。在英国最大的食品店"桑宝利"的仓库里，50%是私人标签，它的毛利比美国零售商高 6 倍。这样一来，就会在制造商品牌和中间商品牌之间产生竞争，称其"品牌竞争"。在美国，中间商品牌产品在零售总额中所占比例达 30%，而在日本，其比例约为 15%。

（3）许可品牌（Licensing Brand）。许可品牌又称授权品牌，是指授权者将自己所拥有或代理的商标或品牌等以合同的形式授予被授权者使用，被授权者按合同规定从事经营活动（通常是生产、销售某种产品或者提供某种服务），并向授权者支付相应的费用——权利金，同时授权者给予人员培训、组织设计、经营管理等方面的指导与协助。

被授权商通过使用一个成功建立多年的品牌的名称、标识，使自己的商品能够立刻获得该品牌知名度带来的好处，迅速被消费者知晓，并且更易于被分销渠道接纳。品牌授权为被授权商提供了一个对品牌形象已经熟悉且喜爱的消费群，而且消费者因为品牌的缘故也愿意付出比以前更多的钱来购买被授权商的产品，提高了产品的利润率。对被授权商而言，这一切的完成并不需要去启动和建立自己的品牌的投资，而且，品牌的好处能够立刻实现，而建立一个新品牌可能要花费数年。对于品牌授权商来说，这些容易被消费者识别的品牌作为有效投资授权出去意味着品牌扩展，不用投入厂房、设备、办公、库存、人员等烦琐事宜就可以进入一个新的市场。通过授权给不同种类的制造商，品牌授权商可以推出种类丰富到无所不包的全系列产品，从服饰、文具、玩具、礼品、家用品、到电脑桌面、屏幕保护程序、手机图案下载等，极大地增加了消费者与品牌形象直接接触的机会，有效地扩大了品牌宣传延伸了品牌生命。例如，2004年，珠海姗拉娜化妆品有限公司与美国统一专栏联合供稿公司正式签订特许协议，取得SNOOPY（史努比）在中国区域内化妆品的唯一经营权。姗拉娜将推出SNOOPY品牌的婴幼儿、儿童、青少年系列300多种产品。姗拉娜借助SNOOPY的品牌知名度开拓市场，美国统一专栏联合供稿公司则利用姗拉娜的设计、生产和营销网络进入了中国的化妆品市场，优势互补，相得益彰。

（4）合作品牌（Co-Branding）。合作品牌指两个公司的品牌同时出现在一个产品上，这是一种伴随着市场激烈竞争而出现的新型品牌策略，它体现了公司间的相互合作。一种产品同时使用企业合作的品牌是现代市场竞争的结果，也是企业品牌相互扩张的结果。这种品牌策略现在很常见，比如一汽大众、上海通用、松下-小天鹅、索尼爱立信（Sony Ericsson）、富士施乐（Fuji Xerox）、长丰-三菱、TCL-美乐等。

使用品牌策略最大的优点在于合作双方互相利用对方品牌的优势，提高自己品牌的知名度，从而扩大销量额，同时节约了各自产品进入市场的时间和费用。但合作品牌策略的使用也存在很大的风险。在长期的使用中，双方公司可能受益不均，甚至产生危及一方的长期利益的现象，也可产生为他人作嫁衣的结果。人们购买时注重的是零部件的品牌而不再是制成品品牌。这时候，制成品公司要想扩大销路必须严重依赖于零部件公司的品牌，这样两个公司合作平等的基础就会消失了。康柏（Compag）公司由于担心人们忘记Compag品牌，近来已退出了"Intel Inside"的促销活动，在其销售的计算机上只使用本公司的品牌。另外，两家合作公司的品牌知名度不同，信誉有高有低，有可能因为低信誉度的公司出现的问题而影响到高信誉度的品牌在消费者心目中的形象，换句话说，合作品牌策略使合作公司相互影响从而降低了公司抗风险的能力。

5. 品牌开发策略（Brand Development Strategies）

四种品牌开发策略如图12-3所示。

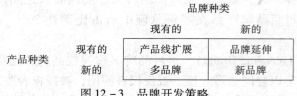

图12-3 品牌开发策略

（1）产品线扩展策略（Line Extension Strategy）。产品线扩展是指公司在现有产品类别中增加新的产品项目（如新风味、新颜色、新配方、新包装等），并以同样的品牌名称推出。产品线延伸的结果通常是产生了这个品牌不同的口味、不同的成分构成、不同的形式、不同的大小，或者不同的用途。如泡吧薯片有烧烤口味，芥末口味，海苔口味，泡菜口味等。

企业实施产品线扩展策略的原因如下：过剩的制造能力常常驱使企业引进附加的项目；企业欲满足消费者的各种愿望，认识到消费者的需要后，将努力从中获益；企业与竞争对手进行产品线扩展比赛；许多企业引进产品线扩展主要还是为了得到更多的货架面积。

产品线扩展也有风险,它可能使品牌名称丧失它特定的意义,即所谓的"产品线扩展陷阱"。过去,向一个顾客提问想要哪种可乐时,他的反应是 6 盎司瓶装的那种。今天,卖主必须问清楚顾客想要的是经典可乐、香草可乐还是樱桃可乐?普通可乐还是健怡可乐?含咖啡因还是不含的?瓶装还是罐装?另一个风险是,许多产品线扩展的费用由于销售数量不足,难于冲抵他们的开发和促销成本。进一步说,即使销售数量够了,但这可能是以牺牲企业该产品线的其他项目为代价的。一个产品线扩展工作最好是它能从竞争的品牌中抢走销量,而不是"同类相残"企业的其他项目。

(2) 品牌延伸策略(Brand Extension Strategy)。品牌延伸指利用现有品牌名称来推出产品的一个新品目。例如,海尔品牌在冰箱上获得成功之后,又利用这个品牌成功推出了海尔牌的洗衣机、电视机、热水器、计算机等新产品。本田利用其企业名称推出了摩托车、助动车、滑雪车、割草机、海上发动机和雪地摩托。在产品组合中,产品线扩展是纵向的,它增加了产品线的深度;相对地,品牌延伸是横向的,它增加了产品组合的宽度。如,推出"飘柔防掉发洗发露"是产品线延伸;而推出"飘柔女用皮包"是飘柔品牌延伸,是在飘柔品牌下增加了一条产品线。

品牌延伸策略有许多优点。一个受人注意的好品牌名称能给予新产品即刻的认知和较容易地被接受,它使企业进入新产品项目更加容易。索尼把它的名字用于它的大多数新的电子产品中,它使每个新产品立即建立高质量的认知。品牌延伸节约了大量广告费,而在正常情况下使消费者熟悉一个新品牌名称花费较大。同时,品牌延伸战略也有以下风险。

①使主品牌的定位模糊。由于主品牌定位(包括品牌是什么、属性、个性、价值主张等)在消费者心目中已经形成定式,那么在品牌延伸以后,消费者就会对主品牌产生新的认识,甚至是错误的认识,这就会模糊消费者对品牌的定位,形成品牌稀释(Brand Dilution)。如"娃哈哈"本来是儿童果奶的代名词,"娃哈哈=儿童食品"的印象在消费者的心目中已根深蒂固,随着"娃哈哈"红豆沙、"娃哈哈"八宝粥、"娃哈哈"纯净水的出现,消费者的心目中的品牌意象也就出现了模糊,从而冲淡了"娃哈哈"在儿童食品领域的领导地位。"雪佛兰"汽车是美国家庭轿车的代名词,但是在"雪佛兰"将生产线扩展到卡车、赛车领域后,消费者心目中的"雪佛兰就是美国家庭轿车"的定位模糊了。

②损害原品牌的形象。品牌形象是品牌延伸的根基,但在品牌的垂直延伸过程中如由高端市场向低端市场延伸,会大大影响品牌的高端形象。如一向以质优价贵著称、象征身份和地位的美国"派克"钢笔,却将"派克"品牌延伸为用于每支售价 3 美元的低档笔。结果,"派克"在消费者心目中的高贵形象一落千丈,致使派克公司非但没有打入低档笔市场,反而在高档笔市场大为失利。

③会让消费者产生排斥心理。品牌延伸要与原有产品属性相关或一致,能使消费者产生联想,并认可和接受,可以带动企业整个产品的销售。但在实际的品牌延伸过程中企业往往脱离了相关性和一致性的原则,盲目进行,导致消费者产生心理矛盾或心理冲突。如三九集团进行品牌延伸,把"999 胃泰"延伸到啤酒行业,"九九九冰啤酒,四季伴君好享受",总让消费者有一种不舒服的感觉,因此就产生排斥的心理。再如"活力 28"洗衣粉,延伸到纯净水,让消费者喝它的水的时总感觉有洗衣粉的味道。

④产生株连效应。尤其是在单一品牌策略下的延伸,某一产品一旦出现问题,就会殃及所有的品牌产品,因为众多产品共有一个品牌,那么其中某一个产品出现问题,就会损害原

品牌及其他产品的声誉,产生"株连"效应。例如三鹿奶粉三聚氰胺事件,影响三鹿的所有产品和子品牌,给企业带来灾难性的打击。

扩展阅读——小知识

悍马将品牌延伸到军用笔记本电脑

美国的一家叫 Itronix 的公司和通用汽车公司合作推出 HUMMER(悍马)品牌的军用级笔记本,同时也面向那些经常在户外工作的客户群,以及对笔记本电脑的耐用性和坚固性要求比较高的人群。Itronix 公司以制造军用笔记本的标准和制作工艺来制造这款笔记本,使得这款笔记本能和悍马车一样轻松应付各种恶劣的户外环境。该款笔记本外壳材料采用铝镁合金。具备能抵抗外界冲击的硬盘和屏幕保护系统,并且带有防水键盘,HUMMER 笔记本的人体工程学设计使它有吸引力和容易使用。此款笔记本主要面向警察、消防员、建筑工人等户外作业人群。在外形设计上,这款笔记本采用了和悍马汽车一样的 LOGO——HUMMER Laptop,而顶壳上,这款笔记本也是模仿悍马汽车来设计的,并且在顶壳上加以巩固,可以有效保护笔记本的屏幕,也营造了一份野性美。

(资料来源:http://tech.sina.com.cn/n/2006-04-26/0841918683.shtml)

(3)多品牌策略(Multi-brand Strategy)。多品牌策略是指企业根据各目标市场的不同利益分别使用不同品牌的策略。多个品牌能较好地定位不同利益的细分市场,强调各品牌的特点,吸引不同的消费者群体,从而占有较多的细分市场。多品牌策略在具体实施过程中又可划分出个别品牌策略、分类品牌策略、企业名称加个别品牌策略三种。

(4)新品牌策略(New Brands Strategy)。当企业推出一个新产品时,它可能发现原有的品牌名不适合于它。例如,如果劳力士决定制造牙刷,估计这种牙刷不会使用劳力士品牌,这会伤害它现在的品牌形象,并且对新产品也无帮助,企业最好创立新品牌名。例如,原来生产保健品的养生堂开发饮用水时,使用了更好的品牌名称"农夫山泉"。或者企业可能认为现有品牌名称的力量是微弱的,而一个新品牌名称是必需的。

在决定是要引进新品牌名称还是袭用现有名称时,制造商应考虑下列问题。例如,3M 公司提出下列问题:它风险足够大吗?它能维持多久?万一产品失败,避免 3M 名字损失的最好方法是什么?该产品会增强 3M 名字的力量吗?建立一个新品牌名称后创造的销售和利润能弥补其成本吗?建立一个新品牌在公众心目中的形象所花费的成本是很高的,在美国市场上,建立一种大众消费品的新品牌名称的成本大约从 5000 万至 1 亿美元不等。

6. 品牌再定位策略(Brand Repositioning)

某种品牌最初在市场上的定位是适宜的、成功的,但是到后来由于环境的变化,企业可能不得不对之重新定位。竞争者可能继企业品牌之后推出其品牌,并使企业的市场份额大大减小;顾客偏好也会转移,使对企业产品的需求减少;或者公司决定进入新的细分市场。为了维持企业的市场份额,保持企业竞争力,可以实施再定位策略。

扩展阅读——小案例

万宝路的重新定位

美国的 20 世纪 20 年代,被称做是"迷惘的时代"。经过第一次世界大战的冲击,许多青年都自认为受到了战争的创伤,并且坚持只有拼命享乐才有可能将这种创伤冲淡。他们或在爵士乐的包围中尖声大叫,或沉浸在香烟的烟雾缭绕当中。

"万宝路"这个名字也是针对当时的社会风气而定的。"MARLBORO"其实是 Man Always Remember Lovely Because Of Romantic Only 的缩写,意为"男人们总是忘不了女人的爱。"其广告口号是"像五月的天气一样温和",用意在于争当女性烟民的"红颜知己"。为了表示对女烟民的关怀,莫里斯公司把"MARLBORO"香烟的烟嘴染成红色,以期打开销路。

然而女性对烟的嗜好远不及对服装的热情,而且一旦她们变成贤妻良母,她们并不鼓励自己的女儿抽烟!香烟是一种特殊商品,它必须形成坚固的消费群,重复消费的次数越多,消费群给制造商带来的销售收入就越大。而女性往往由于其爱美之心,担心过度抽烟会使牙变黄,面色受到影响,在抽烟时较男性烟民要节制得多,故很少有"瘾君子"出现。这样,其重复消费的次数很少,而且难以形成坚固的消费群,所以香烟生产者在女性烟民那里赚钱的设想总是不容乐观。

抱着心存不甘的心情,菲利普·莫里斯公司开始考虑重塑形象,广告的重大变化是:"万宝路的广告不再以妇女为主要对象,而是用硬铮铮的男子汉"。这个理想中的男子汉最后集中到美国牛仔这个形象上:一个目光深沉,皮肤粗糙,浑身散发着粗犷、豪气的英雄男子汉,在广告中袖管高高卷起,露出多毛的手臂,手指总是夹着一支冉冉冒烟的万宝路香烟。

这种洗尽女人脂粉味的广告,于1954年问世,它给万宝路带来巨大财富。仅1954年至1955年间,万宝路销售量提高了三倍,一跃成为全美第十大香烟品牌,1968年,其市场占有率上升到全美同行的第二位。现在万宝路每年在世界上销售香烟3000亿支,用5000架波音707飞机才能装完,世界上每抽掉四支烟,其中就有一支是万宝路。

(资料来源:http://zhidao.baidu.com/question/97940171.html)

7. 品牌保护策略(Brand Protection)

品牌和商标保护策略是至关重要的,如果驰名商标不进行品牌保护,那么同样会面临从公众心中消失的危险。"可口可乐"能够经历上百年仍然长盛不衰,正是因为它的配方、商标、外观设计、包装技术、广告宣传的版权无一不依赖法律保护。法律保护是品牌保护策略中的一个主要手段,不论是国内还是国外法律对此都有许多明确规定。这方面具体的保护措施如下。①及时注册,企业应在产品投放市场前就申请商标注册,否则难免为他人作嫁衣。②防御性注册,即注册与使用相似的一系列商标,保护正在使用的商标,以备后用。例如"娃哈哈"注册了"娃娃哈","哇哈哇","哈娃娃","哈哈娃","娃娃","哈哈","笑哈哈";"两面针"注册了"双面针","单面针","面面针","针两面";"大白兔"注册了"白兔","小白兔","大白兔","大黑兔","大灰兔","大花兔","金兔","银兔";"王朝"为其葡萄酒注册了"皇朝","玉朝"。③及时续展。④防伪,企业应利用高科技水平,采用不易仿制的防伪标志,并主动向社会和消费者介绍辨认真假商标标识的知识。

12.3 包装决策

12.3.1 包装的含义、种类和作用

1. 包装的含义

包装（Packaging）是指设计并生产容器或包装物的一系列活动。它包括两层含义：一是指盛放或包裹产品的容器或包扎物；二是指设计、生产容器或包扎物并将产品包裹起来的一系列活动。

包装标签是指附着或系挂在产品销售包装上的文字、图形、雕刻及印制的说明。标签可以是附着在产品上的简易签条，也可以是精心设计的作为包装的一部分的图案。标签可能仅标有品名，也可能载有许多信息，能用来识别、检验内装产品，同时也可以起到促销作用。通常，产品标签主要包括：制造者或销售者的名称和地址、产品名称、商标、成分、品质特点、包装内产品数量、使用方法及用量、编号、储藏应注意的事项、质检号、生产日期和有效期等内容。值得提及的是，印有彩色图案或实物照片的标签有明显的促销功效。

包装标志是在运输包装的外部印制的图形、文字和数字及它们的组合。包装标志主要有运输标志、指示性标志、警告性标志三种。运输标志又称为唛头（Mark），是指在产品外包装上印制的反映收货人和发货人、目的地或中转地、件号、批号、产地等内容的几何图形、特定字母、数字和简短的文字等。指示性标志是根据产品的特性，对一些容易破碎、残损、变质的产品，用醒目的图形和简单的文字作出的标志。指示性标志指示有关人员在装卸、搬运、储存、作业中引起注意，常见的有"此端向上"、"易碎"、"小心轻放"、"由此吊起"等。警告性标志是指在易燃品、易爆品、腐蚀性物品和放射性物品等危险品的运输包装上印制特殊的文字，以示警告。

2. 包装的种类

（1）按包装在流通过程中的作用不同划分。按这种方式包装可分为运输包装和销售包装。

运输包装又称外包装或大包装，是指为了适应储存、搬运过程的需要所进行的包装。主要有纸箱、袋装、防潮、防震装置等包装方式。

销售包装又称内包装或小包装，指为了顾客便于携带、使用、陈列的产品包装。这类包装一般美观大方，它不仅能保护产品，而且能更好地美化和宣传产品，吸引顾客，方便顾客。

（2）按包装所处的层次的不同划分。按这种方式包装可分为以下三种。

①内包装，即产品的直接包装，如牙膏皮、香烟盒等。

②中包装，即保护着首要包装的包装物，如牙膏盒、香烟的条包装。

③装运包装，也称外包装，即为便于储运、装卸和防止破损而进行的包装。

（3）按包装技术划分。按这种方式，包装可分为防水包装、防潮包装、防锈包装、缓冲包装、真空包装。

3. 包装的作用

（1）保护商品，便于储运。产品包装最基本的功能便是保护商品、便于储存和运输。

有效的产品包装可以起到防潮、防挥发、防污染、保鲜、防变形等一系列保护产品的作用。

（2）包装能美化商品，吸引顾客。随着社会的进步，消费者收入的增加，消费者不仅注意产品内在质量，而且注意产品外包装，并愿意为良好包装带来的方便、外观、可靠性和声望付更多的钱。同时良好的包装还能传达有关产品质量、性能等方面的信息，吸引和刺激消费者的购买兴趣。

（3）包装还能提供创新的机会。包装化的创新能够给消费者带来巨大的好处，也给生产者带来了利润。1899年，尤尼达饼干公司创新出一种具有保鲜装置的包装（纸板，内部纸包扎，外部纸包扎），使饼干的货架寿命长于饼干盒、饼干箱和饼干桶。克拉夫特食品公司开发了听装混合乳酪，从而延长了乳酪的货架寿命，并使公司赢得了"可靠"的声誉。目前，该公司正在试验杀菌小袋，它是用金属混合塑料制成的容器，是罐头的换代物。一些公司首先把软饮料放在拉盖式的罐头内，或把液态喷雾剂放入按钮式罐头内以此吸引许多新顾客。现在，制酒商正在试验拉盖式罐头和纸盒袋装等包装形式。

12.3.2 包装的设计原则

由于产品包装的用途不同，对各类包装的要求也不同。为合理、充分地发挥产品包装的作用，在设计过程中必须遵循以下原则。

1. 适用原则

包装的主要目的是保护商品，安全是产品包装设计必须考虑的首要原则。因此，包装材料的选择及包装物的制作必须符合产品的物理、化学、生物性能以确保产品不损坏、不变质、不变形、不渗漏等。

2. 美观原则

销售包装具有美化商品的作用，因此在设计上要求外形新颖、大方、美观，具有较强的艺术性，具有较强的个性。

3. 经济原则

在符合营销策略的前提下，应尽量降低包装成本。要克服那种华而不实的经营作风，注意节约，努力降低产品销售价格。

12.3.3 包装策略

1. 类似包装策略

产品信誉较高的生产经营企业，对其生产的产品采用相同的图案、近似的色彩、相同的包装材料和相同的造型进行包装，便于顾客识别出本企业产品。类似包装不但具有促销的作用，企业还可因此而节省包装的设计、制作费用。但类似包装策略只能适宜于质量相同的产品，对于品种差异大、质量水平悬殊的产品则不宜采用该策略。

2. 配套包装策略

按不同的消费者习惯，将企业生产经营的有关联的产品放在同一包装中，既便于消费者购买、使用和携带，又可扩大产品的销售。在配套产品中如加进某种新产品，可使消费者不知不觉地习惯使用新产品，有利于新产品上市和普及。如霸王集团生产的霸王牌防脱发洗发水，通常会把配套使用的防脱发护发素和洗发水放置在同一个包装盒中以促进销售。

3. 复用包装策略

复用是指包装再利用的价值，它根据目的和用途基本上可以分为两大类：一类是从回收再利用的角度来讲，如产品运储周转箱、啤酒瓶、饮料瓶等，复用可以大幅降低包装成本，便于商品周转，有利于减少环境污染。另一类是从消费者角度来讲，商品使用后，其包装还可以作为其他用途，以达到变废为宝的目的，而且包装上的企业标识还可以起到继续宣传的效果。这就要求在包装设计时，考虑到再利用的特点，以保证再利用的可能性和方便性。如瓷制的花瓶作为酒瓶来用，酒饮完后还可以做花瓶。再如用手枪、熊猫、小猴等造型的塑料容器来包装糖果，糖果吃完后，其包装还可以做玩具。

4. 附赠品包装策略

在商品包装物内附赠奖券或实物，以诱发消费者购买，或包装本身可以换取礼品，引起顾客的惠顾效应，导致顾客重复购买。例如，夏季促销防晒霜时，商家通常会赠送一盒晒后修复乳液，放在一个套装盒中。康师傅绿茶开展的"再来一瓶"促销活动，打开瓶盖如果有"再来一瓶"的字样，消费者就可以到零售商处兑换一瓶康师傅绿茶。

5. 分类包装策略

主要指根据产品的性质及消费者的使用习惯，设计不同形式、不同重量、不同体积的包装。如将大米包装设计成5kg装、10kg装、20kg装等不同重量的包装，适应了不同消费者的购买习惯。

6. 改变包装策略

即改变和放弃原有的产品包装，改用新的包装。当由于某种原因使产品销量下降，市场声誉跌落时，企业可以在改进产品质量的同时，改变包装的形式，从而以新的产品形象出现在市场，改变产品在消费者心目中的不良地位。这种做法，有利于迅速恢复企业声誉，重新扩大市场份额。由于包装技术、包装材料的不断更新，消费者的偏好不断变化，采用新的包装以弥补原包装的不足。同时企业在改变包装的过程中，必须配合好宣传工作，以消除消费者以为产品质量下降或产生其他的误解。例如，宝洁公司通常过一段时间就会为其日用品进行包装的升级，改变包装的外观以吸引消费者的注意。

12.4 服务产品策略

12.4.1 服务的定义与分类

1. 服务的定义

有关服务概念的界定一直都是学者们努力研究的问题，虽然目前仍没有一个理论界普遍认可的定义，但已有的各种定义从不同角度揭示了服务具有的独特性质。下面对一些学者们对服务的界定进行具体阐述。

1960年AMA（美国市场营销学会）将服务定义为："用于出售或者是同产品连在一起进行出售的活动、利益或满足感"。该定义告诉人们，服务是可以从销售中直接购买的或是伴随某一产品的销售而出现。

北欧著名服务营销专家格隆鲁斯（Gronroos，1990）将服务定义为："服务是指或多或少具有无形特征的一种或一系列活动，通常（但并非一定）发生在顾客同服务的提供者及其有形的资源、商品或系统相互作用的过程中，以便解决消费者的有关问题。"该定义不仅指出服务具有的无形特征，还强调服务是一种活动，是一个交互作用的过程。

Zeithaml 和 Bitner（1996）认为服务是行为、过程和绩效。该定义进一步阐明了服务无形性的具体含义。

菲利普·科特勒（Phillip Kotler）从另一个角度对服务进行了定义。他区分了从纯商品变化到纯服务的四种类型，使难于定义的服务变得清楚。

（1）纯有形商品，如香皂、牙膏等产品没有附带服务。
（2）附带服务的有形商品，利用服务来吸引顾客，如彩电、计算机等。
（3）附带少部分商品的主要服务，例如空中旅行的头等舱服务和维修服务。
（4）纯服务，如心理咨询、家政服务等服务者直接为顾客提供相关的服务。

服务是无形的，但研究服务时往往对服务所依托的综合要素进行研究，并以"服务产品"的特定概念予以表达。服务产品是服务劳动者的劳动以活劳动的形式所提供的服务形成的，它结合服务场所、服务设施、服务方式、服务手段、服务环境等属于劳动资料、劳动对象的范畴要素综合构成。显然，服务产品既有物的要素，也有非物的要素；既有有形要素，也有无形要素。在服务产品的交换中，因只有部分要素改变其所有权，而另一部分要素只出售使用权，因此，同一服务产品可以不间断地多次出售。

服务产品的流通方式不是产品向消费者的运动，而是消费者向产品的运动。服务产品的分销受到地域的限制，进行远距离推销难以奏效。服务与产品之间只在于有形性程度的不同，从高度无形到高度有形之间存在一个连续谱。

2. 服务与产品的区别

分析服务和有形产品间的性质差异将有助于进一步理解和把握服务的内涵。服务和有形产品间存在性质上的差异，在各方面都具有相对立的特征。芬兰学者克里斯蒂·格隆鲁斯认为服务和有形产品表现出以下若干相对应的特征，如表 12－2 所示。

表 12－2　服务与有形产品的特征

有形产品	服　　务
实体	非实体
形式相似	形式相异
生产、销售不与消费同时发生	生产、销售与消费同时发生
一种物品	一种行为或过程
核心价值在工厂被生产出来	核心价值在买卖双方接触中产生
顾客一般不参与生产过程	顾客参与生产过程
可以储存	不可以储存
所有权可以转让	无所有权转让

（资料来源：格隆鲁斯. 服务市场营销管理. 吴晓云，译. 上海：复旦大学出版社，1998.）

以下对两者进行对比分析和解释。

（1）存在形式。有形产品是独立、静态的物质对象，是一种实体产品；服务是非实体、无形的，它只是一种行为或过程。

（2）表现形式。有形产品是一种标准化产品，产品间的外形具有相似性，不会发生大的变化；而大多数服务很难标准化，由于员工和顾客参与服务的生产和消费，加之两者间的交互作用，因此，每一种服务都可能与其他同类服务的表现形式有所差异，这是由服务本身的性质决定的。

（3）生产、销售与消费的同时性。有形产品的生产、销售和消费可以完全独立进行，顾客不参与产品的生产过程，而消费时也无需企业员工的参与；服务的生产、销售和消费实际上是同一个过程，不可分离，顾客和员工必须同时参与才可能完成服务的生产、销售和消费。

（4）核心价值的产生方式。有形产品的核心价值是在工厂里被生产出来的，它凝聚在产品当中，其核心价值的高低在工厂里就已经确定，这是一种静态属性，与顾客无关；服务的核心价值是在顾客与员工的接触中产生的，它不可能事先被创造出来，是一种动态属性，其核心价值的高低取决于顾客和员工两方面的努力。

（5）顾客参与生产的程度。有形产品的生产过程一般不需要顾客的参与，只在少数情况下顾客会参与；服务的生产过程必须有顾客的积极参与才能较好地完成，顾客的参与是服务生产过程的必要因素。

（6）可储存性。有形产品在生产出来后可以在一定时间内储存，不会影响对它的消费；服务的生产和消费是同时的，因此，必须在生产的同时就消费掉，否则就会消失，不可储存。

（7）所有权结构。有形产品具有完整的权利结构，它可以清楚地界定与"占有"相关的所有权利，当顾客购买了产品后，其所有权就发生转移；服务不具有完整的权利结构，顾客在对它进行消费后，不能获得对它的所有权，或者说只拥有使用权。

服务和有形产品虽然存在着很多本质性的差异，但两者却有着内在的联系。萧斯塔克（Shostack）将商品和服务统一在从高度无形到高度有形的连续谱当中，并认为两者之间只在于有形程度的不同。这与前述菲利普·科特勒对服务的定义很相似，如图12-4所示。

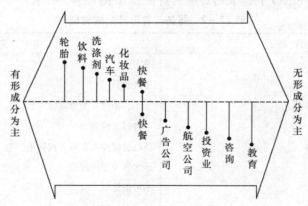

图12-4　产品和服务的有形度连续谱

萧斯塔克（Shostack）认为，任何一个组织或个人在市场上提供的产品或服务都包含有形和无形的成分，只是程度有所不同。例如，在航空运输服务中，有形成分就是机场和飞机，无形成分就是各类飞行前服务和机上服务。因此，制造业与服务业间的区别变得模糊起来，换句话说，两者相互包含、相互依赖。在萧斯塔克的连续谱当中，无形性很强的纯粹服务在最右端（以教育为代表），有形性很强的产品在最左端（以轮胎为代表），中间是餐饮业，它既包含产品又包含服务。萧斯塔克提出产品和服务的有形度连续谱是为了说明，确定某一产品或服务在轴线上的位置是确定营销战略的前提：无形成分越大，就越难以采用有形产品的营销手段。

3. 服务的分类

服务产品纷繁复杂，服务的分类是服务营销研究的一个重要问题。科学的分类将使服务营销管理具有针对性。自 20 世纪 60 年代以来，西方市场营销学者从不同角度对服务进行了若干分类。其中具有代表性的分类方法有以下三种。

（1）根据顾客参与程度分类。美国亚利桑那大学教授威斯（Richard B. Chase）依据顾客对服务推广的参与程度，将服务分为三大类。

①高接触性服务。高接触性服务是指顾客在服务推广过程中参与其中全部或大部分的活动，如电影院、娱乐场所、公共交通、学校等部门所提供的服务。

②中接触性服务。中接触性服务是指顾客只是部分地或在局部时间内参与其中的活动，如银行、律师、地产经纪人等所提供的服务。

③低接触性服务。低接触性服务是指在服务推广中顾客与服务的提供者接触较少的服务，其间的交往主要是通过仪器设备进行的，如信息、邮电业等提供的服务。

这种分类法的优点是便于将高接触性服务从中低接触性服务中分离出来、突现出来，以便采取多样化的服务营销策略满足各种高接触性服务对象的需求；其缺点是过于粗略。

（2）综合因素分类法。美国西北大学教授菲利普·科特勒（Philip Kotler）从服务的综合因素着手，分别从四个不同的侧面进行分类。

①依据提供服务工具的不同分两类。以机器设备为基础的服务，如自动售货机、自动化汽车刷洗等；以人为基础的服务，包括非技术性、技术性和专业性服务，如会计审计服务、旅行服务等。

②依据顾客在服务现场出现必要性的大小分为两类。必须要求顾客亲临现场的服务，如身体检查、理发美发、按摩美容等。这样的服务要考虑环境卫生、设施等因素；不需要顾客亲临现场的服务，如汽车修理、成衣整烫等。

③依据顾客个人需要与企业需要的不同分为两类。专对个人需要的专一化服务；面对个人需要与企业需要的混合性服务。

④依据服务组织的目的与所有制分为四类。盈利性服务，以盈利为目的服务；非营利性服务，以社会公益服务为目的服务；私人服务，其所有制为私人所有的服务；公共服务，以社会主义全民所有制和集体所有制为主体、面对全社会公益事业的服务。

这种分类法综合考虑了各类因素，对其客观状态进行了分类，包容性较广，但从服务营销管理角度考虑不够，与对服务业的管理不太协调。

（3）服务营销管理分类法。瑞士洛桑国际管理发展学院访问教授洛夫洛克（Christopher Lovelock）吸收了前几种分类法的优点，并重点结合对服务业的管理过程进行分类。

①依据服务活动的本质分为四类。作用于人的有形服务，如民航、理发服务等；作用于物的有形服务，如航空货运、草坪修整等；作用于人的无形服务，如教育、广播等；作用于物的无形服务，如咨询、保险等。

②依据顾客与服务组织的联系状态分为四类。连续性、会员关系服务，如银行、保险、

汽车协会等；连续性、非正式关系的服务，如广播电台、警察保护等；间断的、会员关系的服务，如电话购买服务、担保维修等；间断的、非正式关系的服务，如邮购、街头收费电话等。

③依据服务方式及满足程度分为四类。标准化服务，选择自由度小，难以满足顾客的个性需求，如公共汽车载客服务等；易于满足要求，但服务方式选择自由度小的服务，如电话服务、旅馆服务等；提供者选择余地大，但难以满足个性要求的服务，如教师授课等；需求能满足且服务提供者有发挥空间的服务，如美容、建筑设计、律师和医疗保健等。

④依据服务供求关系可分为三类。需求波动较小的服务，如保险、法律、银行服务等；需求波动大而供应基本能跟上的服务，如电力、天然气、电话等；需求波动幅度大并会超出供应能力的服务，如交通运输、饭店和宾馆等。

⑤依据服务推广的方法可分为六类。在单一地点顾客主动接触服务组织，如电影院、烧烤店；在单一地点服务组织主动接触顾客，如出租汽车等；在单一地点顾客与服务组织远距离交易，如信用卡公司等；在多个地点顾客主动接触服务组织，如汽车维修服务、快餐店等；在多个地点服务组织主动接触顾客，如邮寄服务；在多个地点顾客和组织无距离交易，如广播站、电话公司等。

由于服务内涵的复杂性，决定了人们考察服务时从不同视点介入，因而导致不同的分类法。服务的分类是为认识不同行业、不同部门服务的特征服务的，它是制定服务营销战略的基础。

12.4.2 服务的特性

学术界在研究服务与商品这两类概念的区别时，对服务的共同特性进行了探索和分析，基本形成了对服务一般特性的共识。需要指出，这种一般特性并不适用于所有的服务业，它是大多数服务业特性的总结，仍有一些服务业不能用这些一般特性进行描述。综合现有论述可以发现，与有形产品相比，服务具有以下五个明显特性。

1. 无形性

无形性（Intangibility）包括两层含义：①服务与实体商品相比较，服务的特质及组成服务的元素，许多情况下都是无形无质的，让人不能触摸或凭视觉感到其存在；②消费者消费服务后所获得的利益，也很难被察觉，或是要经过一段时间后，消费服务的享用者才能感觉出利益的存在。服务的这一特征决定消费者购买服务前，不能以对待实物商品的办法去触摸、尝试、嗅觉、聆听等去判断服务的优劣，而只能以搜寻信息的办法，参考多方意见及自身的历史体验来作出判断。

服务产品是一种行为或活动，是非实体的、无形的、抽象的和不发生所有权转移的活动。服务产品的不可感知性对服务营销活动的影响既有不利之处，又有有利之处。

服务产品的不可感知性对服务营销的不利影响主要表现以下方面。

（1）服务产品不容易被识别。
（2）服务质量较难考核和控制，因为缺乏有形依据。
（3）"无形的服务"常常会遮蔽质量问题和"庇护"服务人员的行为过失。
（4）服务投诉或纠纷较难处理，也因为缺乏有形依据。
（5）服务广告、服务展览比较难做。

(6) 新的服务产品难于测试。

服务产品的不可感知性对服务营销的有利影响主要表现在以下方面。

(1) 作为无形产品的服务，顾客看不见、摸不着，但能感觉到和享受到，这是一种服务产品特有的而实物产品没有的，多少带有"神秘感"的吸引力，这种天然的吸引力对服务营销是有利的。

(2) "无形"背后的实质是服务行为，包括服务的熟巧、技能、技术、知识、文化乃至信息等，这些具有抽象美的东西，正是服务吸引力的来源，因此服务营销可以更多地依靠人的行为加以发展。

2. 不可分离性

服务的不可分离性（Inseparability）是指服务的生产过程与消费过程同时进行，服务人员提供服务于顾客之时，也正是顾客消费、享用服务的过程，生产与消费服务在时间上不可分离。由于服务是一个过程或一系列的活动，故而在此过程中消费者与生产者必须直接发生联系，消费者不参与服务生产过程，即不能享受服务。这一特征要求服务消费者必须以积极的、合作的态度参与服务生产过程，只有参与才能消费服务，否则便不能消费服务。如医疗服务，病人接受治疗，只有主动地诉说病情，医生才能作出诊断，并对症下药。

服务生产与消费的不可分离性对服务产品的营销影响既有不利之处，又有有利之处。

服务产品的不可分离性对服务营销的不利影响主要表现在以下方面。

(1) 许多服务只能是"一对一"的方式，而"一对一"的方式容易限制客流量的增长。

(2) 许多服务会出现排队或等候现象，这就削弱了服务营销的吸引力。

(3) 服务生产人员需要兼任营销，因为服务生产与营销是同时发生的，但服务生产人员不容易接受营销意识。

(4) 服务质量取决于买卖双方的接触，接触过程中任何一个环节的失误，都会影响整个服务质量。

(5) 服务质量的形成需要全体人员或所有部门进行整体配合和协调，增加了服务机构管理的难度。

(6) 消费者的参与使服务创新及实施比较困难，因为顾客可能习惯了原有的服务，对新的服务采取抵制或不配合的态度。

(7) 消费者的参与使服务过程变得复杂，如果参与服务过程的消费者不予配合，就难以保证服务过程的顺利进行。

服务产品的不可分离性对服务营销的有利影响主要表现在以下方面。

(1) 服务产品的生产与消费不可分，这在客观上形成一种压力，推动服务生产者改善与顾客的关系，关心顾客的需要，教育顾客有关服务产品的知识，而这一点正是符合营销要求的。

(2) 促使服务营销者更多地进行市场细分、市场定位和差异化营销，以便直接面对各式各样的顾客。

(3) 促使服务机构在同顾客的接触中提高服务质量。

(4) 促使服务机构生产人员乃至全体人员都承担营销职能。

(5) 促使服务机构更多地在营销定价上与顾客协调。

3. 品质差异性

服务品质差异性（Heterogeneity）是指服务的构成成分及其质量水平经常变化，难于统一认定的特性。服务是行为和活动，既有服务人员的参与，又有顾客的参与，心理、情绪及行为的因素常常干扰服务活动，使得一些服务产品的质量经常变化：一是因人而异，即不同的服务人员在同一服务岗位提供的服务产品有差异，或者同一个服务人员对不同顾客提供的服务产品有差异；二是因时而异，即同一个服务人员在不同时间提供的服务产品有差异；三是因地而异，即同一家服务机构在不同网点提供的服务有差异。这种现象影响顾客对服务产品质量的评价，在顾客眼中服务产品的质量难以维持在同一水平。服务产品质量的差异性对服务营销既是不利的、又是有利的。

服务的品质差异性对服务营销的不利影响主要表现在以下方面。

（1）一些服务不易标准化、规范化。

（2）有些服务质量难以维持。

（3）服务规范较难严格执行，服务质量的控制较困难。

（4）服务品质的差异性会导致"企业形象"混淆而危及服务的推广。

服务的品质差异性对服务营销的有利影响主要表现在以下方面。

（1）促使服务机构更多地关心顾客行为和需求的差异性，开展差异化、个性化营销。

（2）促使服务机构更多地关心市场的变化，增强灵活应变能力。

（3）促使服务机构重视对一线人员的授权，以增强他们提供服务的灵活性。

4. 不可储存性

服务的不可储存性（Perishability）是指服务产品的生产和消费是同时发生的，生产的起始和结束就是消费的起始和结束，因此不存在生产结束与消费起始之间的储存期。即服务产品既不能在时间上储存下来，以备未来使用，也不能在空间上将服务转移带回家去安放下来，如果不能及时消费，即会造成服务的损失。如车船、电影院、剧院的空位现象。其损失表现为机会的丧失和折旧的发生。服务的不可储存性是由其不可感知性和服务的生产消费的不可分离性决定的。不可储存性表明服务无需储存费用、存货费用和运输费用。

服务产品的不可储存性对服务营销的不利影响主要表现在以下方面。

（1）服务供求在时间上的矛盾较难协调，容易出现忙闲不均，影响服务质量和效率。

（2）服务供求在空间上的矛盾也较难协调。

（3）服务营销受空间或地理条件的限制比较大。

服务产品的不可储存性对服务营销的有利影响主要表现在以下方面。

（1）在客观上形成一种压力，促使服务机构珍惜时间资源和提高服务效率，提高服务空间的利用率。

（2）促使营销管理人员多思考如何利用营销手段如市场营销要素平衡对服务产品的供求。

（3）以创新的服务管理方法，有效地利用顾客的服务等候时间，为服务增值，使顾客获得更大的满足感。

5. 所有权的不可转让性

服务所有权的不可转让性（Absence Ownership）是指服务的生产和消费过程中不涉及任何东西的所有权的转移。服务在交易完成后便消失了，消费者所拥有的对服务消费的权利并未因服务交易的结束而产生像商品交换那样获得实有的东西,服务具有易逝性。如银行存款并未发生货币所有权的转移;空中飞行服务,只是解决乘客由此地到彼地之需也未形成任何东西所有权的转移。

这一特征是导致服务风险的根源。由于缺乏所有权的转移,消费者在购买服务时并未获得对某种东西的所有权,因此感受到购买服务的风险性,而造成消费心理障碍。为了克服消费者的这种心理障碍,服务业在营销管理中逐渐采用"会员制度",以图维系企业与顾客的关系。顾客作为企业的会员可享受某些优惠,从而在心理上产生拥有企业所提供的服务的感觉。

12.4.3 服务营销组合

由于服务产品的特殊性和服务产品的影响要素很多,服务营销比传统意义上的市场营销的难度也就更大,服务营销的组合也就更复杂。在有形产品营销中被作为宝典的4P组合,已经不适用于服务营销了。服务营销的复杂性和广泛性要求服务营销组合的概念和内容在传统的4P营销组合的基础上有所发展和深入。在市场营销中,4P组合的营销模式遭受了种种的质疑,很多学者也指出了其局限性,但其地位和作用是无可争议和不可动摇的。无论在理论上还是在实践中,4P组合的营销模式都在某种程度上反映了在市场营销中具有普遍规律性的东西,它们是构成服务营销组合的基础和根本。

考虑到服务营销的性质,服务营销组合应该包括传统的4P组合和新的组合要素,它们是人(People)、有形展示(Physical Evidence)和过程(Process)。因此,服务营销组合就从市场营销的4P组合扩展到了服务营销的7P组合,包括:产品(Product)、价格(Price)、渠道(Place)、促销(Promotion)、人(People)、有形展示(Physical Evidence)和过程(Process)。

1. 人

"人"是服务营销中非常重要的一个组成要素,因为服务产品的提供是很难离开人而独立存在的,它包括服务的提供者和服务的接受者。服务的特性就已决定了人对服务和服务营销的影响将是至关重要的,以至于有人认为"服务营销学的4P就是人、人、人,最后还是人"。目前,很多服务企业都将人员作为获取竞争优势和创造附加值的主要来源。

2. 有形展示

有形展示也是服务营销所必需的。服务的不确定性增加了风险和交易的难度,通过实物和外观的展示可以在不同程度上表现出服务的质量和某些其他特征。如提供理疗健康服务的企业,往往通过展示其具有最新技术的设备来对顾客或潜在顾客进行质量的保证,以获得顾客的信任和选择。又如一家餐厅的外观往往能体现餐厅的定位和风格,所以餐厅往往通过外观的装饰来彰显自身的特色以吸引不同品位的顾客。

3. 过程

过程在服务营销中也同样重要,即服务的递送过程。表情愉悦、专注和关切的工作人员,可以减轻顾客必须排队等待服务的不耐烦的感觉,或者平息技术上的问题而造成的怨言或不满。当然工作人员的良好态度,对这些问题是不可能全部补救的。整个体系的运作政策和程序方法的采用、服务供应中器械化程度、雇佣人员裁量权用在什么情况、顾客参与服务操作过程的程度、咨询与服务的流动、定约与等候制度等都是经营管理者要特别关注的事情。过程的管理是改善服务质量的关键因素。

4. 产品

服务产品所必须考虑的是提供服务的范围、服务质量和服务水准。同时还应注意品牌、保证及售后服务等事项。服务产品中,这些要素的组合变化相当大,这种变化可以从一家供应数样菜的小餐馆和一家供应各色大餐的五星级大饭店相比较之后看出来。

5. 定价

价格方面要考虑的有价格水平、折扣、折让和佣金、付款方式和信用。在区别一项服务和另一项服务时,价格是一种识别方式。因此,顾客可从一项服务获得价值观。而价格与质量间的相互关系,在许多的服务定价中是重要的考虑对象。

6. 渠道

提供服务者的所在地及其地缘的可达性在服务营销上都是首要因素,地缘的可达性不仅是指实物上的,还包括传导和接触的其他方式。所以销售渠道的形式及涵盖的地区范围都与服务可达性的问题有密切关联。

7. 促销

促销包括广告、人员推销、销售促进或其他宣传形式的各种市场沟通方式,以及一些间接的沟通方式,如公关。

总之,服务营销组合策略的运用,既是一门科学也是一门艺术。每一个企业所采用的7P 服务营销组合都应该是独一无二的。营销组合过程也是随着变动的市场状况和需求而修正和调整。

引导案例解析

日本各企业特别强调产品的设计具有低成本、高质量和创新性。

日本企业以产品开发战略和市场开发战略为重点,进行目标市场渗透,一旦在某国市场取得了立足点,就努力扩大其产品的生产线,以便增加产量,扩大销售额,日益增加对整个市场的控制范围。

日本企业以增加产品的花色品种进行市场开发。根据消费者的不同要求、爱好和收入水平,不断地变换产品的型号、花色和品种。

不断地改进产品质量,是日本企业获取成功的又一大特征,它们经常与消费者保持联系,花费大量钱财和许多宝贵时间,通过各种渠道,不断地了解和虚心听取顾客对产品提出改进质量的意见。把质量当做企业的生命,已成为日本企业全体员工的群体意识。

课后思考

1. 什么是产品整体概念?产品如何分类?
2. 品牌的内涵包括哪些内容?企业应当如何运用好品牌策略?
3. 企业为何要经常进行产品组合的调整?主要可采取哪些做法?

4. 服务产品具有哪些特点？这些特点对服务营销过程提出了哪些特别的要求？
5. 为什么要强调服务营销过程中的供求管理？试列举若干调节供求矛盾的方法。
6. 为什么要加强服务质量管理？如何加强服务质量管理？
7. 品牌名称选择和品牌标识设计的原则有哪些？
8. 品牌归属决策有几种类型？品牌开发决策有几种类型？
9. 品牌延伸有何优点和风险？

处理数字遗产的网站

每天我们用QQ、MSN等即时通信工具与同事交流工作、与亲友沟通情感；通过电子邮箱接收邮件；在各种在线社交论坛上与他人唇枪舌剑；闲暇时在博客、Space、Facebook等个人空间里，用文字、图片和视频记录下生活感悟和珍贵瞬间；疲惫时登录游戏ID，化身为战士、侠客在游戏世界里尽情厮杀，笑傲江湖，释放压力。如果时光倒退十年，我们可能对上述工具还一无所知。但眼下，QQ、MSN、电子邮箱，以及游戏账户下的虚拟武器装备、宝藏等，都已经成为日常生活的一部分，而它们也将是21世纪现代人才拥有的数字财产。

随着互联网的影响日深，这些数字遗产的阵容可能还将进一步扩大。可是如果我们离世，现实生活中的财产由亲人继承，这些数字遗产又该怎么办呢？如果后人想得到去世亲人的电子信箱账号和密码，网络公司是否应该抛开各种保密协议而主动提供？如果网络公司拒绝立即开放死者信箱，而继承人认为信箱中有不能延误的重要信息又该怎么办？

迄今最为著名的数字遗产案件发生在美国。一名美国士兵的家人希望得到自己阵亡儿子的电子信箱密码，以整理他的信件。但雅虎公司一直拒不提供密码，直到法院判决后才同意提供。

在中国，纵观当前网络公司提供的数字产品服务协议，长期不使用的情况下，QQ、MSN等即时通信工具是不会被注销的，但可能会被提供服务的公司回收，而电子邮箱则只要3~6个月没登录，就会被冻结然后被注销。如果是游戏账号，因为涉及"虚拟财产"的问题，情况会更加复杂一些。不少法律专家认为，网络中的游戏账号、武器装备、经验值、宠物、金币具有财产属性，应当受到立法保护。

和美国阵亡士兵的家人相比，美国俄克拉荷马州的罗伯特就幸运得多。他的父亲去世后一周，他收到一个名为Deathswitch网站发来的邮件，里面是父亲生前整理的一个联系人列表，其中甚至包含了某网站一个小组的管理员账号和一个网络游戏账号。

Deathswitch网站是新出现的"数字遗产守护者"中的一员。注册该网站的人可以最多创建30封带有附件的电子邮件。如果你有一段时间没有登录该网站（比如一周），这封电子邮件就会被自动发送到你指定的地址列表。就连网站方面也无法知道电子邮件中都写了什么内容，在它们被发出前，都采用了密码加密，只有用户自己能查看内容。

如果觉得Deathswitch还有缺陷，那么还有另外一个网站可以试试。Slightlymorbid.com

虽然也是在用户死后发出电子邮件，不过它判断用户死亡的方式并不是让用户周期性地登录该网站，而是需要用户将登录信息告诉值得信任的亲戚或朋友，在用户遭遇不测之后，由亲戚朋友登录该网站，手动激活发送电子邮件的程序。而4月份，同样是数字遗产守护者的Legacy Locker网站也将正式运行，它在发送信息之前需要提供死亡证明。

（资料来源：http：//www.chinanews.com/sh/news/2009/03-31/1625789.shtml）

思考题：

1. 分析数字遗产的网站品牌命名应该注意什么？
2. 网站应该如何保护自己的品牌名称和品牌标识？

第 13 章 企业价格策略

◎ 本章要点
- 企业的定价目标
- 企业定价需要考虑的因素
- 各种不同的定价方法和技巧
- 价格调整策略

◎ 本章难点
- 影响企业价格制定的因素
- 各种不同的定价方法和技巧
- 价格调整策略

◎ 课前思考
- 企业定价时需要考虑哪些因素?
- 比较成本导向,需求导向和竞争导向三种定价方法。
- 主要的定价技巧有哪些?

引导案例

一个定价悖论

　　Silverado 珠宝店,专门经营由印第安人手工制成的珠宝首饰。几个月前,珠宝店进了一批由珍珠质宝石和银制成的手镯、耳环和项链的精选品。与典型的绿松石造型中的青绿色调不同。希拉以合理的进价购入了这批珍珠质宝石制成的首饰。她十分满意这批独特的珠宝,认为对普通消费者来说,这类珠宝特别适合用来替换他们的绿松石首饰。为了让顾客能够觉得物超所值,她为这些珠宝定了合理的价格。当然,这其中已经加入了足能收回成本的价格和平均水平的利润。

　　但它们的销售情况令希拉十分失望。于是,她决定试试她在大学里学到的几种销售策略。比如,令店中某种商品的位置有形化往往可使顾客产生更浓厚的兴趣。因此,她把这些珍珠质宝石装入玻璃展示箱,并将其摆放在该店入口的右手侧。她建议职员们花更多的精力来推销这一独特的产品系列。她不仅给职员们详尽描述了珍珠质宝石,还给他们发了一篇简短的介绍性文章以便他们能记住并讲给顾客。

　　不幸的是,这个方法也失败了。就在此时,希拉正准备外出选购产品。因对珍珠宝石首饰销售下降感到十分失望,她急于减少库存以便给更新的首饰腾出地方来摆放。她决心采取一项重大行动：选择将这一系列珠宝半价出售。然而销量并没有因降价而大增！

一周后，希拉从外地回来，玛丽对她说："将这批珠宝的价格在原价基础上提高两倍再进行销售。"希拉很疑惑："半价都卖不掉，提高两倍会卖得出去吗？"

案例思考：结合本案例，谈谈玛丽的定价策略是否可行？

13.1 价格制定策略

通过一定数量的货币表现出来的商品价值，叫做价格。价格是市场营销中最重要的因素之一。一般来说，商品的价格不是固定不变的，而是有时高，有时低。企业为使自己的产品被消费者接受，实现经营目标，需要制定适当的价格。企业产品的销售价格在市场营销过程中非常关键且难以控制，它具有较强的敏感性、复杂性、多变性和综合性。它既直接影响着消费者的购买心理即市场需求量，同时又影响到企业的收入和盈利，而且它们之间的关系和相互影响又是错综复杂的。因此，无论是生产者、消费者还是竞争者，对产品的价格都十分关注。

价格策略是指在制定价格和调整价格的过程中，为了达到企业的营销目标而采取的定价艺术和定价技巧，价格策略是市场营销组合策略的重要组成部分。价格制定的适当就可以促进产品的销售，提高市场占有率，增加企业的竞争力；反之，则会制约企业的生存和发展。因此，如何为产品制定适当的价格，显得十分重要。

13.1.1 影响企业价格制定的因素

1. 产品成本

产品成本对产品价格制定的影响是显而易见的，在实际营销过程中，产品定价的基础因素就是产品的成本。企业制定价格首先必须使成本得到补偿。产品成本是企业核算盈亏的临界点。从一般意义上讲，产品的成本一般包括固定成本、变动成本和总成本。

（1）固定成本。又称固定费用，是指成本总额在一定时期和一定业务量范围内，不受业务量增减变动影响而能保持不变的成本。它不随产品产销量的变化而变化，如房产费用、设备费用、产品设计费用等。

（2）变动成本。是指那些成本的总发生额在相关范围内随着业务量的变动而呈线性变动的成本。直接人工、直接材料都是典型的变动成本，在一定期间内它们的发生总额随着业务量的增减而成正比例变动，但单位产品的耗费则保持不变。如原材料成本、运输费用、销售税金等。

（3）总成本。是固定成本和变动成本之和。如果不发生产品的生产和销售，总成本就只是固定成本。

（4）平均固定成本。是平均每单位产品所耗费的固定成本，随着产量的增加而不断减少，其曲线为一条正双曲线。在产量开始增加时，它下降的幅度很大，以后越来越平坦，随着产量的增加，它下降的幅度越来越小。总的固定成本不随产品产销量的变化而变化，但平均固定成本则会随着产品产销量的增加而减少。这也是企业实现规模经济、获取成本优势的主要原因。

（5）平均变动成本。是总变动成本相对于产品产量的平均数。在劳动生产率一定的情况下，总的变动成本一般会随着产品产量的增加而增加，平均变动成本则会保持不变。但当劳动生产率提高时，平均变动成本则会随着产品产量的增加而呈现递减的趋势，然而达到一定程度以后，由于设备的维修费、累进计件工资等费用的增加，它又可能转为上升趋势。

（6）平均总成本。是总成本相对于产品产销量的平均数，也就是平均固定成本和平均变动成本相加之和。由于平均固定成本随着产品产量的增加而递减，而平均变动成本一般保持不变，甚至在劳动生产率提高的情况下还会呈递减趋势，所以，平均总成本一般都会随着产量的增加而逐渐减少。

（7）边际成本。指增加一个单位产量所支付的追加成本，是增加单位产品的总成本增量。边际成本常和边际收入配合使用，边际收入指企业多售出单位产品得到的追加收入，是销售总收入的增量。边际收入减去边际成本后的余额称为边际贡献，边际贡献为正值时，表示增收大于增支，增收对于企业增加利润或减少亏损是有贡献的，反之则不是。

（8）使用成本。指消费者在使用产品的过程中所支付的成本，包括为使产品得以正常使用所支付的一切货币成本、心理成本和精力成本，如电费、汽油费、维修的便利性和售后服务的其他支持等，这些都是影响价格和消费者需求的重要因素。

（9）机会成本。企业常常会为了从事某一项生产经营活动而放弃从事另外一些生产经营活动，因此也就会失去另外一些活动所带来的收益，这些失去的收益就是企业的机会成本。因为有了机会成本的存在，企业在选择投资机会时，就必须慎重考虑，要尽可能在所从事的领域内，通过产品价格的制定及其他相关策略来弥补这种成本的发生。

一般情况下，企业产品的售价原则上应该定在平均总成本之上，因为成本水平的高低决定了定价可选择范围的下限，但这种直观的感觉有时也并不完全正确，由于成本水平的高低因成本概念的不同而不同。对企业制定价格决策来说，一定要先识别那些随着价格变动而影响利润水平的相关成本。另外，科学的定价决策不仅要考虑当前的成本，还要考虑未来的成本变化及定价决策对未来成本可能造成的影响。一般认为，随着销量的大幅度增加，产品的成本会有明显的下降，这也是有些企业在还不具备明显成本优势的情况下敢于制定较低价格的原因，因为它们希望低价格能够赢得更大的销量，从而取得规模经济效应：显著降低成本并获得足够的利润空间。不过，与规模经济相对应的还有规模不经济，所以，产量的增加并不一定必然带来成本的降低，这是企业在考虑成本与价格的关系时必须注意的问题。

2. 市场竞争状况

对于竞争激烈的产品，价格是一种重要的竞争手段，企业必须了解竞争者所提供的产品质量和价格，考虑比竞争对手更为有利的定价策略，这样才能获胜。一般有以下几种情况。

（1）完全竞争。在这种条件下，企业可以自由地进出市场、自由地选择产品生产，买者和卖者都大量存在，产品在某种程度上具有同质性，买卖双方能充分地获得市场情报。所以，无论是买方还是卖方，都不能左右市场上的产品价格，只能在市场既定价格下从事生产和交易。企业不能用增加或减少产量的办法来影响产品的价格，也没有一个企业可以根据自己的愿望和要求来提高价格。在这种情况下，买卖双方都只能接受由市场需求和市场供给共同决定的现行价格。在完全竞争的市场条件下，由于买主对市场信息完全了解，如果某个企业试图以高于现行市场价格出售产品，顾客就会转向其他的卖主。再说，企业也没有必要以低于市场价格的价格出售产品，因为它们按照现行市场价格就能卖掉所有的产品。在完全竞争的市场条件下，交易的产品种类是同一的，新老企业的进出，以及生产要素和资源的流动是完全自由的，所有实际的或潜在的买卖双方，都能掌握市场知识和了解市场信息。因此，个别企业只能是市场价格的接受者，而不是价格的制定者。事实上，这种完全竞争的市场条件几乎不存在。

(2) 不完全竞争。介于完全竞争与纯粹垄断之间，它是现实中存在的较为典型的市场竞争状况，这种竞争状态根据参与竞争者的多少与力量的大小，又可分为寡头竞争和垄断竞争两种情况。

① 垄断竞争。垄断竞争是由几家较大的企业在市场上起着领导作用，还有一些小企业也在参与竞争。在垄断性竞争的市场条件下，各个企业提供的产品或劳务是有差异的。有些是产品实质上的差异，有些是购买者受促销手段影响而在心理上感觉的产品差异。这种情况下，存在着产品质量、销售渠道，促销活动的竞争。企业根据其"差异"的优势，可以部分地通过变动价格的方法来寻求较高的利润。垄断性竞争是一种介于完全竞争和纯粹垄断之间的竞争状态，既有垄断倾向，同时又有竞争成分，所以也可称之垄断竞争。在不完全竞争的市场条件下，企业已经不是消极的价格接受者，而是强有力的价格决定者。

② 寡头竞争。寡头竞争就是市场上只有两到三家企业控制着某种商品的买卖，竞争只在它们之间展开。寡头竞争的形式有两种：完全寡头竞争和不完全寡头竞争。完全寡头竞争也叫做无区别的寡头竞争，这种竞争状态下，由于寡头企业的产品都是同质的，用户对这种产品并无偏好。每个寡头企业都时刻警惕着其竞争对手的战略和行动，不会轻易地变动价格，所以整个行业的市场价格比较稳定，彼此间激烈的竞争往往表现在广告宣传、促销等方面的努力。不完全寡头竞争，也叫做差异性寡头竞争。这种竞争状态下，由于寡头企业的产品都有某些差异（如计算机、汽车等），用户认为这些企业的产品是不能互相替代的。每一个寡头企业都努力使自己的产品变成顾客偏爱的品牌，这样就可以将此产品的价格定得比较高，从而增加盈利。

③ 纯粹垄断。在这种市场条件下，一个行业中某种产品的生产和销售完全由一个卖主独家经营和控制。通常有政府垄断和私人垄断之分。这种垄断一般有特定条件，如垄断企业可能拥有专利权、专营权或特别许可等。由于垄断企业控制了进入这个市场的种种障碍，所以它能完全控制价格，但是不同类型的纯粹垄断定价是不同的。政府垄断可能有多种定价目标下的价格表现，比如一些和人民生活密切相关的产品，在大多数购买者的财力受到限制的情况下，价格就会定在与成本相等的水平，甚至低于成本线；有的产品的价格则可能定得非常高，这是为了使消费量降下来，达到相对限制的目的。

3. 市场供求

(1) 供求规律。这是商品经济的内在规律，市场供求的变动与产品价格的变动是相互影响相互确定的。

① 价格与需求。需求是指有购买欲望和购买能力的需要。影响需求的因素很多，这里讨论价格对需求的影响一般表现为：当产品价格下降时，会吸引新的需求者加入购买行列，也会刺激原有需求者增加需求；相反，当产品价格上升时，就会影响需求者减少需求量，或改变需求方向，去选购其他代用品。价格与需求量呈反方向变化，反映这种关系的曲线称为需求曲线（见图 13-1）。

② 价格与供给。价格与需求量关系的法则也适用于供给，只是价格与供给量的变化方向相同。当某种产品价格上升时，会刺激原来的产品生产者扩大生产和供应，还会刺激其他

生产者参与该产品的生产和经营，从而使该产品的供应数量增加；当某种产品价格下降，从事该产品的生产者或经营者的利润就会减少，甚至亏本，于是就缩小或停止其生产或经营，从而使该产品的供应数量减少。价格与供应量呈同方向变化，能够反映这种关系的曲线称为供给曲线（见图13-2）。

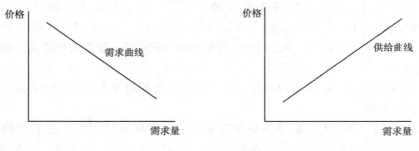

图13-1　需求曲线　　　　图13-2　供给曲线

③ 供求关系与均衡价格。由于价格影响需求与供应的变化方向是相反的，在市场竞争的条件下，供给与需求都要求对方与之相适应，即供需平衡，这一个平衡点只能稳定在供求两条曲线的交点上。当市场价格偏高时，购买者就会减少购买量，使需求量下降。而生产者则会因高价的吸引而增加供应量，使市场出现供大于求的状况，产品发生积压，出售者之间竞争加剧，其结果必然迫使价格下降。当市场价格偏低时，低价会导致购买量的增加，但生产者会因价低利薄而减少供给量，使市场出现供小于求的状况，购买者之间竞争加剧，又会使价格上涨。

供给与需求变化的结果，迫使价格趋向供求曲线的交点。这个由供给曲线和需求曲线形成的交点 O，表示市场供需处于平衡状态，称之为市场平衡点。平衡点所表示的价格，即价格轴上的 P' 点，是市场供求平衡时的价格，称之为供求双方都能接受的"均衡价格"。平衡点所表示的数量，即数量轴上的 Q' 点，是市场供需平衡时的数量，称之为供求双方都能够实现成交的"供求平衡量"（见图13-3）。

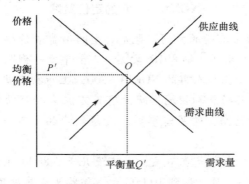

图13-3　供求曲线变动趋势

均衡价格是相对稳定的价格。由于市场情况的复杂性和多样性，供求之间的平衡只是相对的、有条件的，不平衡则是绝对的、经常性的。在商品经济条件下，供求影响价格，价格调节供求运行的方式，是商品价值规律和供求规律的必然要求。

（2）需求弹性。根据微观经济学的需求定律，一般来讲，需求与价格是反向关系，公司可能收取的每一价格都将导致一个不同水平的需求及由此对它的营销目标产生不同的效果。营销人员至少需要知道需求对于价格的变动将如何反应。这就引出了微观经济学的另一个基本概念——需求的价格弹性。它反映需求量对价格变动的反应程度，或者说，价格变动百分之一将会使需求量变动百分之几。假如需求有弹性，卖主就要考虑降低价格。那么，需求的价格弹性由什么决定呢？在下面几种情况下，需求只有很小的弹性：①缺乏替代品；②买者对较高的价格不敏感；③买者对改变他们的购买习惯或寻找较低的价格表现迟缓；④买者认为由于质量改进、被预期到的通货膨胀等因素，较高的价格是公道的。

3. 消费者心理

消费者的消费活动和购买行为是在一定的消费心理的指导下进行的，企业的定价必须考虑消费者的价格心理。

（1）预期心理。消费者预期是消费者对未来一定时期市场供求状况和价格变动趋势的估计。不同的消费预期会对消费者的购买行为产生不同的影响。如果预计未来商品价格将下跌，消费者就会采取等待观望的态度，持币待购；反之，消费者就会争相抢购。消费者的预期心理及由此产生的消费行为，势必对企业定价产生影响。充分研究消费者的预期心理，并据此确定有针对性的价格策略对企业进行科学的定价决策具有重要意义。

（2）认知价值和其他消费心理。认知价值是消费者心理上对商品价值的一种估计和认同，它与消费者的商品知识、购物经验、对市场行情了解的程度有关，同时受到消费者的兴趣爱好的影响。消费者在购买商品时常常把商品的价格与自己心目中所形成的对该种商品的认知价值进行比较，将一种商品的价值与另一种商品的认知价值相比较，当确认价格合理、物有所值时，才会作出购买决策，产生购买行为。此外，消费者还存在求实、求新、求质、求美、求廉、求名等多种心理，这些心理都会对消费者的认知价值产生影响，进而影响消费者的购买行为。企业只有准确把握消费者的消费心理，才能制定出既能适应消费者的需要，又有利于扩大商品销售和提高企业经济效益的价格策略。

扩展阅读——小案例

NOKIA 8800 的定价策略

NOKIA 8800 是一个非常有趣的案例，也是典型的消费者价格→价值→成本的案例。许久没有新作的诺基亚经典 8 系列，继 8910i 之后，"十年磨一剑"，精心打造了 2005 年最具有贵族气质的 8800。定位于高端人群的 NOKIA 8800，上市初期就定出天价，零售价格就是其型号代码：8800 元，而其功能却较弱，既没有百万像素拍照功能，也没有智能手机高端的商务功能。本以为定价过高，购买者寥寥。没想到产品上市一炮走红，成为"富人们"竞相购买的宝贝。

由于对市场预估失误，库存严重不足，上市没几天，8800 在北京、广州、深圳、成都大面积出现断货现象，价格一度被炒到 10 000 元，但购买者热度不降反升，价格越来越高，最后一度到达 12800 元的高价。在其价格早已远远超越成本的情况下，NOKIA 剑走偏锋，创造了手机市场的一个不大不小的奇迹，令还在亏损线上挣扎的国产手机唏嘘不已。

从此案例可以看出，产品定价既要考虑成本等基本元素，又要充分考虑消费者的接受心理和竞争因素。

13.1.2 价格制定的基本方法

1. 成本导向定价法

成本导向定价法是以成本为中心，是一种按卖方意图定价的方法。其主要理论依据是，在定价时，首先要考虑收回企业在生产经营中投入的全部成本，然后再考虑获得一定的利润。主要有成本加成定价法、目标利润定价法、边际成本定价法、盈亏平衡定价法等。

（1）成本加成定价法。这是一种最简单的定价方法，就是在单位产品成本的基础上，加上一定比例的预期利润作为产品的售价。售价与成本之间的差额即为利润。由于利润的多少是按一定比例反映的，这种比例称为"几成"，所以这种方法称为成本加成定价法。计算公式如下：

$$单价产品价格 = 单位产品成本 \times (1 + 加成率)$$

式中：加成率——预期利润占产品成本的百分比。

例如，某公司的单位产品成本为30元，加成20%，则单位产品价格 = 30 × （1 + 20%） = 36 元。

这种定价方法具有计算简单、简便易行的优点，在正常情况下按此方法定价可以使企业获得预期利润。其缺点是，忽视市场竞争和供求状况的影响，缺乏灵活性，难以适应市场竞争的变化形式。

（2）目标利润定价法。也称投资收益率定价法，它是在成本的基础上，按照目标利润率的高低计算价格的方法。计算公式如下：

$$销售单价 = (总成本 + 目标利润) \div 预期总产量$$

例如，假设企业的生产能力为100万个产品，估计未来时期80%的生产能力能开工生产，则可生产、出售80万个产品；生产80万个产品的总成本估计为1000万元；若公司想得到20%的成本收益率，则目标收益为200万元；总收入为1200万元，目标价格为15元。

使用这种定价方法必须建立在对价格、销量、成本和利润四要素进行科学预测的基础上，其优点在于保证在一定销量的条件下收回全部成本，并实现既定的目标利润。这种定价方法主要适用于大型企业或大型公用事业。

（3）边际成本定价法。也称边际贡献定价法，即仅计算变动成本，略去固定成本，而以预期的边际贡献补偿固定成本并获得收益。边际贡献是指企业增加一个产品的销售，所获得的收入减去边际成本的数值。如边际贡献不足以补偿固定成本，则出现亏损。计算公式如下：

$$单位产品价格 = 单位产品变动成本 + 单位产品边际贡献$$

例如，某企业每月生产产品1万台，总成本5万元，平均每台成本5元。但当产量翻一番时，总成本为9万元，即增加了1万台产品，总成本的增量为4万元，所增产品实际成本为每台4元，这里的4万元与4元就是边际成本，即所增产品的真实成本。此时翻一番的产品成本比之前减少了1万元和1元，这就是边际成本带来的边际收益。

边际成本定价法改变了企业产品售价低于总成本就拒绝交易的传统做法，在竞争激烈的市场条件下使企业的定价具有极大的灵活性，对于企业有效地应对竞争者，开拓新市场，调节季节性的需求差异，形成最优产品组合等可以发挥巨大的作用。

(4) 盈亏平衡定价法。也称保本定价法或收支平衡定价法,即根据盈亏平衡点原理进行定价。盈亏平衡点又称保本点,是指一定价格水平下,企业的销售收入刚好与同期发生的费用额相等,收支相抵、不盈不亏时的销售量,或在一定销售量前提下,使收支相抵的价格。计算公式如下:

$$单位产品价格 = 固定总成本 \div 销量 + 单位变动成本$$

例如,某企业年固定成本为 100000 元,单位产品变动成本为 20 元/件,年产量为 2500 件,则该单位产品价格 = 100000 ÷ 2500 + 20 = 60 元。

以盈亏平衡点确定价格只能使企业的生产耗费得以补偿,而不能得到收益。因此,在实际中均将盈亏平衡点价格作为价格的最低限度,通常再加上单位产品目标利润后才作为最终市场价格。有时,企业为了开展价格竞争或应付供过于求的市场格局,会采用这种定价方式以取得市场竞争的主动权。

2. 需求导向定价法

需求导向定价法是以产品或服务的社会需求状态为主要依据,综合考虑企业的营销成本和市场竞争状态,制定或调整营销价格的方法。由于与社会需求有联系的因素很多,如消费习惯、收入水平、产品或服务项目的需求价格弹性,等等,企业对这些因素的重视程度不一,具体方法主要包括认知价值定价法和需求差别定价法等。

(1) 认知价值定价法。又称理解价值定价法。企业按照消费者在主观上对该产品所理解的价值,而不是产品的成本费用水平来定价。企业利用市场营销组合中的非价格变数来影响购买者,在他们的头脑中形成认知价值,然后据此来定价,企业在运用此法时,需要正确估计购买者所承认的价值。这是一种顾客导向的定价方法,认知价值定价法与现代产品定位思想很好地结合起来,成为当代一种全新的定价思想和方法,被越来越多的公司所接受。例如,假如某空调公司认为普通空调机的市价为 2500 元,而该公司通过市场调查发现,在消费者心目中,该公司空调的一些鲜明特点使顾客愿意付出溢价。于是该公司衡量了各种添加利益的认知价值,总额为 800 元,最后,可能为消费者打一个 400 元的折扣,选择定价 2900 元。这样,该公司空调的经销商和促销员就能大方地向顾客解释为什么该公司空调的价格高于同档次的国内品牌空调。

认知价值定价法的一个突出优点是,它能与产品的定位很好地结合起来。与成本导向定价法相比,认知价值定价法要复杂和困难得多。但是,认知导向定价能够回避价格竞争,获取利润的潜力远胜于其他的定价方法。

(2) 需求差别定价法。这种方法又称区分需求定价法,是指在给产品定价时可根据不同需求强度、不同购买力、不同购买地点和不同购买时间等因素,采取不同的价格。

① 以消费者为基础的差别定价。指对不同的消费者,可以采用不同的价格。例如,对老客户和新客户,采用不同价格,对老客户给一定的优惠;对长期客户和短期客户、男性和女性、成人和儿童、健康人和残疾人、居民用户和工业用户等,分别采用不同的价格;同一产品卖给批发商、零售商或消费者,采用不同的价格,等等。

② 以产品为基础的差别定价。企业对质量和成本相同而外观、花色、型号、规格不同的产品制定不同的价格,例如,不同花色的布匹、不同款式的手表等,都可以定不同的价格。这主要是依据市场对该产品的需求情况而定。

③ 以地点为基础的差别定价。例如,同一地区或城市的影剧院、运动场、球场或游乐

场等因地点或位置的不同，要价也不同。体育场的前排座位可能售价较高，旅馆客房因楼层、朝向、方位的不同而制定不同的价格。这样做的目的是调节消费者对不同地点的需求和偏好，达到平衡市场供求的目的。

④ 以时间为基础的差别定价。不同季节、不同日期，甚至在不同时点的商品或劳务可以制定不同的价格。例如，供电局在用电高峰期和闲暇期制定不同的电费价格；电影院在白天和晚上的票价有别。某些时令产品，在销售旺季，可以制定较高的价格进行销售，而一到淡季，则消费者购买意愿明显减弱，所以这类产品在定价之初就应考虑到淡、旺季的价格差别。

这种定价法的优点在于能够对不同的市场需求状况有针对性地制定价格，其价格特别有竞争性；其缺点在于由于需求的差异性因素很多，在短时间内很难以正确的估算和准确的把握，因此容易产生误差。采用差别定价法，要具备一定的前提条件。一是要分析需求差别，搞好市场细分；二是要防止引起顾客反感和敌意。

(3) 逆向定价法。又称反向定价法，是指企业依据消费者能够接受的最终产品销售价格，计算自己从事经营的成本和利润后，逆向推算出产品的批发价和零售价格。这种定价方法不是主要考虑成本，重点考虑需求状况。逆向定价法的特点是：产品价格能反映市场需求情况，有利于企业加强与中间商建立良好关系，保证中间商的正常利润，使产品迅速向市场渗透。并且企业可根据市场供求情况及时调整价格，定价比较灵活。

3. 竞争导向定价法

以同类产品或服务的市场供应竞争状态为依据，根据竞争状况确定是否参与竞争的定价方法。是企业以应付竞争或防止竞争为定价目标，以市场上竞争者的价格作为制定企业同类产品价格主要依据的方法。在现代市场营销活动中，竞争导向定价已被企业广泛采用。这种方法适宜于市场竞争激烈，供求变化不大的产品。该种方法具有利用产品价格排斥竞争者，扩大企业市场占有率的优势；同时迫使企业在竞争中努力推广新技术，取得优势地位的优点。

一般可以分为以下几种具体方法：随行就市法、密封投标定价法和拍卖定价法等。

(1) 随行就市法。根据同行业企业的现行价格水平定价，这是一种比较常见的定价方法。随行就市定价法常常是同质产品市场的惯用定价方法。一般是在基于产品的成本测算比较困难，竞争对手不确定，以及企业希望得到一种公平的报酬和不愿打乱市场现有正常秩序的情况下，采用的一种行之有效的方法。采用这种方法既可以追随市场领先者定价，也可以采用市场的一般价格水平定价。这要根据企业产品特征，及其产品的市场差异性而定。一般在以下两种场合中应用：①基于产品的成本测算比较困难，竞争对手不确定及公司希望得到一种公平的报酬和不愿打乱市场现有正常秩序的情况；②在寡头垄断市场，市场价格通常由属于寡头垄断地位的企业确定，那些小型公司不得不跟随寡头定价。小型公司变动自己的价格，与其说是根据自己的需求变化或者是成本变化，不如说是依据寡头的价格变动。这些小型公司可以支付一些微小的赠品或折扣，但是它们保持着价格的大体一致。当然，就这种价格所产生的一种公平的报酬和不扰乱行业间的协调这点而论，随行就市定价法被认为是反映了行业的集体智慧。

(2) 密封投标定价法。是招标人通过引导卖方竞争的方法来寻找最佳合作者的一种有效途径，这种定价法主要用于投标交易方式。一般情况下，在同类同质产品之间，价格相对低的产品更具有竞争力,这是一种比较常见的定价方法。一般是在基于产品的成本测算比较困难,竞争对手不确定,以及企业希望得到一种公平的报酬和不愿打乱市场现有正常秩序的情况下,采用的一种行之有效的方法。在市场营销活动中,投标竞争是一种营销竞争常用的方式,投标竞争的过程往往就是价格竞争的过程,竞争的结果产生实际的成交价格。它主要用于建筑包工、产品设计和政府采购等方面。其基本原理是,招标者(买方)首先发出招标信息,说明招标内容和具体要求。参加投标的企业(卖方)在规定期间内密封报价和其他有关内容,参与竞争。其中,密封价格就是投标者愿意承担的价格。这个价格主要考虑竞争者的报价研究决定,而不能只看本企业的成本。在投标中,报价的目的是中标,所以报价要力求低于竞争者。

采用这种方法既可以追随市场领先者定价,也可以采用市场的一般价格水平定价。这要根据企业产品特征,及其产品的市场差异性而定。

(3)拍卖定价法。这是指卖方委托拍卖行,以公开叫卖方式引导买方报价,利用买方竞争求购的心理,从中选择高价格成交的一种定价方法。运用这种方法,就是商品所有者或其代理人事先不对商品规定价格,而通过对商品特点的大肆宣传,采取拍卖的方式,使顾客出价竞购,然后以最有利的价格拍板成交。这种定价方法,在西方资本主义国家得到了广泛的运用,从古董、文物、高级艺术品到大宗商品的交易。

拍卖定价法是一种非常有吸引力的定价方式,消费者在拍卖过程中不仅可以获得较低的价格,还可以享受拍卖成功后的喜悦,这是其他定价方法所不能拥有的。

13.1.3 价格制定策略

所谓价格制定策略,是指企业在特定情况下,依据企业既定的定价目标所采取的定价方针和价格对策。它是指导企业进行合理定价的行动准则,直接为实现定价目标服务。但在市场营销实践中,由于企业生产经营的产品和销售渠道及所处的市场状况等条件各不相同,所以企业还需要考虑或利用灵活多变的定价策略,修正或调整产品的基础价格。在激烈的市场竞争中,公司开发的新产品能否及时打开销路、占领市场和获得满意的利润,不仅取决于公司开发的适宜产品,而且还取决于其他市场营销手段和策略的协调配合,其中必不可少的营销策略就是产品的定价策略。一般可以分为以下几种具体的定价策略:新产品定价、心理定价、差别定价策略等。

1. 新产品定价策略

企业新产品能否在市场上站住脚,并给企业带来预期效益,定价因素起着十分重要的作用,因此必须研究新产品的价格策略。新产品定价的常见策略主要有撇脂定价策略、渗透定价策略和满意定价策略三种。

(1)撇脂定价策略。是一种高价格策略,是指在新产品上市初期,价格定得很高,以便在较短的时间内获得最大利润。

这种策略一般用于以下情况。①拥有专利或技术诀窍,研制这种新产品难度较大,用高价也不怕竞争者迅速进入市场。②高价仍有较大的需求,而且具有需求价格弹性不同的顾客。例如,初上市的手机、DV等数码产品,先满足部分价格弹性较小的顾客,然后再把产品推向价格弹性较大的顾客。由于这种产品是一次购买,享用多年,因而高价市场也能接受。③生产能力有限或无意扩大产量。尽管低产量会造成高成本,高价格又会减少一些需求,但由于采用高价格,比之低价增产,仍然有较多收益。④对新产品未来的需求或成本无法估计。定价低则风险大,因此,先以高价投石问路。⑤高价可以使新产品一投入市场就树立高级、质优的形象。

扩展阅读——小案例

苹果的撇脂定价策略

苹果公司的 iPod 产品是最近 4 年来最成功的消费类数码产品,一推出就获得了成功,第一款 iPod 零售价高达 399 美元,即使对于美国人来说,也是属于高价位产品,但是有很多"苹果迷"既有钱又愿意花钱,所以还是纷纷购买。苹果的撇脂定价取得了成功。但是苹果认为还可以"撇到更多的脂",于是不到半年又推出了一款容量更大的 iPod,当然价格也更高,定价 499 美元,仍然卖得很好。苹果的撇脂定价大获成功。

撇脂定价通过高价产生厚利,使企业能够在新产品上市之初,迅速收回投资,减少风险,这是使用撇脂定价策略的根本好处。此外,撇脂定价还有以下几个优点。

◆ 有利于企业掌控调价的主动权。企业在新产品进入成熟期后可以拥有较大的调价余地,不仅可以通过逐步降价保持企业竞争力,而且可以吸引现有目标市场上的潜在需求者,甚至可以争取到低收入阶层和对价格比较敏感的消费者。

◆ 树立企业名牌产品的形象。上市之初,企业由于新产品的独特性和优越性,利用消费者求新求奇、炫耀心理,企业通过制定较高的价格,满足部分追求价高质优的消费者需求,以提高产品定位,创造高价、优质、名牌的形象。

◆ 缓解产品供不应求状况。新产品开发上市之初,由于资金、技术、资源、人力等条件的限制,企业很难以现有生产规模满足所有消费需求,利用高价可以限制需求的过快增长,缓解产品供不应求状况,并且可以利用高价获取的高额利润进行投资,逐步扩大生产规模,使之与需求状况相适应。

撇脂定价策略也存在着以下一些缺点:价格远远高于价值,在某种程度上损害了消费者利益,容易招致公众的反对和消费者抵制,甚至会被当做暴利来加以取缔,诱发公共关系问题;高价高利会导致竞争者的大量涌入,仿制品、替代品迅速出现,从而迫使价格急剧下降。此时若无其他有效策略相配合,企业产品的高价优质形象可能会受到损害,失去一部分消费者;高价产品的需求规模毕竟有限,过高的价格不利于市场开拓、增加销量,也不利于占领和稳定市场,容易导致新产品市场开发失败。

当年,索尼公司的 MP3 也采用撇脂定价策略,但是却没有获得成功。索尼失败原因是产品的品质和上市速度。那时索尼在推出新产品时步履蹒跚,当 iPod mini 在市场上热卖两年之后,索尼才推出了针对这款产品的 A1000,可是此时苹果公司却已经停止生产 iPod mini,推出了一款新产品 iPod nano,苹果保持了产品的差别化优势,而索尼则总是在产品上落后一大步。此外,苹果推出的产品马上就可以在市场上买到,而索尼还只是预告,新产品正式上市还要再等两个月。速度的差距,使苹果在长时间内享受到了撇脂定价的厚利,而索尼的产品虽然定价同样高,但是由于销量太小而只"撇"到了非常少的"脂"。

总体来看,撇脂定价是一种追求短期利润最大化的定价策略,若处置不当,则会影响企业的长期发展。因此,在实践当中,特别是在消费者日益成熟、购买行为日趋理性的今天,采用这一定价策略必须谨慎,一定注意这种方法的适应条件。

（2）渗透定价策略。是一种低价格策略，与撇脂定价完全相反的一种定价策略。即在新产品投入市场时，以较低的价格吸引消费者，从而很快打开市场。这一策略主要利用的是消费者的求廉、求实心理，以低价刺激消费者的购买需求，在消费者心目中树立物美价廉的印象，从而实现产品的市场渗透。这种渗透就像倒入泥土的水一样，从缝隙里很快渗透到底，由此而制定的价格叫渗透价格。

这种策略一般用于以下情况。①企业新开发的产品，在市场上已有同类产品或替代品，但是企业拥有较大的生产能力，并且该产品的规模效益显著，大量生产定会降低成本，收益有上升趋势。②制造新产品的技术已经公开，或者易于仿制，竞争者容易进入该市场。企业利用低价排斥竞争者，占领市场。③出于竞争或心理因素，采用哪一种策略更为合适，应根据市场需求、竞争情况、市场潜力、生产能力和成本等因素综合考虑；④供求相对平衡，市场需求对价格比较敏感。低价可以吸引较多的顾客，可以扩大市场份额。

渗透定价策略的优点是，一方面可以利用低价迅速打开产品销路，占领市场，从多销中增加利润，另一方面又可以阻止竞争者进入，有利于控制市场。因此，渗透定价策略又戏称为"别进来"策略。

不足之处是投资回收期较长，见效慢、风险大，如果产品不能迅速打开市场，或遇到强有力的竞争对手，会给企业造成重大损失，甚至会一败涂地。

（3）满意定价策略。又称为"君子价格"或"温和价格"，是一种介于撇脂定价策略和渗透定价策略之间的价格策略。所定的价格比撇脂价格低，而比渗透价格要高，是一种中间价格。这种定价策略由于能使生产者和顾客都比较满意而得名。满意定价策略既不是利用产品的高价格来获取高额利润，也不是实施低价格制约竞争者进而占领市场。当不存在适合于撇脂定价或渗透定价的环境时，企业一般采取满意定价。例如，一个营销者可能无法采用撇脂定价法，因为产品被市场看做是极其普通的产品，没有哪一个细分市场愿意为此支付高价。同样，它也无法采用渗透定价法，因为产品刚刚进入市场，消费者在购买之前无法确定产品的质量，会认为低价代表低质量；或者是因为，如果破坏已有的价格结构，竞争者会作出强烈反应。当消费者对价值及其敏感，不能采取撇脂定价，同时竞争者对市场份额极其敏感，不能采用渗透定价策略的时候，一般采用满意定价策略。

由于满意价格介于高价和低价之间，因而比前两种策略的风险小，成功的可能性大。但有时也要根据具体情况进行具体分析。

以上三种新产品定价策略的价格与销量的关系如图13-4所示。

2. 心理定价策略

心理定价策略就是企业根据消费者的心理因素来制定产品价格，运用心理学的原理，依据不同类型的消费者在购买商品时的不同心理要求来定价，以此来引导和刺激消费者购买的定价策略。根据消费者心理学，不同的顾客其购买的心理动机也有着很大的差别。所以，企业在定价时就必须考虑消费者的心理因素，有意识地将产品价格定得高些或低些，以满足消费者生理的和心理的、物质的和精神的多方面需求。通过消费者对企业产品的偏爱或忠诚，从而扩大市场销售，获得最大效益。常用的心理定价策略有：尾数定价、整数定价、声望定价和招徕定价等。

（1）尾数定价策略。又称"非整数定价"、"奇数定价"，指给产品定一个以零头数结尾的定价形式。是以奇数或人们喜欢的数字结尾，在直观上给消费者一种价格低廉和企业经

第13章 企业价格策略

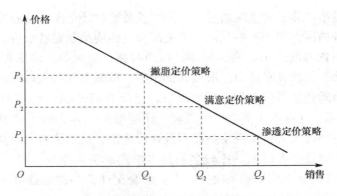

图 13-4 新产品定价策略的价格与销量的关系

过精确计算的最低价格的心里感觉,从而使消费者对企业产品及其定价产生信任感。一般来讲,产品在 5 元以下的,末位数是 9 定价最受欢迎;在 5 元以上的,末位数 95 定价最受欢迎;在 100 元以上的,末位数是 98、99 定价最畅销。当然,尾数定价策略对那些名牌商店、名牌优质产品就不一定适宜。

使用尾数定价,可以使价格在消费者心中产生一些特殊的效应。①精确。带有尾数的定价可以使消费者认为产品定价是非常认真、精确的,连几角几分都算得清清楚楚,进而会产生一种信任感。②便宜。标价 99.97 元的产品和 100.07 元的产品,虽仅相差 0.1 元,但前者给消费者的感觉是还不到"100 元",后者却被认为"100 多元",因此前者可以给消费者一种价格偏低、产品便宜的感觉,使之易于接受。③中意。由于民族习惯、社会风俗、文化传统和价值观念的影响,某些数字常常会被赋予一些独特的含义,企业在定价时如能加以巧用,则其产品将因此而得到消费者的偏爱。例如,我国南方某市一个号码为"9050168"的电话号码,拍卖价竟达到十几万元,就是因为其谐音为"90 年代我一定一路发"。当然,某些为消费者所忌讳的数字,如"13"、"4",企业在定价时则应有意识地避开,以免引起消费者的厌恶和反感。

在实践中,无论是整数定价还是尾数定价,都必须根据不同的地域而加以仔细斟酌。比如,美国、加拿大等国的消费者普遍认为单数比双数少,奇数比偶数显得便宜,所以在北美地区,零售价为 49 美分的产品,其销量远远大于价格为 50 美分的产品,甚至比 48 美分的产品也要多一些。但是,日本企业产品定价却多以偶数,特别是"零"作结尾,这是因为偶数在日本体现着对称、和谐、吉祥、平衡和圆满。当然,企业要想真正地打开销路,占有市场,还是得以优质的产品作为后盾,过分看重数字的心理功能,或流于一种纯粹的数字游戏,只能哗众取宠于一时,从长远来看却于事无补。

(2)整数定价策略。整数定价与尾数定价相反,即按整数而非尾数定价。是指企业把原本应该定价为零数的商品价格改定为高于这个零数价格的整数,一般以"0"作为尾数。这种舍零凑整的策略实质上是利用了消费者按质论价的心理、自尊心理与炫耀心理。整数定价是利用顾客"一分钱一分货"的心理,针对的是消费者的求名,求方便心理,将商品价格有意定为整数,由于同类型产品,生产者众多,花色品种各异,在许多交易中,消费者往往只能将价格作为判别产品质量、性能的指示器。同时,在众多尾数定价的商品中,整数能给人一种方便、简洁的印象。

整数定价可以给顾客一种干脆的感觉，同时整数定价还便于计算和收款。整数定价法通常适用于以下几种情况：对于一些礼品、工艺品和高档商品制定整数价，会使商品愈发显得高贵，满足部分消费者的虚荣心理。例如，高档时装、皮衣等，商家可把基础价格略作变动，凑成一个整数，使顾客对此商品形成高价印象，以吸引社会上高收入阶层。如一件高档西服，如果完全追随竞争者同类商品平均价格，定价为1799元。但有经验的商家则会把零售价格标为1800元，这样不仅不会失去顾客，还能增强顾客的购买欲望。原因在于此类高档品的购买者多系高收入者，重视质量而不很计较价格，认为价格高就是质量好的象征；对方便食品、快餐，以及在人口流动比较多的地方的商品制定整数价格，适合人们的"惜时心理"，同时也便于消费者作出购买决策。人们容易记住商品的整数价，因此，会加深商品在消费者心理上的印象。

（3）声望定价策略。是根据产品在消费者心中的声望、信任度和社会地位来确定价格的一种定价策略。即针对消费者"价高质必优"的心理，对在消费者心目中有信誉的产品制定较高价格。声望定价可以满足某些消费者的特殊欲望，如地位、身份、财富、名望和自我形象等，还可以通过高价格显示名贵优质，因此，这一策略适用于一些传统的名优产品、具有历史地位的民族特色产品，以及知名度高、有较大的市场影响、深受市场欢迎的驰名商标，绝不是一般商品可采用的。例如，德国拜耳公司和中国同仁堂的药品，尽管价格较高，但是仍比一般的低价药畅销。

（4）招徕定价策略。是企业利用消费者的求廉或好奇心理，有意将某种或某些商品的价格定低，甚至只按变动成本定价；或将某种商品的价格定高，高得足以令人吃惊，以吸引消费者进店。在购买了这些低价或高价商品之后，再购买其他正常价格的商品，从而扩大销售，增加利润的一种心理定价策略。

采用招徕定价的要注意一些问题：特价品应该是消费者经常使用的产品，消费者比较熟悉，其"特价"对消费者有相当大的吸引力；特价品是真正降价，以取信于消费者；企业所经营的产品应品种繁多，以利于消费者在购买特价品时选购其他产品；特价产品的品种和数量要适当，因为数量太少会使大多数消费者失望，而数量太多又会使损失过大；用于招徕的降价品，应该与低劣、过时产品明显地区别开来。招徕定价的降价品，必须是品种新、质量优的适销产品，而不能是处理品。否则，不仅达不到招徕顾客的目的，反而可能使企业声誉受到影响。

（5）分级定价策略。又称分档定价心理策略，是指在制定价格时，把同类产品分成几个等级，不同等级的产品，其价格有所不同。从而使顾客感到产品的货真价实、按质论价。例如，服装厂可以把自己的产品按大、中、小号分级定价，也可以按大众型、折中型、时髦型划分定价。这种明显的等级，便于满足不同的消费需要，还能简化企业的计划、订货、会计、库存、推销工作。采用这种定价策略，等级的划分要适当，级差不能太大或太小。否则，起不到应有的分级效果。

（6）习惯定价策略。企业考虑并依照长期被消费者接受承认并已成为习惯便利的价格来定价的方法。有些商品在顾客心目中已经形成了一个习惯价格，这些商品的价格稍有变动，就会引起顾客不满。提价时，顾客容易产生抵触心理，降价会被认为降低了质量。因此，对于这类商品，企业宁可在商品的包装、内容、容量等方面进行调整，也不可采用调价的办法。

3. 差别定价策略

差别定价策略又称区分需求定价法，是指在给产品定价时可根据不同需求强度、不同购买力、不同购买地点和不同购买时间等因素，采取不同的价格。

差别定价一般在以下条件下使用：市场必须是可以细分的，而且各个市场部分须表现出不同的需求程度；以较低价格购买某种产品的顾客没有可能以较高价格把这种产品倒卖给别人；竞争者没有可能在企业以较高价格销售产品的市场上以低价竞销；细分市场和控制市场的成本费用不得超过因实行价格歧视而得到的额外收入；价格歧视不会引起顾客反感；采取的价格歧视形式不能违法。具体有以下几种方法。

（1）用途差价策略。是根据产品的不同用途从而制定有差别的价格。实行这种策略的目的是通过增加产品的新用途来开拓市场。如粮食用做发展食品和用做发展饲料，其价格不同；食用盐加入适当混合物后成为海味盐、调味盐、牲畜用盐、工业用盐等以不同的价格出售；另外，如标有某种纪念符号的产品，往往会产生比其他具有同样使用价值的产品更为强烈的需求，价格也要相应调高。如奥运会期间，标有会徽或吉祥物的产品的价格，比其他未做标记的同类产品价格要高出许多。

（2）质量差价策略。高质量的产品，包含着较多的社会必要劳动量，应该实行优质优价。当然这个价格差要使消费者接受，并非一件简单的事情。在现实的市场营销中，必须使产品的质量为广大消费者所认识和承认，成为一种被消费者偏爱的名牌产品，才能产生质量差价。因此，质量差价策略必须依靠其他营销因素的配合才能实现。对于尚未建立起声誉的高质量产品，不要急于和竞争者拉开过大的差价，而应以促销等多方面努力，争取创立优秀品牌的产品形象；对于已经创名牌的优质产品，则可以较大的差价提高产品身价，吸引那部分喜爱名牌产品的消费者。

（3）地点差价策略。是对同一种产品在不同的销售地点或销售场所制定不同的价格。一般来讲，产品的生产和消费都有一定的空间距离和服务成本，要满足消费者的需求，不同的地点就必然涉及不同的运输、仓储等费用，而不同的销售场所又会有不同的服务费用，所以，企业会针对这些费用的分摊而采用一种差别定价策略，只是这种价格差别并不完全反映其成本费用的差额。

（4）时间差价策略。不同季节、不同日期，甚至在不同时点的商品或劳务可以制定不同的价格。例如，旅游宾馆、饭店在旅游旺季和淡季的收费标准不同；公用事业（如电话、电报等）在不同时间（白天、夜晚、节假日、平日等）的收费标准不同；出租、小摊贩车在白天和夜晚的收费标准不同，等等。

综上所述，市场上具体的营销价格是变化多端的，最易使人"捉摸不定"，企业必须十分重视价格手段的应用。但也应该指出，企业在制定价格时要注意与其他非价格竞争手段的协调配合。单纯的价格竞争，可能引发企业间的价格战，使企业形象受损。而且对于现实中市场营销活动来说，价格本身也仅是吸引顾客的因素之一。

13.2 价格调整策略

企业定价并不是一劳永逸的，企业的生产经营活动处于一个不断发展变化的环境中。随着需求状况和竞争环境的变化，企业必须对现行价格予以适当的调整，才能适应变化的环境。价格调整策略是企业主动调整价格的形式，这种调整有提价和降价两种策略。

13.2.1 企业提价策略

1. 企业提价的原因

（1）成本上升。原材料短缺、通货膨胀、汇率变动等因素都可能造成企业成本增加，当增加的幅度超过企业的承受能力时，企业就不得不提价以将成本压力转嫁给中间商和消费者。

（2）改进产品。公司通过技术革新，提高了产品质量，改进了产品性能，增加了产品功能。公司为了补偿改进产品过程中支付的费用和显示其产品的高品位而提高了产品价格。

（3）企业的产品供不应求，不能满足其所有顾客的需要。通过提价可以将产品卖给需求强度最大的那一部分顾客，不但平衡了需求，而且能够增加企业收益。

（4）竞争策略的需要。有的企业涨价，并非出于前几个原因，而是由于竞争策略的需要。以产品的高价格，来显示产品的高品位。即将自己产品的价格提高到同类产品价格之上，使消费者感到其产品的品位要比同类产品高。

（5）塑造产品和企业的优质形象。企业提价可以利用消费者"价高质优"的心理定势来塑造产品形象，甚至可以利用消费者"好货难寻"的心理制造好的产品供应紧缺的现象，在消费者心目中留下一个较深刻的印象。这种做法常用在革新产品和贵重商品的营销中；生产规模受到限制而短期内又难以扩大的产品也经常会使用这种招数。

2. 企业提价的方式

（1）在通货膨胀的情况下，企业还可以通过以下方式提价。

①采取推迟报价定价的策略。就是企业暂时不规定最后价格，等产品制成时或交货时才规定价格。工业建筑、重型设备制造等行业中采用这种方法。

②在合同上规定调整条款。即企业在合同上规定一定时期内（一般到交货时为止）可以按照某种价格指数来调整价格。

（2）企业可以用许多方法来提高价格，通常采用直接提价与间接提价两种形式。

①直接提价、即公开涨价。企业将涨价的情况传递给消费者，使其支持价格上涨。调高价格时，企业必须与消费者进行交流，告诉消费者为什么产品价格会被提高，避免形成价格欺骗的形象。

②间接提价。则是通过取消折扣、在产品线中增加高价产品、实行服务收费、减少产品的不必要的功能等手段来实现，这种办法十分隐蔽，几乎不露痕迹。

只要有可能，企业应该考虑采用其他的办法来弥补增加的成本和满足增加的需求，而不用提高价格的办法。例如，可以缩小产品而不提高价格，这是糖果企业经常采用的办法。或者可以用较便宜的配料来替代，或者除去某些产品特色、包装或服务。或者可以"拆散"产品和服务。

13.2.2 企业降价策略

1. 企业降价的原因

（1）开拓新的细分市场。一个市场由不同的价格敏感性消费者群体组成，当企业想把顾客群体从少数的革新者拓展到大众消费者群体时，降价是必须考虑的选择。

第13章 企业价格策略

(2) 存在竞争压力。企业在竞争对手降价或者新加入者增多的强大竞争压力下，企业的市场占有率下降，迫使企业以降价方式来维持和扩大市场份额。如美国的汽车、家用电器、手表和钢铁等行业，被日本竞争者挤占了市场份额之后，美国企业就采取了更有攻击性的降价行动来反击。例如，通用汽车公司在与日本汽车竞争最激烈的西海岸，把它的超小型汽车价格降低10%。

(3) 企业急需回笼大量现金。对现金产生迫切需求的原因既可能是其他产品销售不畅，也可能是为了筹集资金进行某些新活动，而资金借贷来源中断。此时，企业可以通过对某些需求的价格弹性大的产品予以大幅度削价，从而增加销售额，获取现金。

(4) 公司的生产能力过剩，需要扩大销售，而又不能通过产品改进和加强销售等措施来扩大销售，在这种情况下，公司就必须考虑降价。

(5) 追求规模经济效应。企业决策者预期，削价会扩大销售，获得更大的生产规模，从而可以大幅度降低成本。特别是企业的成本原本就比竞争者低时，通过降价还可以进一步降低成本，进而有效阻止竞争者的竞争。

(6) 公司的成本比竞争者低。公司希望通过削价方式来提高市场占有率，从而扩大生产和销售，控制市场。

(7) 经济形势。在经济紧缩的形势下，由于币值上升，价格总水平下降，公司的产品价格也应降低。

(8) 需求曲线的弹性大。在这种情况下，降价可以扩大销量，增加收入。

另外，企业降价还有驱逐边际生产者，即以现有价格销售仅能保本的竞争者，以及政策法律环境的要求等原因。

2. 企业降价的方式

降价最直截了当的方式是将企业产品的目录价格或标价绝对下降，但企业更多的是采用各种折扣形式来降低价格。具体有以下策略。

(1) 现金折扣。是企业对在规定的时间内提前付款或用现金付款的消费者所给予的一种价格折扣。其目的是鼓励消费者尽早付款，加速企业资金周转，降低产品销售费用，减少财务风险。采用现金折扣一般要考虑三个因素：折扣比例；给予折扣的时间限制；付清全部货款的期限。例如，某企业规定，提前10天付款的顾客，可享受2%的价格优惠，提前20天付款的顾客，可享受3%的价格优惠。

提供现金折扣等于降低价格，所以，企业在运用这种手段时要考虑商品是否有足够的需求弹性，保证通过需求量的增加使企业获得足够利润。此外，由于我国的许多企业和消费者对现金折扣还不熟悉，运用这种手段的企业必须结合宣传手段，使买者更清楚自己将得到的好处。由于现金折扣的前提是商品的销售方式为赊销或分期付款，因此，有些企业采用附加风险费用、管理费用的方式，以避免可能发生的经营风险。同时，为了扩大销售，分期付款条件下买者支付的货款总额不宜高于现款交易价太多，否则就起不到"折扣"促销的效果。

(2) 数量折扣。是指卖方为了鼓励买方大量购买，或集中购买其产品，根据购买者的所购买的数量给予一定的折扣。分为累计数量折扣和非累计数量折扣。累计数量折扣，即规定在一定时期内，购买总数超过一定数额时，按总量给予一定的折扣。如一客户在一年中累计进货超过10000件，每次购货时按基本价格结算收款，到年终，营销企业按全部价款的

5%返还给该客户。采用这种策略有利于鼓励顾客集中向一个企业多次进货,从而使其成为企业的长期客户。采取这种策略,可以鼓励顾客经常购买本企业的商品,稳定顾客,建立与顾客的长期关系;同时,适宜推销过时、滞销或易腐易坏的商品。这种策略在批发及零售业务中经常采用。非累计数量折扣,即规定顾客每次购买达到一定数量或购买多种产品达到一定的金额所给予的价格折扣。采取这种策略,可以鼓励顾客大量购买,扩大销售,同时又可以减少交易次数和时间,从而节省人力、物力等方面的费用,达到增加利润的目的。例如,一次购买100个单位以下,单价20元,购买1000个单位以上,单价15元。

（3）季节折扣。是卖主向那些购买非当令商品或服务的买者提供的一种折扣,它使生产者的生产在一年之中得以稳定。采取这种策略,是为了减少企业的仓储费用,加速资金周转,实现企业均衡生产和经营。例如,旅馆、旅游景点、航空公司在他们的经营淡季会提供季节折扣,服装商场对反季节购买服装的顾客也会提供季节折扣;冬季购买电风扇,夏季购买皮大衣,旅游淡季乘坐飞机等都可给予一定的价格折扣。

（4）津贴和回扣。津贴是企业对特殊顾客以特定形式所给予的价格补贴或其他补贴。比如,当中间商为企业产品提供了包括刊登地方性广告、设置样品陈列窗等在内的各种促销活动时,生产企业给予中间商一定数额的资助或补贴。又如,对于进入成熟期的消费者,开展以旧换新业务,将旧货折算成一定的价格,在新产品的价格中扣除,顾客只支付余额,以刺激消费需求,促进产品的更新换代,扩大新一代产品的销售。这也是一种津贴的形式。回扣是间接折扣的一种形式,它是指购买者在按价格目录将货款全部付给销售者以后,销售者再按一定比例将货款的一部分返还给购买者。

除上述折扣降价的策略,还有以下策略:①增加额外费用支出。在价格不变的情况下,企业增加运费支出,实行送货上门,或免费安装、调试、维修及为顾客保险等。这些费用本应该从价格中扣除,因而实际上降低了产品价格。②改进产品的性能,提高产品的质量。增加产品功能,提高产品质量。在价格不变的情况下,实际上等于降低了产品的价格。③馈赠礼品。在其他条件不变的情况下,给购买商品的顾客,馈赠某种礼品,如玩具、工艺品等。赠送礼品的费用应从商品价格中补偿,这实际上也等于降低了商品的价格。

13.2.3 顾客对企业价格调整的反应及对策

顾客对价格调整的反应是检验调价是否成功的重要标准,因此,必须对此进行认真分析和研究。分析顾客对调价的反应,既要看顾客的购买量是否增加,又要研究顾客的心理变化,研究顾客是如何理解这次调价,以便从中找出正确的答案,采取有效的措施。

1. 消费者对提价的反应及对策

有利的反应会认为企业的产品质量提高,价格自然提高;这种产品畅销,供不应求,因此提高了售价,而且价格可能继续上升,不及时购买就可能买不到;该产品正在流行等。不利的反应是认为企业想通过产品提价获取更多的利润。消费者还可能作出对企业无害的反应,如认为提价是通货膨胀的自然结果。由于不同产品的需求价格弹性存在差异,因此不同产品的价格调整对消费者的影响是不同的。另外,消费者不但关心产品的价格,还关心使用产品、维修产品产生的相关费用。如一般的分体空调使用三至五年后都要加注氟利昂,而海信集团投资100万美元引进氟检测装置,保证了空调器终身不用加注氟利昂。这就降低了空调昂贵的维修使用费,使企业产品能以较高的价格出售。

2. 消费者对降价的反应及对策

消费者对企业降价作出的反应是多种多样的，有利的反应是认为企业生产成本降低了，或企业让利于消费者。不利的反应有：这是过时的产品，很快会被新产品代替；这种产品存在某些缺陷；该产品出现了供过于求；企业资金周转出现困难，可能难以经营下去；产品的价格还将继续下跌。

13.3 竞争者价格变动的应对

产品在定价以后，由于情况发生了变化，经常需要对价格进行调整，尤其是竞争者的价格发生了变动，企业不得不作出相应的反应，以适应市场竞争的需要。这是一种被动的价格调整。当竞争者发起价格变动时，企业首先要弄清楚竞争者发动价格变动的目的，并对竞争者的实力进行充分分析，然后分析价格变动对其他竞争者及其消费者带来的影响。企业还必须考虑如果采取相应的价格或非价格的行动所付出的代价比迁就竞争者的减价付出的代价要少，那么就不一定要跟着采取相应的价格行动。具体来说，面对竞争者的价格变动，企业可作出如下反应。

1. 调查收集信息，进行合理分析

面对竞争者的调价，企业在作出反应前，应对下列问题进行调查和分析研究。
（1）为什么竞争者要进行产品调价？
（2）竞争者的产品是暂时调价还是永久调价？
（3）如果企业对此不作出反应，会对企业的市场占有率和利润产生什么影响？
（4）其他企业对竞争者的产品调价是否会作出反应？这又会对企业产生什么影响？
（5）竞争者和其他企业对于本企业的每一个可能的反应又会有什么反应？

2. 分析本企业的现实状况
（1）本企业的竞争实力，包括产品质量、售后服务、市场份额、财力状况，等等。
（2）本企业产品的生命周期及需求的价格弹性。
（3）竞争对手调价对本企业有何影响。

3. 采取合理的应对策略

一般情况下，对调高价格的反应，比较容易，方法主要有：跟随提价和价格不变。企业经常受到其他企业以争夺市场占有率为目的而发动的挑衅性产品降价攻击。当竞争者的产品质量、性能等方面与企业的产品没有差异或差异较小时，竞争者产品的低价有利于其扩大市场份额。在这种时候，企业可以选择的主要对策如下。

（1）维持原来的价格不变，运用非价格手段出击。如果企业认为产品降价会导致企业利润大幅减少，或认为企业消费者忠诚度会使竞争者市场份额的增加极为有限，可能采取这一策略。例如，公司改进产品、服务和信息沟通等。一般来讲，价格不动而增加给顾客的利益比削价更有竞争力。但如果由于竞争者市场份额增加而出现其竞争信心增强、企业消费者忠诚度减弱或企业员工士气动摇等情况，那么这一策略可能会使企业陷入困境。

（2）跟随降价，即跟着竞争者降价。这是在竞争者的降价幅度较大时采用的。这种方法一般是公司认为市场对价格非常敏感，而且竞争对手的降价幅度又很大，如果企业不降价将会导致市场份额大幅度下降，影响公司以后的市场竞争和生产经营活动，损害公司的长远利益。要恢复原有的市场份额将付出更大代价，企业应该采取这个策略。至于降低到与竞争者相同的幅度，还是较小幅度，或更大幅度，要根据具体情况进行具体分析。总的来说，公司降价的幅度或极限，要能使销量的增加足以维持公司原有的利润。

（3）在同质产品市场上，如果竞争者降价，企业必须随之降价，否则顾客就都会购买竞争者的产品；如果某一个企业提价，其他企业也可能随之提价，但只要有一个不提价的竞争者，那么这种提价行为只能取消。在异质产品市场上，企业对竞争者的价格调整的反应有更多的自由。因为在这种市场上，顾客选择产品不仅考虑价格因素，同时还会考虑产品的质量、性能、服务、外观等多种因素。顾客对于较小价格差异并不在意的条件，使得企业面对价格竞争的反应有了更多的选择余地。

（4）推出更廉价的产品进行竞争。可以在市场占有率正在下降时，在对价格很敏感的细分市场上采取这种策略。

（5）进行产品提价并开发新品牌来围攻竞争者的降价品牌。这将贬低竞争者降价品牌的市场定位，提升企业原有的品牌定位，也是一种有效的价格竞争手段。

综上所述，企业在面对竞争对手的价格变动时，具体采用何种对策，必须根据企业内外的具体情况综合而定。竞争者发动的价格竞争往往是经过周密策划的，留给企业作出反应的时间很短。因此，企业应该建立有效的营销信息系统，加强对竞争者有关信息的搜集，随时做好准备，以便对竞争者可能的调价行动作出正确预测，同时还应建立应付价格竞争的反应决策模式，以便缩短反应决策时间，成为价格变动的主动者。

引导案例解析

消费者在购买商品时存在求实、求新、求质、求美、求廉、求名等多种心理，这些心理都会对消费者的认知价值产生影响，进而影响消费者的购买行为。只有准确把握消费者的消费心理，才能制定出既能适应消费者的需要，又有利于扩大商品销售和提高企业经济效益的价格策略。

课后思考

1. 项目组织的定义及特点是什么？
2. 企业提价和降价策略的主要方式有哪些？
3. 试比较成本导向、需求导向和竞争导向三种定价方法。
4. 简述主要的定价技巧。
5. 假如你的主要竞争者把产品价格降低了15%，你应该如何应对？

第13章 企业价格策略

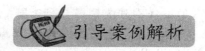

两厢POLO：神奇"高价"上市

POLO作为德国大众旗下最负盛誉的品牌之一，于1975年面世，被称为德国大众的"神奇小子"。2001年9月，德国大众推出第四代POLO轿车，首次在有"车坛奥运会"之称的法兰克福车展上亮相，其造型优美，技术领先，装备齐全，性能可靠，成为车展上的明星，同年11月在欧洲上市。在2001年12月开幕的"2001年中国上海国际汽车展览会"上，第四代POLO轿车首次向中国消费者揭开神秘面纱。

在POLO上市前，国内市场已经拥有众多经济型轿车，与POLO目标顾客类同的车型有赛欧、派力奥、夏利2000。在POLO上市前，业内人士就将它们称为"四大名旦"。赛欧最早提出10万元紧凑型轿车概念，并成为家用经济型轿车的一匹黑马，上市以来一直是经济型轿车的销售冠军。2002年1月29日，派力奥下线的前一天，上海通用大幅调整了赛欧的市场价格，最低为9.28万元，赛欧再次成为媒体的焦点。与赛欧一直相持不下的夏利2000，也在之前的1月11日将其价格调到了9.7万元，此后出现了天津汽车历史上绝无仅有的局面——全国各大城市，夏利销售断档。在POLO接受正式预订前的3月22日，南京菲亚特在北京长城居庸关为派力奥举办了隆重的上市仪式，将售价9.59万元、1.5升排量标准配置型和售价10.99万元、1.5升排量豪华款的车先投放到了市场上，但没有同时投放售价8.49万元的1.3升派力奥。三款车中派力奥最低销售价格是8万多元，赛欧、夏利2000都在10万元左右，POLO与这三款车在车型、排量上非常接近，加上先前风行的"10万元紧凑型轿车概念"，于是，人们对于POLO的价位就有了更多的期盼。

基于赛欧、派里奥和夏利2000的价格，上海大众不希望消费者将POLO和它们作比较。上海大众汽车公司总经理南阳在接受记者采访时表示"POLO是一款缩小的帕萨特，它的功能、配置、驾乘感觉都与帕萨特一脉相承，是国内其他紧凑型轿车无法比的。我们的目标竞争对手是WTO后大批进入中国的标致206、丰田Yaris、欧宝可赛这样的车型。"上海大众极力宣传POLO是中国第一款真正与世界同步推出的轿车，是一款融合高新技术与潮流魅力的产品，并不是人们所说的经济型轿车，而是紧凑型轿车。与菲亚特派力奥、上海通用赛欧等比较，大众POLO的技术含量比它们高得多，并且有双安全气囊、ABS等中高档轿车才有的装备。同时为了使POLO能适应中国路况，上海大众拿出82辆样车，经过了200万公里的试验。

1月29日，上海上汽大众汽车销售有限公司推行新的经销商商务政策，并重新核定上海大众各产品的市场最低限价。此项举措出台后，上海大众各品种的实际市场价格均有不同程度的降低，其中普桑在6000元左右，桑塔纳2000型为10000元左右，帕萨特部分产品在16000元左右。调价后，桑塔纳最低价已接近10万元，价格区间在10.73万~12.24万元。

POLO上市前，上海大众进行了大量的宣传活动。2001年12月9日，在POLO轿车"2001年中国上海国际汽车展览会"上，首次向中国消费者揭开神秘面纱，引起媒体关注。

"ruPOLO？"这句时尚的广告语，拉开POLO广告宣传的序幕。一时间，"是你吗？POLO"这句广告语比比皆是，铺天盖地的广告冲击和媒体宣传，让人们不得不对这款"与全球同步"、"科技与时尚的完美结合"的轿车反复关注。3月20日至25日，"天涯海角任我行——POLO首次全国记者试车"活动开始，POLO获得好评如潮。9月，上汽大众以POLO冠名赞助了当年的上海国际女子网球公开赛。广泛的宣传活动让消费者对POLO充满了期待。

3月25日，POLO轿车总经销商——上汽大众汽车销售有限公司正式宣布，即日起POLO轿车正式接受预订，4月8日正式投放市场。一时间，向各经销商咨询的电话此起彼伏，订购的人络绎不绝，到3月28日，上汽大众172家特许经销商4天的时间里累计接受订单超过5000辆，创造了中国轿车销售史上的新纪录。4月8日1.4升POLO上市，价位分别为12.75万元至14.8万元之间，主要有手动挡舒适型12.75万元、12.81万元及豪华型14万元；自动挡舒适型13.55万元、13.41万元及豪华型14.8万元。此前，先期上市的德国产1.4升手动波罗轿车在德国售价约为1.3万~1.4万欧元，折合人民币10万元左右（不含消费税，中国的车价已含消费税），与4月8日上市的价格相比，欧洲车价比中国便宜约25%左右，差不多是2006年后中国最低汽车进口关税。尽管如此，公布的价格明显超出了人们先前的估计。但POLO面市当月销量达到3041辆。2002年9月12日，1.6升POLO上市，售价13.55万~14.8万元，此时POLO销量突破15000辆，平均达到每天销售100辆。截至2003年9月底，POLO的总销量为59800辆。2003年9月12日，POLO开始降价，价格降幅为8100元~11100元，高价撇脂策略结束。

POLO的面世，填补了上海大众的整条价格链中13万~15万元的空缺。从普桑到POLO，再到桑塔纳2000，最后还有帕萨特，上海大众拥有了中国汽车企业最完整的一条价格链条。从POLO车13万~15万元的定价中，其战略意义已可见端倪。2003年2月28日，上海大众两门Gol轿车正式上市，上市的Gol是两门导入型、两门基本型和两门舒适型三款，定价从7.5万~9.83万元。如此将上海大众的产品线价格链延伸至10万元以下。

（资料来源：http：//course.shufe.edu.cn/course/marketing/allanli/polo.htm）

思考题：
1. 两厢POLO上市时采取了何种定价策略？
2. 从本案例中分析两厢POLO定价主要考虑了哪些影响因素？
3. 两厢POLO上市时的价格为什么会"大大超出消费者的预期"呢？

第 14 章 营销渠道策略

◎ 本章要点
- 营销渠道含义、功能
- 营销渠道的分类
- 营销渠道的设计原则
- 中间商、批发商的类型
- 中间商和批发商的营销策略

◎ 本章难点
- 掌握营销渠道的设计原则
- 中间商的营销策略
- 批发商的营销策略

◎ 课前思考
- 怎样进行渠道成员的选择?
- 如何解决渠道冲突?
- 如何促进渠道成员间的合作?

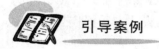 引导案例

"掉渣儿烧饼"

小小烧饼,成就了一个女大学生的创业梦想。年仅 27 岁的晏琳是最近火爆江城的掉渣儿烧饼公司老板,人称"烧饼西施"。短短 5 个月,她的烧饼连锁店已发展到了 22 家。2001 年晏琳从生物工程专业毕业,2005 年 3 月,晏琳辞职,她的第一家掉渣儿烧饼店在武汉大学门口开张,最高峰一天能卖出近 3 000 个烧饼,日营业额 6 000 元。两个月后,晏琳在汉口利济北路的第二家店开张的烧饼同样供不应求,烧饼店出现排队的长龙。四个月后,晏琳在武汉注册成立了"掉渣儿食品管理有限公司",在中国工商总局注册"掉渣儿烧饼"商标,向中国专利局申请了配方的发明专利,公司 140 多平方米的办公室位于武汉大学对面的樱花大厦,并以近万元的月薪聘请原小蓝鲸执行总经理杨敏刚担任 CEO。

晏琳计划以特许经营的方式开拓市场,先在武汉开 5~6 家直营店,20~30 家加盟店,进而攻占全国。并扬言:2008 年奥运会时,一定能在北京吃到"掉渣儿烧饼!""掉渣儿烧饼"连锁加盟横空出世,且门槛不低。合同一签就是 3 年。繁华地段保证金 2 万、加盟费 4 万,一般地段保证金 1 万、加盟费 3 万;为避免配方被外泄后"变味",馅料配方不向加盟

店公布，加盟店必须从公司指定的厂家购买馅料、面粉。到了8月份，加盟店迅速扩张到34家。

媒体对这位"烧饼皇后"大肆加以报道，一时间，浑水摸鱼发"掉渣儿"财的人蜂拥而至，有做小本生意开店卖烧饼的；有搞加盟收加盟费的；有卖配方的，价格也越来越低，从"300元传授恩施土家烧饼制作技术及提供配方"，到"188元出售土家掉渣烧饼——中国式比萨的制作秘方"，直到网上随处可见的"100块钱学土家掉渣烧饼配方"的帖子。

半年后的江城，大街小巷冒出300多家烧饼店。此外，在北京、上海、南京、广州、杭州、重庆等地傍着"掉渣儿"走的烧饼店不断蔓延，诸如：掉渣渣、掉掉渣、土掉渣、掉渣王、土家掉渣……。一时间长城内外烧饼香，无论是北京的王府井、还是上海的徐家汇，手里拿着个牛皮纸袋，边吃烧饼边赶地铁的白领随处可见，成为都市一景。从2005年3月起的短短十几个月的时间，大街小巷随处可见扔在地上的写有"油而不腻，口感柔和，入口即融，鲜香可口"广告词的牛皮纸带。

这是继2001年，借池莉编剧的电影《生活秀》的上映，武汉鸭脖风靡全国之后，又一发迹于湖北、旋风般横扫武汉、并迅速走红全国的地方风味小吃。北京的前门、西单、新街口、公主坟、地安门等繁华地段，毗邻而开的烧饼店随处可见。与曾经风靡一时的呼啦圈一样，号称"中国式比萨"的掉渣儿烧饼同样来去匆匆，难逃短命的命运。

（资料来源：http：//tieba.baidu.com/f? kz=50553077）

案例思考：结合本案例，说明"掉渣儿烧饼"失败的根本原因是什么？

14.1 营销渠道概述

营销渠道是企业赖以生存的关键，在麦肯锡提出的4P营销组合决策中，最值得研究、最有挑战性、最变化多端的就是营销渠道决策。菲利普·科特勒曾将营销渠道决策称为"企业面临的最复杂、最富有挑战性的决策"。营销人员常常形象地将"左手抓广告，右手抓渠道"和"得渠道者得天下"这两句话挂在嘴边。

14.1.1 营销渠道的概念

营销渠道也称贸易渠道或分销渠道。美国市场营销学权威菲利普·科特勒认为："营销渠道是指某种货物或劳务从生产者向消费者移动时，取得这种货物或劳务所有权或帮助转移其所有权的所有企业或个人。"简单地说，营销渠道就是商品和服务从生产者向消费者转移过程的具体通道或路径。

严格地讲，营销渠道和分销渠道是两个不同的概念。一条市场营销渠道是指那些配合生产、分销和消费某一生产者的某些货物或劳务的一整套所有企业和个人。就是说，一条市场营销渠道包括某种产品的供产销过程中所有的企业和个人，如资源供应商、生产者、商人中间商、代理中间商、辅助商（如运输企业、公共货栈、广告代理商、市场研究机构等）以及最终消费者或用户等。现在营销渠道和分销渠道两个概念多混用。

14.1.2 营销渠道的功能

从经济系统的观点来看，市场营销渠道的基本功能在于把自然界提供的不同原料根据人类的需要转换为有意义的货物搭配。在这一过程中,需要各方的共同努力,完成产品的一系列价值创造的活动,形成产品的形式效用、所有权效用、时间效用和地点效用。市场营销渠道对产品从生产者转移到消费者所必须完成的工作加以组织,其目的在于消除产品(或服务)与使用者之间的差距。市场营销渠道的主要职能有以下几种。

(1) 调研:分析和传递有关顾客、行情、竞争者及其他市场营销环境信息。
(2) 促销:传递与供应品相关的各类信息,与顾客充分沟通并吸引顾客。
(3) 接洽:供销双方达成产品价格和其他条件的协议,实现所有权或持有权转移。
(4) 配合:使所供应的货物符合购买者需要,包括制造、评分、装配、包装等活动。
(5) 谈判:为了转移所供货物的所有权,而就其价格及有关条件达成最后协议。
(6) 物流:组织供应品的运输和储备,保证正常供货。
(7) 融资:为补偿渠道工作的成本费用而对资金的取得与支用。
(8) 风险:承担与从事渠道工作有关的全部风险。

14.1.3 营销渠道的类型

1. 传统营销渠道类型

传统营销渠道是指由独立的生产者、批发商、零售商和消费者组成的营销渠道。这种渠道的每一个成员均是独立的,他们都为追求自身利益最大化而与其他成员短期合作或展开激烈竞争,没有一个渠道成员能够完全或基本控制其他成员。按照不同的标准,营销渠道一般可划分为以下类型。

(1) 按照生产者是否利用中间商,分为直接渠道和间接渠道。

①直接渠道,是指生产者不利用任何中间商,直接把产品销售给消费者或用户的营销渠道。如上门推销、邮购销售、制造商设立自销门市部、沿街设摊等都属于直接渠道。选择直接渠道,生产者通过与消费者的直接接触,能及时、全面地了解市场的需求变化,及时调整经营决策,更好地满足顾客需要。没有中间商插手其间,从而能够减少商品处在流通领域里的时间,使产品及时进入消费领域,提高产品的竞争能力;还可以根据消费者和用户的特殊要求开展销售服务工作,指导消费,从而促进产品销售。但直接渠道也有缺点,主要表现在:增加了销售机构、人员和设施,从而增大了销售费用;并且也会增加管理难度。

直接渠道是工业品分销的主要类型。例如大型设备、专用工具及技术复杂需要提供专门服务的产品,都采用直接分销。在消费品的销售中比较适合于产量少、销售范围小或市场比较集中的生产企业,如时装、鲜活商品等采用直接渠道是有利的。企业直接营销的方式比较多,如企业派推销员上门推销产品,订购分销,或开展邮购业务,或自设销售门市部等都属于这种类型的渠道。

②间接渠道,是指商品从生产领域向消费领域转移过程中经过若干中间商的营销渠道。由于中间商具有集中、平衡和扩散的功能,间接渠道可以简化交易次数,节省流通费用,能有助于产品广泛分销,有利于企业之间的专业化协作,有助于缓解生产者人、财、物等力量的不足,减少生产企业的资金占用,加快资金周转;中间商具有丰富的营销知识和经验,与顾客有着广泛而密切的联系,最了解顾客需求状况,因此,通过中间商更有利于促销销售,增强企业的销售能力。但间接渠道也有缺点,主要表现在:不便于产销直接沟通信息。流通环节的损失如果都转嫁到价格中将加重消费者的负担,中间商服务工作欠佳可

能导致抵触情绪,甚至引起购买的转移。一旦其多数中间商的销售受阻,可能形成需求在时间或空间上滞后于供给的"需求滞后差",甚至导致市场疲软。间接渠道在消费品的销售中采用得比较广泛。在工业品中的附属设备,易耗品,农用化肥、农药、小型农具等也多采用这种形式。

(2)根据商品在流通过程中所经过环节或层次的多少,分为长渠道和短渠道。分销渠道的长度是指产品从企业到最终消费者(用户)的转移过程中所经历的中间环节数。显然,没有中间环节的直接渠道最短;经过的环节、层次越多,销售渠道就越长。如零级、一级、二级、三级,即为渠道的不同长度。

①长渠道,是指产品由企业向最终消费者转移的过程中,经过两层或两层以上中间环节的分销渠道,如二级、三级等;一般适用于销售量大、销售范围广的产品。

长渠道的优点是:可以减少生产企业的资金占用、交易成本和其他营销费用;有助于生产企业开拓市场,从而扩大商品销售量。其缺点是:流通费用增加,不利于减轻消费者的价格负担。

②短渠道,是指不经过任何中间环节或只经过一层中间环节的分销渠道,如零级、一级。一般来说,技术性强的产品,需要较多相关服务的产品及保鲜要求高的产品需要较短的渠道。

短渠道的优点是:可以使商品迅速到达消费者手中,减少商品使用价值的损失,有利于开展售后服务,降低产品价格;有助于生产者和中间商建立直接、密切的合作关系。其缺点是生产者承担商业职能多,不利于集中精力搞好生产。

分销渠道层数如图 14-1 所示。

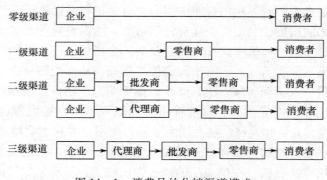

图 14-1 消费品的分销渠道模式

(3)根据营销渠道中每个层次使用同种类型中间商数目的多少,分为宽渠道和窄渠道。

①宽渠道。宽渠道是指商品在从生产领域向消费领域转移过程中同时使用较多数目同种类型中间商的营销渠道。

宽渠道的优点是:分销面广,可以使消费者随时随地买到产品,促使中间商展开竞争,使生产者有一定的选择余地,提高产品的销售效率。其缺点是各个中间商推销商品不专一,不愿意花费更多的促销精力;生产者与中间商是一种松散关系,不利于合作,并且生产企业几乎要承担全部推广费用。

②窄渠道,是指商品在从生产领域向消费领域转移过程中使用较少数目同种类型中间商的营销渠道。

窄渠道的优点是：被选择的中间商在当地市场有一定的地位和声誉，容易合作；有利于密切厂商之间的关系；有利于生产企业控制营销渠道；有利于借助中间商的信誉和形象提高产品的销售业绩。其缺点是中间商要求折扣较大，生产商开拓市场费用比一般要高。

（4）根据营销渠道的宽度，分为独家营销、选择性营销和密集性营销。

①独家营销，是指生产企业在某一地区仅选择某一家中间商销售其产品的营销渠道。一般只有产品和市场具有特异性的生产者才会采用独家分销。例如，具有品牌优势的生产者、专业用户生产者等。这种渠道的优点是有利于密切生产企业与中间商的关系；有利于生产者控制市场，树立产品形象，易于控制零售商价格；在广告和其他推广方面能够得到中间商的合作；鼓励中间商提高推销效率，加强对顾客销售、运输、结算等手续的简便，可以减少销售费用；排斥竞争者利用此渠道等。其缺点是市场覆盖度过低，可能会失去部分潜在顾客；生产者过分依赖中间商，具有较大的风险性；合适的中间商不易物色等，不利于开展竞争和消费者选择，西方一些国家禁止采用此种营销方式。

②选择性营销，是指生产企业在每一道环节上都只利用少数几家经过精心挑选的、最合适的中间商来销售其产品。消费品中的选购品和特殊品、工业品中的零配件一般采用选择性营销。这种渠道的优点是容易密切生产企业与中间商的关系；中间商会主动开展一些推广活动；有利于生产厂家对中间商进行控制。例如，美国小型电器公司——道美尔公司在1958年经济衰退时在全国97个市场区域中将1 500个批发商减少了123个，结果销量反而增加18%。

③密集性营销，又称广泛营销，是指生产者在分销渠道的同一层次上选用尽可能多的中间商，以达到很高的市场覆盖密度。消费品中的便利品和产业用品中的供应品，为了方便购买者随时随地购买，一般采用密集性分销。这种渠道的优点是便于购买者及时和就近购买，缺点是生产企业几乎要承担全部推广费用。

2. 现代营销渠道类型

现代营销渠道系统是按照分销的组织形式来划分的。随着市场经济的发展和企业在竞争中逐渐成熟，促使新的渠道组织形式不断出现。

（1）垂直渠道系统。也称纵向渠道系统，是由生产企业、批发商、零售商根据纵向一体化的原理组成的渠道销售系统。包括以下三种形式。

①统一式垂直渠道系统。是指一家公司拥有和统一管理生产部门和销售部门，控制营销渠道的若干层次。选择建立这种营销渠道系统，需要国际企业拥有巨大的经济实力。国际企业在确定好各环节的渠道成员后，通过购买其股票以控股方式取得部分所有权、支配权的方式对营销渠道系统施加高度控制，最终将整个分销系统融制造、批发、零售为一体。这样国际企业可使渠道全体成员为共同的利益而尽心尽力。

②管理式垂直渠道系统。是由某一家规模大、实力强的企业出面组织的营销渠道系统。国际企业利用自身所具有的规模、信誉或自己产品的品牌知名度来管理或协调其他渠道成员的行为。例如，柯达和吉利等公司不仅可以对其所确定的各分销渠道成员的行为作出有效的协调，而且可以从这些经销商那里得到诸如产品陈列、提供最佳货架、主动采用各种促销手段和价格政策等各方面的积极合作。所以这种分销系统被许多企业认为是最理想的营销渠道形式。

③契约式垂直渠道系统。是以契约为基础的较为松散的联营关系，一般由不同层次的各

自独立的生产商和分销商组成，以求获得比其独立行动时所能得到的更大经济效益。在国际企业掌握某种产品的制造生产权力，确信以联合经营可以使双方获得比独立经营更多的收益后，对批发商或零售商发放特许证，以此来建立分销系统。例如，福特汽车公司利用发放许可证的方式，让经销商经销福特汽车而建立的分销系统。可口可乐公司向位于不同地区的罐装厂发放许可证，并售予糖浆浓缩液，经过碳化处理、装瓶后再出售给零售商，从而建立起通往世界各地的分销系统。采用这种方式建立分销系统，取决于国际企业是否掌握生产制造权。

（2）水平渠道系统。也称横向渠道系统，是由两家或两家以上的公司横向联合，共同开拓新的营销机会的分销渠道系统。单个公司因缺乏资金、专有技术或独立开发市场的能力，独立开拓渠道难度较大，同一层次的渠道组织可能联合行动；单个公司不想独自承担风险，或发现与其他公司联合可以产生更大的协作效益。这时，同一层次的渠道组织也可能联合行动。例如，美国皮尔斯伯瑞公司（Pillsbury，也有译为品食乐）是生产面粉和西点的公司，有着100多年的历史。虽然与零售商有着良好的关系，但在20世纪80年代后期，其新开发的产品线在家庭中制作面包、饼干、曲奇、甜饼、卷饼、牛角酥、比萨等产品，由于销售过程中的冷藏链而缺乏进入市场的途径，而卡夫食品国际公司（Kraft Foods Inc. 1852年成立）有现成的销售乳酪的冷藏柜和渠道，于是两家公司联合经营，由 Pillsbury 主要负责生产和广告等，而 Kraft 则主要负责分销，甚至在包装上加以注明。

（3）集团分销系统。指以企业集团的形式，结合企业组织形式的总体改造来促使企业分销渠道的发展和改革。企业集团中的销售机构和物流机构同时可以为集团内的各生产企业承担产品分销业务，它是一种比较高级的联合形式，能集商流、物流、信息流于一体，分销功能比较齐全，系统控制能力和综合协调能力都比较强，对分销活动能进行比较周密的系统策划，并能建立起高效的运行机制，从而促使分销活动的整体效益有更大的提高。

14.1.4　营销渠道的流程

在营销渠道中，一般存在五种流：实物流、所有权流、付款流、信息流和促销流。
（1）实物流（物流）：描述实体产品从原材料到最终顾客的流程。
（2）所有权流（商流）：指商品所有权从一个商业机构转向另一个机构的实际转移。
（3）付款流：分销渠道中交易关系的财务方面的安排。
（4）信息流：通过渠道引导的对商业活动有用的信息传播。
（5）促销流：供销商向广告代理提出要求后，由它向制造商作传播，最后走向顾客。
它们各自的流程如图 14-2 所示。

以上这些流程可以在任何两个渠道成员中进行。有一些是正向流程（实体流、所有权流和促销流）；另一些是反向流程（付款流）；还有一些是双向流程（信息流）。即使是一个简单的商品，在营销渠道里也会呈现出极为复杂的关系。

14.1.5　营销渠道的成员

根据各个企业在整个营销渠道过程中的作用，可以把渠道成员分为两组：基本渠道成员和特殊渠道成员。

基本渠道成员指拥有货物的所有风险的企业及作为分销终点的消费者。营销渠道中承担

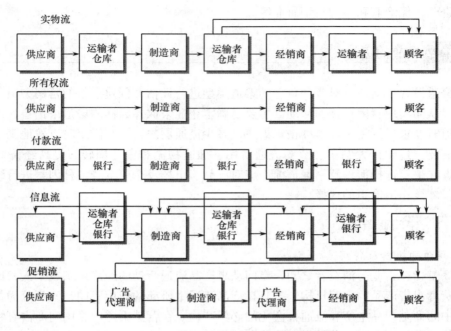

图 14-2 营销渠道中的五种不同营销流

（资料来源：科特勒. 营销管理. 梅汝和，梅清豪，周安柱，译. 北京：中国人民大学出版社，2001：594 页。）

转移货物所有权的基本成员包括制造商、批发商和零售商。基本渠道成员对整体销售所起的作用更为关键，因此成为渠道管理的主要关注对象，基本渠道成员包括以下几种。

（1）制造商。是指创造产品的企业。作为品牌产品的创造者，制造商广为人知并被认为是渠道的源头和中心。像通用电气、通用汽车、索尼、飞利浦这样成功的制造商在各自的分销渠道中占据着举足轻重的位置。但事实是：许多服务于工业领域的制造商并不广为人知，并不是所有的制造商在各自的销售渠道中都占据着主导地位。

（2）批发商。在分销渠道中的作用并不像制造商和零售商那样明显可见。批发商曾经是渠道的主导，它们通过设计和发展渠道将许多零售商和制造商的活动联结起来。但最近几年，由于许多零售商和制造商之间的纵向一体化，批发商的作用似乎在减弱，批发商被认为是在分销渠道中不必要的一环。但实际上，批发商远没有被排除在分销渠道之外，许多著名的批发商仍主导着其各自的分销渠道。

（3）零售商。与制造商直接相对的是零售商，它们是分销渠道中最靠近消费者的一环。零售商利用各种购物环境把不同制造商的产品提供给消费者。在许多渠道中，零售商是主导力量，就像沃尔玛、西尔斯和玛西那样，它们决定了如何组织和运作整个分销过程。实际上，信息技术的高速发展已经使得零售商在分销渠道中的作用越来越重要。

（4）消费者。是整个分销渠道的终点。制造商、批发商、零售商的诸多努力都是为了满足消费者的需要，实现商品的销售，从而最终实现各自的盈利。因此，消费者的类型、购买行为、购买特征都是它们关注的焦点。

特殊渠道成员，也称专业渠道成员，是指为整个分销过程提供重要服务但不承担货物所有者风险的企业。它可以分成两种类型：第一种是功能型的特殊渠道成员，包括运输业、仓储业、装配企业和提供促销支持的企业；第二种是支持型的特殊渠道成员，包括金融业、信息业、广告业、保险业和咨询与调研业等。

14.2 营销渠道的设计

营销渠道设计是指通过对各种备选的渠道类型进行评估，创建全新的营销渠道，或改进现有渠道，从而实现营销目标的活动。主要是确定企业采取什么样的渠道来销售其产品。设计营销渠道时要求尽可能采取多种销售渠道，减少流通层次，以利于及时有效地满足消费者和用户的需要，达到扩大销售、节约流通费用、加速物流和资金周转、提高经济效益的目的。生产者在决定选择何种营销渠道前，应对产品、市场及企业本身各种因素进行综合的研究与判断，才能作出恰当的选择。

14.2.1 中间商概述

1. 中间商的概念及作用

中间商是指在企业与消费者之间，专门从事产品流通活动的经济组织或个人，或者说是企业向消费者出售产品的中间机构。按其在产品流通中所起的作用不同，又可分为批发商和零售商。中间商是产品生产和流通社会化的必然产物。在营销渠道中，中间商占有特别重要的地位，从某种意义上讲，营销渠道策略所研究的内容，就是如何选择中间商，将产品有效地从企业转移到消费者和用户手中的过程。

中间商在产品由生产领域到消费领域的转移过程中，起着桥梁和纽带作用。由于中间商的存在，不仅简化了产品销售手续，节约了产品销售费用，而且还扩大了销售范围，提高了销售效率。中间商的功能主要体现在以下几个方面。

（1）提高产品流通效率。图14-3表明了使用中间商的经济效益。图14-3（a）表示3个企业直接将产品售予3个消费者，需要进行10次交易；图14-3（b）表示在同样条件下，通过一个中间商，则交易次数降到6次。交易次数的减少，使得产品流通的效率大大提高。这样，中间商的介入帮助企业减少了工作量。以此类推，卖者和买者的数量越多，中间商介入所减少的交易次数及节约的社会总成本就越多，这是中间商最重要的贡献。

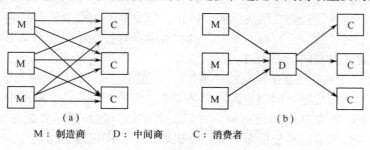

M：制造商　　D：中间商　　C：消费者

图14-3　中间商经济效果图

（2）调节生产与消费之间的矛盾。中间商起着社会生产的"蓄水池"作用。一方面，中间商的存在可以缓和供需之间在时间、地点和产品数量、种类等方面的矛盾；另一方面，中间商的存在能为企业和消费者带来交易的方便性。对消费者而言，中间商充当了他们的采购代理，中间商可以在合适的时间和地点提供所需要的产品、灵活的付款方式和条件及周到的售后服务；而对于企业来说，中间商的存在使企业产品销路有了保证，降低了产品流通成本。

（3）有效分担企业的市场营销职能。大多数企业缺乏将产品直接销售给最终消费者所必需的资源与能力，而这些正是中间商所擅长的。中间商由从事市场营销的专业人员组成，他们更了解市场，更熟悉消费者，对各种营销技巧掌握得更熟练，更富有营销实践经验，并握有更多的营销信息和交易关系。因此，由他们来承担营销职能，工作将更有成效，营销费用相对较低。尤其是企业准备进入某个陌生市场时，中间商的帮助更为重要。

2. 确定是否需要中间商的因素

一种商品的流通是否需要中间商参与，主要涉及以下几方面的因素。① 产品特性。一般来讲，技术复杂、专用性强的商品宜直销，因为中间商一般不具备所需的专业知识和技术；鲜活易腐商品、时尚品宜直接销售，因为这类产品在流通中时间因素特别重要，环节越少，从生产到达消费的速度越快；体积大、分量重、移动不方便的商品也适于直销，以减少中转的麻烦。②生产企业状况。企业的规模大、声誉高、财力雄厚，具备市场营销所需的人员、设施、技术和经验，亦可采取直销，或短渠道；否则，只有采用间接渠道。此外还要看企业的战略和目标。如果生产企业十分看重自己对最终市场的控制，或十分关注自己产品在最终市场上的销售情况，或认为由自己直接承担各项营销职能将比中间商更有效，那么，可以选择直销或短渠道。③市场条件。市场越分散，流通成本越高、耗时越长，越需要中间商；反之，用户规模大、位置集中、一次购买批量大，则可直销或采用短渠道。然而，是否需要中间商取决于企业怎样做才能获得较高的利润。

14.2.2 影响营销渠道选择的因素

营销渠道是产品价值实现的途径，对它的设计选择关系到产品能否以最快的速度、最大的辐射面接近目标消费者，使其作出购买决策。影响选择商品营销渠道的因素很多，既有外部环境因素，也有企业内部因素。概括为以下四个方面。

1. 产品因素

产品因素是影响分销渠道选择的首要因素，不同产品应分别采用不同的营销渠道。

产品因素通常包括以下几个方面：①产品价格。一般来说，单价低的产品宜采用较长和较宽的分销渠道，单价高的产品宜采用短渠道。这是因为，单价低的产品只有实行大批量销售，方能赚取更多利润，而只有实行广泛分销和充分依靠中间商，才能销售更多的产品；单价高的产品往往需要企业提供充分的售后服务，而只有实行直接分销或采用最短的分销渠道，才能够保证服务及时和完善。例如，日用百货品的生产企业经常直接与批发商打交道，由批发商转售给零售商，再经零售商出售给消费者；而高级服装的生产企业，则愿意将产品直接交给大的百货公司或高级服装店出售。②产品的体积和重量。考虑到产品运输和储存的条件及费用，体积过大或过重的商品，宜采用短渠道。目的是减少产品损失，节约储运费用。体积和重量较小的产品，可采用较长渠道。③产品的款式。在大多数情况下，款式容易发生变化的产品，如各类新式玩具和时装等，其销售渠道一定要短，避免产品过时；而款式不易发生变化的产品，销售渠道可适当长一些。④产品的易毁性和易腐性。在正常情况下，容易腐烂变质的产品，如蔬菜、水果、鲜鱼、玻璃器皿等，应实行宽而短的分销渠道。因为这些产品要求及时销售，以免使用价值丧失或减少。⑤产品的生命周期阶段。随着产品生命周期的演进，分销渠道要经历从短到长、从窄到宽的变化过程。处于投入期的产品，其分销渠道是短而窄的；处于成长期和成熟期的产品，消费需求迅速扩大，企业要提高市场占有率，就要选择长而宽的渠道，扩大产品覆盖面。⑥产品的标准化程度。标准化程度越高的产品，其通用性也越强，因而可选择较长、较宽的渠道；反之亦然。

2. 市场因素

影响营销渠道选择的市场因素很多，主要有以下几点。①潜在顾客数量。潜在顾客的多少，决定了市场的大小，市场范围越大，越需要中间商提供服务。如潜在市场仅有少数顾客，则可由生产者自己推销。②商品的数量。品种少产量大，往往由中间商销售；品种多产量大，除中间商外，往往得自己推销一部分。有的大型商店，购买数量极大，使生产者不必另寻买主。③消费者购买习惯。顾客对各种各样的消费品购买习惯，包括愿意付出的价格，购买场所的偏好，以及对于服务的要求，均直接影响分配路线。如消费品中的便利品，需要采用传统的分配路线。而特殊品，则可以选择较短的分配路线。④竞争性商品。同类商品的分配方法，在选择分配路线时，应注意研究和参考。一般来讲，采取竞争品同样的分配路线，比较容易占领市场，除非有绝对把握，不宜另辟蹊径。⑤市场的地区性。工业品市场集中时，适合直接销售。消费品市场亦可区分出密度较高地区，直接销售与零售商，一般地区则采用传统的分配路线，即经批发商售予零售商。⑥商业的季节性。具有季节性的商品，均应充分发挥中间商的作用，以不失时机地组织好采购和销售。

3. 企业自身因素

主要涉及以下几个因素。

（1）企业商誉和资金。通常企业的商誉越好，资金越雄厚，就越有条件自主选择各种销售渠道，甚至可以建立自己的销售网络体系，不需要借助中间商的力量；反之，一些知名度较低且资金薄弱的中小企业，则必须依赖中间商提供各种销售服务。

（2）企业的服务能力。如果企业有能力为最终消费者提供各项服务，如安装、调试、维修及操作服务等，则可取消一些中间环节，采用短渠道。如果企业服务能力有限，则应充分发挥中间商的作用。

（3）企业控制渠道的愿望。企业控制分销渠道的愿望各不相同。有的企业希望控制分销渠道，以便有效控制产品价格和进行宣传促销，因而倾向于选择短渠道，而有些企业则无意控制分销渠道，因此采用宽而长的渠道。

（4）企业的经营能力。如果企业自身有足够的销售力量，或者有丰富的销售经验，就可以少用或不用中间商；反之，若企业的销售力量不足，或者缺乏产品销售经验，那就要依靠批发商或零售商来帮助销售产品。

4. 外界环境因素

影响渠道选择的外界环境因素包括以下两方面。①经济形式。在经济衰退时，市场需求下降，通货紧缩，这时企业应尽量减少不必要的流通环节，采用较短的渠道，以控制最终产品的价格；而经济繁荣时，市场需求旺盛，企业可以选择最合适的渠道来进行销售；②国家的有关法规。政府对各类产品所采取的购销政策对企业选择销售渠道也有重要影响。比如政府实行计划供应政策的产品，则会形成定点的单一渠道；对某些产品政府实施专卖政策，就会形成纵向的封闭型窄渠道；若政府对某些产品提倡开放政策，就容易形成横向的开放型宽渠道；政府采取统购包销政策的产品，就会形成纵向的宽渠道。

14.2.3 营销渠道的设计

1. 选择营销渠道的原则

一般来讲，选择营销渠道应遵循以下原则。

（1）适应性原则，即企业选择分销渠道应具有适应性。在销售区域上考虑不同地区的消费水平、市场特点、人口分布；在时间上考虑产品特性、消费季节性等因素，以适应市场的客观要求。

（2）经济性原则，即企业选择分销渠道应能够最大限度地节约成本，减少开支，以获取更多收益。

（3）控制性原则，即企业应能够对分销渠道进行有效控制，以便建立一套长久和稳定的分销系统，保证市场份额和销售的稳定性。

2. 营销渠道的设计

营销渠道的设计是渠道决策的核心。营销渠道的设计主要包括确定渠道类型、渠道长度和渠道宽度等内容。

（1）确定渠道的类型。企业在进行分销渠道的设计时，首先要决定采取什么类型的渠道，即要确定采用哪一种或哪几种类型的渠道来分销产品。是直销还是通过中间商销售，是采用直接销售渠道还是采用间接销售渠道等。这需要从销售业绩和经济效果两个方面来考虑。这两个方面并非总是一致的，究竟以何为重，应视企业的营销战略而定，并以此为标准考察和比较渠道。如果企业决定通过中间商分销其产品，就要对所用中间商的类型进行决策：是批发商还是零售商？什么样的批发商和零售商？用不用代理商？具体选择哪些中间商？企业可以采用本行业传统类型的中间商和分销渠道，也可以开辟新渠道，选择新型中间商。

企业在具体选择中间商时还要考虑以下因素。①市场覆盖面。中间商的市场覆盖面是否与企业的目标市场一致，如某企业现准备在西北地区开辟市场，所选中间商的经营地域就必须包括这一范围。②中间商的专业能力。中间商是否具有经销某种产品必要的专门经验、市场知识、营销技术和专业设施。如经销计算机等高技术产品，要求中间商具备必需的技术人才；一些中间商在销售食品方面极富经验，另一些在经营纺织品方面历史悠久；有些产品需要人员推销，还有些产品需要现场演示。总之，不同中间商以往的经营范围和经营方式不同，能够胜任的职能也不同，制造企业必须根据自己的目标对中间商完成某项产品营销的能力进行全面评价之后才能作出选择。③中间商的信誉。企业所使用的中间商的信誉如何，直接关系到企业产品的销量，那些信誉高的中间商总是有众多的顾客。所以企业应该选择信誉较高的中间商作为自己的具体中间商。④中间商的目标与要求。有些中间商希望制造商能为产品做大量的广告或开展其他促销活动，扩大市场的潜在需求，使中间商更易于销售；还有些中间商希望供购双方建立长期稳定的业务关系，制造商能为自己提供随时补充货源的服务，并在产品紧俏时也保证供货；也有些中间商不希望与某一家企业维持过于密切的关系。生产企业在作出选择前，对这些应有清晰的了解。

（2）确定渠道的长度。在确定了渠道类型后，若是用间接渠道和复合渠道等分销产品，企业还面临着确定渠道长度的决策问题。技术和服务含量较大的产品，如计算机、汽车等，需要较短的渠道；消费者选择性不强但要求方便购买的产品，如日用小百货，则适宜采用较长的渠道。

（3）确定渠道的宽度。确定渠道宽度，即企业确定在每个层次上使用中间商数目的多少，实际上是对宽、窄渠道的选择确定。因为不同类型中间商承担营销职能的范围不同，而每一产品在整个营销过程中所需完成的销售工作量是不变的，如果选择了能承担大部分职能的中间商，产品销售环节就可相应减少；反之，如果选择的中间商只能完成有限的营销职能，其他职能必得由另外的中间商承担，则环节必然就多。分销渠道宽度的选择主要取决于产品类型：便利品显然需要密集分销，选购品一般适合选择性分销，特殊品可选择独家分销。

（4）确定渠道成员的权利和责任。为保证分销渠道的畅通，企业必须就价格政策、销售条件、市场区域划分、相互服务等方面明确中间商的权利和责任。价格政策要求企业必须制定出其产品具体的价格，并有具体的价格折扣条件，如数量折扣、促销折扣、季节折扣等政策。这样可以刺激中间商努力为企业推销产品，扩大产品储备，更好地满足消费者的需求。销售条件要求企业制定出相应的付款条件，如现金折扣，对中间商的保证范围，如不合格产品的退换、价格变动风险的分担等方面的保证。这样有利于中间商及早付款，加速企业的资金周转，同时可以引导中间商大量购买。区域销售权利是中间商比较关心的一个问题，尤其是独家分销的中间商。因此，企业必须把各个中间商所授权的销售区域划分清楚，以便于中间商拓展自己的业务，也有利于企业对中间商的业绩进行考核。

企业与中间商的职责问题对营销渠道的正常运转具有重要的影响，同时也对交易条件的制定具有重要影响。企业必须制定相应的职责与服务范围，明确企业要为中间商提供哪些方面的服务，承担哪些方面的职责；中间商要为企业提供哪些方面的服务，承担哪些方面的职责。一般情况下，相互的职责和服务内容包括供货方式、促销的相互配合、产品的运输和储存、信息的相互沟通等。

扩展阅读——小案例

格力空调离开国美走自己的路

2003年，格力集团共实现营业收入198.42亿元，位列中国企业500强第88名。多年以来，格力空调一直采取的是厂家——经销商/代理商——零售商的渠道策略，并在这种渠道模式下取得了较高的市场占有率。然而近年来，一批优秀的渠道商经过多年发展历程，已经成长为市场上的一支非常重要的力量。其中尤以北京国美、山东三联、南京苏宁为代表的大型专业家电连锁企业的表现最为抢眼。这些超级终端浮出水面，甚至公开和制造企业"叫板"。自2000年以来，这些大型专业连锁企业开始在全国各大中城市攻城略地，在整个家电市场中的销量份额大幅度提高，其地位也直线上升。2004年2月，成都国美为启动淡季空调市场，在相关媒体上刊发广告，把格力两款畅销空调的价格大幅度下调，零售价原为1 680元的1P挂机被降为1 000元，零售价原为3 650元的2P柜机被降为2 650元。格力认为国美电器在未经自己同意的情况下擅自降低了格力空调的价格，破坏了格力空调在市场中长期稳定、统一的价格体系，导致其他众多经销商的强烈不满，并有损于其一线品牌的良好形象，因此要求国美立即终止低价销售行为。格力在交涉未果后，决定正式停止向国美供货，并要求国美电器给个说法。2004年3月10日，四川格力开始将产品全线撤出成都国美六大卖场。四川格力表示，这是一次全国统一行动，格力在全国有20多家销售分公司，其中有5家公司与国美有合作，产品直接在国美销售，导致这次撤柜的主要原因是与国美在2004年度的空调销售政策上未能达成共识。3月11日，国美北京总部向全国分公司下达通知，要求各门店清理格力空调库存。通知称，格力代理商模式、价格等已经不能满足国美的市场经营需求，要求国美各地分公司做好将格力空调撤场的准备。面对国美的"封杀令"，格力的态度并没有退让。格力空调北京销售公司副总经理金杰表示："国美不是格力的关键渠道，格力在北京有400多个专卖性质的分销点，它们才是核心。谁抛弃谁，消费者说了算。"格力空调珠海总部新闻发言人黄芳华表示，在渠道策略上，格力不会随大流。格力空调连续数年全国销量第一，渠道模式好与坏，市场是最好的检验。格力电器公司总经理董明珠接受《广州日报》记者采访时表示，格力只与国美的少数分店有合作，此事对格力空调的销售几乎没有什么影响，自己的销售方式也不会为此作出改变。对一个企业来说，对任何经销商都应该是一个态度，不能以大欺小，格力对不同的经销商价格都是一样的。

（5）渠道方案的评估。当企业设计了几种渠道方案时，就要对可选择的渠道方案进行评价，挑选出最能满足企业目标的最佳方案。对渠道方案的评估，企业可以从经济性、可控性、分销商实力和能力等方面对渠道方案进行分析选择。

① 经济性。主要是分析每个渠道的销售额与成本的关系，一方面要考虑采用企业销售人员和利用中间商这两种方式哪一种所产生的销售额较大；另一方面要评估每个渠道的成本，渠道成本就是企业建立、发展与维持渠道所需要的费用。企业一般选择那些能够承担一部分广告费用和其他销售促进费用的中间商，以减少企业的负担，降低销售费用。

② 可控性。从长远目标来看，企业对分销渠道的选择不仅要考虑其经济性，还有考虑企业能否对其分销渠道实行有效的控制。一般来讲，企业在其产品的分销渠道中卷入越深，对渠道的控制力越大，属于本企业的渠道和分销人员固然会增大投资，但毕竟最有利于控制。当销售渠道变得越来越长时，企业对价格、销售量、推销方式和零售形式等的控制力就会削弱。实践中，建立特约经销或特约代理关系的中间商比较容易控制，而对密集性分销渠道，由于涉及企业多，控制能力就比较弱。

③ 分销商实力。企业要选择资金力量比较雄厚、财务状况良好的中间商，而且选择的分销渠道必须适合企业本身的特点及其产品的特点，企业要考虑中间商的销售对象是否与企业所要进入的目标市场一致，即所要选用的中间商的经营范围应该与企业的产品的销路基本对口。同时必须考虑中间商的经营能否维持连续性，以便在整个渠道建立对企业品牌的忠诚度。

④ 分销商能力。选择分销商除了上面一些因素外，还要考虑分销商信用和分销能力。信用是指中间商的信用度大小，如履行合同的信用、回款及时性等方面的信用。分销能力是指分销商开拓市场的能力、营销能力、管理能力、提供技术支持等售后服务能力、产品储存和运输能力等。企业一般选择信用好、分销能力强、市场覆盖面大的分销商经销本企业的产品。

14.3 营销渠道的管理

公司在确定了方案，选择了渠道成员后，营销渠道就建立起来了，但这并不意味着公司的工作就结束了。营销渠道必须作为企业的一项宝贵资源而加以长期的、有效的管理。这就意味着企业必须对渠道的每个成员管理工作进行必要的激励和评价。此外,随着时间的变化,渠道必须调整以适应新的市场状况和环境变化。

14.3.1 渠道管理的概念

渠道管理是指在企业经营活动中,根据企业的营销战略和策略,通过计划、组织、控制、协调等,有效地动员企业的人、财、物等资源,整合营销渠道中所有参与者的工作,促进营销渠道的整体运作效率和效益提高的一项企业管理活动。渠道管理是站在制造商的角度进行的。同时,在实践中,由于零售商在渠道结构中所处的特殊位置(紧靠顾客,被视为销售终端),公司着手渠道管理时,会自觉或不自觉地将对零售商的管理从整个渠道管理中分离出来,销售终端管理的重要性正日益突出。

14.3.2 渠道管理的意义

营销渠道能够增加产品的附加价值,是制造商最为重要的无形资产之一,同时也是变数最大的资产。它是企业把产品向消费者转移的过程中所经过的路径。这个路径包括企业自己设立的销售机构、代理商、分销商、零售店等。对产品来说,它不对产品本身进行增值,而是通过服务,增加产品的附加价值;对企业来说,起到物流、资金流、信息流、商流的作用,完成企业很难完成的任务。对于不同的行业、不同的产品、不同的规模和发展阶段,销售渠道的形态都不相同,营销渠道管理关乎企业的生死存亡,对制造商至关重要。

14.3.3 渠道管理的具体内容

渠道管理决策包括三方面的内容:首先是选择渠道成员,即在渠道设计完成后,具体选择哪些中间商作为自己的渠道伙伴;二是如何激励中间商并处理好与它们的日常关系;三是适时对渠道成员的工作成果作出评估,并进行调整。

1. 选择渠道成员

企业在确定中间商时,首先要明确所选的中间商必须满足的条件,这些条件一般包括从业时间、发展情况(信誉、财务能力、经营的产品组合、覆盖的市场面、仓储条件、发展潜力等)。一般的中间商不可能做到各方面都很好,因而企业必须对所要求的条件按照其重要性进行排序,只要中间商所具备的条件能够保证企业营销活动正常开展即可。

实际上,企业选择合适中间商的能力有很大不同,对不同的企业来说,难易程度相去甚远,这取决于该企业本身的声誉及其产品的畅销程度。于是,有些企业找到合适的中间商,而另一些企业却可能费尽心机也找不到合适的中间商。这些,主要与生产者本身的声誉、品牌知名度和市场供需状况相关。不管怎样,任何一家生产企业在选择渠道成员之前,都应该明确它的条件或标准,这些条件包括:中间商开业时间的长短、声誉的好坏、过去经营其他产品成效的记录、偿付能力、人员素质、协作精神和发展潜力等。如果中间商是销售代理商,生产者还须评估其经销的其他产品大类的数量与性质、推销人员的素质与数量等。如果中间商希望某家百货公司独家分销,生产者尚须评估商店的位置、发展潜力及目标顾客的类型。

2. 激励渠道成员

在渠道的日常清理中,生产者要经常激励中间商,充分调动中间商的积极性,尽可能发挥中间商的分销作用。因为中间商与生产者所处的地位不同，考虑问题的角度不同，生产者只有站在对方角度考虑问题，通过一定的考核和奖惩方法，对中间商的工作及时考核和奖励，才能协调好两者的关系。

激励的措施可以是积极鼓励性的，也可以是消极惩罚性的。提价、推迟交货、减少所提供的服务甚至中止合作关系等属于消极惩罚性的激励措施。但大多数情况下，都采取积极鼓励性的激励措施。如提高中间商可得的毛利率、放宽信用条件、开展推销竞赛等。

激励手段可以是直接激励和间接激励。

（1）直接激励。是指通过给予渠道成员物质或金钱的奖励来激发其积极性，从而实现公司的销售目标。在营销实践中，厂商多采用返利的形式奖励渠道成员的业绩。①过程返利。这是一种直接管理销售过程的激励方式，其目的是通过考察市场运作的规范性以确保市场的健康发展。通常情况下，过程激励包括以下内容：铺货率、售点气氛（即商品陈列生动化）、安全库存、指定区域销售、规范价格、专销（即不销售竞品）、守约付款等。②销量返利。这是为直接刺激渠道成员的进货力度而设立的一种奖励，其目的在于提高销售量和利润。在营销实践中，有三种形式的销量返利。销售竞赛：就是对在规定的区域和时段内销量第一的渠道成员给予奖励。等级进货奖励：就是对进货达到不同等级数量的渠道成员给予一定的奖励。定额返利：就是对渠道成员达到一定数量的进货金额给予一定的奖励。销量返利的实质就是一种变相降价，可以提高渠道成员的利润，无疑能促进渠道成员的销售热情。但事实上，销量返利大多只能创造即时销售，从某种意义上讲，这种销量只是对明日市场需求的提前支取，是一种库存的转移。销量返利的优点是可以挤占渠道成员的资金，但缺点是若处理不好，可能造成渠道成员越区销售，导致窜货，扰乱市场。

（2）间接激励。是指通过帮助渠道成员进行销售管理，以提高销售的效率和效果来激发渠道成员的积极性和销售热情的一种激励手段。间接激励的方法很多，比如，帮助渠道成员建立进销存报表；帮助渠道成员进行客户管理；帮助渠道成员确定合理的安全库存数及帮助渠道成员进行客户开发、攻单等。

不论采取何种激励措施，生产者都必须尽量避免激励过分与激励不足两种倾向。当生产者给予中间商的优惠条件超过了他取得合作与努力水平所需的条件时，就会出现激励过分的情况，其结果是销售量提高，而利润下降；当生产者给予中间商的条件过于苛刻，以致不能激励中间商努力工作时，则会出现激励不足的情况，其结果是销售量降低，利润减少。一般来讲，对中间商的基本激励水平应以交易关系组合为基础。在处理与经销商的关系时，常常采取合作、合伙和分销规划等方法。

3. 评估渠道成员

正确评估中间商，有利于生产者及时掌握情况，发现问题，以便更有针对性地对不同类型的中间商开展激励和推动工作，提高渠道的分销效率。通过评估，对完成任务好的中间商可以给予激励，对完成任务不好的中间商进行诊断，找出完成不好的原因，以决定是剔除这些中间商还是帮助这些中间商改进工作。评估指标一般包括销售定额完成情况、平均库存水平、向顾客送货时间、次品和遗失品的处理方法、对企业促销与培训计划的合作程度、货款回收的状况及中间商对顾客提供的服务等。生产者还可以在一定时期列出各中间商的销售额，并按各中间商的销售成绩排出名次，以激励先进，鞭策后进。在排列名次时，不能仅看其销售额，因为中间商面临的环境有很大差异，所以还应比较各中间商的销售增长情况及各中间商销售额与其销售潜量的比例关系。介绍两种测量方法：第一种测量方法是将每一中间商的销售绩效与上期的绩效进行比较，并以整个群体的升降百分比作为评价标准。对低于该群体平均水平以下的中间商，必须加强评估与激励措施。如果对后进中间商的环境因素加以调查，可能会发现一些可原谅的因素，如当地经济衰退；某些顾客不可避免地失去；主力推销员的失去或退休等。其中某些因素可在下一期补救过来。这样，制造商就不应该因为这些因素而对经销商采取任何惩罚措施；第二种测量方法是将各中间商的绩效与该地区的销售测量分析所设立的配额相比较。即在销售期过后，根据中间商实际销售额与其潜在销售额的比率，将各中间商按先后名次进行排列。这样，企业的调查与激励措施可以集中于那些未达既定比率的中间商。

4. 调整渠道成员

生产者需要定期调整渠道成员，以保持中间商的积极性，提高渠道的效率。原因主要有消费者购买方式的变化、市场扩大或缩小、新的分销渠道出现、产品生命周期的更替等；另外，现在渠道结构通常不可能总在既定的成本下带来最高效的产出，随着渠道成本的递增，也需要对渠道结构加以调整。渠道的调整主要有以下三种方式。

（1）增减渠道成员，即根据评估结果，中止与部分绩效指标完成情况不好、又毫无改善可能性的中间商的合作关系，吸收业绩良好、具有较好的发展前景的中间商成为渠道成员。做这种调整，企业要分析增加或减少某个中间商，会对产品分销、企业利润带来什么影响，影响的程度如何。如企业决定在某一目标市场增加一家批发商，不仅要考虑这么做会给企业带来的直接收益（销售量增加），而且还要考虑到对其他中间商的需求、成本和情绪的影响等问题；反之，也需要考虑同样的问题。

（2）增减销售渠道，即在原有分销系统中再增加或减少某一分销渠道，而不仅仅是增减某一渠道中的个别中间商。这么做需要对可能带来的直接、间接反应及效益作广泛的分析。企业采用多渠道模式的时候，应充分考虑到各个渠道之间的相互影响，尽力避免渠道之间的冲突。有时候，撤销一条原有的效率不高的渠道，比开辟一条新的渠道难度更大。

（3）调整整个渠道，即变更企业原有的整个分销渠道系统，对其做通盘调整。如：变间接销售为直接销售。这类调整难度很大，变动带有战略性和全局性，因为它不是在原有渠道基础上的修补、完善，而是改变企业的整个分销政策。它会带来市场营销组合有关因素的一系列变动。所以，在调整前必须进行全面分析，通盘考虑。一般适用于企业的经营战略有重大调整、原有渠道无法承担新的渠道任务的情况。

14.3.4　渠道管理的控制方法

制造商对营销渠道实行两种不同程度的管理，即绝对控制和影响控制。

1. 绝对控制

绝对控制也称高度控制，是指制造商能够选择其产品的营销渠道类型、数目和地理分布，并且能够支配其销售政策和价格政策。

根据生产企业的实力和产品性质，绝对控制在某些情况下是可以实现的。一些生产特种产品的大型生产企业，往往能够做到对营销网络的绝对控制。例如，丰田把东京市场划分为若干区域，每一区域内指定一个中间商，都由一名业务经理专门负责，业务经理对于本区域内的中间商都非常熟悉，详细掌握中间商的资料。通过与中间商的紧密联系关注市场变化，及时反馈用户意见。

绝对控制对某些类型的生产企业有着很大的益处，对特种商品来说，利用绝对控制维持高价格可以维护产品的优良品质形象，因为如果产品价格过低，会使消费者怀疑产品品质低劣或即将淘汰。另外，即使对一般产品，绝对控制也可以防止价格竞争，保证良好的经济效益。

2. 影响控制

影响控制也称低度控制，是指制造商无力或不需要对整个渠道进行绝对控制，而是通过对中间商提供具体支持、协助来影响营销渠道。

这种控制程度较低，大多数制造商采用这种方式控制渠道。对于这些制造商，如何管理中间商，成为最关心的问题。这种控制包括以下几点内容。

（1）向中间商派驻代表。大型企业一般都派驻代表到经营其产品的营销中间商中去亲自监督商品销售。生产企业人员也会给渠道成员提供一些具体帮助，如培训营销经理、推销人员和店面促销员，传授产品知识和销售管理知识，通过这些活动来掌握他们的销售动态。生产企业也可以直接派人支援中间商，比如目前流行的厂家专柜销售、店中店等形式，多数是由企业派人开设的。

（2）与中间商多方式合作。企业可以利用多种方法激励营销中间商网员宣传商品，如组织促销活动、公关活动；联合开展广告宣传活动，并负担部分广告费用和促销费用；通过这些办法，调动营销中介成员推销产品的积极性，达到控制网络的目的。

通过这些办法，激发中间商的热情，调动其推销产品的积极性，引导他们积极协作和正当竞争，减少各种冲突，达到控制营销渠道的目的，实现制造商与分销商的双赢。

14.4 零售商与批发商的管理

中间商在生产者与消费者之间起着桥梁作用，无论是批发商还是零售商都对渠道目标的实现有着不可轻视的作用。不同类型的批发商和零售商，其渠道职能、市场定位及目标顾客等有所不同，对其进行研究很有必要。

14.4.1 零售商的概念及作用

零售商是指把商品直接卖给最后消费者的商业单位。零售是商品流通的终点，是指所有向最终消费者直接销售商品或服务，以供其满足生活消费需要及非商业性用途的活动。其特点是：交易对象是最终消费者；购进对象是批发商或生产企业；交易活动是零星地、频繁地进行的；经营品种齐全。由于零售商在流通中所处的地位，决定了零售商业的经营状况不仅关系到渠道所有成员的经济利益，而且关系到是否能够满足人们的生活需要甚至整个经济的增长。因此，零售商对企业营销策略的实施起着至关重要的作用。

（1）零售商承担着针对最终消费者营销的重要职能。其营销职能主要包括产品分配、展示、宣传推广、技术咨询、维修服务、企业营销方案的执行等方面。

（2）零售商及时向批发商尤其是向生产者反馈市场信息，有助于引导和促进生产发展。零售商可以根据资金在营销渠道中所处的特殊位置，及时沟通产销信息，使供应商及时听到最终消费者对企业产品的意见，有利于他们对产品及时改造，进一步满足消费者的需求。

（3）对最终消费者，零售商起着方便顾客购买的作用。零售商根据广大消费者的需要，把数量充足、品种齐全、质量优良、价格合理的商品，及时地、源源不断地从流通领域转移到消费领域，供应给最终消费者，并提供各种相应的服务。这样，不但满足了消费者的需要，而且保证了社会再生产的顺利进行。

14.4.2 零售商的类型

随着经济的发展、城市的变迁和人们消费习惯的变化，零售的组织形式和经营方式千变万化，层出不穷，成为变化最大、最快的行业之一。一些新形式兴起了，一些旧形式被淘汰了。零售商的类型极其复杂，按照不同的标准可以进行多种分类，下面就按照经营方式、产品线及所有权关系对其进行分类。

1. 按经营方式分类

按经营方式可分为门市零售与无门市零售两种类型。

（1）门市零售，是指有固定的零售门面。

◆ 百货商品。指综合各类商品品种的零售商店，其特点如下：①商品种类齐全；②客流量大；③资金雄厚，人才齐全；④重视商誉和企业形象；⑤注重购物环境和商品陈列。这种经营有两种方式：①连锁经营的方式，一家百货公司开设很多分支商店。独家经营的商店规模较小，连锁经营商店一般规模都比较大。②采取独家经营方式，没有下属分店。

◆ 连锁商店。它是零售商品垄断组织的主要形式，也是中小商店组织起来和大商店相抗衡的主要形式。典型的大型连锁商店是指由一家大型商店控制的许多家经营相同业务的分店。

◆ 超级市场。是以主、副食及家庭日用商品为主要经营范围，实行敞开式售货、顾客自我服务的零售商店。特点是：①实行自我服务和一次性集中结算的售货方式；②薄利多销，商品周转快；③商品包装规格化，条码化，明码标价，并要注有商品的质量和重量。

◆ 便利店。是设在居民区附近的小型商店，主要销售家庭日常用品、食品等周转速度快的便利品。一周营业七天，每天营业时间很长，方便消费者随时购买。消费者在这里购买主要是为了临时补缺，所以即使价格相对比较高，消费者也愿意支付。

◆ 廉价商店（也称折扣商品）。它的突出特点是以比一般商店明显低的价格销售商品。这对那些愿意以低价格购买商品的消费者阶层来说，有很大的吸引力。它的经营以毛利低，费用节省，商品周转快著称，并以此来维持其廉价销售。

◆ 特许经营商店。一种根据合同进行的商业活动，体现互利合作关系。一般是由特许授予人（简称特许人）按照合同要求、约束条件给予被授予人（简称受许人，亦称加盟者）的一种权利，允许受许人使用特许人已开发出的企业象征（如商标、商号）和经营技术、诀窍及其他工业产权。特许经营分为：①商品商标型特许经营；②经营模式特许经营；③转换特许经营。

◆ 仓储商店。是一种以大批量、低成本、低售价和微利多销的连锁式零售企业。仓储商店又称量贩店，原指会员制仓储批售俱乐部，起源于1968年荷兰创办的"万客隆"货仓式批发服务中心。美国第一家仓储式商场于1976年开业，20世纪80年代后期到90年代初迅速成长。目前，世界上最大的会员制仓储批售俱乐部是隶属于美国沃尔玛公司的山姆会员店，1995年销售额已达260亿美元，有459家店铺。仓储商店主要特点如下：①价格低廉。

一般仓储商店的销售价格低于市场价格20%以上，毛利率为10%左右。②会员制。仓储商店以会员制为基本的销售和服务方式，即向特定的消费者发放会员卡，持卡人交纳一定的会费，享受信息、商品、价格等方面的优惠。凭借会员制，仓储商店可以稳定客源，为会员提供优质服务。它又是一种价格促销制度，因此国外的许多货仓式商店又叫"价格俱乐部"。

(2) 无门市零售，主要有直复零售、直接销售、购物服务公司、自动售货及互联网销售五种形式。

◆ 直复零售，是为了在任何地方产生可度量的反应和达成交易而使用一种或多种广告媒体的互相作用的市场营销系统。直复市场营销者利用广告介绍产品，顾客可写信或打电话订货。订购的物品一般通过邮寄交货，用信用卡付款。直复市场营销者在一定广告费用允许的情况下，选择可获得最大订货量的传播媒体，使用这种媒体是为了扩大销售量，而不是像普通广告那样刺激顾客的偏好和树立品牌形象。

◆ 直接销售，即面对面销售，是指销售方派出许多销售代表，直接和顾客达成交易的方式。直接销售始于几个世纪以前，由最初的沿街叫卖发展而来。直接销售主要有一对一推销、一对多推销和多层次营销等三种形式。常见的直接销售方式有上门推销、家庭销售会、传销等。直接销售成本高昂，需要支付训练、管理和激励销售人员的费用，销售人员的佣金一般也占到20%~50%。

◆ 购物服务公司，是指专门为某些特定顾客提供服务的零售方式，通常是为学校、医院、工会和政府机关等大型组织的员工提供服务。该组织选择一些零售商与之建立长期服务关系，对组织内部成员凭购物证给予价格优惠。例如，有一位顾客想买一台录像机，就可以从购物服务公司领取一种表格，拿到经过批准的零售商那里按折扣价购买。然后，该零售商要向购物服务公司付一小笔费用。

◆ 自动售货，是采用自动机器售货，目前已被广泛用于各种产品的销售，例如饮料、香烟、报纸、化妆品、食品、唱片、图书等类型的产品都可以采用自动售货。采用自动售货的产品价格一般高于商店销售价格的15%~20%，这是趋于其营销成本昂贵的原因。此外，自动售货在服务行业也被普遍采用，例如自动存取款机、无人售票公交车、投币式自动电唱机、电脑游艺机，等等。

◆ 互联网销售，即利用互联网络开展零售业务，企业可以通过互联网提供网络购物服务，也有一些在线交易公司提供购物服务，顾客可以通过线上查询系统找到需要商品的各种信息，通过了解、比较，选择所购物品。作为一种新型的购物方式，互联网销售正在被大家，尤其是年轻人所接受，其贸易额增幅很大。

2. 按产品线分类

(1) 专业商店。是指专门经营某一类商品或服务的零售店，其产品组合宽度很小，但是深度很大。按照经营的商品类别和服务的对象可以把专业商店划分为两类，例如鞋店、服装店、书店等就属于按照经营的商品类别分类，而儿童商店、女性用品商店、旅游用品商店等则是属于按照服务对象进行的分类。专业商店产品品种齐全，对顾客需求了解深入，利于顾客充分挑选。

(2) 超级市场。主要经营食品、日用品等产品类别，采用开架售货的方式，薄利多销、低毛利、周转快。超级市场大多以连锁店形式出现，其经营规模大小不等，产品线数目可多可少，产品组合深度一般小于专业商店，比较适合家庭大量购买。

（3）便利商店。主要经营日用易耗品及便利商品，其经营规模较小，价格稍高，营业时间很长（有的便利商店甚至24小时营业），地点一般靠近居民区，以满足消费者的补充式采购为经营宗旨。

（4）超级商店、联合商店和特级市场。是指比超级市场规模更大的三种零售业态。超级商店规模比超级市场大，其经营范围在超市经营范围的基础上，增加了快餐、洗衣、修鞋等服务。联合商店的规模比超级商店更大，呈现多元化经营趋势，经营范围涉及食品、化妆品、保健品、家用器皿、服装、图书、文具等日常生活必需品。特级市场的规模比联合商店还要大，综合了超市、折扣商店和仓储零售的经营特色，经营范围更宽，除日常生活用品外还包括家用电器、家具等。

（5）百货商店。其经营规模大小不等，经营范围很宽，其产品组合包括若干条产品线，商品品种齐全，但产品组合深度一般不如专业商店大。各条产品线分开经营，相对独立。大型百货商店的地理位置多在繁华地段。

3. 按所有权关系分类

按商店之间的关系可以把零售商分为独立商店及零售组织两种类型。独立商店是指与其他零售商没有任何关系的商店，零售组织则是指组织内部的各个商店之间存在着一定关系的零售商组织。零售组织主要有自愿连锁、自由连锁、直营连锁、销售联合大企业及消费者合作社等形式。

（1）自愿连锁。又称加盟连锁、合同连锁等，这种商店由于是原已存在，而非加盟店开店伊始就由连锁总公司辅导创立或不符合"特许加盟条件"，要借助总部成熟的连锁体系独立开设的商店。所以自愿连锁在名称上可以有别于特许加盟店。在自愿加盟体系中，商品所有权是属于自愿连锁的店主所有，而系统运作技术及商店品牌的专有信息则归总部所有。

（2）直营连锁。又称正规连锁、公司连锁、所有权连锁等，是指在同一资本系统管理之下，分设两个或两个以上统一店名商店的组织形式，其管理制度实行统一化和标准化，组织中的各家商店在定价、宣传推广和售货方式等方面都有统一规定。直营连锁的主要特点是本部对各店铺拥有完全所有权和经营权，所有成员企业都受总部集中领导和统一管理，各成员商店经理是总部委派的雇员而不是所有者；各分店实行标准化管理，商店规模、档次、店貌及商品陈列等基本一致。它通过店名、品牌、商品、服务等方面的统一化和标准化，树立企业统一的市场形象；通过采购、送货、营销、员工培训、管理规章等的一致化，提高效率，降低成本，提高竞争力。

（3）销售联合大企业。是指把不同的零售方式集中组合在一起，形成一个多元化的自由形式的公司，使所有独立零售商场均能得到经济节约的好处。其设施华丽，服务完善，经营的商品一般为服装、化妆品、食品、日用品、家电等类型商品。

14.4.3 批发商的概念及作用

批发商是指在商品流转过程中不直接服务于最终消费者，而是以商业单位、产业用户、公共机关用户和商业用户等为销售对象的中间商。批发商处于产品流通起点和中间阶段，交易对象是生产企业和零售商，一方面它向生产企业收购产品，另一方面它又向零售企业批销产品，并且是按批发价格经营大宗产品。其发展呈现出一定的特点：一次交易量大；地区分布集中。

批发商的功能可概括如下。①结合功能，批发商的业务联系较广泛，能够将生产者的供给与零售商的需求结合在一起，充当生产者的推销中心和零售商的采购中心，可减少众多的买主与卖主各自频繁交易的次数，减少流通费用，提高商品的成交率。②提供信息职能。批发商可向其供应商提供有关买主的市场信息，诸如竞争者的活动、新产品的出现、价格的剧烈变动等。③实体分配，批发商采购商品是通过分类、分等、分割、编配将商品按消费者或零售商所代表的消费者需要的花色品种组合起来，再供应给零售商。这一职能对中小零售企业尤为重要，满足了它们勤进快销、品种杂、数量少、加速资金周转的需要。批发商还通过仓储、运输等业务，使不同时间、不同地区的商品供求能够平衡。这种调节生产与消费之间客观存在的时间和空间矛盾的作用，被称为地点效用和时间效用。④融资功能，批发商可以向客户提供信用条件，提供融资服务；另一方面，如果批发商能够提前订货或准时付款，也等于为供应商提供了融资服务。⑤风险承担，批发商在分销过程中，由于拥有商品所有权，故可承担失窃、瑕疵、损坏或过时等各种风险。⑥管理与咨询服务，批发商通过为零售商训练销售人员、布置店堂和商品陈列、建立会计与存货管理制度，帮助零售商改进经营管理。

现代大生产的日益集中和规模化，市场范围扩大，路途遥远，及大规模生产和大规模销售体制的建立，都促进了批发业的发展。20世纪六七十年代，随着巨型零售连锁公司和大型制造业集团的出现，在一些国家曾发生过否定批发的"革命"，或独立批发商销售比重下降，但最终批发商的功能是不可替代的。

14.4.4　批发商的类型

批发商主要有三大类型：商人批发商、经纪人和代理商、自营批发机构。

1. 商人批发商

商人批发商又称独立批发商，是指自己进货，取得产品所有权之后再批发给零售商或用户，并且具有法人资格的独立批发企业。商人批发商是批发商的主要类型，大多数的批发商都属于这种类型。根据其经营范围，可以把商人批发商分为专业批发商、大类商品批发商、综合批发商三类。专业批发商则专门经营某类产品中的某种产品，专业化程度高，以专业商店和专业用户为主要服务对象。根据提供服务的情况，可以把商人批发商分为完全服务批发商和有限服务批发商两种类型。完全服务批发商执行批发商的全部职能，提供的服务主要有寻求客户、洽谈、储存、提供信贷、送货、协助管理和承担风险等。有限服务批发商仅承担部分批发职能，根据其承担的职能，主要有现购自运批发商、桌上批发商、卡车批发商、货架批发商、邮购批发商等类型。大类商品批发商的经营范围只涉及某一类或某几类商品，在其业务范围内，产品组合深度大，对顾客满足程度高，以地区批发商、大型零售商和机关团体为主要服务对象。综合批发商经营范围繁杂，以商场、百货商店为主要对象，商品一般涉及日用百货、五金交电、常用零件等。

2. 经纪人和代理商

代理商或经纪人与商人批发商最主要的区别在于它们对商品没有所有权，它们不是经营商品，而是代表买方寻找卖方，代表卖方寻找买方，或只是在买卖双方之间牵线搭桥（如经纪人）。由于它们并没有独立的投资，因此它们赚取的是佣金而非商业利润。代理商的经营范围一般较窄，根据与买方或卖方关系的紧密程度，又可分为采购代理商、制造代理商、销售代理商、经纪人和佣金商等。实行计划经济体制时期，我国曾明文取消了代理商和经纪人。改革开放后，随着市场经济的建立和发展，代理商和经纪人已在流通领域重新出现并获得较大发展。尤其是在进出口领域，原来的外贸公司大多改成了以进出口代理为主；而在体育、文艺演出、文化、证券、保险等领域，经纪人和经纪公司也获得了很大发展。代理商获得较大发展的原因，一是不需太大投资，因此风险较小，进入门槛较低；二是非常灵活，没有什么固定资产投入，因此可以随时调整经营方向；三是现代交通、通信、信息服务业的发展，以及社会分工的高度发达，均为代理和经纪行业的发展提供了广阔的市场和效率空间。

（1）采购代理商。采购代理商一般与顾客有长期关系，代他们进行采购，往往负责为其收货、验货、储运，并将货物运送给采购者。他们消息灵通，可向客户提供有用的市场信息，而且还能以最低价格买到好的货物。

（2）制造代理商。制造代理商也称制造商代表，他们代表两个或若干个互补的产品线的制造商，分别和每个制造商签订有关定价政策、销售区域、订单处理程序、送货服务和各种保证及佣金比例等方面的正式书面合同。他们了解每个制造商的产品线，并利用其广泛关系来销售制造商的产品。

（3）销售代理商。销售代理商是在签订合同的基础上，为委托人销售某些特定产品或全部产品的代理商，对价格、条款及其他交易条件可全权处理。这种代理商在纺织、木材、某些金属产品、某些食品、服装等行业中十分常见。在这些行业中，竞争非常激烈，产品销路对企业的生存至关重要。

（4）产品经纪人。产品经纪人的主要作用是为买卖双方牵线搭桥，协助他们进行谈判，交易达成后向雇佣方收取费用。他们并不持有存货，也不参与融资和承担风险。

（5）佣金商。佣金商又称佣金行，是指对产品的实体具有控制力并参与产品销售协商的代理商。通常备有仓库，替委托人储存、保管货物。此外，佣金商还替委托人发现潜在买主，获得最好价格、分等、再打包、送货、给委托人和购买者以商业信用（即预付货款和赊销）、提供市场信息等职能。佣金商卖出货物后，扣除佣金和其他费用，即将余款汇给委托人。

3. 自营批发机构

这是指由企业和零售商自设机构经营批发业务。主要类型有企业与零售商的分销部和办事处。分销部有一定的产品储存，其形式如同商人批发商，只不过隶属关系不同；办事处没有存货，是企业驻外的业务代办机构，有些零售商在一些中心市场设立采购办事处，主要办理本公司的采购业务，也兼做批发业务，其功能与经纪人和代理商相似。

此外，还有一些存在于其他特殊经济部门、行业的专业批发商，如为农产品集散服务的农产品收购调运商，为石油集散服务的中转油库，为某些特殊购销方式服务的拍卖公司，等等。

14.4.5 零售商与批发商的营销策略

1. 零售商与批发商的区别

（1）交易量和交易频率不同。零售商将商品购进后分零出售，以适应个人或家庭的需要；而批发商则成批购进、成批售出。因此，批发业务量往往比零售业务量大而交易频率低。

（2）在分销渠道中所处的位置不同。零售商位于分销渠道的终点，零售交易结束后商品就从流通领域进入消费领域；批发商位于分销渠道的前部，批发业务结束后商品或继续留在流通领域或进入生产企业重新投入生产。

（3）服务对象不同。批发商以零售商和生产企业为主要服务对象；而零售商以最终消费者为服务对象。

（4）营业网点的设置和交易范围不同。由于零售商和批发商所处位置不同，所以服务对象也不同。一般零售商多开设在繁华地区和居民区，批发商主要集中在大城市和地方性中心城市，批发商在网点数量及分布上远不及零售商，但所覆盖的贸易范围一般比零售商大。

2. 零售商的营销策略

（1）商品陈列策略。①季节商品陈列法。季节性商品陈列法的要点是应季陈列，即在什么季节陈列什么商品。如果需要同时陈列不同季节的商品，可把应季商品陈列在突出的位置上，季节商品陈列出来还要表现这一季节商品的特点。②联想陈列法。联想陈列是使顾客在接触某种商品时联想到与这一商品的相关商品。如在卖女裙装的地方，放一穿裙装丝线袜的模特，顾客在购买裙装的同时就联想到买丝线袜子；在购买西装时，就会联想到购买领带等。③综合陈列法。即通过商品陈列使顾客方便参观，获得丰富、鲜明的美好印象。一般要把主力商品突出陈列，辅助商品和关联商品附带陈列，以显示经营商品品种的多样性。④相关商品陈列法。即要求把相关联的商品摆在一起陈列。如把西装和领带摆在一起陈列，把学生用本和小刀、橡皮摆在一起陈列，把化妆品、护肤用品摆在一起陈列，都会达到陈列的目的，取得好的陈列效果。

（2）选择商品策略。零售商店经营商品，一般可以划分成三个部分：主力商品、辅助商品和关联商品。一个商店的主力商品应该是在市场上具有竞争能力的商品或者是名牌畅销商品，如果在销售过程中发现主力商品的某些品种滞销，就要及时采取措施进行调整，或用辅助商品来代替，以保证销售额不至于因为某些品种的影响而下降。辅助商品是对主力商品的补充，它不要求同主力商品有关联性，只要是商品能够经营，而且又是顾客需要的商品就可以。因此经营辅助商品一定随着季节变化和流行性的变化，作到少进、勤进、快销，对于价格便宜、销路好的辅助商品，也可以增加其经营比例。

3. 批发商的策略

（1）专营性分布策略，是对特定的产品批发商只选择一个或几个零售商独家经营这种产品所采取的策略。专营性分布策略的有利之处在于：易于控制零售市场，能决定零售价格，在广告和其他方面能够得到零售商店的配合，销售、运输、结算手续简便，销售费用可以减至最低限度，可以排斥或防止竞争者，有利于获得市场信息，有利于提高企业及产品声誉。其缺点在于：市场单一，销售能力有限，过于依赖零售商，经营风险太大。

（2）选择性分布策略，有些企业在采用普遍性分布策略后，不得不淘汰一部分零售商经营自己的商品所采取的一种措施。这种策略适用于所有的商品。特殊商品及耐用消费品较适宜采取选择性分布策略。采取普遍性分布策略的企业往往开支很大，采取选择性分布策略，企业就可以节省很多不必要的开支，从而有利于提高企业的经济效益。

（3）普遍性分布策略，是指批发商为了使自己经营的商品能够在更大的市场范围内推销，利用尽可能利用的分销渠道，广泛推销商品所采取的一种策略。采用这一策略的批发商往往需要承担一部分零售商的广告经营费用，以刺激零售商大批量的购买。

14.5 营销渠道的新动态

近年来,在经济全球化发展的进程中,计算机网络和通信技术迅猛发展,商务处理的方式发生了巨大变化。电子商务作为商业贸易领域中一种先进的交易方式,以日新月异的高科技手段挑战传统的经贸方式,并对传统零售业的观念和行为方式产生了巨大的影响和冲击。电子商务产生以后,在该种环境下经营的零售业应运而生,并迅猛地发展起来。随着互联网技术的发展,电子商务平台的应用,目前大量企业和个人摇身变为网络商户,电子商务零售业开展起来。截至 2008 年,国内互联网用户的三分之一都有过网购的经历。

利用电子商务技术从事零售业务的企业,叫做电子零售企业,也叫做电子商店。它是建立在网络世界中的虚拟商店,其消费的顾客不必出门,在家中通过电脑的网络连线选择购物。与传统的零售商业一样,网上零售业同样能够提供零售商重要的竞争能力。首先它允许经营者提供差别化的商品。其次,在别的竞争者提供相同或类似的替代品时,它可以帮助经营者挽留自己的客户。网上货源组织与现有的资源组织渠道不同,网上营销需要零售商有全新的技能,特别是产品组织的技能。为了更好地利用网络渠道的交互性、多媒体的技术特征,还必须学会筛选适于网上销售的商品。

14.5.1 电子商务在传统零售业中的应用

电子商务彻底改变了传统零售业的营销理念。利用电子商务作为工具使得营销必须利用信息技术和网络优势,树立全新的营销理论,从传统的同质化、大规模营销到异质化、集中营销,营销管理也从分散、独立的过程发展到统一。电子商务改变了传统的贸易支付方式。网络技术的发展使得新的支付方式得以迅速推广应用,电子货币逐渐取代传统货币成为普遍接受的支付方式。电子商务对零售业物流体系实现再构造。物流是零售业的源头,电子商务改变了传统的物流观念,为物流创造了一个虚拟的运作空间;电子商务改变了物流的运作方式,通过网络上的信息传递,可以有效地实现对物流的实时控制,实现物流的合理化;电子商务还改变了零售企业物流的经营形态,要求从社会的角度对物流进行系统的组织与管理,从而打破了传统物流分散的状况。

14.5.2 我国零售业发展的趋势

零售业的发展可以追溯到 19 世纪中叶百货业的诞生,迄今已有 150 多年的历史。在此期间,零售业态不断创新,新兴零售业态形式不断出现。总的来说,世界正出现这样一些发展趋势。

(1) 传统百货业正面临严峻挑战。

(2) 零售业对市场的控制能力正在上升。

(3) 零售业两极分化的趋势明显。零售业的激烈竞争使整个行业产生了较为明显的两分化趋势:一方面零售业中的市场集中度正在逐步提高,少数巨头控制整个零售业中的大量份额;另一方面,有一部分零售企业则开始走向专业化经营,通过采用专营店的方式,提供差别化、个性化的服务。

(4) 零售业正向网络化迈进。电子商务的快速发展也带来了零售业与因特网的"联姻",不但在零售企业之间互相通过企业内联网进行连锁经营,或者通过外联网整合供应链,而且很多零售企业已通过因特网开展 B to C 的经营活动。

14.5.3 电子商务在零售业中的发展模式

1. 由纯网络单一品种运营向多品类及线下渠道资源建设

发展此种模式的典型代表为卓越、当当网。卓越、当当起源于纯网络型网上商城,现在已开始拓展线下的供应及配送渠道。卓越、当当,作为国内最具影响力的纯网络起家的 B to C 网上商城,它们在 B to C 电子商务领域先走一步,获得了一定的优势。如今两家公司不约而同地从精品销售思路转变到现在猛增产品品种及线下仓库规模,并且除实体店面外,它们在物流、仓储等传统零售行业的流通环节中投入的人力、财力都在不断增大。

2. 只提供第三方支付平台和信息流等中介服务的网络中间商

此种模式的典型代表为淘宝。淘宝,起源是个人二手业务交易的平台提供商,后来发展成主要提供个人交易中介服务的免费交易服务平台提供商。目前淘宝上的卖家绝大部分都是一些无营业执照的个人经营者,他们通过向上游厂商或批发商分散采购产品进行零售赚取差价。淘宝所充当的角色就是为个人的买家和卖家提供一个交易平台,就买家和卖家的身份及交易性质来看,淘宝类似一个农贸市场,目前淘宝免费为无证经营的淘宝卖家提供 B to C 性质的地摊网店。无营业执照就是 C,C to C 名副其实。

3. 实体经营延伸至网络的电子商务模式——传统企业触网模式

此种模式的典型代表为国美、苏宁、沃尔玛等。此种模式为线下实体商城运营已经非常成熟,并且拥有完善的仓储系统、供应链体系,而后开展网上商城服务,充分利用实体商城的渠道网点、既有的仓储系统、供应链体系及物流配送体系发展商城业务。类似这类传统企业进军电子商务领域,开设网上商城,它们的模式与早年诞生于互联网本身的 B to C 网上商城卓越、当当有着本质的区别。此种模式拥有品牌和众多的顾客,在人力、物力、财力三方面都有实业支持,这种电子商务模式更稳健,相对于纯网络型电子商务企业更有竞争力。

14.5.4 网上零售商业体系的结构与电子商店营销能力

零售商业体系是在一定时空渠道上完成人们所需要产品和服务的再分配系统,这一系统中基本的元素是制造商、批发商、零售商、消费者及销售渠道。一个商品或服务的交易完成,实为这个系统中诸多元素互动交流的结果。

1. 网上零售业存在的环境

网络本身的特点决定了网上零售商业体系的存在。网络的形成并非来自全球性的系统规划,它能有今天的规模主要得力于当初设计的特点:开放、分享、廉价和交互性。

(1) 开放。网络是开放的、可以自由连接,而且没有时间、空间、地理的限制,任何人随时随地可以加入网络,只要遵循规定的网络协议。

(2) 内容共享。网络用户在网络上可以随意调阅别人的网页或拜访电子广告牌,从中寻找自己需要的信息和资料。

(3) 价格低廉。网络始于学术信息交流,且免费使用。进入商业化之后,网络服务供应商一般采用低价策略占领市场,增加了网络的吸引力。

(4) 交互性。网络的交互性是通过两个方面实现的,其一是通过网页实现实时的人机对话。其二是通过电子公告牌或电子邮件实现异步的人机对话。

2. 网上零售业优点

与传统的零售业相比，网上零售业有以下优点。

（1）全新时空优势。传统的零售商业是以固定不变的零售地点、零售时间为特征的店铺式销售；相对传统的零售商业，网上的零售商业具有全新的时空优势。事实上，网上购物已没有了国界、时间的限定。

（2）全方位展示产品或服务的优势。网络上的零售业可利用网上多媒体的性能，全方位地展示产品或服务的外观、性能、品质，从而有助于消费者完全地认识了商品后再去购买。

（3）密切用户关系，加深用户了解的优势。由于网络的即时互动式沟通，没有任何表达自己感想的外界干扰，使得产品或服务的消费者更易表达出自己对产品或服务的评价，这种评价使网上的零售商们可以更深入了解用户的内在需求。

（4）减少流通环节，降低交易费用的优势。与传统的零售业相比，利用网络渠道减少中间环节过多的问题，并加快了信息流动的速度。这样，网上的商品提供者可以以更优惠的价格向消费者提供商品。

14.5.5 发展新型零售业的建议

电子商务彻底改变了传统零售业的营销理念。利用电子商务作为工具使得营销必须利用信息技术和网络优势，树立全新的营销理论，从传统的同质化、大规模营销到异质化、集中营销，营销管理也从分散、独立的过程发展到统一。电子商务改变了传统的贸易支付方式，网络技术的发展使得新的支付方式得以迅速推广应用，电子货币逐渐取代传统货币成为人们普遍接受的支付方式。电子商务对零售业物流体系实现再造。物流是零售业的源头，电子商务改变了传统的物流观念，为物流创造了一个虚拟的运作空间；电子商务改变了物流的运作方式，通过网络上的信息传递，可以有效地实现对物流的实时控制，实现物流的合理化；电子商务还改变了零售企业物流的经营形态，要求从社会的角度对物流进行系统的组织与管理，从而打破了传统物流分散的状况。

电子商务为零售业发展创造了全新的商务模式。电子商务改变了传统零售业的商品流通模式，建立了以数据库为核心的决策支持及运营系统，使整个系统由以产品管理为中心转向以顾客需求管理为中心。电子商务与传统零售业相互补充和融合，电子商务无法代替传统零售业的社会功能。传统零售业具有休闲和娱乐的功能，网上购物虽然可以随时随地、随心所欲地挑选商品，但无法进行人际交流，也无法通过感官去感受商品的质地、气味等，而这些都是消费者购物过程中的重要心理体验。两者并不存在替代关系，电子商务不是传统零售业的末日，而是一个更新、改造、提升传统零售业的平台。B to C 的发展如果没有传统零售业的加盟，只能停留在纸面上，或是在小范围内运作，而传统零售业如果不顺应新经济的潮流，积极发展电子商务，就有被市场遗弃的危险。随着这几年金融业的不断改革，一直困扰零售业电子商务发展的网上支付问题也得到了一定的解决。当前，发展零售业电子商务要注意以下几点。

1. 政府重视

为了实现新世纪的战略目标，建设社会主义和谐社会，各级政府对发展商业服务业都非常重视。当前，政府应正确认识我国零售业电子商务发展存在的问题，确立努力发展零售业电子商务的指导思想，积极引导"零售企业上网工程"。通过倾斜的政策措施引导零售企业发展电子商务，为零售企业发展保驾护航，为企业的信息化创造条件，制定发展规划，加强外部基础设施建设，从税收上给予企业适当的扶持和优惠，创造良好的社会经济环境，努力提高国民经济和社会的信息化水平。构造诚信的市场经济环境，零售企业发展电子商务必须有诚信机制的支持，诚信是电子商务的基本保证。为此，要培育以诚信为核心的社会道德规范，塑造讲究信用的社会环境，只有大多数企业能够自觉守法自律，适应电子商务发展的社会诚信氛围才能建立起来；还要营造讲诚信的社会法治环境，诚信的基础是法律，要通过法律对不讲诚信的恶行进行严厉惩处，要使得失信的企业和个人付出巨大的成本；要通过诚信经营的评价体系、诚信资料的服务和保护机制的建立，督促企业建立起诚信管理的组织机构，建立全民信誉体系，真正使诚信成为企业与公民的一种自觉行为。

2. 提高零售企业与公众的电子商务意识

为进一步发展零售企业电子商务，要通过宣传教育来提高社会公众和零售企业对电子商务的认识，要运用通俗易懂的语言解释电子商务不过是以计算机为主的电子技术来武装和改造商业本身的过程。电子商务的开展会极大地提高商务效率，降低成本，减少商务活动中人、财、物的消耗，节约能源，有利于生态环境，有利于整个社会商品生产的集约化和高效益。要教育企业从长远与战略的角度来看待电子商务，在全球一体化的过程中，发达国家在电子商务的发展中占有绝对优势，而发展中国家处于绝对劣势，必将造成新的不平衡，但发展中国家也具有后发优势，用先进技术武装传统零售业是零售业实现现代化的必由之路。而我国信息化发展迅速，目前全国上网用户已达 9 000 多万，仅次于美国位居世界第二，因此，零售企业要抓住当前有利时机，看清电子商务的发展方向，努力缩短与发达国家的差距。政府相关部门应制定相应的法律法规，我国在《合同法》和《互联网信息管理办法》等行政法规中有涉及电子商务的内容，但至今仍未制定完整的《电子商务法》，电子商务有些是涉外业务，应与国际上电子商务立法接轨。电子商务涉及电子加密、自动认证等高技术，传统的法律专家难以透彻理解，制定有关零售业电子商务的法律法规必须有包括商业、信息安全专家在内的所有有关人士参加，当务之急是废除阻碍电子商务发展的现行法规和首先制定保证在互联网上合法进行商务交易的基本法律条款，例如，有关网上商务数据传输的效力、电子签名的法律效力、电子商务认证机构的权利与责任、电子商务中的税收征缴等，考虑到电子商务快速发展与法律法规建设的相对稳定性，法律法规必须有一个较为灵活的框架，防止其制约电子商务的发展，随着电子商务的不断发展，应该及时出台更全面的《电子商务法》。

3. 加快基础设施建设

基础设施建设是发展电子商务的基石，要想实现零售业电子商务的不断发展，网络必须有快捷的反应速度和足够的带宽，我国应该大力发展计算机网络软硬件产品，构造、疏通我国信息主干网，把信息高速公路通往祖国的四面八方；并通过网络的发展，形成规模化经营，逐步降低目前过高的网络收费；同时，应加大公路、铁路、航空、水运等交通设施的建设，以支持电子商务所需的物流配送。

4. 注重安全体系的建设

零售企业要大力提高信息安全意识，树立"预防为主"的观念。电子商务安全问题应从以下几个方面入手：技术上通过加密、防火墙等手段实现内外网的安全隔离，建立各种安全认证中心；管理上制定各项内部网络管理制度，如对客户实行分组分级管理，对 IP 地址、密码、口令的管理，数据安全管理，制定管理制度，防范自然灾害等意外事故，法律上制定相应的法律法规，严厉打击计算机犯罪。

5. 加强人才的管理与培训

通过加强人才的管理与培训，提高人员的技术水平和信息意识，完善人力资源的培养和利用，让更多的人认识计算机、认识网络及了解电子商务，因此，尽快宣传和普及电子商务的有关知识，加强相关人才培养，是一项重要的任务。零售企业要提高对人力资源的重视程度并加强对人力资源的管理，要从工资待遇等方面吸引人才，还可以用企业文化和氛围、个人职业生涯设计等方面增加企业亲和力，并改革对员工的激励方式以吸引更多的优秀人才加盟，加强内部人员的在职培训以提高人员的水平，尽可能地形成企业的专用性人力资源。大型零售企业还可考虑加快与网络公司的融合，以解决企业迫切需要解决的人才与技术等问题。

6. 建设现代化的物流体系

物流企业能够做到综合性的物流服务，发挥现代物流服务的功能，必须提高信息收集、加工处理、运用能力，物流的专门知识、物流的统筹等策划和精细化组织与管理能力，鼓励发展物流配送公司，发展和引进跨国物流企业，发展商品仓储业，鼓励零售企业结合自身实际情况，寻求最优的物流配送方案，比如是选择自己组建物流网络还是与专业物流公司合作。此外，物流行业的管理应该改变原有的与物流相关的各部门分别由铁道、交通、民航、内贸等不同政府部门进行管理的体制。要积极促进物流的社会化、信息化、自动化、网络化，努力提高劳动生产率，节约物流费用，实现物流的规模经济效益，为零售业电子商务的发展创造有利条件。

发展电子商务是零售业不可逆转的趋势，面对知识经济、信息经济的挑战，我国零售企业必须正视现实，转变观念，抓住时机，积极发展电子商务，使我国零售业再上一个新的台阶。

引导案例解析

在最初的推广过程中，创始人晏琳几乎是倾囊传授，掉渣儿烧饼上撒的那层粉的配方也都坦白了，没有一点商业秘密（技术诀窍 - know how）了，后来许多卖配方、卖工艺的都是从晏琳那儿学的。配方的发明专利一时难以批准，无法得到应有的保护；外观设计专利（店面特色装潢、牛皮纸袋等）的审查批准时间相对较短，没有利用它来进行全方位保护；而"油而不腻，口感柔和，入口即溶，鲜香可口"的广告词，没有及时向知识产权局申请著作权登记予以保护；商标批复大约在一年后。晏琳这种起大早赶晚集的做法，最终只能是鸡飞蛋打。

课后思考

1. 渠道成员的选择标准有哪些？

2. 绝对控制和低度控制的主要区别是什么？
3. 如何设计营销渠道？
4. 怎样看待电子商务在零售业中的发展趋势？
5. 渠道成员的条件和责任是什么？

课后案例分析

娃哈哈：渠道的成功与困惑

杭州娃哈哈集团有限公司是目前中国最大的食品饮料生产企业，在全国23个省市建有60多家合资控股、参股公司，在全国除台湾外的所有省、自治区、直辖市均建立了销售分支机构，拥有员工近2万名，总资产达66亿元。2003年，公司营业收入突破100亿元大关，成为全球第五大饮料生产企业，仅次于可口可乐、百事可乐、吉百利、柯特四家跨国公司。

娃哈哈的产品并没有很高的技术含量，其市场业绩的取得和它对渠道的有效管理密不可分。娃哈哈在全国31个省市选择了1 000多家能控制一方的经销商，组成了几乎覆盖中国每一个乡镇的联合销售体系，形成了强大的销售网络。娃哈哈非常注重对经销商的支持，公司会根据一定阶段内的市场变动、竞争对手的行为及自身产品的配备而推出各种各样的促销政策。针对经销商的促销政策，既可以激发其积极性，又保证了各层销售商的利润，因而可以做到促进销售而不扰乱整个市场的价格体系。娃哈哈对经销商的激励采取的是返利激励和间接激励相结合的全面激励制度。娃哈哈通过帮助经销商进行销售管理，提高销售效率来激发经销商的积极性。娃哈哈各区域分公司都有专业人员指导经销商，参与具体销售工作；各分公司派人帮助经销商管理铺货、理货及广告促销等业务。

娃哈哈的经销商分布在全国31个省市，为了对其行为实行有效控制，娃哈哈采取了保证金的形式，要求经销商先交预付款，对于按时结清货款的经销商，娃哈哈偿还其保证金并支付高于银行同期存款利率的利息。娃哈哈总裁宗庆后认为："经销商先交预付款的意义是次要的，更重要的是维护一种厂商之间独特的信用关系。我们要经销商先付款再发货，但我给他利息，让他的利益不受损失，每年还返利给他们。这样，我的流动资金十分充裕，没有坏账，双方都得了利，实现了双赢。娃哈哈的联销体以资金实力、经营能力为保证，以互信互助为前提，以共同受益为目标指向，具有持久的市场渗透力和控制力，并能大大激发经销商的积极性和责任感。"

为了从价格体系上控制窜货，娃哈哈实行级差价格体系管理制度。根据区域的不同情况，制定总经销价、一批价、二批价、三批价和零售价，使每一层次、每一环节的渠道成员都取得相应的利润，保证了有序的利益分配。

同时，娃哈哈与经销商签订的合同中严格限定了销售区域，将经销商的销售活动限制在自己的市场区域范围之内。娃哈哈发往每个区域的产品都在包装上打上编号，编号和出厂日期印在一起，根本不能被撕掉或更改，借以准确监控产品去向。娃哈哈专门成立了一个反窜货机构，巡回全国严厉稽查，保护各地经销商的利益。娃哈哈的反窜货人员经常巡察各地市场，一旦发现问题马上会同企业相关部门及时解决。总裁宗庆后及各地的营销经理也时常到市场检查，一旦发现产品编号与地区不符，便严令彻底追查，按合同条款严肃处理。娃哈哈奖罚制度严明，一旦发现跨区销售行为将扣除经销商的保证金以支付违约损失，情节严重的将取消其经销资格。

娃哈哈全面激励和奖惩严明的渠道政策有效地约束了上千家经销商的销售行为，为庞大渠道网络的正常运转提供了保证。凭借其"蛛网"般的渠道网络，娃哈哈的含乳饮料、瓶装水、茶饮料销售到了全国的各个角落。2004年2月新产品"激活"诞生，3月初铺货上架，从大卖场、超市到娱乐场所、交通渠道、学校和其他一些传统的批发零售渠道，"激活"出现在了它能够出现的一切地方。娃哈哈将其渠道网络优势运用得淋漓尽致，确保了"激活"在迅速推出的同时尽快形成规模优势。

面对可口可乐、百事可乐和康师傅、统一的全面进攻，娃哈哈大胆创新，尝试大力开展销售终端的启动工作，从农村走入城市。总裁宗庆后认为，现在饮料企业的渠道思路主要有三种：一是可口可乐、百事可乐的直营思路，主要做终端；二是健力宝的批发市场模式；三是娃哈哈的联销体思路。娃哈哈在品牌、资金方面不占优势，要想成功关键就要扬长避短，尽可能地发挥自己的优势，而抑制对方的长处。娃哈哈推出非常可乐，从上市之初就没有正面与可口可乐、百事可乐展开竞争，而是瞄准了中西部市场和广大农村市场，通过错位竞争，借助于强大的营销网络布局，把自己的可乐输送到中国的每一个乡村与角落，利用"农村包围城市"的战略在中国碳酸饮料市场占据了一席之地。

有学者将娃哈哈的成功模式归结为"三个一"，即"一点，一网，一力"。一点指的是它的广告促销点，一网指的是娃哈哈精心打造的销售网，一力指的则是经销商的能力。"三个一"的运作流程是：先通过强力广告推新产品，以广告轰炸把市场冲开，形成销售的预期；接着通过严格的价差体系做销售网，通过明确的价差使经销商获得第一层利润；最后常年推出各种各样的促销政策，将企业的一部分利润通过日常促销与年终返利让给经销商。但这种模式也存在问题：当广告越来越强调促销的时候，产品就会变成"没有文化"的功能产品，而不是像可口可乐那样成为"文化产品"，结果会造成广告与产品之间的刚性循环：广告要越来越精确地找到"卖点"，产品要越来越多地突出功能，结果必然是广告的量要越来越大，或者是产品的功能要出新意，才能保证销量。

（资料来源：http://course.shufe.edu.cn/course/marketing/allanli/wahaha.html）

思考题：
1. 娃哈哈为了实现有效的渠道网络管理采取了哪些措施？取得了什么样的效果？
2. 你认为娃哈哈现有渠道模式的主要问题在什么地方？娃哈哈应当如何完善它的渠道建设？

第 15 章　营销传播组合策略

◎ **本章要点**
- 沟通在营销中的作用
- 营销沟通的主要方式和沟通过程
- 营销沟通组合策略的主要内容
- 影响沟通组合的因素
- 营销人员的有效管理过程

◎ **本章难点**
- 营销沟通组合策略的合理应用
- 如何选择正确的营业推广形式
- 危机公关的有效处理

◎ **课前思考**
- 营销传播组合的工具有哪些？
- 怎样选择信息沟通渠道？
- 营业推广的形式包括哪些？

引导案例

麦当劳的营销传播策略

麦当劳是世界上规模最大的快餐连锁集团之一，在全球的120多个国家有2万9千多家餐厅。1990年，麦当劳来到中国，在深圳开设了中国的第一家麦当劳餐厅；1992年4月在北京的王府井开设了当时世界上面积最大的麦当劳餐厅，当日的消费人次超过万人。从1992年以来，麦当劳在中国迅速发展。1993年2月广州的第一家麦当劳餐厅在广东国际大厦开业；1994年6月，天津麦当劳第一家餐厅在滨江道开业；1994年7月，上海第一家麦当劳餐厅在淮海路开业。数年间，麦当劳已在北京、天津、上海、重庆四个直辖市，以及广东、广西、福建、江苏、浙江、湖北、湖南、河南、河北、山东、山西、安徽、辽宁、吉林、黑龙江、四川和陕西等17个省自治区的74个大、中城市开设了460多家餐厅，在中国的餐饮业市场占据重要地位。

作为世界首屈一指的快餐连锁集团，麦当劳近年来在全球各地市场受到了多方面的挑战：市场占有上，2002年11月8日，麦当劳宣布从3个国家撤出，关闭10个国家的175家门店，迅速扩张战略受阻。在中国，麦当劳的门店数仅为肯德基的3/5。品牌定位上逐渐

"品牌老化"。肯德基主打成年人市场，麦当劳50年坚持走小孩和家庭路线，"迎合妈妈和小孩"。但近年人们的婚姻和婚育观念的改变，晚婚和单身的现象日渐平常，消费核心群体由家庭群体向24岁到35岁的单身无子群体转变，麦当劳的定位及品牌的概念恰与此偏离。投资策略上，麦当劳在中国一直坚持自己独资开设连锁店。截至2003年7月底，麦当劳都没有采取肯德基等快餐连锁的特许经营的扩张方式。公司管理上，迅速扩张的战略隐患逐渐暴露。麦当劳最引以为豪的就是其在全球的快速而成功的扩张，在2002年麦当劳缩减扩张计划之前，麦当劳在全球新建分店的速度一度达到每8小时一家，而这种快速扩张也使得麦当劳对门店的管理无法及时跟进，比如一些地区正在恶化的劳资关系及滞后的危机处理能力。在广州麦当劳消毒水事件中，店长反应迟缓，与消费者争执，这些都损坏了企业的品牌形象。民族和文化意识上的隔阂也给麦当劳带来了麻烦与可口可乐、万宝路一样，麦当劳与"美国"这一概念捆绑在一起，其效应就如一把双刃剑，既征服了市场，也引来了麻烦。从中东乃至伊斯兰世界掀起的抵制美国货运动，到"9·11"事件后麦当劳餐厅的爆炸事件，都说明了"美国"品牌的负面效应。现代社会，快餐食品对健康的影响逐渐为越来越多的人重视，这成为麦当劳的又一难题。2003年3月5日的"两会"上，全国政协委员张皎建议严格限制麦当劳、肯德基的发展；世界卫生组织（WHO）也正式宣布，麦当劳、肯德基的油煎、油炸食品中含有大量致癌毒素丙毒。

在各种因素的综合作用下，2002年10月麦当劳股价跌至7年以来的最低点，比1998年缩水了70%，并在2002年第四季度第一次出现了亏损。为改变这种情况，2002年初，麦当劳新的全球首席营销官拉里·莱特（Larry Light）上任，并策划了一系列整合营销传播方案，实施麦当劳品牌更新计划：2003年，麦当劳在中国、新加坡等地推出了"和风饭食系列"、"韩式泡菜堡"，在中国推出了"板烧鸡腿汉堡"，放松标准化模式，发挥本地化策略优势，推出新产品，顺应当地消费者的需求。2003年8月，麦当劳宣布，来自天津的孙蒙蒙女士成为麦当劳在内地的首个特许加盟商，打破了中国内地独资开设连锁店的惯例。2003年9月2日，麦当劳正式启动"我就喜欢"品牌更新计划。麦当劳第一次同时在全球100多个国家联合起来用同一组广告、同一种信息进行品牌宣传，一改几十年不变的"迎合妈妈和小孩"的快乐形象，放弃坚持了近50年的"家庭"定位举措，将注意力对准35岁以下的年轻消费群体，围绕着"酷"、"自己做主"、"我行我素"等年轻人推崇的理念，把麦当劳打造成年轻化、时尚化的形象。同时，麦当劳连锁店的广告海报和员工服装的基本色都换成了时尚前卫的黑色。配合品牌广告宣传，麦当劳推出了一系列超"酷"的促销活动，比如只要对服务员大声说"我就喜欢"或"I'm Loving It"，就能获赠圆筒冰激凌，这样的活动很受年轻人的欢迎。2003年11月24日，麦当劳与"动感地带"（M-Zone）宣布结成合作联盟，并在全国麦当劳店内同步推出了一系列"我的地盘，我就喜欢"的"通信+快餐"的协同营销活动。麦当劳还将在中国餐厅内提供WiFi服务，让消费者可以在麦当劳餐厅内享受时尚的无线上网乐趣。2004年2月12日，麦当劳与姚明签约，姚明成为麦当劳全球形象代言人。姚明将在身体健康和活动性、奥林匹克计划及"我就喜欢"营销活动和客户沟通方面发挥重要作用。2004年2月23日，麦当劳推出"365天给你优质惊喜，超值惊喜"活动，推出一项"超值惊喜、不过5元"的促销活动。在2004年2月23日到8月24日期间，共有近10款食品价格降到了5元以内。2004年2月27日，麦当劳宣布，将其全球范围内的奥运会合作伙伴关系延长到2012年。此举一次性地将其赞助权延长连续四届奥运会。

这一为期八年的续约延续了麦当劳在餐馆和食品服务领域向 2006 年意大利都灵冬季奥运会、2008 年中国北京奥运会、2010 年加拿大温哥华冬奥会及 2012 年的奥运会的独家销售权利,还可以在全球营销活动中使用奥运会的五环标志,并获得对全球 201 个国家和地区的奥运会参赛队伍的独家赞助机会。

(资料来源:http://course.shufe.edu.cn/course/marketing/allanli/mdlzhenghe.html)

案例思考:结合本案例,谈谈麦当劳的营销传播策略如何。

15.1 市场营销的沟通

15.1.1 沟通与营销沟通的含义

沟通是两个或两个以上的人或组织之间分享与交流信息的动态过程,即沟通者有意识地传播有说服力的信息,以期在特定的沟通对象中唤起沟通者预期的信念,有效地影响沟通对象的行为与态度的过程。

营销沟通是指在一个品牌的营销组合中通过与该品牌的顾客进行双向的信息交流建立共识而达成价值交换的过程。就本质而言,营销与沟通是不可分割的,营销就是沟通,沟通就是营销。营销沟通的目的有两个:创建品牌和销售产品。

15.1.2 营销沟通的作用

营销沟通是企业整体市场营销活动的组成部分。在行业、企业、产品飞速发展的今天,在瞬息万变的国际、国内市场中,在竞争日益激烈的环境下,企业与顾客或公众之间的信息沟通对于企业的生存与发展日益显示出关键性作用,成为营销活动的重要组成部分,沟通策划也成为企业营销决策的重要内容。营销沟通的作用概括起来有以下几个方面。

1. 传递信息

在产品正式进入市场之前,企业必须把有关的产品信息传递给目标市场的消费者、中间商。对消费者来说,传递信息的作用是引起他们的注意;对中间商而言,则是为他们的采购行为提供信息。因此,沟通信息是争取顾客的重要环节,也是密切营销企业与供应商、经销商、顾客之间的关系,强化分销渠道中各个环节之间的协作,加速商品流通的重要途径。

2. 引起购买欲望,扩大产品需求

企业通过沟通活动,力求激发起潜在顾客的购买欲望,引发他们的购买行为,影响他们的购买决策。有效的沟通不仅可以诱导和刺激需求,在一定条件下还可以创造需求,从而使市场需求朝着有利益于企业产品销售的方向发展。

3. 突出产品特点,树立良好形象

在激烈竞争的市场环境下,消费者或用户往往难以辨别或察觉许多同类产品的席位差异。此时,企业可以借助于沟通活动,传播本企业产品较竞争者产品的不同特点及其给消费者带来的特殊利益,从而在市场上树立起本企业产品与众不同的、独特的和良好的产品形象。

4. 维持和扩大企业的市场份额

在许多情况下企业的销售额可能出现上下波动,这将不利于企业的市场地位。此时,企业可以有针对性地开展各种沟通活动，使更多的消费者了解、喜欢、信任企业，爱屋及乌，进而信任企业的产品，从而稳定乃至扩大企业的市场份额，巩固企业的市场地位。

15.1.3 营销沟通的主要形式

营销沟通的主渠道，主要有广告、人员推销、营业推广、公共关系、包装、电话、文信推销等。广告，是高度大众化的媒体传播方式，具有传播范围广、速度快、重复性好，并因充分引用文字、声音、色彩而极富表现力的特点，适合向分散的受众和众多目标顾客传递信息，但应注意其投入比与市场效果，并严格掌握使用；人员推销，是一种古老的方式，但灵活、有助于建立长期信任与联系、能及时获得信息反馈，因此，营销人员应予以广泛应用；营业推广，是指采用刺激手段，吸引顾客。如采取赠样品、优惠券、以旧换新、减价、免费限期试用、示范、竞赛、折扣、商品津贴、合作广告、有奖销售等方法，均属此列。具体需采取何种方式，应预拿方案讨论、报批；公共关系促销，尤其是大型工程和批量消费，应充分运用各种手段，发挥经纪人作用，利用能为我所用的一切关系，广泛开展公共联系（政治关系、亲朋关系、业务关系、协作关系及其他关系等）促销。因此，要求营销人员要充分掌握信息源头，分析出目标顾客，物色好关键攻关人物，予以重点突破，公司应对此给予大力支持。

15.1.4 营销沟通模式

1. 沟通模式的要素

如图 15-1 所示，营销沟通模式包含以下九个要素。

（1）发送者——谁，在沟通过程中担负着信息的收集、加工和传递的任务。发送者既可以是单个的人，也可以是集体或专门的机构。

（2）信息——说什么，是指沟通的讯息内容，它是由一组有意义的符号组成的信息组合。符号包括语言符号和非语言符号。

（3）媒体——通过何种渠道，是信息传递所必须经过的中介或借助的物质载体。它可以是诸如信件、电话等人与人之间的媒介，也可以是报纸、广播、电视等大众传播媒介。

（4）接受者——对谁说，是所有受传者如读者、听众、观众等的总称，它是沟通的最终对象和目的地。

（5）噪声——营销沟通过程中的干扰。

（6）编码——发送者一端，是指将信息转化成便于媒介载送或受众接受的符号或代码。

（7）解码——接受者一端，指的是将接收到的符号或代码还原为发送者所传达的那种信息或意义。

（8）反应——效果，是信息到达受众后在其认知、情感、行为各层面所引起的反应。

（9）反馈——效果，它是检验沟通活动是否成功的重要尺度。

2. 影响沟通有效性的因素

（1）受众接受信息的特点。①选择性注意：受众不可能注意到所有的刺激因素。②选择性曲解：受众可能按照自己的意图来曲解信息。③选择性记忆：受众可能只记忆所得到信息的很小部分。

（2）影响沟通有效性的其他因素。影响信息有效沟通的一些常见因素：①沟通者对接收

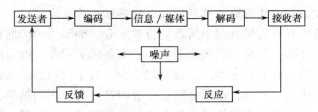

图 15-1 营销沟通过程模式

资料来源：科特勒. 营销管理. 上海：上海人民出版社，2003.

者的控制欲越强，接收者的变化或在他们身上所起的作用对于沟通者就越有利；②信息与接收者的意见、信仰及思想倾向越一致，沟通的效力就越大；③沟通可能对不同于接收者价值系统中心的不熟悉的、轻微的、非本质的问题产生最有效的转变作用；④当信息发送人被认为是有经验、地位高、较客观、和蔼可亲的人时，沟通更可能有效；⑤社会环境、社会群体和相关群体，不论其是否公开承认，都是传递沟通和产生影响的媒体。

15.1.5 营销沟通决策

在制订一个有效的营销沟通方案时，企业通常遵循以下步骤。

1. 确定目标沟通对象

有效的营销沟通要求营销沟通者必须首先确定其目标沟通对象，目标沟通对象将会极大地影响营销沟通者实现有效的营销沟通的一系列决策。沟通对象通常包括：潜在购买者、当前使用者、购买决策者、购买影响者、产品经销商、一般公众。

在营销沟通中，目标沟通对象一定是对传递来的产品及其相关信息感兴趣的人或组织，他们可能是企业产品的潜在购买者和现实使用者；可能是购买决策过程的决定者或影响者；也可能是特殊公众或一般公众。目标沟通对象是由营销沟通者运用市场细分原理确定的。沟通对象会极大地影响营销沟通的一系列决策，如准备说什么、打算如何说、什么时候说、在什么地方说、由谁来说。即信息的内容、形式、来源、载体和发布时间等都应当视目标受众的情况而定。

在确定目标沟通对象的过程中，营销沟通者应该注意寻找与目标沟通对象相关的个人的和心理的特点，据此指导信息与媒体的选择。目标沟通对象确定之后，营销沟通者还必须研究目标沟通对象的需要、态度、偏好和其他特征。其中，最为重要的是研究并证实目标沟通对象对于企业、产品和竞争者的现有印象。人们对某一对象的态度与行为是受他们对这一对象的信念、观念和印象制约的，因此，研究企业及其产品给目标沟通对象留下的现有印象，是确定适宜的沟通目标的基础。

2. 确定营销沟通目标

沟通目标不等同于营销目标。营销目标的实现依赖于生产、定价和沟通等多方面因素，沟通经理的职责就是将整个营销目标落实到具体的沟通活动的目标中。而营销沟通目标是营销沟通者通过广泛、迅速和连续地传播信息，以期在大量的、多种多样的目标沟通对象中可能寻求到的认识反应、情感反应或行为反应。营销沟通者在确定了目标沟通对象及其特点后，必须确定期待目标对象作出何种反应行为。当然，最终的反应行为是购买，但购买行为是消费者进行购买决策的长期过程的最终结果。在决定购买之前，消费者大多依次经过认知、情感和行为阶段，相应地形成一系列认知、情感和行为反应层次。因此，从消费者完整的购买决策过程与消费者在购买过程中所处的位置来看，确定营销沟通目标即确定如何把沟通对象从他们目前所处购买过程的层次推向更高的准备购买阶段或准备购买状态。

沟通目标也不等同于增加销售额。很多经理认为，对于沟通活动来说，具有实际意义的目标应该是销售额。然而一方面，销售业绩是多种因素共同作用的结果，广告使得客户认知并对品牌产生兴趣，但可能因为缺货或价格太贵而不购买。另一方面，营销沟通效果存在时滞，从而使销售额作为沟通目标和衡量尺度变得更加困难。

3. 设计沟通信息

设计沟通信息是营销沟通过程中实践性、操作性极强的一个问题，因而也是差异性、特殊性、个性极为突出的沟通决策，营销沟通者应当设计一个有效的信息。信息设计是将营销沟通者的意念用有说服力的信息表达方式表现出来的过程。有效的信息设计必须引起消费者注意，提起其兴趣，唤起其欲望，导致其行动。实际上，几乎很少有信息能引导消费者走完上述全部反应层次。设计营销沟通信息需要解决这样四个问题。

（1）表述什么（确定沟通内容），包括分析客户购买诱因、形成销售主张、评估销售主张、理性诉求、情感诉求、道德诉求。

（2）如何表述（设计信息结构），包括：①顺序安排。最重要的信息应该放在开头、中间还是结尾；②结论引出。是在传达的信息中明确下结论，还是留给受众自己作结论；③单面论证与多面论证。

（3）如何转换为信息符号进行表述（确定信息格式）。

（4）由谁来表述（确定信息源）。

4. 选择信息沟通渠道

营销沟通者必须选择有效的媒体，即信息沟通渠道，把自己的意图传达给顾客。信息沟通渠道大致可以分为两大类，即人员沟通渠道与非人员沟通渠道。

（1）人员沟通渠道。人员信息沟通渠道是指两个或更多的人相互之间直接进行信息沟通。人员信息沟通渠道还可以进一步区分为提倡者渠道、专家渠道和社会渠道三种形式。他们负责与消费者接触；专家渠道由向消费者做宣传的独立专家组成；社会渠道由邻居、朋友、家庭成员及同事组成，他们直接与购买者沟通。

（2）非人员沟通渠道。通常是指无须通过人与人的直接接触来传递信息或影响的渠道。非人员信息沟通渠道也可以分为三种主要形式，即媒体、气氛和事件。媒体由印刷媒体（报纸、杂志、信函）、视听媒体（电台、电视）、电子媒体（录音带、录像带、视盘）及陈列媒体（广告牌、标牌、海报）组成；气氛是指经过包装起来的整体配套的环境，它可以促使消费者产生（或增强）购买（或消费）产品的愿望。零售企业现场广告和促销等最能形成购买气氛。事件是指为了把特别信息传达给目标受众而设计的活动。如公共关系部门安排的记者招待会、隆重的开幕式和赞助体育、重大科技、教育、慈善、环境保护等活动，以达到高效传播的目的。

人员沟通渠道与非人员沟通渠道的效应与效果有相当明显的差别，这种差别在一定程度上限制着营销沟通者意图的表达和目标的实现。这一点必须引起沟通者充分的认识和注意。不过，人员沟通渠道与非人员沟通渠道之间亦非针对、相互排斥。二者的比较如图15－2所示。

来源	人员沟通渠道	非人员沟通渠道
↓	对受众的直接了解	对受众一般水平的了解
信息	根据受众反馈，信息可应用	信息短期不变
↓	信息的内容与形式不能被企业控制	信息的内容与形式能被企业控制
媒介	人际接触和个体接触	缺少个体接触
↓	在一定时期内只能同为数甚少的消费者沟通	在短时期内可同众多的消费者沟通
受众	编码失误影响某个消费者	编码失误影响整个市场
↓	易于引起消费者注意	难以引起并保持消费者注意
效果	可以直接完成购买	消费者的行为反应不能直接完成

图 15-2　人员沟通渠道与非人员沟通渠道的比较

5. 建立信息反馈渠道

企业将信息通过一定的通道传递到目标受众之后，整个信息传播过程并没有终止，营销沟通者把产品信息传播到目标购买者之后，整个传播过程并未结束，还必须通过市场调研，了解信息传递对目标沟通对象的影响，包括他们对产品的态度和购买行为的变化等，并根据反馈信息来决定是否有必要改进和调整下一阶段的沟通工作。建立信息反馈渠道既是在前期的工作基础上总结经验教训，又是为下期传播活动提供指导和借鉴，以便于逐步改进和优化信息传播策略。

15.2　广告

15.2.1　广告的含义及作用

1. 广告的含义

广告有广义和狭义之分。广义的广告包括盈利性广告（商业广告）和非营利性广告（公益广告）；狭义的广告专指商业广告，就是广告客户以付费的方式有计划地通过大众传播媒体向选定的目标市场受众传递特定的商品、服务或观念的信息，以期产生影响大众行动的信息传播活动。

广告一般由 5 个要素构成。

（1）广告主，即发布广告的单位或个人。任何广告都必须有明确的广告主，这不仅是因为广告主是付费主体，而且还要承担广告信息的责任。

（2）广告信息，即广告的具体内容。广告信息可以是产品、服务、场所、事件、观念、活动、倡议、主张等。任何一则广告都必须向目标受众传达准确的信息，否则就会造成浪费。

（3）广告媒体，即传播广告信息的载体。广告作为一种信息，自己不会流动，而是必须借助于一定的媒介物。凡是能够在广告主与广告受众之间起媒介作用的物体都属于广告媒体。随着经济发展和技术进步，广告媒体越来越多。

（4）广告受众，即接受广告信息的人，又叫广告对象。广告受众不同，广告媒体选择、诉求方式、广告时间和空间等就应有所区别。

(5) 广告费用，即广告主开展广告活动必须支付的各种费用，包括广告调研费、设计制作费、广告媒体费、广告机构办公费及工作人员工资等。

2. 广告的作用

广告对于企业具有以下几个方面的作用。

（1）提升品牌或产品知名度。企业将一个新产品或品牌投放市场后，要想提高产品或品牌的知名度，就必须主动进行广告宣传，对消费者的心理不断进行冲击，让消费者每天通过各种媒体都能够接触到有关产品或品牌的信息。否则，产品或品牌知名度就难以提高，从而顾客也会拒绝购买。

（2）提高企业知名度，树立产品形象。品牌是有个性或形象的，而品牌个性是靠广告塑造出来的。当市场上竞争激烈，商品种类繁多，消费者难以作出选择时，企业和产品的知名度与形象就成为消费者购买时的重要参考依据。企业要加强顾客对产品的记忆与好感，巩固和提高市场占有率，就要在保证产品质量的前提下，充分发挥广告的促销力量，在广告宣传上夺取先机，赢得消费者的好感。此外，要意识到广告不是企业管理者心血来潮的产物，而是一项有计划、有步骤的长期投资。

（3）品牌的增值。品牌是企业重要的无形资产，广告是品牌增值的重要途径。企业借助于广告能够影响消费者的感知，强化品牌的信念，使其成为品牌的忠诚者。广告还能有效增加企业产品的市场份额，如可口可乐、通用汽车等。

（4）引导消费，方便购买。消费者内心深处往往存在着未被满足的欲望和还未转换成现实的需求，企业通过广告，可以影响这种潜在的需求和未满足的欲望，促使其变为现实的需求。此外，广告还是消费者购买决策的好参谋。消费者通过企业发布的广告，能及时了解商品的特点、质量、价格、购买地点、售后服务及发展动态等情况，从而进行正确的判断和选择，最终购买到满意的产品。

（5）扩大销售，加速流通。随着市场竞争的日益激烈，一个企业不仅要生产出好的产品，还必须把好产品顺利地卖出去，并且要不断扩大市场。在这里，广告扮演着重要角色。好产品如果没有好宣传，同样有卖不出去的危险，"酒香也怕巷子深"。国外许多企业在扩大销售的过程中十分重视广告的功效。当然，广告的促销功能也不可盲目夸大，因为一家企业的生存和发展是由多种因素决定的，广告只是其中的一个重要因素。对此，企业必须有正确的认识。

（6）美化生活，陶冶情操。现代广告的发展趋势，就是在注重商业功能的同时，越来越注意把文化艺术及文明的、健康的、科学的生活方式展现给消费者，使人们从中得到艺术的享受，陶冶情操。而大量的有艺术创造性的广告更是带给人们视觉上的享受，丰富和美化人们的生活，点缀人们的生活空间。

15.2.2 广告的分类

根据不同的划分标准，广告有不同的种类。

1. 根据广告的内容和目的划分

根据这种方式，可将广告分为商品广告和企业广告。

（1）商品广告。它是针对商品销售开展的大众传播活动。商品广告有其具体的广告目标或直接目标。广告目标取决于企业的整体营销目标，具体来说取决于促销目标。在实现促销目标的过程中有不同的阶段，广告在各阶段起的作用也不尽相同，即不同阶段有不同的广告目标，归纳起来，广告目标有告知目标、劝说目标和提示目标三种。直接目标也可分为三种类型：一是开拓性广告，也称报道性广告，它是以激发顾客对产品的初始需求为目标，主要介绍刚刚进入投入期的产品的用途、性能、质量、价格等有关情况，以促使新产品进入目标市场；二是劝告性广告，又称竞争性广告，是以激发顾客对产品产生兴趣，增进"选择性需求"为目标，对进入成长期和成熟前期的产品所做的各种传播活动；三是提醒性广告，也叫备忘性广告或加强性广告，是指对已进入成熟后期或衰退期的产品所做的广告宣传，目的在于提醒顾客，使其产生"惯性"需求。

(2) 企业广告，又称商誉广告。这类广告着重宣传、介绍企业的品牌、商标、厂址、厂史、生产能力、服务项目等情况，目的是提高企业的声望、名誉和树立企业形象，以利于销售产品。

2. 根据广告传播的区域划分

根据这种方式，可将广告分为全国性广告和地区性广告。

(1) 全国性广告。是指所做的广告采用信息传播能覆盖全国的媒体，以此激发全国消费者对所做广告的产品产生需求。在全国发行和播放的报纸、杂志、广播、电视等媒体上所做的广告，均属全国性广告。这种广告要求广告产品是全国通用的产品，并且因其费用较高，也只适用于生产规模较大、服务范围较广的大企业，而对实力较弱的小企业实用性较差。

(2) 地区性广告。是指所做的广告采用信息传播只能覆盖一定区域的媒体，借以刺激某些特定地区消费者对产品的需要。在省、县等地方性报纸、杂志、广播、电视上所做的广告，均属此类；路牌、霓虹灯上的广告也属地区性广告。此类广告传播范围小，多适用于生产规模小、产品通用性差的企业和产品进行广告宣传。此外，还有一些分类。如按广告的形式划分，可分为文字广告和图画广告；按广告的媒体不同，可分为报纸广告、杂志广告、广播广告、电视广告、互联网广告、其他媒体广告等。

15.2.3 广告决策

广告决策是企业在总体营销战略的指导下，对企业的广告活动进行一系列的规划与控制。在确定企业目标市场和明确购买者动机的前提下，广告决策制定过程包括广告目标确定、广告预算、广告信息、广告媒体和评价广告效果五项决策。

1. 明确广告目标

广告目标，是企业借助广告活动所要达到的目的。广告目标的明确与一致，将直接影响广告效果。广告的最终目标是增加销售量和利润。但企业利润的实现，是企业营销组合战略综合作用的结果，广告只能发挥其应有的作用，因此，增加销售量和利润不能笼统地作为广告目标。可以供企业选择的广告目标可概括为下述几种。

(1) 以提高产品知名度为目标。主要是向目标市场介绍企业产品，唤起初步需求。以提高产品知名度为目标的广告，称为通知性广告。通知性广告主要用于一种产品的开拓阶段，其目的在于激发产品的初步需求。

(2) 以建立需求偏好为目标。这种广告目标旨在建立选择性需求，致使目标购买者从选择竞争对手的品牌转向选择本企业的品牌。以此为目标的广告叫做诱导性广告或竞争性广告。近几年，在西方国家，有些诱导性广告或竞争性广告发展为比较性广告，即通过与一种或几种同类产品其他品牌的比较来建立自己品牌的优越性。当然，由于企业或产品在消费者心目中的形象并非单纯由广告来形成的。因此，比较性广告应当把企业整体营销组合战略传达给潜在购买者。如果企业或产品缺乏良好的声誉，广告在这方面所承担的任务就更为重要了。

（3）以提示、提醒为目标。目的是保持消费者、用户和社会公众对产品的记忆。提示性广告在产品生命周期的成熟期十分重要，与此相关的一种广告形式是强化广告，目的在于使产品现有的消费者或用户相信他们所作出的选择是正确的。

广告目标是企业目标的一部分，企业在确定广告目标时，要与企业目标相吻合。为达到这一目的，客观上要求从整体营销观念出发，寻求与企业营销组合战略有效结合的企业广告目标。

2. 广告预算

在确定广告预算之前，企业需首先明确广告目标（即企业通过广告活动所要达到的目的）。广告目标主要有提供信息、诱导购买、提醒使用三种。企业在确定广告目标之后，下一步就要确定广告预算，即确定广告活动上应花费多少资金。一般来讲，企业编制广告预算有以下几种方法。

（1）销售额百分比法。销售额百分比法是企业按照销售额（销售实绩或预计销售额）或单位产品售价的一定百分比来计算和决定广告开支。这就是说，企业按照每完成100元销售额（或每卖1单位产品）需要多少广告费来计算和决定广告预算。在西方国家，汽车和石油行业多采用这种方法确定广告预算。美国一位铁路公司经理用下面的话解释了这一方法："我们在当年12月1日决定下一年的拨款，在那一天我们将下个月的客运收入加进去，然后取总数的2%作为新的一年的广告拨款。"销售额百分比法的优点是将广告费用与销售收入联系起来，因而广告费用是企业财力所能够承受的，并且简便易行。其缺点是：将销售额看做是广告预算的原因而不是结果，这是反果为因；根据可用资金多少而不是基于市场机会确定广告预算，有可能失去广告机会；广告预算随销售额变化而经常波动，不利于制订长期广告计划。

（2）量力支出法。尽管这种方法在市场营销学上没有正式定义，但不少企业确实一直在采用。即企业确定广告预算的依据是他们所能拿得出的资金数额。也就是说，在其他市场营销活动都优先分配了经费之后，尚有剩余者再供广告之用。美国一公司经理用下面的话解释了这一方法："首先，我上楼去找财务主管，询问他今年能提供给我们多少经费，他说150万元。尔后，老板来问我，你们要用多少钱？我说：荷，大约150万元！"量力支出法的优点是简单易行。缺点是忽视了广告支出与销售量之间的关系；并且随着企业财务状况的变化，广告预算忽起忽落，致使广告工作难以作出长期规划。

（3）目标任务法。目标任务法是指根据企业的广告目标和任务及为实现目标和任务应做的具体工作决定广告预算。实行这种方法，比较科学的程序步骤如下。①明确地确定广告目标。②决定达到这种目标而必须执行的工作任务。③估算执行这种工作任务所需的各种费用，这些费用的总和就是计划广告预算。目标任务法最为科学，它能够适应营销变化而灵活地决定广告预算，因而具有计划性、合理性等优点。其缺点是：运用此法有一定的难度，并且在某些方面仍有主观性，从而需要用其他预算方法加以补充。

（4）竞争对等法。竞争对等法是指根据竞争对手的广告费用水平确定本企业的广告预算。也就是说，整个行业的广告费数额越大，本企业的广告费用就越大；反之就越小。如果竞争者的广告预算确定为 100 万元，那么本企业为了与它拉平，也将广告预算确定为 100 万元甚至更高。美国奈尔逊调查公司的派克汉通过对 40 多年的统计资料进行分析，得出结论：要确保新上市产品的销售额达到同行业平均水平，其广告预算必须相当于同行业平均水平的 1.5~2 倍，这一法则通常称为派克汉法则。竞争对等法的优点是：竞争者的广告费用水平体现了本行业的集体智慧，因而与竞争者保持对等是合理的；大家保持相近的广告费用，有助于避免广告战。其缺点是：在激烈的市场竞争中，商业保密随处存在，企业很难确切知道竞争对手的广告预算情况；各个企业的资源、声誉、机会和目标各不相同，使用相同的广告预算并不合理；这种方法也不一定能够避免广告战，相反还可能引起广告攀比，加剧广告战。

3. 广告信息

广告信息决策的核心问题是制定一个有效的广告信息。最理想的广告信息应能引起人们的注意，提起人们的兴趣，唤起人们的欲望，导致人们采取行动。有效的信息是实现企业广告活动目标，获取广告成功的关键。制定广告信息涉及信息制作与信息表达问题。①信息制作。在广告活动中，企业必须了解对消费者、用户或社会公众说些什么才能产生预期的认识、情感和行为反应，这就涉及广告信息制作，亦称广告诉求或广告构思问题。一般来讲，广告信息主题形式有三类：理性主题、情感主题和道德主题。②信息表达。广告信息主题就是将既定的广告信息主题用感情化、性格化、合乎逻辑的表达方式表现出来，是一门不易掌握的、高度灵活的艺术。

4. 广告媒体

（1）广告媒体的种类及其特性。广告媒体的种类很多，不同类型的媒体有不同的特性。目前比较常用的广告媒体有以下几种。

①报纸。报纸这种广告媒体，其优越性表现在以下几方面。传播迅速，可及时地传播有关经济信息；影响广泛，报纸是传播新闻的重要工具，与人民群众有密切联系，发行量大；信赖性强，借助报纸的威信，提高广告的可信度；报纸媒体的不足是：因报纸登载内容庞杂，易分散受众对广告的注意力；印刷不精美，吸引力低；广告时效短，重复性差，只能维持当期的效果；简便灵活，制作方便，费用较低；便于剪贴存查。

②杂志。杂志以登载各种专门知识为主，是各类专门产品的良好的广告媒体。它作为广告媒体，优点有：杂志有较长的保存期，读者可以反复看到杂志上的广告；广告宣传对象明确，针对性强，有的放矢；由于杂志读者一般有较高的文化水平和生活水平，比较容易接受新事物，故有利于刊登开拓性广告；杂志发行面广，可以扩大广告的宣传区域；印刷精美，能较好地反映产品的外观形象，易引起读者的注意。缺点表现在：发行周期长，灵活性较差，传播不及时；读者较少，传播不广泛。

③广播。广播的优点是：制作简单，费用较低；传播迅速、及时；听众广泛，不论男女老幼、是否识字，均能受其影响；具有较高的灵活性，使用广播做广告的缺点在于：时间短促，转瞬即逝，不便记忆；有声无形，印象不深；不便存查。

④电视。电视作为广告媒体虽然在 20 世纪后期才出现，但因其有图文并茂之优势，发展很快，现已成为最重要的广告媒体。具体说来，电视广告媒体的优点有：宣传手法灵活多样，艺术性强；电视已成为人们文化生活的重要组成部分，收视率较高，使电视广告的宣传

范围广，影响面大；电视有形、有色，听视结合，使广告形象、生动、逼真、感染力强；电视作为广告媒体的缺点是：时间性强，不易存查；制作复杂，费用较高；播放节目繁多，易分散对广告的注意力。

⑤互联网。具有速度快、容量大、范围广、可检索、可复制，以及交互性、导航性、丰富性等优点，发展极为迅速。互联网已被称为"第四媒体"。

⑥其他广告媒体。包括橱窗、车船、霓虹灯、激光、建筑等。

（2）广告媒体的选择。不同的广告媒体有不同的特性，企业必须对广告媒体作出正确的选择，否则将影响广告效果。正确地选择广告媒体，一般要考虑以下影响因素。

①消费者接触媒体的习惯。选择广告媒体，还要考虑目标市场上消费者接触广告媒体的习惯。一般认为，能使广告信息传到目标市场的媒体是最有效的媒体。例如，对妇女用品进行广告宣传，选用电视或妇女喜欢阅读的杂志，其效果较好，也可以在妇女用品商店布置橱窗或展销；对儿童用品的广告宣传，宜选用电视作为其媒体。

②产品的性质。不同性质的产品，有不同的使用价值、使用范围和宣传要求。广告媒体只有适应产品的性质，才能取得较好的广告效果。生产资料和生活资料、高技术产品和一般生活用品、价值较低的产品和高档产品、一次性用品和耐用品等应采用不同的广告媒体。通常，对高技术产品进行广告宣传，面向专业人员，多选用专业性杂志；而对一般生活用品，则适合选用能直接传播到大众的广告媒体，如广播、电视等。

③媒体的传播范围。适合全国各地使用的产品，应以全国性报纸、杂志、广播、电视等作广告媒体；属于地方性销售的产品，可通过地方性报刊、广播、电视、霓虹灯等传播信息。

④媒体的费用。各广告媒体的收费标准不同，即便是同一种媒体，也因传播范围和影响力不同而有价格差别。考虑媒体费用，应该注意其相对费用，即考虑广告促销效果。要根据广告目标的要求，结合各广告媒体的优缺点，综合考虑上述各影响因素。尽可能选择使用效果好、费用低的广告媒体。

15.2.4 广告效果评价

广告播出后的一段时间内，应运用科学的方法和科技手段对广告活动进行定性与定量分析，以判定广告的经济效果、心理效果与社会效果。广告效果的测定是完整的广告活动中不可缺少的重要内容，是检验广告活动成败的重要手段。

1. 经济效果的测定

经济效果测定主要是测定广告之后广告商品销售和利润的变化状况。但是为了更直观、更有效地考察所投入广告费与所产生的经济效果的关系，在销售额和利润额两个基本指标的基础上，可结合广告费等其他指标来综合考察广告的经济效果。

（1）广告效果指标。该指标包括销售效果比率和利润效果比率，表明广告费用每提高一个百分点，能增加多少个百分点的销售额或利润额，反映出广告费用变化程度与销售额或利润额变化程度之间的对比关系。销售效果比率或利润效果比率越大，表明广告效果越好。

（2）广告费用指标。该指标表明广告费与销售额或利润额之间的对比关系，主要包括销售费用率、利润费用率及单位费用销售率、单位费用利润率。销售费用率或利润费用率主要反映获得单位销售额或单位利润额所要支付的广告费，这两个指标越低，广告的效果就越好；单位费用销售率、单位费用利润率分别是销售费用率、利润费用率的倒数，表明每支付单位广告费用所能获得的销售额或利润额的数量，这两个指标越高，广告的效果就越好。

（3）市场占有率指标。该指标包括市场占有率和市场占有率提高率。市场占有率，是企业生产的某种产品，在一定时期内的销售量占市场同类产品销售量的比率，它在一定程度上反映了本企业产品在市场上的地位与竞争的能力。企业的市场占有率的提高，就意味着产品竞争能力的增强。因此，还可以用单位广告费提高市场占有率的百分比这一相对经济指标来测定广告的经济效果，即用单位费用销售增加额与同行业同类产品销售总额对比，也就是用市场占有率提高率来衡量广告的市场开拓能力。

（4）广告效益指标。广告效益指标表明，每支出单位价值的广告费能使销售额或利润额增加的数量。该指标反映出广告费用与广告后销售增加额或利润增加额的对比关系，包括单位费用销售增加额（广告销售效益）和单位费用利润增加额（广告利润效益）。

2. 心理效果的测定

心理效果测定是指测定广告经过特定的媒体传播之后对消费者心理活动的影响程度，广告既然旨在影响消费者的心理活动与购买行为，就必然与消费者的心理过程发生联系。广告信息作用于消费者而引起的一系列心理效应，主要表现在对广告内容的感知反应、记忆巩固、思维活动、情感体验和态度倾向等几个方面。

（1）记忆效率，主要是指对广告的记忆度，即消费者对广告印象的深刻程度，是否能够记住广告的主要内容，如品牌、特性、商标等。

（2）感知程度，主要用于测定广告的知名度，即消费者对广告主及其商品、商标、厂牌等的认知程度。

（3）思维状态，是测定消费者对广告观念的理解程度与信任程度。

（4）态度倾向，旨在影响消费者对某种产品、某个品牌的在意程度，主要包括购买动机和行动率这两项指标。

（5）情感激发程度，是广告心理效果的一个重要标志，主要是指人们对广告所引起的兴趣如何，对广告商品有无好感，能否激发消费者的情感。

3. 社会效果的测定

测定广告的社会效果，其依据是一定社会意识形态下的政治观点、法律规范、伦理道德及文化意识标准的约束。广告的自我约束，就是广告构思、广告语言及广告表现要受到法律或道德伦理的制约。在不同的社会意识形态下，这些约束标准有着本质的不同或截然相反，往往从法律、伦理道德和文化艺术三方面去综合测定一则广告所产生的社会效果。

15.3 营业推广

营业推广是与人员推销、广告、公共关系相并列的四种促销方式之一，是构成促销组合的一个重要方面。

15.3.1 营业推广的概念与作用

1. 营业推广的概念

营业推广又称销售促进，是一种适宜于短期推销的促销方法，是企业为鼓励购买、销售商品和劳务而采取的除广告、公关和人员推销之外的所有企业营销活动的总称。

美国销售学会对营业推广的定义是人员推广、广告和宣传以外的用以增进消费者购买和交易效益的那些促销活动，诸如陈列、展览会、展示会等不规则的、非周期性发生的销售努力。营业推广是企业用来刺激早期需求或强烈的市场反应而采取的各种短期性促销方式的总称。典型的营业推广活动一般用于短期的促销工作，其目的在于解决目前某一具体的问题，采用的手段往往带有强烈的刺激性，因而营业推广活动的短期效果明显。营业推广活动可以帮助企业渡过暂时的困境。

营业推广是一种辅助性质的、非正规性的促销方式，虽然能在短期内取得明显的效果，但它不能单独使用，常常需要与其他促销方式配合使用。营业推广这种促销方式的优点在于短期效果明显。一般来讲，只要能选择合理的营业推广方式，就会很快地收到明显增加销售的效果，而不像广告和公共关系那样需要一个较长的时期才能见效。因此，营业推广适合于在一定时期、一定任务的短期性促销活动中使用。但是营业推广也有贬低产品或品牌之意的缺点。采用营业推广方式促销，似乎迫使消费者产生"机会难得、时不再来"之感，进而能打破消费者需求动机的减弱和购买行为的惰性。不过，营业推广的一些做法也常使消费者认为企业有急于抛售的意图。若频繁使用或使用不当，往往会引起消费者对产品质量、价格产生怀疑。因此，企业在开展营业推广活动时，要注意选择恰当的方式和时机。

2. 营业推广的作用

（1）吸引新客户和新用户购买，这是营业推广的首要目的。营业推广对消费者的刺激比较强烈，很有可能吸引一部分新顾客的注意，使他们因追求某些利益方面的优惠而转向购买和使用本企业的产品。

（2）可以实现企业营销目标，这是企业的最终目的。营业推广实际上是企业让利于购买者，它可以使广告宣传的效果得到有力的增强，破坏消费者对其他企业产品的品牌忠实度，从而达到本企业产品销售的目的。

（3）可以奖励品牌忠实者。因为营业推广的很多手段，例如，销售奖励、赠券等通常都附带价格上的让步，受惠者大多是企业的品牌忠诚者，这就有可能增加这部分顾客的"回头率"，稳定企业的市场份额。

15.3.2 营业推广的方式

营业推广的方式多种多样，一个企业不可能全部使用。这就需要企业根据各种方式的特点、促销目标、目标市场的类型及市场环境等因素选择适合本企业的营业推广方式。

1. 面向消费者的营业推广

（1）赠送样品。向消费者赠送样品或试用品，供其免费试用。这种形式可以鼓励消费者认购，也可以获取消费者对产品的反映。样品赠送可以有选择地赠送，也可在商店或闹市地区散发，或在其他产品中附送，也可以公开广告赠送，或入户派送。这是介绍、推销新产品的一种方式，也是介绍新产品最有效的方法，缺点是费用高，高价值产品不宜采用。

（2）送赠品。是指以免费产品为诱因，以此来缩短或拉近与消费者的距离，从而促使消费者采取购买行为。根据是否以购买为条件，赠品可以分为无偿赠品和有条件赠品。前者是可以无条件获得的，如有些商店在开业时对光顾的每一位顾客都赠送一份礼品；后者需要消费者购买一定量的产品方可获得赠品，这种方式是最为常见的。

第15章 营销传播组合策略

（3）折价券。在购买某种商品时，持券可以免付一定金额的钱。折价券适用的场合很多，可以通过广告或直邮的方式发送。折价券可以用来扭转产品或服务销售下滑的局面，也可以在新产品上市时用以吸引消费者的购买兴趣，按照发行的主体不同，可以分为厂商折价券和零售型折价券。

（4）减价优惠。是指在特定的时间和特定的范围内调低产品的销售价格，此种方式因最能与竞争者进行价格竞争而深受消费者的青睐。

（5）退款优惠。是指在消费者提供了产品的购买证明后就可以退还其购买产品的全部或部分款项的促销方式。这种方式可以维护消费者的消费忠诚，收集消费者的有关资料，对于较高价位的产品具有较好的促销效果。

（6）包装促销。以较优惠的价格提供组合包装和搭配包装的产品。

（7）趣味类促销。是指利用人们的好胜、侥幸和追求刺激等心理，举办竞赛、抽奖、游戏等富有趣味性的促销活动，吸引消费者的参与兴趣，推动销售。

（8）示范演示。是指在销售场所对特定产品的使用方法进行演示，以吸引消费者的注意。企业派促销员在销售现场演示本企业的产品，向消费者介绍产品的特点、用途和使用方法等，其目的是消除消费者的使用顾虑或树立产品独特的性能。

（9）以旧换新。以旧换新是指消费者凭使用过的产品，或者使用过的特定产品的证明，在购买特定产品时，可以享受一定抵价优惠的促销活动，这类方式一般由生产企业使用。

（10）联合推广。企业与零售商联合促销，将一些能显示企业优势和特征的产品在商场集中陈列，边展销边销售。

（11）参与促销。通过消费者参与各种促销活动，如技能竞赛、知识比赛等活动，能获取企业的奖励。

（12）会议促销。各类展销会、博览会、业务洽谈会期间的各种现场产品介绍、推广和销售活动。

2. 面向中间商的营业推广

（1）批发回扣。企业为争取批发商或零售商多购进自己的产品，在某一时期内给经销本企业产品的批发商或零售商加大回扣比例。

（2）推广津贴。为促进中间商增购本企业产品，鼓励其对购进产品开展促销活动，生产企业给予中间商一定的津贴，主要包括新产品的津贴、清货津贴、降价津贴等。

（3）陈列补贴。随着终端竞争的激烈，生产企业为了给产品在终端获得一个较好的销售位置，往往给予中间商一定的陈列补贴，希望经销商维护产品在终端竞争中的位置优势。

（4）宣传补贴。有的生产企业需要借助经销商进行一定的广告宣传，为了促进经销商进行宣传的积极性，经销商可以凭借进行宣传的有关单据获得厂家一定数额的补贴。

（5）销售竞赛。根据各个中间商销售本企业产品的实绩，分别给优胜者以不同的奖励，如现金奖、实物奖、免费旅游、度假奖等，以起到激励的作用。

（6）扶持零售商。生产商对零售商专柜的装潢予以资助，提供POP广告，以强化零售网络，促使销售额增加；可派遣厂方信息员或代培销售人员。生产商这样做的目的是提高中间商推销本企业产品的积极性和能力。

（7）展览会。是指企业利用有关机构组织的展览和会议，进行产品和企业的演示，通过这种形式，可以让经销商获知本行业的市场发展和行业发展情况，有利于增加其业务能力和市场信息。

3. 面对内部员工的营业推广

（1）培训进修。是为了提高销售人员的业绩，对其进行业务技能和技巧方面的培训。

（2）销售奖金。销售奖金是为了刺激销售人员的工作积极性，对于能够完成任务的销售人员给予一定的物质奖励。

（3）旅游度假。是企业为了表彰先进，增强企业内部凝聚力，对销售业绩和素质表现良好的销售人员给予国内外旅游度假的奖励。

（4）会议交流。是定期或不定期召集销售人员对工作经验和工作方法及工作中的得失开展交流，促进销售人员的共同提高。

15.3.3 营业推广方式选择的要求

选择营业推广方式总的要求是：综合考虑，以消费者、购买者的感受来取舍，而不是凭企业的好恶、习惯和费用节省为依据，在实际运用中根据市场的变动作出适时的调整。具体选择时，通常需考虑以下几个问题。

1. 明确商品的性质

不同性质的商品应选择不同的营业推广方式。对于包装性的消费品（如食品、营养保健品、日用品等），可采用加量不加价的方式吸引消费者；对于新上市的大众化消费品，当产品的差异性或特点凌驾于竞争品牌且值得披露时，采用免费样品试用效果最佳；而当一种产品已具知名度，深受消费者欢迎时，可利用优惠券鼓励目前使用者尝试该产品的新口味、新规格和新形式。

2. 明确营业推广的目标

这就是要明确推广的对象是谁，要达到的目的是什么。只有知道推广的对象是谁，才能有针对性地制订具体的推广方案。营业推广的目标不同，所采用的推广方式也不同。当营业推广是以刺激顾客购买欲望、促使顾客大量购买为目标时，折扣销售、有奖销售、分期付款销售、赠品销售等方式有较强的冲击力；若以在消费者心目中建立好感和信任为目标，则举办展销、咨询服务、赠品销售、发放优惠券等效果较好；若以解决销售难题，如商品积压、销售不畅等为目标，可采用降价销售、销售竞赛等。

3. 产品的类型

在市场上销售的产品，可以按其用途分为生产资料和消费品两大类。对于生产资料来讲，可以采用样品赠送、展示会、销售奖励、宣传手册等方式；对于消费品来讲，可以采用优惠券、赠送、店内广告、降价、陈列等方式。

4. 推广目标的心理特点

首先，推广对象的类型不同影响着营业推广方式的选择。如欲吸引尚未使用的消费者试用某产品，可选优惠券、免费样品、试用、包装促销等方式；若使试用者再次购买该产品则可选择加量不加价、折扣销售、退费优待等；若使已使用者变为产品的爱好者和忠实用户，可选择加量不加价、退费优待、回邮赠送、优惠券等。其次，推广对象的心理特征不同也影响着营业推广方式的选择。如针对消费者的求实求利心理，可采用因量作价、赠品销售、加量不加价、优惠券、有奖销售等吸引购买；针对消费者的求知心理可采用讲座服务、咨询等引导消费需求，刺激购买；针对消费者的求安全心理可采用产品保证等解除消费者后顾之忧；针对消费者追求高品位的心理采取诸如购买西服赠送领带夹的赠品销售，对消费者实施产品高级化，提高消费者的消费档次。

5. 企业的竞争地位

对于在竞争中处于优势地位的企业，在选择营业推广工具时应该偏重于长期效果的工具，如消费者的教育、消费者组织化等。对于在竞争中处于劣势的企业，应选择能为消费者和中间商提供更多实惠的工具，比如交易折扣、样品派送、附赠销售等，此外还应考虑选择差异化的营业推广工具。

6. 营业推广的费用预算

每一种营业推广的发生都要耗费一定费用，这些费用是开展营业推广活动的硬约束。营业推广费用预算包括管理费用、销售费用（如印刷费、邮寄费等）、诱因费用（如赠品、降价费、兑奖费用等）。企业应该根据自己的经济情况考虑使用不同的营业推广工具。

15.3.4 营业推广的控制

营业推广是一种促销效果比较显著的促销方式，但倘若使用不当，不仅达不到促销的目的，反而会影响产品销售，甚至损害企业的形象。因此，企业在运用营业推广方式促销时，必须予以控制。

1. 选择适当的方式

选择好营业推广方式是促销获得成功的关键。一般来讲，应结合产品的性质、不同方式的特点及消费者的接受习惯等因素选择合适的营业推广方式。

2. 确定合理的期限

控制好营业推广的时间长短也是取得预期促销效果的重要一环。推广的期限，既不能过长，也不宜过短。这是因为，时间过长会使消费者感到习以为常，消失刺激需求的作用，甚至会产生疑问或不信任感；时间过短会使部分顾客来不及接受营业推广的好处，收不到最佳的促销效果，一般应与消费者的平均购买周期一致。

3. 禁忌弄虚作假

营业推广的主要对象是企业的潜在顾客，因此，企业在营业推广全过程中，一定要坚决杜绝徇私舞弊的短视行为发生。在市场竞争日益激烈的条件下，企业信誉是十分重要的竞争因素，企业没有理由自毁商誉。本来营业推广这种促销方式有贬低商品之意，如果再不严格约束企业行为，那么将会有失去企业长期利益的巨大风险。因此，弄虚作假是营业推广中的最大禁忌。

4. 禁忌恶俗促销

恶俗促销即与现行社会的风俗习惯、道德观念相悖而行、突破道德底线、诱惑"不道德诱惑人们违背自身意愿、冲击社会公序良俗的促销方式。"

扩展阅读——小链接

低俗促销

西安某商场搞服装促销，提出现场哪位女性敢当众脱光衣服，就可以跑到三楼免费穿走一件任何价格、任何款式的羽绒服。结果，有16名女子脱衣后，仅穿着贴身内衣跑进商场，得到了"免费"的羽绒服。

5. 注重推广中后期宣传

开展营业推广活动的企业比较注重推广前期的宣传，这非常必要。在此还需提及的是不应忽视推广中后期宣传。在营业推广活动的中后期，面临的十分重要的宣传内容是营业推广中的企业兑现行为。这是消费者验证企业推广行为是否具有可信性的重要信息源。所以，令消费者感到可信的企业兑现行为，一方面有利于唤起消费者的购买欲望，另一方面可以换来社会公众对企业良好的口碑效应，强化企业的良好形象。此外，还应注意确定合理的推广预算，科学测算营业推广活动的投入产出比。

15.4 公共关系

15.4.1 公共关系内涵及其作用

1. 公共关系内涵

（1）定义。公共关系，又称公众关系，简称"公关"。格鲁尼格教授在《公共关系管理》一书里，给出公共关系的经典定义：公共关系是一个组织与其相关公众之间的传播管理（也可以翻译成沟通管理）。这个定义非常严谨、科学地揭示了公共关系的管理属性，以及公共关系的三个基本要素：组织、公众、传播沟通。

①组织——公共关系的主体。组织是公共关系活动的主体，即公共关系的承担者、实施者、行为者。公共关系主要将组织作为传播沟通主体来进行研究。从传播主体的角度看，公共关系是一种有目的、有计划、受控制、持久的过程。

②公众——公共关系的客体。公众是公共关系传播沟通的客体，即对象。公共关系是由组织运行过程中涉及的个人关系、群体关系、组织关系所共同构成的。这些个人、群体和组织构成了组织的公众环境。组织的公共关系工作便是针对这个公众环境进行的。

公众作为公共关系的对象、客体，并不是完全被动的，也不是随意受摆布的。公众的观点、意见、态度、行为在公共关系过程中是一系列不断运动变化的因素。

③传播沟通——公共关系的过程和方式。传播沟通是公共关系活动的过程和方式，公共关系的手段和方式包括各种人际传播、组织传播、公众传播、大众传播的形式；包括各种言语沟通、文字沟通、非语言文字沟通的方法；包括各种印刷媒介、电子媒介、实物媒介的技术。

传播沟通既是公共关系的方式，也是公共关系的过程，组织与公众联结的方式、公共关系的运行机制就是传播沟通。公共关系作为一种管理职能和经营艺术，其特点就是运用传播沟通手段去适应环境、影响公众、树立形象。三者之间的关系如图 15-3 所示。

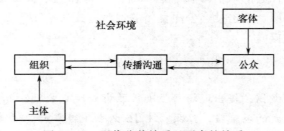

图 15-3 现代公共关系三要素的关系

第15章 营销传播组合策略

（2）公共关系与市场营销的联系。

①公共关系与市场营销的产生具有共同的前提条件——商品的高度发展。

市场营销学的产生，是由于资本主义高度发展，使企业外部环境发生了很大的变化。一方面，买方市场形成，消费者对产品的需求变化很大，条件也越来越苛刻；另一方面，同行竞争也日益剧烈。企业面临这样一种情况，不得不重视"市场"，重视"营销"，重视企业外部公众——顾客、消费者等。从这一点上看，公共关系学的产生也是同样的，公共关系学也是在商品经济高度发展情况下，企业为争取消费者，不仅要在产品质量、品种技术、价格等方面展开竞争，更重要的是企业整体形象的竞争。为企业赢得良好的社会舆论，就必须与各方面建立良好关系，即开展公共关系活动。由于公共关系的直接目的不是推销产品，而是推销企业形象，并且不采取直接宣传，而倚重于间接的客观的影响方法，因此更容易为人们所接受。

②公共关系与市场营销具有共同的对象——顾客与消费者。

企业的公共关系最重要的外部公众是消费者、顾客。而消费者的总和就是"市场"、市场营销的对象。因此企业公共关系的对象与市场营销的对象是共同的。

③公共关系与市场营销具有共同的指导思想——用户第一、社会效益第一。

新的市场营销观念要求企业把顾客的利益放在第一位，把社会效益放在第一位，这种指导思想正是公共关系的指导思想，在这一点上市场营销与公共关系的基本原则和要求是相吻合的。

④公共关系与市场营销具有相似的手段——大众传播媒介。

在公共关系与市场营销的业务活动中，要与对象进行沟通，都必须借助大众传播媒介。现代大众传播媒介，可以使社会交往摆脱时空的限制，使市场摆脱国家、地区的限制。在现代化社会中，一个组织无论是从扩大影响的目的出发，还是为了扩大产品销路，都离不开大众传播。

扩展阅读——小案例

"请留心你家的后窗"

20世纪50年代，好莱坞影片《后窗》曾风靡香港，该片描写了一个脑部受伤的新闻记者，在家养伤时闲极无聊，便买来一架望远镜，每日坐在屋子里从对面楼层的后窗窥视住户的家庭隐私，从而卷入了一场谋杀案。影片上映后，香港人竞相观看，形成了"后窗热"。这时，香港的一家生产百叶窗的企业成功地抓住了这一事件。他们在报上连续刊登题目为"请留心你家的后窗"的销售广告，其生意一下子兴隆起来。此案例说明了大众传播媒介在公关活动中的重要作用。科学调查表明：大众传播对某些议题的着重强调和这些议题在受传中受重视的程度构成强烈的正比关系。在案例中，企业抓住"后窗热"，利用报纸连续刊登"请留心你家的后窗"这则广告，就是充分利用这一原理，多次大量地报导这一事件，从而使社会中的公众突出地议论这一话题。

⑤市场营销学把公共关系学作为组成部分。市场营销学在经历了"产生阶段"、"应用阶段"和"革命阶段"之后，在概念、原理、方法上，发生了很大的变化，并且大量吸收了其他相关学科的内容。其中，在运用非价格部分策略之一的"促销策略"时，把公共关系看做是促销手段之一，并吸收、运用公共关系的各种手段来达到销售目的。目前，市场营

销学的新动向表明,把公共关系作为独立的一种市场营销策略的趋向更为明显,大市场理论的出现,要求由原来市场营销学中的4P组合(产品、定价、促销、分销四大策略)发展为6P组合(增加公共关系和权力),要求在进行市场营销活动中,大力开展公共关系活动,充分利用政治手段。大市场理论的出现,也表明了目前学科发展的新动向。各学科相互包容、相互渗透、你中有我、我中有你。公共关系学被纳入市场营销学之中;同样,市场营销学的内容也大量出现在公共关系学之中。

2. 公共关系在企业发展中的作用

在现代社会,一个企业要求得生存和发展,就必须与周围公众保持良好的关系,以取得他们的理解和支持。原因如下。

(1)企业的生产经营活动会对周围各种公众利益产生影响。例如,企业的广告宣传、生产经营的产品等,都会影响广大消费者的利益;一个工厂散发的烟尘、噪声等会污染环境,从而影响附近居民的生活和健康。

(2)公众行为能够便利或妨碍企业目标的实现。例如,媒介公众对一家公司给予积极报道,就会使该公司产品销售量大增;如果对一家企业进行揭短,就会使企业产品销售量锐减。政府机构和官员如果对一家企业给予支持,就会推动该企业发展;如果为企业发展设置障碍,则会限制和阻碍企业发展。

15.4.2 公共关系的基本特征

公共关系活动作为一种活动,与其他活动有着动态性、效果性等相同之处,但也存在着一些本质的不同,表现如下。

(1)公共关系是一定社会组织与其相关的社会公众之间的相互关系。这里包括三层含义。①公关活动的主体是一定的组织,如企业、机关、团体等。②公关活动的媒介是各种信息沟通工具和大众传播渠道。作为公关主体的企业,借此与客体进行联系、沟通和交往。③公关活动的对象,既包括企业外部的顾客、竞争者、新闻界、金融界、政府各有关部门及其他社会公众,又包括企业内部员工、股东等。这些公关对象构成了企业公关活动的客体。

(2)公共关系是一种信息沟通,是创造"人和"的艺术。公共关系是企业与其相关的社会公众之间的一种信息交流活动。企业从事公关活动,能沟通企业上下、内外的信息,建立相互间的理解、信任与支持,协调和改善企业的社会关系环境,公共关系追求的是企业内部和企业外部人际关系的和谐统一。

(3)公共关系的目标是为企业广结良缘,在社会公众中创造良好的企业形象和社会声誉。一个企业的形象和声誉是其无形的财富。良好的形象和声誉是企业富有生命力的表现,也是公关的真正目的之所在。企业以公共关系为促销手段,利用一切可能利用的方式和途径,让社会公众熟悉企业的经营宗旨,了解企业的产品种类、规格及服务方式和内容等有关情况,使企业在社会上享有较高声誉和较好的形象,促进产品的顺利销售。

(4)公共关系的活动以真诚合作、平等互利、共同发展为基本原则。公共关系以一定的利益关系为基础,这就决定了主客双方必须均有诚意,平等互利,并且要协调、兼顾企业利益和公众利益。这样,才能满足双方需求,以维护和发展良好的关系。否则,只顾企业利益而忽视公众利益,在交往中损人利己,不考虑企业信誉和形象,就不能构成良好的关系,也毫无公共关系可言。

（5）公共关系是一种长期活动。公共关系着手于平时努力，着眼于长远打算。公共关系的效果不是急功近利的短期行为所能达到的，需要连续地、有计划地努力。企业要树立良好的社会形象和信誉，不能拘泥于一时一地的得失，而要追求长期稳定的战略性关系。

15.4.3 公共关系的基本策略

企业公共关系的策略可分为三个层次。①公共关系宣传，即通过各种传播媒体向社会公众进行宣传，以扩大企业的影响；②公共关系活动，即通过支持和组织各种类型的社会活动来树立企业在公众心目中的形象，以获得公众的好感；③公共关系意识，即企业营销人员在日常经营活动中所具有的树立和维护企业整体形象的意识。公共关系意识的建立，能使公众在同企业的日常交往之中对企业留下深刻的印象。从这个意义上讲，公共关系经常是溶于企业的其他促销策略之中，同推销、广告、营业推广等手段结合使用，从而使促销的效果得以增强。具体来讲，企业营销活动中的公共关系通常采用以下一些手段。

1. 建立与公众的固定联系制度

企业通过与消费者、政府机构、社会团体、银行、中间商等建立固定联系制度，加强信息沟通，主动向他们介绍企业经营状况，听取他们的意见，接受他们的批评，可以更好地取得公众的信赖和支持，并扩大企业的知名度和美誉度。

2. 新闻宣传

新闻宣传是指无须花钱而获得的对企业及其产品的有利报道，通常是由第三者编发的。它是企业除广告以外的较好的宣传方式，并且具有广告无法比拟的优点，如具有新闻价值、可信度高、费用低廉等，对于树立企业形象和促进产品销售具有十分重要的意义。企业可通过新闻报道、人物专访、记事特写等形式，利用各种新闻媒介对企业进行宣传。但是新闻宣传的重要条件是：所宣传的事实必须具有新闻价值，即应具有时效性、接近性、奇特性、重要性和情感性等特点。所以企业必须十分注意提高各种信息的新闻性，使其具有被报道的价值。企业可通过新闻发布会、记者招待会等形式，将企业的新产品、新措施、新动态介绍给新闻界；也可有意制造一些新闻事件，以吸引新闻媒介的注意。

制造新闻事件并不是捏造事实，而是对事实进行适当的加工。如利用一些新闻人物的参与，创造一些引人注目的活动形式，在公众所关心的问题上表态亮相，等等，都可能使事实的新闻色彩增强，从而引起新闻媒介的注意并予以报道。公共关系的新闻宣传活动还包括对不良舆论的处理，如果在新闻媒介上出现了对企业不利的报道，或在社会上出现了对企业不利的流言，企业应当积极采取措施，及时通过新闻媒介予以纠正或澄清。因此，企业公关人员要同各种新闻媒体保持良好关系，尽可能地结识新闻编辑人员和记者，以便能在各种新闻媒体上获得对企业有利的宣传报道。国外公关专家往往将新闻记者和编辑视作最主要的外界公众，一些企业公关人员也大都从事过新闻或同新闻有关系的工作。据美国公关协会对该会会员的调查，50%以上的会员具有八年以上的大众传播经验。另外，企业利用新闻媒体绝不能坐等记者采访，而应及时向新闻媒体提供具有新闻价值、合乎新闻传播规律的新闻稿，还要善于制造新闻，以吸引记者前往采访。当然若确因企业经营失误而导致不良舆论，则应通过新闻媒介表示诚恳的歉意，并主动提出改进措施，这样才能缓和矛盾，重新获得公众的好感。

扩展阅读——小案例

10万美元寻找主人!

某公司宣传其新型保险柜的卓越功能,登出一则这样的广告:"10万美元寻找主人!本公司展厅保险柜里存放有10万美元,在不弄响警报器的前提下,各路豪杰可用任何手段拿出享用!"广告一出,轰动全城。前往一试身手的人形形色色:有工人、学生、工程师、警察和侦探,甚至还有不露声色的小偷,但都没有人能够得手。各大报纸连续几天都为此事作免费报道,影响极大。这家公司的保险柜的声誉随之大增。

此案例体现了策划新闻事件在公共关系活动中的实际应用。策划具有新闻价值的事件也叫"制造新闻"或"策划新闻",是组织争取新闻宣传机会的一种技巧。组织通过策划,举办具有新闻价值的事件或活动,吸引新闻界和公众的注意力,制造新闻热点,争取被报道的机会,以达到提高知名度、扩大社会影响的目的。此案例中,这家公司就策划了"10万美元寻找主人"这一具有新闻价值的事件,达到了自己的公关目的。

3. 公关广告宣传

公关广告是指企业为了提高知名度、树立良好的企业形象和求得社会公众对企业的支持和帮助而进行的广告宣传,它同直接以促销为目的的广告有着本质区别。公共关系广告同一般广告之间的主要区别在于,其以宣传企业的整体形象为内容,而不仅仅是宣传企业的产品和劳务;其以提高企业的知名度和美誉度为目的,而不仅仅为了扩大销售。公共关系广告一般又可分为以直接宣传企业形象为主的声誉广告,以响应某些重大的社会活动或政府的某些号召为主的响应广告,以及通过广告向社会倡导某项活动或以提倡某种观念为主的倡议广告。

4. 举办专题活动

企业通过举办各种专题活动,如知识竞赛、体育比赛、演讲会、研讨会、记者招待会、展览会、订货会、重要节日或事件庆典活动等,不仅可以扩大企业影响,提高企业知名度,而且能够吸引记者采访报道,可以说是企业制造新闻的最好方法。

5. 赞助或开展公益活动

各种公益活动,如运动会、文化比赛、基金会、捐助等,往往为万人注目,被各种新闻媒介广泛报道。因此,企业如果能投入一定资金和时间用于公益活动,就可以极大地树立企业形象,赢得公众广泛赞誉。

6. 企业自我宣传

企业还可以利用各种能自我控制的方式进行企业的形象宣传。如在公开的场合进行演讲;派出公共关系人员对目标市场及各有关方面的公众进行游说;印刷和散发各种宣传资料,如企业介绍、商品目录、纪念册等,有条件的企业还可创办和发行一些企业刊物,持续不断地对企业形象进行宣传,以逐步扩大企业的影响。

7. 社会交往

企业应通过同社会各方面的广泛交往来扩大企业的影响,改善企业的经营环境。企业的社会交往活动不应当是纯业务性的,而应当突出情感性,以联络感情,增进友谊为目的。如对各有关方面的礼节性、策略性访问;逢年过节发礼仪电函、送节日贺卡;进行经常性的情况通报和资料交换;举办联谊性的舞会、酒会、聚餐会、招待会等;甚至可以组建或参与一些社团组织,如联谊会、俱乐部、研究团体等,同社会各有关方面发展长期和稳定的关系。

公共关系对于促进销售的效应不像其他促销手段那样容易立见成效,但是一旦产生效应,其作用将是持久的和深远的,对于企业营销环境的根本改善,能发挥特殊的效应。

15.4.4 公共关系的工作程序

开展公共关系活动,其基本程序包括调查、计划、实施、检测四个步骤。

1. 公共关系调查

公共关系调查是公共关系工作的一项重要内容,是开展公共关系工作的基础和起点。通过调查,能了解和掌握社会公众对企业决策与行为的意见。据此,可以基本确定企业的形象和地位,可以为企业监测环境提供判断条件,为企业制定合理决策提供科学依据等。公关调查内容广泛,主要包括企业基本状况、公众意见及社会环境三方面内容。

2. 公共关系计划

公共关系是一项长期性工作,合理的计划是公关工作持续高效的重要保证。在制订公关计划时,要以公关调查为前提,依据一定的原则来确定公关工作的目标,并制订科学、合理、可行的工作方案,如具体的公关项目、公关策略等。

3. 公共关系的实施

公关计划的实施是整个公关活动的"高潮"。为确保公共关系实施的效果最佳,正确地选择公共关系媒介和确定公共关系的活动方式是十分必要的。公关媒介应依据公共关系工作的目标、要求、对象和传播内容及经济条件来选择;确定公关的活动方式,宜根据企业的自身特点、不同发展阶段、不同的公众对象和不同的公关任务来选择最适合、最有效的活动方式。

4. 公共关系的检测

公关计划实施效果的检测,主要依据社会公众的评价来进行。通过检测,能衡量和评估公关活动的效果,在肯定成绩的同时,发现新问题,为制定和不断调整企业的公关目标、公关策略提供重要依据,也为确保企业的公共关系成为有计划的持续性工作提供必要的保证。

公共关系是促销组合中的一个重要组成部分,企业公共关系的好坏直接影响着企业在公众心目中的形象,影响着企业营销目标的实现,如何利用公共关系促进产品的销售,是现代企业必须重视的问题。

15.5 销售人员的管理

15.5.1 销售人员的核心作用

销售队伍是企业实现经营目标的实际承载者,是连接企业的策略、设想与目标的一个关键环节。一方面,高效的销售队伍可以把企业的形象有效地传递给客户,可以把企业中非常好的运作策略思想传递给客户,可以很好地向客户展示企业的形象,可以帮助企业实现超越竞争对手的目标;另一方面,销售队伍最终要实现产品的销售并收回产品或服务的款项,同时还要确保顾客满意。总之，通过塑造良好口碑和影响力来促使客户持续地购买企业的产品或服务，这就是销售队伍的核心作用。图15-4很好地显示了销售队伍在企业中的核心作用。

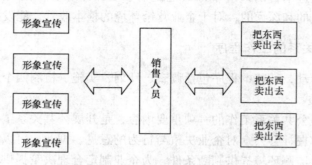

图15-4 销售队伍核心作用示意图

15.5.2 销售人员中常见的问题

1. 销售人员懒散疲惫

销售队伍常见的第一个问题是销售人员懒散疲惫，尤其是当销售人员进入成熟期之后，更容易出现这种问题。

（1）销售人员的三个发展阶段。①生存期。生存期一般是半年左右的时间。这半年属于销售人员的生存期，也就是说，如果半年之内，销售员能够完成其基本销售业绩或者通过销售部相应的考核，那么就能被留在销售岗位上。②成长期。成长期一般是半年到一年半的时间，这一时期的销售人员一般都已经成功签单了，或者叫"冒泡"了。由于更广泛地接触客户，因此对产品和客户的理解也更深，业绩会一天天在进步。③成熟期。一年半以后，销售人员一般就进入了成熟期。这个时期的销售人员慵懒疲惫的现象最为普遍，往往令销售经理或者销售主管非常头疼。因为成熟型的销售队伍，承担了销售的绝大部分业绩或者绝大部分的工作，所以他们的慵懒疲惫往往直接导致业绩的动荡和下滑。

（2）销售人员懒散疲惫的主要表现如下。①晚出早归。指销售人员拖得很晚才出去见客户，或者找借口从客户那里早回来，这是懒散疲惫的第一个表现。②办事拖拉。懒散疲惫的第二个表现就是办事拖拉，例如，该给客户打电话却莫名其妙地往后拖；该拿出具体方案，也莫名其妙地往后拖，直到客户开始催促才去做。③工作消极。懒散疲惫的第三个表现是平时工作消极。整天坐在那里连眼皮都不愿意抬，好像特别累，其实并没有做什么事情。懒散疲惫是一个非常严重的问题，它像一种瘟疫一样，容易在整个队伍中蔓延。尤其是比较成熟的老业务员，其他业务员都看着他，如果他表现懒散，那么不但他自己的工作绩效会下降，而且还会影响其他同事。

2. 销售动作混乱

销售队伍常见的第二个问题是销售动作混乱，无章可循。客户仅仅提出了一项需求，销售员就盲目地把价格报出去了；客户仅仅想了解产品，销售员就把全部的产品资料都给出去了，而且还放弃了与客户接洽的很多渠道及跟进的一些流程或手段；还有的根本没有针对客户的需求来介绍产品，彼此没有成功"对接"。这都是销售动作混乱的表现。

不仅初级销售人员会发生销售动作混乱的错误，有些已经做了一年多而且业绩还不错的老业务员也会出现类似的问题。尽管一年的销售额完成了，但是隐性的损失还是非常大。因为客户很可能是在别无选择的情况下，或者是出于别的原因，才最终选择了销售的产品，但是显然客户不可能对"牛头不对马嘴"的销售工作真正满意。从严格意义的销售流程来讲，销售员的混乱动作肯定给客户留下了一个坏的印象。

3. 销售人员带走客户

在销售产品的核心竞争力或者是企业的核心竞争能力不是很好的情况下，销售人员特别是比较好的成熟期的销售人员带走客户的现象尤为严重。

4. 销售队伍"鸡肋充斥"

所谓"鸡肋充斥"，就是能者走，劣者下，庸者留。也就是说，有本领、有想法或者想挣钱的销售代表辞职走了，能力确实很差的，随着考核早晚被淘汰掉，工作能力一般的人留了下来。这个问题也让销售经理很头疼，看着一个个都坐在那里不出去跑业务，好像都不是来干业务，而是来领"出场费"似的。鸡肋型销售人员往往就守着底薪，看上去也在工作，但是工作缺乏创造力，没有激情，工作能力非常有限。虽然销售队伍中的每个个体不能说完全不好，其中有行的，也有不行的，但是整体来说队伍素质非常差，因为"鸡肋充斥"其中。

5. 好人招不来，能人留不住

销售队伍常见的第五个问题，就是好的销售人员招不进来，有本领的销售人员又留不住，这也是一个非常普遍的问题。好的销售人员招不来有多方面的原因：可能是销售人员对公司理念理解不够的问题；可能是薪酬方面的问题；也可能是运作产品方面的问题，等等。此外，有本领的人的要求会越来越高，企业很难满足每一个人，于是能人往往跳槽了。有的销售人员找借口请"长假"，其实是到别的公司去上班，有的甚至直接去了竞争对手那里。

6. 销售业绩动荡难测

以上的几个问题最终导致了销售队伍的第六个常见问题——业绩动荡不稳。这个问题的典型表现就是：当某一名销售员成功签了一两个大单子的时候，整个销售部都非常激动，其销售业绩一下就涨上去了；一旦市场需求进入相对平缓期，整个销售队伍的情绪又下去了，其销售业绩将大幅下滑。

15.5.3 销售人员的有效管理

一名销售人员在成长的过程中，他的工作热情要经过三个波动。销售人员刚进入公司时，冲劲非常足，因为他要站稳脚跟，要证明自己的能力，并在公司生存发展。销售人员的动力性变化曲线很自然地出现第一次高峰，但这种高峰不会维持很久。当销售人员进入市场后，发现市场中不利于自己的方面及公司内部存在的诸多问题时，他的工作热情会马上下降，动力性变化曲线跌到谷底。销售人员出现低迷的工作情绪后，销售经理会马上采取措施设法辅导帮助下属。经过销售经理的辅导，销售人员在工作中遇到的问题解决了，工作出现了转机，收到了第一张订单。多次的挫折终于换来了第一张订单，销售人员重新看到了希望。于是，工作热情又高涨起来，动力性变化曲线出现第二次高峰。第二次高峰出现后，销售人员的工作热情会维持一段时间。工作稳定一段时间后，由于缺少激励，销售人员的工作热情又开始慢慢下降，跌入第二个谷底。销售人员从入职到此时，一般经过了一段比较长的时间，公司往往会开始对销售人员进行一次全面集训。这次集训会总结前一段时间的工作，同时进一步提升销售人员的能力。经过集训后，销售人员的工作热情再次高涨，动力性变化曲线出现第三次高峰。进入第三次高峰后，销售人员一般已经成长为成熟的业务人员。销售人员每天重复着熟悉的工作，久而久之，就会疲倦了，工作热情会再次下降。销售人员在成长过程中工作热情的变化起伏，是很正常的一种变化过程。对销售人员进行有效管理可以应用双因素理论。具体应用如下。

1. 必要支持

必要支持，就是双因素理论中的维持因素，该因素主要包括以下方面。

（1）薪资。薪资是指发给销售人员的薪水，是给销售人员的物质报酬。在必要支持的因素中，薪资是稳定销售人员最核心的因素。如果销售人员的薪资不合理，销售人员的工作热情就不会很高；相反，合理的薪资，就可以调动销售人员的工作积极性，激发员工的工作热情。

（2）考核。不同的考核方式对销售人员的工作热情也会产生影响。公正客观的考核，会使销售人员信服，调动销售人员的工作积极性；相反，不合理的考核方式，会降低销售人员的工作积极性。

（3）福利。福利包括国家规定的三项基本保险、公司额外的商业保险、额外的补贴、带薪休假等。福利水平的高低也会影响销售人员的工作热情，好的福利能够激励销售人员努力地工作。

（4）办公条件。糟糕的办公条件，即使工资再高，也是很难留住人才；相反，很好的办公条件，舒适的办公环境，也是非常有吸引力的。

（5）工作有序。稳定有序的、可以预期的工作对销售人员也是一种激励。工作混乱，不可预期，甚至经常被打扰，这样会严重地影响销售人员的工作积极性。

（6）岗位安全。岗位安全是指销售人员的人身安全能够得到保障。人身安全都得不到保障的工作，不可能激发销售人员的工作热情。

（7）岗位稳定。稳定的工作岗位可以使销售人员产生归属感，从而认真地工作，把公司的事业当做自己的事业；相反，不稳定的工作岗位，使销售人员整天人心惶惶，无法静心工作，更不能产生工作热情了。

（8）工作支持。必要的工作支持是指公司能在销售人员需要时，给以人力、物力、财力的帮助。缺少公司的支持配合，销售人员有时根本无法开展工作。例如，公司的一个重要客户明天过生日，销售人员想给他送一点生日礼物，但是公司不给拨经费，也许这个客户很快就会投身于公司竞争对手的怀抱。

2. 鼓动性激励

鼓动性激励，也就是双因素理论中的激励因素，该因素主要包括以下方面。

（1）沟通和关怀。沟通和关怀，是指销售经理要很好地关怀下属，以合适的方式与下属进行沟通，尤其对于销售团队中的核心成员，销售经理要与他们沟通，了解他们的思想，关心他们的困难。销售经理的时间精力有限，不可能关心到所有的下属，但对于核心的员工，一定要抽出时间与他们沟通。

（2）团队合作氛围。团队合作氛围对于销售人员工作积极性有很大的影响。在一支团结合作的团队中，销售人员有一种大家庭的感觉，工作热情很高；在一支钩心斗角、尔虞我诈的销售团队中，销售人员的积极性是不可能调动起来的。销售经理在必要的时候，可以组织一些活动，加强团队的团结合作气氛。例如，在销售淡季，可以组织一次足球赛，这有助于融洽团队气氛。

（3）领导者个人价值观。领导者的个人价值观，尤其是领导者宽容的价值观，对销售人员的工作积极性也会产生影响。水至清则无鱼，人至察则无徒。如果领导对下属太严格，无法容忍下属犯错误，下属一般不会认可领导的指责。一般来讲，销售人员偶尔犯错误，即使领导没有指责，也会设法弥补自己的过错，但领导过分地指责，下属反而会产生逆反心理。

（4）个人及团队荣誉感。个人和团队的荣誉感对销售人员也有很大的激励作用，尤其在以效率为导向的销售团队里，这种激励方式的作用更大。每个月评选出销售标兵或销售状元，并把他们的照片贴在公司醒目的位置，这样对他们会产生很大的激励。

（5）工作成就感。作为销售经理，在领导下属时，要注意给下属工作的成就感。如果销售经理觉得下属有70%的把握完成工作，就不要指导得太细致，可以放心地让下属独立地完成工作。过于细致的工作指导会扼杀下属的创造性，销售人员成了销售经理的"传声筒"，即使出色地完成了工作，他也不会产生丝毫的成就感。

（6）成长晋升空间。广阔的成长晋升空间，可以激励销售人员去努力工作。大公司提供晋升空间比较容易，因为大公司不断地有新的产品出来；小公司的成长晋升空间相对来说比较小，但也可以通过薪水的设置来体现成长晋升空间，例如，在公司里设置不同级别的薪水，也可以使销售人员感到有成长的空间。

（7）集训轮训。集训轮训对销售人员来说，是一次自身能力提升的机会。这种集训轮训机会越多，对销售人员的激励越大；相反，这种集训轮训机会缺少的公司，是很难留住人才的。有人认为，对销售人员进行培训是一件得不偿失的事情，一旦销售人员的能力提高，就会跳槽离开，公司的培训投入白花了。其实，这是一种错误的观念，销售人员跳槽离开并不是因为自己的能力提高，而是因为公司其他方面的激励措施做得不好。

（8）对比公平感。对比公平感对销售人员的工作积极性也会产生影响。例如，在一个销售部里共有5名销售员，销售经理要对下属一视同仁，不能偏袒哪一个，要让下属感觉到自己的投入和所获得的报酬能够平衡。

（9）轮换调岗。一成不变的工作岗位会让员工感到厌烦疲倦，岗位的轮换可以激发公司员工的创造性。有的人对员工工作岗位轮换有所顾虑，担心岗位轮换会伤害客户。其实这种担心是多余的，员工工作岗位轮换后，当然会对客户产生一些影响，但是权衡利弊，岗位轮换的利要大于弊。工作调换后的损失是：销售人员对新的区域要有一个重新熟悉的过程，客户也有一个接纳的过程，但是，如果销售人员一直待在原来的地方，他会变得懒惰和没有创造性，对公司来说，这也是一种损失。两害相比较取其轻，工作轮换的利大于弊。

（10）休息调整。文武之道，一张一弛，工作也是如此。人是血肉之躯，不是一台工作机器，需要休息调整。合理地安排销售人员休息调整，可以让销售人员充满活力。一般来讲，在紧张工作一段时间后，一定要安排时间让销售人员休息调整。

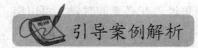 **引导案例解析**

麦当劳公司经过一系列的努力,造就了一次成功的营销传播策略。麦当劳 2003 年 11 月份销售收入增长了 14.9%,亚太地区的销售收入增长了 16.2%。公司的股价逆市上涨,创下了 16 个月以来的新高。JP 摩根集团 2003 年 12 月称,麦当劳在全球经营已经有了很大的改变,并将麦当劳的股票评级从"一般市场表现"调升至"超出市场表现"。

 **课后思考**

1. 营销沟通的主要形式有哪些?
2. 常见的直复营销形式包括哪些?
3. 广告预算有哪几种方式?
4. 如何正确地选择营业推广形式?
5. 如何进行销售人员的有效管理?

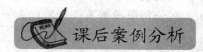 **课后案例分析**

红牛:面对"走私进口红牛"的危机公关

红牛功能饮料源于泰国,至今已有 36 年的营销历史,产品销往全球 50 多个国家与地区,凭借着强劲的实力和信誉,"红牛"创造了非凡的业绩,成为世界销量第一的功能饮料,在全球年销量达 10 亿美元。1995 年 12 月,"红牛"凭着对中国市场发展的信心和全球战略眼光来到中国,成立了中国红牛维生素饮料有限公司。中国红牛公司在全国各地建立了 20 多个分公司、10 多个代表处和 30 多个办事处。红牛公司在国内拥有北京和海南两个现代化生产基地,供应全国市场。

凭借"功能饮料市场先入者"的优势地位,红牛取得了令人瞩目的销售业绩,但其在中国的发展历程也并非一帆风顺。2003 年 8 月,海南检验检疫局在对进口红牛饮料的检验过程中,发现该批饮料没有中文标签,咖啡因含量超过我国标准,并且尚未取得我国标签审核证书。随后,国家质检总局发出通知,要求各地检验检疫局对辖区内市场上销售的进口红牛饮料进行检查。南宁一家报纸媒体对此事件进行了不准确的报道,在报道中称"进口红牛被查"。随后该消息被几家网站转载,在社会公众中产生了不小的反响。一时间,红牛饮料咖啡因含量超标的传言甚嚣尘上。

在报纸和网站的报道中,并没有指出被查的红牛属于"走私进口"的非法产品,与中国红牛饮料公司生产的产品并无关联,而且报道的主要问题集中在咖啡因超标上面。其实,国家质检总局查处"进口走私红牛"并不仅仅是因为其咖啡因超标,更重要的是因为它属于走私进口的非法产品，没有经过任何部门的检验，严重干扰了正常的市场秩序，与我国严厉打击走私的法规相违背。在我国销售的红牛饮料有进口和国产之分，其中国产红牛饮料是红牛维生素饮料有限公司在海南和北京设立的两个工厂的产品。由于新闻报道并没有将两个"红牛"加以区分，消费者对两个"红牛"的概念产生了混淆，对正品红牛的品质和安全性也发生了质疑。

其实早在媒体报道之前，红牛公司已经知道了"走私进口红牛"的存在及其危害性。根据医学专家介绍，违规进口的"红牛饮料"与酒混合饮用会引起脱水现象发生，并且损害心脏和肾功能。同时功能饮料中的咖啡因会增加心脏的负担，过量服用会产生心慌、烦躁的现象，严重时可能导致死亡。"走私进口红牛"事件缘于2003年夏天过后，在广西、云南、海南等几个边境和沿海城市，有不法分子在销售从非法渠道走私进口的红牛饮料。中国红牛饮料公司也一直在配合当地执法部门查处这些无中文标识的走私产品。但红牛公司对事件的严重性明显估计不足，它认为事件只是集中于少数几个地区，而且走私进口的红牛数量也很少，不会引起媒体的关注。因为媒体对"走私进口红牛"事件的不准确报道，红牛公司被推到了舆论的风口浪尖。它意识到自己起初对事件的严重性估计不足，必须实施有效手段，开展危机公关。

当"被查事件"发生后，红牛维生素饮料公司品牌策划管理部部长连续接到两个电话，询问进口红牛被查事件。根据这一线索，红牛公司马上查找信息来源，及时向总经理汇报，并与负责质检、工商、法律、条法等部门紧急沟通。弄清事情真相后当天，红牛公司召集条法部、客户服务部和品牌部等相关人员召开紧急会议，一致认为必须向公众澄清事件，并消除由此可能带来的负面影响。会议对危机处理的各项事务作了详细安排并指定相关责任人。红牛公司的迅速反应为自己争取到了时间和主动权。

红牛公司决定首先扭转媒体的舆论导向。它立即同国内刊登该新闻的一些网站取得了联系，向其说明事情真相，然后动用公关手段，促使有关网站删除所转载的不准确的新闻，代之以红牛公司法律顾问的"严正声明"，并附以红牛公司质量承诺宣言和获得国家相关认证证书的列表。红牛公司的果断举措，既防止了媒体可能存在的"恶炒"，又重新在消费者中树立了公司产品的信誉。

红牛公司起草了一份用于报纸的新闻通稿，于当晚向全国一些主要媒体以传真形式发出。同时，该公司又针对全国约50家主要媒体做了一个广告投放计划，在每家媒体上做半个版面的广告，广告于当晚连夜设计出来。广告的内容是向消费者说明和承诺红牛的品质没有问题，红牛的品牌绝对值得信任。

在与媒体联络沟通的同时，红牛公司通知全国30多个分公司和办事处，要求它们向当地的经销商逐一说明事情真相。红牛公司将自己的声明传真给每个经销商，让经销商先期有了知情权，使经销商得到尊重，并加强对中国红牛的信赖，坚定经销商的信心。与品牌策划部同时工作的还有条法部，它们主要负责同各地的质检、工商等部门沟通，以说明情况，消除影响。

红牛公司的危机公关取得了很大的收效。大量的媒体报道和沟通措施使消费者逐渐澄清了误解，重新树立了对红牛品牌的信任。危机事件的发生对企业的负面影响是不可避免的，但公司该做的就是最大限度地降低危机的影响程度。红牛公司面对"走私进口红牛"危机临阵不慌，公关措施"快、准、狠"，避免了危机的进一步扩大。

（资料来源：http://course.shufe.edu.cn/course/marketing/allanli/hongniu.html）

思考题：
1. 当"走私进口红牛"危机事件发生时，红牛公司作出了怎样的反应？
2. 请分析一下公共关系对于企业的重要性。你认为企业应当如何协调与新闻媒体之间的关系？

第 16 章 整合营销策略

◎ **本章要点**
- 整合营销的内涵
- 整合营销传播的原则
- 整合营销传播成功的要素
- 我国企业整合营销传播现状及存在的问题
- 整合营销传播策略

◎ **本章难点**
- 营销传播的原则
- 理解我国企业整合营销传播存在的问题
- 整合营销传播策略合理应用

◎ **课前思考**
- 整合营销传播的原则有哪几点?
- 整合营销传播的发展过程。
- 整合营销传播具备哪四大要素?

引导案例

金六福:中国人的福酒

1999 年,五粮液集团和湖南新华联集团强强联合,推出了国内著名白酒品牌——金六福。该品牌的主打产品为金六福系列和福星系列。一直以来,金六福酒以整合营销传播为理念,在竞争激烈的白酒业界创造了优秀的销售业绩。

1. 金六福的品牌命名

从品牌名称可以看出,金六福的品牌核心价值围绕着我国传统的民族特色——"福"。金六福三字中,"金"代表富贵和地位;"六"为六六大顺;"福"为福气多多。金六福酒质的香、醇、浓、甜、绵、净与人们向往的六福——寿、富、康、德、和、孝有机地融合在一起。这一命名既凸显品牌的"福文化",又与中国人追求吉祥富贵的心理紧密地联系起来。尤其是在喜欢讨个"口彩"的中国人心里,金六福成为喜庆时刻的首选品牌之一。

2. 金六福的产品策略

金六福在我国首创了白酒产品星级分级方式,明确了产品档次的区分标准。这是在白酒产品分级方式上的创举，并很快为市场上的其他白酒品牌所仿效。

2002年下半年，金六福"为城市干杯"系列产品推出市场。在金六福酒的根据地湖南，一种被称为"为湖南干杯"的金六福酒在市面上出现。金六福"为湖南干杯"系列产品一改白酒大品牌、大包装的传统做法，旗下六个产品品种分别体现张家界、爱晚亭、南岳、岳阳楼、岳麓书院、曾国藩等文化主题，采取了有针对性的不同的包装设计；并利用文字和图案对上述代表湖南地方文化特征的要素进行了描述和表现。金六福"为湖南干杯"系列酒是根据当地口感酿制，在包装上又体现了目标消费者所熟悉的风土人物历史，具有很强的亲和力和文化底蕴，所以上市以后，很快获得了消费者的认同。随后不久，金六福"为湖南干杯"、"为河南干杯"、"特供江苏"、"为山东干杯"等产品也相继上市。

3. 金六福的宣传策略

"好日子离不开它，金六福酒"，提起金六福，恐怕很多人首先联想起的就是这个脆亮的童音广告口号。依靠"开门见福"的概念符号和具有冲击力的广告口号，金六福的名声迅速红遍大江南北。

以"中国人的福酒"为定位的金六福酒一直希望寻找到一个合适的宣传主题，最终它选择以"体育营销"为主打策略。金六福的对外宣传与一系列的体育事件联系在一起：2001—2004年中国奥委会合作伙伴、第28届奥运会中国代表团唯一庆功白酒、第21届世界大学生运动会中国代表团唯一庆功白酒、第14届亚运会中国代表团唯一庆功白酒、第19届冬季奥运会中国代表团唯一庆功白酒、中国足球队进入2002年世界杯出线唯一庆功酒、世界杯出线珍藏酒及19届冬奥会珍藏酒等。申奥成功，国足出线，进入新世纪的中国好运连连，相应的金六福的宣传策略也出台了。2001年7月13日，北京申奥成功。金六福作为"中国奥运唯一庆功酒"这一赞助的价值顿时放大。在庆祝申奥成功的广告片中，金六福采用了时钟这个表现时间最直接的元素，各种各样的时钟不停运动，最后都定格在7月13日这一天。创意非常地单纯和直接，表现了"永远铭记这一天"的祝贺含义。在庆祝国足世界杯出线的广告片中，金六福采用象征手法，表现了从1957年到2001年国足44年的努力。

金六福的副品牌叫"福星"，福星酒以"喝福星酒，运气就是这么好！"为宣传主题，与主品牌金六福"中国人的福酒"这一概念可谓一脉相承。福星的广告《井盖篇》将"运气就是这么好"的创意发挥得淋漓尽致。

当中国足球队在2001年冲击世界杯的十六强赛中胜利出线时，主教练米卢一时间成了拯救中国足球的英雄，更有很多人将米卢誉为"中国足球的大福星"，米卢的人物形象和福星品牌"运气就是这么好"的定位不谋而合。终于，金六福费尽心思请来米卢拍摄他在中国的第一支广告。广告中米卢说："喝福星酒，运气就是这么好！"可想而知这支广告的效果非常理想。

从2004年6月开始，消费者发现，金六福在中央电视台及黄金地段的户外广告已经换上了新装："奥运福·金六福"。伴随着雅典奥运火炬来到北京，金六福借奥运东风推出了新一轮整合营销传播。

案例思考：结合本案例，谈谈金六福的整合营销的核心理念是什么？

16.1 整合营销概述

16.1.1 整合营销概述

1. 整合营销传播的定义

整合营销传播（Integrated Marketing Communications，IMC）的观点源于20世纪80年代中期，但是直到90年代才得到广泛的关注。整合营销传播的意思是将与企业有关的所有的市场营销活动，用一个统一的声音，一样的形态传达出去。整合营销传播的核心是从消费者的角度出发，通过对他们的欲望和需求的分析，用最小的代价给他们带来购买方便和心理满足，并且通过顾客资料库对他们进行持续的沟通，建立一种忠诚的关系，最终占领市场取得长期的经济利益。这是4C理论对4P理论的颠覆。

21世纪的今天，在共同面临的市场环境中，大部分企业已得到以数字化革命、光纤维通信革命、计算机革命等三大技术革命为媒介的信息高速公路的恩惠。从这个角度来讲，企业正处在进一步细分化、专门化、科学化的市场环境中，仅以一时性、普遍性的对应方法无法提出确切的经营方案。这也意味着信息高速公路带来了人们共享信息的民主化、开放化的新型企业经营环境。营销学界对于IMC的认识存在着各种不同的观点。整合营销传播这一观点，在20世纪80年代中期开始提出。许多学者预感到具有战略意义的"传播协同效果"时代会到来，并从各自的观点出发提出了传播协同效果的定义。企业各传播手段的协同效果逐渐发展为整合营销传播这一概念，但还没有确切的定义。研究者们都普遍认为根据研究角度、使用立场的不同，整合营销传播定义也应不同。下面看看一些权威人士和团体对它的理解。

（1）美国广告公司协会是这样给整合营销传播进行定义的："整合营销传播是一个营销传播计划概念，要求充分认识用来制订综合计划时所使用的各种带来附加值的传播手段——如普通广告、直接反映广告、销售促进和公共关系——并将之结合，提供具有良好清晰度、连贯性的信息，使传播影响力最大化。"

（2）托马斯·罗索和罗纳德·莱恩认为："整合营销传播是指将所有传达给消费者的信息，包括广告、销售促进、直接反映广告、事件营销、包装以有利于品牌的形式呈现，对每一条信息都应使之整体化和相互呼应，以支持其他关于品牌的信息或印象，如果这一过程成功，它将通过向消费者传达同样的品牌信息而建立起品牌资产。"

（3）美国南卡罗来纳大学教授特伦奇·希姆普认为："整合营销传播学是制订并执行针对顾客或未来顾客的各种说服性传播计划的过程。整合营销传播学的目标在于影响或直接影响有选择的受播者的行为。整合营销传播学认为，一个顾客或一个未来顾客在产品或服务方面与品牌或公司接触的一切来源均是未来信息潜在的传播渠道。进而，整合营销传播利用与顾客或未来顾客相关的并有可能被接受的一切形式的传播。总之，整合营销传播学开始于顾客或未来顾客，然后反馈，以期明确规定说服性传播计划的形式与方法。"

（4）1991年，美国市场营销学教授唐·舒尔茨提出了"整合营销传播"的新概念，认为整合营销传播是一个"管理与提供给顾客或者潜在顾客的产品或服务有关的所有来源的信息的流程，以驱动顾客购买企业的产品或服务并保持顾客对企业产品、服务的忠诚度"。

他认为传统营销的4P，即产品、价格、分销渠道和促销的观念已成为昨日黄花。新的营销观念已经转向4C，即消费者、消费者满足欲求或需要的成本、消费者购物的便利性及沟通。1993年，美国西北大学的唐·舒尔茨教授作为第一作者，与该大学的教授合著编写了全球第一本整合营销传播的专著《整合营销传播》。这本书的问世，标志着整合营销传播作为一种理论正式诞生了，而舒尔茨也被称为"整合营销传播之父"。舒尔茨教授认为，整合营销传播的定义如下：整合营销传播是发展和实施针对现有和潜在客户的各种劝说性沟通计划的长期过程。整合营销传播运用与现有或潜在客户有关，并可能为其接受的一切沟通形式，各种消费者能接触到的形式都可以被运用以完成所设定的传播目标，而买方与卖方之间存在着一种源于交换咨询和分享共同价值的关系。总之，整合营销传播的过程就是从现有或潜在客户出发，反过来选择和界定劝说性沟通计划所采用的形式和方法。整合营销传播的真正价值在于其本身的循环本质，它能够使消费者与企业达到双赢的境界。

2. 整合营销传播理论发展的过程

整合营销传播理论缘于组织对适应已经变化了的和正在变化着的市场环境的需要。开始时，整合营销传播的重点是如何通过各种传播活动（如广告，公共关系，直邮等）创造一个统一的组织形象，也就是营销人员希望能为其组织和品牌创造"一种形象和一个声音"。但是，理论的进一步发展，IMC已经涉及了更为广泛的领域，并变得更为复杂。整合营销传播理论已经被很多的企业所应用，成为一种可有效指导人们营销实践的理论工具。可以将整合营销传播理论的发展过程分为四个阶段。

（1）孕育阶段：20世纪80年代以前。密歇根大学教授杰罗姆·麦卡锡1960年提出的4P理论。4P理论的提出最为有价值的地方在于它把营销简化并便于记忆和传播，这一理论的提出本身就体现了人们开始把营销的一些要素综合起来去研究现代营销。由于服务业在20世纪70年代迅速发展，传统的组合不能很好地适应服务业的需要，有学者又增加了第5个"P"，即"人"（People）；又因为包装在包装消费品营销中的重要意义，而使"包装"（Packaging）成为又一个"P"；70年代，菲利普·科特勒在强调"大营销"的时候，又提出了两个"P"，即公共关系（Public Relations）和政治（Politics）。在70年代，当营销战略计划变得重要的时候，菲利普·科特勒又提出了战略计划中的4P过程，即研究（Probing）、划分（Partitioning）即细分（Segmentation）、优先（Prioritizing）、定位（Positioning）。

20世纪70年代的定位理论的本身就意味着企业应围绕自己的定位来进行组织传播活动，通过"统一的形象、统一的声音"来实现和强化产品的定位。因此，定位论不仅以更大的创意提供了新的思路和方法，而且成为整个营销活动的战略制高点，是决定诸多策略的出发点和依据。这同样为整合营销传播思想的产生提供理论基础。

（2）产生阶段：20世纪80年代。在80年代，整合营销传播理论研究的重点在于对这一理论进行描述和定义，并把整合营销传播放在企业营销战术的角度上去研究，研究的出发点仍然是站在企业的角度上来考虑。企业对整合营销传播也持有一种狭义的观点，把它当做协调和管理营销传播（广告、销售推广、公共关系、人员销售和直接营销），保持企业讯息一致的一种途径。

本时期整合的另一个特点是跨职能。不同的组织使用不同跨职能形式，其潜在的目标是为了获得更高的能力。这种能力不仅包括管理单个的传播活动，也包括如何使各种活动显得更有生气并获得协同效应。有时候，营销传播部门要建立由广告专家，公关专家及其他传播领域的专家组成的跨专业小组。这些小组要负责特定的产品多媒介多维度的传播活动。另一种方法是对各个传播媒介的雇员进行培训，从而使该部门的每个人都精通最有效的实施方法及各种传播渠道的运用战略。

（3）发展阶段：20世纪90年代。自20世纪80年代后期形成以来，整合营销传播的概念和结构已经有了很大的变化。到20世纪90年代，已经形成许多清晰的、关于整合营销传播的定义。AGORA公司作为APQC（美国生产力与质量中心）研究的主题专家，提出了以下一个更为清楚的、关于整合营销传播实践操作的定义：整合营销传播是一个业务战略过程，它用于计划、制定、执行和评估可衡量的、协调一致的、有说服力的品牌传播方案；它以消费者、顾客、潜在顾客及其他内部和外部的相关目标为受众（APQC标杆研究，1997）。90年代整合营销传播理论的发展主要表现在以下几个方面。

①理论界开始把营销和传播紧密结合在一起进行研究，4C理论成为整合营销的支撑点和核心理念。整合营销传播开始强调营销即传播，运作应摆脱粗放的、单一的状态，走向高效、系统和整体。美国营销传播学专家特伦希·希姆普甚至提出"90年代的营销是传播，传播也是营销。两者不可分割"。随着消费者个性化日益突出，加之媒体分化，信息过载，传统4P理论逐渐被4C理论挑战。

②将"关系利益人"这一概念引入整合营销传播理论的研究体系。随着整合营销传播理论的发展，逐渐产生了一种更成熟、更全面彻底的观点，把消费者视为现行关系中的伙伴，把他们作为参照对象，理解了整个传播体系的重要性，并接受他们与企业或品牌保持联系的多种方法。科罗拉多大学整合营销传播研究生项目主任汤姆·邓肯引入了"关系利益人"的概念来进行研究整合营销传播，他认为整合营销传播是指企业或品牌通过发展与协调战略传播活动，使自己借助各种媒介或其他接触方式与员工、顾客、投资者、普通公众等关系利益人建立建设性的关系，从而建立和加强他们之间的互利关系的过程。

（4）成熟阶段：21世纪。整合营销传播理论远远没有成熟，进入21世纪，随着营销实践发展和传播工具的创新，人们相信整合营销传播理论会走向成熟和完善。人们无法凭空给整合营销的明天描绘出一个清晰的蓝图，但是一个成熟的整合营销传播理论应该具备以下几个特征。①更具有操作性。一个成熟的理论应该能够更好地、有效地指导人们的实践活动，才能算是一个成熟的理论。②能够有效地监测和评估绩效，运用技术来测量和评估传播规划对传播者们来说是一个巨大的挑战。的确，像数据库形式、收入流测量等技术的使用使得大多数传播专业人员面临许多问题，它对人们的历史、工具方法、经验和管理能力都形成了挑战。

16.1.2 整合营销传播的特征

在传统的营销观念中，厂商的广告主题语是"消费者请注意"，而在当代整合营销传播活动中，厂商的座右铭已变为"请注意消费者"了。一切以消费者为中心，凡是与消费者相关的活动均纳入营销体系，使传播的空间扩大。当代整合营销传播的特征如下。

1. 在整合营销传播中，消费者处于核心地位

整合营销传播改变了传统营销传播的思维，用以受众为焦点的观念取代了以产品为焦点的观念。在整个营销传播过程中，立足于以消费者为核心。

2. 对消费者深刻全面的了解，是以建立资料库为基础的

真正的整合营销传播必须达到长期的关系营销，厂商与消费者维系长久不散的关系，建立厂商与消费者双向沟通的系统，最佳的方法是利用许多不同形式的资料库，这是整合营销传播策略不可缺少的管理环节。资料库从各种不同的渠道获取消费者行为资料，这些资料成为整合营销传播策略的基础条件，是整合营销传播成功的关键。

3. 整合营销传播的核心工作

核心工作是培养真正的消费者价值观，与那些最有价值的消费者保持长期的紧密联系。

企业应该培养忠诚的消费者，自己的角色也要从管理渠道转向管理客户，过去的企业将忠诚开发看做是一种长久相伴的创造性。

4. 以本质上一致的信息为支撑点进行传播

企业不管利用什么媒体，其产品或服务的信息一定得清楚一致。整合营销传播要求用营销传播的力量集中传达企业或产品的统一形象，以达到在消费者中建立品牌网络的目标。整合营销传播的目标，是以综合的传播效果为前提的。所以，强调各种传播工具的组合应用，产生一种统一的传播实效，而绝对不是像拌水果沙拉一样，仅仅把各种传播工具汇合起来应用，而是像一支训练有素的足球队，在攻防中发挥各个球员位置的作用，为了一个共同的进球目标，一起发挥不同的作用。这才是整合的实质意义。

5. 以各种传播媒介的整合运用手段进行传播

凡是能够将品牌、产品类别和任何与市场相关的信息传递给消费者或潜在消费者的过程与经验，均被视为可以利用的传播媒介。整合营销传播要求根据实际传播的需要，综合、有效、多元化地应用各种传播工具，传播企业或品牌的信息，以保证传播的实现。

16.1.3 整合营销传播的原则和发展层次

1. 整合营销传播的基本原则

（1）由外而内的观念。整合营销传播不是以信息发送者（企业）到信息接收者（利害关系者）的单向传播方式，而是以信息发送者到信息接收者的双向方式构造传播战略。整合营销传播战略的基础是利害关系者，只有利害关系才是制定战略的源泉。

（2）重视利害关系者行为。整合营销传播的实施起始于以企业的传播接触经验为基础去了解利害关系者的有关情况。这与过去的通过大致的消费者行为调查进行粗略的预测不同，营销传播管理者根据已掌握的利害关系者行为规律资料可以比较正确地预测他们下一个行为。

（3）双向传播。整合营销传播采用对方付费、资料申请单等方法，构筑与利害关系者的双向沟通。经过对反馈信息的记录和处理再将这些信息作为下一个传播的参考。通过这种反复循环的过程，企业可以和利害关系者建立长期的良好关系。

2. 整合营销传播的发展层次

（1）认知整合的需要。认知整合的需要是最基础的形式，只是要求营销人员明了或认知整合营销传播的需要而已。

（2）形象整合。第二步牵涉到确保信息/媒体一致性的决策。"信息/媒体一致性"是指一则广告的文字与视觉要素间达成的一致性，以及在不同媒体载具上投放广告的一致性。也就是说，图像要强化和补充文字的信息。虽然每则广告都必须有些许差异，以适应某个媒体载具的编辑功能或节目内容，但它必须与其他媒体载具投放的广告一致。

（3）协调的整合。发展的更高一层是协调的整合——人员推销功能与其他营销传播要素（广告、公关、销售促进和直复营销等）被直接整合在一起。这意味着，各种手段都用来确保人际营销传播与非人际形式的营销传播的高度一致。即推销人员所说的内容必须与广告内容一致。

（4）功能整合。第三个发展的层次是与功能整合有关。"功能整合"是指把不同的营销传播方案编制出来，作为服务于营销目标（如销售额和市场份额）的直接功能。也就是说，每个营销传播要素的优势和劣势都经过分析，并为了达成特定营销目标而结合起来。

（5）基于风险共担者的整合。整合营销传播的第六层次是"基于风险共担者的整合"。这里，营销人员应认识到目标消费者不是本机构应该传播的唯一组群，其他共担风险的经营者也应该包含在总体的整合营销传播战役之内，例如，本机构的员工、供应商、配销商和股东等都应该包括在内，甚至于还应该对所在社区和某些政府单位等作必要的说明。

（6）基于消费者的整合。整合营销传播发展的第五层次是说，营销策略必须在了解消费者的需要和欲求、锁定目标消费者，并给产品定位后才能策划。整合营销传播的这个阶段称为"基于消费者的整合"。换句话说，营销战略已经整合，反映了战略定位的信息到达了目标消费者的心中。

（7）关系管理的整合。要向不同的风险共担者作出有效传播，本机构必须发展有效的战略。这些战略不只是营销战略，还有制造战略、工程战略、财务战略、人力资源战略及会计战略等。也就是说，为了加强与组织风险共担者的关系，本机构必须在每个功能环节内（制造、工程、研发、营销、财务、会计、人力资源等）发展出管理战略以反映不同职能部门的协调。

16.2 整合营销传播策略的应用

16.2.1 整合营销传播发展的现状

我国企业界虽然有越来越多的企业采用整合营销传播策略，甚至有部分企业宣称其整合营销传播策略取得了成功。但实际上，从理论层面上看，我国当前很多营销人员对整合营销传播的理解存在偏差；在营销传播中，更多的不过是综合了几种营销传播手段而已。

1. 以生产为中心

大多数企业所谓的"以消费者为中心"在根本上还是以生产为中心，他们卖的仍然是他们能生产的产品，而不是消费者愿意购买的"他们"的产品。他们的市场调查只是表明这类产品是市场需要的，而没有表明消费者可能愿意购买他们生产的这种产品。

2. 使用某种单一的营销手段

目前国内的市场竞争日益激烈，产品、价格、营销手段益发趋于同质化，互相模仿的现象比较严重，差异化的优势很难创造，这时候，企业之间真正较量的就是价格以外的因素，比如品牌。而营销人员却更多习惯于使用某种单一的营销手段。

3. 全员营销

从整合营销执行的过程看，影响营销计划方案执行的因素主要来自实施、评价和反馈三个方面的能力，企业营销计划自最高层和营销部门起，由少数人的无形的思想，转变成企业全体相关人员的行动，并最终形成预期的成果。

要使这种贯彻执行快捷有效，企业的功能、规划、政策层次都必须运用一套技能，即分配、监控、组织和配合。但我国企业在这方面的技巧显然还欠火候。

4. 现实条件也制约整合营销传播在中国的发展

具体表现如下。

（1）缺乏完备的资料库。整合营销传播的基础是一个完备的资料库，以便充分了解消费者，这样才有可能有效地整合各种传播手段，以传递统一、清晰的信息。而在中国，尤其是大陆，众所周知，恰恰在资料库的建立上是非常薄弱的，也就是现在中国进行整合营销传播的基础是很薄弱的，其应用必然会因此受到相当程度的限制。

（2）客观条件不成熟。整合营销传播的成功运用必须依托一定的客观条件，如分众市场的普遍存在、媒体的高度多样化及科学的市场及媒体细分手段等。这些条件在中国均有待进一步的发展，这也在一定程度上限制了整合营销传播在中国的应用。

（3）传播方式上，重人际传播轻大众传播。在西方，整合营销传播的媒介组合主要依赖大众传媒，通过大众传媒的有效组合，对受众实施讯息的轮番轰炸，从而实现既定的传播目标。而在中国这样一个具有五千年历史的文明古国，由于受传统农耕文化的影响，在传播方式上，人们往往青睐于人与人之间直接的面对面的交往，即人际传播。他们注重感情的培养，礼尚往来，人们在无数次交往中逐渐培养出深厚的感情，建立起彼此信任的纽带。因此，中国受众不仅喜欢人际传播，也信任人际传播。这一点与西方有着本质的区别，无形中给整合营销传播推广带来障碍。

从可控性来看，大众传播是相对可控的，企业可以针对不同媒体的特色制订出一份相对科学的媒体计划，然后按部就班地进行媒体投放。而人际传播则是不可控的，邻里之间、朋友之间、亲戚之间、同事之间、同学之间、师生之间、夫妻之间都存在着人际传播，可以说人际传播无处不在，具有很大的广泛性。而且，人际传播的主体还具有随意性、主观性等特点。这些显著的特征，都使得企业很难对其加以准确地把握。因而在我们这样一个重视人际传播的国度里，整合营销传播的应用势必会受到影响。

（4）传播效果测定技术薄弱。整合营销传播强调在与消费者双向互动的沟通中，建立产品品牌与消费者长期密切的关系。要实现这一沟通，必须尽可能迅速及时地了解消费者的反馈，这就需要及时地进行传播效果的测定。传播效果的测定是一个复杂而系统的工作，必须依托一系列高科技手段加以支持。目前，中国传播效果测定技术还相当薄弱，既缺乏相应的设备，又缺乏具备一定专业知识的专门人才。这无疑会给企业与消费者的沟通带来阻碍，从而影响整合营销传播的顺利实施。

16.2.2 我国整合营销传播存在的问题

整合营销传播在刚刚引入我国时，被译成"混合营销传播"，其内涵被诠释为"综合服务""一站办妥"，而相应的传播企划亦"中国化"为"整合广告策划"。整体观之，对整合营销传播的理解尚停留在初级阶段。由于绝大部分中国企业没有进行过整合营销传播的实践，整合营销传播对它们来讲反而成了一个玄而又玄的纯理论。在国内，对这一理论作出贡献的人不是实践者，而是学者与研究人员。这样的背景从一开始就导致整合营销传播根基不稳。综合来看，整合营销传播在我国企业的发展存在以下问题。

1. 许多企业还没有树立整合营销传播观念

作为营销新观念的整合营销传播的实施，基本条件是要与企业的经营指导思想一致。但目前，在我国的许多企业中，奉行的仍然是推销至上、以企业为中心的旧营销观念，这与以消费者为中心的整合营销观念和策略是相互矛盾的。在这些持传统观念企业的视野中，消费者是企业不得不考虑的赚取利润的对象，一旦脱离了这个位置，消费者就不再是注视的中心了。因此，企业的促进销售，无非是企业以各种方式劝说购买对象的行为，一旦消费者作为主动者的购买过程结束，企业便大功告成。

2. 互不了解，缺乏协调

企业中负责某一功能性沟通的人员往往不知道其他种类的沟通工具。由于各个部门的负责人对本部门以外的知识知之甚少，当需要与企业外部的营销传播的媒体打交道的时候，往往是习惯于与自己最熟悉的企业外部专业代理交往，并可能与之结成某种坚定的同盟，强烈反对将企业营销传播的任务交给有整合传播设计与实施能力的大型广告公司。这些人往往把企业的目标分离得支离破碎，然后再为每一部分去分别寻找单独的代理商。

3. 诸侯割据，各自为政

这种现象尤其在一些大型企业中表现得更为典型，每一位分管不同方面工作的沟通专家都在强调自己工作的重要性，并为自己力争更多的促销预算。销售部门经理可能会打算以重金聘用几名额外的能干的销售员；广告部门经理可能会计划将同样数额的经费用于黄金时间的电视广告；公共关系部门经理则真诚地相信，自己打算推出的公关活动方案会产生奇妙的效果；而从事电子销售和邮购方案设计的专家们则认为，只有他们的工作才能真正解决问题。因此，许多企业的营销决策，往往形成了各部门各执一端、争论不休的局面，最后只能由企业的最高领导"拍板"解决问题。在这样的情况下，企业的最高决策人常常是"一个蛋糕，各切一块"，将企业有限的经费"公平"地分给各个部门。而从被分配到销售部门的促销经费来看，各位销售分支机构的负责人也都可能以本单位的特殊性为由，争取得到高于平均数的分摊数额。因此，各自为政条件下形成的平均主义的资金分配使得有限的促销费用根本不能得到有效的使用。

16.2.3 整合营销传播的成功要素

整合营销传播是一种全新的营销理念和传播方法。整合营销传播的核心是一切以消费者为中心，凡是与消费者相关的一切活动都可以纳入营销的范围，可以运用多种传播方式为营销服务，强调全方位的信息交流，把广告、人员推销、公共关系、新闻传播、促销活动等所有营销传播结合起来，揉到一起发挥功用，达到理想的传播效果。

1. 以顾客为中心

整合营销传播的最终目的，是通过营销资源的整合形成合力，发展与消费者之间相互信赖、相互满足的关系，并且促使消费者对企业品牌产生信任，使其品牌形象长久存在于消费者心中。这种关系的建立，不能单单依靠产品本身，而是需要企业与消费者建立和谐、共鸣、对话、沟通的关系。要达到传播目标，必须站在消费者的立场和角度考虑问题、分析问题，并通过对消费者消费行为、特征、职业、年龄、生活习惯等数据的收集、整理和分析，预测他们的消费需求，制定传播目标和执行计划。

所以，进行整合营销传播的出发点是分析、评估和预测消费者的需求。奥美公司在IBM实施整合营销传播中的品牌检验，就是寻找与品牌相关的语言及元素，并开始收集资料，以培养洞察力和直觉，并借之了解产品及其与消费者的关系。这就是调查消费者到底是如何认知IBM这个品牌的。他们发现虽然IBM的知名度一向很高，并且在过去给人以稳固、安全、可靠的感觉，然而人们认为IBM机构庞大，反应缓慢，在研究开发方面不如他人，缺乏新品牌迷人的产品特征，以至于顾客对品牌的特性与将来发展的方向感到困惑。虽然这些印象并非事实，但IBM确实在失去其消费者。调查结果表明，"你无法和IBM一同欢笑"，"IBM只会与你的主管讨论，除此以外，别人都不重要"。但同时也发现：IBM是值得依赖、具有良好品格与崇高道德的公司；以提供满足顾客的各项服务与支援为目标；是孕育现今信息技术的摇篮；与其他企业相比较，IBM在基层和新兴资讯科技的发展上投注更多的资源，并拥有更多的专利权。奥美公司最终制定了以"科技魔力"为核心的传播策略。

制订一个完整的整合营销传播计划，首先要对目标客户进行分类：他所处的行业、职位，他掌握的采购决策权、教育背景、预算、计划等。还要摸清他所处的公司、所在的行业面临什么问题，根据目标市场及客户需求，制订相应的解决方案、沟通主旨和市场推广策略。有效的传播计划的制订过程，应是从顾客、消费者、公司利益相关人及公司内部工作开始，而不是从外部的营销人员和信息传播人员开始。我们要弄清楚在何时、何地，以何种形式，在何种情况下及在何种程度上，顾客想要从营销人员和信息传播人员这里获取信息。信息传送系统将是顾客想要听的，而不是营销人员想要说的。这将使整合的概念进一步深化，而不是简单地合并和协调向外传播的计划而使之成为"一种声音，一个形象"。

2. 体现战略导向

在整合营销传播中，战术的连续性是指所有通过不同营销传播工具在不同媒体上传播的信息都应彼此关联呼应。"战略的导向性"则强调在一个营销战术中所有包括物理和心理的要素都应保持一贯性。所谓物理的连续性，是指在所有营销传播中的创意要素要有一贯性。例如，在一个营销传播战术中，可以使用相同的口号、标签说明及在所有广告和其他形式的营销传播中表现相同行业特性等。心理的连续性是指对该机构和品牌的一贯态度，它是消费者对公司的"声音"与"性格"的知觉，这可通过贯穿所有广告和其他形式的营销传播的一贯主题、形象或语调等来达成。关注更多免费采购流程，采购管理，合同范本，销售管理，销售技巧。

3. 传播要与时俱进

整合营销传播理论的推动力，最主要的变化是信息技术的发展和推广。信息技术不仅包括计算机、软件和数字化等内容，也包括新的媒体传播形式（比如说电子邮件、网站及内部和外部的数据库），它甚至还包括组织将其顾客包含在其信息技术方案中的能力（例如航空电子售票系统和联邦快递的隔夜包裹跟踪系统）。尤其是在进入21世纪后，信息技术已经成为包括个人和组织在内用来加快和简化各种传播、讨论、交易甚至是沟通的必要工具。信息技术已经是并将继续是推动所有商业、传播活动发展和实践的一个主要因素，而且将继续在整合传播如何发展和如何实践方面发挥重要影响。在这些情况下，整合传播需要包含所有参与者和利益相关方。在整合和协调公司与传播体系的过程中，整合营销传播不仅仅是整合传播的信息和信息传送的系统，整合营销传播已从过去营销人员所从事的战术性活动转变到当前市场上更具战略性的、管理驱动的活动。因此，如今的顾客不再是传播的目标，而是与营销人员或信息传播人员处于同等地位；顾客也不再是说服的对象，而是营销人员聆听和响应的对象。显然，这将需要一个全新的方法进行整合和整合传播。这种方法不再是整合"我们如何聆听和响应消费者、顾客方面的信息"，它与现在大多数的传播过程正好相反：从向外传播到向内传播；从"营销人员和信息传播人员向顾客和潜在顾客传送信息"到"顾客和潜在顾客使营销人员和信息传播人员明了他们的需要、欲望和希望"，营销人员和信息传播人员聆听这些并作出反应；从"决定营销人员想要做什么"到明白"顾客真正需要营销人员做什么"。这成为所有整合任务中最艰难的任务。

4. 用一个声音说话

整合营销的根本点就在于，企业通过对传播过程的整合处理，争取并维护消费者与公司及品牌之间的亲密关系，其核心在于"整合"。科学技术的进步使消费者所接触的媒体大量增加，除传统的报纸、杂志、广播电视外，还有录音带、录像带、光盘等媒介，再加上新近发展起来的计算机网络，让消费者目不暇接。为了让企业传播的信息抓住消费者的眼球，要求企业向消费者传播的信息，一是要一致和连贯，二是要清晰、明了，利于消费者收集和辨认。所以，企业在营销信息传播过程中要利用横向整合。①媒体传播信息的整合。不论信息来自何种传播途径，如广播、电视或互联网。还是语言、文字、图片、声音、光电信号等不同的传播形式，其实质都是向消费者传达一种"符号意义"。这种整合，就在于对传播符号形式的"意义"管理。②营销传播工具的整合。企业借助广告、促销活动、公共关系等渠道向消费者传达信息，不管信息是什么，都代表了公司、品牌，消费者都会以同样的方式进行处理。所以，营销传播工具的整合，实质上是对信息形式的"意义"的管理。③接触管理。"接触"包含了商家通过媒体、营销传播工具与其他可能与消费者接触的形式。接触管理就是要强化可有利于企业营销的正面传播，减少不利的负面传播，以影响消费者的态度和行为。④对各种目标受众的信息传达整合，对企业的目标市场而言，有主要目标群体，有次要目标群体。在购买活动中，有的人扮演倡议者、影响者，有的人扮演决定者、购买者、使用者。在营销渠道中有批发商、中间商、零售商。不同的群体接触不同的媒体，同时也有不同的利益点，所以公司要对它们使用不同的策略，传达不同的利益点。⑤体现连续性的纵向整合。成功的营销过程，应该是从选择原材料，到为顾客提供最后服务的一个商业运作体系，从消费者角度看，他们购买的也不仅仅是货架上的商品，而是一个为解决自己的问题而出现的完整的服务体系。为此，在整个传播过程中都需要保持传播的概念与外表的协调一致。从营销策略的制定到产品、价格、促销等具体计划的实施，从品牌识别系统到品牌传播，都应该注意"品牌意义管理"这一核心，还应包括企业与消费者发生关系的各个阶段的整合。从认识品牌到购买决策，再到使用产品，最终变为忠诚顾客，是一个阶梯状的过程。纵向整合就是要在顾客购买过程的不同阶段，确定与其所需信息相一致的传播目标，最终使其成为忠诚顾客。

16.2.4 实施整合营销传播策略

整合营销传播的范围既不能简单化、单一化，停留在"对不同媒体发出同一种声音"的媒介整合上；更不能无限扩大到企业计划、生产等营销的各个环节上，这种盲目的扩大化会导致企业营销的导向性偏移。所谓整合营销传播，绝不仅仅是成立一个相应部门，专门拨出几个人，改换整合营销传播名头的工作，更为重要的是，如何在一定基础上进行适度整合。结合其理论自身特点与营销传播的工作实践，真正意义上的整合营销传播，首先需要整合以下两个方面的内容。

1. 横向的整合，这是浅层次的传播整合

过去企业习惯于使用广告这一单一的手段来促进产品的销售，但在信息高度发达的时代，传播手段纷繁复杂，传播渠道本身的信息传递与不同渠道的有机整合，就要求企业在营销传播过程中，注意整合使用各种载体，达到最有效的传播影响力。对于消费者而言，在各种新闻报道中，能够接触到企业赞助社会各种活动的报道；在生活中，看到了该企业各种各样的广告；在卖场，产品与品牌进行了有机的展示；与朋友的交谈中，互相传递着企业与品牌的各种信息。这样，尽管每家媒体同时在传播其他各种各样的信息，但企业的信息都是连贯的，且科学地整合各种媒体，不同时间段突出了同一主题，这样一来，消费者就会对品牌形象产生情感上的认同，从而激发购买产品的欲望和动机，这也是整合营销传播抓住消费者、打动消费者的核心。只有通过传播渠道的整合，一个鲜活的品牌形象才能够展现在大家面前，对于一个新品牌、新产品，如何最大限度地扩大知名度与影响力，更多的是需要对传播渠道与网络的充分利用，"抓住每一次成名的机会"。

2. 纵向的整合，即深层次整合，这才是整合营销传播的精髓

因为只有深层次的对企业的传播进行了整合，才能将品牌的可接受程度最大化，而品牌的美誉度与忠诚度都需要通过深层次传播整合而来。某些品牌之所以能在短时间内脱颖而出，一定意义上就是将其品牌传播效果发挥到了极致，对浅层次产品与品牌信息进行了很好的整合营销传播，取得了良好的传播效果。而那些垮台的品牌，除了企业内部的原因外，不能说与其整合营销传播不当无关。反观一些成功的国际知名企业，其品牌的深层次营销传播整合已基本完成，比如麦当劳，在其深圳出售的食品出现安全问题后，市场本应形成轩然大波，消费者应该反应激烈，结果市场只是短暂地产生了一些波动。麦当劳品牌不倒，有人认为这是其公关策略的成功，但公关只是抵抗品牌危机的一个方面，更重要的是品牌与消费者形成了稳定关系，而这种关系是坚不可摧的。消费者认为，麦当劳品牌是值得信任的，是他们的朋友与伙伴，而这些，恰恰是国内品牌营销传播所缺乏的。在整合营销传播的过程中，还需要解决两个方面的问题与障碍。

（1）在整合过程中，传播伙伴选择的问题。有些企业盲目选择国际化的合作伙伴，认为只要找个国际传播公司就代表了国际化、专业化、科学化，这无疑是不可取的，而许多没有选择国际化的企业，仍然取得了很好的成绩。鲁花集团一向不以国际化作为选择传播伙伴的标准，但是其传播的效果却让国际化的企业为之一震。其实，如果国内企业真的选择了国际传播公司，对外资企业反而是有利的，对他们而言，国际传播公司的策略方式都很清楚，因而，在品牌传播竞争中，就难以形成真正差异优势的可能。

（2）对于处在不同营销阶段的企业，传播策略差异性的问题。正如脑白金在上市之时能够取得很好的销售效果，并不在于其做了如何的整合，如何的传播，而是产品准确定位下的精确诉求，在抓住足够差异化的产品（品牌）的诉求下，攻心为上，快速占据了消费者心理——"送礼还是脑白金"。可以说，整合营销传播虽不是灵丹妙药，但也不能让重症的病人急病乱投医，要注重传播策略的差异化的作用。

第16章　整合营销策略

 引导案例解析

　　金六福通过大量的电视、路牌广告，围绕金六福一贯的"福文化"理念，使"奥运福·金六福"这一口号深入人心；同时，销售队伍的战术推广也以"奥运福·金六福"为核心，将"福文化"的理念以具体的促销手段、公关活动和消费者形成互动。

 课后思考

1. 简述整合营销传播的发展过程。
2. 整合营销传播的特征有哪些？
3. 整合营销传播的原则包括几点？
4. 我国企业整合营销传播存在的问题是什么？
5. 怎样正确地实施整合营销传播策略？

 课后案例分析

喜力品牌形象的建立和传播

　　荷兰喜力啤酒公司由杰勒德·海内肯于1864年创建。1971年，弗雷迪·海内肯出任喜力公司总裁。在他的带领下，喜力公司由一个家族企业发展成为一个由家族控股的股份制公司集团。喜力啤酒进入欧洲其他国家，而且远涉重洋登陆北美、亚洲、非洲和拉美。2002年，香伦·德卡瓦略·海内肯继任公司总裁后，喜力公司在全球进行了多项并购交易。目前，喜力啤酒在50多个国家和地区与110多个啤酒企业联营，产品在超过170个国家和地区销售。这个拥有100多年历史的啤酒酿造商已经成为最具国际知名度的啤酒集团之一。喜力公司的第四代传人香伦·德卡瓦略·海内肯在2004年《福布斯》全球富豪排行榜上，以46亿美元位列第94位。有效的整合营销传播是这位全球啤酒业巨人长盛不衰的法宝。

　　1999年，喜力在全球市场营销上所投入的费用高达公司年收入的14%，约为8.15亿美元。喜力巧妙地把啤酒与娱乐、体育有机结合起来，频繁地在各种国际体育赛事和音乐节上露面。在许多大型网球公开赛、音乐会及电影节中，人们都能看到喜力的绿色标识。喜力和它纯净晶亮而又充满活力的绿色体验正伴随着一次次赞助的音乐盛典、体育大赛而为全世界追求个性、追求新潮的人士所共享。

　　高收入人士是喜力所关注的主要目标顾客群。与目标市场的选择相对应，喜力对网球这一传统的贵族运动情有独钟。喜力赞助了澳洲网球公开赛、美国网球公开赛和戴维斯杯赛等赛事，在中国更从1998年开始创办上海喜力网球公开赛。喜力网球公开赛是中国首次举办的国际级网球锦标赛，云集了诺曼、张德培等国际一流选手，赛事的宣传使喜力品牌知名度

大大提升。有统计数据显示，1998年喜力网球公开赛后，喜力啤酒的销量增加了30%。

喜力品牌已经拥有100多年的历史，为了防止品牌的老化，新任CEO安东尼·鲁伊斯对市场营销策略进行了调整。他意识到年轻一代的啤酒消费能力在提高，因此年轻人市场成为喜力现在的主攻战场。喜力现阶段的主要任务在于：既要贴近年轻顾客，又不能疏远爱喝啤酒的中年人，因为后者是喜力公司的核心顾客。鲁伊斯经常带着公司的资深主管奔波于世界各地，与年轻消费者频繁接触，争取年轻消费群的偏好和支持。喜力的广告和包装也变得更加大胆，比如推出银色和绿色相间的铝制酒瓶，这种瓶装啤酒在欧洲和美国的新潮俱乐部销售，其售价相当于玻璃瓶装喜力啤酒的3倍。喜力配合年轻人喜爱的大投入电影如《黑客帝国2》等组织了搭配销售活动。它还资助赌马之类的活动，获胜者可以参加喜力公司在牙买加举行的聚会。鲁伊斯认为："我们的策略是正确的，用长久以来的成功作为后盾，我们可以更加前卫。""音乐秀"也是喜力贴近年轻群体，进行品牌宣传的阵地之一。例如，在中国，喜力举办了"1999年北京喜力节拍夏季音乐节"、"喜力节拍2000年夏季音乐节"等。在音乐节之前，喜力大造声势，瞄准了求新、求变的青年人做宣传，使喜力年轻、活力、激情的形象深入人心。经过两年的营销努力，喜力啤酒的消费群发生明显年轻化的迹象。在美国，爱喝喜力啤酒的顾客的平均年龄已从20世纪90年代中期的40岁上下降到现在的30岁出头。鲁伊斯的目标是在未来几年里将平均年龄降低到30岁以下。

喜力啤酒的广告总是充满了轻松和幽默。例如，①一名年轻男子将手臂伸进一个装满冰块和瓶装啤酒的大桶；他在里面四处乱摸，却一无所获，结果冻得浑身发抖，最后，他终于从里面捞出了一瓶喜力啤酒，将它打开，加入到一帮朋友中去，而这帮朋友也都在喝喜力啤酒之后冻得全身发抖。②一群男子在玩多米诺骨牌，当其中一人表演如何将啤酒倒入杯中而不产生太多泡沫时，其他人都停了下来，此时，画外音响起："喜力是专业人士的啤酒。"③一个高个子的年轻男子在超级市场的零食部选择商品，他见到附近一个美貌的年轻女子伸手欲取顶层的商品，可是够不到。男子于是走到她身边，为她把顶层两罐喜力啤酒（最后两罐）取下。取得啤酒后他突然念头一转，决定将啤酒自己留下，拿不到喜力啤酒的女子一脸无奈。④在拥挤的回转寿司店内，男女主角的座位相隔很远，男子先向女子举杯示意，然后倒入酒杯中，把酒杯放在面前的输送带上，希望送到女子面前，可是中途被别人取走。男子无奈再倒一杯，同样被别人中途取走。画面出现："就此罢休？"镜头一转，男女主角相视而笑，原来整条输送带上都排满了喜力啤酒，直送到女子面前。画面出现产品和口号"不断追求，无限精彩"。《广告时代》的评论员鲍勃·加费尔德认为："喜力的广告做得很好，没有给人高高在上的感觉，而是使用了让人容易接受的玩笑和形象。"

2002年夏季，喜力啤酒在台湾的销售业绩激增，达上年同期的3倍。作为一个拥有30%市场份额的品牌，在没有大幅降价的情况下，是如何实现如此业绩的呢？啤酒的市场基本上分为两类——非即饮市场和即饮市场。非即饮市场包括百货店、超市、便利店、大卖场等；酒吧、餐馆、舞厅、夜市和KTV等则属于即饮市场。在非即饮市场上，各大啤酒厂商的竞争已经到达白热化，所以喜力将注意力转向了即饮市场之一KTV。KTV是朋友欢聚，纵酒狂歌，舒缓工作压力的场所。啤酒既能让人解渴兴奋，又不会让人很快大醉，正是KTV中最适合的饮料。在客人进入KTV消费的每一个环节，喜力都会恰到好处地出现。在等候大厅的电视里，全日轮播喜力的卡通广告片：圣诞老人看到别人拿走了自己的喜力啤酒，停下分发礼物的工作去找啤酒。当客人等待乘电梯去楼上包间时，会在电梯门上看到一杯清冽的喜力啤酒即将倒满，上面写着"抱歉，再等一下！"店内的POP广告提示客人：买"人来风"拼盘+99元台币便可得到三罐喜力啤酒。当客人打开点单，一罐变形为麦克风形状的喜力啤酒赫然入目，还有一大捆喜力站在旁页上面写着"朋友难得绑在一起，就是要唱个高下"。运用独辟蹊径，精耕细作的营销方案，喜力到达了又一个销售新高峰。

（资料来源：http：//course.shufe.edu.cn/course/marketing/allanli/xili.html）

思考题：

1. 荷兰喜力啤酒公司运用了哪些手段来建立和推广其品牌形象？
2. 荷兰喜力啤酒公司的广告策略、公关手段和促销途径给你哪些启示？

第17章 客户关系管理

- ◎ 本章要点
  - 客户关系管理的定义
  - 客户关系管理的内容和分类
  - 客户关系管理的意义
  - 客户关系管理的发展趋势
- ◎ 本章难点
  - 影响客户关系管理的因素
  - 实施客户关系管理的步骤
  - 把握客户关系管理的发展趋势
- ◎ 课前思考
  - 客户关系管理的内容包括哪些?
  - 实现客户关系管理的因素有哪些?
  - 客户关系管理的分类有哪些?

 引导案例

戴尔的客户关系管理

著名的戴尔计算机公司的崛起在全球商业界掀起了一场真正的革命。这场革命就是要真正按照顾客的要求来设计和制造产品,并在尽可能短的时间内送到客户手上。戴尔计算机公司的电子商务站点 www.dell.com 借鉴了戴尔已有的业务模式:将产品直接销售给最终用户;只有在获取订单之后才生产,保持最小的库存量。不仅如此,Dell.com 还扩展了这种直接业务模式,将自己的市场、销售、订货系统及服务和支持能力联入顾客自己的互联网络。通过这种方式,戴尔公司获得了巨大的成功。

管理戴尔公司众多而复杂的客户群是一项重要而艰难的工作,戴尔公司为满足客户的需要,不断改进其技术系统,戴尔公司网站的功能和运行状态日趋稳定和完善。

戴尔公司使用了微软公司互联网服务器软件的 3.0 商务版,包括站点分析及业务量分析工具、搜索服务器、个人化及成员关系系统和商务服务器。戴尔的核心设置包括带选项软件包的视窗 NT4.0 版、微软的互联网信息服务器 4.0 版、动态服务器页面及 6.5 版 SQL 服务器。

管理一个像戴尔公司的网站那样拥有如此大通信量的网站是一个巨大的挑战。戴尔在它的网站上使用了称为"多重主机"的技术，使用了多个互联网服务提供商，连接多重数据中心。这些包括了多重路由器、防火墙、侵入监测系统、域名服务器、Cisco 公司的分布式负载平衡控制单元、快速以太网交换机、实时全天的站点及服务指示器和报警软件。

戴尔公司的售后服务和技术支持系统一部分基于 Edify 公司提供的呼叫跟踪系统，另一部分基于内部开发的一些商务工具。产品信息和技术支持的原始数据现在被写成 HTML 格式的文档保存。Edify 系统被用来跟踪和记录所有打来的求助电话。

戴尔公司的成功案例可以为其他企业提供一些可参考的经验，以下是其他公司可以借鉴的一些经验。

（1）同每一个最终客户建立直接的联系，这样能够获得有价值的信息，更好地管理业务。

（2）使用网络来支持同客户之间的联系，可以扩大与客户的接触并从中听取建议。

（3）确保公司的网站同电话销售系统、订货部门和服务功能紧密结合在一起。这样客户可以在网络上开始一个方便的交易过程，可以随时切换到同人工服务交流，将整个购买过程变得足够容易，使顾客愿意通过网络配置和购买产品。

（4）为顾客提供所有与自己的技术支持人员拥有的完全一样的故障诊断和帮助信息。这样不仅使客户感到满意，同时也会减少很多顾客服务时间。

（5）让顾客可以很容易了解到已经提交的订货信息及故障的解决情况。

（6）设计功能齐全的网站，以便使顾客能够将其引入客户自己的企业网。与顾客自己的内部进程相结合并进行改进以让顾客自己的员工方便使用。这不仅会节约客户与公司进行交易的成本，也能使客户更久保持对公司产品的忠诚并扩展公司的接触范围，使公司可以同客户的雇员——公司的最终用户——建立直接联系。

戴尔公司能够根据客户特定的需求进行量身定做，真正做到了"以客户为中心"。在为客户提供更好的服务的同时，公司也获得了更多的利润。

案例思考：结合本案例，说说戴尔公司的经营管理为我们带来了什么启示？

17.1 客户关系管理概述

客户关系管理（Customer Relation Management），简称 CRM。近几年，该词频频出现于各种传媒，众多企业都开始实施或计划实施客户关系管理，客户关系管理已经成为企业管理理论、实践、信息技术领域关注的热点问题，本章就企业客户关系管理理论进行了深入、系统的研究。

17.1.1 客户关系管理的定义

客户关系管理起源于 20 世纪 80 年代初期的芬兰，多数的研究是来自服务营销。后来，随着 IT 技术的发展，客户关系管理的管理思想和方法逐渐扩展到其他行业，成为企业获取竞争优势的新宠。但是，客户关系管理到底是什么？目前学术界和企业界都没有统一的定义，不同研究机构与学者从不同的角度界定了客户关系管理的概念。综合现有的客户关系管理的概念，大致可以分为以下三类。

（1）客户关系管理，既是遵循客户导向，对客户进行系统研究的战略，又是通过改进对客户的服务水平来提高客户的忠诚度，以不断争取新客户和商机的理念；同时，也是以强大的信息处理能力和技术力量确保企业业务顺利进行，力争为企业带来长期稳定利润的方法。这一类概念的主要特征是，它们基本上都是从战略和理念的宏观层面对客户关系管理进行界定，往往缺少明确的实施方法的思考和提示。

（2）客户关系管理是一种旨在改变企业和客户之间关系的新型管理机制，它实施于市场营销、销售、服务与技术等与客户相关的领域，一方面通过对业务流程的全面管理来优化资源配置、降低成本；另一方面通过提供优质的服务吸引和保持更多的客户，增加市场份额。这类概念的主要特征是从企业管理模式、经营机制的角度进行定义。

（3）客户关系管理是企业通过技术投资，建立能搜集、跟踪和分析客户信息的系统，或可增加客户联系渠道、客户互动及对客户渠道和企业后台的整合的功能模块。主要包括销售自动化、客户服务和支持及营销自动化、呼叫中心等。这主要是从微观的信息技术软件及其应用的层面对客户关系管理进行的定义，在与企业的实际情况和发展的惯例中往往存在偏差。

以上三类关于客户关系管理的定义，就其本身而言，如果是对特定问题或在特定环境下对客户关系管理予以界定，都有它特有的价值。但就客户关系管理进行整体、系统、完备和深入认识的要求来讲，它们都只是涉及问题的个别描述和界定，以下是对客户关系管理进行定义的三个基本要求：①比较全面地概括目前企业界和理论界对于客户关系管理的各种认识和思考；②比较系统地反映出客户关系管理的思想方法和应用层面的内容；③比较科学地界定客户关系管理的应用价值。

在上述要求的基础上，可以这样陈述客户关系管理的概念：客户关系管理是企业为提升核心竞争力，达到竞争制胜、快速成长的目的，树立以客户为中心的发展战略，并在此基础上开展的包括判断、选择、争取、发展和保持客户所需实施的全部商业过程；是企业以客户关系为重点，通过开展系统化的客户研究，通过优化企业组织体系和业务流程，提高客户满意度和忠诚度，提高企业效率和利润水平的工作实践；也是企业在不断改进与客户关系相关的全部流程，最终实现电子化、自动化运营目标的过程中，所创造并使用的先进信息技术软件和优化的管理方法、解决方案的总和。

客户关系管理的目的是实现客户价值的最大化和企业收益的最大化之间的平衡。任何企业实施客户关系管理的初衷都是想为顾客创造更多的价值，即实现客户与企业的"双赢"。所以，在顾客价值和关系价值之间存在着互动，这种互动关系也反映了顾客价值最大化和关系价值最大化这一矛盾统一体之间的平衡和互动。通过对关系价值的管理，企业将资源和能力集中在关系价值最高的顾客身上，满足其需要，进而实现顾客价值的最大化；同时，从顾客角度而言，顾客价值能够提高顾客的满意度，促进其对产品的忠诚度，进而促进关系的质（顾客消费更多更广）和量（关系生命周期的延长）的全面提高，增加顾客为企业创造的价值，使企业收益最大化。信息技术是实现顾客价值和关系价值互动的支撑。信息技术可能使企业识别不同关系价值的客户关系，针对不同的客户关系采用不同的策略，实现顾客价值的最大化。

17.1.2 客户关系管理的内容

客户关系管理的目的不是对所有与企业有过商务往来的顾客都一视同仁，而是从所有这些顾客中识别出哪些是一般顾客，哪些是合适的顾客，哪些是合适顾客中的关键顾客。然后有针对性地提供合适的服务，从而使企业价值目标与顾客价值目标相协调。因此客户关系管理应当对顾客进行识别和管理，支持企业在合适的时间、合适的场合，通过合适的方式，以合适的价格，将合适的产品和服务提供给合适的顾客。

1. 顾客识别

（1）顾客信息的收集和初步分析。该项工作主要是收集和整理有关谁是企业的顾客、顾客的基本类型及需求特征和购买行为等信息，并在此基础上分析顾客差异对企业利润的影响等问题。

（2）顾客信息的分析。顾客信息分析不能仅仅停留在对顾客信息的数据分析上，更重要的是要对顾客的态度、能力、信用、社会关系进行评价。对顾客进行差异化分析的方法有许多，美国数据库营销研究所亚瑟·休斯教授提出的 RFM 模型就是其中一种。R（Recent 的缩略），指顾客最近一次购买的情况。对顾客最近一次购买情况的信息进行收集和跟踪，用以分析顾客在沟通之后是否能够持续购买。利用这种工具，企业可以了解顾客对其提供的即时产品与服务是否有所反应，有利于与顾客建立长期关系而不是单纯的买卖关系，维持企业与顾客的良好关系。F（Frequency 的缩略），即购买频率。购买频率是指在测试期间的购买次数。高消费频率意味着更大的市场感召力。如将该信息与最近一次购买情况和花费金额的信息相参照，能够准确地判断一定区域和时期的合适顾客和关键顾客，从而使企业的营销策略更具针对性。M（Money 的缩略），即花费金额。它能够为企业提供顾客在一定时期的需求量信息：如将该信息与其他信息相参照，可以准确地预测一定时期、一定区域的销售量、市场占有率等信息，从消费金额中确定哪些人花费了高金额，原因是什么，由此可为供应链上的企业的生产、采购和营销企划方案的制订等提供准确依据。

（3）信息交流与反馈管理。信息交流是双向的，其主要功能是实现实时的互相联系、互相影响。从实质上说，顾客管理过程就是与顾客交流信息的过程，实现有效的信息交流是建立和保持企业与顾客良好关系的途径。顾客反馈对于衡量企业承诺目标实现的程度、及时发现在为顾客服务过程中存在的问题等具有重要作用。投诉是顾客反馈的主要途径。如何正确处理顾客的意见和投诉，对于消除顾客不满，维护顾客利益，赢得顾客信任都是十分重要的。

（4）服务管理。主要内容包括：服务项目的快速录入；服务项目的安排、调度和重新分配；事件的升级；搜索和跟踪与某一业务相关的事件；生成事件报告；服务协议和合同；订单管理和跟踪；问题及其解决方法的数据库。

（5）时间管理。主要内容有：日历；设计约会、活动计划（有冲突时，系统会提示）；进行事件安排；如任务、约会、会议、电话、电子邮件、传真；备忘录；进行团队事件安排；查看团队中其他人的安排，以免发生冲突；把事件的安排通知相关的人；任务表；预告；提示；记事本；电子邮件；传真；配送安排等。

2. 信息与系统管理

信息畅通与共享是供应链一体化良性运行的保证，同样也是客户关系管理的保障。信息与系统管理的主要内容如下。

（1）公开信息的管理。在客户关系管理中，信息是共享的，但并不意味着所有的信息都是公开的。公开信息的管理主要包括：电话本；生成电话列表，并把它们与顾客、联系人和业务建立关联；把电话号码分配给销售员；记录电话细节，并安排回电；电话营销内容草稿；电话录音，同时给出书写器，顾客可做记录；电话统计和报告；自动拨号。

（2）平台管理。主要包括：系统维护与升级；信息收集与整理；文档管理；对竞争对手的网站进行监测，如果发现变化，会向使用者和顾客报告；根据使用者和顾客定义的关键词对网站的变化进行监测。

（3）商业智能。主要功能包括：预定义查询和报告；顾客定制查询和报告（可看到查询和报告的 SQL 代码）；以报告或图表形式查看潜在顾客和业务可能带来的收入；通过预定义的图表工具进行潜在顾客和业务的传递途径分析；将数据转移到第三方的预测和计划工具；系统运行状态显示器；能力预警。

（4）信息集成管理。客户关系管理系统所搜集的信息最初并不具有系统性，甚至不能为企业有效应用，信息集成管理就是对这些零散的信息进行筛选、整理、汇编、编密，然后按照规范程序进行分散和发送，使之与企业其他信息耦合，达到共享。

17.1.3　客户关系管理的分类

最初所有的客户关系管理都称为运营型客户关系管理，随着客户关系管理产品供应商日益增多，而且产品的功能有所侧重后，将客户关系管理分为操作型客户关系管理、分析型客户关系管理和协作型客户关系管理。

1. 操作型客户关系管理

操作型客户关系管理也称为"前台"客户关系管理。这种划分基于企业内部的人力、物力资源的分配需要。例如，目前一个典型的企业直接面对客户的部门大致有销售部、客户服务部、市场营销部、呼叫中心，以及企业的客户信用部等。这样设计的目的是为了让这些部门的业务人员在日常工作中能够共享客户资源，减少信息流动滞留点，从而力争把一个企业变成单一的"虚拟个人"呈现在客户印象中。这样，客户虽然没到过你的企业，也不知道你的企业有多少人或者一年有多少个千万的销售额，但他同你们做生意就像同一个（而不是多个）好朋友做生意一样，从而大大地减少他们在与企业接触过程中产生的种种麻烦和挫折。

2. 分析型客户关系管理

分析型客户关系管理，也称为"后台"客户关系管理。用来分析发生在"前台"的客户活动。该系统的用户不需要直接同客户打交道，而是从操作型系统所产生的大量交易数据中提取有价值的各种信息，如分析销售情况，以及对将来的趋势作出必要的预测，该系统是一种企业决策支持工具。具有大量客户的银行业、保险业及零售业都可以利用这种系统挖掘出重要的决策信息。

其系统的设计主要利用数据仓库、数据挖掘等计算机技术。其主要原理是对交易操作所累积的大量数据进行过滤，抽取到数据仓库，再利用数据挖掘技术建立各种行为预测模型，最后利用图表、曲线等对企业各种关键运行指标（Key Performance Indicators，KPI），以及客户市场分割情况向操作型系统发布，达到成功决策的目的。

3. 协作型客户关系管理

用来管理客户和企业进行交互的方式，其目的在于支持各种客户交互方式，不论是采用全功能服务、辅助自助服务还是完全的自主服务交互方式。协作型客户关系管理一般由企业中的渠道管理部门（如联系中心）使用，因此，该系统既有专项渠道管理能力，又具备跨渠道管理功能。通过协作型客户关系管理，企业可建立客户服务中心，将电话、传真、E-mail等与客户接触的所有渠道整合在一起，并与企业的网络系统连接起来，使企业内部的各个部门都能迅速获得有关客户咨询、投诉及订货等方面的信息。为客户提供"一站式的服务"。

此外，还可以为客户提供通过电话、互联网等进行的"网上自助服务"。这种自助平台既可以提高客户服务的水平，同时也可以极大地降低成本。据美国权威机构统计，一次专门的见面拜访大约需要5美元的成本，一个通过人工接听并且有效回应的电话只需要5美分，而一次网上的自助服务也只需要几美分。

17.1.4 建立客户关系管理的意义

目前，在全球范围内，无论是客户关系管理的理论研究还是实践运用，都在不断掀起高潮。客户关系管理正日益被许多企业看做是寻求新的竞争优势，提升企业绩效的制胜法宝。管理大师彼得·得鲁克曾经讲过："企业经营的真谛是获得并留住客户。"客户是企业得以生存的基础，而市场营销是整体企业的活动，企业的所有活动都是为了让客户满意，这样才能实现企业价值。在不断发展变化的市场环境下，企业的经营理念正发生着巨大的变化：从以产品生产为中心到以客户为中心；从买卖营销到客户关系营销。越来越多的企业认识到保持现有客户的重要性，现有客户能够给企业带来最佳的利润增长机会。只有赢得客户才能赢得市场，而赢得市场才能使企业在激烈的竞争中立于不败之地，因此研究客户关系管理对于现代企业有重大的意义。

1. 实施客户关系管理可以提高企业效率和盈利能力

企业级的客户关系管理系统通常都把产品的市场、销售、客户服务及技术支持信息集中存放于统一的信息库里。该数据库可以向销售人员提供各种产品与竞争对手的信息，以使他们能够及时掌握准确的市场信息，这样就可以帮助他们进行市场销售。有了该数据库，企业就不会因为某一位销售人员离开企业而丢失重要的销售信息；同时它的自动化处理过程还可以使企业的销售人员摆脱烦琐的管理事务，这样就使企业的效率得到提高。客户关系管理系统提供的方案能够帮助新的员工很快熟悉某一产品的销售情况，指导其按照公司整体的销售模式来进行销售工作。因此，采用客户关系管理系统的企业相对于没有采用此系统的企业，可以降低对某些重要销售人员的依赖性，同时也可以降低对新雇员的培训成本。

2. 客户关系管理可以帮助企业建立客户资产

当前，企业之间的竞争已经从围绕产品和服务转向对客户的直接争夺。客户资源正在逐渐替代技术与产品，成为企业最重要的资源，将客户看做是企业最重要资源的观念已深入人心，经营好企业的客户资产已成为企业经营中的重要议题。在国外的一些进行客户关系管理高级管理职位——企业客户总监（Customer Chief Officer，CCO），代表总裁专门管理客户资产，以使客户资产实现保值、增值。顾客对企业的重要性，还不仅仅在于其对企业的盈利贡献，许多产品服务的构想，特别是现有产品和服务的改进建议往往来自客户。甚至客户的抱怨和意见，都是企业弥足珍贵的资源。可见，对顾客科学有效的管理，对企业的经营具有重大意义。

3. 客户关系管理系统能够使企业具有营销智能功能

营销智能功能是指企业用发展的眼光来看待客户关系。客户关系管理系统可根据现有的历史数据，自动地对这些数据进行分析，在此分析的基础上，对将来的市场进行预测，并自动形成具体的营销策略建议。在营销活动结束后，客户关系管理系统能够收集活动中的各种反馈资料，这些资料就可以成为历史数据，为实现下一轮的智能营销提供第一手的数据。

4. 客户关系管理可以帮助企业实现销售自动化

客户关系管理可以使专业人员的大部分活动的自动化程度得到提高。这不仅包括销售活动本身及参与销售活动的人员管理，同时也包括了随着销售活动而产生的各种服务的管理。保持客户和保持获利能力在很大程度上依赖于企业是否为客户提供了优质的服务。否则客户可以转向竞争对手，因此，客户服务对企业非常重要。客户关系管理系统可以通过整合各种客户的联系渠道，针对具体客户的要求，为客户提供能满足其需求的信息，从而提高客户满意度，保持客户对企业的忠诚度。

5. 客户关系管理可以提高企业竞争力

全球经济一体化的迅速发展使企业面临的市场竞争形式日益严峻，企业不仅要应对来自全球范围的竞争对手的挑战，还要面对买方市场下市场增长缓慢、顾客被高度瓜分的严酷市场环境。市场激烈竞争的结果使得众多商品的品质区别越来越小，产品的同质化倾向越来越强，在产品的品质上已难分高下，更多的顾客更加看重的是企业的个性化服务及响应的速度。随着社会物质财富的不断增长和消费者收入的提高，顾客的消费观念已从理性消费为主过渡到感性消费为主。顾客获得信息能力的日益强大宣告了消费者主导的时代已经来临，顾客的购买动机和价值取向更加取决于他们满意与否的程度。

此外，在消费者被信息所淹没，注意力成为最稀缺资源的时代，传统上旨在获取新顾客的进攻性营销活动的低收效和付出的高昂代价之间的反差越来越大。如果企业还像以前只看重拓展新客户，而忽视对现有老顾客的关注和维系，企业必将因顾客基础的不断削弱而陷入危难的境地。严酷的竞争使企业再次将目光转向了现有的顾客，发展与顾客的长期关系，维护已有的顾客基础，可以使企业处于进可攻退可守的有利地位，以此抗衡激烈的市场竞争带给企业的冲击，确保企业的永续经营和不断发展。

17.2 客户关系管理的实施与发展趋势

17.2.1 实现客户关系管理的因素

具体到客户关系管理的实现，应该关注如下七个方面。这对客户关系管理的成功实现是大有好处的。

1. 高层领导的支持

这个高层领导一般是销售副总、营销副总或总经理，他是项目的支持者，主要作用体现在三个方面。首先，他为客户关系管理设定明确的目标。其次，他是一个推动者，向客户关系管理项目提供为达到设定目标所需的时间、财力和其他资源。最后，他确保企业上下认识到这样一个工程对企业的重要性。在项目出现问题时，他激励员工解决这个问题而不是打退堂鼓。

2. 技术的灵活运用

在那些成功的客户关系管理项目中，他们的技术的选择总是与要改善的特定问题紧密相关。如果销售管理部门想减少新销售员熟悉业务所需的时间，这个企业应该选择营销百科全书功能。选择的标准应该是，根据业务流程中存在的问题来选择合适的技术，而不是调整流程来适应技术要求。

3. 专注于流程

成功的项目小组应该把注意力放在流程上，而不是过分关注技术。他认识到，技术只是促进因素，本身不是解决方案。因此，好的项目小组开展工作后的第一件事就是花费时间去研究现有的营销、销售和服务策略，并找出改进方法。

4. 极大地重视人的因素

很多情况下，企业并不是没有认识到人的重要性，而是对如何做不甚明了。可以尝试以下几个简单易行的方法。①请企业的未来的客户关系管理用户参观实实在在的客户关系管理系统，了解这个系统到底能为客户关系管理用户带来什么。②在客户关系管理项目的各个阶段（需求调查、解决方案的选择、目标流程的设计等），都争取最终用户的参与，使得这个项目成为用户负责的项目。③在实施的过程中，千方百计从用户的角度出发，为用户创造方便。

5. 组织良好的团队

客户关系管理的实施队伍应该在四个方面有较强的能力。首先是业务流程重组的能力。其次是对系统进行客户化和集成化的能力。再次是对IT部门的要求，如网络大小的合理设计、对用户桌面工具的提供和支持、数据同步化策略等。最后，实施小组具有改变管理方式的技能，并提供桌面帮助。这两点对于帮助用户适应和接受新的业务流程是很重要的。

6. 系统的整合

系统各个部分的集成对客户关系管理的成功很重要，客户关系管理的效率和有效性的获得的过程是：终端用户效率的提高、终端用户有效性的提高、团队有效性的提高、企业有效性的提高、企业间有效性的提高。

7. 分步实现

欲速则不达，这句话很有道理。通过流程分析，可以识别业务流程重组的一些可以着手的领域，但要确定实施优先级，每次只解决几个最重要的问题，而不是毕其功于一役。

17.2.2 实施有效客户关系管理的分析

欲使客户关系管理达到预期的效果，除了按照上面的步骤进行以外，还需要做好基础工作，即要确定管理的主要内容并制作客户资料卡，遵循一定的原则进行客户关系管理的分析。

1. 客户关系管理的内容

（1）基础资料。主要包括客户的名称、地址、电话、所有者、经营管理者、法人代表及他们个人的性格、兴趣、爱好、家庭、学历、年龄、能力、创业时间、与公司交易时间、企业组织形式、业种、资产等。

（2）客户特征。主要包括服务区域、销售能力、发展潜力、经销观念、经营方向、经营政策、企业规模、经营特点等。

(3) 业务状况。主要包括销售业绩、经营管理者和业务人员的素质、与其他竞争者的关系、与本公司的业务关系及合作态度等。

(4) 交易现状。主要包括客户的销售活动现状、存在的问题、保持的优势、未来的对策、企业形象、声誉、信用状况、交易条件及出现的信用问题等方面。

2. 客户资料卡

客户资料卡是销售经理了解市场的重要工具之一。通过客户资料卡，销售经理可以连续地了解客户实情，从中看到客户的销售动态。据此，销售经理就可以对市场状态作出判断并采取相应的行动。

3. 客户关系管理的原则

(1) 动态管理。客户资料要不断加以调整，及时补充新的资料，对客户的变化进行跟踪，使客户管理保持动态性。

(2) 突出重点。要通过资料找到重点客户。

(3) 灵活运用。建立客户资料卡或客户管理卡后不能束之高阁，应以灵活的方式及时全面地提供给推销人员及其他有关人员，使他们能进行更详细的分析，使资料变成活材料，提高客户管理的效率。

(4) 专人负责。客户管理应确定具体的规定和办法，应有专人负责和管理，严格客户情报资料的利用和借阅。

4. 客户关系管理的分析

进行客户管理，不仅仅只是对客户资料的收集，而且还需要对客户进行多方面的分析。具体包括：交易状况分析（与本公司交易状况分析，商品的销售构成分析，商品周转率的分析等）、分析客户等级（客户等级 ABC 分析法）、客户信用调查分析、客户投诉处理等。假设你有一位大客户，每年的订单数量极为庞大。那么，你就必须派遣手下的王牌业务专员，施展灵活的交际手腕，不断地拜访他，同他联系，还要与他手下的重要人员接近，更要毫不吝啬地款待他。并且，你还得时时召见那些王牌业务专员，听取"公共关系"进展的情形。这就是所谓的"紧迫盯人"，也只有这样，大客户才不致跑掉。

此外，你还必须常常邀请那些大客户，到你的工厂参观，或者安排几次宴会，由公司经理级的人物招待他们。因为，这些大客户的确是忽视不得的，他们可是你事业上真正的后台老板呢。

扩展阅读——小链接

聪明的德国总务科长

有一位日本商社的职员 A 先生，到当年西德一家机械工厂访问时，其总务科长是一位年轻的德国人。这位总务科长热情而郑重地招待 A 先生，而且对 A 先生的家庭、兴趣、爱好、出生年月日、所属的社会团体、所信仰的宗教等都很了解。A 先生对他的敬业精神大为感动，尽力促成他的商社继续购买这家公司的机械。从此以后数十年的时间里，双方保持着密切的交易关系。为什么会有这样的结果呢？这就是德国这位年轻的总务科长把客户资料做了很好的整理，分类并加以运用的结果。

客户关系管理能为你获得更多的客户，保留更好的客户，创造更大的客户价值，保持客户永久的忠诚，建立一对一市场营销。从而，为你的企业带来更丰厚的利润和持续的竞争优势。

17.2.3 客户关系管理实施的步骤

1. 确立业务计划

企业在考虑部署"客户关系管理（CRM）"方案之前，首先确定利用这一新系统实现的具体的生意目标，例如，提高客户满意度、缩短产品销售周期及增加合同的成交率等，即企业应了解这一系统的价值。

2. 建立客户关系管理团队

为成功地实现客户关系管理方案，管理者还须对企业业务进行统筹考虑，并建立一支有效的员工队伍。每一名准备使用这一销售系统方案的部门均需选出一名代表加入该员工队伍。

3. 评估销售、服务过程

在评估一个客户关系管理方案的可行性之前，使用者需多花费一些时间，详细规划和分析自身具体业务流程。为此，需广泛地征求员工意见，了解他们对销售、服务过程的理解和需求；确保企业高层管理人员的参与，以确立最佳方案。

4. 明确实际需求

在充分了解企业的业务运作情况后，接下来需从销售和服务人员的角度出发，确定其所需功能，并令最终使用者寻找出对其有益的及其所希望使用的功能。就产品的销售而言，企业中存在着两大用户群：销售管理人员和销售人员。其中，销售管理人员感兴趣于市场预测、销售渠道管理及销售报告的提交；而销售人员则希望迅速生成精确的销售额和销售建议、产品目录及客户资料等。

5. 选择供应商

确保所选择的供应商对你的企业所要解决的问题有充分的理解。了解其方案可以提供的功能及应如何使用其客户关系管理方案。确保该供应商所提交的每一软、硬设施都具有详尽的文字说明。

6. 开发与部署

CRM方案的设计，需要企业与供应商两个方面的共同努力。为使这一方案得以迅速实现，企业应先部署那些当前最为需要的功能，然后再分阶段不断向其中添加新功能。其中，应优先考虑使用这一系统的员工的需求，并针对某一用户群对这一系统进行测试。另外，企业还应针对其客户关系管理方案确立相应的培训计划。

17.2.4 客户关系管理发展趋势

1. 4P与4C相结合的新型运作模式

传统的商业模式是以产品为中心的运作模式，概括为以产品为中心的4P思想，即：所能生产的产品、所采用的定价策略、所采用的分销策略及产品的促销。这种模式适应的是批量生产、需求单一的市场环境，而如今市场环境已经发生了变化，买方市场日益强化、个性化的需求要求批量定做，这就将以客户为中心的商业模式推到了必然。这种新的模式增添了以4C为代表的新思想。其核心的要点是：不要再卖你所能生产的产品，而要卖客户所要购买的产品；暂时忘掉定价策略，去了解消费者要满足其需要所愿支付的价格；忘掉分销策略,考虑客户购买的便利性;先不用促销,先与客户沟通,倾听客户的需求。这种4P与4C有机结合的以客户为中心的商业运作模式必将成为主流,它的要点是根据客户需求来生产产品;生产产品来满足客户需求;根据客户满足其需求而愿支付的价格来制定定价策略;制定定价策略迎合客户的支付意愿;根据客户的便利性制定分销策略;分销材料应满足客户消费的便利性;根据与客户的沟通程度而选择制定促销策略;促销策略进一步推动与客户的互动。新的市场环境、新的消费者价值观和新的通信手段,无不迫使企业改变管理策略,以客户为中心来统一协调企业组织、工作流程、技术支持和客户服务,了解客户需求、保留有价值的客户、挖掘潜在客户、赢得客户的忠诚,并最终得到客户的长期价值,这正是客户关系管理的精髓。

2. 市场环境变化引导企业转变管理观念

企业最初所处的市场环境为卖方市场,产品销售基本上不存在竞争,只要生产产品就能卖得出去,所以企业管理的目标是如何更快更好地生产出产品。后来,市场出现了竞争,企业生产出的产品如果卖不出去,就无法实现资本循环。为了实现从商品向货币转换,所追求的目标是产品的销售额。随着市场竞争的激烈,企业发现单纯追求高销售额的同时,由于生产成本和销售费用越来越高,利润反而下降,因此,企业转而追求利润的绝对值,通过在生产和营销部门的各个环节上最大限度地消减销售费用来实现利润最大化。但是单纯从企业的内部来消减成本毕竟会有一个限度。已有调查表明:为发展一个新客户的成本是维持一个老客户成本的5~8倍,有效的客户关系管理可以为企业节约四分之一的销售开支。客户已经成为企业最大的资源,以客户为中心的商业管理理念越来越受到重视。客户的满意就是企业效益的源泉,这样客户的满意程度就成为当今企业管理的中心和目标。世界上许多企业都将客户满意作为宗旨,客户满意度成为企业的一项重要指标,例如,思科公司进一步将其细化到每个员工,并在每个员工的胸卡上标明其目标客户满意度。

3. 买方市场日益凸显,客户价值观念发生变化

对于广大消费者而言,随着社会物质和财富逐渐丰富、恩格尔系数不断下降、人们的生活水平逐步提高,消费价值选择的变迁也发生着变化。在理性消费阶段,消费者不但重视价格,而且更看重质量,追求的是物美价廉和经久耐用,此时,消费者价值选择的标准是"好"与"差"。在感觉消费阶段,消费者的价值选择不再仅仅是经久耐用和物美价廉,而是开始注重产品的形象、品牌、设计和使用的方便性等,选择的标准是"喜欢"和"不喜欢"。而在感情消费阶段,消费者越来越重视心灵上的充实和满足,更加着意追求在商品购买与消费过程中心灵上的满足感。因此,其价值选择是"满意"和"不满意"。社会化的大生产造成了社会商品的极大丰富,加剧了市场由卖方向买方的转变,消费者的选择加大,其消费价值的判断标准迅速向感情消费时代靠拢,商家商品的质量、服务、方便性和以往的消费经历等都成了影响客户对其交易满意或不满意的因素,进一步地影响其购买决策。

4. 客户与公司的关系正在发生变化

在商业发展的很长一段时间里,企业商业运作以产品为中心,围绕着产品进行生产、推销,客户被动地从商家进行购买,双方的关系是一手交钱一手交货的交易行为。随着买方市场的逐步演化,交易的主动权开始由商家向客户转移,商家为了在日益激烈的竞争中击败对手,开始关注客户的需求,与客户进行沟通。双方的沟通得到了双赢,对于商家来说,赢得

了客户，避免了在竞争中处于劣势；对于客户而言，用满意的价格获得了想要的商品。随着通信技术的突飞猛进，买方市场的进一步加剧，企业与客户的联系更加便捷，客户的个性化需求越来越丰富，客户的转移变得轻而易举，迫使企业与客户都要采取合作的态度才能达到各自的目的。企业合作可以赢得客户的忠诚和长久利益，客户合作才能满足其个性化的需求。而要达到这种合作，企业就必须实施以客户为中心的管理策略。

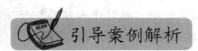

戴尔公司从一个小公司成为了全美销售量最大的电脑公司，获得了巨大的成功，其中最关键的因素还是戴尔公司真正做到了"以客户为中心"，赢得了客户的信任和忠诚，中国电子企业应从中获得一些启示和经验，在客户服务方面应该做得更好，这样才能牢牢把握市场，面对激烈的市场竞争。

1. 简述客户关系管理的定义。
2. 简述客户关系管理的意义。
3. 简述实现客户关系管理的因素。
4. 客户关系管理的分类有哪三种？
5. 结合实际，谈一谈你对客户关系管理未来发展趋势的看法。

GrapeCity 为梅特勒打造 CRM 成功之旅

梅特勒-托利多仪器（上海）有限公司是全球著名的衡器及分析仪器制造商——瑞士梅特勒-托利多集团于1992年在上海漕河泾开发区成立的独资公司，主要从事各类电子天平、实验室分析仪器、过程检测及工业称重系统等产品的研发、生产和销售。从1996年开始，梅特勒-托利多上海公司便开始尝试使用不同的营销数据库系统，开展"数据库营销"。但是，效果不能令公司满意。梅特勒-托利多集团有过实施 CRM 系统成功的经验，所以他们决定在中国选择一套功能完善的 CRM 系统。经过慎重的考虑比较，公司最终决定使用 GrapeCity（原奥林岛集团）的 CRM 系统。梅特勒认为：如今的企业都面对着全球化的市场，企业的组织和流程管理应该是基本一致的，中国企业的管理也需要吸取西方的管理思想。所以，国外企业开发的 CRM 系统同样适合中国企业。

整个项目于2000年4月正式启动。具体的实施步骤大致可分为：概念培训、流程分析、系统设计及客户化改变、环境建造、快速演习和初步运作。开始的初期阶段逐一地确定商业流程。在 GrapeCity 顾问的建议和指导之下，用户首先按照 CRM 系统的要求，围绕着客户管理为核心业务，进行销售、市场、售后服务三大部门为主的构架组合，将原先松散独立的业务结构重新有机地组合在一起。在随后的三个月里，GrapeCity 的实施顾问和用户一起携手进行流程的客户化工作，并逐步着手搭建数据库框架，整理产品信息和原来的旧数据库。

1. 销售和市场融为一体

销售员利用 GrapeCity 的 CRM 方案可以比以往更有效地获取数据，通过个人销售环节、销售预测及动态区域管理，使销售员在团体销售的环境中充分共享信息，迅速获取潜在客户，把握销售机遇。并协助市场部门追踪了解市场、竞争者、消费者的趋势，建立修正市场发展计划，通过市场投资回报来计算获得潜在客户的机会成本。

2. 愉悦的客户支持

为了同原先的业务相整合，GrapeCity 将梅特勒自身的一整套支持方案无缝地连接到 CRM 系统中去，并结合 GrapeCity CRM 系统中的 Agents 技术，实现了与客户间的双向沟通和逐级传递，及时给予客户关系组的成员发送通知并协调相关活动，跟踪并且解决客户的问题，向客户提供专业的支持。

3. 自定义电话销售模块功能

由于梅特勒－托利多的实验室产品有应用上的特性，极少可能通过电话实现销售，所以就将电话模块应用在调研和客户维持上，除了筛选有潜质的客户外，更多的应用是针对客户满意程度的评估和产品市场的定位。

4. 实施的主角

作为整个项目的受益者和最终参与者，梅特勒自始至终都是以主动的角色来面对 CRM，在灵活贯通了 CRM 的实施精髓之后，又结合自身行业特色提出了潜在应用的概念。潜在应用的含义和定位远远超越了潜在客户，并且完全站在了客户需求的角度上。GrapeCity 的顾问按照用户的需求，设置 CRM 系统动态提示销售人员在什么时候、以怎样的方式，去联系谁，提供哪个产品才是真正切合客户的需求，以及提示市场和支持人员应当提供怎样的服务。

进入实施的第四个月之后，公司培训了相关部门的部分员工，并从员工那里吸收了一些意见，对流程做了进一步的细化和调整，并在外地办事处建立起了子系统。整个项目进展顺利，在实施后的第六个月宣告成功。

由于有了先前信息化实践的经验，梅特勒－托利多公司对于 CRM 的实施给予了必要的重视，从整个公司的战略角度出发，多次进行系统的培训和观念上的培训，让公司的销售市场人员充分理解管理软件对公司及个人的重要性，教育全公司的职工能够切实地适应新的系统，适应新的管理机制。公司还采取了管理和系统并重的实施措施保证销售人员使用 CRM 系统。就是靠着自上而下的统一和坚持，现在大多数的销售人员已经转变了观念，愿意主动共享资源。真正实现了思想上的 CRM 实施。

梅特勒在短短的六个月之内完成了全部的实施工作，从最初的重要基础数据的收集到最为艰巨的组织机构改革。当公司的国外总部了解到了中国 CRM 实施的成果之后，将之作为集团统一的标准，在全球范围内推广。

（资料来源：http：//course.shufe.edu.cn/course/marketing/allanli/grape.html）

思考题：
1. 梅特勒-托利多上海公司实施 CRM 系统成功的原因主要有哪些？
2. 你认为 CRM 实施的主角是软件公司还是实施企业？

第18章 全球营销

◎ **本章要点**
- 全球营销观念
- 目标国营销环境分析
- 目标国市场进入决策
- 全球营销组合决策
- 全球营销中的标准化与差异化

◎ **本章难点**
- 目标国营销环境分析
- 目标国市场进入决策

◎ **课前思考**
- 在全球营销中如何处理好全球化与本土化,标准化与差异化之间的关系?
- 在全球营销中的目标市场营销环境包含哪些环境要素?

 引导案例

全球化与本土化——星巴克的中国生存

星巴克,洋饮料咖啡的代表,如今在中国"变节"卖茶了。2010年2月25日,碧螺春、白牡丹、东方美人……这些过去在茶馆里才能看到的茶名,出现在星巴克的菜单上。

对星巴克这样以咖啡为招牌的品牌为何卖很"东方"的茶品,通常被解读为这是迎合中国市场的本地化举措。其实不只是星巴克,洋品牌们的本地化越演越烈。肯德基率先从卖油条、烧饼开了头;还有以比萨为招牌的必胜客,越来越多地把像瑶柱海鲜饭、香肠饭、鸡肉饭这样的产品收进菜单;好伦哥推出了党参、枸杞子等熬制成的真菌滋补靓汤。

这些举措当然是迎合中国市场,这是明摆着的事。但是洋品牌迎合中国市场背后的原因是什么?洋品牌的本土化在全球是普遍现象吗?这种现象对中国企业家有什么启示意义?

通常认为,中国是一个非常国际化的市场,但中国的国际化与其他国家有些不同。走在中国的大中城市,到处可以看到西方品牌的连锁店,比如麦当劳、肯德基、星巴克。但是如果走进这些连锁商店看看售卖的产品就会发现,原来已经本地化,剩下的,只是一个西方的商标而已。比如肯德基早上会有中国特有的食品粥,星巴克会有中国茶。在全球各地这些品牌的连锁商店,在中国推出的本地化产品最多,而且会成为永久性的产品;而在其他的地方,只不过会在某一个时期,推出一些特别产品,但是基本的产品,保持全球的同一性。

中国的例外说明，如果要争取更多的市场份额，洋品牌必须本地化。中国市场足够大，消费人群、消费观念完全能够自成一统，迎合满足中国消费者。

不只是星巴克、肯德基、可口可乐屡败屡战而推出茶饮料、百事为中国而变红、奥迪车加长再加长、瑞士腕表品牌摩凡陀（MOVADO）特为中国市场设计推出迷你月熊腕表，瑞恩公司专门为华人推出奢侈的REYN手机，这些都说明洋品牌愿意为中国市场而改变，或者说不得不改变。

香港作家陈冠中在他的一篇小说中预告了将来，旺旺收购了星巴克，招牌产品是桂圆龙井拿铁。其实这是正在变成现实和将要成为现实的将来。

（资料来源：http：//www.chanertea.com/informs.asp? id=2784）

案例思考：结合案例分析星巴克的本土化战略对中国企业家有什么启示意义？

18.1　全球营销观念的形成

当市场营销活动的触角从国内市场扩展到国际市场时，国内市场营销也就延伸为国际市场营销。所谓企业的全球经营是将整个世界视为一个大市场，使产品的设计，功能或款式均保持大致一致，并在这些产品的价格、质量和交货等方面最佳组合的基础上展开竞争。在进行具体的全球性营销时，会遭遇到许多国内营销没有或较少碰到的问题和风险。诸如不同的语言、风俗习惯；不同的计量单位；不同的贸易方式，支付方式；不同的法律；利率变化，汇率变化，政治风险等等。简单归结起来，可以从目标顾客、营销环境和营销管理问题等三个方面加以简单论述。

1. 目标顾客的变化

全球营销将同时面对国内市场和国际市场，而各国的消费者的消费行为、特性、爱好、需求状态是不同的。这种情况意味着营销者可以有更多的营销机会，但一致的产品可能无法同时满足大众迥异的需求。

2. 营销环境的不同

虽然营销环境因素均是政治、经济、文化、技术、社会、法律等因素，但从构成这些因素的子因素来看，却有很大的不同。如法律环境，全球营销不仅要了解本国有关对外销售、出口管制等方面的法律，还需要了解外国的法律和国际法，并且要充分利用各国法律间的不同，在全球最大可能地实现企业的利益。

3. 全球营销面临的风险

由于环境的变化多而复杂，因此全球营销中遇到的风险很复杂。对营销者而言，他需要更多更新的全球营销知识与技能，才能更好地制定出全球营销策略，实现企业的目的。主要风险如下。

（1）高额外债。许多国家本来会成为有吸引力的市场，但是它们却债台高筑，甚至连外债的利息也无力偿还。如墨西哥、巴西、波兰等。

（2）政府不稳定。某些国家由于高额债务、通货膨胀和失业率高，政府非常不稳定。因此，其在外国的公司面临被没收、国有化、限制利润汇回本国等风险。

（3）外汇波动。高额债务和政局动荡会迫使一个国家的货币贬值，或者至少使该国的币值变化无常。结果使外国投资者不愿大量持有这种外币，这就限制了贸易。

（4）外国政府苛求投资者。有的政府关于外国公司的规定日益增多，例如，规定在合资企业中国内合作者的股份应占大部分；要求大批雇用本国人担任高层管理人员；对贸易诀窍实行技术转让；限制汇回本国的利润。

（5）关税和其他贸易壁垒。有的国家的政府为了保护本国企业，往往征收不合理的高额关税，以限制进口。它们还设置无形的贸易壁垒，如控制或者拖延批准进口申请；要求对进口产品进行调整，以便符合该国标准。

（6）贪污腐败。一些国家的官员公然索贿，否则不予合作。他们常常和行贿最多的人，而不是和最佳的投标者作生意。美国政府曾于1977年制定出一部所谓禁止管理人员行贿的法律，而欧洲和其他国家迄今尚无类似的法律出台。

（7）技术剽窃。在海外开办工厂的公司担心外国管理人员学会了产品制造技术，另立门户，进行公开或秘密的竞争。在机械、电子、化学和制药等许多行业中都发生了这种情况。

（8）调整产品和沟通信息的高成本。向国外发展的企业必须认真研究每个外国市场，熟知那里的经济、政治和文化环境，并要采取相应的措施调整其产品和产品通报方式，以适应外国的需要。

哈佛大学 Perlmutter 教授认为全球营销观念的形成经历了四个阶段：本国中心主义（Ethnocentrism），其次提升为多元中心主义（Polycentrism），再扩大为区域中心主义（Regiocentrism），最后是全球中心主义（Geocengtrism）。在当今全球竞争的新形势下，生产要素的流动越来越全球化，企业在战略、制度、生产、管理、营销、投资等方面发生了巨大的变化，加剧了企业之间在全球范围内对资源、技术、市场、人才、资金等诸要素的竞争。各国企业应树立全球营销的战略思想，加入到全球竞争的行列中。国际营销的主要决策如图 18-1 所示。

图 18-1 国际营销的主要决策

（1）企业在考虑进入国际市场时应研究哪些因素？
（2）企业应怎样分析全球营销环境？
（3）企业进入一个外国市场时可选择的方法有哪些？
（4）企业在使其营销组合策略适应外国市场时应做哪些补充？
（5）公司应怎样管理和组织其国际活动？

18.2 目标国营销环境分析

企业在进行全球营销之前，必须清楚地了解它们经营所在的目标国营销环境。这种市场营销环境的分析应包括对目标国的经济、文化、政治、法律和人口环境和社会团体环境的分析，包括对这些方面的国际性的、综合性的分析。与传统的国际营销环境分析不同，目标国营销环境分析更着重从世界市场的角度来考察市场环境因素。

1. 经济环境

经济环境包括本国、目标市场国和国际的经济形势,经济发展规模、速度、水平,经济制度、体制,参加国际经济组织、国际经济活动的状况,国际经济地位,经济发展阶段,经济结构类型,国家、地区的产业布局,城市化程度,水利、能源、交通、通信等基础设施状况,消费者收入水平、消费水平、消费方式和消费结构,消费倾向和储蓄倾向,消费者储蓄和信贷状况,货币供应量、币值、外汇储备量、汇率、物价水平、通货膨胀率、税收和关税、外贸和国际收支状况,等等。

(1) 经济发展阶段与经济结构类型。经济发展阶段是综合的经济环境,按照美国学者罗斯托的观点可分为:传统社会阶段、起飞前准备阶段、起飞阶段、走向成熟阶段、大量消费阶段、追求生活质量阶段。

经济结构类型是特定的经济环境,可分为:原始农业(自给自足)经济、原料(初级产品)输出经济、工业化中(industrializing)经济、工业化(industrialized)经济、后工业化(post – industrial)经济、知识(信息)经济;还可分为:内向型经济和外向型经济,传统经济和新经济,等等。

①自给自足型经济。这种经济类型是比较落后的、封闭的农业国的典型形态。如东南亚、非洲、拉美一些国家及太平洋岛屿等国,经济落后,发展缓慢,经济结构存在不同程度的畸形。这些国际市场狭小、购买力有限、进出口能力差、产品在国际市场缺乏竞争力。对这类国家进行市场营销潜力大,发展前景广阔,但现时贸易受到相当大的制约。

②发达国家经济。发达国家主要指北美、西欧、日本、澳大利亚等国。这些国家科技水平高,经济发达,进出口基础雄厚,购买力强,需求旺盛,大量输出工业品和资本,输入大量原材料和半成品。这类国家市场容量大、经济体系完善、消费水平高,是中高档商品的最佳市场,但竞争激烈。

③新兴工业化经济。这种经济类型的国家主要是新加坡、韩国、泰国、菲律宾、马来西亚、印尼、巴西、墨西哥等。它们都是在近二十年来迅速发展起来的,对外贸易额一般呈大幅度增长之势,进出口两旺,对原材料、燃料、先进的技术设备、中高档消费品的需求量大。

④原料输出型经济。这种经济类型以出口原料为主,其中某一种或几种原料是国民经济的基础和支柱,经济结构单一,工业比较落后,经济发展具有很大的倾向性和局限性,但人们的收入水平、购买力不一定低。如,中东的经济命脉是石油,工业发展和进出口贸易主要与石油有关,这些国家的人均收入水平一直居世界前列,它们是石油开采、加工设备及零配件、交通运输设备、日用消费品和一般工业品的良好市场。

(2) 消费者收入水平与恩格尔系数。消费者收入水平是影响消费者购买力的关键性因素。消费者收入可分为:名义收入(货币收入)和实际收入(消除物价变动因素后的收入);现期收入、过去收入和预期收入;个人收入(个人全部收入),个人可支配收入(个人收入扣除税款和非商业性开支后的余额),个人可任意支配收入(个人可支配收入扣除维持个人、家庭生活的必需费用和固定费用后的余额)。其中,个人可支配收入是影响消费者购买力和消费品支出的决定性因素,个人可任意支配收入是影响高档消费品、奢侈品、娱乐用品、旅游用品等商品销售的主要因素。

消费者收入的变化会引起消费支出模式即消费结构的变化。德国统计学家恩格尔（Engel）在19世纪后半期通过对英国、法国、德国、比利时等国不同收入家庭的调查发现，随着消费者收入水平的逐步提高，生活必需的食物支出在消费总支出中的比重（称为"恩格尔系数"）会逐步下降。这就是著名的"恩格尔定律"，已在国际上得到了大量的验证，恩格尔系数成为在一定程度上反映一个国家或地区的居民生活水平、富裕程度和经济发展程度的国际通行指标。按联合国粮农组织提出的标准，59%以上为赤贫（饥寒、绝对贫困），50%~59%为温饱（勉强度日），40%~49%为小康，40%以下为富裕，其中20%以下为最富。例如，1994年的恩格尔系数，美国为9.3%，英国为11.5%，法国为16.3%，日本为19.1%，意大利为25.7%，印度为53.1%；又如我国城镇和农村的恩格尔系数（%），1978年分别是57.5、67.7，1990年分别是54.2、58.8，1997年分别是46.4、55.1，2001年分别是37.9、47.7。

营销者不仅应关注消费者的平均收入，还应关注收入的分配状况，关注收入差距、相对收入。反映社会收入（或财产）分配平均程度或差别度的常用指标是基尼系数，它介于0（表示绝对均等）和1（表示绝对不均等）之间，0.4为国际公认的警戒线，表示社会贫富差距扩大，进入了分配不公平区间。

消费方式包括个人消费和公共（集体）消费、家庭消费和社会化消费，等等。随着消费者收入提高，公共消费与社会化消费的比重都会增加。

消费倾向是消费与收入之比（消费倾向=1－储蓄倾向）。边际消费倾向（Marginalpro Pensity to Consume，MPC）则是消费增量与收入增量之比（边际储蓄倾向 MPS=1－MPC），它同社会心理有密切关系，因而各国不同；它在短期内往往会随着收入增加而递减，故对消费有很大影响。

消费者信贷状况也是影响消费者购买力和消费支出的重要因素。信用消费——适度的负债消费、超前消费，其规模既取决于一国金融业的发展程度和个人信用制度的完善程度，也取决于社会的消费观念。

扩展阅读——小知识

中国亿万富豪逾5万——众多炒房者成千万富翁

《2010胡润财富报告》（下称《报告》）称，中国内地千万富豪人数已达87.5万人，相比去年增长6.1%，其中亿万富豪达5.5万人，相比去年增长7.8%。《报告》还显示，中国内地现在已有1 900位十亿富豪和140位百亿富豪。中国内地富豪数量的增长主要依赖三个方面的因素，即股指上涨、房价上涨和中国2009年GDP的快速增长。《报告》将中国内地千万富豪主要分为四种类型：商人、高收入人士（如跨国公司高层）、"炒房者"和"职业股民"。

以富豪的长期居住地为划分标准，北京、广东、上海三地的千万富豪数量占中国内地的48%。北京有15.1万位千万富豪和9 400位亿万富豪，排名第一；广东有14.5万位千万富豪和8 200位亿万富豪，排名第二；上海有12.2万位千万富豪和7 300位亿万富豪，排名第三。

《报告》显示，中国内地千万元级以上富豪的平均年龄要比国外年轻15岁，且财富增长的速度更快，主要从事房地产和制造业。千万富豪的平均年龄为39岁，亿万富豪的平均年龄为43岁，财富超过十亿的富豪平均年龄为50岁，而百亿富豪平均年龄为51岁。

《报告》显示，中国内地千万富豪的男女比例为7：3。男性富豪较多来自房地产行业，平均年龄43岁；女性富豪较多来自服务业，平均年龄38岁。女性富豪比男性富豪更青睐于以环保的方式体现企业家的社会责任。

（资料来源：2010年4月2日04：34中国新闻网）

（3）国际经济关系。国际经济关系包括全球性多边关系及组织（如世界贸易组织、国际货币基金组织、世界银行），区域性多边关系及组织（如欧盟、北美自由贸易区、亚太经济合作组织），以及双边关系，对国际营销也有着重大影响。

2. 文化环境

文化有狭义和广义之分。广义的文化是指人类对社会进行改造后所产生的一切成果，包括物质财富和精神财富的总和；狭义的文化不包括物质文化，仅指精神文化，是一个特定社会中所有成员共同拥有、采取并代代相传的行为方式和生活方式的总和，包括制度文化、行为文化和观念文化。

当今世界上有三大文化体系：东方文化、西方文化、伊斯兰文化。每种文化又可分为许多层次、类型的亚文化（sub-culture），包括主流（核心）文化和各种非主流文化、反主流文化。

文化环境十分复杂，包括价值观和道德观，历史传统和风俗习惯，艺术和审美观，宗教信仰，教育水平，语言文字和人际沟通方式等。随着市场营销活动的扩大和深化，文化环境因素对企业营销的影响越来越大，甚至已达到足以左右国际营销活动的成败，稍有不慎，就可能一败涂地。因此有人说，国际市场营销有时就是文化营销。

（1）语言文字与沟通方式。对大多数人来说，从事全球营销最直接的障碍来自语言，而接触异国文化的主要通道又正是语言。要充分理解一种外国语言的真正含义绝非易事。语言里包含着丰富的历史、知识、情感和态度。此外，眼神、手势、脸部表情等也是表达思想与情感的重要渠道，这些非语言渠道的交流所表达的含义在不同的国家里会有很大不同，必须十分小心。

语言文字是文化的最重要载体。目前世界上在使用的语言有500种，其中100万人以上使用的有200种，5 000万人以上使用的有13种，按使用人数多少排名依次是汉语、英语、俄语、印地语、西班牙语、德语、日语、法语、印尼语、葡萄牙语、意大利语、孟加拉语、阿拉伯语。其中，汉语、英语、法语、西班牙语、俄语、阿拉伯语六种语言是世界通用正式语言（联合国官方语言），英语是世界主要商用语言（例如荷兰的跨国企业飞利浦公司在许多国家做广告都用英语，即使在本土也不例外）。企业从事国际营销活动必须适应目标市场国的语言文字环境。

扩展阅读——小知识

国际营销中的语言文字问题

我国某企业出口加拿大的一批商品，因包装上仅标了英文而没有标法文，违反了这个双语国家的规定而被退货。

我国茉莉花茶在东南亚一度不受欢迎，因谐音"没利"，后改名"菜莉"（谐音"来利"）就畅销了。

日本三菱汽车公司在欧洲销售Pajero（帕杰罗）越野车，由于该名称十分接近西班牙语中的"鸟"字，有卑鄙的含义，经历数月的麻烦后，只好改名为Montero（圆猎帽）。

美国一家公司的洗衣粉广告画面是：左边有一大堆脏衣服，中间是洗衣粉，右边是叠放整齐的干净衣服。按从左往右阅读的习惯，该广告含义不言而喻。然而在中东等习惯从右往左阅读的国家、地区，该广告向潜在消费者传递的信息却是用了这种洗衣粉，干净衣服会变脏。

（2）审美观。审美观是一种与美、高雅、舒适有关的文化概念。包括对音乐、艺术、色彩、建筑、式样形状等的鉴赏与评判。审美观念的差异更大程度上是区域性的，而不是国家性的。如西方国家的人们较喜欢古典音乐和流行音乐；而东南亚的建筑与中国、日本的建筑风格比较接近。对全球企业而言，了解不同地区的审美观的差异对更好地把握产品的外观、包装和广告有着非常重要的意义。

人们对色彩的好恶一般与传统习惯有关，有时也和宗教信仰有关，例如，中国人习惯用白色代表丧事，红色代表喜事。而西方人常用白色的婚纱礼服，用黑色标志丧事。在摩洛哥，白色又被认为是贫困的象征。

各国消费者对动植物和图形的好恶也不同，例如，法国人喜爱狗，而北非人厌恶狗；鹿在美国能引起美好的联想，在巴西却是同性恋的俗称；蝙蝠在中国象征"福"，在美国却是凶神的象征。阿拉伯国家忌雪花图形、六角形，德国人喜欢方形，罗马尼亚人喜欢三角形，捷克人把红三角形作为有毒标志，土耳其人把绿三角形作为免费样品标志。

（3）教育水平。社会教育水平的高低与消费结构、购买行为有密切关系。一般来讲，受教育程度高的消费者对新产品的鉴别能力较强，购买时的理性程度也较多，容易接受文字宣传的影响；而受教育程度低者则相反。

一国教育水平的高低会影响消费结构和消费者购买行为，在教育水平高的国家，对知识、技术、文化含量高的产品需求较大，对文字广告理解较快，容易接受新产品、新技术、新消费方式，购买行为较理性；而在教育水平低的国家则相反。一国教育水平的高低还会影响企业在该国的营销活动，如在教育水平低的国家进行市场调研时，寻找合格的当地调研人员，或与消费者交流意见都比较困难。

（4）风俗习惯。传统习惯是最能体现文化不同而造成人们行为差异的因素之一。几家在英国设立独资企业的美国公司试图让英国雇员放弃饮午茶这一习惯，结果导致员工普遍不满。为此，实行全球营销的企业必须了解世界各地的传统习惯，并加以仔细地分析，以达到有的放矢进行营销活动的目的。

各个国家、地区、民族都有自己的历史传统和风俗习惯，各种节日、礼节、生活习俗千差万别，且世代沿袭、很难改变，成为人们行为的"潜规则"。从事国际营销必须"入境问俗、入境随俗、客随主便"，"投其所好、避其所忌"，务必要防止"方枘圆凿"的现象产生。

有些国家的人们对数字有忌讳与喜好之分，如欧美人普遍忌讳13，也不喜欢6（尤其666），日本人忌讳4和9（日语发音同"死"和"苦"），喜欢8，韩国人同样忌讳4，中国人也忌讳4，但喜欢6、8、9。例如，美国销往日本的高尔夫球最初是4个一套，很长时间无人问津，后来经调查才知道问题出在数字上。另外，有些国家送礼喜欢成双成对，有些国家送礼则喜欢单数。

（5）宗教与民族。宗教和宗教团体都有各自的教规和戒律，影响宗教信徒们的生活方式、价值观念、审美观和行为准则，甚至日常生活的每一个细节。从全球营销的角度来看，宗教不仅仅是一种信仰，更重要的是它反映了有关消费者的生活理想、消费愿望和追求的目标。宗教对营销的直接影响包括：宗教节假日往往是消费品的销售旺季；宗教上的禁忌影响人们的消费行为；社会等级制度把社会分成好几个市场面，如在印度教徒心目中，等级观念是根深蒂固的。每个等级都有自己的生活用品和生活方式；一个国家的宗教分裂会给国际市场营销造成很大的困扰。

有些国家种族、民族比较单一（如日本等约20个国家），有些国家则是多种族、多民族的组合（尼日利亚是民族最多的国家，多达250个），其中有的国家还不同程度地存在着种族、民族歧视和矛盾冲突。

各种宗教、教派和宗教团体都有各自的教规、戒律和礼仪，它们对信徒的价值观和生活方式影响极大。企业营销应尊重目标市场国宗教徒的生活习俗，严守宗教戒律，关心、利用宗教节假日和大型活动，寻找、创造市场机会。

（6）态度和价值观。态度和价值观是指人们对于事物的评判标准。如对时间的态度、对成就的态度、对变革创新的态度等。价值观念是消费者追求利益的性质，不同文化背景下的人们的价值观有相当大的差异。价值观念的形成往往与消费者所处的社会地位、心理状态、教育水平有密切的关系。

3. 政治环境

政治环境对市场营销尤其国际市场营销影响极大。政治环境包括本国（母国，home country）、目标市场国（目标国，host country）和国际（世界）的政治局势，重大、突发性政治事件，政治稳定性和政治风险，政治制度和体制，政党和政府的作用，党政方针、政策、措施，政府办事作风、效率，国家政府之间的关系，地方政府之间的关系，参加国际组织的情况，等等。

企业决定在某一个国家开展业务之前，应以相当的努力来分析该国的政治气候。对于外国公司的基本政策和态度会由于政府改变实现国家目标的途径而发生剧烈的变化。如果不能正确估计目标国政府在其业务成败中所起的作用就会犯下错误。影响全球性公司经营的主要因素如下。

（1）政体。政体的类型取决于公民形式和表达意愿的程度及他们的意愿在多大程度上能够控制政府组成和政府的决策。大多数国家的政体可以划分为代议制和集权制两种。代议制又可以细分为共和制和君主立宪制。集权制则包括绝对君主制和独裁制。在代议制国家，政府经常向人民征求意见，以便于了解多数人的意愿。因此，从理论上说，代议制政府的政策能够反映人口中多数人的意愿。在集权制国家，统治者独自制定政府的政策，而不特别考虑人民的需要与愿望。

（2）政党体制。政党体制可以分为四类：两党制、多党制、一党制和一党控制制。两党制包括两个强大的政党，一般是由此两党互相接替控制政府。两党纲领不同，它们之间的交替对外国企业的影响往往比对本国企业的影响更大。在多党制国家，没有哪一个政党强大到足以控制政府的程度，因此由多个政党联合组成政府。与两党政府不同，多党制联合政府经常发生更换，因为每一个联合政府的寿命都取决于参加各方的合作态度，而各方的政纲又往往是互相冲突的。与多党制形成对照的是一党制——国家只存在一个强有力的政党，由该党控制政府。第四种政党体制与一党制不同。在一党控制的国家，占统治地位的政党引导其他政党配合它对政府进行控制。在一党制和一党控制制的政党体制下产生的政策一般不会因政府的更替而频繁变更。

（3）政治稳定性和政治风险。政治稳定性和政治风险不仅指政局的稳定性和政权风险，还包括政府政策的稳定性和政策风险。对于外国企业而言，目标国政府政策的稳定与否关系巨大，因为这种稳定直接影响到对企业适用的各项政策的持续性。外国公司主要关心的是政策是否会突然发生剧变，从而造成不稳局势。不稳局势通常是政体的变更或者牵头执政党的交错造成的。这些变更隐含着指导思想的改变，而指导思想的改变又会导致对外国企业政策的急剧调整。

在全球营销中，目标国政府政策环境包括：直接影响外商所有权的政策，如没收、国有化、征用、强制出售、强制重新谈判等；直接影响外商运营的政策，如限制进口、征收反倾销税、反补贴税和歧视性的特别税、价格管制、干预用工制度、限制资源供应等；直接影响外商收益汇出的政策，如外汇管制等。政局动荡或政策多变对企业营销都很不利。

（4）民族主义与爱国主义。现在席卷全球的经济民族主义浪潮是本世纪内对国际商业影响最大的政治因素。如果不很好地处理，这种"以维护民族经济自治为中心目标"的民族主义，无论其根源于工业化国家还是欠发达国家，都会对全球营销产生巨大的障碍。

扩展阅读——小案例

麦加可乐 VS 可口可乐

美国与伊拉克的战事尚未揭幕，可中东地区却已先行与美国点燃了一场可乐大战。在伊斯兰世界普遍呼吁抵制美国产品的前提下，伊斯兰国家自行生产的可乐和其他饮料，已逐渐取代美国的主要产品，可口可乐在某些伊斯兰国家的销量，下跌达百分之二十到百分之四十。

据报道，目前伊斯兰世界最流行的一种可乐"Zam Zam"是由伊朗的工厂生产的，这家成立于1954年的公司，于1979年伊朗革命前，是百事可乐的主要合作伙伴。在过去几个月，伊朗生产的可乐，出口逾一千万瓶到沙特阿拉伯及其他波斯湾国家。"Zam Zam"的热卖，使其他伊斯兰商人也加速参与此项商机竞赛，法国一家伊斯兰企业，已计划在巴黎生产"麦加可乐 Mecca Cola"。

"麦加可乐"已选在伊斯兰斋戒月开始推出，因为于此时期，伊斯兰世界抵制美国产品的声浪将更加提高。美国全球性商业，如麦当劳、星巴克、Nike、可口可乐、百事可乐等，莫不深受伊斯兰国家抵制之苦。

以伊斯兰团体势力强大的摩洛哥北部为例，可口可乐在该区域的销售量，过去一段时间，下降百分之五十以上，而在阿拉伯联合酋长国，地方自行生产的"Start"可乐则增加了百分之四十的销售量，这些伊斯兰教教徒相信，拒绝美国产品，饮用伊斯兰可乐是对抗和惩罚美国总统布什最容易的方法。

（资料来源：http://www.wenweipo.com/GB/？paper./2002/10/30/OT0210300036.html）

4. 法律环境

法律环境主要是指各国对外贸易政策和其他的政策法令对市场的左右和影响。目前世界上还没有形成系统的国际法律体系和有约束力的执法、司法机构来处理国际经济活动中的法律问题，故法律环境因素是企业在国际营销中面临的最重要而又最复杂的问题。

法律环境包括各国法律体系的基础——法系，本国和目标市场国的宪法、法律、行政法规、地方性法规、部门规章、地方政府规章，实体法和程序法，国内法和涉外法（国际私法）、立法、司法、执法机构与程序，国际法（国际公法）、国际条约、国际惯例、国际争端处理办法，国际标准、区域标准、国家标准、行业标准、地方标准等。

发达的工业国家重视经济立法，加强进出口贸易和国际市场营销的限制管理。发展中国家的贸易管理也正在走上法制化道路。世界各国贸易立法的内容一般也包括进出口贸易法、反托拉斯法、反倾销法、消费者利益保护法、计量法、经济合同法等。但各国贸易法规的内容差别很大。企业开展全球营销，必须先了解各国的有关法律、法规、条例和制度，以避免出现法律上的无谓纠纷。全球营销过程中企业可能遇到的法律风险如下。

（1）各种法律管制。①外汇管制。一个国家实行外汇管制的原因是由于该国外汇短缺。一个国家面临着外汇短缺时，它就会限制所有资本流动。或者有选择地对那些政治上最易受到攻击的公司资本的流动加以限制，以便保持一定数量的外汇，供应最基本的需要。在那些收支极度困难的国家里，政府可能会对企业的收入和资本实行长期冻结。货币兑换是一个一直存在的问题，因为绝大多数国家都有货币管制的规定。尤其是当一个国家的经济或外汇储备发生严重问题时，政府就会立即对外汇兑换加以限制。

②进口限制。对原料、机器和零件的进口有选择地实行限制是政府迫使设在本国的外国公司去购买本国产品，从而为本国工业开辟市场的一种最为常用的策略。

③税收管制。作为控制外国投资的一种手段，有时目标国政府会突然提高税率，向外国投资征收高额的利税。在那些经常为资金短缺而发愁的欠发达国家里，对经营成功的外国企业征收重税似乎是为这些国家经济发展筹措资金的一种最便利、见效最快的办法。由于当外国公司的业务达到一定的规模时，提高税率会大大降低他们的利润，因此对税收的管制也应属于法规风险的范畴。

④价格管制。一些关系到公众利益的必需品，如医药、食品、汽车等经常受到价格管制。在通货膨胀时期，利用价格管制可以控制生活费用的上涨。如我国政府通过统一粮食收购价来稳定粮食价格，避免挫伤农民的积极性而导致的粮食供应减少。

（2）法律体系。世界上的法系有中华法系、阿拉伯（伊斯兰）法系、大陆法系、英美法系等，其中影响最大的是大陆法系和英美法系。

大陆法系又称罗马法系，主要采用成文法（法典法）。世界上大多数国家属于大陆法系。该法系以欧洲大陆的法国和德国为代表，其他如瑞士、意大利、奥地利、比利时、卢森堡、荷兰、西班牙、葡萄牙等国，以及受这些国家影响的日本、中国、印度尼西亚、泰国、斯里兰卡、伊朗、土耳其、埃塞俄比亚、摩洛哥、索马里、安哥拉、阿尔及利亚、莫桑比克、毛里求斯、墨西哥等国，另外，英国的苏格兰、美国的路易斯安那州、加拿大的魁北克省也属于大陆法系。

英美法系又称普通法系，主要采用判例法（习惯法、不成文法）。该法系以英国和美国为代表，其他如加拿大、澳大利亚、新西兰、爱尔兰、印度、巴基斯坦、缅甸、马来西亚、新加坡、埃及、加纳、利比亚、利比里亚、伊拉克等国家也属于英美法系。

（3）国际条约与国际惯例。广义的国际条约是两个或两个以上国家（包括国际组织）

缔结的各种协议的总称,包括国际公约、宪章、协定、议定书、决议书、联合宣言等。国际惯例是国际交往中逐渐形成的不成文的原则、准则、规则,它最初为某些国家所反复采用,以后又为各国所接受和沿用,并公认具有法律效力。许多国际惯例已为国际条约所确认。近年来,国际法的编纂正把一些国际惯例加以系统化,形成法典。

(4) 国际标准与质量认证。标准包括技术标准、管理标准和工作标准,对于企业营销也有准法律性(semi – legal)的影响。适用于国际(世界)范围的标准为国际标准,主要是国际标准化组织制定的 ISO 标准和国际电工委员会制定的 IEC 标准;此外,还有国际标准化组织确认并公布、收录于"国际标准题内关键词索引"(KWIC Index)的几十个国际组织,如国际电信联盟(ITU)、国际计量局(BIPM)、国际劳工组织(ILO)、国际原子能机构(IAEA)、世界气象组织(WMO)、世界卫生组织(WHO)、世界知识产权组织(WIPO)、联合国教科文组织(UNESCO)等制定的标准。

适用于世界上由于地理或政治经济原因而形成的某一区域的标准为区域标准,如欧洲标准化委员会 CEN 标准、欧洲电工标准化委员会 CENELEC 标准、欧洲通讯标准化协会 ETSI 标准。

在一国范围内适用的标准的分级各国有所不同。我国国内的标准分为国家标准、行业标准、地方标准和企业标准四个级别。国家标准包括代号为 GB 的强制性国家标准和代号为 GB/T 的推荐性国家标准,还有国家职业卫生标准(代号为 GBZ 和 GBZ/T)。其他国家的国家标准如美国 ANSI、英国 BS、法国 NF、德国 DIN、日本 JIS 和 JAS。多数标准是推荐性标准,少数标准(主要是涉及安全、健康和生态环境保护的标准及一些基础标准)是强制性标准。

世界上较著名的认证及标志有:欧洲测试与认证组织 CE 认证、美国保险商实验室 uL 认证、美国食品与药物管理局 FDA 认证、英国电工产品 BEAB 认证、德国机电产品 GS 认证等。我国产品质量认证标志有:方圆标志、食品质量安全 QS 标志、中国强制认证(China Compulsory Certification,CCC)标志等。产品未经质量认证在世界上就寸步难行;企业未经质量管理体系(如 ISO9001)认证也无法在世界上建立信誉。

5. 人口环境

人口环境包括本国、目标市场国和国际的人口规模、人口增长率、人口结构、家庭状况、人口地理分布和人口密度、人口流动性和流向,等等。

(1) 人口规模。人口规模即人口数量,是市场规模的基础,它对基本生活必需品的市场具有决定性影响。人口增长率包括自然增长率和机械增长率,会影响未来的市场容量。世界人口已突破了 70 亿大关,随着计划生育对人口的控制,以及人们生育观念的转变,世界人口的增长率将减慢。世界上人口增长速度最快的地方在不发达国家与欠发达国家,尤其是在亚洲和非洲。而欧洲很多地方的人口呈负增长,人口总量在下降。

(2) 人口分布。世界各国及各地区的人口密度悬殊。在 20 世纪初大部分人口居住在农村,随着第二次工业革命的完成,在发达国家农村人口开始少于城市人口。人口分布状况对产品需求、促销方式、分销渠道都会产生不同的影响。如美国人口最集中的是大西洋沿岸、五大湖边缘地区和加州沿岸地区,而人口越多,对商品的消费量也就越大,这对产品的销售是一个机会。

(3) 人口结构与家庭状况。人口结构包括年龄、性别、职业等结构,会影响市场的需求结构，还会影响市场购买力。目前世界上人口年龄结构的一个重要变化趋势是老龄化。一个国家 65 岁以上的人口所占比例超过 7%，或者 60 岁以上的人口超过 10%，就是"老年型"国家。目前已有包括中国在内的 60 个国家进入"老年型"。发达国家 65 岁以上的人口所占比例已高达 15%。全球老年人口总数已达 6.3 亿；中国 60 岁以上老年人口目前已达 1.69 亿，预计到 21 世纪中叶，将达到 4 亿，约占人口比例的 26.5%。"银色世纪"即将开始，这就为医疗保健用品、老年人食品、服装及各种老龄服务提供了广阔的市场机遇。人口老化指数（65 岁以上人口对 0~14 岁人口比率 1:3）的提高趋势还将深刻影响经济社会的发展。

家庭状况包括户数、家庭规模和结构。目前世界上，家庭小型化的趋势也日益明显。只有父母和子女两代人的核心家庭一般比大家庭的购买力大，核心家庭比例大的国家家庭数目也较多，从而全社会对家庭消费品的需求量就较大。

（4）人口地理分布与人口流动。人口地理分布方面的一个重要指标是城市人口占城乡总人口的比例即城市化程度，它随着经济的发展逐步提高。目前发达国家一般达到 70%~80%，而一些低收入国家仅为 10%~30%。城市化程度高的国家，消费者普遍具有较强的商业意识，商业基础设施也较完善，这些都有利于营销。另外，人口分布状况还受到当代人口在国内和国际流动加速的影响而迅速变化。

目前，世界上人口流动呈两大趋势：在国家之间，发展中国家的人口（高级人才）向发达国家迁移；在一个国家内部，同时存在着人口从农村流向城市和从城市流向郊区和乡村的现象。人口从农村流向城市，是工业化和城市化发展的结果。人口集中的城市，使城市居民需求和城市市场迅速扩大，在城市繁华商业区、百货商店、专业商店、超级市场等星罗棋布。而且，由于城市人口结构更趋复杂，城市居民的购买动机和购买行为呈现出多层次性。

工业化国家由于城市交通拥挤、污染严重和居住集中、密集，再加上地皮价格昂贵，因此，许多富裕的人向郊区进发，追求生活与大自然的统一。由于交通发达从郊区到市区上班、购物不存在问题，因此这是一种发展趋势。

6. 科技环境

科技环境包括本国、目标市场国和国际的科技发展水平，科技新成就及其应用状况，科技结构及变化趋向，目标市场国消费者对新技术的接受能力等。随着现代新技术革命蓬勃兴起，一项新技术从开发到应用的周期大为缩短。新兴的信息产业中，计算机的微处理器（CPU）的速度每 18 个月到 24 个月就会增加一倍，被称为"摩尔定律"（Moores Law）。如此"万花筒"般的科技变化，既给企业提供了众多的机遇，也向企业提出了严峻的挑战，甚至给企业带来了危机。正如著名经济学家熊彼特所说，科技是一种创造性的毁灭力量、破坏过程。例如，计算器淘汰了计算尺；现代电话的普及淘汰了普通电报；激光唱片（CD）淘汰了胶木唱片、录音磁带；纸巾取代了手帕；数码相机、可拍照手机对传统相机也形成了威胁。

电子商务、电子政务的推广在经济和社会领域掀起了一场令人耳目一新的革命。网络营销能提供给顾客的价值可归纳为"8C"：提供有关产品、服务的更多选择（Choice），提供高度的顾客化服务（Customization），提供完全一致的信息（Consistency），网页内容能快速改变，更具弹性（Change），顾客可在任何时间、地点上网，高度便利（Convenience），顾客取得信息与服务的成本都较低廉（Cost），顾客可匿名，更保密（Confidential），顾客可获得社区群体归属感（Community）。

7. 自然环境

自然、地理环境包括本国、目标市场国和国际的自然资源分布、质量状况及可利用程度，自然条件和气候状况，地形地势、海拔高度、地理位置和交通条件，生态环境保护状况，自然和文化遗产、景观等。

气候、气象的变化往往对企业营销造成很大影响。有的企业与气象台合作，甚至花钱买气象情报，及时、准确地掌握天气变化趋势，不仅可减少产销的盲目性，而且可利用良机开拓市场、赢得竞争。例如，日本啤酒业巨头"朝日"啤酒公司的竞争绝招之一就是关心天气预报——如果预报东京天气炎热，而当地的啤酒库存又明显不足，它就会立即把别处的库存源源不断地调去东京救急。

地理、交通条件，能源和环保状况，一方面制约着企业营销活动，另一方面也为企业提供开发未来的旅游市场、交通运输市场、能源市场、环境市场等新兴市场的巨大商机。

扩展阅读——小案例

睿翼和奔驰巧妙利用日食营销

2009年7月22日，号称五百年一遇的日全食横扫我国长江流域大部分省份，引发了一场观赏日全食的热潮。睿翼是6月中旬全面上市的一款中高级轿车，一汽马自达从6月下旬便开始推出"睿翼带你去看日全食"活动，消费者只要到一汽马自达全国4S店试乘试驾，便可以免费获得日全食观测镜，据称总数达到15万个。一汽马自达还和新浪网科技频道合作，全程直播日全食过程。此次活动的最终效果如何，厂家还没有最终的统计数据，但这次策划还算是比较成功的，因为它在传播和终端集客两个层面都实现了厂家的目标：与新浪网合作，可以最大限度地提升睿翼的品牌知名度，而向消费者免费送观测镜，又可以吸引消费者到4S店试驾，对于提升销量有很大帮助。

奔驰新款E300是7月21日晚正式宣布定价上市的全新车型，正好是日全食的前夜，此时奔驰公司制作了一条网络广告，广告语是："公元2009年7月22日，是谁夺日月之光辉？全新一代梅赛德斯-奔驰E级轿车，世出荣耀，耀世而出"。本来奔驰新车上市和日全食是八竿子打不着的两件事情，但奔驰公司却将两件事情巧妙地联系在了一起。当然，也只有奔驰这样的顶尖品牌才有胆量说这样的话，消费者看了不会觉得过分，如果吉利说要夺日月之光辉，那就成了笑谈了。

（资料来源：http://news.bitauto.com/shichangyinxiao/20090723/1605005960.html）

18.3 目标国市场进入决策

当一个企业决定向某一国家市场销售其产品后，就须确定进入该国市场的最佳方式。目标国市场进入的方式包括以下几种：间接出口、直接出口、许可贸易、合资企业和直接投资。越是排列在后面的策略所牵涉的投资承诺、风险、控制和可能获得的利润越多。

图18-2表示五种进入市场的战略。

第 18 章 全球营销

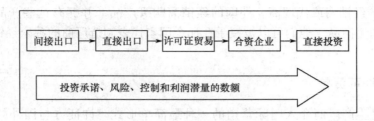

图 18－2 目标国市场进入的方式

18.3.1 间接出口

介入国外市场最简单的方法是出口产品。偶尔出口是一种被动出口活动，是指企业有时出口其多余产品或把货物卖给那些代表外国的国内买主。主动出口是指企业从事向某一市场扩大出口的活动。在这两种情况下，企业都是在本国制造所有产品；这些产品可以根据出口市场加以变更，也可以不加变更。出口产品的这种方式对企业产品线、组织机构、投资和派遣"出国"小组方面，所涉及的更动最少。间接出口是企业出口产品初期常用的方法。出口企业所能找到的国内中间商有以下四种。

（1）国内的出口商。这种中间商购买制造厂商的产品后，自行向国外销售。

（2）国内的出口代理商。出口代理商负责寻找国外的销售机会，并代表厂商与进口商洽谈交易，收取佣金。各种贸易企业都属于这种出口代理商。

（3）合作机构。由一个代表数家厂商并部分地受其管理和控制的合作机构，经营出口业务。如水果、坚果等初级产品生产者，常使用这种出口组织形式。

（4）出口经营企业。这种中间商负责经营一个企业的出口业务，收取费用。

间接出口有两个好处。首先，这种方法所需的投资较少，它不必组织自己的海外推销队伍，不必自己签订出口合同。其次，它所承担的风险较小，国际营销中间商能提供他们的专有知识和服务给有关厂商，这样，卖主通常也就能少犯错误。

18.3.2 直接出口

企业最终要自行直接经营其出口业务。这样就要增加投资，承担更大风险，但潜在的收益也会大些。企业直接出口可采取以下几种方法。

（1）国内的出口机构或事业部。由一名销售经理和几名工作人员一起经营产品的对外销售并根据需要寻求在市场工作中的援助。随着出口业务发展的需要，这个机构逐步发展成企业所属的自营出口部门或销售附属机构，经营一切与出口有关的活动，并有可能发展成为一个独立的盈利中心。

（2）海外销售分支机构或附属机构。企业设在海外的销售分支机构能使企业更好地展示其产品和对外国市场的业务进行有计划的管理。海外销售分支机构经管该企业的产品分销，而且还可以经管仓储和各种促销活动。这种销售分支机构常常还是展览中心和销售服务中心。

（3）巡回旅行的出口销售代表。企业派遣国内的销售代表，在选定的时候到国外推销产品。

(4)外国的经销商或代理商。外国的经销商购买产品,并拥有这些产品;外国的代理商则代表企业销售商品。他们可以被授予在那个国家代表制造厂商的独家经销权,或一般经销权。

18.3.3 许可贸易

许可贸易是生产厂商介入国际营销的一种最简单形式。许证方与国外的受证方达成协议,向受证方提供生产制造技术的使用权、商标使用权、专利使用权、商业秘密或者其他有价值的项目,从而获取费用收入或提成。许证方不用冒太大的风险就能打入国外市场,受证方不必完全从零开始,就能获得成熟的生产技术、生产名牌的产品或使用名牌的商标。例如,嘉宝企业的婴儿食品打入日本市场靠的就是许可证协议。可口可乐企业的国际营销就是在世界各地以许可证协议形式设立装瓶厂,或者用专业术语说,即特约代营装瓶业务,由可口可乐企业供应生产可口可乐所需的糖浆。

许可证方式也存在一些潜在不利因素,即企业对受证方的控制较少,不如自己设厂。此外,如果受证方经营得很成功,许证方就会丧失唾手可得的利润,一旦合同期满或中止,它就会发现新添了一个自己培养的竞争对手。为避免这些危险的后果,许证方便要求与受证方建立一个互利的合作关系,其关键即是许证方得不断进行革新,使受证方产生对许证方技术的依赖。

此外,企业还可以出售管理合同,为旅馆、机场、医院或其他组织机构提供管理服务,收取管理费。在这种情况下,企业就不是出口产品,而是出口服务。管理合同是一种风险小的进入外国市场的方法,从一开始它就有收益。如果承包管理的企业被允许在商定的时间内购买自己所管理的企业的部分股票,那么这种协议就特别有吸引力。另一方面,如果企业可以将自己有限的管理才能更好地用于其他方面,或自己经营整个企业可以获得更高利润,这种协议便没有太大的意义了。管理合同阻止了企业和它的客户一起参与竞争。

另一种进入方法是合同制造,企业与当地的制造商签订合同,由当地厂商制造产品。例如,西尔斯企业就是用这种方法在墨西哥和西班牙开设百货企业的,西尔斯企业在当地找一些够格的厂商,生产多种产品供其销售。在合同式生产方式中,有这样的遗憾即企业对制造过程的控制更少,还损失了如果由自己制造可获得的潜在利润。另一方面也使企业能较快地打入国外市场,风险较小,并且有机会日后与当地的厂商合伙或者买下当地的工厂。

18.3.4 合资企业

外国投资者与当地的投资者合伙组成一个当地的企业,双方共享所有权、共同实行管理。合资的方法既可以是外国投资者购买当地企业的股权,也可以是当地的企业购买正在经营中的外国企业的股权,也可以是双方共同新建一个企业。

合资企业的建立可能是出于经济上的或政治上的需要。当地的企业可能缺少资金、缺少物质资源或管理力量,不能够单独经营一个企业;或者外国政府要求建立合资企业作为进入该国市场的交换条件。

合资的方式也有缺点:合伙者可能对投资、营销方法或其他政策有不同的意见。美国企业喜欢将从合资企业获得的利润用于再投资,以扩大该企业的规模,而当地企业则常常喜欢将利润提走。美国企业非常重视市场营销,而当地投资者则主要依赖推销。此外,合资的方式还会妨碍多国企业执行其建立在全球基础上的特定的生产与营销政策。

18.3.5 直接投资

在国外投资设立装配或制造设施也是进入目标国市场的一种方法。企业通过产品出口，积累了在该国营销的经验，如果觉得目标国市场足够大，建立生产设施便会具有明显的优势。①企业因能获得廉价的劳动力或原料供应、能获得外国政府关于投资的奖励、能节省运费等。②由于所开办的工厂能增加目标国的就业机会，该企业就能在该国树立更良好的形象。③该企业加强了与目标国政府、顾客、当地供应商及经营商的关系，使它能够按照当地的需求改进其产品，更好地适应当地的营销环境。④企业能够完全自主地控制自己的投资，因此也就能够制定最有利于实现其长期国际营销目标的生产与营销政策。⑤企业保证了进入该市场的通路，以防目标国坚持只能购买本国生产的产品。

直接投资最主要的缺点是使企业的大笔投资置于风险之下，诸如货币不能兑换或货币贬值、市场萎缩或工厂遭当地接管、没收等。有时候，企业为能在目标国经营下去，除了接受并承担这些风险之外，别无他法。

然而，坚持使用一种进入市场的方法是有局限性的。有些国家不准许进口某种产品，也不允许直接投资，而只接受与外国人共同经营合资企业。由此看来，企业必须学会利用和掌握所有这些进入市场的方式。尽管企业可能有所偏好，但是它也要使自己完全适应各种情况。大多数跨国企业都是同时采用几种不同的方式进入国外市场的。一般来讲，企业要通过四个阶段才能取得国际化进程。

第一阶段：没有规律的出口活动。
第二阶段：通过独立代理商的出口。
第三阶段：建立一个或若干个分销子公司。
第四阶段：在目标国建厂。

第一个任务是如何使企业从第一阶段发展到第二阶段。这就要研究何种类型的企业已经开始经营出口，以及它们是怎样作出第一项出口决定的，这样才能解决问题。大多数企业通过与独立代理商合作，办理第一批出口业务，通常是向心理距离较近的国家出口，即进入市场的心理障碍小。如果初战告捷，企业就会雇佣更多的代理商向其他国家扩展。过一段时间，企业会成立出口部处理其与代理商的关系。然后，企业发现某些出口市场很大，最好由本企业的销售人员直接经营这些市场，它们就在这些国家成立分销子公司以代替代理商。这样就增加了它们的义务和风险，但也增加其利润潜量。它们为了管理这些分销子公司，又成立国际营销部以取代出口部。如果某些市场继续稳定发展，或者目标国坚持在当地生产，企业就采取下一个步骤在当地建厂生产。这意味着投入的资金和利润潜量均已有所增加。至此为止，这些企业作为多国企业的经营发展顺利，应重新考虑如何用最佳方法组织和管理其全球业务。

18.4 全球营销组合决策

对于全球营销组合决策，首先要解决的问题是在一个或几个外国市场上经营的公司，必须研究对营销组合要进行多大的调整才能适应当地市场状况。一种极端的情况是，公司使用其全球范围内标准化的营销组合，产品、广告、分销渠道和营销组合的其他因素，都标准化，这样，由于不需要进行重大的更动，成本也就可以降至最低限度。另一种极端的情况是，制定特定的营销组合，生产厂根据各个目标市场的特点调整市场份额，从而获得较大的报酬。在上述两种极端情况之间，则存在着许多供选择的可能。全球企业采取的是第一种方式。这些企业认为成功的全球竞争亦要求跨国公司营销质量的变革，即由全球中心取代国际营销中盛行的多元中心与地区中心战略。据此，全球公司可以确立一个以全球市场为中心的营销扩张战略。下面就产品、促销、价格和分销等四个方面进行讨论。

18.4.1　全球产品决策

传统的产品决策认为按产品是否改变、促销是否改变可以分为这样几种进入国际市场的方式，如图18－3所示。

图18－3　国际营销的产品与促销策略

1. 直接延伸

直接延伸是指把产品直接推入国外市场，不加任何改动。最高管理当局指示营销人员"就拿这种产品去寻找顾客"。那么，第一步先应当弄清楚外国消费者是否使用这种产品。例如，在美国，有80%的男子使用除汗剂，在瑞典有55%，在意大利有28%，而在菲律宾，只有8%。在访问一个国家的妇女使用除汗剂的次数时，经常得到的答复是"一年中在我参加舞会时才会用它"，因此，引进这种产品在当地是很难站住脚的。所以是否采用直接延伸方式要充分调查目标国的市场营销环境。

2. 改变产品

改变产品是指改变产品的设计以适应当地的情况和爱好。这里有几种改变的方式，一个企业可以生产地区型式的产品，或者生产某一国家型式的产品，还可以生产一个城市型式的产品，最后，企业可以生产不同零售商型式的产品。例如，在日本，唐尼咖啡杯更小更轻以满足日本消费者一般的手型，甚至热狗也少一些。亨氏公司的婴儿食品在澳大利亚销售的是用羔羊脑提炼制成的婴儿食品，在荷兰销售的却是用褐豆提炼制成的婴儿食品。通用食品公司销往不同国家的咖啡采用不同的混合配方，因为英国人喜欢喝加牛奶的咖啡，法国人喜欢喝不加牛奶或糖的浓咖啡，而拉丁美洲人喜欢巧克力味的咖啡。企业可以生产一个城市型式的产品，例如，满足慕尼黑口味或东京口味的啤酒。最后，企业应生产不同零售商型式的产品，例如，在瑞士同时为移民连锁店和合作连锁店酿造咖啡。

3. 产品创新

产品创新是指生产某种新产品。一个新产品的发明可以有两种形式：后向创新和前向创新。后向创新是指老产品的翻新，是把以前的某种产品形式加以适当的改变，正好适合某国现在的需求。这在理论上符合国际产品生产周期理论。前向创新是指创造一个全新的产品以满足另一个国家的需求。在发展中国家，对低价的高蛋白食品有极大的需求，一些食品公司，像桂格麦片公司、斯威夫特公司和孟山都公司，对发展中国家营养需要状况进行调查，生产出一些食品新品种，并且大做广告，吸引消费者试用和购买这些新产品。发明新产品看起来所花很大代价，但获利也将很大。

但这些理论在跨国企业看来是大不以为然的。在全球竞争的形势下，跨国公司不应立足于一地市场的做法和消费者偏好或依国别来寻求国际市场，而必须运用一种一体化方式来同时探索和协调发达国家、欠发达国家和发展中国家的消费者需求。此外，在全球市场中，采用产品适应性与调整战略虽仍然是企业从事国际营销的一种有效方式，但这类战略通常使企业难以对全球市场机会作出及时反应。企业为在全球一致的市场上导入某种新产品，就必须采用将新产品同时打入发达国家、欠发达国家和发展中国家的方法。

18.4.2 全球价格决策

全球企业在全球推销商品时，由于受到全球竞争的压力往往会采用低价策略或一种所谓的价格创新策略，使全球公司确定的全球市场价格既面向当地市场，又顾及全球竞争。但在实际的操作中，全球企业会面临几种特定的定价问题，即价格阶升现象、转移价格、倾销价格和灰色市场等问题。

当企业销售产品时，它们面临价格阶升问题。例如，一只迪奥唇膏在英国卖14英镑，但在中国却卖到32英镑。这主要由于产品从出厂价加上了运输成本、关税、进口商差价、批发商差价和零售商差价。根据这些增加的成本，再加上货币波动风险，制造商利润不变，产品在国外往往要卖到国内市场的2~5倍。

另一个问题是，商品运往其国外的子企业时，总企业应如何确定内部转移价格。如果总企业向子企业索价太高，结果就要支付更高的关税，尽管它可能在外国支付的所得税较少。如果售价太低，企业就会被指控倾销。企业用低于国内市场价格在国外市场销售同一产品的这种做法称为倾销。如果倾销指控成立，就将被征收反倾销税。各国政府都在严防舞弊现象发生，常常迫使企业以正常交易价格，即以与其他竞争者相同或相似的产品价格销售。

最后一点是：许多全球企业受到灰市问题的困扰。由于运输费用和关税低，美能达企业向香港经销商出售照相机的价格低于销往德国的价格。香港经销商销售照相机的毛利比德国零售商的毛利低，因为后者在大宗交易中往往加价很高。结果，美能达照相机在香港的零售价是174美元，而在德国的零售价是270美元。一些香港批发商注意到这个差价，就将美能达照相机运销给德国经销商，售价比美能达企业支付给德国分销商的价格还要低。德国分销商无法销售库存货，只能向美能达企业抱怨。

企业往往发现一些经销商的购买量超过他们在本国的销售量。他们为了利润差价，从中获利，将商品转运到其他国家，与那里已有的批发商竞争。全球企业试图通过控制批发商，或者向成本较低的批发商提高价格等办法以防止出现灰市。

18.4.3 分销渠道决策

全球企业对于将产品送至最终消费者的分销问题，必须有一个整体渠道的观点（见图18-4）。从卖方至最终买方之间有三个主要环节：第一个环节是卖方的总部机构，它管理整个渠道，也是渠道的一个组成部分。第二个环节是国与国之间的渠道，它负责将货物运至国外市场边境之前的各种活动。第三个环节是国外市场内部的渠道，它负责将进口货物从入境处送达最终消费者手中。然而有许多厂商认为，只要把产品运离工厂，全部工作即告完毕，其实，他们应当更多地关心其产品在国外市场内部如何流转的情况。

各个国家国内的分销渠道状况是很不相同的，各国市场中经营进口商品所涉及的中间商数目和类型，有显著的差异。日本的销售渠道是全世界最复杂的分销系统，而非洲某些国家的销售渠道则相对比较简单。

图 18-4 全球营销中的整体渠道

在美国，大规模的连锁商店占主要地位，但在其他国家，大多数情况是众多的、各自独立的小零售商店负责商品的零售。虽然，大规模连锁能大大降低成本，但由于人民生活水平尚有待提高，故在许多国家，尤其是发展中国家，批发商和小零售商除了买卖商品外，还承担着将大包装商品拆零销售的重要职能。正是这种职能，使得那些阻碍着发展中国家大规模零售商业扩大和发展的分销渠道得以持久地存在着。

18.4.4 全球促销决策

在全球营销中，公司既可以原封不动地采用与在国内市场同样的促销战略，也可以根据每一个当地市场的状况加以改变。以促销信息为例，公司可将信息变化分为以下三个层次。

（1）公司只要改变语言、名称和颜色就可将同一个信息普遍用于全世界。埃克森石油公司的广告都是"给你的油箱加个老虎"，并且已为世界各地所接受。促销策略中的一些词可以略加改变以避免在目标国造成误解。例如，英语中的"mist（薄雾）"一词，在德语中的意思是"粪便"；美国"苏格兰"牌录音磁带的"scotch"一字，在德语中的意思是"笨蛋"；"喝着百事可乐使您充满活力"在德文中翻译成"喝着百事可乐等于从坟墓中爬出来"；雪弗兰的 Nova 汽车，在西班牙语里 nova 的意思是"走不动"。

（2）用同一个主题适应每一个当地市场的价值观。佳美牌肥皂有一则商业广告，画面上一位美女正在沐浴。而在委内瑞拉，画面上看到的是一位男士在洗澡间里；在意大利和法国，只能看到一位男士的手，而在日本，则是看到这位男士正在洗澡间外面等着。

（3）有一些公司要鼓励其广告公司完全适应当地的市场，包括改变主题。例如，雷诺公司在不同国家做不同的汽车广告，在法国，雷诺被描绘成带有一点超级车形象，在高速公路和城市中驾驶很有趣。在德国，雷诺着重于安全、现代的工程技术和内部舒适。在意大利，雷诺强调公路驾驶良好和便于加速。在芬兰，雷诺突出坚固完整的结构和可靠性。

广告媒体的使用也需要国际适应性，因为可用的媒体在不同的国家是不同的。挪威和瑞士不允许做电视广告；保加利亚和法国不允许在电视中做香烟和烈酒广告；澳大利亚和意大利对儿童的电视广告有限制；沙特阿拉伯不希望在广告中出现妇女；印度收广告税。杂志的效益也是因国而异，杂志在意大利就发挥了巨大作用，而在奥地利的影响却不大。英国的报纸发行到全国各地；但在西班牙，厂商只能在当地报纸上刊登广告。

营销者还必须在不同的市场适应各种不同的促销技术。例如，德国与希腊禁止赠券，而赠券在美国的消费品促销活动中是主要的形式。法国禁止抽奖游戏并对奖品和礼品限制在产品价值的 5% 以内。这些不同的限制使得国际公司一般会把销售促进的责任交给一位当地的管理代表。

18.5　全球营销中的标准化与差异化

18.5.1　标准化与差异化的含义

标准化（Standardization）指的是在世界上的不同国家和地区的所有市场上都提供同一种营销组合。

差异化（Differentiation）是指企业应该在不同国家和地区的市场推出不同的产品。这种观点认为，世界市场应该按照不同地区、不同文化和不同社会情况等进行划分，并且把每一个子市场作为一个独立的市场进行经营，企业的产品设计、生产、分销和促销都要因地制宜地进行修改，甚至重新制定。

纯粹的标准化和差异化都是不现实的，事实上，虽然很多公司成功地在全球市场销售高度标准化的产品，像可口可乐、麦当劳和索尼等，但是这些标准化产品还是作出了部分调整，比如，可口可乐在阿拉伯国家市场上的口味就偏甜一点，麦当劳在德国卖啤酒等。一项研究表明，80% 以上的企业在以国外市场为目标的产品上做了调整。所以两者结合起来使用，才能取得较好的效果。可以在某些环节标准化操作，某些环节差异化操作；在某些国家以标准化策略为主，在另外一些国家以差异化策略为主；实际上，在标准化和差异化之间，有一个灰色地带，可以将标准化和差异化的优点结合起来，称为"全球地方化"。

一般来讲，对社会地位和文化差异不敏感的大众化、廉价产品更容易标准化，如沃尔玛、可口可乐，而服务于极少数社会精英的奢侈品，如劳力士手表，Tiffany 珠宝通常也可以被国际化。此外，对于代表国家形象、地方特色和民族文化的产品，标准化有助于借助国家形象和民族形象进行推销，使之在海外市场具有独特的含义，如美国万宝路香烟、绿箭口香糖，还有具有中国情调的丝绸、瓷器等。青少年和国际旅行者是全球标准化营销的主要目标群体。其消费品，如印有英语格言的 T 恤衫，吉列剃须刀，柯达胶卷等也更多地采用标准化。与此相反，针对那些文化规范已经根深蒂固的中老年所使用的产品，尤其是受文化传统影响大的项目，如服装、食品等及家庭里面使用的食品等则倾向于使用差异化策略。而对使用条件（包括气候条件、使用习惯等）要求比较多的产品包括一些工业品也无法标准化。所以，究竟是标准化占主导还是差异化占主导，要视具体情况而定，不能一概而论。

18.5.2　标准化和差异化融合的策略

1. 产品标准化，广告差异化

相对而言，广告特别是国际广告很难实施标准化运作，这是因为各国文化背景之间存在巨大的差异，且广告是营销组合各个因素中对文化差异最敏感的一个。可口可乐公司在全球市场都保持一致的口味，但是在南美洲可口可乐用球王马拉多纳做广告，在亚洲用泰国球星尼瓦特，在中国用谢霆锋做男主角，充分考虑了不同市场文化背景的不同。

2. 品牌标准化，产品差异化

品牌是国际市场竞争的重点，随着国际市场竞争的进一步加剧，越来越凸显出品牌的重要性。要想赢得胜利，企业就必须在全球市场树立一个统一的、良好的形象。麦当劳公司对其标识、广告、店面装潢和布局等进行标准化，无论在哪里，麦当劳都使用统一的标记、相同的包装容器和相同的餐厅风格。而且服务人员的服装、服务姿态和服务质量都保持一致。但是，它所提供的产品却有所不同，德国的麦当劳供应啤酒，在新德里有蔬菜汉堡，在东南亚提供水果口味的奶昔，在澳大利亚供应羊肉馅饼，无论产品怎么改变，麦当劳品牌永远不变。

3. 产品核心标准化，产品形式差异化

在很多时候，消费者的核心需求是一致的，但是，由于文化背景、社会阶层和经济条件的不同，不同市场的形式需求是不同的。柯达针对中国市场推出丽晶8性和皇家8性相纸，更适合亚洲人肤色的色彩还原，而价格却保持不变。

4. 产品标准化，促销差异化

世界各国市场不同的市场环境，不同的政策规定，迫使企业采取不同的促销策略。柯达公司在很多国家采取直接出口的进入方式，在中国却采取了合资的方式，经过四年谈判，柯达公司与厦门、汕头、无锡的三家感光企业组建合资公司，通过这种方式打入中国市场。

5. 产品差异化，促销标准化

有些产品对国际消费者来说，其用途、功效基本相同；但由于消费习惯、使用条件有差异，所以企业必须对产品稍作修改，以适应各国市场的需求产品涉及式样、功能、包装、品牌、服务等的改变。如埃克森公司采用这种战略：它改变汽油的配方以适应不同市场上常见的气候状况，同时不做改变地宣传其基本诉求："让老虎进入你的油罐。"

企业一定要根据自己的基本情况，选择最适合自己的方法，这样才能在激烈的国际市场竞争中立于不败之地。

引导案例解析

一方面，中国企业应该在世界上的不同国家和地区的所有市场上都提供同一种营销组合，实现标准化。另一方面，中国企业应该在不同国家和地区的市场推出不同的产品。世界市场应该按照不同地区、不同文化和不同社会情况等进行划分，并且把每一个子市场作为一个独立的市场进行经营，企业的产品设计、生产、分销和促销都要因地制宜地进行修改，甚至重新制定。

课后思考

1. 经济全球化怎样影响传统的国际贸易、国际技术转让和国际投资等国际经济活动？
2. 传统国际市场与全球市场有什么不同特征？

3. 全球企业的特征是什么？它的最佳组织形式是什么？为什么？
4. 全球企业的营销战略和策略有什么特点？
5. 标准化和差异化融合的策略有哪些？

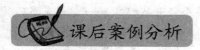 课后案例分析

韩国汽车怎样打入美国市场

美国是世界上最大的小轿车市场，而且也是世界利润最高的轿车市场。据分析，日本汽车制造商的利润大部分来自北美市场。不难想象，各国汽车制造商都想打入美国市场。但在过去的几年中，进入美国的汽车商中韩国的现代汽车取得显著的成功。分析原因有三个有利因素。

1. 时机有利

当前世界贸易保护主义盛行，但由于国与国之间的经济发展不平衡，对一个国家的贸易壁垒可能成为其他国家打入市场的绝好机会。由于日本对美国的汽车出口受到所谓"自愿配额"的限制，出口数量停留在每年 230 万辆上。日本采取了向高档车转移的方针，逐步提高售价。美国的三大汽车商出于最优利润的考虑，采取了保持销量、提高售价的做法。这就使低档小型的经济车的市场出现了缺口。这给韩国汽车提供了打入美国市场的机会。

2. 币值有利

由于韩元对美元是稳定的，比价基本不变。因为美元对日元大幅度贬值，韩元对日元也就相对贬值，这就使韩国汽车的美元成本大大低于日本汽车的美元成本。

3. 员工素质有利

美国轿车工业趋向于"夕阳工业"，三大美国汽车商相继关闭多条生产线、解雇工人，新一代有才华的青年都不愿去汽车业谋职，使得工人年龄相对上升，素质相对下降。而韩国的汽车工业正处于上升时期，汽车工人社会地位很高，汽车厂可毫不费力地招到最优秀、最能干的工人，而其工资只是美国汽车工人的十分之一。现在韩国汽车工人的平均年龄只有 27 岁，比日本的 34 岁还要年轻 7 岁。

在自己的产品上，现代汽车采用的并不是当代最先进的汽车技术，而是 20 世纪 80 年代初日本三菱汽车公司的技术，这一技术在美国市场上已有 5 年历史，产品可靠、耐用、标准度高，维修非常方便。与之成为对照的日本铃木汽车，采用的是当代最新技术生产的马达，油耗量是轿车问世以来最低的，但其维修难度相应上升，产品成本也相应偏高，而其可靠性、耐久性还是一个问号。

在产品的价格上，现代汽车采用了快速渗透定价策略，比同等级的日本车定价约低 1 000 美元，被美国汽车界评为"日本技术，韩国价格"。

现代汽车采取了在产品的开发与生产过程中联合，但在销售环节上独立，保证 100% 的销售控制的市场运作方法。

在渠道上，现代汽车选择了先出口加拿大，后打入美国的迂回路线。加拿大市场与美国

市场极为相似，世界主要厂商均在加拿大销售汽车。由于加拿大市场比美国市场小得多，有问题易于发现，也易于及时解决，代价也小得多。现代汽车采取了"少而精"的网点策略，在全美只建立了总共200个经销点，使每个经销点都有较高的销售量，保证了经销商有厚利可图。

现代汽车充分考虑了政治因素，把零部件的采购纳入到整个经营战略中统一考虑，尽可能地采用美国零部件，以保证其产品有较高的"美国成分"。而在加拿大，现代汽车中的"加拿大成分"也是进口国中最高的。现代汽车集团总经理说，我们必须考虑双向贸易。

（资料来源：http://edu.ch.gongchang.com/marketing/knowledge/2010-06-17/18111.html）

思考题：
1. 试分析韩国汽车打入美国市场时所使用的营销组合策略。
2. 分析韩国汽车的标准化与差异化策略。

第 19 章 网 络 营 销

◎ **本章要点**
- 网络营销的功能
- 网络营销的特点
- 网络营销的方法

◎ **本章难点**
- 网络营销方法

◎ **课前思考**
- 网络营销有哪些主要工具?
- 网络营销的步骤是什么?

引导案例

王老吉的网络新闻营销

2008 年 5 月 18 日,央视举办了"爱的奉献——2008 抗震救灾募捐晚会",王老吉向地震灾区捐款一亿元人民币,创下国内单笔最高捐款额度。王老吉相关负责人表示,"此时此刻,加多宝集团、王老吉的每一名员工和我一样,虔诚地为灾区人民祈福,希望他们能早日离苦得乐"。此后,关于"王老吉捐款 1 亿元"的新闻迅速出现在各大网站,成为人们关注的焦点。

这个新闻通过网络,告别了地域性,直接通过门户网站和各大新闻网站的传递成功地实现了一次品牌营销。仅仅央视上的一句话,很容易被人忽略,而王老吉公司则通过网络新闻,不断强化网民对这一亿元慈善捐款的认识,也强化了对"王老吉"这一品牌充满社会责任感的认识。

新闻之后,"封杀王老吉"的帖子开始在网上热传。而论坛的配合,不仅仅是在论坛中进一步强化了网民的这一个记忆,也让网民进一步去搜索相关的新闻,从而验证王老吉的品牌理念。更重要的是,这一次成功的论坛配合再一次引发了传统媒体和网络媒体的关注,将其作为新闻进行报道,毕竟大多数传统媒体也已经网络化了。进一步铺天盖地的免费宣传,使王老吉捐款一亿元这一消息被媒体不断地强化再强化,传播再传播。

王老吉的善举感染了民众,刺激了消费者对王老吉的热情。当王老吉捐款一亿元的新闻铺天盖地的时候,新闻传播能有力地促进企业的市场销售。"不上火"的王老吉实实在在地"火"了。"以后喝王老吉(捐款一亿元),存钱到工商银行(捐款 8 726 万元)"这样一则

关于生活和企业产品相结合的打油诗被广为传颂。王老吉甚至一度在市场上脱销。

案例思考：网络新闻营销在企业品牌的塑造中有哪些价值？

19.1 网络营销概述

网络营销的产生，是科学技术的发展、消费者价值观的变革和商业竞争等综合因素所促成的。计算机网络的发展，使信息社会的内涵有了进一步改变。在信息网络时代，网络技术的应用改变了信息的分配和接收方式，改变了人们的生活、工作和学习、合作和交流的环境。企业也正在利用网络新技术的快速便车，促进企业飞速发展。网络营销是以互联网为媒体，以新的方式、方法和理念实施营销活动，更有效地促进个人和组织交易活动的实现。企业如何在如此潜力巨大的市场上开展网络营销、占领新兴市场，对企业既是机遇又是挑战。网络营销也产生于消费者价值观的变革：满足消费者的需求，是企业经营永恒的核心。利用网络这一科技制高点为消费者提供各种类型的服务，是取得未来竞争优势的重要途径。

19.1.1 网络营销的概念

网络营销目前并没有统一的定义，与许多新型学科一样，由于研究人员对网络营销的研究角度不同，对网络营销的理解和认识也有较大差异。在2000年的一篇文章中，冯英健（《网络营销基础与实践》一书作者）将网络营销定义为："网络营销是企业整体营销战略的一个组成部分，是为实现企业总体经营目标所进行的，以互联网为基本手段营造网上经营环境的各种活动。"

在2002年1月出版的《网络营销基础与实践》（第1版）和2004年10月出版的《网络营销基础与实践》（第2版）中，均沿用了这一定义，同时也发现其他一些网络营销相关书籍和研究文章也多引用此定义，可见这一网络营销定义有一定的代表性，尤其在强调网络营销实践性的环境中，这一定义比较具有说服力。

19.1.2 网络营销活动的内容

从以上定义中可以看出网络营销是企业整体营销活动的组成部分，从活动内容上来讲，网络营销包含了网络调研、网络消费者行为分析、网络竞争者分析、网络营销策略的制定、网络产品策略、网络价格策略、网络渠道策略、网络促销策略、网络营销管理与控制九个方面的内容。简要介绍如下。

1. 网络调研

所谓网络调研是指利用Internet技术进行调研的一种方法。其大多应用于企业内部管理、商品行销、广告和业务推广等商业活动中。网络调研采用的方法主要有：E-mail法、Web站点法、Net-meeting法、视讯会议法、焦点团体座谈法、Internet phone法、在BBS电子公告牌上发布调查信息，或采取IRC网络实时交谈等方式。

跟传统调研方法相比，网络调研有很大的优势。

（1）网络调研信息搜集的广泛性。因特网是没有时空、地域限制的，这与受区域制约的传统调研方式有很大不同。如利用传统方式在全国范围内进行市场调研，难度是非常大的。

(2) 网络调研信息的及时性和共享性。在数字化飞速发展的今天，网络调研较好地解决了传统调研方法所得的调研结果都存在时效性这一难题。只要轻轻点击鼠标，世界任何一个角落的用户都可以加入其中，从用户输入信息到公司接收信息，仅需几秒钟的时间。利用计算机软件整理资料，马上可以得出调研的结果。而被调查者只要点击"结果"键，就可以知道目前为止所有被调查者的观点所占的比例，使用户了解公司此次的调研活动，加强参与感，提高满意度，实现了信息的全面共享。

(3) 网络调研的便捷性和经济性。在网络上进行市场调研，无论是调查者还是被调查者，只需拥有一台计算机、能上网就可以进行。若是采用问卷调研的方法，调研者只要在企业站点上发出电子调查问卷，提供相关的信息，然后利用计算机对访问者反馈回来的信息进行整理和分析。这不仅十分便捷，而且会大大地减少企业市场调研的人力和物力耗费，缩减调研成本。

(4) 调研结果有较强的准确性。原因有四个：①调查者不与被调查者进行任何的接触，可以较好地避免来自调查者的主观因素的影响；②被调查者接受询问、观察，均是处于自然、真实的状态；③站点的访问者一般都具有一定的文化知识，易于配合调查工作的进行；④企业网络站点访问者一般都对企业有一定的兴趣，不会像传统方式下单纯为了抽号中奖而被动回答。所以，网络市场调研结果比较客观和真实，能够反映市场的历史和现状。

但网络调研也还存在着诸如网络安全问题、网络调研技术有待完善、网络调研专业人员匮乏、拒访大量存在、无限制困扰等相关问题亟待解决。

2. 网络消费者行为分析

网络上的消费者作为一个特殊的群体，与传统的消费者有着截然不同的非接触式的、虚拟的特性。企业若想开展有效的网络营销活动，必须要了解网上消费者群体的需求特征、购买动机和购买行为模式，以及网络消费者在网上的聚集方式、聚集角落等。互联网作为信息沟通工具，正成为许多兴趣爱好趋同的群体聚集交流的地方，并且形成一个个特征鲜明的网上虚拟社区。了解这些虚拟社区的群体特征和偏好是网络消费者行为分析的关键。

3. 网络竞争者分析

分析竞争对手是开展网络营销非常重要的工作，而定期监测对手的动态变化则是一个长期性的任务，要时时把握竞争对手的新动向，在竞争中保持主动地位。每个企业在选择网络营销或者是其他的营销模式时，都应该做到分析好市场形势和竞争对手，这样才能够很好地把握好市场动向，增强竞争力。网络竞争者分析主要从对手的首页进行，从竞争的角度考虑，应重点考察以下几个方面。

(1) 站在顾客的角度浏览竞争对手网站的所有信息，研究其顾客体验。

(2) 研究竞争对手网站的设计方式，体会它如何运用屏幕的有限空间展示企业的形象和业务信息。

(3) 分析竞争对手开展业务的地理区域，可以从客户清单中判断其实力和业务的好坏。

(4) 记录其传输速度特别是图形下载的时间，因为速度是网站能否留住客户的关键因素。

(5) 对竞争对手的整体实力进行考察，全面考察对手在导航网站、新闻组中宣传网址的力度，研究其选择的类别、使用的介绍文字，特别是图标广告的投放量等。

4. 网络营销策略的制定

网络营销策略是企业根据自身所在市场中所处地位不同而采取的一些网络营销组合，它包括网页策略、产品策略、价格策略、促销策略、渠道策略和顾客服务策略。不同企业在市场中处于不同的地位，在采取网络营销实现企业营销目标时，必须采取与企业相适应的营销策略。因为网络营销虽然是非常有效的营销工具，但企业实施网络营销时是需要进行投入和有风险的，因此企业在制定网络营销策略时，还应该考虑到产品周期对网络营销策略制定的影响。

5. 网络产品策略

中小企业要使用网络营销方法必须明确自己的产品或者服务项目，明确哪些是网络消费者选择的产品，定位目标群体。作为网上产品和服务的营销，必须结合因特网的特点重新考虑产品的设计、开发、包装和品牌的传统产品策略。

6. 网络营销价格策略

网络营销价格策略是成本与价格的直接对话，由于信息的开放性，消费者很容易掌握同行业各个竞争者的价格，如何引导消费者作出购买决策是关键。中小企业者如果想在价格上网络营销成功，应注重强调自己产品的性能价格比，以及与同行业竞争者相比自身产品的特点。除此之外，由于竞争者的冲击，网络营销的价格策略应该适时调整，中小企业营销的目的不同，可根据时间不同制定价格。例如，在自身品牌推广阶段可以以低价来吸引消费者，在计算成本基础上，减少利润而占有市场。品牌积累到一定阶段后，制定自动价格调整系统，降低成本，根据变动成本市场供需状况及竞争对手的报价来适时调整。

7. 网络营销渠道策略

网络营销的渠道应该是本着让消费者方便的原则设置。为了在网络中吸引消费者关注本公司的产品，可以根据本公司的产品联合其他中小企业的相关产品作为自己企业的产品外延，相关产品的同时出现会更加吸引消费者的关注。为了促进消费者购买，应该及时在网站发布促销信息、新产品信息、公司动态；为了方便消费者购买，还要提供多种支付模式，让消费者有多种选择。

8. 网络促销策略

大部分网络营销方法都与直接或间接促进销售有关，但促进销售并不限于促进网上销售，事实上，网络营销在很多情况下对于促进网下销售十分有价值。以网络广告为代表。网上促销没有传统营销模式下的人员促销或者直接接触式的促销，取而代之的是用大量的网络广告这种软营销模式来达到促销效果。这种做法对于中小企业来说可以节省大量人力支出、财力支出。通过网络广告的效应可以于更多人员到达不了的地方挖掘潜在消费者，可以通过网络的丰富资源与非竞争对手达到合作的联盟，以此拓宽产品的消费层面。网络促销还可以避免现实中促销的千篇一律，可以根据本企业的文化，以及帮助宣传的网站的企业文化相结合来达到最佳的促销效果。

9. 网络营销管理与控制

网络营销作为在因特网上开展的营销活动，必将会面临许多传统营销活动无法碰到的新问题，如网络产品质量保障问题、消费者隐私保护问题及信息安全保护问题等，这些问题在网络营销中都是需要重视和进行有效控制的，否则网络营销效果可能会适得其反，甚至会产生很大的负面效应，这是因为网络信息传播的速度非常快、网民对敏感问题反应比较强烈而且迅速。

19.1.3 网络营销的功能

认识和理解网络营销的功能和作用，是利用网络营销功能和作用的基础和前提。网络营销的功能主要有八点。

1. 信息搜索功能

信息的搜索功能是网络营销能力的一种反映。在网络营销中，将利用多种搜索方法，主动地、积极地获取有用的信息和商机；将主动地进行价格比较，主动地了解对手的竞争态势，将主动地通过搜索获取商业情报，进行决策研究。搜索功能已经成为营销主体能动性的一种表现。

随着信息搜索功能由单一向集群化、智能化的发展，以及向定向邮件搜索技术的延伸，使网络搜索的商业价值得到了进一步的扩展和发挥，寻找网上营销目标将成为一件易事。

2. 信息发布功能

发布信息是网络营销的主要方法之一，也是网络营销的又一种基本职能。无论哪一种营销方式，都要将一定的信息传递给目标人群。但是网络营销所具有的强大的信息发布功能，是古往今来任何一种营销方式所无法比拟的。

网络营销可以把信息发布到全球任何一个地点，既可以实现信息的广覆盖，又可以形成地毯式的信息发布链。既可以创造信息的轰动效应，又可以发布隐含信息。信息的扩散范围，停留时间，表现形式，延伸效果，公关能力，穿透能力，都是最佳的。

更加值得提出的是，在网络营销中，网上信息发布以后，可以能动地进行跟踪，获得回复，可以进行回复后的再交流和再沟通。因此，信息发布的效果明显。

3. 商情调查功能

网络营销中的商情调查具有重要的商业价值。对市场和商情的准确把握，是网络营销中一种不可或缺的方法和手段，是现代商战中对市场态势和竞争对手情况的一种电子侦察。

在激烈的市场竞争条件下，主动了解商情，研究趋势，分析顾客心理，窥探竞争对手动态是确定竞争战略的基础和前提。通过在线调查或者电子询问调查表等方式，不仅可以省去大量的人力、物力，而且可以在线生成网上市场调研的分析报告、趋势分析图表和综合调查报告。其效率之高、成本之低、节奏之快、范围之大，都是以往其他任何调查形式所做不到的。这就为广大商家提供了一种市场的快速反应能力，为企业的科学决策奠定了坚实的基础。

4. 销售渠道开拓功能

网络具有极强的穿透力。传统经济时代的经济壁垒、地区封锁、人为屏障、交通阻隔、资金限制、语言障碍、信息封闭等，都阻挡不住网络营销信息的传播和扩散。新技术的诱惑力，新产品的展示力，图文并茂、声像俱显的昭示力，网上路演的亲和力，地毯式发布和爆炸式增长的覆盖力，将整合为一种综合的信息能力。能快速地打通封闭的坚冰，疏通种种渠道，打开进击的路线，实现和完成市场的开拓使命。

5. 品牌价值扩展和延伸功能

美国广告专家莱利·莱特预言：未来的营销是品牌的战争。拥有市场比拥有工厂更重要。拥有市场的唯一办法，就是拥有占市场主导地位的品牌。

随着互联网的出现，不仅给品牌带来了新的生机和活力，而且推动和促进了品牌的拓展和扩散。实践证明：互联网不仅拥有品牌、承认品牌而且对于重塑品牌形象，提升品牌的核心竞争力，打造品牌资产，具有其他媒体不可替代的效果和作用。

6. 特色服务功能

网络营销具有和提供的不是一般的服务功能，是一种特色服务功能。服务的内涵和外延都得到了扩展和延伸。

顾客不仅可以获得形式最简单的 FAQ（常见问题解答），邮件列表，以及 BBS，聊天室等各种即时信息服务，还可以获取在线收听、收视、订购、交款等选择性服务，无假日的紧急需要服务和信息跟踪信息定制到智能化的信息转移、手机接听服务，以及网上选购、送货到家的上门服务，等等。这种服务及服务之后的跟踪延伸，不仅将极大地提高顾客的满意度，使以顾客为中心的原则得以实现，而且客户成为了商家的一种重要的战略资源。

7. 顾客关系管理功能

客户关系管理，源于以客户为中心的管理思想，是一种旨在改善企业与客户之间关系的新型管理模式，是网络营销取得成效的必要条件，是企业重要的战略资源。

在传统的经济模式下，由于认识不足，或自身条件的局限，企业在管理客户资源方面存在着较为严重的缺陷。针对上述情况，在网络营销中，通过客户关系管理，融客户资源管理、销售管理、市场管理、服务管理、决策管理于一体，将原本疏于管理、各自为战的销售、市场、售前和售后服务与业务统筹协调起来。既可跟踪订单，帮助企业有序地监控订单的执行过程，规范销售行为，了解新、老客户的需求，提高客户资源的整体价值；又可以避免销售隔阂，帮助企业调整营销策略，收集、整理、分析客户反馈信息，全面提升企业的核心竞争能力。客户关系管理系统还具有强大的统计分析功能，可以为人们提供"决策建议书"，以避免决策的失误，为企业带来可观的经济效益。

8. 经济效益增值功能

网络营销会极大地提高营销者的获利能力，使营销主体提高或获取增值效益。这种增值效益的获得，不仅由于网络营销效率的提高，营销成本的下降，商业机会的增多，更由于在网络营销中，新信息量的累加，会使原有信息量的价值实现增值，或提升其价值。

19.1.4 与传统营销相比网络营销的特点

1. 跨时空

营销的最终目的是占有市场份额。互联网具有的超越时间约束和空间限制进行信息交换的特点，使得脱离时空限制达成交易成为可能，企业能有更多的时间和更多的空间进行营销，可每周 7 天，每天 24 小时随时随地提供全球的营销服务。

2. 多媒体

互联网络被设计成可以传输多种媒体的信息，如文字、声音、图像等信息，使得为达成交易而进行的信息交换可以多种形式进行，可以充分发挥营销人员的创造性和能动性。

3. 交互式

互联网络可以展示商品目录，联结资料库，提供有关商品信息的查询，可以和顾客做互动双向沟通，可以收集市场情报，可以进行产品测试与消费者满意调查等，是产品、设计、商品信息提供及服务的最佳工具。

4. 拟人化

互联网络上的促销是一对一的、理性的、消费者主导的、非强迫性的、循序渐进式的，而且是一种低成本与人性化的促销，避免推销员强迫推销的干扰，并通过信息提供与交互式交谈，与消费者建立长期良好的关系。

5. 成长性

互联网使用数量快速成长并遍及全球，使用者多半年轻，属于中产阶级，具有高教育水平。由于这部分群体购买力强而且具有很强的市场影响力，因此是一个极具开发潜力的市场。

6. 整合性

互联网络上的营销可由商品信息至收款、售后服务一气呵成，因此也是一种全程的营销渠道。另外，企业可以借助互联网络将不同的营销活动进行统一规划和协调实施，以统一的传播资讯向消费者传达信息，避免不同的传播渠道中的不一致性产生的消极影响。

7. 超前性

互联网络是一种功能强大的营销工具，它同时兼具渠道、促销、电子交易、互动顾客服务及市场信息分析与提供等多种功能。它所具备的一对一营销能力，恰好符合定制营销与直复式营销的未来趋势。

8. 高效性

计算机可存储大量的信息供消费者查询，可传送的信息数量与精确度远远超过其他媒体，并能顺应市场需要，及时更新产品或调整价格，因此能及时有效地了解并满足顾客的需求。

9. 经济性

通过互联网络进行信息交换，代替以前的实物交换，一方面可以减少印刷与邮递的成本，可以无店销售，免交租金，节约物力与人工成本，另一方面可以减少由迂回多次交换带来的损耗。

10. 技术性

网络营销是建立在以高技术作为支撑的互联网络的基础上，企业实施网络营销必须有一定的技术投入和技术支持，改变传统的组织形态，提升信息管理部分的功能，引进懂营销与计算机技术的复合型人才，在未来能具备市场竞争优势。

19.2 网络营销的方法

网络营销方法目前通过实践应用的方法超过上百种，而且还在不断增加。这么多的网络营销方法的选择和组合，需要企业根据自身特点和实施网络营销的具体环境情况，在多样化的网络营销方法中挖掘最优的组合来综合运用和构建自己的方法体系。

19.2.1 搜索引擎营销

搜索引擎营销，是英文 Search Engine Marketing 的翻译，简称为 SEM。就是根据用户使用搜索引擎的方式，利用用户检索信息的机会尽可能将营销信息传递给目标用户。简单来说，搜索引擎营销就是基于搜索引擎平台的网络营销，利用人们对搜索引擎的依赖和使用习惯，在人们检索信息的时候尽可能将营销信息传递给目标客户。

1. 搜索引擎营销的目标

（1）被搜索引擎收录；

（2）在搜索结果中排名靠前；

（3）增加用户的点击（点进）率；

（4）将浏览者转化为顾客。

在这四个层次中，前三个可以理解为搜索引擎营销的过程，而只有将浏览者转化为顾客才是最终目的。在一般的搜索引擎优化中，通过设计网页标题、META 标签中的内容等，通常可以实现前两个初级目标（如果付费登录，当然直接就可以实现这个目标了，甚至不需要考虑网站优化问题）。实现高层次的目标，还需要进一步对搜索引擎进行优化设计，或者说，设计从整体上对搜索引擎友好的网站。

搜索引擎营销常用的方法包括竞价排名（如百度竞价）、分类目录登录、搜索引擎登录、付费搜索引擎广告、关键词广告、TMTW 来电付费广告、搜索引擎优化（搜索引擎自然排名）、地址栏搜索、网站链接策略等。

2. 搜索引擎营销的优势

（1）更多的潜在顾客使用搜索引擎进行信息查找。推行搜索引擎营销 SEM 最根本的原因之一是搜索者会购买产品：33% 的搜索者在进行购物，并且 44% 的网民利用搜索站点来为购物做调研。2009 年 9 月 21 日，中国互联网络信息中心（CNNIC）在京发布《2009 年中国搜索引擎用户行为研究报告》，报告显示，截至 2009 年 6 月底，中国搜索引擎用户规模达到 2.35 亿人，与一年前相比，我国搜索引擎用户人数增长了 5 949 万人，年增长率达 34%。搜索引擎在网民中的使用率达到 69.4%，较 2008 年年底增长了 1.4 个百分点，这是自 2007 年以来我国搜索引擎使用率首次出现增长趋势。

可以说，电子商务在中国已经进入了正式起步的阶段，如果你公司的网站没有被列在最前面的几个搜索结果里面，那就意味着你已经不在中国或者国外庞大用户群的备选之列。如果没有被列入备选名单，你就根本没有机会在网络上推销你的产品。

就算你建网站的目的不是做在线销售，顾客也必须能够找到网站，以便了解你们的产品、下载信息或是找到零售店的地址。搜索者比起随便点击广告条的那些人，是更为合格的访问者，他们的访问都是有针对性的。所以吸引搜索访问者绝对是件值得去做的事情，而且现今的形势下，也是必须好好去做的。

（2）搜索引擎营销 SEM 的成本效率高。欧洲市场营销人员指出他们为付费搜索产生的每次点击付出约为 2 欧元，55% 的人认为是"比较便宜"。实际上，在所有营销手段中，搜索引擎营销产生的每个有效反馈的成本最低。

3. 影响搜索引擎排名的因素

在搜索引擎营销当中，首先要做到的是使自己的网站排名靠前，影响搜索引擎排名的因素一共有以下八点。

（1）服务器。

① 网站服务器的位置（国内、国外）。

② 服务器 IP 是否被搜索引擎惩罚过。如果在相同 IP 下，有被搜索引擎惩罚过的网站，则会影响在搜索引擎中的排名。

③ 服务器的稳定性。
（2）网站的目录导航结构。
① 导航要清晰明了（每个栏目用目录包含起来）。
② 导航用文本做链接。
（3）域名和文件目录名。
① 关键词域名。
② 域名包含关键词。
③ 文件及路径名包含关键词。
④ 二级域名。
⑤ 静态页面比动态页面有优势。
（4）网页标题和标签。
① 每个网页的标题都要不同，并与自身的网页内容相符合。
② 每个标题只突出 1~2 个关键词，不要太多。
③ 每个关键词的长度不超过 30 个汉字，60 个字母。
④ 页面描述标签要求简单，与网页内容符合，为提高排名，可以适当在里面提高关键词密度 1－3 次，会当作搜索显示结果，不超过 250 字，包括空格。
⑤ 网页中的关键词标签用空格或逗号隔开，确信这些词在文本中出现，关键词要小写，不要重复，多个关键词用逗号隔开，无关的关键词最好不写，容易被当做作弊。
（5）优秀的网页内容。
① 原创内容。
② 内容丰富，各个页面之间的链接有利于期望网站提高各个页面在 google 中的评分。
③ 用文本来描述网页内容，不要用图片或者 flash。
④ 文本内容不能太少，文本中的关键词要加粗加重。
（6）关键词密度和位置。
① 关键词在页面中的密度，即在网页中出现的次数与其他文本内容的比例。密度一般在 3%~8% 之间，否则有可能被罚。
② 关键词出现位置：title、meta 标签、网页内容的大标题中、网页文本、图片注释标签、超级链接注释。
（7）反向链接。反向链接的数量、质量、反向链接的文本用关键词。
（8）PR 值。提高 PR 值要点：反向链接数、反向链接是否是推荐度高的页面、反向链接源页面的链接数。

扩展阅读——小知识

以用户体验为中心的搜索引擎优化思维

对于 SEO－搜索引擎优化而言，可以到百度或者谷歌学习很多的 SEO 方法，SEO 的技巧等，但是不管怎么搜索，结果都差不多，没什么大的变化。主要就是三种方法。
（1）保持更新高质量的原创文章。搜索引擎永远会喜欢原创性的文章，会给予比较高的权重。
（2）在保障外链质量的前提下，尽可能多地增加外链的数量，尤其是相关网站的外链的数量。

(3) 做好网站内链的优化。

但是为什么做了这些工作,却发现我们的网站排名没有什么太大的进步呢？这里一个很关键的因素是大家忽略了用户体验的问题。

简单地说用户体验就是用户对你这个网站的感觉,包括但不限于以下几点。

(1) 网站的打开速度。打开速度越快,用户体验越好。

(2) 网站的页面风格。网站主色调不要超过三种,背景色最好用白色。基调以清爽、时尚、唯美为主,毕竟现在网购的人大多年龄在25～35岁之间。

(3) 网站的易用性问题。包括注册、浏览、下载、购物（如果是商城的话）、付款等环节,要保证网站的易用性。

(4) 网站价值。网站必须提供对用户真正有价值的信息。

首先要明确：搜索引擎是为用户服务的。归根结底,用户喜欢什么样的网站,搜索引擎就会喜欢什么样的网站。搜索引擎如果想吸引用户使用它,就必须要体现它的价值,而搜索引擎的价值就是为用户寻找具备良好用户体验的网站。

所以我们在做SEO的时候,要以用户体验为中心,以搜索引擎为辅助,不能一味地去研究搜索引擎的收录规则,搜索引擎的排名规则等,我们应该去研究我们的用户需要什么,他们需要我们给他们什么样的更有价值的服务。举个很简单的例子,我们在原创文章中布局关键词的时候,就不能一味地去牵强地插入关键词,从而破坏文章的连贯性。

(资料来源：www.28tui.com)

19.2.2 网络新闻营销

网络新闻营销,又叫网络软文营销,与以一般产品功能介绍为主的营销方式不同,它是借助国内外企业品牌推广的先进方式,利用互联网技术,整合国内众多家网站优势资源,把企业、品牌、人物、产品、活动项目等相关信息以新闻报道的方式,及时、全面、有效、经济地向社会公众广泛传播的新型营销方式。

新闻具有官方性、媒体性,这使得其传播的内容非常正统,同时网络新闻又具有传统新闻所不具备的特质,它以新闻化的操作手段,对传统传播形式进行了革命性的变革和创新。新闻营销具有鲜明的双重属性：与广告相比,它更具有新闻的特质,以热点话题或者新闻事件切入,与品牌信息产生联系,运用大量的数据或事实进行信息传递;与新闻相比,它更具有广告的特征,标题定位与内容描述都要求与品牌信息关联,产生广告传播功能。使人们如同在媒体中不知不觉接受新闻信息的同时,达到广告主的宣传报道目的。

1. 网络新闻与传统新闻相比的优势。

(1) 很强的时效性。与传统媒体相比,网络的时效性是有目共睹的。纸质媒体的出版周期通常以天或者周计,杂志则是半月刊或者月刊或者季刊,电视、广播的周期以天或者小时计算,一般还得根据不同时段的节目设置来安排,而网络新闻的更新周期却是以分钟甚至是秒来计算的。通过互联网进行传播的网络媒体比通过传统的实质性载体进行传播的传统媒体的传播成本更低,速度也更快。

(2) 广泛的传播力。网络新闻的传播力是任何报纸都无法达到的。网络媒体传播空间不分地域,没有疆界,全球互通互联的电子网络有多广泛,网络媒体的传播空间就有多广泛。网络新闻传播空间的无限广阔是报纸等传统媒体望尘莫及的。

（3）更加平民化。与传统新闻相比，网络新闻更具可读性、知识性、趣味性，更平民化。所以网络新闻的读者比传统新闻多。网络新闻可以调动受众参与的积极性，新闻稿件的现场感很强、行文生动、可读性强，较为口语化，幽默轻松。

（4）网络新闻的互动性。在传统媒体新闻传播中，受众往往会受到各种限制，比如报纸只能阅读上面既定的内容，电视广播都得按照其预定的时间收看、收听。而网络就没有那么多的限制，只要登录到互联网，就可以在任何一个网站看到想看的新闻，并根据自己的兴趣爱好自由地选择。读者不再被动地接受信息，而是自主地去选择信息。

另外，网络新闻具有良好的交互性，读者可以利用网站上的"读者"、"留言簿"、"网上杂谈"等栏目，加强各方面的相互交流。

2. 网络新闻营销的注意事项

（1）一定要有一个优秀的标题。新闻界有一句行话："标题是新闻的眼睛"，因为新闻标题不仅是一篇完整的新闻报道的重要组成部分，更对新闻信息的传递起着至关重要的作用。对于很多人来说，阅读报纸仅仅就是阅读一下标题，看到觉得感兴趣的内容，才会去仔细看正文，网络新闻更是如此。网络开创了读题时代，一则有创意的标题能化腐朽为神奇，并且能带来极高的点击率。

（2）做好新闻正文。做网络新闻，必须以文字和图片为主。美国斯坦福大学和佛罗里达大学波伊特中心的一项研究表明，网络读者首先看的是文本。整个测试的结果是，新闻提要的注目率是82%，文章本身是92%，网页上出现的图片有64%受到注意。

（3）网络新闻传播技巧。

① 不同新闻有不同投放方式。从概念上讲，不同的新闻，投放的标准是不一样的，投稿的准确性直接关系到新闻稿能否被采用，同时也关系到被采用后的传播效率问题。

② 选择投放时间。重大新闻第一时间投放；配合新闻抓住时机投放；常规新闻每日早上投放。

③ 控制投放数量。

④ 巧妙制造新闻。新闻营销人员应该学会制造新闻，并在制造好新闻后，帮助记者提炼出你希望他报道的新闻点。

⑤ 网络新闻要形成系列报道合力。

19.2.3 博客营销

1. 博客与博客营销

博客最初的名称是Weblog，由web和blog两个单词组成，英文单词为BLOG（WEB LOG的缩写），按字面意思就是网络日记，后来喜欢新名词的人把这个词的发音故意改了一下，读成we blog。由此，blog这个词被创造出来。

博客这种网络日记的内容通常是公开的，自己可以发表自己的网络日记，也可以阅读别人的网络日记，因此博客可以理解为一种个人思想、观点、知识等在互联网上的共享。由此可见，博客具有知识性、自主性、共享性等基本特征，正是博客这种性质决定了博客营销是一种基于包括思想、体验等表现形式的个人知识资源，它通过网络形式传递信息。博客营销是利用博客这种网络应用形式开展网络营销的工具。公司、企业或者个人利用博客这种网络交互性平台，发布并更新企业、公司或个人的相关概况及信息，密切关注并及时回复平台上客户对于企业或个人的相关疑问及咨询，并通过较强的博客平台帮助企业或公司零成本获得搜索引擎的较前排位，以达到宣传目的。

据上所述，人们可以把博客营销定义为：是通过博客网站或博客论坛接触博客作者和浏览者，利用博客作者个人的知识、兴趣和生活体验等传播商品信息的营销活动。

2. 博客营销的特点

（1）公益性。这是一个优秀博客的素质所在。写一些好的文章，等获得一些流量之后，再考虑逐渐放上少量的广告。

（2）简约性。达·芬奇曾经说过"简单是美的极致"。不要把博客加上许多的装饰品，既显得凌乱，又没多大用处。不需要一个布满图片的博客，要尽可能地让读者方便地访问博客的内容。

（3）交互性。博客写作时不能只考虑自己，最重要的一点是把读者放在首位。

（4）可读性。这是博客的根本所在。在博主设计字体颜色、大小、样式之前，首先要考虑好可读性。没有人喜欢看一个字很小、颜色暗淡而且杂乱无章的博客。

3. 博客营销的优势

（1）细分程度高，广告定向准确。博客是个人网上出版物，拥有其个性化的分类属性，因而每个博客都有其不同的受众群体，其读者也往往是一群特定的人，细分的程度远远超过了其他形式的媒体。而细分程度越高，广告的定向性就越准。

（2）互动传播性强，信任程度高，口碑效应好。博客在广告营销环节中同时扮演了两个角色，既是媒体（blog）又是人（blogger），既是广播式的传播渠道又是受众群体，能够很好地把媒体传播和人际传播结合起来，通过博客与博客之间的网状联系扩散开去，放大传播效应。

每个博客都拥有一个相同兴趣爱好的博客圈子，而且在这个圈子内部的博客之间的相互影响力很大，可信程度相对较高，圈子中成员之间互动传播性也非常强，因此可创造的口碑效应和品牌价值非常大。虽然单个博客的流量绝对值不一定很大，但是受众群明，针对性非常强，单位受众的广告价值自然就比较高，所能创造的品牌价值远非传统方式的广告所能比拟。

（3）影响力大，引导网络舆论潮流。随着"芮成钢评论星巴克"、"DELL笔记本"等多起博客门事件的陆续发生，证实了博客作为高端人群所形成的评论意见影响面和影响力度越来越大，博客渐渐成为网民们的"意见领袖"，引导着网民舆论潮流，他们所发表的评价和意见会在极短时间内在互联网上传播开来，对企业品牌造成巨大影响。

（4）大大降低传播成本。口碑营销的成本由于主要仅集中于教育和刺激小部分传播样本人群上，即教育、开发口碑意见领袖，因此成本比面对大众人群的其他广告形式要低得多，且结果也往往能事半功倍。

如果企业在营销产品的过程中巧妙地利用口碑的作用，必定会达到很多常规广告所不能达到的效果。例如，博客规模盈利和传统行业营销方式创新，都是时下社会热点议题之一，因而广告客户通过博客口碑营销不仅可以获得显著的广告效果，而且还会因大胆利用互联网新媒体进行营销创新而吸引更大范围的社会人群、营销业界的高度关注，引发各大媒体的热点报道，这种广告效果必将远远大于单纯的广告投入。

4. 博客营销的过程

(1) 博客营销的目标和定位。博客营销的过程一定要有明确的目标。针对企业在搜索引擎优化方面及通过搜索引擎广告带来大量的商业流量的状况,作出了博客营销的两大目标:第一是提高关键词在搜索引擎的可见性和自然排名;第二是通过有价值的内容影响顾客的购买决策。

(2) 博客营销的平台选择。有三种博客平台可供选择:独立博客、第三方平台博客、在原有网站开辟博客板块。独立博客一旦受到搜索引擎认可,在搜索引擎上的权重会很有优势;平台博客选择的合理,可以直接利用其现有的搜索引擎权重优势,以及平台本身的人气,在平台内如果获得认可后可能获得成员的极大关注;在原网站开辟博客板块,可以与网站本身形成网络营销及内容上的互拉互补。所以选择一个怎样的博客平台是十分关键的一步。

(3) 博客营销的内容。内容是进行博客营销的基础,没有好的内容就不可能有高效的博客营销。好的博客内容的大原则只有一个:对顾客真正有价值的真实、可靠的内容。而不是一味地灌输一些不切实际的内容,这样不但达不到真正的目的,相反会给人留下不好的印象。

(4) 博客营销的内容侧重。在企业经营的项目有多个时,要具体情况具体分析:分开的好处是提高专业性和针对性,不但利于搜索引擎,还利于所针对的人群阅读;打包的好处是相对省时省力,节约成本。

(5) 博客营销的传播和推广策略。传播过程无非两大类型:拉式和推式。比如搜索引擎优化(SEO)属于一种拉式;而论坛营销属于推式。博客的传播和推广主要应该做三方面的准备:①文章内容的搜索引擎优化写法;②内部链接和外部链接的工作;③主动出击论坛发帖。

(6) 博客营销的沟通与互动。博客营销相对于传统营销的最大特点就是它的双向传播性。一是及时关注和回复访客的留言;二是采取激励性的措施,比如发起活动和提供奖品来刺激读者的参与和留言。

5. 博客营销的技巧

(1) 坚持更新。博客和网站同样需要更新。每天坚持最少每个博客发一篇文章,原创是最好的。

(2) 多加好友。每天坚持加好友,越活跃的好友越好。当更新文章的时候,好友博客中心会有显示,这样就提高了文章的曝光率,也增加了文章被转载的概率。

(3) 多加圈子。第三方博客平台的博客都有博客圈,搜索与网站关键词相关的博客圈加入,每发表一篇文章同时推荐到博客圈。新浪和网易的博客圈比较火,人气比较高,而且一篇文章可以同时推荐到多个博客圈,搜狐博客圈虽然人气比较旺,但是一篇文章只能对应地推荐到一个圈子。推荐到圈子的文章比较容易被加精,带来的流量很大,而且很可能这其中有很大潜在客户。

(4) 文章加入书签和网摘。所发的博客文章加入书签和网摘,这样可以带来客观的流量,也算是不错的外链。比较好的书签和网摘有:QQ书签、谷歌书签、百度搜藏、雅虎收藏、Poco网摘、CSDN网摘、天天网摘和讯网摘。

(5) 做好博客的推广。可以用一些博客自动留言或者漫游的工具,使博客获得更多的流量,如果能够为博客多做链接那是最好的。

19.2.4 邮件营销

邮件营销（E-mail营销）是指在用户事先许可的前提下，通过电子邮件的方式向目标用户传递有价值信息的一种网络营销手段。

基于该定义，可以看出邮件营销的三个基本要素：基于用户许可、通过电子邮件传递信息、信息对用户是有价值的。三个因素缺少一个，都不能称之为有效的E-mail营销。

这里有必要指出的是，E-mail营销是一个广义的概念，既包括企业自行建立邮件列表的E-mail营销活动，也包括通过专业服务商投放电子邮件广告。为了进一步说明不同情况下开展E-mail营销的差别，可按照E-mail地址的所有权划分为内部E-mail营销和外部E-mail营销，或者叫内部列表和外部列表。内部列表是一个企业/网站利用注册用户的资料开展的E-mail营销，而外部列表是指利用专业服务商或者其他可以提供专业服务的机构提供的E-mail营销服务，投放电子邮件广告的企业本身并不拥有用户的E-mail地址资料，也无需管理维护这些用户资料，外部列表是网络广告的一种表现形式。内部列表E-mail营销和外部列表E-mail营销在操作方法上有明显的区别，但都必须满足E-mail营销的三个基本因素。内部列表和外部列表各有自己的优势，两者并不互相矛盾，如果必要，有时可以同时采用。

许可E-mail营销是怎么实现的。获得用户许可的方式有很多，如用户为获得某些服务而注册为会员，或者用户主动订阅的新闻邮件、电子刊物等，也就是说，许可营销是以向用户提供一定有价值的信息或服务为前提。可见，开展E-mail营销需要解决三个基本问题：向哪些用户发送电子邮件、发送什么内容的电子邮件、以及如何发送这些邮件。

（1）用户的E-mail地址资源。在用户自愿加入邮件列表的前提下，获得足够多的用户E-mail地址资源，并且作出清洗、过滤，提供E-mail有效率。这是E-mail营销发挥作用的必要条件。

（2）E-mail营销的技术基础。从技术上保证用户加入、退出邮件列表，并实现对用户资料的管理，以及邮件发送和效果跟踪等功能。

（3）E-mail营销的内容。营销信息是通过电子邮件向用户发送的，邮件的内容对用户有价值才能引起用户的关注，有效的内容设计是E-mail营销发挥作用的基本前提。

当这些基础条件具备之后，才能开展真正意义上的E-mail营销，E-mail营销的效果才能逐步表现出来。

1. 邮件营销的步骤

邮件营销的流程包括以下六个步骤。

（1）细分客户。所有的营销活动必须都以市场细分作为起点，不管你经营的是多么大众的商品，也不可能满足所有消费者的需要，必须要对市场进行细分，找好自己的目标受众。

（2）收集邮箱列表。因为是已经细分出来的客户，所以如果采取购买的方式进行收集，会有一定的难度，最好的邮件列表还是自己去搜集。

（3）邮件内容和格式的设计。要把握一个最基本的原则：提供有价值的东西。尽量进行多媒介的信息传播，文字、图片、音频、视频相结合。

（4）利用相关技术进行邮件群发。要通过一定的技术手段保障邮件的到达率。

（5）效果反馈。通过统计达到率、打开率、转化率等指标，对邮件营销的效果进行评估分析。

（6）计划调整。根据分析的结果对邮件营销的计划细节进行相关的调整。

2. 邮件营销的技巧

电子邮件营销要掌握好以下几个技巧。

（1）搜集精准的客户邮箱地址。这是实现精准邮件营销的必要条件，外部购买的邮件列表在精准性方面存在着很大的不足，因此，企业应该根据自身所经营的产品或服务的特点，去搜集精准的目标客户邮箱地址。

（2）吸引人的邮件标题。大多数人不会写邮件标题，广告的特征很明显，这类广告的第一个下场就是被删除。阿里巴巴在推广诚信通会员时，很多业务员采取的就是邮件营销，她们的每封邮件的标题都很有特色，吸引人点击查看，比如"来自××的感谢信"、"重要的邮件，当家的一定要看:)"、"××周六晚上写了3个多小时的邮件，当家的，一定要看下，好吗?"等，这样的标题对收件人有较大的吸引力。

（3）邮件内容前四行要有足够的吸引力。邮件内容前四行文字一定要简洁有力，能够吸引住客户，要揣摩客户最想要得到什么，然后用文字清晰地表达出你的产品可以满足客户的需求。

（4）最好不要采用附件形式。大多数读者不会使用附件来下载文件。另外，很多客户的电脑网速慢，如果文件比较大，下载速度一定很慢，而很多客户的耐心是极其有限的。所以，如果是以文字为主的文件，还不如直接粘贴在邮件里，以便客户轻松阅读。

（5）邮件中一定要给客户一个回复或采取行动的理由。更多的邮件如石沉大海，客户根本没有回应。所以一定要在结尾的时候，给客户一个回复的理由。或者回复邮件，或者打电话，或者加你的QQ，至少应该进你的网站浏览。

3. 邮件营销十忌

如果你想有效地发挥E-mail营销的功能，还需要留意邮件营销十忌。

（1）滥发邮件。有专家建议，对于未经许可的电子邮件，有两条恒定的规则：①不要发送；②如果你打算只做一次，请参阅第一条执行。使用电子邮件营销工具，你只能发给那些事先经过许可的人（关于如何取得收件人的许可，有许多方法，如会员制、邮件列表、新闻邮件等）。

（2）邮件没有主题或主题不明确。电子邮件的主题是收件人最早可以看到的信息，邮件内容是否能引人注意，主题起到相当重要的作用。邮件主题应言简意赅，以便收件人决定是否继续阅读邮件内容。

（3）隐藏发件人姓名。这种邮件给人的感觉是发件人在做什么见不得人的事情，因为正常的商务活动不会害怕漏出自己的真面目呢。这样的邮件，其内容的可信度会很差。还有一些邮件，把发件人写成"美国总统"、"你的朋友"、"漂亮女孩"等。其实，无论怎样伪装，你的发件地址还是会被方便地查出来的。开展网上营销活动，要以诚信为本。

（4）邮件内容繁杂。电子邮件宣传不同于报纸、杂志等印刷品广告，篇幅越大越能显示出企业的实力和气魄。电子邮件应力求内容简洁，用最简单的内容表达出你的诉求点，如果有必要，可以给出一个关于详细内容的链接（URL），收件人如果有兴趣，会主动点击你链接的内容，否则，内容再多也没有价值，只能引起收件人的反感。而且，对于那些免费邮箱的使用者来说，因为有空间容量限制，太大的邮件肯定是被删除的首选对象。根据经验，每封邮件不宜超过7KB。

（5）邮件内容采用附件形式。这在前面也提到了，有些发件人为图省事，将一个甚至多个不同格式的文件作为附件插入邮件内容。由于每人所用的操作系统、应用软件会有所不同，附件内容未必可以被收件人打开。而且打开附件毕竟是件麻烦的事，尤其对于自己不甚感兴趣的邮件，很少有人愿意打开。所以，最好采用纯文本格式的文档，把内容尽量安排在邮件的正文部分，除非插入图片、声音等资料，请不要使用附件！

（6）发送频率过于频繁。研究表明，同样内容的邮件，每个月发送2~3次为宜。不要错误地认为，发送频率越高，收件人的印象就越深。过于频繁的邮件"轰炸"，只会让人厌烦，如果一周重复发送几封同样的邮件，你肯定会被列入"黑名单"，这样，你便永远失去了那些潜在客户，你的邮件营销计划只能是失败。

（7）没有目标定位。不加区分地发送垃圾邮件的营销是没有效果的。

（8）邮件格式混乱。虽然说电子邮件没有统一的格式，但作为一封商业函件，至少应该参考普通商务信件的格式，包括对收件人的称呼、邮件正文、发件人签名等因素。对于类似于下面这样的电子邮件：

我公司是生产xxx的企业，质量上乘，价格优惠，欢迎选购。电话：12345678901

虽然够短小，然而至少可以理解为对收件人不够尊重，如果你收到这样的邮件，你也不会考虑购买对方的产品。

（9）不及时回复邮件评价。邮件营销成效的标志之一是顾客反应率，有客户回应，当然是件好事，理应及时回复发件人。然而并非每个公司都能做到这一点。可以想象，一个潜在客户给你发出了一封关于产品的询问，一定在急切地等待回音，如果等了两天还没有结果，他一定不会再有耐心等待下去，说不定早就成了你的竞争对手的客户。

（10）对主动来信的顾客抬高价格。打开收件箱，发现有一封顾客主动发来的订购函，如果你认为顾客一定会选用你的产品，可以对其索要高价，那你就错了。因为在互联网这个开放的大市场里，同类产品的供应者总是很多，一般来讲，顾客会同时向多个厂家发出同样的询问信件，他会对比各家产品的性能和价格，如果你的报价偏高，你是争取不到这个客户的。相对于面对面报价，通过邮件报价会比较被动，发出的邮件无法改变，又无法获取竞争者的价格状况，更不能看顾客的反应灵活报价。所以，为顾客提供最优质的产品、最低廉的价格才是取得成功的唯一方法。

19.2.5　论坛营销

论坛营销就是企业利用论坛这种网络交流的平台，通过文字、图片、视频等方式发布企业的产品和服务的信息，从而让目标客户更加深刻地了解企业的产品和服务。最终达到宣传企业的品牌、加深市场认知度的网络营销活动。

论坛是互联网诞生之初就存在的形式，历经多年洗礼，论坛作为一种网络平台，不仅没有消失，反而越来越焕发出它的活力。营销人员很早就开始利用论坛进行各种各样的企业营销活动，当时论坛作为新鲜媒体出现时，就有企业在论坛里发布企业产品的一些信息，其实这也是论坛营销的一种简单的方法。

1. 论坛营销的价值

（1）利用论坛的超高人气，可以有效地为企业提供营销传播服务。而由于论坛话题的开放性，几乎企业所有的营销诉求都可以通过论坛传播得到有效的实现。

（2）专业的论坛帖子策划、撰写、发放、监测、汇报流程，在论坛空间提供高效传播。包括各种置顶帖、普通帖、连环帖、论战帖、多图帖、视频帖等。

（3）论坛活动具有强大的聚众能力，利用论坛作为平台举办各类踩楼、灌水、帖图、视频等活动，调动网友与品牌之间的互动。

（4）事件炒作通过炮制网民感兴趣的活动，将客户的品牌、产品、活动内容植入传播内容，并展开持续的传播效应，引发新闻事件，导致传播的连锁反应。

（5）运用搜索引擎内容编辑技术，不仅使内容能在论坛上有好的表现，在主流搜索引擎上也能够快速寻找到发布的帖子。

（6）适用于商业企业的论坛营销分析，对长期网络投资项目组合应用，精确的预估未来企业投资回报率及资本价值。

2. 论坛营销的实施技巧

（1）选择核心板块发帖。一般论坛都会有新人报道、灌水专区，这样的版块就是论坛管理员留出来给大家做广告的地方，除非特别需要或诱惑力足够大，否则不会有人去点击和产生购买行为，所以一般发帖不要选择这两个版块。另外每个论坛都有自己的核心板块，这种板块无论是会员还是管理人员都是非常关注的，人气很旺，广告帖很少受关注。在核心版块做广告远远要好于其他无人问津的板块。

（2）必须遵守版规。核心板块也是规定最多的板块，很容易被删帖，版主不会心疼一个小帖子，因为对于这种热板块来说，版主的工作几乎就是删帖。所以在发帖之前，要好好读一下版规并认真遵守。

（3）多发原创帖。论坛的网友和搜索引擎都喜欢高质量的原创帖，对于大型论坛里面的原创文章和帖子，搜索引擎会很快收录，如果里面有网址，也会根据爬行规则进行收录，对企业网站的 SEO 也有一定的帮助。

（4）自顶帖技巧。自顶帖是一种迫不得已的方法，因为是热门板块，所有的帖子都想占据前 10 位，因为可以作为免费的广告位，并且浏览量很大。一般的论坛都是按照发布时间和回复时间进行排序的，如果两天前的帖子，现在被顶一下，仍然可以到第一位。所以更多的论坛营销人员的主要工作是回帖而不是发帖。但是回帖最好不要用发帖账号来回复，回一次两次没关系，回复太多会被认为作弊。最好的方法是换几个"马甲"和换一个 IP，每当帖子下来的时候，可以适当地顶一下。

（5）回复别人帖子的技巧。首先要看帖子有没有意义，如果是垃圾帖，请不要回复。对于质量高的帖子或者论坛管理人员发的帖子你要顶一下，并且顶的内容要加一些赞扬的话语，有个愉快的心情是建立良好人际关系的基础。

（6）利用论坛短消息。论坛短消息也是一个很好的营销工具。现在一般都可以对论坛里的所有会员发送短消息，经常上论坛的人对于别人发的消息和帖子消息，都会去阅读。既然人人都会去看，你就可以利用。但最好不要给管理员和版主发。

（7）小钱有时候能带来大收益。人都是有一种少付出多回报或者不付出多回报的想法，记住"付出才会有回报"。

（8）建立自己的圈子。社会人都有自己的圈子，可能大可能小，但绝对会存在。如果你在一个论坛中时间长了也会形成一个经常交流的圈子。既然是建立圈子，并且要很好地为营销服务，那么这个圈子肯定有一个圈心，这个圈心只能是你。

（9）建立虚拟人物影响力。每一个虚拟的圈子中肯定也有一个中心，同时也存在一些影响整个圈子的因素和人。每一个有影响力的人都存在一定的共性，那么只要掌握了这些共性并且加以学习，相信在一段时间以后你就会成为有影响力的人。看一下这些共性：高度专业、懂得不断学习、懂得付出、懂得帮助别人（认识或者不认识的）、懂得积累人脉。而在论坛营销当中还必须加上一条：高度活跃。

（10）免费帮助别人。当别人遇到问题时，你可以在不用花费很大力气的情况下帮到别人，那么就要去做。尤其是对不认识的人所提供的帮助，他会非常珍惜，那么在下次遇到问题的时候，他还会想到你，就算你收取一定的费用，他也愿意付的。

（11）做事情不要急功近利。急功近利在这里指的是太急于想得到结果和成功，但是往往结果令人失望，这就需要你沉得住气，任何事情都有一定的规律，做论坛营销也是一样，太急于求得结果，很有可能还没有看到结果就做不下去了。

（12）学会良性合作。做网站的和卖空间的可以合作，卖房子的和搞装修的可以合作，卖车的和卖车险的可以合作，那么你的产品也可以选择和相关的产品合作。

（13）思维可以发散但不可扩展。思维决定行为，一个人的行动由一个人的思维来决定，一个团队的行动由领导的思维来决定，好的思维方式和好的想法可以让一个人成功，可以让一个团队成功，但是一个不好的思维也可以让整个事情被破坏。

（14）论坛营销要细水长流。论坛营销很有效果，但是效果是慢慢积累起来的，不可能发一篇帖子就会获得很高的访问量，除非付费。既然流量可以慢慢积累，那么潜在客户也是源源不断地来找你的，坚持的过程，也就是客户积累的过程。

（15）论坛营销要导出资源。在论坛营销过程中，肯定会遇到有价值或无价值的信息，对你有用或无用的人。可以把他们都加到你的 QQ 里面，以便于及时交流，可以留下联系方式和邮箱。

（16）坚持的力量。论坛营销只要坚持，每一个看到你信息的人都将会是你潜在的客户，等到需要的那一刻他选择的必定是你。

19.2.6　SNS 营销

SNS，全称 Social Networking Services，即社会性网络服务，专指旨在帮助人们建立社会性网络的互联网应用服务。SNS 营销是一种随着网络社区化而兴起的营销方式。SNS 社区（比较有代表性的有开心网、人人网、若邻网、人脉网、途牛网等）在中国快速发展时间并不长，但是 SNS 现在已经成为备受广大用户欢迎的一种网络交际模式。

SNS 营销也就是利用 SNS 网站的分享和共享功能，在六维理论的基础上实现的一种营销。通过病毒式传播的手段，让企业的产品被众多的人知道。

1. SNS 营销的特点

（1）资源丰富。无论是综合的 SNS 还是垂直的 SNS，现在都没有特定的用户群体，其中的人员分布很广泛，全国各地的、各行各业的都有，所以，这就给 SNS 网站以无限的资源，由广大用户在使用中慢慢地帮助 SNS 网站积累资源。

（2）用户依赖性高。由于 SNS 网站积累了较多的资源，所以，SNS 用户可以更容易地在网站上找到自己想要的，比如，有些人希望找老乡、找些自己喜欢的东西。通过其他用户提供的资源可以解决这个问题。逐渐地形成了一定的用户群体，并有较高的用户黏度。

（3）互动性极强。SNS 网站虽然不是即时通讯工具，但是它的即时通讯效果也很好。还有可以写一些消息发给好友，这是极其方便的工具。在 SNS 网站人们可以就自己喜欢的、当下热点的话题进行讨论。可以发起一些投票，发出一些问题，调动所有人的智慧。

随着 SNS 深度渗入人们生活，大量的品牌、机构、商家、明星纷纷开启 SNS 营销之旅。2009 年 12 月 25 日百事可乐这位美国电视广告领域超级客户，在 2010 年广告计划中首次放弃美国"超级碗"（Super Bowl）橄榄球赛的电视广告，转而通过社交媒体开展宣传。2009 年光良、姚晨、李开复纷纷"登陆"人人网和新浪微博开启了名人明星个人品牌 SNS 品牌营销。而更多的品牌和商家似乎无师自通地在淘宝 SNS——淘江湖中开启了 SNS 营销。如果说 2007—2009 年为"SNS 平台年"，2010 年及后续的几年必定为"SNS 营销年"。

2. SNS 营销的步骤

SNS 营销是否成功很大程度上取决于口碑营销策划是否成功，成功的 SNS 营销主要应该依靠口碑的力量，为了实现很好的口碑营销，要按照以下七个步骤进行。

（1）找一个让目标客户都感兴趣的非冷门话题。找到一个让目标客户感兴趣的点很重要，尤其是让目标客户中的先锋人群兴奋起来的话题，但不能过于冷门，最好先了解一下时下的环境。

口碑营销犹如投掷石子：用一颗小石子投向水面，充其量溅起小水花，无法形成很大的涟漪，因为引爆点的力度不够；如果用大石头投向小水坑，充其量水花四溅，无法形成长远的涟漪，因为目标客户群体选择得过于狭小；如果向水面撒下一把小石子，那充其量溅起无数小水花，却无法形成惊涛般的涟漪，因为口碑传播缺失了先锋人群的选择；如果用大石头投向地表面，那充其量只有一个大坑而已，无法形成涟漪，因为环境不对。

奥巴马成功竞选的 SNS 营销案例告诉人们：枯燥严肃的政治，少数人的选举，无碍于口碑营销的成功。如何化枯燥严肃，激起男女老少的兴趣，这需要看营销者策划者的内功修炼。

（2）围绕着该话题的一系列的执行细节。当选择了引爆点后，必须及时去不断强化其爆发力。利用 IM 及 SNS 向周围朋友及网络好友中散布"引爆点"的细节信息及一系列执行：IM、SNS、博客、社区、网媒、平面媒体等不同渠道散布着关于引爆点的各阶段的消息。通过这一系列执行刺激和固化先锋人群对于该话题的兴趣和参与热情。

（3）引导客户进行体验式互动。在做 SNS 营销中，如果单纯让客户看看，不做任何操作，那说白了还是传统的营销方式。SNS 营销中需要客户参与，尤其是先锋客户群体的参与。所以在营销细节中，必须不断引导客户参与到营销事件当中。奥巴马 SNS 营销的策略从头到尾，都在引导民众参与到竞选当中，而"Yes, We can!"成为奥巴马从始至终的口号。

（4）对少数先锋者互动内容的二次包装和传播。少数先锋者互动产生的内容，是非常值得二次包装和炒作的，先锋人群的内容往往更具传播的可信性。2009 年非常知名的"大堡礁招聘'护岛人'"营销案例，被誉为最超值的旅游景点营销计划。此次活动的参赛规则是全世界任何人都可通过官方网站报名，"申请者必须制作一个英文求职视频，介绍自己为何是该职位的最佳人选,内容不可多于60秒,并将视频和一份需简单填写的申请表上传至活动官方网站,官方网站的合作伙伴是Youtube"。前期优秀的求职视频被营销策划者二次包装后,传播于各大知名视频、博客和SNS站点。随着求职视频口碑的传播,越来越多的人纷纷加入该活动计划,数以百万计的求职视频最终影响数以亿计的全球网民。

(5)最终形成一个有认同感的外围客户群体。当一个SNS营销活动执行到一半,其实自己可以检验到该活动是否可以成功。这主要是看,达到这一阶段,你的周围有多少认同的客户群体。通过SNS及搜索引擎,你可以了解目前在做的这件话题,多少人在关注,正反意见的比例,等等。SNS营销成功保证之一是外围认同客户的认同程度、客户数量和客户质量。

(6)更多相关话题的推出,持续热点。一个成功的SNS营销策划要得到持续的关注,这就需要不断爆出新话题,否则SNS营销周期将会是短暂的。对于SNS营销的策划者,必须心知肚明此次推广的周期和火候。恰当时机话题会延长SNS营销周期,甚至推动另外一个高潮。拿2008年王老吉捐款营销案例来说,从"1亿元善款助赈灾重建"到"封杀王老吉"、"喝回10亿"、"捐了一亿 王老吉凉茶重庆卖断货"等一系列新话题的炒作,引起网民积极参与此类话题的讨论和传播。不仅仅是因为王老吉捐了一个亿,更因为"封杀"、"卖断货"这类新颖的话题给了网民讨论和想象的空间,大大激发了网民的分享欲望和参与热情。

(7)外围粉丝客户群体口碑辐射,大量客户开始加入其中。2009年,当开心农场在IT从业者中风靡后,大量"偷菜"的相关评论从IT从业者口中传播到更广泛的网民群体。从口碑营销角度来说,此时开心农场已成功地通过先锋人群口口相传至大众。此时营销策划者只需利用大众媒介和网媒稍微推波助澜,即可坐享其成。

扩展阅读——小案例

"悦活"品牌成功植入开心花园

在争车位、开心农场等小游戏风靡整个SNS网站后,便有大量的品牌广告植入其中,开心网的"悦活"果汁品牌就是其中之一。"悦活"一词来源于"Lohas",翻译成中文就是"乐活",该品牌是中粮集团推出的一个以"自然至上"为核心的饮料品牌,这与开心花园所传递的亲近自然的田园梦想非常契合。

悦活果汁的品牌便被软性地植入到花园菜地的游戏场景中,在玩儿游戏的过程中,用户能随时感受到该品牌传递的自然、乐活的情感体验。因此,悦活果汁的品牌理念和新品种得到了源源不断的传播,而这时悦活果汁扮演了用户间互动沟通的桥梁和纽带。

活动上线20天后,"粉丝群"人数达到16万人。开心网上的虚拟果汁也极受追捧,带动了真实产品的销售,一个月内销售业绩提升了30%。通过这种以游戏娱乐为载体的软性植入形式,让网民积极参与、主动传播,人人都参与到"悦活"果汁品牌的营销过程中,让消费者在娱乐中更加清晰地认知和接受该品牌。

开心网这种以娱乐游戏为载体的植入式营销,比一般的广告更有效果,因为它最大的好处是不将信息强推给消费者,而是吸引消费者参与并使他们主动谈论品牌信息和体验,从情感上打动消费者,使其像病毒一样传播和扩散,获得强大的传播影响力,这也正是娱乐营销的魅力所在。

19.2.7　IM 营销

IM 营销又叫即时通讯营销。是企业通过即时工具 IM（包括但不限于：QQ、MSN、新浪 UC、淘宝旺旺等）帮助企业推广产品和品牌的一种手段，常用的主要有以下两种情况。

① 网络在线交流。中小企业建立了网店或者企业网站时一般会有即时通讯在线，这样潜在的客户如果对产品或者服务感兴趣自然会主动和在线的商家联系。

② 广告。中小企业可以通过 IM 营销通讯工具，发布一些产品信息、促销信息，或者可以通过图片发布一些网友喜闻乐见的表情，同时加上企业要宣传的标志。

IM（即时通讯）作为互联网的一大应用，其重要性显得日益突出。有数据表明，IM 工具的使用已经超过了电子邮件的使用，成为仅次于网站浏览器的第二大互联网应用工具。

早期的 IM 只是个人用户之间信息传递的工具，而现在随着 IM 工具在商务领域内的普及使得 IM 营销也日益成为不容忽视的话题。最新调查显示，IM 已经成为人们工作上沟通业务的主要方式，有 50% 的受调查者认为每天使用 IM 工具目的是方便工作交流，49% 的受调查者在业务往来中经常使用 IM 工具，包括更便捷地交换文件和沟通信息。

虽然 IM 已经成为互联网广告的重要发布媒体，但是中小企业在 IM 营销上，却还是刚刚起步。针对有明确需求目标的网站访客，企业需要一套网站在线客户服务系统，随时接待每一个访客，回答访客的任何问题，然后产生交易；而针对没有明确需求目标的网站访客，企业则需要针对其行为特征进行主动出击，沟通对方来访目的、购买意向，最终促使达成交易意向。这就是典型的中小企业 IM 营销。

1. IM 营销的优势

（1）突破了传统营销方式的单向性，即时交互性更强，符合产品销售的互动性。

（2）IM 营销不需要重新构建平台，降低了平台构建成本，在和客户交流时，它不仅起到咨询的作用，还起到答疑、销售及客服的作用。

（3）不受时间和地域的限制，能和客户更快地交流，且成本较低，只要有网络的地方，只要双方都在线，IM 营销就可以发挥其作用。

（4）另外，网上信息传输速度非常快，即使是跨国的贸易，在网络上也仅需几分钟即可成交。企业只需借助网上支付及快递公司，就能方便快捷地完成订单交易。

2. IM 营销实战技巧

即时通讯工具是实时互动的个人化信息交流方式，其最大影响是突破时空界限，改变人和人的交流模式，从而使情感维系更加紧密。手机一般是有需要才会打，是点对点；而 IM 则不同，大家都挂在网上，只要碰到了就会互相问候，可以是点对点，也可以对面。在交流上，他们更加快捷方便，交流更自由，容易进行精神和情感的对话。

IM 已经不仅仅是一种个人的通讯工具，而且已经成为现代交流方式的象征。正因为如此，企业完全可以借助即时通讯工具来帮助自己拓展业务。在此仅以目前国内用户最多的 QQ 为例，来说明如何利用即时通讯工具进行网络营销。

（1）申请多个 QQ。既然是 QQ 营销，那就得多申请几个 QQ，QQ 营销的前期，企业应该主动出击，多加一些好友，在 QQ 好友搜索时，建议根据网友资料里的性别、年龄等来判断他们是否为企业的目标客户或潜在客户。同时，企业也可以在企业网站或者网店上留下 QQ 号码，企业的目标客户或者潜在客户搜到企业网站或者网店时，会主动和你联系。

（2）完善QQ资料。现在有一部分人为了安全起见，在QQ里填写的个人信息都是虚假的，但企业既然是要用QQ来做营销，个人资料就应该真实、详细，最好包括企业网站或网店地址、诚信承诺及重点产品介绍等。

（3）加入足够多QQ群。尽量多加入QQ群，可以定期在群里发企业网站或网店地址。当然，在利用此方法做推广时要谨慎，不要刚一加进去就发网址或产品信息，那样极有可能因发垃圾信息而被群主踢掉。在这里，建议大家先和群主搞好关系，同时多参与群里的讨论，等和大家都相当熟悉以后，再慢慢地切入宣传主题，告诉大家企业或者企业的网站，告诉大家你的主营范围，很委婉地邀请大家去企业网站或者网店逛逛。

（4）利用好QQ签名档。QQ签名档是个不错的广告位，你可以在此位置留下企业名/网店名或者网址。在和QQ里的好友聊天时，或许看到该网址的好友会因好奇而进去看看。你不能错过任何宣传或拓展客户的机会。

（5）装扮好QQ空间。这相当于博客营销，可以在这里和大家分享很多东西，包括生活感悟、读书心得、游记、拍摄的图片、网购经验、如何防骗、如何使用、保养某种产品等（当然，这里所说的产品最好是企业自己经营的）。还可以在QQ空间的个人签名档里留下企业网站或网店地址，多去其他QQ好友的空间灌水，这样可以让更多人看见企业或者网店的网址。如果文笔不错且空间里的文章又对一些人具有指导意义，那么，企业就会拥有一部分稳定的忠实读者，这也是培养忠实客户的方法之一。

（6）QQ邮件群发。群里的朋友本身就是企业的目标客户，对企业的产品有需要的时候，可以定期地给他们发送一些企业或者网店的新产品、促销活动及相关信息等。

19.2.8 视频营销

视频营销指的是企业将各种视频短片以各种形式放到互联网上，达到一定宣传目的的营销手段。网络视频广告的形式类似于电视视频短片，平台却在互联网上。

当前中国的营销市场，电视的龙头地位依然没有被动摇。然而，电视作为视频媒体却有两大难以消除的局限性。①受众只能是单向接受电视信息，很难深度参与。②电视都有着一定的严肃性和品位，受众很难按照自己的偏好来创造内容，因此电视的广告价值大，但是互动营销价值小。而网络视频却可以突破这些局限，从而带来互动营销的新平台，而随着互联网的发展和视频网站的兴起，视频营销也越来越被很多品牌企业所重视，成为网络营销中采用的利器。

随着网络成为很多人生活中不可或缺的一部分，视频营销又上升到一个新的高度。各种手段和手法层出不穷。

"视频"与"互联网"的结合，让这种创新营销形式具备了两者的优点，既具有电视短片的种种特征，如感染力强、形式内容多样、有创意等，又具有互联网营销的优势，如互动性、主动传播性、传播速度快、成本低廉等。可以说，网络视频营销，是将电视广告与互联网营销两者"宠爱"集于一身。

1. 网络视频营销策略

（1）网民自创策略。中国网民的创造性是无穷的，而且在视频网站，网民们不再被动接收各类信息，而是能自制短片，并喜欢上传与人分享。除浏览和上传之外，网民还可以通过回帖就某个视频发表意见，并给它评分。因此，企业完全可以把广告片和一些有关品牌的元素、新产品信息等放到视频平台上来吸引网民的参与，例如，向网友征集视频广告短片，对一些新产品进行评价等，这样不仅可以让网友有收入的机会，同时也是非常好的宣传机会。

（2）病毒营销策略。视频营销的厉害之处在于传播极其精准，首先网民会产生兴趣，关注视频，再由关注者变为传播分享者，而被传播对象势必是有着和他一样兴趣的人，这一过程就是在目标消费者中精准筛选传播。网民看到一些经典的、有趣的、轻松的视频总是愿意主动去传播，通过受众主动自发地传播企业品牌信息，视频就会带着企业的信息像病毒一样在互联网上扩散。病毒营销的关键在于企业需要有好的、有价值的视频内容，然后寻找到一些易感人群或者意见领袖帮助传播。

（3）事件营销策略。事件营销一直是线下活动的热点，国内很多品牌都依靠事件营销取得了成功，其实，策划有影响力的事件，编制一个有意思的故事，将这个事件拍摄成视频，也是一种非常好的方式，而且，有事件内容的视频更容易被网民传播，将事件营销思路放到视频营销上将会开辟出新的营销价值。

（4）整合传播策略。由于每一个用户的媒介和互联网接触行为习惯不同，这使得单一的视频传播很难有好的效果。因此，视频营销首先需要在公司的网站上开辟专区，吸引目标客户的关注，其次，也应该跟主流的门户、视频网站合作，提升视频的影响力，而且，对于互联网的用户来说，线下活动和线下参与也是重要的一部分，因此通过互联网上的视频营销，整合线下的活动、线下的媒体等进行品牌传播，将会更加有效。

扩展阅读——小知识

网络视频的营销形式

1. 高

基本上是用高人进行高超技艺表演。因为是高人由不得你不信。这由高人带来的高特技表演势必会让你高兴地观赏，并且乐意与他人分享和谈论。举例，小罗连续4次击中门柱的神奇视频就是2005年其为赞助商NIKE拍摄了一段广告，结果在全世界范围内引发了一场激烈的讨论。尽管耐克事后承认该视频是经过处理的，但是并不妨碍这支广告在互联网上的病毒性传播。

2. 热

借用热点新闻吸引大家的眼球。专挑最热门的侃，专拣最火爆的说。视频这东西靠的绝对是内容。言之有物，满足人心好奇和捕猎的心理，用热门新闻冲击人性最隐层的东西，借由对视频的热度来谋求关注获得经济效益的目的。举例，搜狐的娱乐播报就是一个很好的例子。娱乐信息最抢眼的热点新闻肯定逃不过他们的法眼。大鹏嘚吧嘚更是日益火爆。借势为搜狐博客、各种宣传活动作广告。

3. 炒

古永锵离开搜狐进军视频领域。建立优酷网，靠张钰视频一举成名，还获得了1200万美元的融资。其中的关键就是借用张钰对潜规则的炒作。后来古永锵和他的优酷网又靠张德托夫的《流血的黄色录像》这个很有争议的短片赚了大把的眼球和人气。仅仅预告片，已经有了几十万的浏览量，而且各种片中导演和演员的访谈不断出炉，越炒越火。

4. 情

大家熟悉的是恶搞，但是还有一种就是善搞，以情系人，用情动人。传递一种真情，用祝福游戏的方式快速病毒性传播。举例，有这样的Flash，把一些图片捏合在一起，配有个性的语言设计，用搞笑另类的祝福方式进行传播。如"新年将至众男星用尽心思与XXX共度新年"等。只要你填上你朋友的名字，一个漂亮、个性化且具新意的网络祝福就轻松搞定。这种方式可穿插某种产品宣传，效果也不错。比如，《满城尽带黄金甲》首映时，就是采用与QQ和MSN进行合作，用一群"胸"涌澎湃的宫女，配了十分搞笑和圣诞祝福的文字，借由MSN和QQ大规模传播，一时间黄金甲在网络上泛滥。达到很好的宣传造势的目的。

5. 笑

搞笑的视频广告带给人很多欢乐，带给人欢乐的视频人们就更加愿意去传播。笔者在几年前就曾经收到一支索尼相机的广告，是描写一个老婆为骗加班的老公回家，用数码相机制作了一个偷情的画面，使得老公迅速赶回到家。据说这支广告在互联网上传播甚广。

6. 恶

使用最普遍的有三个手法：恶俗、恶心、恶搞。

（1）恶俗。因为俗所以招人鄙视，但因为恶俗所以让人关注。电视视频广告常常会出现经典的俗广告，甚至被众多观众扣上了恶俗的标签，以至于各种民间的恶俗广告评比讨论层出不穷。但对于一些产品，广告的恶俗会造成销量的增长，有些专家道貌岸然地狂批人家没水准，说损害品牌的美誉度。只能说：如果你不是目标客户群体，损害你心目中的美誉度没啥关系。例如，脑白金广告谁见谁骂，俗不可耐。但是中国就是有送礼这个国情，购买者和使用者分离这个产品特性加上这个恶俗的广告使得其销量一直不错。否则没有效果谁会傻到一播就是这么多年？

（2）恶心。典型例子非芙蓉姐姐莫属，这个就不多说了，借用大话西游的一句话，相信大家吐啊吐啊就习惯了。

（3）恶搞。这个很典型，目前已经泛滥了。最经典的例子要属胡戈的"馒头"。《无极》上亿元投入获得的效应，胡戈几乎没花钱就获得相同的影响力，足以让世人见证恶搞的实力。

2. 网络视频营销的规则

（1）能做的事情。

①巧妙叙事。不管是用于"病毒营销"的网络视频还是面向用户的感谢信，优秀的视频一定要学会讲故事，以此留住观众的注意力。

②言简意赅。效果最好的在线视频长度介于30秒至几分钟之间。如果你有长达一小时的话要说，那么就分成几个小段，这样观众会觉得更有趣一些，而且容易找到主题。

③处变不惊。在市场营销活动中，如果你举办比赛让顾客们发挥想象制作视频短片，那么你最好有点思想准备，因为参赛作品中可能会出现不少负面的东西。

④做足功课。谁也无法保证一个视频营销策略注定会引发病毒式的传播效果。即便如此，你依然必须弄明白消费者想要什么，就像你在传统营销方面做过的事情一样。

⑤精确计算。虽然"病毒视频"日趋流行，但是这并不意味着那些乐此不疲的观众就会是你的目标群体。最好能够获取受众的构成报告，然后看看究竟有多少人会转变为最终

用户。

(2) 不能做的事情。

①弄虚作假。如果有大公司想要假扮成普通网民，那么必须冒真相大白之后被唾沫星子淹没的风险。最好老实交代自己是谁，因为诚信在网上显得更为重要。

②处心积虑。最好的推广视频一定要让员工用自己的话讲述自己的故事。费力不讨好地准备一大堆演讲稿让人照本宣科只能弄巧成拙。

③极度润色。公司如果打算建立一个视频推广网站，未必非得让上面的作品都保证极高的质量。实际上，过高的视频质量容易被人误解为传统的电视广告。

④年轻过头。根据最新的调查结果，相比于 18~24 岁的年轻人，35~54 岁的中年观众对于网络视频的热情绝对不相上下。如果你只把目标受众定为年轻人，那么就会丢掉大块市场。

⑤忘记品牌。独一无二的滑稽视频在互联网上能够取得极佳的传播效果。

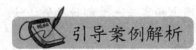

从王老吉成功的网络营销中，可以看出网络新闻对于企业品牌的梳理有着以下几个作用：

(1) 塑造品牌形象，削弱负面报道；
(2) 树立"有责任感"的企业形象，增加美誉度；
(3) 突出服务质量，用"服务、信誉"引导市场；
(4) 提高消费者忠诚度，促进忠诚营销；
(5) 突出个体项目优势、成功案例，从而打开市场。

1. 互动性在网络营销中有什么重要意义？
2. 怎样理解网络营销中免费策略的作用？
3. 网络营销与网络推广之间的区别和联系是什么？

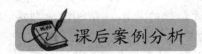

沃尔玛的网络情缘

沃尔玛由萨姆·沃尔顿在 1992 年创建于美国阿肯色州，目前已发展成为全球最大的连锁零售商，共有员工 67.5 万人，在美国拥有超过 2 400 家连锁店和 450 家会员俱乐部，并且在海外还拥有 725 家连锁机构。在 1999 年《财富》杂志全球最大 500 公司排名中，沃尔玛居第四，年收益 1 392 亿美元。可以说沃尔玛是一个不折不扣的庞然大物。

在 1999 年 7 月以前，沃尔玛在互联网的地盘仅仅算得上是"立锥之地"。虽然早在 1996 年，沃尔玛就已经开设了自己的网站，但时至今日，既没有产生应有的新闻和宣传效应，也没有卖出多少货品，更不用说吸引到众多的网络访客了。当时，沃尔玛的 Web 站点可以为线上用户提供从录像带到办公家具等多项商品，用户在使用信用卡支付货款后，可在 48 小时之内收到商品。但由于当时沃尔玛提供的商品种类在网络市场中份额太小，一直未能有较大起色。所以，沃尔玛这个庞然大物始终游弋在钢筋水泥的现实世界中，虽然成绩斐然，但在比特世界里，影响几乎为零。

不过，按照沃尔玛的扩张计划，这一情况很快就会改变。沃尔玛已与美国第三大图书连锁零售商 Books – A – Million 签订合作协议，后者将成为沃尔玛网上顾客的唯一书籍供应商。Books – A – Million 是一家具有超过 80 年历史的企业，该公司在全美 17 个州拥有 177 家连锁店。双方合作协议签字的消息一经传出，Books – A – Million 的股票迅速上涨 8% 以上。沃尔玛新业务发展部高级副总裁格伦·哈本说："今后，沃尔玛的网上顾客每一天都将能够通过我们的站点，购买到成千上万种特价书籍。"

在此之前，沃尔玛与 Fingerhut 公司也签订了合作协议，Fingerhut 将为沃尔玛处理来自互联网的订单和交易。上述两个合作协议的签订，奠定了沃尔玛进军网络的基础。虽然沃尔玛进军网络的时间有些晚，同时以前也曾有过传统公司进军网络不成功的先例，但多方的估计都认为，沃尔玛将会给亚马逊这样的纯网络公司带来很大的压力，人们一直把它与亚马逊看做是最大的竞争对手。

作为 B2C 的旗帜，亚马逊的出现代表了新经济的一种模式。亚马逊目前客户近 2000 万，遍布 150 个国家和地区。亚马逊除了卖书、唱片、影碟、玩具、游行软件等，还增加了手机等新品种。相比同期增幅达到 86%。在迅速扩大市场的同时，亚马逊的服务也紧紧跟上。不久前密歇根大学商学院做了一项调查，调查显示亚马逊的电子商务服务水平位居网络零售公司第一。亚马逊的股票从 9 美元涨到 113 美元。亚马逊与众不同的是把自己定位于高科技企业，而非流通企业。总裁贝索斯说："技术使亚马逊在零售业出人头地。传统的零售业最重要的因素是场所。而对亚马逊来说，最重要的因素是技术。"在亚马逊，雇员最多的不是门市部店员，而是软件工程师。它的应用技术软件经常不断地开发创新，使企图抄袭者难以得逞。

沃尔玛拥有 9 000 万的传统客户基础，亚马逊只拥有 1 000 万的在线客源基础。但是目前每月访问沃尔玛站点的独立用户数量是 66.5 万，而亚马逊每月的访问量超过了 949 万，远远超过了沃尔玛。根据沃尔玛的统计数据，在其连锁店附近居住的居民，有 90% 会到店中购物，但其大多数的连锁店均靠近低收入的居民区，这里的居民年平均收入在 3 万美元左右；而根据亚马逊的统计，经常光顾其站点购物的客户中，49.3% 的家庭年收入超过 6 万美元。所以沃尔玛是要将其传统客户带入网络，还是在网络中寻找新的客源，仍然是一个问题。

沃尔玛目前最需要尽快完成的任务是，首先要快速提高其站点的访问量。对于一个在线零售商而言，无论其经营范围有多宽广，或是其商品种类有多丰富，拥有大量具备购买能力的顾客才是最重要的。亚马逊的总用户数量虽然不如沃尔玛，但其站点的访问率却远远高于后者，这也是亚马逊的优势之一。

其次，沃尔玛应该对其现有的站点进行大规模的改版和优化，使之提升到能够同亚马逊相媲美的程度。同时还应理顺销售流程和访客隐私权保护等问题。沃尔玛的一个不足来自其传统的商店零售模式，在这种模式下，客户主要以现金的方式进行结算，因此对客户的情况知之甚少。而亚马逊的网络经营模式则可以轻而易举地收集到宝贵的客户资料，从这一点来说，沃尔玛还有很长的路要走。

最后要寻找到能够通晓网络零售和电子商务经营的管理人才。目前沃尔玛主持在线业务的副总裁是现年53岁的格伦·哈本，虽然哈本具有丰富的营销经验，但在电子商务方面的经验却不为人所知。如果横向比较一下就会发现，目前较为成功的网络公司中，其高级管理人员基本都是二三十岁的年轻人。这是因为作为一个新兴的商业领域，互联网与传统的营销领域有着很大的区别和独有的特点，而年轻人往往对这些变化与差异反应敏锐。另外一方面，一个新的创业领域往往需要极为丰富的想象力和创造力，年轻人在这方面有着得天独厚的优势。

思考题：
1. 网上营销方式与传统营销方式有什么不同？
2. 亚马逊至今没有利润，沃尔玛的网上营销也会这样吗？
3. 沃尔玛比亚马逊有什么优势？
4. 沃尔玛能否把传统商店的商品都拿到网上销售吗？
5. 我国发展电子商务还有哪些难题需要解决？

参考文献

[1] 吴健安. 市场营销学. 北京：高等教育出版社，2007.
[2] 钱旭潮. 市场营销管理. 北京：机械工业出版社，2009.
[3] 郭国庆. 市场营销学通论. 北京：中国人民大学出版社，2007.
[4] 吴泗宗. 市场营销学. 北京：清华大学出版社，2008.
[5] 叶敏. 市场营销原理与实践. 北京：国防工业出版社，2008.
[6] 张梦霞. 市场营销学. 北京：北京邮电大学出版社，2007.
[7] 张英奎. 市场营销学. 北京：人民教育出版社，2006.
[8] 许以洪. 市场营销学. 北京：机械工业出版社，2007.
[9] 王天春. 市场营销案例评析. 大连：东北财经大学出版社，2009年
[10] 万后芬，唐定娜，杨智. 市场营销教程. 北京：高等教育出版社，2007.
[11] 成思危. 市场营销学. 北京：北京师范大学出版社，2007.
[12] 甘碧群. 市场营销学. 武汉：武汉大学出版社，2002.
[13] 纪宝成. 市场营销学教程. 北京：中国人民大学出版社，2008.
[14] 屈冠银. 市场营销理论与实训教程. 2版. 北京：机械工业出版社，2009.
[15] 兰苓. 市场营销学. 北京：机械工业出版社，2008.
[16] 朱涛著. 国零售组织的结构研究. 北京：社会科学文献出版社，2008.
[17] 朱立. 市场营销经典案例. 北京：高等教育出版社，2004.
[18] 张岩松. 现代市场营销案例教程. 北京：清华大学出版社，2010.
[19] 江激宇. 市场营销案例. 北京：中国农业出版社，2009.
[20] 科兰. 营销渠道. 北京：中国人民大学出版社，2008.
[21] 杨保军. 营销竞争力. 北京：清华大学出版社，2005.
[22] 张惠辛. 品牌定位方法. 面向中国市场的定位方法论. 上海：上海财经大学出版社，2006.
[23] 千高原. 品牌炼金术. 北京：中国纺织出版社，2006.
[24] 李子旸. 市场的力量. 北京：华夏出版社，2010.
[25] 艾丰，刘东华，王永. 品牌革命：揭示中国品牌四面楚歌的险境. 长沙：湖南人民出版社，2010.
[26] 王涛. 渠道的衰落：经销商未来的转型方向. 北京：中国社会科学出版社，2009.
[27] 李光斗. 全员品牌管理. 北京：清华大学出版社，2009.
[28] 陈小云. 泛广告时代的幻象. 上海：复旦大学出版社，2008.
[29] 张书乐. 实战网络营销. 北京：电子工业出版社，2011.
[30] 王耀. 中国零售业发展报告. 北京：中国经济出版社，2008.
[31] 西门柳上，马国良，刘清华. 正在爆发的互联网革命，北京：机械工业出版社，2009.
[32] 袁岳. 绝配：营销与管理新主张. 北京：机械工业出版社，2008.
[33] 余明阳，朱纪达，肖俊松. 品牌传播学. 上海：上海交通大学出版社，2009.
[34] 李颖生，鲁培康. 营销大变革开创中国战略营销新范式. 北京：清华大学出版社，2009.
[35] 中国市场营销网，http：//www.ecm.com.cn/index.asp.
[36] 世界经理人网站，http：//marketing.icxo.com.
[37] 世界经理人文摘，http：//cec.asiansources.com.
[38] 销售与市场网络版，http：//www.cmmo.com.cn.

[39] 中国经营报 http://www.cb.com.cn.
[40] 科特勒. 营销管理. 北京：中国人民大学出版社，2001.
[41] 科特勒. 市场营销原理. 赵平，译. 9版. 北京：清华大学出版社，2005.
[42] 波特. 竞争优势. 陈小悦，译. 北京：华夏出版社，2001.
[43] 海厄姆. 下一轮趋势：掌控未来的获利的关键. 王宏新，毛畅果，译. 北京：机械工业出版社，2010.
[44] 莱兹伯斯. 品牌管理. 李家强，译. 北京：机械工业出版社，2008.
[45] 大卫，爱格. 品牌经营经营法则：如何创建强势品牌. 沈云恩，汤中勋，译. 呼和浩特：内蒙古人民出版社，2009.
[46] 邓肯，莫利亚蒂. 品牌至尊：利用整合营销创造终极价值. 廖其怡，译. 北京：华夏出版社，2009.
[47] 凯勒. 战略品牌管理. 北京：中国人民大学出版社，2007.
[48] 齐克芒德. 有效的市场营销. 桑蕾，译. 北京：机械工业出版社，2003.
[49] 科特勒. 科特勒行销全攻略. 曹辰，译. 北京：现代出版社，2008.
[50] 科特勒. 营销十戒：过失与解决方案. 北京：中国人民大学出版社，2005.
[51] MASTERSON R，PICKTON D. Marketing an Introduction. 北京：北京大学出版社，2005.
[52] NAGLE T T，HOLDEN K R. 定价策略与技巧. 北京：清华大学出版社，2003.
[53] MCAULEY A. 国际营销学. 北京：中国人民大学出版社，2004.
[54] 朱亚萍，周勇. 家电零售业的体验营销转型之路. 销售与市场，2011（4）.
[55] 蒋美兰. 百思买撤退. 败走还是潜伏. 销售与市场，2011（3）.
[56] 王新业. PL族. 快文化下慢生活. 销售与市场，2011（1）.
[57] 杨德昭. 广告深入人心，品牌魂飞魄散. 销售与市场，2010（10）.
[58] 刘艳良. 多品牌策略对我国同行业的启示. 商业现代化，2007（7）.
[59] 柳鹏程. 多品牌策略的成功要素. 企业改革与管理，2007（5）.
[60] 孙雷. 玩转多品牌战略. 销售与市场，2005（11）.
[61] 张军. 宝洁品牌营销攻略对中国企业的借鉴意义. 北方经贸，2010（1）.
[62] 李晓青，周勇. 中外企业品牌管理研究综述. 商业研究，2005（21）.
[63] SWAMINATHAN，VANITHA. Sequential brand extensions and brand choice behavior. Journal of Business Research. 2003，56（6）.
[64] BHAT，SOBODH，REDDY，et al. The impact of parent brand attribute associations andaffect on brand extension evaluation. Journal of Business Research. 2001，53（3）.
[65] BALTAS，GEORGE. A model for multiple brand choice. Journal of Operational Research. 2004，154（1）.